오직 은혜로 받는 구원

Free Grace Soteriology

David R. Anderson, Phd.

Free Grace Soteriology

Third Edition

Copyright © 2018 by Grace Theology Press.

Published by Grace Theology Press.

First Printing 2018

Unless otherwise indicated, Bible quotations are taken from the New King James Version of the Bible, © 1982 by Thomas Nelson Publishers.

ISBN-13: 978-0-9884112-1-0

ISBN-10: 988411210

Special Sales: Most Grace Theology Press titles are available in special quantity discounts. Custom imprinting or excerpting can also be done to fit special needs. Contact Grace Theology Press at info@gracetheology.org.

오직 은혜로 받는 구원

데이비드 앤더슨 박사 지음 ┃ 이종수 옮김

형제들의 집

차 례

추천의 글

이 책의 저자인 데이비드 앤더슨(David Anderson) 박사는 미국 휴스턴 부근에 소재하는 그레이스 신학대학원(Grace School of Theology, 약자로 GSOT)의 총장이다. 그는 이 학교의 총장일 뿐만 아니라 달라스 신학대학원(Dallas Seminary) 등 기타 신학대학에서 다년간 교수로 학생들을 가르쳤고, 또한 30년 이상 목회자로서 봉직하였으며, 약 10여 권에 달하는 명저의 저자이기도 하다.

인간의 구원문제는 사실 모든 사람들이 회피할 수 없는 현실적인 문제이며 해결되어야 할 궁극적인 현안이다. 이런 이유로 하나님께서 인류에게 주신 성경은 그 중심 내용이 '구원을 얻는 길'이 될 수밖에 없다. 하나님께서 인류에게 제시하신 구원을 얻는 방법을 우리는 '복음'이라고 부른다. 이 책은 곧 복음에 대한 책이며 성경적인 구원을 위한 교과서라고 할 수 있기에 책의 제목에 구원론 (Soteriology)이라는 단어를 사용하였다.

이 책의 목차를 보면 우리의 가슴을 뛰게 한다. 구원에 대하여 우리가 알기를 원하는 주제들, 곧 우리가 익숙하게 알고 있는 주제들만 아니라 관심과 의문의 대상인 구약시대의 구원, 구원의 순서, 우리가 가진 구원의 안전성, 유아들과 한번도 복음을 들어본 일이 없는 이방인들의 구원 뿐만 아니라 요즘 이슈가 되고 있는 주재권 구원 (Lordship Salvation)에 대하여도 자세하고 논리적으로 설명하고 있기 때문이다.

위에 언급한 주제들보다도 이 책이 강조하며 일관되게 지적하고 있는 주제는 사실 우리의 구원이 어떤 조건도 개입되지 않은 '값없는 은혜'에 의하여 주어진다는 데 있다.

전통적인 기독신앙에서의 구원은 예수 그리스도를 믿는 믿음으로만 얻어지는데, 이 구원은 하나님의 은혜(Grace)의 선물이라는 데 이의가 없다. 그러나 기독교 역사에서 이 은혜라는 단어에 대한 이해에는 약간의 의견 차이가 있어왔다. 저자는 이 이슈에 대하여 역사적인 관찰과 성경 원문에 대한 정확한 석의(釋義)적 작업을 통하여 성경에서 사용된 은혜라는 단어에 대한 명쾌한 해석을 우리에게 제공해주고 있다.

물론 이 책에서 제시한 은혜의 구원론에 대하여 약간의 이해를 달리하는 의견이 있을지 모른다. 그럼에도 불구하고 이 책이 유익한 이유는 은혜에 대한 우리의 토론을 유익하고 생산적으로 만들 수 있기 때문이다. 이는 우리의 이런 토론이 "누가 옳은가"가 아니라 "무엇이 옳은가"를 지향하고 있기 때문이다.

그레이스 신학대학원 교수
안국환

『오직 은혜로 받는 구원(Free Grace Soteriology)』이 한국어로 번역되는 것을 보게 되어 매우 기쁩니다. 이 책을 번역하는 수고를 해주신 이종수 박사님께 감사한 마음을 전합니다.

한국은 세계에서 가장 "기독교적인" 나라로 알려져 있습니다. 제가 요르단 암만에 있는 요르단 복음주의 신학교(Jordan Evangelical Theological Seminary)에서 강의할 때, 가장 뛰어난 학생 중 한 명이 한국 출신이었습니다. 그리고 밤에는, 요르단에 있는 이라크 난민들을 위한 선교를 하고 계신 한국인 선교사님이 저를 데리러 와서, 그 분이 난민들 가운데 세운 교회에서 함께 방문하고 가르치는 시간을 가졌습니다. 정말 놀라운 일이었습니다. 미국인인 제가, 한국인 선교사님의 인도를 받아 이라크 난민들에게 복음을 전하게 된 것입니다.

이 모든 경험을 통해, 저는 한국의 그리스도인들에 대해 깊은 존경심을 갖게 되었습니다. 아무쪼록 이 책이 한국의 그리스도인들에게 저 자신이 경험하고 누리는 하나님의 "놀라운 은혜(Amazing Grace)"를 함께 나누는 기회가 되기를 진심으로 바랍니다.

데이비드 R. 앤더슨 박사
2025년 9월

제3판 서문

처음에 강의 노트로 시작해서, 초판 개정 작업을 하기까지 상당한 수정이 필요했다. 그렇게 처음 개정판을 낸 이후에도 여러 제안들을 반영하는 작업을 해야 했으며, 『오직 은혜로 받는 구원(Free Grace Soteriology)』을 또 다시 수정하게 되었다. 많은 독자들이 부록 1을 책의 앞부분으로 옮겨 줄 것을 요청했다. 이 부록 1은 아우구스티누스가 하나님과 영원히 함께 살기 위한 최종 요건으로 "성도의 견인(perseverance of the saints)"을 어떻게 연결시키고 있는지를 보여준다. 아우구스티누스의 주장에 따르면, 사람이 중생하고, 구원을 받고, 참 신자가 될 수 있지만, 그럼에도 만일 그가 생애 끝날까지 충성스럽게 믿음을 지키지 못한다면 결국 택함을 받은 자가 아닌 것이 되고 만다. 이런 것이 오늘날 로마 가톨릭 교회의 가르침이긴 하지만, 동시에 칼뱅주의자들과 아르미니우스주의자들의 가르침이기도 하다. 칼뱅주의자들에 따르면, 신실하게 끝까지 견디지 못한 사람은 애초에 선택받지 못한 자다. 아르미니우스주의자들에 따르면, 사람이 신실하게 자신의 삶의 끝날까지 견디지 못하면 구원을 상실하게 된다. 그렇다면 이 세 개의 그룹 모두 바티칸의 주차장에 그들의 차를 주차하고 있는 셈이다. 그리고 이러한 믿음을 가진 사람들이 기독교의 약 99%를 차지하고 있다. 가톨릭, 아르미니우스주의, 그리고 칼뱅주의 사이의 이러한 공통점을 이해하는 것이 매우 중요하기 때문에, 이번 개정판에서는 부록 1을 초판과 제2판과는 달리 책의 앞 부분으로 옮겼다.

　초판이 출간된 지 거의 20년이 지나는 동안, 당시에는 주목받지 않았던 새로운 신학적 논제들이 대두되었다. 그중 하나가 만인구원론(universalism)이다. 점점 더 많은 (롭 벨을 비롯하여) 목회자들과 (토마스 탈보트와 그레고리 맥도날드 같은) 철학자들이 이 만인구원론이란 주제 논쟁에 뛰어들고 있다. 따라서 우리는 이 문제도 다룰 필요가 있다고 판단했다.

　마지막으로 언급하자면, 믿음과 행위의 관계를 둘러싸고서 혼란은 더욱 깊어지고 있는 상황이다. 보수적 복음주의 신학교를 졸업한 앨런 스탠리와 매튜 베이츠 같은 일부 저자들은 "칭의는 믿음 더하기 행위로 이루어진다"고 결론을 내렸다. D. A. 카슨 같은 다른 학자들은 끝까지 견디는 것을 구원 받는 믿음의 본질로 받아들이고 있다. 우리는 이 신학자들의 신학이 논리적으로 "믿음 플러스 행위에 의한 칭의"로 집약되고 있다는 점을 지적하고 싶지만, 20년 전만 해도 그들은 이 사실을 전혀 인정하려 들지 않았다. 하지만 이제 그들은 이 점을 기꺼이 인정하고 있다. 따라서 우리는 이러한 신학자들의 저서들에 대해서도 다루고자 한다.

　언제나 그렇듯, 우리 자신이 신학의 최고 권위를 가진 척 하지는 않을 것이다. 그러한 권위는 오직 하나님께만 있다. 다만 우리는 일관성, 포괄성, 조화성, 논리적 통일성을 갖춘 신학을 추구할 뿐이다. 이 책은 그러한 신학적 영역 가운데 구원론이라는 영역을 제시하고자 한다.

데이비드 R. 앤더슨 박사
2018년 6월

개정판 서문

"*오직 은혜로 받는 구원(Free Grace Soteriology)*"의 초판이 독자들의 큰 사랑을 받았다. 편집 전문가 짐 라이트먼의 도움으로, 개정판은 초판에서 미처 살피지 못했던 문법, 스타일, 글꼴 사용, 참고 서적 인용 및 신학적 내용 등 몇 가지 내용을 수정했다. 이러한 차이는 주로 본서의 자료로 활용된 강의 노트와 논문의 텍스트 차이에서 기인한 것이었다. 이에 따라 원고는 대대적으로 편집 및 업데이트되었고, 새로운 성경 색인과 주제 색인이 추가되어 독자의 검색 편의성을 높였다. 주요 내용 업데이트 사항은 다음과 같다.

1) 초판 서문에서 언급했던 값없는 은혜(Free Grace)는 이제는 세대주의의 산물이 아니라 전천년주의의 산물로 설명되고 있다.

2) "인간 타락의 정도"를 다루고 있는 장에서 설명했던, 로마서 5장 12절의 연대적 대표성의 개념은 기각되었으며, 이 부분은 우리의 새 책 "*Portraits of Righteousness: Free Grace Sanctification in Romans 5-8* (Liberty University Press)"의 내용과 조화를 이루도록 수정되었다.

3) 같은 장에 있는, "중생하지 않은 사람의 마음" 섹션은 다음과 같이 수정되었다. (1) 고린도전서 2장 14절에서 신령한 사람과 대조를 이루고 있는 자연인은 그리스도인 가운데 육신적인 그리스도인이 아니라 불신자를

가리키며, (2) 불신자의 양심과 신자의 양심을 구분해야 한다는 최신 견해를 반영했다.

4) "중생"을 다루고 있는 장은 요한일서 5장 1절을 근거로, 구원의 서정(the ordo salutis)에 있어서 중생이 믿음에 선행한다는 최근 주장에 대한 우리의 입장을 추가했다.

5) "이방인"이라는 제목 아래 "유아들의 구원과 이방인들의 구원" 문제를 다루고 있는 장은 점진적 계시에 따라서 하나님의 구원 계획의 연속성을 잘 반영하도록 개정되었다.

데이비드 R. 앤더슨 박사
2012년 5월

구원론은 새로운 것이 아니다. 이는 단지 성경에서 말하는 구원에 대한 연구를 가리키는 것이며, 일반적으로 사람이 어떻게 자신의 창조주이신 하나님과 영원히 함께 살 수 있는지에 대한 방법을 연구하는 학문이다. 그렇다면 "값없는 은혜(Free Grace)" 구원론이란 무엇일까? 사실, "은혜"라는 단어 옆에 "값없는"이라는 수식어를 붙이는 것은 중복으로 보일 수 있다. "은혜"가 이미 "받을 자격 없는 자에게 베풀어지는 호의"를 의미할진대, 굳이 "값없는"이라고 강조할 필요가 있는가?

분명히 성령님은 모든 그리스도인 그룹들이 자신들의 신학에서 "은혜"라는 단어를 사용할 줄을 아셨다. 로마 가톨릭 신학의 기반을 마련한 아우구스티누스만큼 은혜에 대해 많이 저술한 기독교 신학자는 거의 없다. 우리가 종교개혁자들을 아르미니우스주의와 칼뱅주의로 나눌지라도, 양측 모두 "행위 없이 오로지 은혜로 구원받는다"고 주장한다. 그러나 개신교인은 가톨릭이라 불리길 원하지 않으며, 칼뱅주의자는 아르미니우스주의자라 불리면 모욕으로 여긴다. 따라서 이 두 기독교 그룹 사이에는 실질적이고 심각한 차이점이 있다. 그럼에도 그들 모두 은혜를 주장한다. 그래서 본서의 저자는 성령님께서 은혜에 부여하신 의미가 무엇인지를 밝히 드러내려는 목적에서, "값없는(free)"이라는 수식어를 붙였다.

이러한 은혜의 의미를 가장 잘 보여주는 예는 에베소서 2장 8-10절이다. 이 구절에서는 우리가 "그 은혜에 의하여 믿음으로 말미암아 구원을 받았으니"는 말씀을 읽을 수 있다. 만일 은혜가 사도 바울의 서신을 읽는 수신자들에게 완전히 명확한 개념이었다면, 바울은 추가적인 설명을 하지 않았을 것이다. 그러나 그는 계속해서 설명을 이어가고 있다. 부정적인 측면에서, 그는 은혜에 의하여 믿음으로 말미암는 이 구원이 "너희에게서 난 것이 아니요"라고 말하고 있다. 반대로 긍정적인 측면에서, 그는 구원이 하나님의 "선물(the gift)"이라고 말하고 있다. "선물"을 나타내는 단어는 신약성경에서 여러 군데 사용되었다. 이 단어가 특별히 강조하는 것은 이 선물이 값없이(free) 주어지는 것이라는 점이다.

예를 들어, 만일 누군가 과속운전을 단속하는 경찰관에게 선물을 준다면 우리는 이를 선물이 아니라 "뇌물"이라고 부를 것이다. 경찰관이 그 선물을 받는다면, 운전자는 경찰관이 그에 상응하는 무언가를 해주기를 바랄 것이다. 이것은 에베소서 2장 9절에서 특별히 선택된 단어인 "선물"의 의미와 같은 것일 수 없다. 이 선물이란 단어는 요한계시록을 보면 영생을 얻는 것과 관련해서 부사구 형태로 두 번 등장한다.

요한계시록 21장 6절은 "내가 생명수 샘물을 목마른 자에게 값없이(freely) 주리니"라고 말하고 있다. 이 "값없이"라는 부사는 에베소서 2장 8절에 있는 "선물"이란 명사와 같은 어원을 가지고 있다. 유일한 차이점은 하나는 부사(계 21:6)이고, 다른 하나는 명사(엡 2:8)라는 것이다. 이 부사는 요한계시록 22장 17절, "원하는 자는 값없이(freely) 생명수를 받으라"는 말씀에서 또 다시 사용되었다. 이렇게 값없이 주어지는 생명수의 개념이 사도 요한의 뇌리에 깊이 박혀 있는 듯 보이는데, 왜냐하면 이 "값없이"라는 부사는 요한복음 4장 10절에서도 명사 형태로 등장하고 있기 때문이다. 거기서 예수님은 사람으로 하여금 영원히 목마르지 않게 해주는 물로 상징된 하나님의 값없이 주어지는 선물에 대해서 말씀하셨다.

마찬가지로 에베소서 2장 8-10절에서 바울도 은혜를 "값없이 주어지는 선물"로 설명하고 있다. 값없이 주어지는 선물은 전제 조건도 없고(그렇지 않으면 그것은 삯이 된다), 후속 조치도 없다(그렇지 않으면 그것은 뇌물이 된다).

바울은 여러 차례 이 차이점을 납득시키고자 반복해서 강조하고 있다. 그래서 그는 에베소서 3장 7절에서 다시 한번 "은혜의 선물"을 언급하고 있는데, 여기서 선물에 해당하는 그리스 단어는 *도레안(dorean)*이다. 그리고 로마서 5장에서 바울은 "은혜(grace)"와 "값없이 주어지는 선물(free gift)"이란 단어를 여러 차례 옆에 놓고 있으며, 은혜 대신에 은사 또는 선물이란 단어를 사용하고 있다(롬 5:15, 16, 17). 특히 로마서 5장 17절에서, 바울은 "값없이 주어지는 의의 선물"을 언급하고 있다. 따라서 "값없는 은혜(free grace)"란 용어는 매우 성경적인 개념이다.

만일 값없는 은혜를 가르치는 현대 신학자들이 중복된 표현을 사용하고 있다는 비판을 받아야 한다면, 바울과 요한도 마찬가지로 비판을 받게 될 것이다. "값없는" 또는 "값없이"라는 수식어는 어느 누구도 하나님의 놀라운 은혜에 그 어떤 조건도 붙이지 못하게 하기 위한 것이다. 은혜는 완전히 값없이 주어지는 선물이다.

누가 값없는 은혜를 가르치고 있을까? 많은 사람들이 그 일을 하고 있지만, 자신들의 메시지를 "값없는 은혜" 메시지로 칭하고 싶어 하지는 않을 수 있다. 값없는 은혜는 전천년주의의 산물이다. 오직 전천년주의만이 (지상에 있는 예루살렘에서 이루어지게 될) 그리스도의 천년 통치 이전에 신자들을 위한 심판대(즉 그리스도의 심판대, 고후 5:10)와 천년 통치 이후에 불신자들을 위한 심판대(즉 백보좌 심판대, 계 20:11-15)를 구분한다.

어느 심판대에 서게 될 것인가를 나누는 기준은 그 사람의 행위에 달린 것이 아니라, 그리스도를 믿는 *믿음의 여부에 따라서* 결정된다. 각 심판대에서 사람은 자신의 행위를 따라서 심판을 받게 될 것이지만, 심판 자체가 영원한 운명을 결정하는 것은 아니다. 영원한 운명은 (영원히 하나님과 함께 하게 해주는) 그의 믿음에 의해서 또는 (영원히 하나님에게서 분리되게 하는) 그의 불신에 의해서 이미 결정되었다. 사람의 행위에 대한 심판은 그의 상급을 결정하기 위한 것이지, 그의 운명을 결정하기 위한 것이 아니다. 그러나 그리스도의 지상 천년 통치를 부정하는 무천년주의자들은 이 두 심판대를 하나로 합친다. 이 하나의 심판대에서 신자와 불신자의 심판이 동시에 이루어지게 되는 것이다. 이렇게 신자와 불신자가 자신의 행위에 대한 심판을 동시에 받는 것이 되기 때문에, 구원의 근거는 혼란스러워질 수밖에 없다.

아우구스티누스가 (미래 일에 대한 교리인) *종말론에 대한 입장을 전천년주의에서 무천년주의로 바꾸었기 때문에,* 그는 하나님의 선택이 어떻게 이루어지는 것인가에 대한 그의 입장도 바꿔야 했다. 결국 최종적으로 택함을 받은 자가 되는 요건은 끝까지 충성스럽게 섬기며 *견디는 것이* 되었다(마 24:13). 이렇게 끝까지 견디는 것이 아우구스티누스가 생각했던, 택함을 받는 필수적인 조건이었다.

종교개혁자들은 아우구스티누스의 종말론에 감히 도전할 생각을 하지 못했기 때문에, 이 요건을 그대로 수용했다. 아르미니우스주의자와 칼뱅주의자 모두 죽을 때까지 충성스럽게 섬겨야 천국에 간다고 주장한다. 그렇지 않은 사람은 천국에 가지 못한다. 아르미니우스주의자는 신실하지 못한 자는 구원을 잃는다고 말하고, 칼뱅주의자는 신실하지 못한 자는 애초에 구원받지 못한 자라고 말한다. 어느 쪽이든, 죽을 때까지의 충성스럽게 섬기는 것이 영원한 세계를 하나님과 함께 보낼 수 있는 궁극적인 조건이다.

값없는 은혜 신학자들은 충성스러운 삶이 구원의 요건이 된다면, 그것은 믿음에 행위를 더하는 일이며, 그렇다면 하나님의 이 같은 큰 구원을 선물이 아니라 뇌물로 변하게 만드는 일이라고 주장한다. 이는 그리스도인의 삶을 "기쁨이 가득한 감사하는 삶"이 아니라 "마땅히 해야만 하는 의무로 가득한 노예적인 삶"으로 바꾸는 일이 되어 버릴 것이다.

이 책에서 우리는 요한과 바울이 강조했던, 값없는 은혜와 일치하는 구원론을 제시하고자 한다. 이렇게 함으로써, 우리는 오직 값없는 은혜 신학을 통해서만 이생에서 구원의 확신을 가질 수 있을 뿐만 아니라 그러한 확신 덕분에 생겨나는 평안과 기쁨을 가질 수 있음을 보여주고자 한다.

아우구스티누스 자신이 가르쳤듯, 만일 누군가 자신이 택함을 받았음을 입증하기 위해서 죽을 때까지 충성스럽게 살아야만 한다면, 그는 결코 죽기 전까지 자신이 선택받았는지를 알 수 없을 것이다. 이는 아우구스티누스의 견해를 받아들인 사람들은 이생에서 구원의 확신을 갖는 일은 불가능하다는 것을 의미한다. 하지만 우리는 신자가 자신의 행실에 기초해서가 아니라 자신의 믿음에 기초해서, 자신이 죽기 전에 자신에게 영생이 있음을 알 수 있다(요일 5:13)는 요한의 주장에 일치하는 대안을 제시할 것이다. 그 과정에서 이러한 우리의 신앙이 결코 "값싼" 은혜가 아니라, 조금도 주저함 없이 "값없는" 은혜라는 진실을 선포할 것이다.

헌사

나는 이 책을 오랜 세월 동안 "오직 은혜로 받는 구원"이라는 멋진 교리를 굳건히 지켜온 모든 제자들에게 바치고 싶다. 아울러 하나님의 거룩성의 기준에 결코 부응할 수 없는 이 죽어가는 세상을 향해 이 놀라운 은혜의 메시지를 전하는 일을 하면서, 기쁨이 가득하길 소원한다.

제1장

아우구스티누스의 종말론 변화가 어떻게 기독교 구원론을 형성하게 되었는가

최근 기사[1]에서 우리는 조직 신학을 설명하는 대안적 방법으로 "스프레드 시트 신학(Spread Sheet Theology, 신학을 표로 정리해서 체계화하는 방식)"이라는 개념을 소개했다. 좋은 신학 체계는 통일적이고, 포괄적이며, 일관성이 있고 또한 모든 것이 "딱 들어맞는" 특징을 가지고 있다. 그 말인즉슨, 신학의 어느 한 부분을 크게 변경하면 신학의 다른 부분에도 영향을 미칠 수 있다는 뜻이다. 아우구스티누스(Augustine, 354-430년)가 전천년주의 종말론을 포기해버린 선택이 그러한 예라고 할 수 있다. 즉, 아우구스티누스가 무천년주의 종말론을 선택했을 때, 그의 종말론에서 이 주요한 변화는 그의 신학의 다른 부분, 즉 그의 구원론에 엄청난 영향을 미치게 되었다. 이 장의 목적은 아우구스티누스가 무천년주의로 돌아섬으로써 오늘날 구원론에 어떠한 파장을 일으켰는지를 보여주려는데 있다. 이를 위해 우리는 네 부분으로 나누어 살펴볼 것인데, 각각 아우구스티누스의 종말론, 아우구스티누스의 구원론, 장 칼뱅(John Calvin)의 구원론, 그리고 오늘날의 구원론이란 주제를 다룰 것이다. 물론 이 주제를 다루려면, 엄청난 지면이 필요할 수밖에 없다. 다만 이 장에서 우리가 집중하고 싶은 것은 아우구스티누스의 종말론 변화가 그의 구원론에서 뿐만 아니라 중세 시대부터 오늘날에 이르기까지 서구 기독교계의 구원론에 어떤 영향을 미쳤는지를 보여주는데 있다.

환난 전 휴거설에 토대를 둔, 전천년주의 종말론은 신학계에서 "최근에" 등장한 것으로 비판을 받고 있지만, 사실은 그렇지 않다. 전천년설이 AD 400년까지 종말론에 있어서 표준이었다는 것은 교회 역사가들 사이에서 논쟁의 여지가 없었다.[2] 그러므로 우리는 교부들이 전천년주의자였다고 확실히 말할 수 있다. 그렇지만 그들은 과연 환난 전 휴거론자들이었을까? 환난 전 휴거를 고수하는 이유는 아무래도 초대 교회가 임박한 휴거를 믿었기 때문이다.[3] 만일 누군가 전천년설을 믿고 또한 데살로니가전서 4장에 묘사된 것과 같이 휴거를 믿는다면, 이러한 휴거의 임박성과 일치하는 유일한 연대기적 선택은 대환난이 시작되기 전에 휴거가 일어나는 것일 수밖에 없다.[4] 따라서 초기 교부들이 그리스도의 파루시아와 관련하여 가지고 있던 입장은 다른 어떤 종말론 입장보다 환난 전 휴거설과 전천년설이었을 것이라고 확실하게 말할 수 있다.[5] 알렉산드리아의 오리게네스(Origen)를 제외하면, 이 입장이야말로 아우구스티누스가 등장했을 당시, 종말론에 있어서 주도적인 입장이었다.

아우구스티누스의 종말론

아우구스티누스는 그의 신앙 초기엔 전천년주의자[6]였을 뿐만 아니라 세대주의자였다는 사실은 어떤 사람들에겐 충격적일 수 있다. 만일 우리가 스프레드 시트 신학과 세대주의를 하나의 신학의 체계로 이해하고 있다면 이는 놀라운 일이 아니다. 지상에 문자적인 천년왕국이 설립된다는 것이 세대주의 신학의 핵심이다. 아우구스티누스는 성경 역사의 시기와 구속을 향한 인류의 영적 진보를 일곱 세대로 구분해서 이해하고 있었으며, 이렇게 전통적인 일곱 시대(또는 세대) 모델을 고수했다. 아우구스티누스와 사실상 모든 세대주의자들에 따르면, 처음 다섯 단계는 구약의 역사를 나누는 것으로, 아담 시대, 노아 시대, 아브라함 시대, 다윗 시대, 그리고 바벨론 포로 시대로 구분할 수 있다.7 그리고 나머지 두 단계는 신약의 역사를 나누는 것인데, 바로 교회 시대와 천년왕국 시대다. 천년왕국 시대는 지상의 성도들이 "안식일 휴식"을 누리는 기간이다.8

그러나 북아프리카에서 세 가지 요인이 합쳐지면서 아우구스티누스에게 영향을 끼쳤으며, 그는 천년왕국에 대한 새로운 접근 방식을 취하게 되었다. 첫 번째 아우구스티누스는 도나티스트들(Donatists)의 바카스 축제에 대해서 반감을 품게 되었다. 가톨릭 교회 신자들은 지중해 세계에서 "성경 벨트(Bible Belt)"를 형성했던 북아프리카에 들어온 일종의 침입자들이었다. 그들은 4세기까지는 소수에 불과했다. 이 지역은 도나티스트 교회가 우위를 점하고 있었고, 이 도나티스트들은 그들이 소중하게 여기는 거룩한 책들을 불태우라는 로마 황제 디오클레티아누스(Diocletian, 245-312년)의 압력에 굴복한 변절자들을 다시 받아들일 때 재침례를 주는 문제 때문에 로마 가톨릭 교회와 갈등을 빚고 있었으며 분리주의 노선을 취하고 있었다. 그들은 열정적인 사람들이었다. 도나티스트들은 아무리 혹독한 박해에도 타협할 줄 모르는 "순교자들의 교회"였다. 그들은 장례식을 치르면서 죽은 자의 몸의 전체적인 부분을 보존하기 위해서 젖은 석고에 매장했는데, 이는 장차 오는 천년왕국 시대에 더 나은 몸을 입고 부활함으로써 그리스도와 더불어 다스리는 일을 할 것으로 고대했기 때문이었다. 이렇게 그들은 신실한 신앙에 대한 보상으로 왕 노릇하는 권세를 얻게 된다는 믿음을 가지고 있었다.

그러나 아우구스티누스의 기분을 상하게 한 것은 "죽은 자들을 기념하는 의식"을 진행하는 동안 술에 취한 상태에서 벌이는 축제였다. 그는 이러한 행동을 지상에 설립되는 성도들의 왕국 기간 동안 성대하게 기념되는 유대인의 종말론적인 소망과 연관시켰다. 아우구스티누스는 플라톤적인 성향을 가지고 있었기에, 그러한 물질주의적 향락을 냉소적인 눈길로 바라보았다. 아우구스티누스는 기독교로 회심하기 이전에 방탕한 삶을 살았던 관계로, 금욕적인 성향을 갖고 있었다. 예를 들어, 결혼한 남성이 자식을 가진 후에도 성적 쾌락에 탐닉한다면, 그는 소죄(小罪, venial sins)[9]를 저지른 것으로 간주되었다. 아우구스티누스에게 있어 이러한 죽은 자를 위한 잔치는 *육체적 쾌락이나 감각적 욕망에 대한 과도한 탐닉(carnalis ingurgitation)*에 불과했다. 플라톤의 눈을 통해서 그는 물리적인 육체는 흠이 있고, 불완전하며, 특히 완벽한 형태와 이상적인 모습을 갖춘 영적인 세계와 비교했을 때 더욱 결함이 있는 것으로 이해했다. 인간의 정신은 육체의 감옥에서 고문을 받고 있으며, 그러한 감금상태에서 자유로워져야 할 필요가 있었다. 순례자는 육체적으로 자기를 부인함으로써 그 해방을 서두를 수 있었다. 따라서 그는 성도들의 *카르날레티아(carnallaetitia, 기쁨)*에 대해서 경멸하는 마음이 생기게 되었고, 물질적인 빛이 아닌 영적인 빛으로 천년왕국을 이해하려는 욕구가 커지게 되었다.

히포의 주교(즉 아우구스티누스)를 좌절시킨 두 번째 요인은 AD 500년이 다가옴에 따라 천년왕국주의자들의 흥분이 고조된 때문이었다. 창세기 1장의 창조의 7일은 "우주적인 한 주간"[10]이란 개념을 포함해서 여러 가지 개념들을 위한 상징적인 의미로 사용되었다. 창조의 7일은 시편 90편 4절과 베드로후서 3장 8절("주께는 하루가 천 년 같고 천 년이 하루 같다"), 그리고 요한계시록의 20장의 새로운 세상을 여는 천년과 결합되었다. 마치 주님께서 6일 동안 땅을 창조하시고 일곱째 날에 안식하셨듯이, 세상은 각각 천년씩 여섯 시대 동안 존재하게 되겠지만, 그리스도께서 예루살렘에서 통치하고자 돌아오실 때에는, 천년의 일곱째 시대가 열리게 되고 이에 안식을 누리게 되는 것이었다. 따라서 그리스도께서 언제 돌아오실 것인가 하는 문제는 인류의 시대를 세어봄으로써 쉽게 알아낼 수 있었다. 히폴리투스와 율리우스 아프리카누스(3세기 초)는 예수께서 창조 이후 5,500년째에 태어났다고 계산했다. 그렇다면 그리스도께서는 A.D. 500년에 자신의 왕국을 세우고자 돌아오시는 것이었다. 이 날짜는 율리우스와 히폴리투스 시대의 독자들을 흥분시키지 못했지만, A.D. 400년이 거의 끝나가는 시점이 되자 다가올 천년왕국에 대한 기대가 도나티스트들 사이에 퍼지게 되었고, 그들은 열광하며 흥분하게 되었다. 아우구스티누스의 반물질적인 정서는 이처럼 물질주의적인 천년왕국에 대한 기대감으로 부풀어 오른 풍선에 바람을 빼야겠다는 동기를 부여했다. 그는 성경을 사용하여 천년왕국이 물리적인 것이 아니라 영적인 것임을 증명하고 또한 당시 널리 받아들여졌던 "우주적 한 주간" 연대기를 믿을 수 없게 만듦으로써 그렇게 하고자 했다. 그리고 이 일은 아우구스티누스로 하여금 다른 두 가지 요소를 결합하여 세 번째 요소를 만듦으로써 천년왕국설을 가톨릭의 주요한 교리에서 지울 수 있게 했는데, 그것은 바로 티코니우스(Tyconius)의 해석학이었다.

알렉산드리아의 오리게네스는 종종 아우구스티누스에게 영향을 미쳐, 문자적이고 물리적인 천년왕국을 없애기 위한 도구로 알레고리를 사용하게 만든 장본인으로 알려졌다. 하지만 사실은 그렇지 않았다. 물론 오리게네스는 엄청난 은사와 영향력을 가진 학자였기 때문에 성경을 알레고리적으로 해석하는 것을 성경을 해석하는 대중적인 방법이 되게 하는데 큰 영향력을 미쳤다. 하지만 아우구스티누스가 기독교인이 되었을 때 그의 영향력은 새로운 것이 아니었다. 오히려 390년대에 아우구스티누스를 매료시킨 것은 티코니우스라는 평신도 신학자였다. 폴라 프레드릭센(Paula Fredriksen)에 따르면,

> 티코니우스는 아프리카 신학, 궁극적으로 라틴 신학의 급진적인 변화의 근원에 서 있었으며, 문화의 분리주의와 전통적인 천년왕국론을 재해석하여 아우구스티누스의 신학에서 가장 눈부시고도 독특한 출발점을 제공한 인물이었다. 그리고 가장 정확하게 말하자면 요한계시록을 직접 읽은 결과물을 통해서 향후 800년 동안 서양 교회의 성경해석을 결정한 인물이 바로 티코니우스였다.[11]

티코니우스의 주요 도구는 알레고리가 아니라 모형론이었다. 그는 알레고리의 비역사성을 피하고자 모형론을 사용했으며, 종말의 시간은 우리가 알 수 있는 것이 아니라고 주장했다. 아우구스티누스는 티코니우스의 7가지 규칙[12]을 사용해서, 숫자를 상징으로 바꾸었고, 일곱 번째 천년이 아니라 여섯 번째 천년 시대에 사탄이 결박당하는 것으로, 그리고 일곱 번째가 아니라 여섯 번째 시대에 성도들이 그리스도와 함께 영적으로 통치하는 것으로 해석했다. 성도들이 표적과 기적의 은사를 사용하고 있다는 것은 성도들이 교회 시대, 즉 여섯 번째 세대에서 그리스도와 함께 통치하고 있음을 입증하는 것이었다. 그는 적그리스도, 곡과 마곡의 전쟁, 그리고 첫째 부활 등이 그가 살고 있던 시대에 다 일어나는 것으로 보았다.

아우구스티누스는 시간의 흐름에 따라 단순히 직선적으로 진행되는, 선형적인 모든 종류의 구원사(Heilsgeschichte)를 거부했다. 그에게 하나님의 구원 계획을 시간 선에 억지로 끼워 맞추려는 것은 쓸모없는 일이었다. 그 이유 중 하나는 그리스도께서도 종말의 때가 언제인지 알지 못하셨기 때문이었다. 하나님의 구원을 이루는 매개체는 역사가 아니라 개인이

었다. 성도 개인들은 육체를 가지고 부활할 것이지만, 이 육체의 몸은 지상에 있는 왕국이 아니라 하늘에서 살게 될 것이다. 하나님의 왕국에는 음식도, 자녀를 출생하는 일도, 사회적 관계를 맺는 일도 없을 것이다. 대신, 완전히 성숙한 30대의 모습을 한 존재들이 하나님을 바라보며 섬기는 일을 하게 될 것이다. 그렇다면 아우구스티누스에게 천년 동안 지속되는 일곱 번째 시대는 무슨 의미였을까? 비록 처음 여섯 개의 시대들은 역사적인 것이었지만, 일곱 번째 시대는 성도들 자신이었다. 다시 말해서 "현재의 시대가 지나면 하나님께서는 전에 일곱 번째 날에 안식하셨던 것처럼 안식하실 것이다. 또한 일곱 번째 날에 속한 우리로 하여금 하나님 자신 안에서 안식하게 하실 것이다."(DeCiv. Dei XXII.0, 5)

티코니우스와 아우구스티누스의 이러한 노력은 성공했다고 말할 수 있는데, 이는 가톨릭 주석서들이 대부분의 그들의 해석을 그대로 따랐기 때문이다. 종교개혁자들이 역사의 무대에 등장했을 때, 종말론에 대해서 아무도 관심을 두지 않았다. 수세기를 지나오면서 천년왕국을 언급하는 학자는 없었다. 그런데 아우구스티누스의 영향력은 종말론을 넘어 구원론에서 꽃을 피우게 되었다. 그가 가장 크게 영향을 미친 것은 구원론이었다. 로마 가톨릭 교회, 종교개혁자들, 그리고 기타 다른 신학자들에게 미친 그의 영향력을 평가하기 전에, 우리는 먼저 그의 종말론의 변화가 구원론에 어떤 영향을 미쳤는지를 이해할 필요가 있다.

아우구스티누스의 구원론

아우구스티누스의 구원론이 가지고 있는 두 가지 두드러진 특징은, 교회 교부들의 영향력을 논하는 모든 책에서 그의 구원론이 주요한 토론 주제였다는 것이다. 인간의 타락을 설명하는 그의 접근 방식을 보면, 인간 스스로 천국의 문턱까지 힘겹게라도 올라갈 수 있다고 생각할 꿈도 꿀 수 없을 정도의 완전한 타락으로 설명하고 있다. 하나님의 은혜가 없다면 어느 누구도 영원한 구원을 받는 일은 불가능한 일이 되었다. 완전한 타락과 인간 능력은 구원론 논쟁에서 항상 대립각을 세우는 주제였지만, 타락의 필연적인 결과로 은혜만이 홀로 설 수 있었다. 타락은 은혜의 절대성을 요구하는 것이었다. 하나님의 은혜가 인간이 영원한 구원을 받을 수 있는 유일한 희망이었다. 이러한 샴 쌍둥이 진리에 대해서, 가톨릭과 개신교 모두 아우구스티누스에게 빚을 지고 있다.

앞으로 수세기 동안 은혜에 대한 의견 차이로 인해 논쟁이 끊이지 않을 것이다. 즉 하나님의 은혜는 어떻게 얻는 것인가? 은혜를 한 번만 예치하면 타락한 죄인에게 천국의 문을 열어주는 것인가? 아니면 일생에 걸쳐서 매일 예치해야 하는 것인가? 구원의 은혜는 획득하는 것인가 아니면 아무 공로 없이 거저 주어지는 것인가? 동정녀 마리아와 같은 숭엄한 성인이 하나님의 은혜를 나누어주는 것인가 아니면 구원의 은혜는 전능하신 하나님만의 독점적인 전유물인가? 등등.

어떻게 하나님의 은혜를 얻을 수 있는가에 대한 논쟁을 보면, 종종 아우구스티누스가 그리스어에 대한 지식이 부족했기 때문에 *디카이오오* (*dikaioo*)란 단어를 잘못 이해하고 있었다는 지적이 있어 왔다. 즉 그는 이 단어를 "*의롭다고 선언하다*(*to declare righteous*)"고 정의했던 종교개혁자들과는 달리, "*의롭게 만들다*(*to make righteous*)"[13]라는 현재 부정사 형태로 번역했던 것이다. 이 차이점은 서양 기독교계에 분열을 일으키기에 충분했다. 전자의 의미는 *신분* 또는 *지위*의 변화를 의미하고 있다면, 후자는 *인격*의 변화를 의미했기 때문이다. "의롭게 만들다"는 것은 한 사람의 생애 가운데서 경험해나가는 것을 의미했다면, "의롭다고 선언하다"는 것은 하늘의 법정에서 즉각적인 무죄선언을 의미했다. 이 두 가지 의미에 있어서 시간적인 요소가 매우 중요했다. 아우구스티누스는 칭의(의로운 인격을 만들어나가는 것)를 평생의 노력으로 여겼지만, 루터는 한 순간에 하나님의 법정에서 "의인으로 선언되는 것"으로 이해했다.

처음부터 칭의에 대한 법정적 개념("의롭다고 선언하다")이 마르틴 루터(Martin Luther, 1483-1546년)에게 깨달아진 것은 아니었다. 그가 비텐베르크 성당 문에 95개의 논제를 붙였을 때, 그가 다루고자 했던 문제는 면죄부 판매에 대한 것이었다. 종교 개혁이 공식적으로 시작된 지 약 10년 후(1517년) 루터에게 법정적인 의의 개념과 진리를 가지고 그를 설득한 사람은 그의 동료이자 또한 언어 교사였던 필립 멜란히톤(Philipp Melanchthon)이었다. 하지만 루터가 "법정에서 의롭게 선언되는 칭의"의 중요성을 깨달았을 때, 그는 아마도 바울의 *의인이면서 동시에 죄인(simul iustus et peccator)*의 개념을 분명히 이해한 이래로, 아무도 깨닫지 못했던 진리에 대해서 기술하기 시작했다. 이처럼 명백한 모순, 즉 하나님 앞에서 그의 지위에 있어서 또는 신분적으로는 의인으로(의롭다고) 선언될 수 있지만, 그럼에도 현세적인 몸을 가지고 있는 상태에서 그의 인격과 상태에 있어서는 여전히 죄악될 수 있다는 것은 아우구스티누스가 결코 이해하지 못했던 진리였다. 아우구스티누스는 물세례를 받을 때 (보통 유아세례를 통해서) 중생이 일어나게 되며, 그리스도의 인격(character of Christ)이 죄인의 인격에 주입됨으로써, 죽을 때까지 하나님의 천국에 들어갈 수 있을 만큼 의롭게 된다(의롭다고 선언된다)고 확신했다. 그렇지만 또한 하나님의 선택을 받은 사람들 대부분 검열을 통과하지 못할 것이기에, 그들은 *죄의 마지막 흔적까지 그들의 인격에서 제거될 때까지* 연옥에[14] 갇혀있게 될 것이 분명했다. 그 후에나 그들은 확실하게 천국의 문을 통과할 수 있을 것이다. 그러므로 아우구스티누스에겐 의롭다함을 받는 것이 일생의 과정이었다. 사실, 연옥은 그 과정이 완성되지 않은 사람들을 위하여 하나님이 마련하신 장소였다. 아우구스티누스의 구원론의 이러한 요소들은 셀 수 없을 만큼 많은 학자들에 의해서 체질을 당해왔다.

그렇지만 아우구스티누스의 칭의의 이해와 그의 종말론의 이해 사이의 연관성은, 내가 아는 한, 연구된 적이 없었다. 앞서 살펴본 바와 같이, 아우구스티누스가 티코니우스의 해석학을 접하게 된 것은 390년대 초에 일어 났다. A.D. 400년경, 아우구스티누스는 오늘날 우리가 무천년주의(그리스도께서 문자적이고 실제적으로 천년 동안 통치하는 것이 아니라는 견해)라고 부르는 종말론의 변형적인 입장을 취하고 있었다. 그는 또한 서방 기독교계에서 전천년주의를 무너뜨리려는 목표를 가지고 있었다. 그렇지만 그의 저술 대부분은 A.D. 400년 이후에 작성되었다. 구원론에 대한 그의 대부분의 저술들은 이 시점 이후에 기록되었다. 그리고 아우구스티누스의 구원론과 관련된 저술들을 보면, 하나의 구절이 항상 중심을 차지하고 있었다. 이 구절은 본질적으로 아우구스티누스의 구원론을 이해하는 출발점이라고 할 수 있다. 이 구절은 요한복음 3장 16절이나 에베소서 2장 8-9절이나 심지어 로마서 3-8장에 있는 그 어느 구절보다 더 많이 등장한다. 이 구절은 다름 아닌 *마태복음 24장 13절*, "*끝까지 견디는 자는 구원을 얻으리라*" 는 것이었다.

감람산 강화에 대한 전천년주의자들의 해석에 의하면, 감람산 강화에서 "구원을 얻는다" 는 말의 의미는 적그리스도의 손에 의해서 죽임을 당하는 일을 벗어나거나 또는 대환난 끝에 있게 될 끔찍한 재앙으로부터 육체적으로 구출을 받는 것을 의미한다. 아우구스티누스와 동시대 인물인 크리소스토무스(Chrysostom)의 다음 글을 보면, 그 당시의 교회 교부들의 전천년주의적인 견해를 대표하고 있는데, 아마도 아우구스티누스 자신의 견해와 조화를 이루는 것이었을 것이다.

"그 날들을 감하지 아니하면 모든 육체가 구원을 얻지 못할 것이나 그러나 택하신 자들을 위하여 그 날들을 감하시리라." … 여기서 주님은 예루살렘을 침공한 로마인들이 조금 더 길게 전쟁을 끌고 가기만 한다면, 모든 유대인들은 멸망을 당할 것이라고 말씀하고 계신다. (그러므로 여기서 "모든 육체"라는 말은 유대인들을 가리킨다.) … 그렇다면 여기서 주님이 말씀하신 택하신 자들은 누구를 가리키는 것인가? 바로 유대인들 가운데 섞여 있는 유대인 신자들을 가리킨다. 유대인들로 하여금 복음과 그리스도를 예배하는 일 때문에 이런 재앙이 일어났다고 말하지 못하도록, 그리스도께서는 신자들이 원인이 아니라, 오히려 그들이 없었다면 모두가 완전히 멸망하게 될 것을 보여 주고 계신다. 만일 하나님께서 전쟁이 장기화되도록 허락하셨다면, 유대인의 남은 자들은 남아 있지 못하게 될 뿐만 아니라 그들 가운데 신자들이 된 사람들도 믿지 않는 유대인들과 함께 멸망을 당할 수밖에 없을 것이므로, 주님은 속히 싸움을 멈추게 하실 것이며 또한 전쟁을 끝내실 것이다. 그런 뜻에서 주님은 "그러나 택하신 자들을 위하여 그 날들을 감하시리라"고 말씀하셨다.[15]

물론 크리소스토무스(Chrysostom)는 미래의 대환난이 아니라 A.D. 70년의 상황에 적용하고 있긴 하지만, 어쨌든 우리가 주목해야 할 부분은 그가 "구원받는다(saved)"는 것을 어떻게 이해하고 있었는가 하는 점이다. 여기서 그는 "구원받는다"는 말을 육체적으로 멸망하지 않는다는 뜻으로 이해하고 있다. 이것은 아우구스티누스가 미래의 환난 이후에 지상에 문자적인 천년왕국이 세워진다고 믿었을 때 가졌던 견해였을 것이다. 그러나 문자적인 천년왕국을 없앤 결과, 그는 마태복음 24장 13절에 있는 "구원받는다"는 말의 의미를 새롭게 정의하게 되었다. A.D. 400년 이후에 쓴 그의 모든 저술에서 그는 "구원받는다"는 단어를 영원한, 영적인 구원으로 설정했다. (영원한) 영혼의 구원을 받으려면 (육체적인 생명의) 끝까지 참고 견뎌야 하는 것으로 언급한 곳이 250개 군데가 넘는다. 그의 생각을 분명히 드러내고 있는 몇 가지 내용을 소개하고자 한다. "견인의 은사(gift of perseverance)를 받지 않았다면 누가 영생에 들어갈 수 있겠는가? 그러므로 우리가 '끝까지 견디는 자는 구원을 얻으리라' 는 구절을 읽을 때, 이것이 영원한 구원을 가리키는 것이 아니면 무엇이란 말인가?"[16] 그는 다른 글에서 동일한 생각을 반복해서 주장하고 있다. "견인의 은사를 받지 않았다면 누가 영생에 들어갈 수 있겠는가? 그러므로 우리가 '끝까지 견디는 자는 구원을 얻으리라' 는 구절을 읽을 때, 이것이 영원한 구원을 가리키는 것이 아니면 무엇이란 말인가?"[17] 아우구스티누스는 이 구절과 이 문맥에서 사용된 "구원받는다" 는 말이 육체적인 구원(physical salvation)을 의미하는 것으로 더 이상 생각하고 있지 않다. 그것은 영적인 구원(spiritual salvation)을 가리킬 뿐이다.

아우구스티누스에게 마태복음 24장 13절은 영원한 구원을 얻을 수 있는 절대적인 조건이 되었다. 사람이 진실로 믿을 수는 있지만, 택함을 받지 못할 수도 있다. "하나님께서 그리스도 안에서 거듭나게 하신 자신의 자녀들 가운데, 어떤 사람들에겐 믿음과 소망과 사랑을 주시지만, 그럼에도 끝까지 견디는 은사를 주시지 않는다는 사실이 참으로 놀라운 일이고, 또한 크게 놀라운 일이 아닐 수 없다."[18] 또한 그는 사람이 중생할 순 있지만, 택함을 받지 못할 수도 있다고 보았다. "어떤 사람들은 중생했지만, 택함을 받지 못한다. 왜냐하면 그들은 끝까지 견디지 않기 때문이다."[19] 자신이 택함을 받았음을 입증하는 유일한 방법은 지상에서 육체적인 삶이 끝날 때까지 인내하고 견디는 것이다. 이것이 택함을 받은 사람이 가진 궁극적인 표식이다.

그렇다면 우리는 택함을 받은 사람들을 하나님의 자녀들이자 또한 그리스도의 제자들로 부를 수 있을 것인데, 왜냐하면 그들은 중생한 사람들로서 경건하게 살도록 부르심을 받은 것을 볼 수 있기 때문이다. 그들이 그러한 부르심에 계속해서 거한다면 그들은 진실로 부르심을 받은 사람임이 분명하다. 그럴지라도 만일 그들이 끝까지 견디지 않는다면, 그들은 진정으로 부르심을 받았던 그렇지 않건 상관없이 그들은 부르심을 받은 사람이 아니다. 왜냐하면 그들은 그들이 장래에 무엇이 될지를 아시는 하나님의 눈에는 전혀 그런 사람이 아니기 때문이다. 다시 말해, 의인 중에서 솎아냄을 받게 되는 악인인 것이다.[20]

이러한 구원론을 가지고 있던 아우구스티누스는 사람이 죽음의 순간까지 자신이 택함 받았다는 것을 알 수 없다고 생각했다. 신자가 오늘까지 아무리 의롭고 경건한 삶을 살고 있다 할지라도, 그는 죽음의 직전까지는 항상 믿음에서 떨어질 수 있다(고전 10:12). 이렇게 믿음에서 떨어지게 되면, 이는 곧 이 신자가 처음부터 결코 택함받지 않았다는 것을 입증하는 것이 될 것이고, 또한 그의 일생동안 행한 의를 통해서 가질 수 있었던 확신조차도 참으로 거짓된 확신일 뿐이었다는 사실을 증명할 뿐이다. 그러므로 아무도 죽을 때까지 자신의 구원을 확신할 수 없다.

따라서 누군가 살아있는 동안에는 이 견인의 은사를 받았는지 여부가 불확실할 수밖에 없다. 왜냐하면 그가 죽음 직전에라도 믿음에서 떨어진다면, 그는 당연히 끝까지 견딘 사람이 아니라고 말할 수 있기 때문이다. 그렇다면 끝까지 견디지 않은 사람에 대해서 어떻게 이 은사를 받았다거나 또는 인내했다고 말할 수 있겠는가?[21]

아우구스티누스의 종말론의 변화와 그의 구원론 사이의 연관성은 있는 것인가? 분명 그렇다고 말할 수 있다. 아우구스티누스가 전천년주의자이자 환난 전 휴거설을 믿는 세대주의자라면, 마태복음 24장 13절에서 말하는 구원을 육체적인 것으로 이해했을 것이다. 왜냐하면 앞서 두 번이나 사용된 "끝"(마 24:3,6)이라는 단어와 그 뒤에 나오는 끝이란 단어(마 24:14)는 모두 사람의 생애의 끝이 아니라 "시대의 끝(the end of the age)"을 의미하고 있기 때문이다. 하지만 아우구스티누스가 자신의 종말론을 바꾸었을 때, 즉 그가 창세 이후로 세상이 본 적이 없고 이후에도 다시는 볼 수 없을 엄청난 대환난의 시기가 끝난 후에야(마 24:21) 지상에서 세워지게 될 문자적이고 물리적인 천년왕국을 부정했을 때, 마태복음 24장 13절의 구원을 해석할 수 있는 그의 가능한 해석의 선택사항은 상당히 좁아질 수밖에 없었다. "구원받는다"는 단어가 더 이상 육체적인 의미를 가질 수도 없었고, "끝"이 더 이상 시대의 끝을 의미할 수도 없었다. 그에게 열려 있는 유일한 해석은 영적인 구원이었기 때문에, 그는 이 구절이 그리스도인의 삶을 사는 동안 또한 육체의 삶이 끝날 때까지 끝까지 견디는 신자들만이 천국에 갈 수 있다(즉 구원받을 수 있다)는 의미로 이해했던 것이다.

마태복음 24장 13절을 자신의 구원론의 핵심으로 삼게 된 아우구스티누스는 칭의가 일생의 과정으로 볼 수밖에 없는 이유를 가지고 있었다. 누군가 기독교 신앙을 자신의 육체의 죽음의 순간까지 고수하고 또 실천할 것인지 아무도 알 수 없었기 때문에, 과연 그가 육체적으로 죽을 때까지 의롭게 되는 과정을 성공적으로 마치게 될 것인지 여부는 알 수 없는 일이었다. 그러므로 오늘날에도 로마 가톨릭 교회 사람들은 자신이 죽으면 천국에 갈 것이라는 확신을 가지고 있지 않다. 그들의 견디는 삶이 과연 하나님께 받아들여질 만큼 충분히 좋은 것인지는 결코 알 수 없는 일이기 때문이다.

구원을 이렇게 접근한 결과, 신자가 이 세상의 시끄러운 소리에 영향을 받아 바른 길과 좁은 길에서 이탈하지 않으려면 자기를 부인하고 또한 금욕적인 삶을 살 수밖에 없게 되었다. 그래서 이러한 자기 부인이 이제 영원한 구원의 필수적인 조건이 되었다. 아우구스티누스는 이렇게 말했다. "만일 누군가 자신의 삶의 끝까지 견딘다면 모든 종류의 자기 부정은 구원을 가져다줄 것이다."[22] 만일 누군가 그리스도보다 자기 아내나 부모나 자녀를 더 사랑한다면, 그는 택함을 받은 사람이 아니다.[23] 아무런 편견을 갖지 않은 사람에게 이러한 종류의 "자기 부인을 통한 구원"은 행위를 통해서 영생을 얻으려는 신앙에 지나지 않는다. 그러나 아우구스티누스는 겉으로 보기에 자기를 부인하는 것과 은혜 사이의 모순되는 점을 해결하기 위해서 빌립보서 2장 12-13절과 같은 성경 구절을 인용함으로써, 인내할 수 있는 힘은 사람이 아니라 하나님으로부터 온다는 것을 증명하고자 했다.[24] 하나님께서는 세례를 받고 중생한 신자에게 은혜롭게 능력을 주시고 또한 하나님의 기쁘신 뜻을 행하고 싶어 하는 열망을 주시는 분이시기 때문에 끝까지 견디는 것조차 하나님의 은혜의 산물이다.

물론 아우구스티누스의 구원론에는 여전히 풀리지 않는 문제가 있다. 하나님께서는 은혜롭게도 세례를 받고 중생한 어떤 신자들에게 끝까지 견딜 수 있는 은사를 주시면서도 왜 다른 신자들에겐 주시지 않는 것인가? 이 구원론의 미궁 속을 벗어날 수 있는 유일한 대안은, 바로 그것은 *신비*라고 말하는 것이었다. 신학자가 이러한 분명한 모순점을 그저 신비로 확정하게 되자, 그는 비로소 설명할 수 없는 것을 설명하게 되었고, 풀 수 없는 것을 풀게 되었으며, 수수께끼 같은 것을 해체해버릴 수 있었다! 필립 샤프가 아우구스티누스의 구원론은 우울하고 모순으로 가득하다고 결론을 내렸던 것은 놀랄 일이 아니다.[25]

여기서 중요한 점은 종말론의 변화가 구원론을 변경시키는 결과를 가져왔다는 것이다. 전천년설에서 무천년설로 바뀌면서 아우구스티누스는 마태복음 24장 13절을 재해석하게 되었다. 그는 마태복음 24장에서 "끝"(3,6,14절)이라는 세 개의 구절이 명백하게 시대의 종말을 의미하고 있음에도 불구하고 이것을 완전히 무시하고서, 이 단어를 그저 개인의 육체적 삶의 끝으로 해석하였으며, "구원받는다"는 단어도 영혼의 구원으로 해석했다. 이러한 해석의 결과, 세례를 받은 중생한 신자들 가운데서도 자신의 삶이 끝나는 날까지 그리스도에게 신실한 사람들만 택함을 받을 수 있게 되었다. 잘못된 성경 신학은 잘못된 조직 신학으로 이어질 수밖에 없는 법이다. 그러나 누군가 "그것이 어떻다는 것인가? 아우구스티누스는 1,600년 전에 글을 썼던 사람이다. 그는 로마 가톨릭 교회에 영향을 미쳤을 수 있지만, 종교개혁자들은 로마 가톨릭 교회에서 벗어났다. 나의 신앙은 로마 가톨릭에게서 온 것이 아니라 종교개혁자들에게서 왔다"라고 말하고 싶을 것이다. 우리는 그런 사람들에게 "아, 친구여, 당신은 아우구스티누스가 종교개혁 교회에 미친 영향을 이해하지 못하고 있군요"라고 대답할 수 있어야 한다.

장 칼뱅의 구원론

앞서 살펴보았듯이 *의인이면서 동시에 죄인(simul iustus et peccator)*의 개념은 필립 멜란히톤을 통해서 마르틴 루터에게 전달되었고, 장 칼뱅은 마르틴 루터와 등반을 함께 했다. 1536년 장 칼뱅이 처음 『기독교강요(Institutes)』를 출간했을 때에는 6개의 장으로만 구성되어 있었다. 그는 로마서 4장을 근거로 오직 믿음에 의한 법적인 칭의(forensic justification)를 옹호했다.[26] 그는 죄인이 하나님의 아들 예수 그리스도를 통해서 값없이 주어지는 영생을, 믿음에 의해서 선물로 받아들이는 순간, 바로 그 순간에 그 사람은 의인으로 선언 받을 수 있다고 이해했다. 그 결과, 과거, 현재, 미래의 어떤 죄도, 죄인에서 성도로 바뀐 이 사람이 천국에 들어가는 것을 막을 수 없게 되는 것을 의미했다.

여기까지가 의인(iustus)에 대한 내용이다. 이제 죄인(peccator)은 어떻게 되는 것인가? 죄인에서 성도가 된 사람은 여전히 하나님의 거룩성에 미치지 못할 뿐만 아니라 여전히 죄악된 본성으로 살아가게 되는데, 어떻게 하나님에 의해서 의롭다고 선언될 수 있는 것인가? 처음에 종교개혁자들은 그들이 칭의라고 부르는 것과 오늘날 많은 신학자들이 점진적인 성화라고 부르는 것이 서로 이혼하는 양상을 목격했다. 칭의는 하늘의 법정에서 한 순간에 이루어졌다. 반면 성화는 그리스도의 성품에 순응하고 또한 그리스도를 닮아 가는 과정이었다. 그러나 칭의가 성화를 보장해주는 것은 아니었다.

그러자 1545년에 종교개혁자들의 교리를 반박하려는 뜻에서 로마 가톨릭 교회의 반대파에 의해서 트렌트 공의회가 결성되었다. 이 공의회는 1563년까지 계속해서 모임을 가졌다. 그들은 종교개혁자들의 칭의교리가 방종을 조장한다고 비판했다. 사람들에게 그들의 미래의 죄까지도 이미 그리스도 안에서 용서되었다고 말하는 것은, 그들이 원하는 대로 살아도 죽으면 천국에 갈 수 있다고 말하는 것과 같다는 주장이었다. 트렌트 공의회는 이런 종류의 설교가 방탕한 삶을 조장한다고 비난했다. 이러한 공격에 대한 답변이 필요했고, 장 칼뱅은 계속해서 글을 썼다. 1559년에 기독교 강요를 완성했을 때, 이 책은 80개의 장으로 늘어나게 되었다. 그리고 트렌트 공의회의 압박 속에서, 칼뱅은 칭의와 성화를 다시 결합시켰다. 그는 이렇게 말했다. "당신은 그리스도의 성화에 참여하지 않고는 그리스도를 소유할 수 없다. … 우리를 의롭게 하시는 그리스도 안에는, 성화가 칭의만큼이나 포함되어 있다."[27] 칼뱅이 이렇게 칭의와 성화를 재결합시킨 근거는 무엇이었을까? 바로 아우구스티누스의 영향 때문이었다.

그렇다. 아우구스티누스의 긴 팔은 "암흑기"[28](A.D. 411-1000)를 가로질러 서방 교회 역사의 중세 시대(A.D. 1054-1500)까지 길게 늘어져 있었다. 암흑기 이후 중세 학자들은 교부들에게로 돌아갔다. 서양에서는 라틴 저자들에게로 가는 것이 자연스러운 일이었다. 따라서 대부분의 중세 사상가들의 출발점은 아우구스티누스의 저술을 탐구하는 것이었다. 중세 시대 "대분열"(1378-1418)은 교황청의 자리를 놓고서 로마와 프랑스의 아비뇽이 다투던 시기였고, 이 기간 동안 아우구스티누스와 암브로시우스의 저술은 파리와 그 주변 지역에 있는 거의 모든 대학에서 집중적인 연구의 대상이 되었다. 피터 롬바르드(Peter Lombard)는 1140년에 파리에 있는 자신의 제자들을 위해 『네 권의 명제집(Four Books of Sentences)』을 제작했다. 이 책은 성경 구절들과 교부(敎父)들의 글을 주제별로 나열한 것이었다. 그의 과제는 성경과 교부들의 글을 대조해서 겉으로 보기에 모순처럼 보이는 것들에 대한 답변을 하는 것이었고, 이로 인해 그의 학생들은 아우구스티누스의 사상과 씨름해야만 했다. 롬바르드의 책은 당시 가장 중요한 출판물이었으며, 모든 신학자들은 이 책에 대해서 주석을 달아야 했다. 시간이 지나면서 파리 대학은 유럽에서 가장 중요한 학문의 중심지가 되었다. 소르본느 대학(College de la Sorbonne)은 그냥 "소르본느"로 알려지게 되었으며, 파리 대학과 동의어가 되었다. 이 대학은 에라스무스와 장 칼뱅을 배출했다.

1,500년경 아우구스티누스 사상은 유럽 학계에 널리 퍼져 있었다. 에라스무스는 아우구스티누스의 저술을 편집하는 작업을 하면서, 이 일을 촉진시키는데 도움을 주었다. 그러나 에라스무스 이전에도 "아우구스티누스 학파"는 파리 뿐만 아니라 영국에서도 발전했다. 옥스퍼드의 토마스 브래드워딘(Thomas Bradwardine)은 칭의를 펠라기우스의 교리로 접근했다. 그는 지지를 얻고자 아우구스티누스의 가르침을 탐구했다. 백년전쟁으로 인해서 영국과 대륙 사이에는 큰 교류가 없었다. 하지만 파리 대학교의 리미니 출신의 그레고리가 유럽의 브래드워딘의 상대였다. 그는 아우

구스티누스 수도회의 일원이었으며, 그곳은 몇 년 후 마르틴 루터를 배출하게 되었다.

　이 모든 것은 장 칼뱅이 기독교 강요를 완성시켰을 때, 그는 그의 신학이 철저하게 아우구스티누스에게서 온 것이라고 주장할 수 있었다는 것을 말해준다. 하지만 칼뱅의 신학이 철저하게 아우구스티누스에게서 온 것이라면, 우리는 그의 구원론에 대해선 어떻게 말할 수 있는가? 확실히 칼뱅의 법적인 칭의 개념은 아우구스티누스가 주장한 일생의 칭의 과정에서 크게 벗어나 있었다. 그렇지 않은가? 안타깝게도 트렌트 공의회를 통해 로마 가톨릭 교회의 압력을 받고 있던 장 칼뱅은 "믿는 순간 의롭게 된다"는 자신의 믿음이 방종한 삶을 초래한다는 비난에 대한 답을 마련해야 한다는 압박을 받고 있었다.

　로마 가톨릭 교회는 아우구스티누스의 칭의교리, 즉 "평생에 걸쳐서 의롭게 된다"는 교리를 그대로 받아들였다. 트렌트 공의회에서 로마 가톨릭 교회는 칭의를 의롭게 되어가는 과정으로 정의했지만, 천국에 가기 위해서는 칭의를 보강할 필요를 느꼈다.[29] 대죄(mortal sin, 大罪)는 평생에 걸쳐서 축적한 칭의를 무효화시킬 수 있지만, 참회(penance)를 통해 이를 회복할 수 있다고 가르쳤다. 그리고 로마 가톨릭 교회는 죽기 전에 천국에 갈 수 있는지 알 수 없다는 아우구스티누스의 믿음을 이어갔다. "어느 누구도 믿음의 확실성을 주장할 수 없으며, 자신은 아무런 죄를 짓지 않았다고 고백할 정도로 하나님의 은혜를 얻었다고 말할 수도 없다."[30] 이생의 삶에서 얻을 수 있는 최선은 "두려움과 불안"이 섞인 희망일 뿐이었다. 하나님은 성도들의 선행을 보상해주시는데, 사실상 이러한 선행을 할 수 있는 힘도 하나님이 주신다. 그리고 이러한 상급은 천국의 문을 여는 데 도움을 준다.[31]

　트렌트 공의회는 칭의는 선행을 통해서 축적되는 것이 아니라고 말하는 사람에게 저주를 퍼부었다.[32] 선행이 천국에 들어가는데 보탬이 되지 않는다고 믿는 사람에게도 저주를 퍼부었다.[33] "전가된 의"의 개념을 도덕적 노력을 파괴시키는 심각한 위협으로 여겼다. 브루스 데머리스트 (Bruce Demarest)는 로마 가톨릭 교회의 접근 방식을 다음과 같이 요약했다.

전통적인 로마 가톨릭 학자들은 하나님께서 신자들에게 새로운 본성을 주입해주시며 또한 선행을 행할 수 있는 능력을 주신다고 믿고 있다. 가톨릭 신학에서 칭의는 포괄적인 의미를 담고 있는데, 즉 개신교가 중생과 성화라고 부르는 것을 모두 포함하고 있다고 보고 있다. 로마 가톨릭 교회에게 칭의는 하나님 편에서 의롭다고 선언하시는 객관적인 것이 아니라, 인간 편에서 의롭게 되는 평생의 과정이다.[34]

이런 압박 때문에 칼뱅은 자신의 교리를 도덕률 폐기론으로 고발하는 사람들에게 들려줄 그럴듯한 답변이 필요했다. 칼뱅의 변론은 이러했다. 즉 그는 하나님의 법정에서 그리스도를 믿는 믿음을 통해서 즉시 의롭다고 선언된 사람은 육체적인 죽음을 맞이하기 전에 이 세상에서 충분한 시간이 주어지기만 한다면 확실히 그리스도 안에서 영적인 성장과 성숙으로 나아갈 것(점진적인 성화의 과정을 거치게 될 것)이라고 주장했다. 다시 말해서 칭의는 성화, 또는 마태복음 24장 13절을 보증하는 것이었다. 이는 곧 육신의 삶이 끝나는 날까지 믿음 안에서 견디는 사람만이 영원한 구원을 받게 되는 것이었다. 또 다시 아우구스티누스의 마태복음 24장 13절에 대한 이해가 택함을 받는 사람이 누구인가를 가르는 기준이 되었다. 진정으로 택함을 받은 사람은 끝까지 견딜 것이고, 만일 끝까지 견디지 못하면 택함을 받은 사람이 아닌 것이다. 물론 이로 인해서 칼뱅 또한 아우구스티누스가 발전시킨 것과 같은 종류의 모순적인 인과관계에 빠지게 되었다.

진정한 기독교의 모든 특성을 가지고 있었지만 그럼에도 죽기 직전에 신앙에서 멀어지는 신자들에 대해서 우리는 무슨 말을 해야 하는가? 오늘날 많은 복음주의자들은 그런 사람들을 가리켜 "입술로 신앙을 고백했지만 영생을 소유한 적이 없는 사람"이란 용어를 사용한다. 그들은 자신을 신자로 고백했지만, 실제로 그들의 신앙은 지적인 동의에 불과했기 때문에 구원 받은 믿음은 아닌 것이다. 따라서 이렇게 입술의 고백만을 가지고 있는 신자들은 참 신자가 전혀 아니다. 그들은 신앙을 고백하지만 신앙을 소유한 사람이 아니다. 그러나 이런 설명은 아우구스티누스가 한 것이 아니었다. 칼뱅이 한 것도 아니다.

아우구스티누스는 택함 받지 않은 사람도 참 믿음을 가질 수 있다고 말했다. 아우구스티누스는 택함 받지 않은 사람도 성령에 의해서 진정으로 중생할 수 있다고 말했다. 그러나 그들은 모든 은사 중 가장 중요한 것, 곧 끝까지 견디는 은사를 받지 못했기 때문에 이 중생한 신자들은 택함 받지 않은 사람인 것이다.[35] 성경은 중생한 사람이 택함 받지 않았다고 말한 적이 없다는 사실은 지금은 잊자(베드로전서 1장 1, 3절, 디도서 1장 3절, 3장 5절을 보라). 앞서 언급했듯이 이 문제로 압박을 받았을 때 아우구스티누스는 이 모순을 "신비"로 설명했다. 칼뱅도 비슷한 함정에 빠졌다. 칭의와 성화를 재혼시키는 일을 했던[36] 칼뱅은 어떤 사람이 택함 받은 자가 맺을 법한 모든 좋은 열매를 맺었음에도 불구하고 이 세상 삶의 마지막 순간까지 견디지 않았기 때문에 결국 택함 받은 사람이 아닌 것이 되는 것인지를 설명할 수 있는 방법을 찾아야 했다. 그가 찾아낸 대답은 그러한 사람들은 "일시적인 믿음(temporary faith)"을 가지고 있었을 뿐이라는 것이었다. 그는 일시적인 믿음에 대한 자신의 이해를, 씨 뿌리는 자의 비유에 대한 해석과 히브리서 6장의 경고, 그리고 마태복음 7장 21절에서 예수님을 향해 "주여 주여"라고 말하는 사람들을 향한 경고에서 찾아내었다.[37] 그에 대한 사례로, 칼뱅이 히브리서 6장 4-5절에 대해서 말한 내용을 소개하고자한다.

나는 바울이 믿음을 택함 받은 결과라고 선언했음에도, 버림받게 된 사람들도 믿음을 가지고 있었다고 말하는 것이 어떤 사람들에게는 이해하기 힘든 일이라는 것을 알고 있다. 이 어려움은 쉽게 해결된다. 왜냐하면 경험은 버림받은 자들도 때때로 택함 받은 자들과 거의 동일한 신앙의 감정을 느낄 뿐만 아니라, 그들 스스로 생각하기에도 자신들이 택함 받은 자들과 전혀 다르지 않음을 보여주기 때문이다.[38]

따라서 히브리서 6장에 나오는 사람들은 전에 비춤을 얻었고, 하나님의 선한 말씀과 하늘의 은사와 장차 올 세상의 능력을 맛보았지만, 그럼에도 타락했기에, 이는 그들이 결코 택함 받은 일이 없었다는 것을 증명하는 것이었다. 칼뱅은 이러한 성령의 역사를 "무효한" 부르심 또는 "성령의 열등한 역사"라고 불렀다.[39] 칼뱅은 버림받은 자들에게 하나님을 그렇게 충만하게 경험할 수 있도록 허락하신 것은 결국 하나님께서 그들을 영원히 거절하시는 이유를 정당화한다고 생각한 듯하다. 딜로우(Dillow)는 이렇게 설명한다.

이 가르침의 핵심 주장은 하나님께서는 버림받은 자들에게 효과적인 부르심은 아니지만 거의 비슷한 정도의 영향력을 가지고 있는 초자연적인 역사를 허락하신다는 것이다. 그러한 사람은 깨우침을 받고, 영적인 것들을 맛보고, 영적으로 성장하며, 택함 받은 자들과 유사한 영적인 감정을 가지고 있다. 그러나 하나님께서는 이 사람을 속여 자신이 택함 받았다고 믿게 함으로써 그가 마침내 타락했을 때 하나님께서 그를 정죄하시는 것 외에는 할 것이 없게 만드시는 듯하다. 결국, 이 사람은 "맛만

본" 사람일 뿐이다.[40]

분명히, 하나님께서 허락하신 그러한 깊은 경험은 버림받은 자들이 실제론 자신들이 진정으로 믿지 않았기에, 훨씬 더 변명할 수 없게 만들 것이다. 적어도 이러한 신정론(theodicy)은 아우구스티누스가 설명할 수 없는 모순을 "신비"라고 불렀던, 그의 신학적인 변명을 한 단계 넘어 서는 것이라고 할 수 있다.

하지만 "경험은 버림받은 자들도 때때로 택함 받은 자들과 거의 동일한 신앙의 감정을 느낄 뿐만 아니라, 그들 스스로 생각하기에도 자신들이 택함 받은 자들과 전혀 다르지 않음을 보여준다"는 이처럼 확신에 넘치는 진술이 미치는 영향을 상상해보라. 따라서 여기에는 택함 받은 자로 보이는 두 그룹의 사람들이 있으며, 두 그룹 모두 "스스로 생각하기에" 택함을 받은 사람들이다. 하지만 칼뱅에 따르면, 택함 받은 사람처럼 보이고 (즉, 그들도 택함 받은 사람들과 같은 열매를 맺기에) 또 자신이 택함 받은 자라고 생각하는 사람들 중 일부는 실제로 택함 받은 사람이 아니며, 죽기 전에 타락함으로써 이 사실을 입증하게 될 것이다. 이 가련한 그룹의 사람들은 자신이 택함 받았다고 생각하지만 사실은 자기 자신도 속은 채 나중에 배도의 길을 가는 사람들일 뿐이다. 이러한 가르침을 따르는 사람은, 그야말로 자신이 죽을 때까지는 어느 누구도 자신이 택함을 받은 사람인지 여부를 알 수 없을 것이다. 물론 이것은 아우구스티누스가 가르친 것과 정확하게 일치하며, 또한 칼뱅도 자신의 신학을 일관되게 적용한다면 동일한 결론에 이를 수밖에 없다는 사실을 인정했을 것이다. 하지만 그는 인정하지 않았다.

자신이 택함 받은 사람 중 한 사람이라고 생각했지만 실제로 버림받은 사람 중 한 사람이 될 수 있다는 끔찍한 가능성 때문에, 칼뱅은 "한편, 신자들은 자신을 신중하고 겸손하게 살펴야 하며, 이로써 혹시라도 '육신적인 안전감'에 마음을 놓거나 헛된 '믿음의 확신' 위에서 잠을 자지 않도록 해야 한다"[41]고 말했다. 따라서 이제 우리는 "육신적인 안전감"과 "믿음의 확신"을 구분할 필요가 생겼다.

칼뱅은 이제 자신이 할 수 있는 한 최선을 다해서, 종교개혁의 모토라고 할 수 있는 즉각적으로 의롭게 되는 칭의교리를 무천년주의 신학체계 안에서 유지하기 위해 가능한 한 최선을 다하고자 했다. 즉 의인은 끝까지 견뎌야 하며, 끝까지 견디지 못하는 사람은 아예 처음부터 의롭게 된 일이 없는 사람이 되는 것이었다. "하나님은 오직 택함을 받은 사람들이 끝까지 견디도록, 그들에게만 살아 있는 믿음의 뿌리를 심으신다."[42]

칼뱅은 씨 뿌리는 자의 비유에서 열매를 맺은 사람들 가운데에서도 어떤 사람들은 택함을 받지 않았다고 생각했다. "… 충분히 깊게 심겨지지 않은 나무도 뿌리를 내릴 수는 있지만 시간이 지남에 따라 시들어갈 것이다. 심지어 몇 년간은 잎사귀와 꽃을 피울 수 있을 뿐만 아니라 열매를 맺을 수도 있다."[43] 그는 자신의 가르침이 가져올 수 있는 파급력을 깨달았던 것 같다. 그래서인지, 그의 글에는 다양한 반론에 대한 답변이 곳곳에 흩어져 있다. 하지만 이러한 답변들은 오히려 문제를 더 복잡하게 만들 뿐이었다. 한 가지 예를 들어보자면, 이렇다.

만일 신자들이 자신의 입양(즉 하나님의 자녀 됨)을 확신할 더 강력한 증거가 없다는 반론이 제기된다면, 나는 하나님의 택함을 받은 자들과 일시적으로 반짝거리는 믿음을 가진 자들 사이에는 큰 유사성과 연관성이 있지만, 그럼에도 택함을 받은 자들만이 바울이 칭찬한 그 완전한 확신을 갖고 있으며, 이러한 확신을 가지고 그들은 하나님을 '아바, 아버지'라고 부를 수 있다고 답할 것이다.[44]

그런데 이 설명이 정말 도움이 되는가? (진짜든 상상 속이든) 신자는 어떻게 자신이 완전한 확신을 가지고 있다고 말할 수 있는가? 어쩌면 그의 확신은 부분적인 것일지도 모르는데, 어떻게 이를 구분할 수 있는가? R.T. 켄달(Kendall)은 이 문제를 인식하고서 이렇게 쓰고 있다.

만일 버림받은 자들이 택함받은 자들과 "거의 똑같은 영적인 감정"을 경험할 수 있다면, 버림받은 자들이 마지막으로 경험하는 것이 무엇인지 알 길이 없다. 더 나아가, 버림받은 자들도 하나님께서 자신들에게 자비를 베푸신다고 믿을 수 있다면, 우리도 동일한 것을 믿고 있는 것인데, 과연 우리가 믿는 것이 그들과 다르다고 어떻게 확신할 수 있단 말인가? 우리의 '믿음의 시작'이 구원에 이르게 해주고 또 버림받은 자들의 '믿음의 시작'은 그렇지 않다고 어떻게 확신할 수 있는가?[45]

칼뱅은 이 문제를 더 깊은 구덩이로 몰아넣었다. 그는 성령께서 택함받은 자들에게 주시는 내적 확신에 대해 말하지만, 동시에 버림받은 자들도 비슷한 감각을 가질 수 있다고 말한다. 이런 가르침 아래에서는 누구도 자신의 구원을 확신할 수 없다. 그는 죽는 순간이 되어서야 비로소 자신이 택함받은 자인지 알 수 있을 뿐이다. 로마 가톨릭 교회의 압박으로 인해서 칼뱅은 그가 정작 벗어나고 싶어 했던 가톨릭 신학 체계에 내재된 영원한 미래에 대한 두려움 속에 다시 빠지게 되었다. 딜로우는 이 문제를 정확히 지적하면서 이렇게 말했다.

최종적인 결론 부분에서 칼뱅은 최소한 마지막 순간까지 붙잡고 있던 확신의 가능성을 내던져 버렸다. 그가 택함받은 자의 믿음과 버림받은 자의 믿음 사이의 유일하고도 확실한 차이점은 전자의 믿음이 끝까지 견디는 것이라고 확정했을 때, 그는 이제 구원의 확신을 사실상 불가능

한 것으로 만들어버렸다.[46]

요약하자면, 우리는 지금 독자들에게 스프레드 시트 신학(Spread Sheet Theology)의 실상을 보여주려고 노력하고 있다. 하나의 신학체계에 입력된 하나의 교리를 변경하는 것은 분명 그 신학체계에 입력된 다른 교리를 변경시킬 가능성이 높다. 아우구스티누스가 자신의 조직신학을 바꾸었을 때, 그것은 조직신학에 엄청난 영향을 끼쳤다. 마태복음 24장 13절(즉 영원한 구원을 받으려면 자신의 육체적 삶의 끝까지 견뎌야 한다는 것)이 그의 구원 체계의 초석이 되었다. 이 마태복음 24장 13절을 근거로 한 그의 논리의 산물로서 연옥(Purgatory)이 발전하게 되었다. (즉, '만일 어떤 사람이 믿음 안에서 자신의 인생의 끝까지 견뎠었지만, 여전히 그의 성품에 죄의 잔재가 남아 있다면 어떻게 해야 하는가? 라는 질문에서 출발한 것이다. 그래서 등장한 것이 바로 연옥이었다.) 로마 가톨릭 교회는 종말론과 구원론 모두에서 아우구스티누스의 신학을 받아들였다.

칼뱅과 같은 종교개혁자들은 아우구스티누스의 종말론(즉 무천년설)은 유지했지만, 구원론(즉 법정적 칭의론)은 바꾸고자 노력했다. 하지만 그것은 마치 낡은 가죽 부대에 새 포도주를 붓는 것 같았다. "의롭다고 선언하는 것"은 아우구스티누스의 마태복음 24장 13절의 이해와 함께 왈츠를 출 수는 없었다. 마태복음 24장 13절이 우세했다. 루터와 츠빙글리가 저항하면서 혼신의 힘을 다해 싸웠던 칭의와 성화의 재혼이 제네바에서 마침내 성사되었다. 그리고 개혁주의 전통에서 목회자를 양성해온 제네바 아카데미를 통해서, 아우구스티누스와 칼뱅의 오류는 오늘날까지 이어지고 있다. 아우구스티누스의 마태복음 24장 13절에 대한 이해(즉 무천년설에 기초한)가 현대 구원론의 문제점으로 남게 되었다. 이는 최소한으로는 구원의 확신을 약화시키고, 최대한으로는 행위 중심의 구원을 가르치는 결과를 낳았다.

오늘날 서구 기독교의 구원론

오늘날 서구 기독교의 구원론은 크게 두 가지 범주로 나눌 수 있다. 로마 가톨릭의 구원론과 개신교의 구원론이다. 전자는 아우구스티누스의 칭의론을 완전히 흡수했으며, 신앙을 고백하는 신자가 택함을 받았는지의 문제를 그가 죽을 때까지 의문 속에 남겨두고 있다. 택함받은 자가 "의롭게 되는 것"은 그의 생애 동안 계속 진행되며, 필요하다면 죽은 후에 연옥에서 계속 이어진다. "아우구스티누스의 구원론"이란 제목에서 이미 살펴보았듯이, 마태복음 24장 13절에 대한 무천년주의적 이해에 기반해서 인생의 끝까지 믿음 안에서 견디는 것이 일반적인 가톨릭의 구원론, 특히 칭의론의 근거가 되었다.

개신교 내에서는 장 칼뱅이 제네바 아카데미를 통해 동일한 칭의 교리를 서구 전역에 전파하는 데 가장 큰 영향을 미쳤다. 그들의 무천년주의 입장과 마태복음 24장 13절을 영혼의 구원으로 해석한 일은 현대의 영적인 열매 검사라는 산업을 꽃피우게 했다. 테오도르 베자, 윌리엄 퍼킨스, 그리고 영국의 칼뱅주의자들의 열매 검사방법은 R.T. 켄달에 의해서 잘 정리되었다.[47] 이 모든 사람들은 마태복음 24장 13절을 그들 나름대로 이해한 바를 따라 해석하면서, 칼뱅이 히브리서의 경고 구절을 해석하면서 제안했던 "일시적 믿음"이란 해법을 채택했다. 만일 어떤 사람이 택함받은 자의 열매와 택함받은 자의 믿음을 가지고 있지만, 그의 육체의 삶이 다하는 순간까지 믿음 안에서 끝까지 견디지 않는다면, 그렇다면 하나님께서는 그 신자에게 그저 "일시적 믿음"만을 주셨을 뿐이라는 결론을 내릴 수밖에 없게 된 것이다. 여기서 유의해야 할 점은, 이것이 가짜 믿음이나 헛된 믿음이 아니라는 것이다. 이것은 진짜 믿음이긴 하지만 아쉽게도 일시적인 믿음이다. 그러므로 진실한 믿음이지만 일시적인 믿음을 소유한 사람은 택함받지 않은 사람인 것이다.

마태복음 24장 13절을 *시네 쿠아 논(sine qua non)*, 즉 영원한 구원의 필수 조건으로 삼는 이러한 접근방식은 천국에 들어가는 최종 기준에 있어서, 아르미니우스주의자들과 칼뱅주의자들 사이에 실상은 아무런 차이점이 없게 만들었다. R.T. 켄달은 이 사실을 지적하면서, 성도의 견인에 대한 분별에 있어서 청교도적 성향의 칼뱅주의자들과 아르미니우스주의자들은 같은 입장을 가지고 있다고 다음과 같이 말하고 있다.[48]

> 퍼킨스가 만일 첫 번째 은혜를 받은 사람은 반드시 두 번째 은혜(끝까지 견디는 은혜)를 얻어야 한다거나 아니면 처음 믿음(초기 믿음)이 무효화된다는 입장을 가지고 있다면, 이 두 입장 사이에 실제적인 차이는 전혀 없다. 신자가 끝까지 견디지 않는다면(아르미니우스가 말했건 퍼킨스가 말했건), 그런 사람은 택함받지 않은 사람으로 입증될 것이다.[49]

영적인 열매 검사법이 바다를 건너 미국으로 건너오면서, 유사한 그룹이 생겨났다. 찰스 핫지(C. Hodge)가 이 그룹을 대표한다.

> 선택, 부르심, 칭의, 구원은 분리할 수 있는 것이 아니라 하나로 묶여 있다. 따라서 자신이 부르심을 받았다는 명확한 증거를 가지고 있는 사람은 자신의 선택과 최종적인 구원에 있어서 동일한 증거를 가지고 있다. … 선택을 받았다는 유일한 증거에는 효과적인 부르심이 있는데, 다시 말해서 참 신자의 삶 속에 거룩이란 열매를 산출한다는 것이다. 그리고 이 부르심의 진실성 여부와 끝까지 견디는 일의 확실성 여부를 확인할 수 있는 유일한 증거는 끝까지 견디며 인내하는데 있다.[50]

또한 존 머레이(John Murray)는 이렇게 말했다. "성도의 견인이란 끝까지 견디는 사람만이 진정한 성도라는 사실을 매우 강력하게 상기시켜 주고 있다."[51]

그렇다면 끝까지 견인해야 한다는 이러한 개념은 "그리스도의 교회"와는 무슨 관계가 있을까? 그들의 주요한 대표자 가운데 한 명인 R. 생크(Shank)는 이렇게 썼다. "분명한 것은 사람이 믿음 안에서 최종적으로 견인할 때에만(또는 견인하지 못할 때에만) 알 수 있다는 것이다. 믿음 안에서 끝까지 견디지 않은 사람에게는, 그 사람이 택함을 받았다는 것은 아무 의미가 없을 뿐만 아니라 최종적인 구원을 전혀 보장하지 못한다."[52] 하지만 생크는 순수한 아르미니우스주의자였다. 그는 성도의 영원한 안전에 대한 진리에 이의를 제기하면서 남침례교 협의회를 떠났다. 마태복음 24장 13절을 무천년주의로 해석해서, 끝까지 견디는 사람만 구원을 받는다는 교리를 연구해 보면, 결국 칼뱅주의와 아르미니우스주의가 얼마나 유사한지 알 수 있다.

그러나 문법적-역사적 방법의 면밀한 검토 하에 이루어진 현대 주석학의 발전 덕분에, 마태복음 24장 13절의 "끝"을 마태복음 24장 3, 6, 14절의 "끝"과는 다르게 해석하는 것의 오류를 밝히 드러낼 수 있었다. 그러므로 존경받는 보수적인 신학교 교수이자 또한 현대 신약학자인 스콧 맥나이트의 설명을 살펴볼 필요가 있다.

1992년 한 학회지에서 스콧 맥나이트(Scot McKnight)는 히브리서의 경고 구절들을 다루었다.[53] 그가 해결해야 했던 첫 번째 문제는, 과연 히브리서의 수신자가 신자인가 아니면 불신자인가의 문제였다. 금을 채굴하는 채굴자처럼 그는 매우 주의 깊게 증거를 체로 걸러내듯 다루었다. 한 장한 장 심혈을 기울인 연구를 통해서 증거를 수집하고 부정할 수 없는 결론을 내렸는데, 바로 히브리서 수신자들은 가짜 신자나 단순히 입술만의 신앙고백자들이 아니라 실제적인 참 신자라는 것이었다. 그는 "일시적인 믿음"을 가진 사람일 뿐이라는 칼뱅의 해법과 설명을 좋아하지 않았다. 그래서 그는 참 신자가 어떻게 지옥에 갈 수 있는지에 대한 또 다른 해결책을 찾았다. (이것이 그의 결론이었다.)

맥나이트는 끝까지 견뎌야 구원을 받는다는 개혁주의 신학적 입장에서, 이 히브리서 수신자들을 불신자라고 선언하지 않은 점에서 칭찬을 받을만 했다. 그러나 그는 삶의 끝날 까지 인내하는 신자들만이 택함을 받은 사람이라고 확신했기 때문에, 참 신자일지라도 지옥에 가는 사람들은 어떠한 사람들인지에 대해서 설명을 해야만 했다. 그래서 그는 "진짜, 참된, 실제적인, 구원하는(genuine, true, real, or saving)" 믿음과 그저 일시적인 현상으로서 믿음(phenomenological faith)을 구분하는 일을 했다.[54] 일시적인 현상으로서 믿음을 가진 신자들은 인간적인 관점에서 볼 때에는 참 믿음의 모든 열매를 맺는 사람들이긴 하지만, 존재론적 관점에서 볼 때에는 참 신자가 아닌 사람들이다.[55] 이러한 신자들도 성령의 역사에 참여하고, 다가오는 세상의 능력과 하나님의 선한 말씀을 맛보는 등 진정으로 택함받은 사람들만 경험할 수 있는 진정한 영적인 경험과 영적인 현상을 누릴 수 있다.[56] 하지만 아쉽게도 그들은 택함받지 않은 사람들이다. 우리는 그것을 어떻게 알 수 있을까? 바로 그들은 자신의 생애 끝까지 믿음 안에서 견디지 않았기 때문이며, 마태복음 24장 13절은 끝까지 견디지 않는 사람은 구원받을 수 없다고 말하기 때문이다. (히브리서에서는 이런 식으로 말씀하고 있지 않다는 점에 유의하라.)

맥나이트가 쓴 글은 순환 논리에 대한 고전적인 접근방식이라고 할 수 있다. 그는 자신이 증명하고자 하는 것에 대해서 가설을 세우고 시작한다. 그는 (마태복음 24장 13절을 가지고) 자신의 생애 끝까지 믿음을 지키지 않는 사람은 누구든지 천국에 갈 수 없다고 가정하고 있다. 하지만 한편 그가 히브리서에서 모은 증거를 가지고, 히브리서 수신자들은 참 신자라고 설명하고 있다. 이제 이 신자들이 천국에 가지 못하는 이유는 그들이 구원을 잃어버렸기 때문이라고 말하는 것이거나(아르미니우스적 선택), 아니면 더 깨끗하게 되고 또 정화되기 위해서 연옥에 간다고 말하는 것이거나(가톨릭적 선택), 그것도 아니라면 그들이 신자이긴 하지만 별도의 신자들이었다고 말하는 것이었다(그의 마지막 선택). 이러한 세 개의 선택의 가능성을 열어놓고서, 그는 이집트에서 속량을 받은 이스라엘 사람들 가운데 오로지 여호수아와 갈렙만 주님과 함께 하고 있다고 설명한다. 그렇지만 그는 모세가 변화산에서 어떻게 주님과 함께 나타나게 되었는지에 대해선 아무런 설명도 하지 않는다. 어째서 천사장 미가엘이 모세의 시체에 관하여 마귀와 다투어 변론을 벌인 것인지(유 1:9)는 풀리지 않는 미스터리로 남아 있게 되었다.

그렇다. 맥나이트는 히브리서의 수신자를 신자로 인정하긴 하지만, 그들은 얼마든지 배도할 수 있고 또한 그로 인해서 지옥에 떨어질 수 있는 현상학적인 신자에 불과할 수 있다고 말한다. 그는 히브리서 10장 26절 이하에 있는 경고의 말씀에 담겨 있는 엄중한 언어를 사용해서 (또한 이 사람들이 믿음을 가진 참 신자들이란 가정 하에서) 히브리서에 있는 모든 경고 구절들이 끝까지 견디지 않으면 지옥 불에 떨어질 위험을 암시하고 있다고 설명한다.

히브리서 저자가 권면하고 있는 내용의 핵심은 다음과 같다. 즉 모세 시대에 고의적인 불순종과 배교가 징계를 불러왔고 또한 (영원한 안식의 모형인) 약속의 땅에 들어가는 것이 허용되지 않았다면, 신약 시대에 고의적인 불순종과 배교는 영원한 안식에 들어가는 것을 허용하지 않는 것으로 귀결되는 것이 지극히 당연한 결말이라고 할 수 있다.

이러한 몇 가지 표현들의 최종적인 의미(특히 히 10:30-31, 39의 무서운 경고)와 히브리서의 다른 몇 개의 구절들이 주로 영원한 저주의 의미로 사용되고 있다는 사실을 감안할 때, 히브리서 저자는 분명 영원한 멸망 이란 의미를 마음에 두고 있었다는 것이 분명해진다. 히브리서의 저자 는 분명 끝까지 견디지 않는 자들은 하나님의 진노를 받아 영원한 형벌 을 받게 될 것이라는 사실을 밝히고 있다. 피할 길이 없다. 불순종한 이 스라엘 자손들처럼 뒤로 물러나는 자들은 멸망을 당하게 될 것이다. 배 도한 자들의 결말은 영원한 저주와 심판을 받는 것이다. 그래서 히브리 서의 저자는 독자들에게 끝까지 견딜 것을 권고했던 것이다.[57]

히브리서에 있는 이러한 경고의 구절들을 볼 때, 사실상 "지옥", "불못", "영원한", "영원토록", "정죄"와 같은 단어가 한 번도 나오지 않는다는 사 실을 염두에 둘 필요가 있다. 그런데 그는 히브리서 10장 26-39절의 언어 가 너무도 가혹하기 때문에, 이 구절들은 영원한 정죄를 언급하는 것일 수 밖에 없다고 확신하고 있다. 신명기 4장 26절을 보면, 이스라엘을 향해 "망하다(utterly perish)"는 단어와 "전멸되다(utterly be destroyed)"는 단어 가 사용되었다. 그렇다면 히브리서 10장 39절의 "멸망(perdition, 침륜)"이 란 단어는 이 단어보다 더 강한 뜻을 가지고 있을까?[58] 결코 그렇지 않다. 신명기의 저주는 일시적인 저주다. 아브라함과 다윗과 맺은 하나님의 언 약은 이스라엘과의 영원한 관계를 보증하고 있었다. 신명기 4장과 30장에 서 망하고 전멸할 것을 경고하고 있는 것은 관계의 끊어짐에 대한 것이 아 니라 사실 사귐의 끊어짐에 대한 것이었다. 그렇다면 히브리서의 저자는 신명기 32장(사실 히브리서 10장 30절은 신명기 32장 35절과 36절을 인용 한 것이다)에 있는 일시적인 심판에 대한 경고를 인용하고 있기 때문에, 히브리서의 수신자들인 히브리 그리스도인들에게도 동일한 해석을 적용 해야 하지 않겠는가? 사실상 신명기 32장 35,36절에서 사용하는 언어가 히 브리서 10장 26절 이하에 있는 경고보다 훨씬 더 가혹한 표현을 사용하고 있다.

맥나이트는 끝까지 견디지 않는 사람들은 천국에 갈 수 없다고 결론을 내리고 있다. 왜냐하면 끝까지 견디는 것이 (예수님을 믿는 사람에게 앞으로 무슨 일이 생길지 누가 알겠는가?) 최종 구원을 위한 "유일한 조건"[59]이기 때문이다. 그는 전체적으로 내용을 마무리하면서, 자신의 독자들에게 참 신자처럼 보이는 사람들에게 구원의 확신을 심어주는 일을 결코 서둘 필요가 없다고 경고한다. 왜 그런가? 왜냐하면 그들이 일시적인 신자일 수 있기 때문이다.

참 신자처럼 분명한 가시적인 열매를 맺는 사람일지라도 그가 그의 생애 끝에 가서 떨어져나가는 일이 일어날 수 있기 때문에, 누가 진정한 신자인지 그저 일시적인 신자인지 어떻게 알 수 있는가? 분명한 것은 어느 누구도 그의 생애가 끝날 때까지는 택함 받은 자인지 아닌지 알 수 없다는 것이다. 다시 말하지만, 맥나이트는 어느 정도 일관성을 유지했다는 점에선 인정받아야 한다. 즉, 그는 어느 누구도 이생에선 자신의 구원을 확신할 수 없다는 경고의 말을 하고 있다.

이런 것이 아우구스티누스와 칼뱅의 결론이 아니었던가? 아우구스티누스는 신자가 죽기 전까지는 구원의 확신을 가질 수 있다는 말을 한 적이 없다. 칼뱅은 처음엔 구원의 확신을 말했지만, 초기에만 그랬다. 그의 초기 저작물을 보면 구원의 확신을 믿음의 핵심으로 언급했지만, 트렌트 공의회와의 교류 이후에는 그렇지 않았다. 결국 칼뱅의 신학적 결론은 아우구스티누스의 사상에서 크게 벗어나지 않았던 것으로 보인다.

결론

우리는 지금까지 스프레드 시트 신학에 대해서 살펴보았다. 이렇게 부르는 이유는, 하나의 신학은 높은 수준의 일관성, 포괄성, 일치성 및 응집성을 갖춘 하나의 체계이기 때문이다. 이러한 체계에 한 가지 교리를 바꾸면, 이 체계의 다른 부분에서도 변화가 불가피하게 될 가능성이 크다. 우리는 아우구스티누스의 신학을 하나의 사례로 살펴보았다.

아우구스티누스가 비록 그의 신앙 초기엔 전천년설, 환난전 휴거설을 믿는 세대주의자였지만, 그의 종말론이 바뀌게 되면서 그의 구원론에도 변화가 일어나게 되었다. 아우구스티누스가 도나티스트들의 종말론적 사상과 그리스도께서 지상에 그의 왕국을 세우기 위해서 재림하시는 날짜에 집착하는 모습을 보았을 때, 그는 티코니우스의 해석학을 사용하여 지상에 세워지는 미래적이고, 물리적인 그리스도의 왕국을 제거해버렸다. 그 결과 그는 (비록 그가 하늘에서 이루어지는 그리스도의 천년 통치를 보긴 했지만) 무천년주의자가 되었다.

아우구스티누스의 조직 신학이 변했기 때문에, 이후로 아우구스티누스의 성경 신학 중 일부를 재해석하지 않을 수 없게 되었다. 그는 더 이상 마태복음 24장 13절을 천년왕국으로 들어갈 수 있도록 대환난 기간 동안 육체적으로 보호해주는, 육체적인 구원의 약속으로 해석하지 않게 되었다. (이러한 그의 종말론의 변화에 따라서, 그에겐 물리적인 천년왕국이 사라지게 되었다.) 이제 그는 마태복음 24장 13절을 영혼 구원의 약속으로 보기 시작했다. 그의 마음속에서 구원론에 대한 새로운 사상이 생겨나게 되었다. 사람은 자신의 삶이 끝나는 그 순간까지 그리스도인으로서 신실하게 살아야 하며 끝까지 믿음을 지켜야만 한다. 이 마태복음 24장 13절이 아우구스티누스의 구원론에서 핵심이자 또한 최종적인 결정 요소가 되었다.

천년이 넘게 흐른 후 종교개혁자들이 등장했을 때, 아우구스티누스의 저술에 대한 연구 부흥이 일어나게 되었고, 거의 백 년 이상 유행하게 되었다. 그의 무천년주의 종말론은 여전히 유지되었다. 그런데 종교개혁자들은 구원론에 변화를 일으키고자 했다. 칭의는 하늘의 법정에서 믿는 순간 선언되는 것이었다. 사람은 신분상으로는 하나님에 의해서 의롭다고 선언될 수 있었지만, 상태상으로는 여전히 죄를 지을 수 있었다. 그래서 신자는 *의인인 동시에 죄인*(*simul iustus et peccator*)이었다. 이것은 구원론에 있어서 기념비적인 변화였으며, 종교 개혁을 일으킬 만큼 파급력이 있었다. 만일 종교개혁자들이 좋은 신학 체계를 따랐다면, 그들이 이렇게 구원론에 대해서 새롭게 접근하게 된 방식이 미래에 대해선 어떠한 입장을 취해야 하는지를 알아보기 위하여 종말론을 살펴보았을 것이다. 하지만 그들은 좋은 신학 체계를 전개시키지 않았다. 대신 그들은 아우구스티누스의 신학을 그들 자신의 신학과 합치고자 했다. 그 결과, 신학적인 모순 덩어리가 생성되었다.

믿음의 본질로서 구원의 확신을 가르치기 시작했던 장 칼뱅은 결국 사람이 죽을 때까지 자신이 택함받았는지 아니면 버림받았는지 어느 누구도 결코 알 수 없다고 가르치게 되었다. 마태복음 24장 13절은 종교개혁자들의 구원론의 초석으로 남게 되었다. 영적 열매 검사법이 칼뱅을 따르는 사람들 사이에서 번성하게 되었다. 그것이 결국 청교도를 통해서 미국으로 들어왔다. 존 오웬과 같은 청교도 저자들은 자신이 택함받은 자 가운데 속하는지 아닌지를 아는 방법에 관한 두툼한 책을 썼다.[60] 이 모든 것은 마태복음 24장 13절을 무천년설 해석방법을 따라서 해석한 결과였다.

마태복음 24장 13절 외에도 구원받으려면 끝까지 견뎌야 한다는 교리를 뒷받침하기 위해 사용된 다른 구절들이 분명히 더 있을 것이라고 추측해볼 수 있다. 사실이다. 그렇지만 다른 구절들은 그저 마태복음 24장 13

절의 보조적인 역할만을 할 뿐이었다. 그래서 마태복음 24장 13절은 다른 구절들의 기초석으로 남아 있다. 왜냐하면 이 구절만이 "구원받다"라는 단어와 "끝"이라는 단어를 모두 포함하는 유일한 구절이기 때문이다.

맥나이트는 히브리서의 경고 구절에 대한 글을 썼는데, 그 글은 마태복음 24장 13절을 "영적인 구원의 조건"으로 이해해야 하며, 이렇게 함으로써 히브리서 전체를 해석하는 데 주요한 열쇠를 얻을 수 있다는 취지로 설명하고 있다. 그는 마태복음 24장 13절을 (즉 천국에 가려면 자신의 생애 끝까지 견뎌야 한다는 것을) 장차 양과 염소로 구분하는 유일한 기준으로 이해하고 있으며, (뿐만 아니라 영혼의 구원을 받는데 가장 중요한 기준으로 받아들이고 있으며) 이 기준을 가지고 히브리서의 꼬불꼬불한 미로를 헤쳐 나가는 일을 하고 있다. 맥나이트는 자신의 해석이 본문 구절의 석의를 통해서 나오도록 하기보다는 오히려 히브리서 본문 밖의 구절(즉 마태복음 24장 13절)을 기준점으로 삼고서, 히브리서에 대한 해석을 시도했다. 그의 해석에 따르면, 히브리서는 "실제적인 믿음을 가지고 있지만 참 신자가 아니고, 겉으로 보기엔 신자이지만 존재론적으론 진짜 신자가 아닌 사람들"에게 보낸 서신이었다. 그래서 그는 이러한 실제적인 믿음을 가지고 있지만 참 신자가 아니고, 겉으로 보기엔 신자이지만 존재론적으론 진짜 신자가 아닌 사람들을 "현상학적인 신자"라고 부름으로써, 히브리서를 해석하는 새로운 시도를 했다. 그러므로 그의 이러한 접근방법은 누군가 석의를 해나가는 과정에서 더 이상 해석할 길이 없어지는 막다른 골목의 끝에 도달했을 때 본문을 창의적으로 "억지" 해석을 시도했던 사례 중 하나로 자리 매김하고 있다. 이렇게 하기 보다는 마태복음 24장 13절이 육체의 구출을 의미하고 또한 히브리서에서 말하는 "안식"이 영원한 세계에 들어가는 문제가 아니라 천년왕국에 들어가는 문제를 가리킨다고 보는 (이것이 초기 교부들의 가르침이었다) 아우구스티누스 시대 이전 전천년설로 자신의 종말론을 바꾸는 것이 얼마나 더 단순한 일인가.

이 연구의 결과는 결국 우리를 하나의 경고 앞에 세운다. 즉 별개의 신학 체계를 혼합하고 섞는 것은 위험하다는 사실이다. 당연한 일이지만, 혼합된 신학체계는 모순을 일으킬 수밖에 없다. 하나의 신학 체계에서 매력적으로 보이는 것을 골라내어 다른 신학 체계의 구성에 꿰어 맞추려고 할 때 우리는 조심해야 한다. 자신을 세대주의자라고 주장하는 사람들은 개혁주의 신학자들의 교리를 가져다가 자신의 신학에 도입하지 않도록 주의해야 하며, 그 반대도 마찬가지다. 이 두 가지 신학체계는 서로 배타적이다. 본서의 저자는 R.C. 스프라울(Sproul)의 의견에 동의하는데, 즉 그는 고전적인 도르트 칼뱅주의(classic Dortian Calvinism)에 의해서 정의된 5대 교리(TULIP)를 언급하면서 "4가지 교리(four point)"만을 수용하는 칼뱅주의자는 없다고 주장했다.[61] "5대 교리" 칼뱅주의자이거나 아니면 전혀 칼뱅주의자가 아닌 것이다. (5대 교리 중 어느 것도 수용하지 않는 칼뱅주의자라 할지라도 아르미니우스주의자가 되는 것은 아니다.) 도르트 칼뱅주의는 하나의 신학체계다. 이 신학체계에서 어느 하나의 요소를 빼내면 전체 체계가 무너진다.

한편 도르트 칼뱅주의에서 가져온 하나의 교리를 세대주의에 통합시키는 것도 전체 신학체계를 무너뜨릴 수 있다.[62] 만일 도르트의 성도의 견인 교리가 옳다면(이것은 아우구스티누스가 가르친 교리였다), 마태복음 24장 13절이 영혼의 구원을 말하고 있다는 교리도 옳게 된다. 만일 마태복음 24장 13절의 영혼의 구원 교리가 옳다면, 무천년설이 옳다. 만일 무천년설이 옳다면, 이스라엘과 교회 사이에 구별도 없다. 만일 이스라엘과 교회 사이에 구별이 없다면, 세대주의는 틀렸다.

우리는 최근 수십 년 동안 성경 신학을 강조해온 점을 자랑스럽게 생각한다.[63] 이렇게 성경신학을 접근하는 방식은 바로 문법적-역사적 해석이 가지고 있는 강점을 강조하는 것이었다. 성경 신학은 원래의 수신자들에게 본문이 말하는 것이 무엇인지를 밝히는 것으로 끝나지만, 반면 조직 신학은 원래의 청중으로 시작하긴 하지만 거기서 끝나지 않는다는 사실을 간과해서는 안된다. 훌륭한 조직 신학자는 상황화를 통해서 문맥이 말하는 바를 살펴야 할 뿐만 아니라, 아울러 비문맥화하고 또한 재문맥화하는 일을 해야 한다. 다시 말해서 본문이 원래 수신자들에게 말하는 바가 무엇인지를 밝혀내고, 문화와 시간을 초월하는 영원한 진리를 찾아낼 뿐만 아니라 그 시대를 초월하는 진리들을 서로 다른 현대 사회의 상황 속으로 가져와야 한다. 이로써 조직신학이 현대를 살아가는 우리에게 말하게 해야 한다. 뿐만 아니라 조직신학은 오늘날 신학이 어떻게 발전되어 왔는지를 탐구하는 역사신학을 통합하는 추세를 띠고 있다. 성경신학과 역사신학은 모두 조직신학이란 강의 지류를 형성하고 있다. 우리가 본류의 강이나 다른 강을 무시한 채 그저 지류들 가운데 하나에만 초점을 맞추게 되면, 마치 미시시피 강을 따라 멕시코 만으로 내려가는 도중에 세인트루이스에 갇히는 꼴이 될 것이다.

마지막으로, 조직신학은 스프레드 시트와 같다는 점을 기억하자. 조직신학의 주요 교리 중 하나를 변화시키면, 그 신학체계의 다른 교리들도 변할 수밖에 없다. 이렇게 할 때, 좋은 결과를 가져올 수도 있다. 더욱 일관성이 있고, 더욱 통일성이 있으며, 더욱 조화를 이루고, 더욱 포괄성이 있는, 새로운 신학으로 발돋움할 수도 있다. 그러나 만일 모순을 증가시키거나 또는 여러 신학적인 요소들을 통합하는데 실패한다면, 이러한 변화는 역효과를 내고 말 것이다. 아우구스티누스가 전천년주의에서 무천년주의로 그의 종말론을 바꾼 결과, 본인 뿐만 아니라 그를 따르는 자들이 오늘날까지도 구원론에서 신학적 미궁 속에 빠져 헤매게 되었다는 사실을 잊지 말자!

미주

1 David R. Anderson, "Regeneration: a Crux Interpretum," *Journal of the Grace Evangelical Society* (Fall, 2000):43-65.

2 순교자 유스티누스(100-165년)는 *트리포와의 대화(Dialogue with Trypho)* 7, 8장에서 이렇게 설명한다. "나를 포함한 모든 정통 기독교인은 육신의 부활이 있을 것이며, 그 뒤에 예루살렘 성전이 건축되고, 아름답게 장식되고, 예루살렘 도시도 확장될 것이며, 이로써 일천 년이 지나갈 것이라고 확신하는데, 이는 선지자 에스겔, 이사야, 그리고 기타 여러 선지자들이 선포한 바와 같다." 위대한 변증가 리옹의 이레나에우스(130-200년)는 영지주의를 반박하는 그의 저서인 이단 논박(Adversus haereses)에서 그리스도의 천년 통치에 앞서 대환난이 있을 것이라고 믿었다는 증거를 제시하고 있다(V, 28, 3): "이 세상이 며칠 동안 창조된 것처럼, 이 세상은 수천 년의 세월이 흐른 후 끝나게 될 것이다. … 이는 주의 날은 일천 년과 같기 때문이다. … 적그리스도가 이 세상의 모든 것을 황폐화시키고 나면, 그는 3년 6개월 동안 통치할 것이며, 예루살렘 성전에 앉을 것이다. 그리고 나서 주님께서 하늘로부터 구름 속에서, 아버지의 영광으로 오실 것이며, 이 사람과 그를 따르는 자들을 불못으로 보내실 것이다. 그러나 의인들에게는 왕국의 시대를 여실 것인데, 곧 안식이며 또한 거룩한 일곱째 날이 될 것이다." 흥미롭게도, 이레나에우스는 사도적 전통(Apostolic Tradition)이란 책에서 주장한 그의 가르침 때문에 "전통의 사람"으로 알려졌다. 그는 처음부터 선포된 것을 들은 것만 가르친다고 주장했다.

3 임박성에 대한 믿음은 *디다케(Didache)*에 분명히 나타나 있다. "당신의 삶을 조심하라. 당신의 등불이 꺼지지 않게 하고, 당신의 허리띠가 풀리지 않아야 한다. 항상 준비하고 있으라. '어느 날에 너희 주가 임할는

지 너희가 알지 못함이니라.'"그리고 클레멘트는 클레멘트 1서 23장에서 고린도인들에게 이렇게 권고했다. "포도나무를 보아라. 먼저 잎이 떨어지고, 그 다음에 새싹이 나고, 잎이 나고, 꽃이 피고, 그 다음에 신맛 나는 열매가 맺히고, 그리고 나서 완전히 익은 포도가 맺힌다. 얼마 지나지 않아 포도나무 열매가 완전히 익는 것을 보게 될 것이다. 진실로 주의 뜻이 빠르고 갑자기 이루어질 것이다. … 주님은 속히 오실 것이며, 지체하지 아니하실 것이다. 주님은 갑자기 그의 성전으로 임하실 것이다."

4 위의 이레나에우스의 인용문이 보여주듯이, 다니엘과 요한계시록에서 묘사하고 있는 대로 지상에 설립되는 문자적인 천년왕국을 믿는 사람들은 또한 이 천년왕국이 설립되기 전에 문자적인 대환난이 있을 것이라고 믿었다. 만일 휴거가 이 대환난 기간 중에 아무 때나 일어나게 된다면, 그리스도의 재림의 임박성이란 개념은 모두 무의미해지게 될 것인데, 왜냐하면 다니엘서와 요한계시록은 둘 다 이 대환난 기간을 확정해서 말해주기 때문이다. 만일 휴거가 대환난 기간 중에 일어나게 된다면, 누구라도 그리스도의 재림의 정확한 날짜를 쉽게 계산할 수 있을 것이다. 하지만 이것은 그리스도께서 아버지 외에는 아무도 그 날과 시간을 알지 못한다고 말씀하신 것과 모순을 일으킨다.

5 다음 책을 보라. Craig L. Blomberg, The Posttribulationism of the New Testament: Leaving the "Left Behind" Behind, in *A Case for Historic Premillennialism: An Alternative to "Left Behind" Eschatology*, ed. by Craig L. Blomberg and Sung Wook Chung, (Grand Rapids, MI 2009) 31. 이 장과 이 책 전체는 초대 교회가 믿었다고 여겨지는 환난 후 휴거설을 옹호하고 있다.

6 Augustine, *City of God*, 20.7.1. 다음 책도 보라. G. Folliet, "La typologie du sabbat chez Saint Augustin. Son interpretation millenariste entre 386 et 400," REAug 2 (1956): 371-90.

7 세대주의자들 사이엔 구약시대에 얼마나 많은 세대가 있는가에 대해

서 여러 가지 견해가 있긴 하지만, 인류를 위한 하나님의 구속 계획에 대한 하나님의 경영에 있어서 따로 구별된 하나의 세대가 있다는 점에는 대부분 동의하고 있다.

8 Augustine, *Sermon 259, 2.* 다음 책을 보라. Paula Fredriksen, "Apocalypse and Redemption in Early Christianity," *Vigiliae Christianae* 45 (1991): 163.

9 Augustine, *On Marriage and Concupiscience*, 1.3.

10 J. Danielou, "La typologie millenariste de la semaine dans le christianisme primitif," *Vigiliae Christine* 2 (1948): 1-16.

11 Fredriksen, "Apocalypse," 157.

12 같은 책, 157-58. **규칙 1:** *신비적인 구성의 원리(mysticae-compositional principles)*, 즉 성경은 말씀의 의미를 모호하게 하거나 또는 숨기려는 뜻에서 성경 본문 내에 신비적-구성적 원리를 가지고 있다. **규칙 2:** *그리스도의 몸의 이중성의 원리(de Domini corpore bipertito)*, 즉 그리스도의 몸인 교회는 선한 자와 악한 자로 구분된다. **규칙 3:** *약속과 율법의 원리(de promissis et lege)*, 즉 성경에는 율법과 약속을 모두 포함하고 있는데, 전자는 성도들에게 후자에 대한 믿음을 불러일으킨다. **규칙 4:** *종과 속의 원리(de specie et genere)*, 즉 특정 인물과 사건에 대한 간단한 언급은 일반적인 진실을 전달하려는 것이다. **규칙 5:** *시간 또는 시대의 원리(de temporibus)*, 즉 성경의 숫자는 무한한 해석이 가능할 정도로 탄력적이기 때문에, 산술적으로 이해해선 안된다. **규칙 6:** *재요약의 원리(de recapitulatione)*, 즉 어떤 사건이나 상황이 시간이 흐르는 순서대로 전개되는 것처럼 보일 수 있지만, 실제로는 기존에 있었던 내용이나 사건들을 재요약하는 것일 수 있다. **규칙 7:** *악마와 그의 몸의 원리(de diabolo et eius corpore)*, 즉 성경에서 악마를 언급하는 것은 실제로는 악마를 추종하는 불의한 자들을 언급하는 것일 수 있다. 이러한 규칙들을 통해서 티코니우스는 성경의 천년왕국에 대한 묵시록 구절의 종말론적 의미에 역사적인 가치를 부여하면서도 동시에 모호하게 만들 수 있었다. 이러

한 일곱 가지 규칙으로 인해서, 아우구스티누스에게 뿐만 아니라 이후 교회 역사 속에서 종말론에 미친 영향이 어느 정도였는지를 쉽게 알 수 있다. 즉 1) 곡과 인자와 같은 "미래의 인물들"이 미래가 아니라 현재에 나타난다. 2) 천년왕국에 대한 언급은 순차적인 것이라기보다는 재요약한 것일 수 있다(계 20장). 3) 선인과 악인이 현재 교회 시대에 공존하기 때문에 박해는 대환난 기간 동안 의인을 향한 것이라고 말할 수 없다. 4) 이전엔 중요한 의미를 가지고 있었던 묵시록적 숫자들은 (예를 들어 1,000, 144,000, 1,260일, 42개월 등) 어지러울 정도로 여러 가지로 해석될 수 있다. 5) 이미 종말이 실현되었다.

13 Augustine, *On the Spirit and the Letter*, 45.

14 Nik Ansell, "Hell: the Nemesis of Hope?" in *Her Gates Will Never Be Shut* by Bradley Jersak (Eugene, OR: Wipf & Stock, 2009), 203.

15 Chrysostom, *Homily 76*, Number 2.

16 Augustine, *On Rebuke and Grace*, 5.10.

17 Augustine, *On Perseverance*, 4.10.

18 Augustine, *Rebuke and Grace*, 5.18.

19 Ibid., 5.17.

20 Ibid., 5.22.

21 Augustine, *On the Gift of Perseverance*, 5.1.

22 Augustine, *Reply to Faustus the Manichaean*, 5.9.

23 Augustine, *City of God*, 21.26.

24 Augustine, Homily 8; *On the Gift of Perseverance*, 33.

25 Philip Schaff, "Prolegomena," in *St. Augustine: Confession, Life, Life and Work*, ed. Philip Schaff, vol. 1, *Early Church Fathers*, CD-Rom (Dallas, Galaxie Software, 1999).

26 John Calvin, *Calvin's New Testament Commentaries*, (Grand Rapids, Michigan: Eerdmans Publishing, 1975) vol. 8, 73, 83.

27 John Calvin, *Institutes*, III.16.1; 11.1.

28 The "Dark Ages" are thought to be the period between the defeat of Rome (A.D. 410) by Alaric up to A.D. 1000.

29 Council of Trent, X.

30 Ibid., IX.

31 Ibid., XVI.

32 Ibid., Canon 24.

33 Ibid., Canon 32.

34 Bruce Demarest, *The Cross and Salvation* (Wheaton, IL: Crossway, 1997), 350.

35 *The Works of Aurelius Augustine*, vol 15, *Anti-Pelagian Works* (ed. M. Dods; T and T Clark, 1876). The Latin title is *De Dono Perseverantiae*, "On the Benefit of Perseverance." 21.8.

36 우리가 이것을 재혼이라고 부르는 이유는, 원래 아우구스티누스의 신학에서는 평생에 걸친 칭의에 대한 그의 견해와 함께 결혼이 이루어졌기 때문이다. 그가 말한 칭의는 분명히 성화를 포함하고 있었다.

37 Joseph Dillow, *Reign of the Servant Kings* (Hayesville, NC: Schoettle, 2002), 254.

38 Calvin, *Institutes*, 3.2.11.

39 Calvin, *Commentary*, Lk 17:13; Institutes, 3.2.12; 3.2.11.

40 Dillow, *Reign*, 254. 다음 책도 보라. Paul Tanner, "Hebrews 6:4-6 and the Question of Christian Perseverance: A Case for Christian Rebellion Met by Temporal Judgement and Loss of Reward," in *A Defense of Free Grace Theology: With Respect to Saving Faith, Perseverance, and Assurance*, ed. Fred Chay(USA: Grace Theology Press, 2017), 239.

41 Ibid.

42 Ibid.

43 Ibid.

44 Ibid.

45 R. T. Kendall, *Calvin and English Calvinism to 1649* (Oxford: Oxford University Press, 1979), 24.

46 Dillow, *Reign*, 258.

47 Kendall, *Calvinism*.

48 Ibid., 143.

49 Ibid., 144.

50 C. Hodge, *St. Paul's Epistle to the Romans* (1860; reprint ed., Grand Rapids: William B. Eerdmans Publishing Co., 1950), 212 (emphasis added).

51 Quoted by Dillow, Reign, 259.

52 R.Shank, *Life in the Son: A Study of the Doctrine of Perseverance* (Springfield, MO: Westcott, 1961), 293 (emphasis added).

53 Scot McKnight, "The Warning Passages of Hebrews: A Formal Analysis and Theological Conclusions," *Trinity Journal* 13(Spring 1992):22-59.

54 Ibid., 24, n. 12.

55 Ibid., n. 10.

56 맥나이트는 이 신자들을 중생한 사람들로 인정하긴 하지만, 그에게 중생은 끝까지 견디는 것과는 별개의 요소일 뿐이었다. 그의 정의에 따르면, 중생 또한 평생의 과정이다. 따라서 아우구스티누스와 마찬가지로 이러한 신자들도 중생할 수 있지만, 얼마든지 신앙에서 벗어날 수 있으며 또한 영원한 형벌에 들어갈 수 있다.

57 Ibid., 35-36. 그는 "불"이나 "불타는"이라는 단어를 지옥불에 국한해서 이해하고 있다. 그러나 신명기 4장 24절과 소멸하는 불, 질투하시는 하나님, 그리고 전멸이란 단어가 사용되고 있는 것에 주목하라. (LXX는 완전한 멸망이란 단어를 사용해서, 이스라엘이 신실하지 않으면 그들에게 닥칠 일을 강조하고 있다. 이 단어는 히브리서 10장 39절에서 사용된 것과 같은 단어다.) 말라기 4장 1절도 불을 언급하고 있는데, 장차 이 불은 이스라엘 땅에 있는 유대인들을 멸망시킬 것이다. 그 땅에서 그들의

날이 그리 길지 않을 것이다. 히브리서 10장의 경고를 일시적인 심판이 아니라 영원한 심판으로 해석하는 신학자들은 그리스도를 믿는 자들이 배교할 경우에 닥칠 훨씬 더 심각한 심판을, 신실하지 못한 이스라엘 자손들이 가데스 바네아에서 받은 40년 간의 심판과 대비하여 설명하곤 한다. 그들은 천년왕국(1,000년) 시대의 안식에 들어가는 일을 좌우하는 심판이 40년 동안 약속의 땅에서 안식을 누리는 일을 좌우하는 심판보다 훨씬 더 심각하다는 사실을 간과하고 있다.

58 히브리어나 그리스어의 동사 앞에 동사와 같은 어근을 가진 명사가 있을 때, 동사의 작용이 강조되고 있다.

59 Ibid., 59.

60 J. Owen, *The Works of John Owen*, 16 vols., vol. 3: *A Discourse concerning the Holy Spirit* (1677; reprint, Edinburgh: Banner of Truth, 1965), 45-47, 226-28. 이 특별한 책은 무려 650쪽에 달하는 분량의 책으로, 오웬은 서문에서 이 책을 그리스도를 믿는 믿음을 고백한 사람들이 자신이 진정 그리스도를 소유했는지 아닌지를 판단하는 데 도움을 주고자 저술하게 되었노라고 밝히고 있다.

61 R. C. Sproul, *Willing to Believe* (Grand Rapids: Baker, 1997), 193.

62 한 가지 지적하고 싶은 것은, 루이스 스페리 체이퍼와 같은 몇몇 세대주의자들은 도르트 칼뱅주의의 "5대 교리"를 세대주의 신학에 맞게 재정의하려고 시도했다는 점이다. 예를 들자면, 체이퍼는 그의 조직신학, 제3권(Grand Rapids: Kregel, 1976), 267-354쪽에서 성도의 견인이란 교리를 영원한 안전의 교리로 대체했다.

63 G. K. Beale, *A New Testament Biblical Theology*, (Grand Rapids MI. Baker Academic, 2011).

제2장

인간 타락의 정도

인간이 지옥불에서 구원받는 것이 인생에서 가장 큰 사건이긴 하지만, 하나님께서는 영원히 하나님의 임재 가운데 사는 것 이상으로, 현재 인간의 삶에서 구원하고 또 건져주고 싶어 하시는 것들이 훨씬 더 많이 있다. 그렇기 때문에 본장에서는 하나님의 이같이 큰 구원의 세 가지 주요한 측면을 살펴보고자 한다. 즉 1) 죄의 형벌로부터의 구원(과거에 행한 일에서 의롭다 함을 받는 칭의), 2) 죄의 권세로부터의 구원(현재적인 삶에서 거룩을 이루는 성화), 그리고 3) 죄의 존재 자체로부터의 구원(미래에 이루어질 영화)을 살펴볼 것이다.

구원에 대한 이러한 세 가지 측면을 살펴보기에 앞서, 우리는 지금도 구원받고 있는 존재라는 사실을 이해할 필요가 있다. 즉 우리는 타락으로 인해서 파생된 문제들로부터 구원을 받고 있고 또한 받아야 하는 존재인 것이다. 인간은 타락했다. 이것은 무엇을 의미하는가? 타락의 범위가 어느 정도까지 인가를 온전히 이해하기 전까지는 사실 우리는 우리의 구원의 정도가 어느 정도까지 인가를 이해하지 못할 것이다. 따라서 우리는 인간론과 죄악론을 검토할 필요가 있다. 즉 죄가 어떻게 세상에 들어왔으며, 또한 죄가 인류에게 미친 영향이 무엇인지를 살펴보아야 한다.

인간론

성경은 우리에게 인간이 영(spirit)과 혼(soul)과 몸(body)으로 이루어진 삼중적인 존재라는 사실을 말해준다(살전 5:23). 프쉬케(혼)라는 단어는 신약성경에서 네 가지 방식으로 사용되고 있다. 104회 가운데 일부만이 천국에 들어가거나 아니면 지옥에서 고통을 당하는, 인간의 비물질적인 부분으로 언급하고 있다. 대부분의 경우, 이 단어는 지상에서 현재적인 삶을 누리는 경우나 아니면 (한 뜻으로 협력하려는, 빌 1:27) 마음과 (심히 고민하여 죽을 것 같은, 막 14:34) 감정과 (하나님의 뜻을 행하려는) 의지로 이루어진 우리의 내적인 자아를 가리킬 때 사용되고 있다. 이 단어는 데살로니가전서 5장 23절에서 혼(내적인 자아)에 해당되는 단어다.

많은 사람들은 사람 속에 *하나님의 형상(imago Dei)*의 일부가 내재되어 있다고 생각하는데, 바로 이러한 삼중적인 구조를 하나님의 형상의 일부로 보고 있다.[1] 원래 창조를 생각해보면, 아담과 이브는 하나님과 하나됨을 이루고 있었고, 불멸의 육체를 가지고 있었으며, 하나님의 사랑을 누리고, 하나님의 생각과 상호작용하며, 하나님의 뜻에 순종할 수 있는 강력한 능력을 가지고 있었다. 그러나 타락이 인간의 모든 측면에 영향을 미쳤다.

어떤 의미에서 생각해보면, 악은 아담을 통해서 세상에 들어온 것이 아니었다. 사탄은 아담이 창조되기 전에 이미 지구상에 존재했다. 사탄은 악의 화신이기 때문에, 그를 통해서 악이 세상에 들어왔다. 아담과 이브는 죄악된 본성을 가지고 있지 않았다. 오히려 그들은 천사들처럼 부패할 수 있는 본성을 가지고 있었다. 하나님은 죄를 지을 수 없는 분이신데, 왜냐하면 하나님의 인격이나 구성요소에 죄가 전혀 없으시기 때문이다. 하나님의 본성은 부패할 수 없다. 그렇기 때문에 예수님도 죄를 지으실 수 없는 분이시다.[2] 예수님은 한 사람 속에 완전한 신성과 완전한 인성을 가지고 계신 분이시기 때문에, 그의 인성은 당연히 유혹을 받을 순 있었지만, 그의 신성은 죄를 지을 수 없으셨다. 예수님 안에 하나님과 인간의 독특한 조합으로 인해서, 예수님은 죄를 지을 수 없으셨다. 반면 아담은 온전히 인간일 뿐이었다. 아담은 부패할 수 있는 본성을 가지고 있었다. 그리고 그의 본성은 부패하게 되었다. 아담이 죄를 지었을 때, 그의 인성의 모든 측면이 부패하게 되었다. 그의 몸은 필멸하게 되었다. 그의 영은 창조 이후 처음으로 하나님과의 사귐이 깨어지게 되면서 하나님과 분리되었다. (즉 이로써 영적인 죽음을 겪게 되었다.) 그리고 그의 프쉬케(혼)의 모든 부분이 부패하게 되었다. 즉 그의 마음은 어두워지게 되었고, 그의 감정 또는 정서의 수준은 저급하게 되었으며, 그의 의지는 불완전하게 되었다. 그는 완전히 타락한 존재가 되었다. 이 말은 사람이 최악의 존재가 되었다는 뜻이 아니라, 가능한 한 사람이 처할 수 있는 최악의 상황에 처하게 되었다는 것을 의미한다. 이 말은 또한 사람은 본래 자신의 몸에 주어진 불멸성과 창조주와의 사귐, 또는 본래 사람의 "혼(soul)"의 고귀성을 자신의 힘으로는 회복할 수 없게 되었다는 뜻이다.

그렇지만 이러한 주장에 대해서 신학자들 사이에 완전한 일치를 이루고 있지는 않다. 일치를 이룬다면 구원론에 있어서 더 많은 조화와 일치를 이루었을 것이다. 우리는 구원 받는 문제에 동의하기 전에 우리가 무엇을 잃어버렸는가에 대한 동의가 우선적으로 이루어져야 한다. 로버트 파인 (Robert A. Pyne)은 이렇게 말하고 있다.

"아르미니우스주의자"와 "칼뱅주의자" 사이의 차이점은 하나님께서 우리의 구원에 어느 정도까지 개입하시는가의 정도에 있다. 즉 우리는 과연 복음에 응답할 수 있는가, 아니면 우리는 너무나 타락한 존재이기에 하나님이 특별히 선택하신 사람만 응답할 수 있는 것인가? 속죄에 대한 양쪽의 관점도 이와 동일한 이슈와 연결되어 있다. 즉 우리는 예수님의 죽음과 부활을 하나의 도덕적 본보기로 삼고 따르면 되는 것인가, 아니면 그것을 인류의 죄를 대속하고 구원하기 위한 필수적인 요소로 받아들이기만 하면 되는 것인가?[3]

죄악론

죄가 인간에게 미친 결과에 대해서 소개하는 몇 가지 중요한 구절이 있다. 분명 상황이 에덴 동산 이후에는 예전과 같지 않았다. 창세기 3장 14-19절의 저주를 보면, 인간이 1) 하나님에게서 2) 자연에게서 3) 자신의 아내에게서, 심지어 4) 사탄에게서 소외(疏外)되는 일이 일어났음을 말해준다. 하나님께서 아담에게 경고하신 대로, 영적인 죽음이 현실이 되었다. 이 말은 인간의 영이 더 이상 존재하지 않게 되었다는 뜻이 아니다. 인간의 영은, 곧 속 사람을 뜻하며 또한 인간 존재의 가장 깊은 곳을 의미하는데, 영은 중생하지 않은 사람 속에도 여전히 존재한다. 우리는 이 사실을 창세기 41장 8절을 통해서 확인할 수 있는데, 곧 파라오가 나쁜 꿈을 꾸고서 깨어났을 때 그의 영(spirit)이 번민하게 되었던 것이다. 이 영(spirit)이라는 단어는 루아흐(ruah)라는 단어인데, 이 단어는 구약성경 전체에서 인간의 영을 지칭하는 데 사용되었다. 이렇게 파라오에게 영이 있다고 해서, 파라오가 중생한 사람이라고 말하는 것은 결코 상상할 수 없는 일이다. 파라오에겐 인간의 영이 있었고, 그의 영은 매우 활발하게 작용하고 있었으며, 살아 있었다. 그의 인간의 영은 죽지 않았다.[4] 하지만 그는 영적으로 죽어 있었다. 이로써 우리는 영적인 죽음을, 전문적이고 또한 신학적 의미에서 하나님과의 분리의 의미로 보아야 한다. 하나님은 그의 인간 영에 내재하지 않으셨다. 하나님과 파라오는 분리되어 있었다. 파라오는 영적으로 죽은 상태였다.

에베소서 2장 1절은 불신자의 영적으로 죽은 상태를 묘사하고 있다. 바울은 그리스도 앞에서 우리가 "허물과 죄로 죽어 있었다"고 말하고 있다. E. 베스트(Best)는 이러한 죽음을 가리켜, 신자가 현재적으로 영생을 소유하고 있는 것과 대조적인 의미에서 "실현된 종말론적 죽음의 개념"[5]이라고 불렀다. "아들이 있는 자에게는 생명이 있고 하나님의 아들이 없는 자에게는 생명이 없느니라."(요일 5:12) 신자는 영생을 받기 위해 육체의 죽음을 기다릴 필요가 없다. 또한 불신자는 영적인 죽음을 경험하기 위해 육체의 죽음을 기다릴 필요가 없다. 바울은 불신자들을 가리켜 "세상에서 소망이 없고 하나님도 없는 자"(엡 2:12)라고 묘사했고, "하나님의 생명에서 떠나 있다"(엡 4:18)고 말했다. 따라서 이러한 영적 죽음은 하나님과의 분리와 하나님에게서 소외된 상태를 의미한다.[6] 바울은 이러한 영적인 죽음이, 우리가 지은 허물과 죄로 인한 것이라고 말하고 있다. 성경은 문자 그대로 "허물과 죄로 죽었던(were dead in trespasses and sins) 너희"라고 말하고 있다. 이 구절을 원어로 보면, 마지막에 사용된 단어는 "너희의 (your)"다. 이는 영적인 죽음이 개인적인 죄와 연결되어 있다는 사실을 일깨워준다. 즉 불신자가 하나님과 분리된 것은 개인적으로 지은 죄 때문인 것인가? 만일 이것이 사실이라면 아기가 이 세상에 태어날 때에는 하나님과 분리되지 않은 상태로 태어나는 것이 된다. 아기가 자라서 처음으로 개인적인 죄를 지을 때까지는 하나님에게서 소외된 상태가 아닌 것이 된다. 아니면 성경본문이 그저 인간의 일반적인 상태를 언급하는 것으로 볼 수도 있다. 불신자들은 그들의 허물과 죄로 인해서 죽은 상태에 있다. 이는 그들이 죄악된 상태로 태어났다는 의미일 수 있으며, 로마서 5장에서 가르치고 있는 대로 모든 사람이 아담을 머리로 삼고 있는 아담과의 연대에 대한 교훈을 하고자 문을 여는 것일 수 있다.

미국 사람이라면 모두가 잘 알고 있는 동요가 있다. 이 동요가 어떻게 시작되었는지는 모르지만, 미국 유산에 깊은 뿌리를 두고 있다. 이 동요를 부르다보면 음조는 어두침침하고, 그 내용은 아무 의미도 없는 듯 보인다. 우리는 자녀들을 키우면서 이 동요를 반복해서 읽어주었고, 또 아이들이 외울 수 있도록 했으며, 결국은 그들도 자기 아이들에게도 읽어주었다. 아무도 이 동요의 운율을 이해하지 못하는 듯 보였지만, 최근에 이 동요 속에 깊은 진리가 담겨 있다는 생각이 들었다.

험프티 덤프티(Humpty Dumpty)가 성벽에 앉아 있었네.
험프티 덤프티가 성벽 아래로 떨어졌네.
왕의 모든 말과 모든 병사들은
험프티를 다시 원래대로 붙이지 못했네.

여러분의 마음속에 달걀의 이미지를 떠올려보라고 말하고 싶다. 왜 그런가? 물론 이 동요에는 달걀을 언급하는 내용이 없다. 이 동요를 쓴 사람도 달걀을 염두에 두지는 않았을 것이다. 어쩌면 누군가 옛날 뉴잉글랜드 프라이머(New England Primer)라는 책*에서 이 동요를 가져왔을 수도 있다. 식민지 시대의 많은 사람들은 이 책을 가까이 하면서 문법을 배웠다. 나는 또한 아이가 뉴잉글랜드 프라이머에 나오는 A와 X에 대한 2행시에

---

* 역자주: 17세기와 18세기 미국에서 널리 사용된 초기 교육용 책자로, 특히 청교도들이 종교적이고 도덕적인 가르침을 전달하기 위해 사용했다. 이 책은 어린이들에게 알파벳, 기독교 교리, 기도, 성경 구절 등을 가르치는 데 활용되었다.

서 어떤 아이디어를 얻기를 바라는 가능성을 염두에 둔 것이 아닌가 생각하고 있다. 프라이머에는 이렇게 적혀 있다. "아담의 타락으로 우리 모두 죄를 지었네. 크세르크세스 대왕도 넘어졌으니, 당신과 나도 그럴 수밖에 없네(In Adam's fall we sinned all; Xerxes the Great did fall and so must you and I)." 이 짧은 2행시는 A와 X라는 글자를 가르치고 있을 뿐만 아니라 매우 중요한 영적 진리도 가르치고 있다. 즉, 아담의 타락으로 인해서 우리 모두 죄를 지었다는 것이다. 보시다시피, 이 동요를 쓴 사람은 단순히 떨어진 달걀에 대해서 이야기하고 있는 것이 아니라, 한 사람(즉 아담)의 타락을 이야기하고 있다. 그리고 왕의 모든 말과 모든 병사들(역사 속 모든 왕들의 군대)도 이 사람의 타락 때문에 잃어버리게 된 것을 되돌릴 수 없게 된 것을 이야기하고 있다.

물론 타락한 것은 아담이었다. 아담은 사랑과 사귐의 거대한 성벽에 앉아 있다가, 추락하는 일을 겪었다. 그리고 왕으로부터 종에게 이르기까지 그 어느 누구도 그를 다시 본래의 자리에 되돌려놓을 수 없었다. 그의 이름은 험프티 덤프티가 아니라, 바로 아담이었다. 로마서 5장 12-21절을 보면, 우리는 아담의 타락으로 인해서 초래하게 된 매우 심각한 문제와 결과를 볼 수 있다. 우리가 이 중요한 성경본문을 볼 때, 우리는 하나님의 말씀 가운데 가장 어렵고 복잡한 본문 가운데 하나를 접하고 있다는 사실을 깨달아야 한다. 사실 이 구절들은 지금까지 로마서에서 소개해온 모든 내용을 요약하고 있다. 로마서 5장 12-14절은 죄를 다루고 있는 로마서의 첫 번째 위대한 부분(롬 1:18-3:20)을 돌아보고 있다. 그런 다음 15-17절은 죄의 형벌로부터 구원에 관한 두 번째 위대한 부분(롬 3:21-4:25)을 돌아보고 있다. 마지막으로 로마서 5장 18-21절은 로마서 1장 16절에서 5장 21절까지의 전체적인 내용을 감싸고 있으며, 그 다음으로 성화의 진리를 다루고 있는 로마서 6장의 위대한 부분으로 넘어가는 전환점 역할을 한다. 그래서 바울이 로마서 5장 12절을 "그러므로"로 시작할 때, 그는 1장 16절부터 다루어온 본 주제로 돌아가고 있음을 인지해야 한다.

로마서 5장 12-14절을 보면, 우리는 죄의 기원, 죄에 대한 형벌, 그리고 죄의 전가를 볼 수 있다. "한 사람으로 말미암아 죄가 세상에 들어오고"라는 구절은 몇 가지 질문거리를 제공한다. 우리는 이미 타락하였고 또한 지구를 맡게 된 루시퍼(계 12:4, 겔 28:17)를 통해서 죄가 세상에 들어오게 되었다는 사실을 살펴보았다. 그럴지라도 이브가 아담보다 먼저 죄를 지었다. 그래서 이 사실은 우리로 하여금 "세상(world)"이 지구 보다 더 큰 것을 가리키고 있다는 사실을 생각하게 만든다. 사탄이 이 지구에 죄를 가져왔다. 따라서 "세상"은 "인류(human race)" 전체를 가리키는 은유적인 표현으로 이해할 필요가 있다. 그렇지만 어쨌든 이브가 아담보다 먼저 죄를 지음으로써, 인류 전체에게 죄를 가져온 장본인이 아닌가? 그렇기는 하지만, 디모데전서 2장 14절은 아담의 죄와 이브의 죄 사이의 중요한 차이점을 우리에게 밝혀주고 있다. 이브는 속임을 당했지만, 아담은 속지 않았다. 아담은 자신이 하고 있는 일이 무엇인지 정확히 알고 있었다.

여기서 우리는 이 구절에서 죄에 관해서 알아야 할 첫 번째 큰 원칙을 볼 수 있다. 하나님의 눈에는 고의적으로 지은 죄와 부지중에 지은 죄(민 15:27-31) 사이에 큰 차이가 있다. 아담이 자신이 무슨 일을 하고 있는지 정확히 알고 있었다는 사실이 이 구절에서 그의 행위를 설명하면서 사용된 단어들에 잘 나타나 있다. 즉 아담은 *하마르티아*(표적을 맞추지 못하다, 롬 5:12), *파라바시스*(선을 넘다, 롬 5:14), *파랍토마*(미끄러지다, 롬 5:15), *파라코에*(불순종, 롬 5:19)를 행했다. 처음 두 개의 단어는 아담이 자신이 무슨 일을 하고 있었는지를 잘 알고 있었음을 말해준다. 그는 표적을 맞추지 못했는데, 이는 그가 표적이 무엇인지 볼 수 있었다는 사실을 뜻한다. 그는 선을 넘어갔는데, 이 또한 그가 선을 볼 수 있었음을 의미한다. 마지막 두 개의 단어는 아담이 죄를 지었을 때, 하나님께 저지른 개인적인 범죄가 무엇인지를 말해준다. 그가 저지른 죄는 바로 하나님의 말씀을 무시한 것이었다. 어떤 의미에서 아담은 하나님보다 아내를 더 사랑했다. 그래서 그는 의도적으로 주님께 불순종했다. 그런 것이 그의 몰락의 이유였다. 분명히 그는 자신이 또 다시 홀로 남겨질 것을 두려워했고, 차라리 죄를 지음으로써 자신이 지은 죄의 결과에 직면하려고 했던 것 같다.

그 결과 아담이 죄를 세상에, 즉 인류에게 가져온 것을 볼 수 있다. 그리하여 "죄로 말미암아 사망이 들어왔다."(롬 5:12) 이것은 무슨 의미인가? 우리는 하나님께서 아담에게 "선악을 알게 하는 나무의 열매는 먹지 말라 네가 먹는 날에는 반드시 죽으리라"(창 2:17)고 말씀하신 것을 기억할 필요가 있다. 그런데 아담은 900세가 넘도록 살았다. 그렇다면 하나님께서는 분명히 다른 종류의 죽음을 염두에 두고 계셨던 것이 틀림없다. 사실 그랬다. 하나님은 영적인 죽음을 의도하셨다. 아담의 육체적인 죽음은 분명 그의 영적 죽음의 결과였다. 마치 그리스도를 영접한 후 하나님과 하나가 된 것이 장래 영광스럽고 영원한 몸을 받게 될 것을 보장하는 것처럼(성령님은 이를 보증하는 일종의 계약금 또는 보증금과 같다), 하나님에게서 분리되는 것은 그의 몸에 사형 선고를 내린 것과 같은 영향을 미쳤던 것이다.[7]

이제 우리는 매우 어려운 구절인 "이와 같이 모든 사람이 죄를 지었으므로 사망이 모든 사람에게 이르렀느니라"(롬 5:12)는 구절을 볼 수 있다. 우리는 사망이 모든 사람에게 퍼지게 된 것을 분명히 보고 있긴 한데, "모든 사람이 죄를 지었으므로"라고 말하는 이유는 무엇일까? 이러한 진술에 대한 세 가지 해석이 있다.

1. 개인들의 죄. 펠라기우스와 같은 일부 사람들은 이 구절을 모든 개인들이 고의적인 의지로 죄를 저지른다는 뜻으로 해석하고 있으며, 사람은 이러한 개인적인 죄로 인해서 죽음을 맞이한다고 생각하고 있다. 우리는 이런 해석이 유아 사망을 설명할 수 없기 때문에, 이런 해석을 받아들일 수 없다. 생후 3개월 된 유아는 개인적인 죄를 저지르지는 않았지만 죽음을 맞이하는 경우를 종종 볼 수 있다. 만일 개인이 저지른 죄가 사망을 초래하는 것이라면, 이러한 유아들의 죽음을 설명할 수 없다. 그러므로 사망을 개인적인 죄와 연결하는 것은 가능하지 않다. 아마도 다른 이유가 있을 것이다.

2. 원죄. 이 견해는 아담이 죄를 지었을 때 그의 체질상 총체적인 변화가 일어났다고 보는 것이다. 그의 인간 영은 하나님과 접촉이 끊어지게 되었다. 그의 지성은 어두워지게 되었고, 그의 감정 또는 정서는 손상되었으며, 그의 의지는 퇴화되었다. 그리고 그의 몸은 허약해지게 되었으며 부패하게 되었다. 그가 지은 죄로 인해서 그의 인성이 총체적으로 나빠지게 된 것이다. 그 때로부터 흔히 *죄성(nature of sin)*이라고 부르는 부패한 본성이 그의 내면에 자리 잡게 되었다. 이 부패한 본성은 그의 모든 후손에게 유전되었다. 따라서 태어나는 모든 개인은 그 내면에 내재된 죄성 때문에, 하나님과 분리되고 또한 영적으로 죽은 채 태어나게 되었다. 아이가 자라남에 따라, 이 본성은 현저하게 드러나게 될 것이다. 우리는 아이에게 거짓말을 하고 또 불순종하는 방법을 가르칠 필요가 없다. 반항심이 아이의 마음속에 항상 도사리고 있다. 우리가 할 일은 그저 아이에게 진실하도록, 순종하도록 가르치는 것이다. 이는 아이의 기질과 본성에 반하는 것이다. 이런 것이 바로 원죄다.

우리는 산에서 캠핑하는 것으로 이것을 상상해볼 수 있다. 산 정상 근처에는 맑고 시원한 샘물이 솟아나고 있다. 우리는 이 샘물을 마시고, 참으로 순수하다는 느낌을 가질 것이다. 하지만 지금까지는 몰랐지만, 조금 더 상류에 캠핑하고 있는 또 다른 사람이 있다. 그는 우리와는 달리, 매우 더럽고 지저분한 사람이다. 온갖 쓰레기를 버리고, 심지어 개울에 투척하기까지 한다. 그래서 물이 우리에게 오는 동안, 완전히 오염되게 된다. 그리고 우리는 이 한 남자의 행동으로 인해서 오염된 물을 우리 몸속으로 마신다. 마찬가지로 다른 모든 캠핑하는 사람들도 이 개울에서 물을 마신다. 계곡에 있는 모든 사람들도 마찬가지다. 한 남자의 행동으로 많은 사람들이 마시는 물이 오염되었다. 이런 것이 원죄이며, 아담의 죄로 인해서 오염된 본성을 우리 모두 가지게 되었다. 많은 사람들은 이 원죄를 개인의 사망의 원인으로 보고 있다.

3. **전가된 죄.** 신학자들은 이 견해를 *연방의 머리(Federal Headship)* 개념으로 소개하고 있다. 기본적으로 이 견해는 아담이 전 인류를 대표하는 역할을 했다고 본다. 아담이 죄를 지었을 때, 죄가 모든 인류의 책임으로 전가된 것이다. 우리는 연방 정부를 가지고 있기에, 주 대표가 의회에서 우리를 대신하여 투표한다. 대통령 선거에서 당신은 개인적으로는 민주당이나 공화당에게 투표했을 것이다. 하지만 주 선거인단 대표가 당신이 투표한 사람이 아닌 다른 사람에게 투표한다면, 당신은 다른 사람에게 투표한 것으로 간주된다. 또는 마크 맥과이어가 세인트루이스에서 62번째 홈런을 쳤을 때, 모든 세인트루이스 팬들은 마치 자신들이 홈런을 친 것으로 생각하며 기뻐했다. 맥과이어는 그들의 대표였던 것이다. 따라서 이 전가된 죄라는 개념은 우리 모두가 아담 안에서 죄를 지은 것으로 본다. 아담은 인류의 대표로서 죄를 지었고, 죄는 인류 전체의 책임으로 전가되었으며, 그 결과 온 인류에게 죽음이 찾아오게 된 것이다.

하지만 이 연방의 머리 또는 "대표" 개념은 R. 불트만, G. 프리드리히, C.K. 배럿, H.J. 쇼엡스, W.G. 큄멜, G. 보른캄, O. 미셸, E. 케제만[8] 등 많은 신약학 학자들에 의해서 거부당하고 있다. 어떻게 사람이 자신이 태어나기도 전에 수천 년 전에 살았던 다른 사람의 행동에 대해서 책임을 져야 한단 말인가?

그렇다면 바울은 "모든 사람이 죄를 지었으므로"(롬 5:12)라는 말을 무슨 의미로 했던 것일까? 로마서 5장 12-21절의 구조를 자세히 살펴보면, 바울은 5장 12절에서 시작된 논증을 잠시 중단하고서 5장 13-17절에서 개인의 죄가 어떻게 전가되는지, 그리고 어떻게 "사망이 모든 사람에게 이르게 되었는지"를 설명한 후에, 5장 18-21절에서 다시 본론으로 돌아와 아담 안에서 "모든 사람이 죄를 지었다"는 것을 설명하고 있다. 그런데 5장 18절에는 (대부분의 영어 번역본에서 "정죄(condemnation)"로 번역되는) "카타크리마(katakrima)"라는 단어가 나오는데, 이 단어는 단순히 유죄 판결이 아니라, 아담이 지은 죄로 인해서 사망에 이르기까지 감금시키는 형벌 형을 의미하고 있다. 따라서 "사망이 모든 사람에게 이르게"(롬 5:12) 된 이유는 모든 사람이 "죄인 되었기"(롬 5:19a) 때문인 것이다. 아담의 한 가지 불순종 때문에 모든 사람이 죄인으로 체질이 바뀌게 되었고, 이는 곧 유전되어 개인적으로 죄를 낳게 되었고 또한 사형 선고를 불러 오게 되었다. 이로써 (즉 개인적으로 전가된 죄로 인해서) "아담의 범죄와 같은 죄를 짓지 아니한 자들까지도 사망이 왕노릇 하게"(롬 5:12-14) 된 것이다.[9]

따라서 로마서 5장 12-13절과 19절은 "모든 사람이 죄를 짓게 된" 근본적인 원인으로서, 죄의 전가나 연방의 머리라는 법정적인 개념을 배제하고서, 죄의 유전에 의한 체질적인 죄인화, 즉 "죄성" 또는 "원죄"의 개념을 드러내고 있다. 로마서 5장 15-21절에 담겨 있는 기쁜 소식은 아담 안에서 사망이 우리 모두에게 임함으로써 우리가 잃어버린 것을 그리스도 안에 있는 생명을 통해서 더욱 풍성하게 얻게 되었다는 것이다.

아담 안에서 잃은 것	그리스도 안에서 얻은 것
육체의 몸	영적인 몸
에덴 동산의 열매	성령의 열매
땅에서 사는 육체적 삶	땅에서 사는 영적인 삶
에덴 동산에서 사는 행복	새 예루살렘에서 사는 행복

따라서 아담과 이브 이후에 세상에 태어난 모든 사람은 자신의 창조주로부터 소외되고 또 분리된 상태에서 태어난다. 이 상황을 극복하기 위해서 인간이 할 수 있는 일은 무엇인가?

타락의 본질

아담의 타락으로 인해서 죄와 영적인 죽음이 모든 사람에게 임하게 되었다는 결론에 도달하게 되었는데, 이제 우리는 이 사실이 인간의 능력에 미치는 영향을 살펴볼 필요가 있다. 모든 인류는 죄와 사망에 의해서 감금된 상태로 태어난다. 우리는 우리 자신을 스스로 구원할 수 있는가? 우리의 죄악은 하나님을 향해 어떻게 반응할 것인가에 지대한 영향을 미치기 때문에, 우리의 죄악은 무엇을 의미하는 것인지 묻지 않을 수 엇다. 불신자는 스스로 자신의 구원을 성취할 수 있는가? 그들은 과연 "선(good)"을 행할 수 있는가? 그들은 복음에 긍정적으로 반응할 수 있는 능력을 갖추고 있는가? 불신자에게 믿을 수 있는 능력이 있다면, 과연 어느 정도인가? 이러한 질문들에 대한 논의는 자주 제기되어 왔지만, 최초의 논쟁은 5세기 초 북아프리카에서 일어났다.

펠라기우스 vs. 아우구스티누스

수세기에 걸친 논쟁의 토대가 펠라기우스에 대한 아우구스티누스의 반응에서 시작되었다. 이 두 사람의 논쟁을 이해하려면 인간에 대한 이해를 먼저 하는 것이 도움이 된다. 우리 가운데 어느 누구도 우리의 경험과 신학을 연결하는 웜홀에서 벗어날 순 없다. 그리고 이 두 사람도 예외는 아니었다.

펠라기우스는 대략 서기 354년쯤에 태어났다. 대부분 사람들은 그의 뿌리를 영국 제도(British Isles)로 거슬러 올라간다. 제롬은 펠라기우스를 레슬링 선수의 몸을 가진 근육질 남성으로 묘사했는데, 사실 그는 그리스어와 라틴어를 능숙하게 말할 수 있을 정도의 교육을 받았다. 그는 뛰어난 변호사이자 신학자였다. 워낙 뛰어난 능력을 가지고 있었기 때문에, 그가 영성을 추구하는 수단으로 어째서 금욕주의에 끌리게 되었는지, 그 이유를 아는 것은 그리 어렵지 않다.

사실 펠라기우스는 물 세례를 받은 이후에, 사람이 간절히 원하기만 한다면 죄 없는 삶이 가능하다고 믿었다. 이 때문에, 그는 아담의 죄책이 자손에게 전가된다는 전통적인 가르침을 부정했다. 어린 아기들은 아무런 죄의 흔적도 없는 상태, 즉 완전히 무죄한 상태에서 태어난다. 성인 개종자의 경우에 유일하게 필요한 은혜는 바로 물 세례의 은혜였으며, 이로써 본래 태어날 때의 무죄한 상태로 돌아갈 수 있었다. 한 번 깨끗이 씻으면 죄 없는 삶으로 들어갈 수 있었다.[10]

로마에 있는 동안 펠라기우스는 아우구스티누스의 저술을 읽었는데, 그의 심기를 불편하게 했던 것은 "당신이 명령하신 것을 주시고, 당신이 원하시는 것을 명령하소서"라는 글귀였다. 펠라기우스는 이러한 접근 방식이 인간을 자동기계로 만든다고 생각했다. 아우구스티누스는 그의 고백록(x. 40)에서 이렇게 썼다.

> 나는 전혀 희망이 없지만, 그럼에도 나는 당신의 큰 자비 속에 있습니다. 당신이 명령하고자 하는 바를 제게 주시고, 당신이 원하는 것을 나에게 명령하소서. 당신은 우리에게 절제를 명하셨습니다. 하지만 누군가 이런 말을 해주었습니다. '하나님께서 절제를 주시지 않으면, 어느 누구도 절제할 수 없다는 것을 알았을 때, 이 또한 지혜의 일부이며, 또한 그것이 누구의 선물인지를 아는 것은 정말 중요한 일이다.' 그렇습니다. 당신과 함께 다른 것을 사랑하면서도 그것을 당신을 위해 사랑하지 않는 자는 당신을 너무 적게 사랑하는 자입니다. 오, 영원히 타오르고 결코 꺼지지 않는 사랑이여! 오, 사랑이신 나의 하나님, 저를 불붙게 하소서! 당신은 절제를 명하십니다. 당신이 명령하신 것을 주시고, 당신이 원하시는 것을 명령하소서.

아우구스티누스는 펠라기우스와 동시대 인물이지만 배경은 완전히 달랐다. 아우구스티누스의 배경은 북아프리카와 이탈리아였다. 그는 열정의 소용돌이에 휩싸인 남자였다. 그는 겨우 열여섯 살 때 첩을 데리고 살았고, 15년 동안 첩을 두었다. 아우구스티누스와 그녀 사이엔 아데오다투스라는 이름을 가진 아들이 있었다. 그는 육체의 욕망을 극복하기 위해 마니교에서 9년을 보낸 후 첩과의 관계를 끝낼 수 있었다. 마침내 첩을 떠나 어머니 모니카가 허락한 여성과 결혼하기로 합의한 후, 그는 미래의 아내가 성년이 되기를 기다리는 동안 즉시 다른 여성과 바람을 피우기 시작했다.

그래서 그의 "정원 경험(garden experience)"이 그의 삶에 미친 영향을 파악하는 것은 어렵지 않다. 그의 고백록을 보면, 보이지 않는 어느 아이의 목소리가 그에게 *톨레 레게(tolle lege)*, 즉 "들고 읽으라"고 말했다. 그가 주변을 살폈을 때, 그가 볼 수 있었던 가장 가까운 것은 성경책이었다. 그는 로마서 13장 13-14절을 열었고, "낮에와 같이 단정히 행하고 방탕과 술 취하지 말며 음란과 호색하지 말며 쟁투와 시기하지 말고 오직 주 예수 그리스도로 옷 입고 정욕을 위하여 육신의 일을 도모하지 말라"는 구절을 읽었다. 이 일로 인해서 그는 386년에 기독교로 회심했다. 그는 387년 밀라노의 암브로시우스(Ambrose)에게서 세례를 받았고, 곧바로 388년에 아프리카로 돌아갔다. 얼마 지나지 않아 그의 어머니와 아들은 죽었다. 회심하게 된 아우구스티누스는 육체를 완전히 반대하는 쪽으로 돌아섰고, 육체를 악으로 규정했던 플라톤의 이원론에 매료되었다. 이후 더 깊이 빠져들었다. 그리고 새로운 기독교인으로서 세상으로 나아갈 결심을 하게 되었고, 이에 밀라노에서 수사학 교사로서의 지위를 포기했으며, 세속적인 삶을 버렸고, 모든 물건을 팔아 가난한 사람들에게 나누어주었다. 그는 가족이 살 집만 남겨두고서, 자신의 집을 수도원으로 개조했다.

이 모든 것을 통해 볼 때 아우구스티누스가 인간의 능력을 높이 평가하지 않았을 것이란 사실을 추측하는 것은 어렵지 않다. 그에게는 모든 것이 은혜였다. 그가 말했던 "당신이 명령하신 것을 주시고, 당신이 원하시는 것을 명령하소서"라는 말은 빌립보서 2장 12-13절과 맞물려 있었다. 이 구절은 신자들에게 두렵고 떨림으로 자신의 구원을 이루라고 격려하면서도, 그들 안에서 하나님의 뜻을 이루고 싶어 하는 열망을 주시고 또한 그 뜻을 이룰 수 있도록 능력을 주시는 분이 하나님이심을 기억할 것을 말하고 있다. 따라서 펠라기우스와 같은 연도에 태어나, 동일한 시대를 살았던 이 두 신학의 거인은 충돌할 수밖에 없었다. 그러나 한 가지 중요한 점은, 아우구스티누스는 라틴어에 능통했지만 그리스어에는 능숙하지 않았는데, 이 사실은 그에게 여러 번 걸림돌이 되었다.

펠라기우스는 이러한 인간에 대한 비관적인 견해와 그렇게 인간을 무기력한 상태의 수동적인 존재로 창조하신 하나님에 대한 견해에 반발했다. 그는 "만일 내가 해야 한다면, 나는 할 수 있다"고 말하면서, 이러한 수동성에 저항했다. 그는 데메트리아데스에게 보내는 편지(Epistola Ad Demetriadem, xxxiii. 1110)에서 이렇게 썼다.

우리의 위대하신 왕의 명령을 특권으로 여기기보다 … 우리는 마음의 경멸스러운 게으름을 피우면서 하나님께 외치며 말한다. "이것은 너무 어렵고 힘듭니다. 우리는 할 수 없습니다. 우리는 단지 인간일 뿐이며, 육체의 약함에 방해를 받고 있습니다." 이는 어리석고도 오만한 신성모독일 뿐이다! 우리는 지식의 하나님께 이중적인 무지의 죄를 짓고 있다. 첫째는 하나님의 창조에 대한 무지요, 둘째는 하나님의 명령에 대한 무지다. 마치 하나님께서 자신의 창조물인 인간의 약함을 잊으시고, 인간이 감당할 수 없는 명령을 내리신 것처럼 말하고 있다. 동시에 (하나님께서 우리를 용서하시길!) 우리는 의로우신 분에게 불의하고 또한 거룩하신 분에게 잔인하다고 말하고 있다. 첫째는 하나님께서 불가능한 것을 명령하셨다고 불평하는 것이며, 둘째는 인간이 어찌할 수 없는 일 때문에 정죄받을 것이라고 상상하는 것이다. 그런즉 하나님을 우리의 구원보다는 우리의 형벌을 원하시는 분으로 여기고 있다. (아, 이 얼마나 신성모독적인 일인가!) … 우리에게 힘을 주신 분보다 우리의 힘의 한계를 더 잘 아시는 이는 없다. … 하나님은 불가능한 것을 명령하지 않으셨다. 왜냐하면 하나님은 의로우시기 때문이다. 그리고 하나님은 인간이 어찌할 수 없는 일로 인간을 정죄하지 않으실 것이다. 하나님은 거룩하시기 때문이다.

이러한 펠라기우스의 사상을 기반으로 한 신학을 누가 전파했는지는 다소 논란이 있긴 하지만, 믿음에 행위를 혼합하는 사람을 펠라기우스주의자(또는 반-펠라기우스주의자)로 보고서 정죄하는 것이 일반적이다. 반-펠라기우스주의(semi-Pelagianism)의 아버지로 여겨지는 인물은 요한 카시아누스(John Cassian, 360-435년)이다. 그는 일반적으로 구원을 위해선 절대적으로 은혜만 필요하다고 보지는 않은 사람으로 묘사되고 있지만, 펠라기우스와는 달리 무죄한 삶이 가능하다고 생각하지는 않았다.

수도원의 삶을 통해서 하나님께 나아가는 단계에 대해서 쓴 그의 글(즉 *정화*(Purgatio) - 육체의 욕망을 제거하는 단계, *계몽*(Illuminatio) - 거룩함의 길을 배우는 단계, *연합*(Unitio) - 하나님의 영과 하나가 되는 단계)을 읽고, 그가 구원에 이르는 방법으로 금욕적/행위 중심적 접근방법을 가르쳤다고 쉽게 단정할 수 있다. 그러나 전혀 그렇지 않다. 이러한 비판 대부분은 5세기 초반에 활동했던 갈리아(현재의 프랑스) 출신의 기독교 신학자였던 프로스퍼 아퀴타니아(Prosper of Aquitaine)의 오해에서 비롯되었다. 프로스퍼는 카시아누스가 구원에 이르는 단계적인 사다리 방식을 가르친다고 생각했다. 그러나 사실 이 단계적 사다리 방식은 이미 죄의 형벌로부터 구원을 받은 사람들을 위한 것이었다. 도널드 페어번(Donald Fairbairn)은 이렇게 설명하고 있다.

요한 카시아누스는 사람의 선한 의지가 구원의 시작이라고 믿지 않았다. 오히려 그는 구원은 하나님이 그리스도를 통해서 자신을 사람들에게 선물로 주신 것에서 시작된다고 주장했다. 이 선물은 하나님이 사람을 자신과 하나가 되게 하고 또 그를 자신의 자녀로 입양하는 것이다. 카시아누스에 따르면, 사람의 미덕과 도덕적 순결을 향한 열망은 이미 하나님과 하나가 된 것을 심화시키려는 시도이지, 미래적인 의미에서 연합을 이루려는 시도가 아니다. 도덕적 정화를 추구하는 과정에서 하나님은 때때로 주도권을 잡으시고 또 때로는 인간의 행동을 기다리기도 하시지만, 이 모든 과정은 하나님이 사람에게 이미 베푸신 은혜의 선물

에 기반하고 있다.[11]

카시아누스의 신학은 아를레스 종교회의(Synod of Arles, 서기 473년)에서 승인되었지만, 오렌지 공의회(서기 529년)에서는 정죄되었다. 이 공의회는 아우구스티누스의 이중 예정을 거부하였고 또 하나님의 은혜는 저항할 수 있다고 믿었다. 그들은 반-펠라기우스주의라기 보다는 오히려 반-아우구스티누스주의로 표현하는 것이 맞을 듯싶다. 그들은 펠라기우스와 아우구스티누스 사이의 중간 지점을 찾는 것처럼 보였지만, 요한 카시아누스의 입장과 같았다. 이후 3세기 동안 교회는 아우구스티누스에게서 멀어지고 카시아누스 쪽으로 더 기울었다. 실제로 고트샬크(Gottschalk)는 849년에 이중 예언을 가르쳤는데, 이 때문에 정죄를 당하고, 채찍질을 당했으며, 투옥되었다.

심지어 오늘날에도 인간 능력의 범위를 놓고서 격렬한 논쟁을 벌이고 있다. 일부 학자들은 5대 교리를 신봉하는 칼뱅주의자들이 내세우는 인간 타락의 교리를, 전적 타락이 아니라 전적 무능력이라고 부른다. 또 다른 학자들은 중생하지 않은 사람이 빛을 찾는 것은 불가능하다고 주장하는데, 그 이유는 영적으로 죽은 시체에 불과한 사람은 조금도 움직일 수 없으며, 하나님을 향한 발자국을 한 걸음도 뗄 수 없기 때문이다. 그러나 성경은 무엇을 가르치고 있는가?

중생한 일이 없는 사람의 마음

중생한 일이 없는 사람의 마음의 상태가 어떠한 것인지를 조사해보는데 도움이 되는 몇 가지 구절이 있다.

로마서 1장 28절

많은 학자들은 이 구절에서 말하는 상실한 마음을, 중생한 일이 없는 사람의 마음을 묘사하는 것이라고 말한다. 물론 이 구절이 일부 중생한 일이 없는 사람들의 마음을 묘사한다는 것은 의심의 여지가 없지만, 그렇다고 해서 반드시 중생하지 않은 사람의 마음만을 묘사하고 있는 것은 아니다. 이 구절이 중생한 일이 없는 사람의 마음만을 묘사하고 있다고 말하는 것은 24절, 26절, 28절에서 "하나님께서 내어버려 두셨다"는 구절을 반복하면서, 또한 단계적으로 추락이 진행되고 있는 과정을 간과하는 것이다. 이러한 반복은 보통 생각의 점진적인 진행을 나타낸다. 바울은 하나님의 진노가 불의로 진리를 막는 사람들의 모든 경건치 않음과 불의에 대하여 하늘로 좇아 나타날 것을 설명해오고 있었다. 만일 그들이 계속해서 하나님의 존재를 알리는 진리에 대해서 마음을 의도적으로 닫는다면, 하나님께서는 그들을 점차적으로 그들 속에 있는 죄성 아래 사로잡히도록 내어주는 일을 하신다. 그 일은 세 가지 단계로 진행되어질 것인데, 그 마지막 단계가 바로 그들을 "상실한" 마음, 즉 더 이상 옳고 그름을 분별할 수 없는 마음상태에 떨어지게 하는 것이다. 이것은 끈질기고도 고집스럽게 반항하고 저항하는 피조물에게 내리는 진노의 마지막 단계다. 이것은 결코 중생하지 않은 사람들만의 상태를 말하는 것이 아니다. 그렇게 말하는 것은 사도 바울이 중생한 일이 없는 이방인들의 마음에도 율법이 새겨져 있다고 말하고 있는, 로마서 2장 14-16절과 모순을 일으킨다. 이방인들의 마음에 새겨진 율법은 하나님의 뜻을 알려주는 기능을 하면서, 그들에게 옳고 그름을 알려주는 일을 한다.

그렇다면 로마서 1장 28절은 중생한 일이 없는 사람들의 마음의 상태만을 묘사하고 있는 것이 아니다. 심지어 로마서 1장 18-20절은 중생하지 않은 사람의 마음도 하나님의 계시를 받을 수 있다고 말한다. 심지어 자연세계에 나타난 하나님의 계시(시편 19편 1-4절을 보라)는 최고의 존재를 가리키는 위에서 비추는 빛이다. 과연 중생한 일이 없는 사람의 마음이 이 계시를 받아들일지 거부할지는 그 사람에게 달린 문제다. 로마서 1장 18-20절은 모든 생각하는 사람은 이 계시를 받아들이지만, 이를 고의적으로 거부한 사람은 자신의 욕망의 폭정 아래로 들어가게 된다고 말하고 있다.

고린도전서 2장 14절

이 구절은 중생하지 않은 사람의 마음은 하나님의 일과 상호작용하는 일이 불가능하다는 사실을 설명하는 또 다른 구절이다. 이 구절은 자연인은 하나님의 영의 일을 받을 수 없는데, 그 이유는 그러한 것들이 그 사람에겐 어리석게 보이기 때문이며, 또한 영적인 일은 영적으로만 분별할 수 있기 때문에 그는 이런 일을 알아들을 수 있는 능력이 없기 때문이라고 명백하게 밝히고 있다. 홍미로운 점은 고린도전서 2장 10절에서 3장 4절이 세 종류의 사람을 설명하고 있으며, 각 종류의 사람은 몸과 혼과 영, 이렇게 세 부분으로 된 사람이 과연 어떤 부분이 특화되어 그 특징을 이루고 있느냐에 따라서 구분된다고 하는 것이다. 자신의 육신에 의해서 지배되는 사람은 고린도전서 3장 1-3절에 묘사되어 있다. 이러한 사람들은 *사르키코이(sarkikoi)*, 즉 육신적인(fleshly) 사람 또는 육신에 속한(carnal) 사람이라고 부르고 있다. 이 사람들은 하나님의 일 가운데 젖에 해당하는 것은 이해하고 받아들이지만, 고기에 해당하는 것은 감당할 수 없다고 말하고 있다. 여기서 그들의 능력 또는 무능력을 묘사하면서 사용한 용어를 보면, 고린도전서 2장 14절에서 프쉬키코스(*psuchikos*), 곧 자연인으로서 할 수 없는 일을 표현할 때와 같은 단어가 사용되었다. 성경은 소위 "자연인 (natural)"이라고 부르는 사람에 대해서 이렇게 말한다. 즉 자연인은 중생한 사람이 아니고, 하나님의 영을 소유하고 있지 않기 때문에 하나님의 영의 일을 알 수가 없다. (여기서 '알다(know)'는 단어는 '그노나이 (*gnonai*)'가 사용되었는데, 이 단어는 보통 직관적인 지식이 아니라 경험적인 지식을 가리킬 때 사용하는 단어다.) 만일 이런 논리라면 자연인에게 해당되는 것이 3장 1-3절에 소개되어 있는 육신적인 사람에게도 얼마든지 적용될 수 있다.

고린도전서 2장 15절을 보면 "신령한(spiritual)" 사람은 "모든 것"을 이해할 수 있는 유일한 사람으로 언급되고 있지만, 동시에 그는 아무에게도 이해받지 못한다. 반면 3장 1-2절에 따르면, "육신에 속한 그리스도인 (carnal Christian)" 또한 모든 것을 이해할 수 없다. 왜냐하면 육신적인 그리스도인은 "신령하지" 않기 때문이다. "육신적인 사람"이 이해하지 못하는 것은 자연인도 마찬가지로 이해하지 못하는데(고전 2:9), 육신적인 사람의 경우는 하나님의 영이 없기 때문이 아니라 그의 영으로는 하나님의 영의 일을 분별하지 못하기 때문이다(고전 2:10-11). 따라서 우리는 이 본문을 가지고 칼뱅주의자들의 "전적 무능력(Total Inability)"이란 교리를 (즉 중생하지 않은 자는 하나님을 향해 전혀 반응할 수 없다는 주장을) 지지하는 근거로 사용할 수 없다. 왜냐하면 믿지 않는 사람도 이런 측면에서는 육신적인 신자와 비슷한 수준에 있기 때문이다.

물론 "육신에 속한" 그리스도인이란 존재하지 않는다고 주장하는 사람들도 있다. 그들에게는 "자연인"도 "육신적인 사람"도 중생한 사람이 아니기 때문이다. 하지만 "육신에 속한" 사람이 신자라고 믿을 만한 충분한 성경적인 근거들이 많이 있다. 고린도전서 3장 1절을 보면, 그는 그리스도 안에서 어린아이들로 비유되고 있다. 바울은 마치 아기 그리스도인을 대하는 것처럼 "육신에 속한" 사람을 대할 수밖에 없다고 말했다. 하나님의 영에 대한 이러한 둔함은 육신적인 그리스도인이나 불신자나 매한가지이기 때문에, 과연 불신자가 무슨 방법으로 하나님의 영에 반응할 수 있는지에 대해서 의문을 갖지 않을 수 없다. 이 의문을 해소하기 위해서 우리는 요한복음으로 가볼 것이다.

요한복음 16장 7-11절

다락방 강론의 상당 부분은 하나님의 아들께서 영광을 얻자마자 아버지와 아들에게서 보내심을 받게 될 삼위일체 가운데 세 번째 위격이신 성령님의 새로운 역할에 대한 것이었다. 이 가르침의 대부분은 예수님께서 아버지에게로 돌아가신 후에 신자들을 돕고자 오시는 "보혜사"로서 성령님에 대한 것인데, 성령님의 도우시는 사역은 죄에 대하여, 의에 대하여, 심판에 대하여 세상을 책망하시는 일과 연결되어 있다(요 16:7-11). 요한복음 3장 16절에서 분명히 알 수 있듯이, 요한이 말하는 "세상(world)"은 아직 아들을 믿지 않는 사람들로 이루어져 있다. 아직 믿지 않는 사람들은 죄를 깨닫게 하시는 성령의 사역을 얼마든지 수용가능한 상태에 있다. 이처럼 믿지 않은 사람들의 "영"이 이렇게 죄를 깨닫게 하고 유죄판결을 내리는 일에 전혀 반응할 수 없다면(고전 2:10-11), 어떻게 불신자들이 자신의 죄를 깨닫고 심판 아래 있다는 의식을 가질 수 있단 말인가?[12]

이에 대한 대답은 바로 양심이다. 이전 로마서의 구절로 돌아가 보면, 죄를 개인적인 문제로 취급하기 위해서 율법이 가입하게 되었고, 이로써 아담 안에 있는 모든 사람이 율법에 의해서 유죄 판결을 받게 되었다(롬 5:13-14, 20a). 바울은 이미 우리에게 이러한 유죄 판결이 양심의 영역에서 일어나고 있음을 말했다(롬 2:14-15, 3:20). 이렇게 양심이 정죄를 받는 일이 바울 자신의 삶을 통해서 생생하게 묘사되어 있는데, "육신에 있는" 불신자로서(롬 7:5, 7-13) 그리고 "육신에 속한" 신자로서(롬 7:14-25) 육체를 따라 살 때, 양심의 송사를 받게 된다. 이 사실이 요한복음 16장 8-11절에도 잘 나타나 있다. 즉 성령님께서는 불신자들에게는 "외부에서" 양심을 통해서 말씀하신다. 한편 신자들에겐 내부에서 "마음이 스스로를 책망하는" 방식을 통해서 역사하신다(요일 3:19-21). 여기서 사도 요한이 말하는 "마음"이란 우리를 정죄하기도 하고 또 책망하기도 하는 작용을 하는, "양심"을 가리킬 가능성이 매우 높다. 율법과 마찬가지로 성령님은 심지어 불신자의 양심에도 호소하심으로써 자신의 죄를 깨닫고 심판 아래 있다는 의식을 갖게 하는 일을 하신다.

고린도후서 3-4장

고린도후서 3장 14절은 중생한 일이 없는 유대인들의 마음에 대해서 언급하고 있다. 즉 그들의 마음 위에는 구약 율법의 베일이 덮여 있고, 이로써 그들의 마음이 완고한 상태에 있다. 그리고 고린도후서 4장 3-6절은 이 세상의 신이 불신자들의 마음을 혼미하게 했고, 그렇기 때문에 그들은 그리스도의 영광의 복음의 광채를 보지 못하고 있다고 말한다. 그래서 그리스도를 보지 못하고, 그리스도에 대해서 마음을 닫는 일이 일어나게 된 것이다. 하지만 이 구절들은 불신자들이 과연 복음의 빛에 반응할 수 있는 능력이 있는지 그렇지 않은지에 대한 문제를 다루고 있지는 않다.

에베소서 4장 17-19절

이 구절들은 믿지 않는 이방인들이 그 마음의 허망한 상태에서 행하고 있으며, 그들의 총명이 어두운 가운데 있고, 그들 속에 무지와 마음의 굳어짐 때문에 하나님의 생명에서 떠나 있음과 또한 그들의 마음이 굳어진 상태에서 감각 없는 사람처럼 행하고 있으며, 그저 탐욕에 자신을 방임하며 살아갈 뿐인 모습을 묘사하고 있다. 이 구절들은 하나님의 계시를 거부하는 사람들의 생명 속에 죄성이 점차 지배력을 강화하는 과정을 묘사하고 있는 로마서 1장 18-32절의 내용과 유사하다. 그렇지만 이 구절 또한 "그들이 이 계시에 응답할 수 있는 능력이 있는가?"라는 질문에 대한 대답은 여전히 하지 않는다.

결론

불신자의 마음을 설명하고 있는 이러한 성경 구절 중 어느 것도 과연 불신자가 하나님의 계시에 응답할 수 있는 능력이 있는가에 대한 질문에 대답을 주고 있지는 않다. 그렇지만 로마서 1장 18-20절이 자연을 통해 주어진 하나님의 계시를 거부한 자들의 책임을 언급한다는 사실로 미루어볼 때, 최소한 어떤 형태로는 응답할 수 있는 능력이 있다고 보는 것이 타당하다. 하나님께서 사람이 결코 할 수 없는 불가능한 일에 대해서 그 책임을 물으신다는 것은 말이 되지 않는다. 다운 증후군 아이가 브라우닝의 시를 설명할 수 없다고 심판할 수 있는가? 남자가 아기를 낳을 수 없다고 그를 심판할 수 있는가? 그렇지 않다. 적어도 누군가 하지 않은 어떤 일에 대해서 책임을 물으려면, 그 사람이 그 일을 할 수 있는 능력이 있어야만, 그에 대해서 책임을 물을 수 있는 법이다. 이 구절들은 이 점에 있어서 전혀 도움이 되지 않는다.

중생하지 않은 사람의 의지

로마서 3장 9-12절

여기서 우리는 의인은 없으며 한 사람도 없고, 깨닫는 사람도 없고 하나님을 찾는 사람도 없으며, 모든 사람이 다 무익하게 되었고 선을 행하는 사람은 한 사람도 없다는 사실을 볼 수 있다. 그러나 과연 이것이 아무도 의로운 일을 하는 사람이 없고, 아무도 선한 일을 하지 않는다는 뜻인가? 분명히 그렇지 않다. 이사야서 59장 6절은 중생하지 않은 사람의 의로운 행위를 인정하고 있다.[13] 요점은 우리의 모든 의로운 행위를 합친다고 해서 우리의 중생을 만들어낼 수 없다는 것이다. 로마서 3장 9-12절은 인간이 자신의 선한 행위를 통해서, 칭의를 이루어낼 수 없다는 것을 확증하는 매우 중요한 구절이다. 그렇지만 이 구절도 인간이 복음에 응답하거나 심지어 하나님과의 관계를 시작할 수 있는 능력에 관한 질문을 다루고 있지는 않다. "누구도 하나님을 찾지 않는다"는 말과 "누구도 하나님을 찾을 수 없다"는 말 사이에는 엄청난 차이가 있다.[14]

중생하지 않은 사람의 능력

이 점이 핵심이다. 즉 중생하지 않은 사람이 무엇을 할 수 있는가? 이것이 바로 아우구스티누스와 펠라기우스 사이에 벌어졌던 구원론의 논쟁의 핵심이다. 인간은 하나님의 계시에 반응할 수 있는가? 스스로 하나님을 찾을 수 있는가? 그렇다면 어느 정도까지 할 수 있는 것인가?

요한복음 6장 44절

여기엔 인간의 능력을 말해주는 아주 중요한 구절이 있다. "나를 보내신 아버지께서 이끌지 아니하면 아무라도 내게 올 수 없다"는 것이다. 이 구절은 "No one is *able* to come to me", 즉 아무도 내게 올 수 있는 능력이 없다는 뜻이다. 이는 그냥 내버려두면 아무도 스스로 그리스도에게로 올 수 없다는 뜻으로 들린다. 하지만 만일 이것이 사실이라면, 그리스도께서 "수고하고 무거운 짐진 자들아 다 내게로 오라 내가 너희를 쉬게 하리라" (마 11:28)는 초대의 말씀은 공허한 일이 되고 말 것이다. 그렇기 때문에 이 구절은 "나를 보내신 아버지께서 *이끌지*(헬퀴오, *draw*) 아니하면" 이란 조건이 붙어 있다. 다시 말해서, 이 문제는 중생하지 않은 사람을 위해서 아버지께서 무슨 일을 하시는 것인지와 관련이 있다. 강경한 칼뱅주의자들은 "*이끌다*" 라는 단어가 "그가 끌어당긴다(he drags)"[15]는 뜻이라고 주장한다. 그들의 관점에서 볼 때, 전적 타락은 사람이 스스로 하나님께 올 수 있는 능력이 없을 뿐만 아니라, 하나님께서는 하나님을 향해 발로 차고 소리를 지르는 불신자를 하나님의 왕국으로 끌어당기신다는 것을 의미한다. 이 말은 곧 하나님께서 불신자를 그의 의지에 반하여 강제력을 행사하시는 셈이 된다. 이 해석을 뒷받침하는 근거로, 법정으로 "*끌어가다*(drew)" (행 16:19)라는 동사와 또 이와 유사한 단어인 "*끌고 가다*" (약 2:6)는 동사를 사례로 제시하거나 또는 폭도들에 의해서 끌려 나가는 상황(행 21:30)에 사용된 동사를 제시하곤 한다. 이러한 상황에서는 행동의 대상이 자신의 의지와는 반하여 끌려가고 있기 때문에, "끌다"라는 표현은 강제성을 내포하고 있다. 이러한 상황들은 적대적인 상황에서 일어난 일이기 때문에, 모두 개인의 의지에 반하여 행동하는 것을 말해준다. 즉 끌려 나가는(dragged) 것이다.

일부 학자들은 이 동사가 강요나 강압을 의미한다는 것을 증명하려고 키텔(Kittel)의 말을 인용하기도 한다.[16] 반면에 키텔은 요한복음 6장 44절과 관련하여 정반대의 주장을 펼치고 있다.[17] 법정과 같은 적대적인 상황이 아니라 사랑이 넘치는 가정의 상황 가운데서 이 단어는 보통 사랑을 배경으로 해서 사용된다(제4 마카베오서 14장 13절, 15장 11절, 예레미야 31장 3절을 보라). 어머니의 사랑의 끈이 자녀를 두르고 그의 어머니에게로 끌어당기는 것이다. 여기에는 강제적인 힘의 흔적이 전혀 없다. 이러한 이유 때문에 온건한 칼뱅주의자들은 요한복음 6장 44절이 아버지께서 불신자를 그리스도에게 끌어당기는 것을 말하고 있다고 올바르게 해석한다. 이는 강압적인 끌어당김이 아니라 구애 또는 호소하는 것에 더 가깝다.

요한복음 6장 44절은 인간이 할 수 있는 일 또는 할 수 없는 일을 다루는 다른 구절들에 포함시키는 것이 좋을듯하다. 이러한 구애 과정에서 아버지와 성령의 도움 없다면, 인간이 자기 힘으로 그리스도께 나아올 수 없다고 말하는 것이 정확하다. 그러나 하나님 아버지께서 발로 차고 소리 지르며 저항하는 사람을 억지로 하나님의 왕국으로 끌고 들어간다고 말하는 것도 정확한 것은 아니다. 성령님 또는 하나님 아버지께서 택함 받은 사람을 손에 손잡고 함께 왕국으로 걸어 들어간다고 말하는 것이 더 낫다. 우리는 앞으로 선택과 예정[18]에 대한 토론을 하면서, 이 문제에 대해서 심도 깊은 이야기를 나눌 것이다.

과연 불신자가 하나님의 계시에 대한 응답으로 무언가 할 수 있는 일이 있음을 설명할 수 있는 방법이 있는가? 그렇다. 있다.

사도행전 17장 27절

이 구절에서 바울은 아테네 사람들에게 하나님께서 일반 은총을 따라서 인간의 연대를 정하셨고 또 거주의 경계를 제한하심으로써, 사람이 하나님을 더듬어 찾을 수 있게 하셨다고 설명한다. 여기서 "찾다(seek)"라는 단어는 우리가 로마서 3장 11절에서 볼 수 있는 단어와 같은 단어다. (여기 로마서 3장 11절에서 사용된 "찾다"라는 동사에는 전치사 *에크(ek)*가 붙어 있긴 하지만, 보통 이렇게 전치사를 함께 사용하는 것은 동사의 의미를 강화하기 위한 것이다. LXX에서 사용된 *에크제테오(ekzeteo)*란 단어는 매우 부지런히 찾고 찾는다는 뜻을 가지고 있는데, 이는 온 마음을 다해 찾는다는 의미를 가지고 있다.) 이는 곧 인간이 하나님을 찾을 수 있는 능력을 가지고 있음을 의미하긴 하지만, 그렇다고 해서 인간이 자기 스스로 하나님께 도달할 수 있는 능력이 있다고 말하고 있지는 않다.

이 구절은 또한 인간이 하나님을 찾으면, 더듬어 하나님을 찾을 가능성이 희박하지만 어쨌든 있다고 말하고 있다. 여기서 *더듬다*와 *찾다*에 사용된 동사는 부정과거 기원법이 사용되었는데, 이는 4종 조건문에서 희박한 가능성을 나타낼 때 사용한다. 헬라어가 아테네 식에서 헬레니즘 식 공용어로 변화하면서, 기원법은 점차 사라지고 가정법으로 흡수되었다. 신약성경에서 기원법은 70회 미만으로 사용되었다. 신약성경의 저자가 의도적으로 이 어법을 선택했다면, 그는 분명 의도적이고 특정한 의미를 염두에 두었을 것이다.[19] 여기서 가정법은 가능성을 나타내고, 기원법은 특히 인간의 의지를 나타내고 있기 때문에, 인간에겐 하나님을 더듬어 찾고 마침내 하나님을 발견할 수 있는 능력이 있음을 의미한다.

하지만 여기서 인간이 스스로 하나님을 찾을 수 있는 능력이 있다고 말하는 것은 전혀 없다. 이 구절은 반드시 요한복음 6장 44절, 65절, 그리고 로마서 8장 8절과 같은 구절들과 함께 고려해야 한다. 요한복음 6장 65절은 하나님 아버지에 의해서 허락받지 않는 한 (이것은 요한복음 6장 44절에서 본 것과 동일한 말씀이다) 결단코 어느 누구도 그리스도께로 올 수 없다고 선언하고 있다. 그러므로 인간은 찾고, 더듬고, 발견할 수 있는 능력을 가지고 있긴 하지만, 자기 힘으로는 하나님께 도달할 수는 없다. 이렇게 할 수 있는 것은 그야말로 하나님께서 주신 선물이며(요 6:65), 하나님의 끌어 당기시는 능력이다(요 6:44). 그리고 로마서 8장 8절은 "육신에 있는(in the flesh)" 사람들은 하나님을 기쁘시게 할 수 있는 능력이 없다고 말한다.

요약

성경이 인간의 전적 타락을 가르친다는 것은 의심의 여지가 없다. 이 타락은 인간 존재의 모든 측면으로 확장된다. 인간은 완전하게 타락했다. 그렇다고 해서 인간이 완전히 무능할 정도로 최악이라는 것을 의미하지는 않는다. 철저하게 타락한 존재로서 하나님께 나아가는 일은 반드시 하나님과 인간 사이의 협력이 동반되어야 한다. 인간이 하나님의 계시에 응답할 수 있는 능력이 아예 없다고 말하는 것은 사실이 아니다. 하나님은 적어도 하나님을 찾고자 하는 사람들에겐 자신을 계시하신다. 하나님은 자연의 질서 속에도 자신을 계시하셨다. 하지만 만일 어떤 사람이 자신이 받은 빛을 굳게 닫힌 마음에 가두어 버린다면, 그는 타락의 길을 미끄러지듯 내려가기 시작할 것이며, 점점 더 죄의 정욕에 빠지게 될 것이다. 결국 그는 본래의 나쁜 상태(하나님에게서 분리된 상태)에서 인생을 출발했지만, 더 이상 선악을 분별할 수 없는 마음 상태에 이르게 되고, 최악의 존재로 전락하게 될 것이다. 이렇게 진행되는 과정의 어디쯤에서, (마치 그리스도께서 궁극적으로 자신을 거절하게 될 바리새인들이 심판을 피할 수 없도록 비유로 말씀하셨듯이) 하나님께서는 그의 마음의 눈을 눈멀게 하실 것이고, 최후의 백보좌 심판대에서 그에게 내려질 심판을 피하지 못하게 하실 것이다.

하지만 그렇다고 해서 인간이 자연 속에서 하나님께서 자신의 존재를 계시하신 빛에 반응할 수 없다는 뜻은 아니다. 분명 사람은 하나님을 찾고, 더듬고, 하나님을 발견하는 길을 시작할 수 있는 능력을 가지고 있다. 하지만 혼자서는 이 일을 할 수가 없다. 사람에겐 안내자와 격려자가 필요하다. 사람이 하나님께서 주신 빛에 반응하게 되면, 그는 더 많은 빛을 받게 될 것이다. 그렇다면 그는 이 추가적인 빛으로 무엇을 할 것인가를 결정해야 한다. 하나님 아버지께서는 그가 다음 단계를 밟는데 필요한 모든 일을 더하는 일을 하실 것이다. 결국 아버지께서는 선택받은 자를 그리스도에게로 이끄실 것이며, 성령의 능력으로 하나님의 왕국 안에서 새로 태어나게 하실 것이다. 전체 구원 과정은 하나님의 은혜에서 나오는 하나님의 선물이다(엡 2:8-9).

이렇게 설명할 때에야 사랑이신 하나님의 본질을 가장 잘 설명할 수 있다. 만일 우리가 인간은 하나님의 빛과 설득하시는 성령의 역사에 전혀 응답할 수 없다고 말한다면, 우리는 인간의 선택할 수 있는 능력마저 제거하는 셈이 된다. 이렇게 하면 인간을 로봇으로 전락시키는 것인데, 이런 것이 강경한 결정론자나 엄격한 칼뱅주의자의 관점이다. 하지만 더 중요한 것은, 이런 생각은 하나님을 미친 과학자로 매도한다는 것이다. 다시 말해서, 이런 개념은 이 세상의 악이 존재하게 된 책임을 하나님에게로 돌릴 뿐만 아니라, 인류를 향한 사랑보다는 증오심을 품고 있는 존재로 여기도록 만든다는 점이다. 우리는 이러한 극단을 피해야 한다.

미주

1 여기서 인간 속에 있는 하나님의 형상에 대한 내용을 다 다룰 순 없다. 그러나 대부분의 사람들은 하나님을 사랑할 수 있는 능력이 그 중요한 측면이라고 믿고 있다. 즉, 동물들도 마음, 감정, 의지를 가지고 있다. 그러나 오직 인간만이 하나님을 사랑할 수 있는 감정을 가지고 있다. 그래서 중생하게 될 때 사람의 지성(mind)은 하나님의 생각과 상호작용할 수 있게 되고, 뿐만 아니라 하나님께 순종하고 싶은 의지를 가지게 된다.

2 이 부분은 그리스도의 완전무결성이란 신학적 주제와 연결되어 있다.

3 Robert A. Pyne, *Humanity & Sin*, (Nashville, Tennessee, Word Publishing, 1999)165-69. 파인이 질문을 구성하는 방식을 보면, 답변에 사용할 수 있는 옵션을 상당히 제한하고 있는 것을 볼 수 있다. 이 책의 후반부에 가면, 사람은 하나님의 계시에 어느 정도 반응할 순 있지만, 자신 힘으로는 그리스도께 나아올 수 없다는 점을 강조하는 것을 보게 될 것이다.

4 야고보서에서 야고보가 믿음이 "죽었다(Dead)"라고 말할 때, 이 단어는 비활동적인 상태가 되었다 또는 활력이 없다는 뜻이다.

5 E. Best, "Dead in Trespasses and Sins (Eph. 2:1)," *Journal for the Study of the New Testament* 13 (1981): 17.

6 H. W. Hoehner, "Ephesians," in *The Bible Knowledge Commentary*, vol. 2, ed. J.F. Walvoord and R. B. Zuck (Wheaton, IL: SP Publications, 1983), 622.

7 로마서 5장 14절의 사망을 영적인 죽음 뿐만 아니라 육체적인 죽음으로 보는 학자들 가운데에는 S.L. 존슨(Johnson), R. N. 롱네커(Longenecker)와 M. C. 테니(Tenney)가 있다. 아래 도서를 참고하라. S.L. Johnson, "Romans 5:12 - An Exercise in Exegesis and Theology," in

New Dimensions in New Testament Study, ed. R. N. Longenecker and M. C. Tenney (Grand Rapids: Zondervan, 1974), 302; R.Y.K.Fung, "The Relationship between Righteousness and Faith in the Thought of Paul, as Expressed in the Letters to the Galatians and the Romans" (Ph.D. Dissertation, The University of Manchester,1975), 381.

8 Fung, "Relationship between Righteousness and Faith," 382.

9 데이비드 앤더슨과 제임스 라이트먼의 논쟁을 보려면 다음 책을 참고하라. David Anderson and James Reitman, *Portraits of Righteousness: Free Grace Sanctification in Romans 5-8*, (Lynchburg, Va: Liberty University Press, 2013).

10 G. Bonner, "Pelagianism," *The Dictionary of Historical Theology*, ed. T. A. Hart (Grand Rapids, MI: Eerdmans, 2000), 422.

11 D. Fairbairn, "John Cassian," ibid., 116.

12 많은 학자들은 이 질문에 대한 답을 그것이 바로 중생의 역사라고 답하고 있다. 중생의 본질과 언제 중생하는 것인가에 대한 문제는 나중에 다룰 것이다.

13 찰스 라이리는 이렇게 설명했다. "전적 타락이 모든 사람이 가능한 최대한의 부패한 행동을 한다는 뜻도, 온갖 종류의 죄를 저지른다는 뜻도, 선한 행위의 가치를 전혀 인식하지 못하거나 심지어 선행을 실천할 수 없다는 뜻도 아니다. 이 전적 타락이란 교리는 죄의 부패가 모든 인간과 인간의 모든 부분에까지 미치기 때문에, 자연인 안에는 하나님 보시기에 의롭다고 인정할 만한 그 어떤 것도 존재하지 않다는 것을 의미한다." (*A Survey of Bible Doctrine*, Chicago: Moody, 1972, 111).

14 이제 어떤 독자들은 필자가 아르미니우스적인 입장, 즉 인간이 스스로 하나님께 나아갈 수 있는 능력이 있다고 믿는 견해를 가지고 있다고 생각할지도 모르겠다. 그렇지 않다. 필자는 분명 로마서 3장이 인간이 스스로 칭의를 이룰 수 없음을 강조하고 있다는 사실을 설명하면서 나의 입장을 분명히 밝혔다. 그런데 이 구절은 인간이 하나님께서 주신 계

시에 응답할 수 있는 능력이 있는지 여부는 전혀 다루고 있지 않다는 점을 분명히 하고자 한다.

15 R. C. Sproul, *Chosen by God* (Tyndale, 1994), 69-72.

16 Ibid. 다음의 책을 보라. Mathew Barrett, Salvation By Grace, *The Case for Effectual Calling and Regeneration*, (Phillipsburg, New Jersey, P & R Publishing, 2013).

17 Ibid.

18 다음 책을 보라. 저자는 이 성경본문이 자유 의지를 부인하지 않는다고 설명하고 있다. Craig S. Keener, The Gospel of John: A Commentary, (Peabody Massachusetts, Hendrickson Publishers, 2003) Vol 1, 685.

19 D. B. Wallace, *Greek Grammar Beyond the Basics* (Grand Rapids: Zondervan, 1996), 480, 699. 또한 다음 책을 보라. Eckhard J. Schnabel, *Exegetical Commentary On The New Testament: Acts*, (Grand Rapids, MI: Zondervan Publishing, 2012) 735. 이 책은 사람들이 하나님을 열망하고 또한 응답할 수 있는 가능성을 탐구하고 있다. 스탠리 포터는 다음 책에서 기원법의 중요성을 설명하고 있다. 다음 책을 보라. Stanley Porter, Paul in Acts cited by Craig Keener, *Acts: An Exegetical Commentary*, (Grand Rapids, MI: Baker Academic, 2014) vol. 3, 2652.

제3장

구약시대의 구원

서론

　구약시대의 구원이란 주제는 그 자체만으로도 엄청난 가치가 있는 주제다. 이 주제를 구원론의 큰 틀 안에서 이해하려면, 구약의 구원 사상을 포괄적으로 조망할 필요가 있다. 세부 사항에 들어가기에 앞서 "전체적인 그림"을 파악하는 것이 중요하다.

　우리는 앞의 장에서 사탄이 인간이 창조되기 전에 지구에 왔다는 사실을 확인했다. 사탄은 본래 동산이어야 할 곳을 쓰레기 더미로 만들어버렸다(창 1:2 - "*토후 바 보후(tohu wa bohu)*" 즉 "땅이 혼돈하고 공허하게" 되었다). 그리고 그의 반역은 하나님의 두 가지 속성, 즉 하나님의 주권과 하나님의 사랑을 무너뜨리고자 도전하는 일이었다. "우주를 다스릴 권리는 누구에게 있는가? 사탄인가, 하나님인가? 하나님은 사랑받을 만한 분이신가?" 인간은 이 두 가지 질문에 답하기 위해 창조되었다. (이것이 인류를 위한 메타-서사(metanarrative)다.) 하나님께서는 지능과 이동 능력과 힘, 그리고 계시를 받아들일 수 있는 양적인 측면에서 천사들보다 조금 낮은 피조물로 인간을 만드심으로써, 이 같은 존재들이 반역자 대신 하나님 자신을 선택하는 모습을 사탄에게 보여주고자 하셨다. 이를 통해서 인간은 하나님의 주권에 대한 질문에 답할 뿐만 아니라, 사랑의 측면에서도 하나님의 성품을 증명하게 될 것이다. 그래서 예수님께서는 "내 계명을 가지고 지키는 자라야 나를 사랑하는 자니"(요 14:21a)라고 말씀하셨다.

우리가 잘 알다시피, 사탄은 인간을 유혹할 만큼 영리했다. 아담은 속아 넘어갔다. 그의 타락 또는 "죄성(nature of sin)"은 인류 모두에게 전해졌다. 그러나 하나님은 사랑이시기 때문에, 하나님께서는 타락으로 인해 발생하는 모든 영향으로부터 자신의 피조물을 건져내기로 결심하셨는데, 이러한 타락의 영향 중 하나가 바로 하나님 자신과의 영원한 분리였다. 이 회복 계획에서 하나님은 자신이 사랑받고 있으며 또한 사랑받을 가치가 있음을 입증할 수 있으셨고, 또한 누가 우주를 지배할 권리가 있는가에 대한 문제를 결정적으로 해결할 수 있으셨다. 그러나 이 두 가지 문제는 한 세대 만에 해결될 수 있는 문제가 아니었다. 하나님은 수십억이 넘는 새로운 피조물들이 자신과 함께 영원을 보내기를 원하셨다. 하나님은 루시퍼를 좇아 반란에 동참했던 하늘의 천군들 가운데 삼분의 일을 대체하는 일을 하셨을까? 우리는 모른다. 다만 우리가 아는 것은 하나님께서는 아담이 생육하고 번성하여 온 땅을 가득 채우기를 원하셨으며 또한 하나님은 어느 누가 멸망하도록(벧후 3:9) 미리 예정하지는 않으셨다는 것이다.

인간의 관점에서 볼 때, 하나님은 인간에게 하나님의 기준을 사랑하고 따를 수 있는 능력을 보여줄 수 있는 모든 기회를 주셨다. 그러나 에덴동산에서 일어났던 일이 몇 번이고 반복되었다. 시험이 왔고, 그 다음에 실패가 있었고, 그 다음에는 심판이 이어졌다. 매 주기마다 하나님께서는 인류에게 새로운 기회를 주셨고, 자신의 피조물을 다루는 새로운 방법을 소개하셨다. 우리는 이러한 주기들을 "세대(dispensations)"라고 부를 것이다.[1] 에덴동산의 "무죄 시대"에 이어서, 에덴동산 밖에서 "양심의 시대"가 왔다. 하나님께서는 인간이 자신의 양심을 지침으로 삼아 내적으로 스스로를 다스릴 수 있도록 허락하셨다. 그러나 폭력과 동성애가 땅을 가득 채웠다. 인간은 양심 테스트에 실패했다. 심판이 온 땅을 홍수로 덮는 형태로 이루어졌다. 하나님은 노아와 그의 가족을 통해서 새롭게 시작하셨다. 인간의 양심만을 내적인 지침으로 삼는 일은 인간 타락의 악을 억제하기에 충분하지 않다는 것을 인정하신 하나님께서는 인간 정부의 형태를 도입하심으로써 외부 통제방식을 시작하셨다. 인간은 다시 한번 지구상으로 퍼져 나가게 되었고, 세상에 악을 억제하는 수단으로서 사형제도를 도입하게 되었다. 하지만 인류는 또다시 실패했다. 인간은 도시를 건설했을 뿐만 아니라 별을 숭배하기 위해 지구라트도 건축했다. 그래서 다시 한번 하나님께서는 언어를 혼잡하게 하심으로써 인류를 흩어지게 하셨고, 이로써 하나의 주기를 완성하셨다.

하나님께서는 인류에 대한 섭리에 있어서 새로운 질서를 (즉 또 다른 세대를) 세우셨다. 하나님은 타락의 영향이 너무 커서 (인간의 측면에서) 인간이 자신을 "구원"할 수 없다는 것을 더욱 확실하게 깨닫게 되셨다. 그래서 하나님께서는 도발적인 계획에 착수하셨다. 하나님은 첫째 아담이 잃어버린 것을 회복하기 위해 둘째 아담을 만들고자 하셨다. 이 둘째 아담은 인간을 타락에서 "구원"하실 수 있을 것인데, 왜냐하면 그는 인간 이상의 존재, 즉 하나님이자 또한 인간이 될 것이기 때문이다. 그리고 그의 정체성을 확인하기 위해서 그의 혈통은 추적할 수 있어야 했다. 물론 이를 위해서 다른 민족과 구별되는 특별한 민족이 필요했고, 이로써 이 혈통은 추적할 수 있을 뿐만 아니라 또한 예측도 가능해야 했다. 이 대담한 계획을 달성하기 위해서, 하나님은 한 사람을 선택하셨고 또한 그에게 모든 인류를 위한 구원의 개요를 제시하셨다(창 12:1-3). 만일 이 사람이 믿음으로 응답한다면, 하나님께서는 그를 이용해 둘째 아담을 세상에 출생하게 하실 참이었다. 만일 그가 응답하지 않는다면, 하나님은 다른 사람을 찾으실 것이다. 그러나 아브라함은 응답했고, 유대인 민족이 탄생하게 되었다. 아브라함을 통해서 땅의 모든 민족이 복을 받을 것인데, 이는 아브라함을 통해서 둘째 아담이 올 것이기 때문이다.

하나님께서 아브라함에게 또는 아브라함을 통해 주시겠다고 약속하신 축복을[2] 받을 수 있는 조건 중 하나는 그의 자손이 땅에 머무는 것이었다. 아브라함의 자손들은 그들의 믿음이 부족했기 때문에 땅에 머물지 못했다. 그들은 자신들의 생존을 위해 이집트로 내려갔다. 하나님께서는 그들을 이집트에서 수 세기 동안 노예로 살도록 하심으로써 훈육하셨다. 심판의 시간이 끝나자 또 다른 주기가 끝나게 되었고, 하나님께서는 인류에 대한 섭리에 있어서 새로운 질서를 세우셨다. 즉 율법 시대가 시작된 것이다. 모세를 이집트에서 하나님의 백성의 해방자로서 사용하셨고, 기록된 토라를 통해서 하나님 자신의 거룩성의 기준을 계시하신 하나님께서는 아브라함과 그의 자손에게 약속하신 축복이 성취될 장소인 이스라엘 땅으로 다시 데리고 나오셨다. 새로운 세대 아래에서 아브라함의 자손들은 하나님께서 계시하신 거룩의 기준(곧 율법)에 순종함으로써, 하나님을 향한 그들의 사랑과 충성(곧 통치할 자격)을 입증해야만 했다. 만일 그들이 순종한다면, 축복이 젖과 꿀처럼 이스라엘 땅에 흐르게 될 것이다. 만일 우상숭배에 빠져서 순종하지 않는다면, 하나님은 징계의 손을 뻗어서 그들을 그 땅에서 축출하심으로써 그들의 우상숭배를 척결하실 것이다. 또 다시 인류는 선택된 민족의 불순종으로 인해서 신실하지 못함을 입증하게 되었고(아, 이렇게 타락은 지속되었다), 이스라엘 열두 지파는 앗시리아인과 바빌로니아인의 손에 포로로 사로잡혀가게 되었다. 아주 소수의 남은 자들만이 바벨론 포로 생활에서 돌아올 수 있었다. 그들은 교훈을 얻었다. 우상숭배는 이스라엘 민족에게서 척결되었다.

때가 차게 되었다. 세상은 하나님-사람, 곧 첫째 아담의 타락의 영향력을 되돌릴 수 있는 둘째 아담을 맞을 준비되어 있었다. 이제 신약시대가 시작되었다. 그리스도의 탄생에 이르기까지 간단한 개요를 통해서, 우리는 창세기부터 말라기에 이르기까지 하나님이 인간을 섭리해 오신 구원의 역사를 살펴보았다. 이러한 개관을 통해서 주목해야 할 중요한 것은 하나님이 구원을 위한 계획을 실행하는 과정에서 개인들에게서 여러 민족들로, 그리고 하나의 민족으로 어떻게 이동해 왔는가 하는 것이다. 우리가 "구약시대의 구원"에 대해 이야기할 때, 우리는 흔히 구약시대 기간 동안에 개인이 어떻게 천국에 갈 수 있었을까에 대해서만 생각하는 경향이 있다. 그러나 구약성경에 소개되고 있는 구원의 역사는 개인들을 위한 구원 계획보다는 단체적으로 인류의 구원에 더 중점을 두고 있다는 사실을 기억할 필요가 있다. 대부분의 경우, 구약성경의 구원 이야기는 한 민족의 구원(salvation of one nation)에 관한 이야기다. 구약성경의 이야기들은 종종 개인들(욥, 룻, 창세기 1-11장)의 이야기에 중점을 두고 있긴 하지만, 이러한 이야기들은 이스라엘의 구원과 궁극적으로는 열방 중에서 하나님의 이름을 영광스럽게 나타낼 거룩한 또는 성별된 백성의 구원이라는 더 큰 이야기 속에 잘 짜인 전형적인 교훈들이다. 그러므로 개인들의 삶에서 일어나는 구원 드라마를 밝히 보여주고자 하늘의 커튼을 활짝 열어 보여주지는 않는다. 따라서 이러한 구약의 계시 목적과는 다르게, 구약성경에서 개인을 위한 구원의 계획을 밝혀내려는 시도는 무리가 있을 수밖에 없다.

그럼에도 불구하고, 세대주의자들은 구약과 신약 전반에 걸쳐 개인을 위한 두 가지 이상의 구원 계획을 제안하고 있다는 부당한 비난을 받아왔기 때문에, 이러한 오해를 불식시키기 위해서는 구약의 주요한 주제들을 다룰 필요가 있다. 따라서 이제 구약성경에서 제시하고 있는 주제들, 즉 복음, 믿음, 은혜, 피, 영원, 메시아 등에 대해서 다루고자 한다.

복음

"복음(Gospel)"이란 단어는 "기쁜 소식"을 의미하기 때문에, 구약에서 "복음"을 찾으려면 어떤 구체적인 기쁜 소식을 찾아야만 한다. 그러나 구약에는 "복음"이라는 용어 자체가 없다. 구약에서 "복음"을 찾으려는 시도는 신약의 개념을 구약에 강제적으로 밀어 넣으려는 시도에 불과하다. 신약에서 "복음"은 일반적으로 하나님이 인간에게 주시는 기쁜 소식, 즉 하나님의 아들 예수 그리스도에 관한 것과 연결되어 있다. 따라서 구약에서 우리가 최선을 다해 할 수 있는 일은 하나님께서 인류를 위하여 미래의 구원자에 대해서 인간에게 약속하신 기쁜 소식을 찾는 것이다.

창세기 3장 15절

이러한 제약 조건을 염두에 두고서, 많은 사람들은 창세기 3장 15절이 구원자를 약속하시는 복음의 조건을 충족하고 있다고 믿고 있다. 뱀에게 하신 이 말씀은 아담과 이브에게 주신 간접적인 약속이다. 하나님은 뱀이 여자의 후손의 발꿈치를 상하게 할 것이지만, 동시에 이 후손이 뱀의 머리를 깨뜨릴 것이라고 선언하셨다. 이것은 아담과 이브, 그리고 그 후손들에게 "좋은 소식"이었다. 그들은 이미 뱀의 말을 듣는 순간 하나님께서 경고하신 죽음(창 2:17)을 경험하기 시작했지만, 여자의 후손 중 하나가 뱀의 머리를 짓밟을 것이라는 이 약속은 죽음 이후의 생명에 대한 희망을 제공했다(창 3:20, "이브"라는 이름의 의미를 생각해보라).

오늘날 학계의 경향은 본문에서 대부분 "메시아 약속"을 제거하는 것인데, 이에 대해서는 나중에 살펴볼 것이다. 많은 학자들은 창세기 3장 15절에는 메시아에 관한 내용이 없다고 주장한다. 그러나 이런 주장은 구약학 학자들 사이에서 보편적인 것은 아니다. 월터 카이저 주니어(Walter Kaiser, Jr.)는 이렇게 말하고 있다.

"창세기 3장 15절은 전통적으로 프로토 에반젤리움(proto-evangelium), 또는 최초의 복음으로 불렸는데, 왜냐하면 온 세상에 대한 하나님의 계획을 처음으로 선포한 것이기 때문이었다. … 이 말씀은 비록 우리의 첫 번째 조상들에겐 희미한 것이었을지라도, 장차 진행될 세계 구속의 드라마에서 중심적인 인물이 될 사람의 인물과 사명을 엿볼 수 있게 해주었다. 이 구절에 언급된 "후손(씨, seed/ offspring)"은 구약의 메시아 약속의 나무가 자라나게 될 뿌리가 되었다. 그리고 이 약속은 이후 모든 약속을 탄생시킨 "어머니 예언(Mother Prophecy)"이 되었다.[3]

이 약속의 가장 흥미로운 특징은 대명사를 사용한다는 점이다. 히브리어 동사 "상하게 하다(crush)"의 대명사 접미사는 실제로 "발꿈치(heel)"라는 단어와 함께 사용되고 있다. 그리고 이 접미사는 3인칭 단수형, 남성형인데, "너는 그의 발꿈치를 상하게 할 것이니라"고 번역되지만, "후손(seed)"은 중성형이다. 여기서 "너"는 "여자의 후손"을 가리키고 있기 때문에, 이 대명사는 여자(즉 이브)를 가리킬 수는 없다. R.A. 마틴(Martin)은 이렇게 설명한다. 즉 히브리어 남성 인칭 대명사가 창세기에서 103회 등장하고 있지만, 유일하게 여기서만 LXX 번역가들이 대명사와 선행사 간의 성별과 수의 일치 규칙을 어기고 있다. "남성 대명사인 아우토스(autos) 대신 중성 대명사인 스페르마(sperma)를 사용한 것에 대한 가장 그럴듯한 설명은 번역자가 이 구절을 메시아에 대한 것으로 이해했음을 나타내려는 것이다."[4]

분명 이브는 이 약속을 받아들였다. 가인을 낳았을 때 이브는 "내가 여호와로 말미암아 득남하였다"(창 4:1)고 말했다. 일부 번역가들은 이 문구를 "나는 *주님의 도움으로* 출산하였습니다"라고 번역하면서 그들만의 편견을 드러내고 있다. 그러나 이탤릭체로 "*주님의 도움으로*"라는 단어는 히브리어에는 없다. 보통 문맥이 맞지 않을 때에는 번역을 하면서 동사를 추가하곤 한다. 하지만 여기에 있는 단어를 보면, 문자적으로 그저 "한 남자, 여호와(a man, the Lord)" 이렇게 되어 있다. 이브는 자신의 첫 번째 아들이 에덴동산 밖의 끔찍한 저주의 삶에서 자신들을 구출해줄 자라고 생각했다. 즉 그녀는 가인이 뱀의 머리를 짓밟을 것이라고 기대했을 것이다. 하지만 기대와는 달리 가인이 동생의 머리를 짓밟았을 때, 그녀가 받은 충격은 얼마나 컸을 것인가.

창세기 12장 1-3절

일반적으로 창세기 12장 1-3절을 아브라함 언약이라고 부르지만, 대부분의 언약주의 학자들은 이 구절이 언약의 완전한 형태를 제시하고 있다고 보지는 않는다. 왜냐하면 이 구절의 언약은 알려진 언약의 형태를 따르고 있지 않기 때문이다. 구약에는 두 가지 형태의 언약만 존재한다. 즉 종주국-속국 조약(신명기의 언약)과 *헌장적 언약*(아브라함 언약, 다윗 언약, 새 언약 등)이다. 아브라함과 맺은 최초의 언약은 아브라함이 갈대아 우르에 있을 때, 하나님이 처음 그에게 나타나셨을 때(행 7:2 이하) 확립된 것으로 보인다. 창세기 12장 1-3절은 아마도 이 언약의 요약을 제공하는 듯 보이며, "땅의 모든 족속이 아브라함 안에서 혹은 아브라함에 의해서"(히브리어는 "안에서(in)" 또는 "에 의해서(by)" 둘 다 가능하다) 복을 받을 것이라고 기록되어 있다. 이 같은 약속은 아브라함에게 세 번, 이삭과 야곱에게 각각 한 번씩 반복되었다(창 12:3, 18:18, 22:18, 26:4, 28:14). 신약에서 바울은 이 약속을 복음의 핵심이라고 언급했다(갈 3:8).

어떤 의미에서, 이 언약은 아브라함과 그의 후손들에게 사명 선언문이었다. 그들은 비록 선택받은 백성이었지만, 모든 민족, 즉 이방인들을 위한 축복의 통로가 되어야만 했다. 여기서 "통로"라는 단어는 신중하게 선택되었는데, 왜냐하면 "복을 얻을 것이라"는 동사가 니팔 어간(수동형)을 가지고 있기 때문이다. 이는 곧 아브라함이 복의 능동적인 주체가 아니라 단지 수동적인 통로에 불과했음을 강조하려는 것이다. 창세기 12장 7절은 아브라함의 "자손(seed)"를 언급하고 있다. 이 단어는 여기 뿐만 아니라 창세기 3장 15절에서도 단수형이지만, 두 가지 의미로 사용될 수 있다. 즉 단수형 또는 복수형 모두 사용될 수 있다. 그러므로 자손은 한 개인을 가리킬 수도 있고, 후손 전체를 가리킬 수도 있다. 바울은 갈라디아서 3장 16절에서, 성령님은 이 "자손"이 여럿을 가리키는 자손들이 아니라 오직 하나, 곧 그리스도를 가리키도록 설정하셨음을 설명하고 있다. 그러나 구약시대의 독자들은 이러한 바울의 해석을 알 도리가 없었다.[5] 그렇지만 아브라함의 시대부터, 그들은 이스마엘, 에서, 르우벤, 시므온, 레위 뿐만 아니라 아브라함과 그두라 사이에서 태어난 자녀들도 배제된 것을 보면서, "자손"의 의미가 더욱 좁혀지고 있음을 어렴풋이나마 깨달았을 것이다.

아브라함은 자신의 "자손"에 대해 무엇을 알고 있었을까? 어쩌면 우리가 생각하는 것 이상일 수도 있다. 다시 말하지만 신약성경이 우리에게 도움을 준다. 예수님은 요한복음 8장 56절에서 회의적인 유대인들에게 "너희 조상 아브라함은 나의 때 볼 것을 즐거워하다가 보고 기뻐하였느니라"고 말씀하셨다. 우리는 어쩌면 아브라함은 어떻게 그리스도의 날을 보았을까? 묻고 싶을 것이다. 우리는 단지 추측해 볼 수밖에 없지만, 히브리서 11장 19절은 아브라함이 이삭과 함께 모리아 산을 오를 수 있었던 것은 하나님이 능히 이삭을 죽은 자 가운데서 다시 살리실 것을 믿었기 때문이라고 말한다. 하나님께서 자기 아들을 대신하여 숫양을 준비하신 것을 본 후, 아브라함은 그 장소를 "여호와께서 준비하실 것이다"라는 뜻으로 "여호와이레(*Yahweh Jireh*)"라고 불렀다. 어쩌면 이 때가 예수님께서 말씀하신, 아브라함이 자신의 때, 곧 하나님께서 피의 희생제물을 준비하실 것을 보고 기뻐했던 때였을 수도 있다.

이 주제를 다 다루려면 한 권의 책이 필요하기 때문에, 우리는 다음 단계로 넘어갈 것이다. 그러나 이 시점에서 한 가지 유념할 것은 구약시대에 복음과 좋은 소식이 아예 없었던 것은 아니라는 점이다. 처음부터 하나님께서는 아담과 이브에게 인류가 죄와 그 죄의 해로운 영향력으로부터 벗어날 수 있는 미래 구원에 대한 좋은 소식을 주셨다. 하지만 하나님께서 개인이든 민족이든 구원을 위해서 무슨 일을 해야 하는지를 요구하신 것이 있는지를 우리는 물어야 한다.

믿음

창세기 15장 6절

다시 말하지만, 신약은 우리를 위해 구약을 설명한다. 바울은 로마서 4장 3절에서 창세기 15장 6절을 인용했다. 이는 아브라함이 행위에 의해서가 아니라 믿음에 의해서 의롭다 함을 받았음을 입증하는 본문이다. 이 시점에서 또는 그전에라도(히 11:8) 하나님께서는 아브라함의 마음을 꿰뚫어 보셨고, 그의 마음에 믿음에 의해서 영적인 변화가 일어났다는 것을 아셨다. 그리고 로마서 4장 16절에서 바울은 아브라함의 후손들이 아브라함의 복에 참여하려면, 아브라함의 믿음에도 참여해야 한다는 점을 설명하면서 이렇게 말하고 있다. "그러므로 후사가 되는 이것이 은혜에 속하기 위하여 믿음으로 되나니 이는 그 약속을 그 모든 후손에게 굳게 하려 하심이라 율법에 속한 자에게 뿐 아니라 아브라함의 믿음에 속한 자에게도니 아브라함은 하나님 앞에서 우리 모든 사람의 조상이라."

하박국 2장 4절

여기에 구약에서 개인의 구원을 위한 "믿음" 체계를 확립하는데 중요한 또 다른 구절이 있다. 하박국은 하나님께서 자기 백성을 정결하게 하는 일에 더러운 이방인 앗시리아인들을 이용하신다는 사실에 걱정스러운 마음이 들었다. 하박국은 주님께 나아가 불평했지만, "의인은 그의 믿음으로 말미암아 살리라"(합 2:4)는 하나님의 대답은 그의 불평을 잠잠하게 했다.

"하박국아, 진정하라. 나는 더러운 민족을 사용하여 나의 백성을 깨끗하게 하는 일을 할 수 있다. 이렇게 할지라도 나는 여전히 공정하다. 이스라엘 민족 가운데 나에게 소망을 두는 사람들은 살 것이다. 의인은 그의 믿음으로 살 것이다. 이스라엘 민족이 급류에 휩쓸려 떠내려갈지라도, 믿음으로 급물살을 거슬러 헤엄치는 사람들은 구원받게 될 것이다."

물론 여기에는 천국이나 영생에 대한 언급은 없다. 그런데 신약성경은 하나님과 올바른 관계에 있는 사람들에게 믿음의 중요성을 강조하기 위해서 이 구절을 세 번 인용하고 있다. 바울은 로마서 1장 17절에서, 로마서의 전체적인 주제 진술을 하고자 이 구절을 사용하고 있다. 갈라디아서 3장 11절에서는 율법에 의한 칭의와 믿음에 의한 칭의를 대조하기 위해서 이 구절을 다시 사용한다. 마지막으로 히브리서 10장 38절에서는 그리스도의 임박한 재림을 바라보면서, 믿음으로 견디도록 신자들을 권면하기 위해서 이 구절을 사용하고 있다.

신약성경에서 믿음을 강조하고자 할 때에는 이 구절을 이토록 다양하게 사용하고 있는데, 그에 비해서 구약성경에서는 어째서 믿음이 강조되고 있지 않은지 의문이 들 수 있다. 그에 대한 대답으로 우리는 *"점진적인 계시(progressive revelation)"*라는 개념으로 설명할 수 있다. 그렇지만 구약성경의 가장 중요한 주제는 이미 지적했지만, 개인의 구원이 아니라 이스라엘 민족의 구원이다. 그리고 이스라엘의 구원은 "이스라엘 땅에서" 장수와 복을 받는 삶으로 정의되었다. 이스라엘 민족이 약속의 땅에서 축복을 받기 위해서는 *각 세대마다 점진적으로 주어진 계시에 대한 지속적인 믿음*이 필요했다. 이것은 가데스 바네아 사건 이후에 더욱 분명해졌다. 믿음이 없던 자들은 광야에서 멸망을 당했기 때문이다. 그 다음 세대가 여호수아를 따라 약속의 땅으로 들어가기 위해서는 믿음이 필요했다. 그들이 믿음으로 주님을 순종했을 때 승리를 거둘 수 있었다. 그들의 믿음이 흔들렸을 때 그들은 패배했다. 그러므로 만일 믿음이 축복의 *요건*이었다면, 복을 받는 *수단*은 무엇이었을까?

은혜

지난 수년 동안 구약과 신약에 대한 매우 중요한 오해 가운데 하나는 구약이 영원한 구원을 위해서 율법 준수를 가르치고 있고, 신약이 은혜를 가르치고 있다는 교리였다. 지난 30년간 E.P. 샌더스(Sanders)는 이러한 개념을 불식시키는 일을 해온 것으로 신약학계에서 널리 알려지게 되었다.[6] 그러나 샌더스가 등장하기 훨씬 전에, M.G. 클라인(Kline)이 수행한 종주국-속국 조약에 관한 연구가 이미 모든 오해를 해소했어야 했다.

종주국-속국 조약

신명기를 분석한 결과, 클라인은 처음 네 개의 장의 대부분을 주권자(종주국)이신 여호와의 은혜로운 행적과 축복을 나열하는, 역사적 서문

(historical prologue)으로 설명했다. 이 네 개의 장에서 하나님께서는 이스라엘 백성을 이집트에서 구출하고, 광야 40년 동안 먹이고, 입히고, 물을 공급하시는 등 그들을 축복하기 위해서 주권적으로 행하신 일들을 회상하는 일을 하셨다. 이 모든 일은 그들을 향한 하나님의 주권적인 은혜였다. 그리고 이 같은 은혜를 근거로, 하나님께서는 그들에게 순종을 요구하시며 감사의 마음을 일깨우고자 하셨다. "종주국의 주권자가 속국에게 베푼 혜택들은 감사한 마음에 의해서 속국의 충성을 이끌어내기 위해서 인용되었다."7 충성을 더욱 확실하고자, 하나님은 그들의 순종 여부에 따라 임할 저주와 축복을 나열하심으로써 순종에 대한 추가적인 동기를 부여하는 일을 하셨다. 그렇지만 하나님의 호소는 처음 베푸신 은혜의 행적에 뿌리를 내리고 있었다.

속죄소

지성소에 속죄소(mercy seat)를 마련한 것 자체가 하나님께서 자기 백성을 은혜로 섭리하신다는 사실을 명백하게 선언하는 것이었다. 이 속죄소가 하나님 임재의 발판으로 자리를 잡고 있다는 사실은 진설병 상이나 금 등대가 가지고 있는 의미보다 결코 작지 않다. 여호와께서는 자기 백성의 죄를 향해서 분명히 분노를 드러내고 표현하셨지만, 그러한 분노는 여호와의 의(義) 뿐만 아니라 자기 백성이 자신을 대적하는 죄를 짓고 또 다른 잡신들을 선택함으로써 자신을 거부했을 때 개인적으로 느끼셨던 그분의 고통과 상처를 반영하는 것이었다. 그러나 여호와의 분노는 곧 가라앉았고, 여호와의 마음은 길을 잃은 자식을 향한 부모의 사랑으로 다시 가득해졌으며, 이내 깊은 연민과 자비와 용서의 마음으로 가득해졌다. 레위기의 제사들은 성전 이후 역사가들에 의해서 오해를 받아왔는데, 그들은 레위 제사를 잘못을 달래는 수단 정도로 오해했다. 그러나 현대 정통 랍비의 말을 들어보자.

"희생제사(sacrifice)"를 뜻하는 히브리 단어(고르반, 레하크리브)는 '누군가와 밀접한 관계를 맺다, 가까이 하다, 가까이 다가가다'란 뜻을 가진 동일한 어원에 뿌리를 두고 있다. 이 단어는 본질적으로 경험을 의미한다. 안타깝게도 영어로는 이 *고르반(korban)*이라는 히브리어 단어가 가지고 있는 진정한 의미를 표현할 길이 없다. 더 나은 단어가 없기에, 그저 "희생제사"라는 단어를 사용할 수밖에 없다. 제물이나 예물의 개념은 일종의 선물의 뜻을 가지고 있는 것처럼 보일 수 있다. 다른 사람을 위해 그에 상응하는 가치 있는 것을 바치거나, 또는 다른 사람을 위해 자신이 바칠 수 있는 최고의 가치 있는 것을 가지고 가는 것이다. 그럼에도 이렇게 선물을 주는 개념도 고르반의 개념을 표현하지 못한다. … 따라서 그 진정한 의미는 그 어원, 즉 가까이 나아간다는 개념을 통해서만 파악할 수 있다. … 성전 희생제사는 무언가를 바치거나 또는 가치 있는 것을 봉헌하는 것이 아니라, 하나님께 가까이 나아가려는 필사적인 노력의 의미가 있다. … 죄인이 고르반을 가져왔을 때, 그 예물은 자신이 하나님에게서 마땅히 받아야 할 심판의 의미만을 그에게 보여줄 뿐이었다. 현자들은 우리가 하나님의 여러 가지 이름이나 속성을 통해 하나님을 아는 지식에 이를 수 있고 또한 하나님이 어떤 분이신지에 대한 지식을 어느 정도 가질 수 있다고 가르쳤다. 레위기 전체를 통틀어 하나님께서는 고르반과 관련하여 자신을 엘로힘(엄격한 공의를 나타내는 이름)으로 언급한 적이 없다. 그렇게 하셨다면 마치 하나님이 보복적이고 피를 갈구하면서, 일종의 배상금으로 희생제사를 요구하는 존재로 오해될 수 있었을 것이다. 하지만 사실은 정반대다. 그런 이미지는 이방인들이 인간의 생명 대신 동물의 죽음을 요구하는, 도무지 용서가 없는 신에 대한 개념이었다. 반면 성경이 하나님께 바치는 제사와 연관시키는 유일한 이름은, 곧 신적 사랑과 긍휼의 속성을 나타내는 이름인 여호와였다. 이는 정확하게 말하자면 하나님은 사랑의 하나님이시지, 징벌과 죽음의 하나님이 아니시기 때문에, 하나님께서는 희생제사 제도를 통해 인간의 도덕적이고 또한 영적 삶을 회복하고 정결케 하는 길을 마련하신 것이었다.[8]

물론 희생제사 제도는 이미 하나님과 언약 관계에 있는 이스라엘 백성들에게 하나님께서 주신 것이라는 점을 다시 한 번 강조하고 싶다. 희생제사는 관계를 맺기 위한 것이 아니라 *사귐*을 유지하기 위한 목적을 가지고 있었다. 그럼에도 불구하고 죄의 형벌 뿐만 아니라 죄의 권능으로부터의 구원까지 아우르는 "구원"의 포괄적인 차원에서 볼 때, 하나님의 긍휼이 강조될 필요가 있다. 긍휼이란 은혜와 연민의 마음의 복합체다. 이제 대속 죄일에 대제사장이 하나님께 바치는 기도를 들어보자.

주님, 간곡히 빕니다.
저와 저의 집이 주님을 향해 죄를 지었고,
반역했고, 범법을 저질렀습니다.
주님, 간곡히 빕니다.
저와 저의 집이 주님을 향해 저지른 범죄들과
허물들과 죄들을 속죄하여 주소서.
주의 종 모세의 토라에 기록된 대로,
"이 날에 속죄가 너를 위해 이루어지고,
네가 지은 모든 죄로부터 너를 정결하게 하여,
주님 앞에서 네가 깨끗하게 되리라"고 말씀하신 것이
이루어지게 하소서.[9]

위의 고백에서 볼 수 있듯이, 이스라엘 백성은 그들의 죄악을 너무도 잘 알고 있었다. 휴브너(Hubner)는 바울이 율법주의를 경계했다는 사실을 언급하면서 샴마이 학파는 절대적인 완전주의를 가르쳤고, 힐렐 학파는 만일 선이 악을 능가하면 하나님은 당신을 기쁘게 받으실 것이라고 가르쳤음을 지적했다. 그러나 이러한 구분을 했다는 증거는 찾을 수 없다. 바로 이 희생제사 시스템은 백성이나 제사장이나 모두 율법을 완벽하게 지킬 수 없다는 사실을 전제로 하고 있었다. 희생제사는 죄를 저지른 후 여호와 하나님과의 교제를 회복하는 방법이었다. 그렇지만 이것을 가능하게 하는 근거가 무엇이었는지에 대해서 묻지 않을 수 없다. 만일 은혜가 구약시대에 구원의 수단이라면 그 근거는 무엇인가?

피

아담 이후로 피는 항상 구원의 기초였다. 우리는 타락 이후 하나님과 아담 사이에서 일어난 모든 일을 알지는 못하지만, 하나님께서는 아담과 이브를 위해 옷을 만들기 위해 동물을 죽임으로써 그들에게 생명이 다른 이의 죽음을 통해서 온다는 것과 피 흘림이 없이는 죄 사함이 없다는 진리를 가르치셨다.

수메르(현재의 쿠웨이트)와 바빌론(현재의 이라크) 지역에서는 몰렉에게 맏아들을 바치는 풍습이 있었다.[10] 따라서 수메르 지역에서 온 아브라함은 자녀를 희생제사로 바치는 일에 익숙했을 것이고, 그런 풍습이 그리 낯설지 않았을 것이다. 그럼에도 야훼께서 그에게 이삭을 희생제물로 바치라고 말씀하셨을 때 그는 처음에는 어리둥절했을 것이다. 구약 시대에 계시가 점진적으로 주어짐에 따라서, 하나님께서는 여러 상황에 맞게 다양한 희생제사를 지시하셨다. 그러나 히브리서가 말해주듯이, 이러한 희생제사로는 결코 영구적으로 죄를 없앨 수 없었고, 단지 십자가로 나아오는 모든 사람의 죄의 빚을 완전하게 없애줄 수 있는 최고의 희생제사의 그림자에 불과했다(히 10:1-10).

세대주의자들은 구약 성도들은 황소와 염소의 피를 통해서 구원을 받았고, 신약 성도들은 그리스도의 피를 통해 구원을 받았다고 믿는다는 오해를 받아 왔다.[11] 우리는 그리스도의 피가 모든 시대 모든 사람들의 죄를 속죄해주는 유일한 희생이라고 믿는다. 그리스도의 보혈이 십자가 사건 이후에 태어난 죄인들에게 적용되는 것처럼, 마찬가지로 십자가 사건 이전에 살다가 죽은 죄인에게도 소급적으로 적용된다.

그러므로, 이 시점에서 내용을 정리하자면 이렇다. 1) 모든 시대에 구원을 위해 필요한 *요구조건*은 동일하다. 바로 **믿음**이다. 2) 모든 시대에 구원하는 믿음의 *대상*은 동일하다. 바로 **하나님**이다. 3) 모든 시대에 구원의 *수단*은 동일하다. 바로 **은혜**다. 4) 모든 시대에 구원의 *기초*는 동일하다. 바로 **그리스도의 피**다. 그러나 5) 시대마다 우리 믿음의 *내용*은 달라질 수 있다.[12] 이 마지막 5번 사항은 아주 중요한 개념인데, 이는 바로 하나님께서는 우리에게 **점진적으로 계시를 주셨다**는 사실에 터잡고 있다. 우리는 아담과 이브가 주님과 함께 영원을 보낼 것이라는 사실을 확실히 믿고 있다.

그렇기에 그들이 "사영리(The Four Spiritual Laws)"[13]를 들어보았을 가능성은 전혀 없다. 하나님의 구속의 계획을 보여주는 드라마는 점진적인 단계를 거쳐 계시되어 왔다. 분명히 우리는 사람들이 구주께서 세상에 사셨을 때 가졌던 것보다는 그 후에 구주에 대해서 훨씬 더 명확한 이해를 가지게 되었을 것이라고 기대할 것이다. 그 전에 사람들은 구주에 대한 약속을 가지고 있었지만 그 그림은 명확하지 않았다. 그저 그림자와 모형만 있었다.

점진적인 계시를 좀 더 깊이 이해하려면, 우리는 구약시대의 구원과 관련하여 영생과 메시아라는 두 가지 주제를 살펴볼 필요가 있다.

영생과 영원

만일 우리가 구약성도 가운데 누군가에게 하늘이 어떤 곳이라고 생각하는지 또는 장차 영원한 시간 동안 하늘에서 무슨 일을 하게 될 것인지를 물어본다면, 그들은 "뭐라구요?"라고 대답할 것이 뻔하다. 구약성경에서 200회 이상 사용된 "하늘"이란 단어 가운데, 우주를 가리키는 둘째 하늘이 아니라 하나님께서 거하시는 셋째 하늘을 가리키는 단어는 과연 얼마나 되겠는가? 당신은 그 단어가 무엇인지 아는가? 그리고 영원이란 단어는 어떠한가?

영원, 영원한, 그리고 세세무궁토록이란 단어의 대부분은 하나님의 영원한 언약이나 하나님의 인자와 자비를 언급할 때 함께 사용되고 있다. 당신은 구약성경에서 영생(eternal life)을 가리키는 구절을 말할 수 있는가? 그리고 부활 이후 펼쳐지는 사후의 삶을 언급하는 구절을 알고 있는가? 구약성경에서 부활을 언급하는 구절은 무엇이 있는가? 어떤 구절이든 말할 수 있는가? 셋째 하늘, 영생, 부활을 다루는 구절들은 많이 있지만, 우리의 기억 속에서 즉시 튀어나오지 않는다는 사실만으로도 구약성경에서 이러한 주제들이 거의 강조되고 있지 않다는 사실을 말해준다. 다시 말하지만, 구약성경의 강조점은 성민으로서 이스라엘 민족이 그들의 민족에게 주어진 실제적인 땅에서 장수를 누리고 복을 누리는데 있다(출 20:12). 그럼에도 불구하고, 이러한 것들이 전면 표지에는 없더라도, 구약성경에는 이러한 것들을 내포하고 있는 중요한 개념들이 있다.

불멸의 영

전도서 12장 1-8절은 이렇게 말하고 있다.

"너는 청년의 때에 너의 창조주를 기억하라 곧 곤고한 날이 이르기 전에, 나는 아무 낙이 없다고 할 해들이 가깝기 전에 … 그리하라 … 이는 사람이 자기의 영원한 집으로 돌아가고 조문객들이 거리로 왕래하게 됨이니라 … 흙은 여전히 땅으로 돌아가고 영은 그것을 주신 하나님께로 돌아가기 전에 기억하라 전도자가 이르되 헛되고 헛되도다 모든 것이 헛되도다."

이 구절들 속에는 부활에 대해선 아무 말도 하지 않는다는 사실을 깨닫는 것이 중요하다. 이 땅에서 육체적 죽음을 겪을 때에는 몸과 영 사이에 분리가 일어나게 된다. 이 성경본문은 몸(흙)은 원래 온 곳인 땅으로 돌아가고, 영은 그것을 주신 하나님께 돌아간다고 말한다. 그런데 몸과 영이 재결합한다고 말하고 있지 않다. 자 그렇다면 구약성경은 몸의 부활을 가르치는가?

부활

구약성경에 과연 부활의 개념이 있는지에 대해서 많은 학자들이 의구심을 표현하고 있다. 그들은 주장하기를, 부활은 구약시대와 신약시대 중간에 쓰여진 외경과 위경 문헌에서 많이 발견되지만, 구약성경에서는 결코 찾아볼 수 없다고 말한다. 사르밧 과부의 아들(왕상 17:17 이하), 수넴 여인의 아들(왕하 4:32 이하), 그리고 엘리사의 무덤에 던져진 시체가 다시 살아난 사람에 대한 이야기는 모두 죽을 수밖에 없는 몸이 소생한 것에 대한 기록이다. 반면 불멸하고 영광스러운 몸에 대한 기록은 있는가?

이미 언급했지만, 히브리서 11장 19절은 아브라함이 이삭을 희생제물로 바칠 때 하나님께서 이삭을 죽은 자 가운데서 다시 살리실 줄로 믿었다고 말하고 있다. 하지만 아브라함이 그의 종에게 "내가 아이와 함께 저기 가서 예배하고 우리가 너희에게로 돌아오리라"(창 22:5)고 말했기 때문에 이것도 그의 죽을 수밖에 없는 몸의 소생을 가리킬 뿐이다. 그런데 에녹과 엘리야의 승천은 분명 육체적인 죽음을 겪지는 않았지만, 죽지 않을 불멸의 몸으로 변화된 것이기에 몸의 부활로 보아야 한다. 한나의 노래(삼상 2:6)에서 우리는 어쩌면 명백하게 부활을 언급하고 있는 것을 볼 수 있다. 다만 스올이 지옥이 아니라, 무덤을 가리키는 것이라면 그럴 수 있다. "여호와는 죽이기도 하시고 살리기도 하시며 스올에 내리게도 하시고 *거기에서 올리기도* 하시는도다."

죽을 수밖에 없는 몸의 부활에 대해서 말하는 또 다른 구절이 있는데, 바로 욥기 19장 25-27절이다. "내가 알기에는 나의 대속자가 살아 계시니 마침내 그가 땅 위에 서실 것이라 내 가죽이 벗김을 당한 뒤에도 *내가 육체 밖에서* 하나님을 보리라 내가 그를 보리니 내 눈으로 그를 보기를 낯선 사람처럼 하지 않을 것이라 내 마음이 초조하구나." 욥은 자신이 죽은 후에 그의 고엘(즉 대속자)이 그의 몸을 부활시킬 것이며 또한 자신을 변호해주실 것이라는 소망과 확신을 가지고 있었던 것 같다. 히브리어로 "육체 밖에서"라는 표현은 NASB에서 "나의 육체와는 별개로(from my flesh)"라는 말로 적절하게 번역되었다. 욥은 장차 그의 가죽과 피부가 썩은 후, 그의 눈으로 그의 구속자로서 그를 위하여 서 계신 하나님을 보게 될 것이다.

다윗은 시편 16편 9-11절에서 "이러므로 나의 마음이 기쁘고 나의 영도 즐거워하며 내 육체도 안전히 살리니 이는 주께서 내 영혼을 스올에 버리지 아니하시며 주의 거룩한 자를 멸망시키지 않으실 것임이니이다 주께서 생명의 길을 내게 보이시리니 주의 앞에는 충만한 기쁨이 있고 주의 오른쪽에는 영원한 즐거움이 있나이다"라고 말하고 있는데, 이는 어쩌면 다윗 자신의 일시적인 안전을 언급하는 것일 수도 있지만, 사도행전 2장 26-35절은 이 구절의 궁극적인 성취로서, 예수님의 부활을 언급하고 있다. 그럴지라도 신약성경의 "해답"을 가지고 무리하게 구약 시대에 역으로 적용하는 것은 옳지 않다.

우선적으로 생각해볼 것은 과연 구약시대 독자들은 이 시편을 읽으면서 무엇을 생각했을지를 이해하고자 애쓰는 것이다. 하지만 우리는 다윗이 이 시편을 쓸 때 성령의 눈으로 무엇을 보았던 것인지를 완전히 알아낼 순 없다. 우리는 다윗이 메시아에 대한 환상을 보면서(시 110:1), 선지자의 역할을 했다는 것을 알고 있다.

구약성경에서 부활을 명확하게 진술하고 있는 것을 보려면, 이사야서 26장 19절보다 더 좋은 구절은 없을 것 같다. "*주의 죽은 자들은 살아나고 그들의 시체들은 일어나리이다* 티끌에 누운 자들아 너희는 깨어 노래하라 주의 이슬은 빛난 이슬이니 땅이 죽은 자들을 내놓으리로다." 여기에는 의인들이 죽은 자들 가운데서 부활할 것이라는 확실한 약속이 있다. 이것은 또한 다니엘 12장 2-3절에서도 확증되지만, 이 구절은 불의한 자들의 부활도 포함하고 있다. "땅의 티끌 가운데에서 자는 자 중에서 *많은 사람이 깨어나* 영생을 받는 자도 있겠고 수치를 당하여서 영원히 부끄러움을 당할 자도 있을 것이며."

부활을 언급하고 있는 이 구절은 어떤 사람들이 영생으로 부활되고 또 어떤 사람들이 영원한 부끄러움을 받을 것인지에 대해서 아무것도 말해주고 있지는 않지만, 구약성경의 구원이 무엇을 포함하고 있었는지에 대해선 확실하게 말해준다. 즉, 구약성경의 구원은 우리가 구약성경에서 흔히 볼 수 있는 내용은 아니지만, 지상에서 사는 육체적인 삶을 넘어서까지 확장되고 있었다는 것이다. 이로써 우리는 좀 더 큰 그림을 볼 수 있다. 둘째 아담은 첫째 아담이 잃은 것을 회복하는 일을 하실 것이다. 이브는 자신의 후손이 뱀의 머리를 짓밟을 것이란 약속을 받았다. 인류는 메시아를 기다리고 있었다. 모든 인류의 구원은 둘째 아담의 오심에 달려 있었다. 구약성경은 메시아에 대해 얼마나 많은 것을 계시하고 있을까?

메시아

수세기 동안 학자들은 많은 시편을 예수님을 직접 가리키는 "메시아 시편"으로 바라보았다. 비평학의 등장과 함께 H. 군켈(Gunkel)과 S. 모빙켈(Mowinckel) 같은 학자들은 양식 비평과 비교 종교학을 통해 이러한 시편들에서 메시아적 요소를 제거해버렸다. 이 시편들은 매년 거행되는 축제에서 이스라엘 왕이 풍요 신앙의 의식을 재현하는 "즉위 시편"으로 해석되었고, 학자들은 이스라엘의 야훼 신앙은 이러한 풍요 의식에서 발전했다고 주장했다. 이런 접근법에 따르면, 이스라엘은 자신들을 구원해 줄 이상적인 왕을 기대했지만, 왕정이 완전히 실패로 드러나자, 포로기 이후의 남은 자들은 다윗 혈통에서 오는 이상적인 왕에 대한 희망을 포기하기에 이르렀다. 대제사장이 왕의 역할을 대체했다. 제2성전 시대(신약과 구약 사이의 기간)에 이르러서야, 메시아에 대한 기대와 열정이 다시 부각되었다.

이런 사고방식은 19세기 말에 더 널리 확장되었다. 20세기 초반, W.O.E. 오스터리(Oesterley)[14]와 H. 그레스만(Gressmann)[15]에 의해 메시아 기대의 기원에 대한 연구가 다시 활발해지면서, 학계에서는 포로기 이전의 메시아 개념이 재조명되기 시작했다. 이 시기 연구에 따르면, 초기 왕정 시대부터도 시편 2편, 72편, 110편과 같은 "왕의 시편"들은 영원히 통치할 이상적 왕(즉 메시아)을 명시적으로 묘사한 것으로 해석되었다. 그러나 이스라엘의 역사 속에 등장한 이스라엘 왕들이 연이어 이러한 이상에 부합하지 못하고, 외세의 압박이 가중될수록 메시아에 대한 갈망은 더욱 강해지게 되었다.

R.E. 클레멘츠(Clements)는 메시아에 대한 논쟁의 발전을 추적하는 일을 했다. 그는 시편 110편에서 메시아에 대한 기대를 보았지만, "현재의 정치 질서에 대한 실망과 좌절이 이상적인 왕을 그리고 있는 이 그림을 미래에 이루어질 것으로 강력하게 소망하는 투사로 이어지게 했다"[16]는데 동의했다. 그는 메시아에 대한 희망이 포로기 중간과 그 이후에 확실히 기세를 얻게 되었다는 데 동의하고 있다. 그럼에도 불구하고, 사무엘하 7장, 시편 2편과 110편, 다니엘 9장 26절 등 이 네 개의 성경본문이 구약성경에서 메시아를 기대하는 소망의 견고한 토대를 이루고 있다. 이 각 성경본문은 구약의 구원론에서 중심적인 역할을 하고 있는데, 이 모두를 다 살펴보는 것은 본서의 주제를 벗어나는 일이 될 것이다.

구약성경에서 메시아에 대한 소망과 기대란 주제를 떠나기 전에, 종종 간과되는 신약성경의 구절이 있는데, 이 구절이 본 주제를 이해하는데 상당한 도움이 되어줄 것이라고 믿는다. 히브리서 11장 26절을 보면, 모세는 "그리스도를 위하여 받는 수모를 애굽의 모든 보화보다 더 큰 재물로 여겼으니 이는 상 주심을 바라봄이라"고 말하고 있다. 그리스도(Christ)란 그리스 단어는 "메시아(Messiah)"란 히브리 단어에서 왔다. 그러나 이 구절에서 말하는 기대감은 다윗 시대 이전의 기대감이라는 사실을 인식하는 것이 중요하다. 분명히 이집트인들은 자신들이 노예로 부리던 유대인 노예들이 메시아를 기대하는 모습을 보고서 그들을 조롱했다. 이러한 메시아에 대한 약속은 오직 유대인의 조상들(아브라함, 이삭, 야곱)로부터 비롯된 것이며, 그들이 그의 자녀들에게 전했고 (요셉과 그의 형제들을 통해) 이집트로 들어가면서 가지고 갔다.[17] 이를 부인하는 것은 신약의 영감설을 부인하는 것과 같다.

미주

1 다음의 책을 보라. Elliot Johnson, *A Dispensational Biblical Theology*, (Bold Grace Academic Publications, 2016). 오래 전에 세대주의 관점에서 성경 신학을 소개한 책이 있는데, 바로 에릭 사우어의 저서다. *세계 구속의 여명(The Dawn of World Redemption)*, *십자가의 승리(The Triumph of the Crucified)*, *영원에서 영원까지(From Eternity to Eternity)* 등이 있으며, 생명의 말씀사에 출간되었다.

2 이것은 종종 약속의 세대라고 불린다.

3 W. C. Kaiser, *The Messiah in the Old Testament*, Studies in Old Testament Biblical Theology (Grand Rapids, MI: Zondervan, 1995), 37-38. 또한 다음의 책도 보라. Herbert W. Bateman IV, Darrell L. Bock and Gordon H. Johnston, *Jesus The Messiah; Tracing the Promises, Expectations, and Coming of Israel's King*, (Grand Rapids, MI: Kregel Publishing, 2012).

4 R. A. Martin, "The Earliest Messianic Interpretation of Genesis 3:15," *Journal of Biblical Literature* 84 (1965): 425-27.

5 신약성경이 구약성경에 대한 우리의 이해에 어떻게 활용되어야 하고 또 어떠한 영향을 미치는가에 대한 문제는 구약과 신약 학자들 사이에서 논쟁의 여지가 있는 주제였다. 이에 대한 고전적인 연구서로는 다음 책이 있다. Richard N. Longenecker, *Biblical Exegesis in the Apostolic Period*, (Grand Rapids, MI: Eerdmans Publishing, 1999). 그리고 보다 최근의 연구서로는 다음 책을 참고하라. Walter C. Kaiser, Darrell L. Bock and Peter Enns, *Three Views on the New Testament Use in the Old Testament*, (Grand Rapids, MI: Zondervan, 2007).

6 E. P. 샌더스는 이렇게 말했다. "그러나 비기독교 유대인들 역시 자신

들이 언약에 신실하게 머물러 있는 한, 여전히 하나님의 은혜 안에 머물러 있다고 보았다. 오직 '그리스도의 말씀'(롬 10:17)을 은혜와 동일시할 때만, 그들이 은혜를 거절했다고 말할 수 있다." 그는 더 나아가, 역사적 유대교는 분명히 은혜 위에 세워졌지만, 유대인들이 그리스도와 그리스도에 관한 복음을 거부했을 때, 바로 그 때에야 비로소 바울은 그들이 하나님의 최고 계시인 예수 그리스도를 거절함으로써 은혜 자체를 거부한 것이라고 결론지을 수 있었다고 설명했다. E. P. 샌더스의 책을 보라. *Paul the Law and the Jewish People* [Minneapolis: Fortress Press, 1983], 157).

7 M. G. Kline, *Treaty of the Great King* (Grand Rapids: William B. Eerdmans Publishing Company, 1963), 52. M.G. 클라인은 모세가 신명기 1장 6-18절의 축복을 언급한 후, 이스라엘 백성들에게 그들의 신실하지 못한 것과 불순종을 상기시키고 있다고 설명하고 있다.

8 C. Richman, *The Holy Temple of Jerusalem* (Jerusalem: The Temple Institute, 1997), 13, 16.

9 Ibid., 49.

10 다음 책을 보라. Helmer Ringgren, *Religion of the Ancient Near East*, (Philadelphia, Pennsylvania, The Westminster Press, 1973) 162.

11 다음 책을 보라. Clarence B. Bass, *Backgrounds of Dispensationalism*, (Grand Rapids, MI, Eerdmans, 1960), 34. 그리고 다음 책도 참고하라. John Gerstner, *Wrongly Dividing the Word of Truth*, (Brentwood, Tennessee: Wolgemuth & Hayatt, 1991) 151-67.

12 다음 책을 보라. Allen Ross, "A Biblical Method for Salvation; A Case for Discontinuity" in *Continuity and Discontinuity: Perspectives on the Relationship Between the Old and New Testament*, ed. John S. Feinberg (Wheaton, Illinois, Crossway Publishing 1988).

13 사영리란 CCC(Campus Crusade for Christ)에서 제작한 전도지를 가리킨다.

14 W.O.E. Oesterley, The Evolution of the Messianic Idea. A Study in Comparative Religion (London: Pitman, 1908).

15 H. Gressmann, *Der Messias,* Forschungen zur Religion und Literature des Alten und Neuen Testaments, vol. 43 (Gottingen: Vandenhoeck & Ruprecht, 1929). 다음 책도 보라. 이 책은 세기 중반의 기념비적인 저작물이다. S. Mowinckel, *He That Cometh,* G. W. Anderson trans. (New York: Abingdon, 1956). 그리고 다음 책은 세기 말의 기념비적인 저작물이다. G. Van Groningen, *Messianic Revelation in the Old Testament* (Grand Rapids: Baker, 1990).

16 R.E. Clements, "The Messianic Hope in the Old Testament," *Journal for the Study of the Old Testament* 43 (June-September 1989): 3-19. 다음 책도 보라. *Jesus the Messiah,* Bateman, Bock, Johnston.

17 다음 책을 보라. J. H. Sailhamer, "Is There a 'Biblical Jesus' of the Pentateuch" and "The Theme of Salvation in the Pentateuch," in *The Meaning of the Pentateuch* (Downers Grove, IL: InverVarsity, 2009), 460-536; 562-601.

제4장

그리스도의 십자가의 의미

P.T. 포사이스(Forsyth)는 "그리스도는 우리에게 그의 십자가와 같은 존재다. 그리스도께서 하늘이나 땅에서 하신 모든 일은 그분이 그곳에서 행하신 일로 남아 있다. … 다시 말하지만, 그리스도는 우리에게 그의 십자가와 같은 존재다. 당신이 그리스도의 십자가를 이해하기 전까지는 그리스도를 결코 이해하지 못한다"[1]라는 말을 했다. 십자가는 구원론 그 이상의 의미를 담고 있지만, 구원론이 이 책에서 다루고 있는 주제이기에, 십자가의 의미를 구원론에 한해서만 살펴보고자 한다.

속죄에 대한 성경의 교리

십자가에서 죽으신 그리스도의 죽음은 신약성경에서 다양한 방식으로 설명되고 있다. 이 점을 더 깊이 있게 이해하려면 우리는 여러 각도에서 살펴볼 필요가 있다.

우리의 대속자이신 그리스도

고린도전서 15장 3절을 보면, "그리스도께서 우리 죄를 위하여 죽으시고"라고 말하고 있고, 요한복음 1장 29절을 보면 세례 요한은 우리에게 예수님이 "세상 죄를 지고 가는 하나님의 어린 양"이라고 말하고 있다. 그리고 이사야서 53장 6-7절을 보면, 우리는 고난 받는 종께서 이스라엘을 대신하여 "도수장으로 끌려가는 어린 양" 같이 죽임을 당하셨다는 사실과 이사야 선지자는 이스라엘에 대하여 "우리는 다 양 같아서 그릇 행하여 각기 제 길로 갔거늘 여호와께서는 우리 모두의 죄악을 그에게 담당시키셨도다"라고 말한 것을 볼 수 있다.

하나님의 어린 양

출애굽기 12장에 있는 어린 양이 속죄제물로 묘사되고 있지 않기 때문에, 어떤 학자들은 "하나님의 어린 양"이 유월절 어린 양을 가리키는 것은 아니라고 설명하고 있다. 그렇지만 유월절 어린 양은 인간의 죄로 인해서 하나님의 진노를 달래기 위한 희생제물로 여전히 여겨졌다는 사실을 인식하는 것이 필요하다(출 12:27).

베드로는 예수님을 이 유월절 어린 양으로 이해했고(벧전 1:18-19), 바울은 공개적으로 "우리의 유월절 양 곧 그리스도께서 희생되셨느니라"(고전 5:7)라고 말했다. H.D. 맥도날드(McDonald)는 하나님의 어린 양과 속죄를 연결하면서 이렇게 설명하고 있다.

하나님의 어린 양이라는 칭호에는 총체적으로 속죄의 신학이 담겨져 있다. 그러므로 그리스도를 지칭하면서 동시에 세상의 죄를 지고 가는 그리스도의 사역을 가리키는 하나님의 어린 양이란 단어는 칭호를 부여할 뿐만 아니라 그 사역에 대리적이고 희생제사적인 능력을 부여한다는 사실을 결코 부인할 수 없다. 죄는 오로지 어린 양에 의한 대리적이고 희생적인 방식을 통해서만 제거될 수 있기 때문이다.[2]

하지만 이러한 대속의 목적은 무엇인가? 우리 이해의 지평을 넓히는 데 도움이 되는 여러 성경의 용어들이 있는데, 그 중 하나가 화목제물이다.

화목제물

하나님을 분노하시는 분으로 보는 견해에서 모든 것을 사랑하시고 또한 받아주시는 하나님으로 나아가는 자유주의적 추세 때문에 일부 신학자들은 화목이라는 개념이 하나님의 진노를 만족시키는 일과는 아무런 관련이 없다고 주장했다. 오히려 그들은 화목이란 뜻을 가진 *힐라스테리온* (hilasterion, propitiation, 롬 3:25)이란 단어의 의미가 죄를 속죄하는 일에 뿌리를 두고 있다고 주장한다. C.H. 도드(Dodd)는 그의 저서 The Bible and the Greeks에서 이런 접근 방식을 처음으로 사용했는데, 그는 이 책에서 구약성경 히브리어와 70인역의 그리스어에서 사용된 속죄 개념을 분석했다. 그의 결론은 동사 *힐라스코마이*(hilaskomai)에서 파생된 용어는 하나님과 그분의 진노를 달래야 한다는 필요와는 상관이 없고, 그저 죄책감과 죄를 속죄해야 할 필요성과만 상관이 있다는 것이다. 그는 이 단어들이 "하나님과 화목을 이룬다는 의미를 전달하는 것이 아니라 단지 죄책이나 부정함을 제거한다는 의미만을 전달하고 있다"[3]는 결론을 내렸다.

여기서 문제는 이교 종교와의 불쾌한 유사성이다. 이교도들의 제사는 "변덕스럽고 복수심에 불타는 신의 진노를 달래기 위한 천상의 뇌물"을 바치는 것처럼 보인다.[4] 그러나 G.E. 래드(Ladd)는 그의 *신학(Theology)*이란 저서에서 요세푸스, 필로, 사도 교부들의 문헌에서 이 단어들이 일관되게 "화목시키다 또는 진노를 달래다(propitiate)"는 의미로 사용되고 있다는 점을 지적했다.[5] 그리고 L. 모리스(Morris)는 이렇게 주장하고 있다. "만일 70인역과 신약성경의 저자들이 이 단어군에 완전히 새로운 의미를 부여했다면, 그 의미는 그 단어들과 함께 사라졌을 것이며, 오늘날까지 부활하지 못했을 것이다."[6] 히브리서 2장 17절을 보면, "그러므로 그가 범사에 형제들과 같이 되심이 마땅하도다 이는 하나님의 일에 자비하고 신실한 대제사장이 되어 백성의 죄를 속량하려 하심이라"고 말하고 있다. W.H. 그리피스 토마스(G. Thomas)는 화목의 두 가지 측면을 적절하게 설명했다. "하나님의 정의는 죄를 그냥 지나칠 수 없었고, 하나님의 사랑은 죄인에게 무관심할 수 없었으므로, 하나님의 의가 요구하는 것을 그분의 사랑이 제공했고, 세상에게 주는 하나님의 선물인 그리스도께서는 '우리 죄를 위한 화목제물'이 되셨다."[7] 존 스토트(John Stott)도 이에 동의하면서 이렇게 말했다. "왜냐하면 하나님께서는 자신을 만족시키는 방식으로 우리를 구원하기 위해서, 그리스도를 우리의 대속물로 주셨다. 신성한 사랑은 신성한 자기 희생으로 신성한 진노를 이기고 승리했다."[8]

그리고 요한일서 2장 2절을 보면, "그는 우리 죄를 위한 화목 제물이니 우리만 위할 뿐 아니요 온 세상의 죄를 위하심이라"는 구절을 볼 수 있다. 이 구절에서 말하는 세상이 "택함 받은 자들만의 세상"을 의미한다고 보는 비요한계(non-Johannine) 관점을 택하지 않는 한, 이 구절은 제한 속죄(limited atonement)를 용납하지 않는 결정적인 증거 구절이다. 이 구절은 죄를 지은 사람들이 하나님의 진노가 그분의 아들 예수 그리스도의 피를 통해 충족되었다는 것을 알기 때문에, 자신의 죄를 숨기지 않고 자백하도록 격려하기 위해 마련되었다. 어둠 속으로 물러설 필요가 없고, 빛으로 돌아오라는 뜻이다. 우리에게는 아버지 앞에서 우리의 대언자가 있다. 이렇게 상상해보자. 즉 무료로 일할 뿐만 아니라 의뢰인의 벌금과 빚까지 기꺼이 갚아주는 변호사가 우리에게 있다. 요한은 요한일서 4장 10절에서 하나님의 이 놀라운 사랑을 더 자세히 풀어 설명하고 있다. "사랑은 여기 있으니 우리가 하나님을 사랑한 것이 아니요 하나님이 우리를 사랑하사 우리 죄를 속하기 위하여 화목 제물로 그 아들을 보내셨음이라." 원문을 보면, 우리와 하나님의 위치가 매우 강조되고 있다. 하나님은 화목의 주선자이실 뿐만 아니라 화목의 청원자이시다.[9] 하나님은 우리에게 가까이 다가오시고자 우리가 쌓아올린 죄들의 벽을 허무셨다. 하나님은 우리의 반역과 완고한 거부에 직면하셨지만, 멈추지 않고 눈물의 훔치시면서 계속해서 다가오셨다. 오, 우리는 거부당하는 것을 얼마나 두려워하는가! 그리고 우리의 사랑이 완벽하지 않기 때문에, (특히 우리가 가장 사랑하는 사람들, 즉 아내, 부모, 자녀, 친구들에게서) 거부를 당하는 일은 우리를 거북이처럼 무표정한 얼굴을 하게 하거나, 아니면 단단한 껍질 속으로 머리를 감추게 만든다. 요한은 같은 장 후반부에서 "온전한 사랑이 두려움을 내쫓나니 두려움에는 형벌(torment)[10]이 있음이라 두려워하는 자는 사랑 안에서 온전히 이루지 못하였느니라"(요일 4:18)고 썼다. 그리고 바로 다음 구절에서 "우리가 사랑함은 그가 먼저 우리를 사랑하셨음이라"고 말하고 있다.

화목을 말해주는 고전적인 구절은 로마서 3장 24-25절이다. "그리스도 예수 안에 있는 속량으로 말미암아 하나님의 은혜로 값 없이 의롭다 하심을 얻은 자 되었느니라 이 예수를 하나님이 그의 피로써 믿음으로 말미암는 *화목제물(힐라스테리온, propitiation)*로 세우셨음이라." 여기서 사용된 그리스어가 명사인지 아니면 형용사인지는 명확하지 않다. 이 *힐라스테리온*이란 단어가 그리스어 성경에서 명사로 사용되었을 때는(히 9:5, 출 25:17-20), "속죄소(mercy seat)"로 번역되었는데, 속죄소는 속죄의 피가 지성소에 뿌려지는 장소였다. 그렇지만 바울은 로마서에서 히브리식 이미지를 크게 사용하지는 않았는데, 왜냐하면 그리스도인을 위한 속죄의 장소는 십자가였고, 십자가는 대제사장이 속죄일에 하는 일과는 달리 매우 공개적인 희생이었기 때문이다. 래드는 이 단어를 형용사로 번역했는데, 어쩌면 이것이 가장 좋은 번역일 수 있다. "이 예수를 하나님께서는 *화목을 위한 제물(a propitiatory sacrifice)*로 내놓으셨다."[11]

요약 및 결론

자유주의 신학자들이 간과하는 것은 하나님의 인격성이다. 하나님께서 그토록 진노하시는 것은 하나님이 의와 사랑의 완벽한 본(epitome)이시기 때문이다. 하나님의 의가 실패했고 또한 하나님의 사랑이 인간의 죄로 인해서 깊은 상처를 입었다. 그럼에도 하나님께서는 은혜롭게도 인간에게 영생이란 선물을 주셨고, 그들을 자신의 영원한 가족으로 입양하셨다. 하나님은 자신의 의를 충족시키고자 자신의 아들을 내어주셨기 때문에, 하나님의 사랑이 지속될 수 있게 되었고, 하나님의 진노는 지나갈 수 있게 되었다. 우리는 호세아서 11장 1-8절에서 하나님의 성품 안에서 일어나는 갈등을 엿볼 수 있다. 그 구절을 보면, 하나님은 아버지로서 자신의 아들인 이스라엘의 죄를 향한 분노와 그분의 마음 속 불붙는 사랑과 씨름하신다. 하나님은 이렇게 말씀하신다.

"에브라임이여 내가 어찌 너를 놓겠느냐
　이스라엘이여 내가 어찌 너를 버리겠느냐
내가 어찌 너를 아드마 같이 놓겠느냐
　어찌 너를 스보임 같이 두겠느냐
내 마음이 내 속에서 돌이키어 나의 긍휼이 온전히 불붙듯 하도다
　내가 나의 맹렬한 진노를 나타내지 아니하며
　내가 다시는 에브라임을 멸하지 아니하리니

이는 내가 하나님이요 사람이 아님이라

  네 가운데 있는 거룩한 이니 진노함으로 네게 임하지 아니하리라."(호 11:8-9)

예레미야 5장 7-9절은 자신의 방탕한 자녀들을 향한 하나님 자신의 감정을 이렇게 묘사하고 있다.

"내가 어찌 너를 용서하겠느냐

네 자녀가 나를 버리고 신이 아닌 것들로 맹세하였으며

내가 그들을 배불리 먹인즉

  그들이 간음하며 창기의 집에 허다히 모이며

  그들은 두루 다니는 살진 수말 같이

  각기 이웃의 아내를 따르며 소리지르는도다

여호와의 말씀이니라 내가 어찌 이 일들에 대하여 벌하지 아니하겠으며 내 마음이 이런 나라에 보복하지 않겠느냐?'

필립 얀시(P. Yancey)는 이 구절을 이렇게 설명하고 있다.

선지서를 읽다보면, 나는 하나님을 내담자로 둔 상담사를 상상하게 된다. 상담사는 늘 쓰는 문장 하나, '당신이 진짜로 느끼는 것을 말해 보세요'라는 말을 건넨다. 그러자 하나님께서 이야기를 시작하신다.

"내 심정을 말해주지! 나는 버림받은 부모 같은 기분이 들어.

나는 도랑에 버려져 죽어가던 여자 아이를 발견했어.

그 아이를 데려다 내 딸로 삼았고, 깨끗이 씻겨 주었으며, 학비를 대주고 먹여 키웠어.

온 정성을 다해 옷을 입혀 주고, 귀걸이로 치장해 주었는데…
어느 날 그 아이는 도망쳐 버렸다.
그녀가 추잡한 삶을 살고 있다는 소식을 듣게 되었고,
내 이름이 거론될 때마다 나를 저주하곤 한다네."

"내 심정을 말해주지! 나는 배신당한 연인 같은 기분이 들어.
내가 사랑하는 여자를 발견했을 때
그녀는 깡말랐고, 혹사를 당해 초췌한 모습이었어.
나는 그녀를 데려다 아름답게 가꾸어 주었고,
그녀는 내 눈에 세상에서 가장 아름다운 여인이 되었어.
값진 선물과 사랑을 주었건만, 그녀는 끝내 나를 배반했어.
내 가장 친한 친구, 내 원수 등 아무나 찾아다니는 거야.
길가와 푸른 나무 아래서 창녀보다 더 문란한 생활을 하고 있고,
오히려 돈을 주고 남자들과 정분을 나누고 있어.
나는 배신당했고, 버림받았으며, 조롱당한 기분이 들어."[12]

얀시는 이렇게 결론을 내리고 있다.

배신당한 연인이란 강력한 이미지는 하나님께서 선지자들에게 말씀하실 때 금방 금방 "마음을 바꾸는" 것처럼 보이는 이유를 설명해준다. 하나님은 이스라엘을 멸망시킬 준비를 하고 계셨다. 그런데 지금 하나님은 울고 계시며, 두 팔을 벌리고 있다. 아니, 하나님은 다시 한 번 엄하게 심판을 선언하고 계신다. 연인에게 버림받은 일이 없는 사람은 이러한 변덕스러운 기분과 행동을 비이성적으로 볼 수밖에 없다.[13]

어쩌면 스토트의 설명이 화목에 대한 논쟁을 끝낼 수 있는 가장 좋은 결론일 수 있다.

따라서, 진노하시는 하나님과의 화목에 관한 세 가지 질문의 답은 모두 하나님 자신 안에 있다. 분노하시는 하나님 스스로 화목이 필요하셨고, 사랑하시는 하나님 스스로가 화목케 하는 일을 이루셨으며, 하나님 스스로가 우리 죄들을 위한 화목제물로 자기 아들을 죽게 하셨다. 이렇게 하나님은 자신의 의로운 진노를 스스로 달래기 위해 사랑의 주도권을 취하셨으며, 자신의 아들이 우리의 자리에서 우리를 대신해 죽게 하셨다. 여기에는 비웃음을 자아낼 만한 저급한 개념이 전혀 없으며, 오직 거룩한 사랑의 심오함만 있어, 우리로 하여금 경배하게 할 뿐이다.[14]

우리를 구속하는 일을 완성하신 그리스도

속죄의 의미가 무엇인지를 밝히는 또 다른 중요한 방법은 노예를 사서 자유롭게 해주는 개념이다. 이 이미지에는 두 그룹의 단어가 포함되어 있는데, 아고라조(*agorazo*), 엑사고라조(*exagorazo*), 루트루(*lutroo*), 아폴루트로시스(*apolutrosis*)가 있다.

구속

아고라조와 엑사고라조란 단어가 내포하고 있는 개념은 소유권의 변화다. 고린도전서 6장 19-20절을 보면 "너희는 너희 자신의 것이 아니라 값으로 산 것이 되었으니"라고 말하고 있고, 고린도전서 7장 22-23절을 보면 "부르심을 받은 자는 그리스도의 종이니라 너희는 값으로 사신 것이니 사람들의 종이 되지 말라"고 말하고 있다. 바울은 비록 대가로 지불한 것이 무엇인지 직접적으로 명시하지는 않았지만, 그 값은 바로 그리스도의 죽음이었다. 그 값을 지불하신 이는 바로 하나님 아버지셨다. 따라서 값을 주고 산 사람들은 이제 하나님의 소유가 되었다.

갈라디아서 3장 13절, 곧 "그리스도께서 우리를 위하여 저주를 받은 바 되사 율법의 저주에서 우리를 속량하셨으니"를 보면, 본 동사 앞에는 에크 (ex), ~로부터라는 전치사가 붙어 있다. 바로 여기에 치러진 값이 분명하 게 언급되어 있다. 그리스도께서 죽으셨는데, 이 죽음은 곧 우리의 자리에 서 대신 죽으신 대속(代贖)을 위한 죽음이었다. 이는 율법 체계 아래에서 우리에게 내려진 율법의 저주를 대신 받으심으로써 하나님을 기쁘시게 하 려는 것이었다. 일부 학자들이 주장하는 것과는 달리, 우리는 그리스도께 서 율법을 완전히 지켜 행하신 것(즉 적극적 순종) 덕분이 아니라, 그리스 도께서 나무에 달려 죽으심으로써 우리 대신 저주가 되신 것(즉 수동적 순 종) 덕분에 구속을 받았다. 만일 종교개혁자들의 주장처럼 그리스도의 능 동적 순종(active obedience, 그리스도의 율법 순종의 삶)과 수동적 순종 (passive obedience, 그리스도의 십자가 죽음)을 연결해 우리를 구속하는 사역을 이루신 것을 설명하는 곳이 있다면 바로 이 구절일 것이다. 그러나 바울은 전혀 그렇게 말하고 있지 않다. 구속을 위해 치러진 값은 우리를 위해 율법에 순종하는 삶을 사신 그리스도의 삶이 아니라, 우리를 위해 나 무에 달리신 그리스도의 죽음이었다. 갈라디아서 4장 4-5절에서 바울은 또 다시 접두 전치사와 동사를 합성한 단어를 사용함으로써 "하나님이 그 아들을 보내사 … 율법 아래에 있는 자들을 속량하시고 우리로 아들의 명 분을 얻게 하려 하심이라"고 말하고 있다. 여기서 율법으로부터 자유를 얻는 일은 하나님의 영원한 가족으로 입양하기 위한 목적을 이루기 위한 것이었다.

그리스 문화를 연구한 R. 파인(Pyne)에 의하면, 그리스 노예들은 이방 종교 사제들에게 상당한 돈을 지불함으로써 스스로 자유를 살 수 있었다 고 한다. 당시 아폴로는 노예 해방자 또는 구속자로 여겨졌지만, 이름만 그러했다. 이와 대조적으로 기독교에서는 예수님께서 참 구속자이시며,

실제적으로 유일하게 값을 치르신 분이셨다.[15]

대속물

대속물이란 뜻을 가진 명사 루트론(lutron)은 바울의 글에선 볼 수 없지만, 이 단어는 마가복음 10장 45절에서 볼 수 있다. 마가복음 10장 45절은 "인자가 온 것은 섬김을 받으려 함이 아니라 도리어 섬기려 하고 자기 목숨을 많은 사람의 *대속물(ransom)*로 주려 함이니라"고 말한다. G.E. 래드는 이렇게 설명하고 있다. "고전 그리스어와 헬레니즘 그리스어에서, *lutroo(루트루)*와 *아폴루트로시스(apolutrosis)*란 단어 그룹은 담보로 잡힌 것을 되찾아오는데(속량하는데) 지불한 값 또는 전쟁 포로를 석방하기 위해 지불한 돈 또는 노예에게 자유를 주기 위해 지불한 돈을 가리킬 때 사용한다."[16] 칠십인역(LXX)에서도 마찬가지다.

그런데 바울은 디도서 2장 14절에서 동사형 *lutroo(루트루)*를 사용했는데, 거기서 그는 "그가 우리를 대신하여 자신을 주심은 모든 불법에서 우리를 *속량하시고*"라고 말했다. 우리를 속량하기 위해 지불한 값인 속전, 곧 대속물은 분명하다. 바로 그리스도 자신이다. 베드로 또한 동일한 동사를 베드로전서 1장 18-19절에서 사용했는데, 여기서도 대속물은 바로 그리스도의 보배로운 피다. 그렇지만 바울이 더 좋아하는 단어는 *아폴루트로시스(apolutrosis)*였는데, 이 단어는 신약성경 외에는 거의 사용하지 않는 단어로, 구원를 위해 값이 치러졌음을 강조하는 단어다(롬 3:24, 고전 1:30, 엡 1:7, 골 1:14). 그리고 디모데전서 2장 6절을 보면, 우리는 매우 중요한 복합 명사인 *안틸루트론(antilutron)*을 볼 수 있는데, 여기서 그리스도께서는 "모든 사람을 위하여 자기를 *대속물(ransom)*로 주셨으니"라고 말하고 있다. 접두사 *anti*는 대속적인 속죄의 의미를 강력하게 부각시키는 역할을 한다.

이 단어 그룹의 상호보충적인 특성은 다음과 같다. 즉 "대속물 (ransome)"이라는 단어는 우리가 어디에서 속량을 받았는가, 즉 죄와 죽음을 강조하는데 반해 "구속(redemption)"이라는 단어는 *소유권의 변화*를 강조하고 있다. L. 모리스는 이 두 단어 그룹이 결합하게 된 중요성을 이렇게 요약했다.

1. 인류가 벗어나야 할 죄의 상태 때문에 구속이 필요하다. 이것은 인간의 힘으로는 결코 벗어날 수 없는 노예 상태를 전제로 하고 있기 때문에, 구속은 인간 스스로는 갚을 수 없는 대가를 대신 지불해줄 외부인의 개입이 필수적이다.
2. 갚아야 할 빚이 있기 때문에 구속이 필요하다. 대가를 지불하는 것은 구속의 개념에 있어서 필수적인 요소다. 그래서 그리스도께서는 우리를 구속하기 위한 대가를 지불하셨다.
3. 신자가 죄로 인해서 처해 있는 결과적인 상태 때문에 구속이 필요하다. 이것은 하나의 역설로 표현될 수 있다. 우리는 하나님의 자녀가 되어 자유를 누리도록 구속을 받았지만, 이 자유는 또한 하나님께 스스로 자원해서 노예가 되는 것을 의미한다. 이러한 구속의 전체적인 요점은 죄가 더 이상 왕 노릇하지 않게 되었다는 것이다. 구속을 받은 사람들은 그들의 주인의 뜻을 행하고자 구원받은 사람들이다.[17]

우리의 화평이신 그리스도

화목

화목과 평화(reconciliation and peace)는 함께 간다. 이 두 가지 사안은 우리가 의롭다 함을 받게 된 일, 즉 칭의(justification)의 결과다. 하나님 앞에서 우리가 법적으로 의롭게 된 일은, 적극적으로는 하나님께서 우리의

의(義)를 선언하시거나, 소극적으로는 우리의 죄책을 소멸시켜 주시는 일이다. 하지만 화목과 평화는 사귐과 교제를 가져다준다. 칭의는 하나님과 우리의 *관계*를 확립시켜주고, 화목은 하나님과 우리의 *사귐*을 확립시켜준다.

아마도 이 세 가지 개념을 모두 함께 모아놓은 최고의 구절은 로마서 5장 1-11절이다. 바울은 우리가 의롭다 함을 받은 결과, 우리는 이제 우리 주 예수 그리스도로 말미암아 하나님과 화평을 소유하게 되었다고 말한다. 그리고 이 화평 덕분에 우리는 하나님 앞에 나아가며 또한 하나님의 은혜에 넉넉히 들어감을 얻게 되었다. 이 화평은 또한 성령을 통해서 우리의 마음에 부어진 하나님의 사랑을 현재적으로 경험하게 해준다.

우리를 향한 하나님의 이 사랑이 얼마나 큰 것인지를 강조하기 위해서, 바울은 세 개의 단어를 사용해서 우리가 하나님의 자녀가 되기 전에 하나님에게서 멀리 떠나 있던 소외 상태를 묘사한다. 6절에서 바울은 우리를 "경건하지 않은 자"로 묘사한다. 그리고 8절에서 그는 우리를 "죄인"이라고 부른다. 그런 다음 10절에서 그는 우리가 하나님의 "원수"였다고 말한다. 여기에 일종의 점진성이 있다. 경건하지 않은 자는 하나님의 성품이 부족한 사람이다. 죄인은 목표를 놓치고 있는 사람이다. 하지만 하나님의 원수는 하나님을 향해 적극적으로 반역하는 사람이다.

그러나 의롭게 된 사람들로서 우리는 과거 하나님에게서 멀리 떠나 있던 상태, 즉 소외상태에서 벗어나게 되었다. 이제 우리는 화목되었다(10-11절). 그리고 바울이 여기서 강조하는 것은 이생의 삶에서 누리는 현재적인 축복에 대한 것이다. 만일 우리가 하나님의 원수였을 때, 하나님께서 우리를 의롭다고 하셨고 또 자신과 화목하게 하셨다면, 이제 하나님의 자녀가 된 우리를 위해 하나님께서는 얼마나 많은 선한 일을 해주실 것인가?

또한 우리는 하나님과 화목되었기 때문에, 하나님은 우리에게 화목의 사역을 맡기셨다(고후 5:18-20). 우리가 하는 일은 사실 세상에 화목을 전파하는 일이다. 즉 우리는 세상을 향해 하나님과 화목하라고 전파할 뿐만 아니라 또한 하나님을 통해서 서로 화목하라고 전파하는 일을 해야 한다.

화평

에베소서 2장 13-18절을 보면, 그리스도 자신이 우리의 화평으로 불리고 있다. 그러나 바울이 여기서 언급한 화평은 유대인과 이방인의 화목을 가리킨다. 이 둘 사이의 적대감은 율법 때문에 존재해오고 있었고, 그는 이 율법을 중간에 막힌 담이라고 묘사했다. 그리스도께서 오심으로써 중간에 막힌 담을 자기 육체로 허물어 버리셨다. 이로써 "먼 데 있는 너희에게 평안을 전하시고 가까운 데 있는 자들에게 평안을 전하셨으니 이는 그로 말미암아 우리 둘이 한 성령 안에서 아버지께 나아감을 얻게 하려 하심이라."(17-18절)

우리를 성화시키시는 그리스도

그리스도의 완성된 사역의 또 다른 측면은 우리의 성화다. 히브리서 10장 10절을 보면, "이 뜻을 따라 예수 그리스도의 몸을 단번에 드리심으로 말미암아 우리가 *거룩함을 얻었노라(sanctified)*"는 구절을 볼 수 있다. 여기서 관심을 집중해야 하는 단어는 "*성화되다(sanctified, 헤기아스메노이)*"는 단어인데, 이 *헤기아스메노이(hegiasmenoi)*라는 단어는 우회적 구문이라고 부르는 것으로, 2개 이상의 동사를 함께 사용하여 새로운 뜻을 표현하는 동사구로서, 완료형 수동 분사다. 이 모든 것의 결론은 여기서 말하는 우리의 성화가 완성된 결과물로 언급되고 있다는 것이다. 완료 시제는 과거에 완성된 행동이나 결과가 현재까지 지속되는 것을 말한다. 그리고 이렇게 우회적 구문으로 사용될 때에는, 요점이 강조된다. 다시 말해서 히브리서의 저자는 십자가에서 *우리가 완벽하게 거룩하게 되었다는* 사실을 강조하고 있다. "단번에"라는 단어를 사용한 것도 이 성화의 사역이 완료된 시간과 장소, 즉 십자가에서 이루어진 것을 강조하려는 것이다.

히브리서의 저자는 몇 개의 구절을 말한 후, 이 단어를 사용해서 현재 시제로 성화가 이루어진 사실을 언급하고 있다. 그는 이렇게 말한다. "그가 거룩하게 된(being sanctified, 성화된) 자들을 한 번의 제사로 영원히 온전하게 하셨느니라."(14절) 이번에는 "성화된(sanctified)"이라는 단어가 같은 그리스어이지만, 다른 시제를 사용하고 있다. *하기아조메누스(hagiazomenous)*로, 현재 수동 분사다. 이 히브리서 10장 14절에서 저자는 동사를 "온전하게 *했다(perfected), 테텔레이오켄(teteleioken)*"이라는 완료 시제를 사용하고 있는데, 이 동사는 그리스도인의 믿음의 성숙와 관련하여 사용되는 단어다. (즉 야고보서 2장 22절을 보면, 아브라함의 믿음이 그의 행실, 즉 이삭을 희생제물로 바치려는 준비를 통해서 온전하게 또는 성숙하게 된 것을 볼 수 있다.) 신앙의 온전함을 의미하는 이 동사는 또한 "성화되는 일"에도 완료 시제를 사용해서 온전히 성화된다는 의미를 표출하고 있다. 이 동사는 과거에, 즉 십자가에서, 단번에 영원히 이루어진 것을 표현한다. *"한 번의 제사로 영원히 온전하게 하셨느니라."*

10절과 14절은 같은 동사를 두 가지 서로 다른 시제를 사용하고 있는데, 이 둘 사이의 차이점을 살펴보는 것이 좋을듯하다. 10절에서는 우리의 성화가 십자가에서 완료되었지만, 14절에서는 진행 중인 과정으로 소개되고 있다. 그래서 여기 하나의 본문에서 우리는 두 가지 경이로운 진리를 아름답게 진술하는 것을 볼 수 있다. 즉 그리스도 안에서 우리의 *지위(position)*와 *상태(condition)*의 진리다. 우리는 지위상으로는 이미 온전하게 성화되었지만, 상태상으로는 여전히 우리의 성화는 진행 중이다. 둘 다 사실이다. 그런데 어떻게 동시에 이 두 가지가 사실일 수 있을까?

이것이 바로 알베르트 슈바이처(Albert Schweitzer)가 "바울의 신비주의"라고 불렀던 것이다. 물론 히브리서뿐만 아니라 다른 바울 서신에서도 동일한 진리를 가르치고 있다. 고린도전서 1장 2절을 보면, 동일한 완료 수동 분사, "거룩하여지고"(sanctified)라는 단어가 고린도교회 성도들에게 사용되고 있다. 사도 바울은 그들이 완전하게 성화되었다고 선언하고 있지만, 그럼에도 서신 후반부로 가게 되면, 우리는 그들 중 다수가 실제 삶에서는 거룩과 거리가 먼 모습을 보이는 것을 볼 수 있다. 바울은 2절에서 이처럼 겉보기에 모순되는 진리를 말하면서, 그들의 성화가 "그리스도 예수 안에서" 완결되었다는 표현으로 해결한다. 이것은 그들의 *신분적인 성화*를 선언하는 것이다(엡 1:3 이하, 롬 6:1-10을 보라). 그들은 그리스도 안으로 들어가고 또한 십자가에서 죽으신 그리스도의 십자가 죽음 속으로 들어가는 침례를 받은 사람들이었다. 이는 곧 그들이 그리스도를 믿음으로써 새롭게 얻게 된 새로운 지위를 가리킨다. 그들은 지위상 *그리스도 안에* 있는 사람들이 되었다. 그들은 이제 "그리스도 안에" 있기 때문에, 십자가 이후 그리스도께서 가신 모든 곳에 그들도 가게 되었다. 그렇기 때문에 사도는 우리 신자들이 그리스도 예수 안에서 함께 하늘에 앉아 있다고 말할 수 있었다(엡 2:6, 골 3:1).

따라서 우리는 바로 지금 그리스도 안에 있으며, 우리는 완전히 거룩하다. 그렇지만 우리의 현실적인 행실에서 성화의 과정이 계속되고 있으며, 우리의 상태는 아직 완전하게 거룩하지 않다는 것을 깨닫는다. 이것은 신학자들이 종말론에서 "*이미, 아직은 아니다(already, not yet)*"라고 부르는 것이다. 우리는 히브리서 1장 13절부터 2장 14절에서 이것을 볼 수 있다. 지금 그리스도께서는 자신의 원수들을 이기고 승리하셨고, 그리하여 아버지 오른편에 앉아 계신다. 그렇지만 원수들은 여전히 대적하는 일을 포기하지 않고 있다. 마귀와 사망은 여전히 그들 본연의 흉악한 일을 하고 있으며, 천년왕국이 끝날 때까지는 그 일을 그만두지 않을 것이다. 그들은 "지금" 패배했지만, "아직은 아니다." 마찬가지로 우리 또한 "지금" 성화되었지만, "아직은 아니다." 히브리서 2장 8절을 보라. 이 구절 또한 "지금 … 아직은 아니다"라고 말하고 있다. 슈바이처가 말했듯이, 이것은 참으로 신비롭게 보일 수밖에 없다. 그럼에도 불구하고, 이러한 신비를 이해하는 것이야말로 승리하는 그리스도인의 삶을 좌우한다. 바울은 우리의 신분을 토대로 삼고서, 우리의 승리를 주장한다. 죄와 씨름하면서 겪는 패배의 낙심을 극복하기 위해서라도, 우리는 그리스도 안에서 우리가 실제로 누구인가에 대한 기본적인 진리로 돌아와야 한다. 즉 우리의 신분에 집중하게 되면, 우리의 상태는 느리지만 확실하게 우리의 신분에 맞게 조정된다. 하지만 우리의 비참한 상태에 집중하게 되면, 상태는 오히려 악화될 뿐이다. 성경은 "대저 그 마음의 생각이 어떠하면 그 위인도 그러한즉"(잠 23:7)이라고 말한다. 나 자신의 죄악에 대해 생각할수록, 나는 더욱 죄악에 빠지게 될 것이다. 반면에 나의 구세주와 그리스도 안에서 내가 누구인지에 대해서 생각할수록, 나는 더욱 그리스도를 닮아가게 될 것이다. 이 두 가지 진리를 긴장 속에서 동시에 붙잡게 되면, 풍성한 삶을 가져다줄 것이다. 바울은 골로새서 1-2장에 소개되어 있는 높은 신학에서 눈을 돌려, 골로새서 3-4장에서 이 신학을 실제적인 삶에 적용하면서 독자들로 하여금 *땅에 있는 것들이 아니라 위에 있는 것들에 마음을 두라*고 호소했다. 어느 찬송가 작가는 이렇게 노래했다.

눈을 돌려 예수 보라
그 아름다운 얼굴 온전히 보라.
그분의 영광과 은혜 볼 때
신기하게도 이 땅의 것 점차 멀어지게 되리라.

요약

그러므로 우리는 베드로가 "그의 신기한 능력으로 생명과 경건에 속한 모든 것을 우리에게 주셨으니"(벤후 1:3)라고 말한 것에 기꺼이 동의할 수 있다. 십자가에서 우리는 영생과 풍성한 삶에 필요한 모든 것을 받았다.

속죄의 범위

속죄의 범위가 어디까지인가를 논할 때, 보통 그리스도께서 인류 전체를 위해 죽으셨는지 아니면 택함 받은 사람들만을 위해 죽으셨는지에 집중하게 된다.[18] 이 논쟁의 시작은 종종 제네바 아카데미의 장 칼뱅의 후계자였던 테오도르 베자에게서 비롯된 것으로 보고 있는데, 그는 그리스도께서 오로지 택함 받은 사람들만을 위해 죽으셨다고 가르쳤다. 모이즈 아미로(Moise Amyraut)[19]는 제네바 아카데미에서 베자의 지도를 받았는데, "제한 속죄" 또는 "특별 구속"으로 알려지게 된 이 가르침에 이의를 제기했다. 그는 "무제한 속죄"의 옹호자였고, 그의 가르침은 아미랄디안주의(Amyraldianism)로 알려지게 되었다. 그의 추종자들은 제한 속죄를 제외하고서 도르트 신조의 모든 조항을 받아들였다. 그러므로 그들은 4대 조항을 믿는 칼뱅주의자들이었다. 루이스 스페리 체이퍼(Lewis Sperry Chafer)는 많은 달라스 신학대학원 교수들처럼 "4대 조항 칼뱅주의자"라고 불렸기 때문에, 아미랄디안으로 분류되었다. 그들은 제한 속죄를 거부했지만, 다른 4대 조항, 즉 전적 타락, 무조건적 선택, 저항할 수 없는 은혜, 성도의 견인은 받아들였으며, 도르트 칼뱅주의자들처럼 이러한 요점 중 몇 가지는 굳이 정의하지 않았다.

사실 제한 속죄를 처음으로 주장한 인물은 아우구스티누스였다. 이 교리는 그의 예정론에 대한 숙명론적 관점에서 직접적으로 흘러나온 것이었다. 아우구스티누스는 종종 예정론에 대해 대칭적인 입장(하나님이 세상의 기초를 놓기 전에 어떤 이들은 천국으로 들어가도록 선택하셨고, 다른 이들은 지옥으로 보내고자 유기하셨다는 입장)으로 소개되지만, 그의 저작들은 다른 사실을 보여준다. 아우구스티누스는 여러 곳에서 (하나님이 사람을 창조하기도 전에 어떤 이들은 천국으로, 나머지는 지옥으로 가도록 선택하셨다고 보는) "이중 예정론"에 대한 자신의 숙명론적 이해를 분명히 밝히고 있다. 아우구스티누스는 『엔키리디온 100(Enchiridion 100)』이란 서간문에서 이렇게 썼다.

이러한 것들은 주님의 위대한 사역들로서, 그분의 모든 기쁘신 뜻에 따른 것이며, 지혜롭게 찾아낸 것이다. 천사와 인간 등 지적인 피조물이 죄를 지음으로써 창조주의 뜻이 아닌 자신들의 뜻을 행하고자 했을 때, 창조주께서는 피조물의 그 반항적 의지를 도구로 사용하셔서 자신의 뜻을 이루고자 하셨다. 지극히 선하신 분께서는 심지어 악한 것들까지도 선용하시어, 그분의 공의로 형벌을 받도록 예정하신 자들에게는 정죄를, 그분의 자비로 은혜를 받도록 예정하신 자들에게는 구원을 베푸셨다.

그는 『영혼의 위대함(On the Soul)』(IV.16)이란 책에서도 기독교적 숙명론 관점을 반복해서 설명하고 있다.

한 사람(아담)으로 인해서 모든 사람이 정죄를 받게 되었으니, 그리스도 안에서 거듭나지 않는 한, 아담에게서 난 모든 자들은 정죄를 받는다. 하지만 영생을 얻도록 예정하신 자들은 육신의 죽음 전에 거듭나도록 정하셨는데, 이는 하나님께서 가장 자비로우신 은혜의 수여자이시기 때문

이다. 반면 영원한 죽음에 들어가도록 예정하신 자들에게는 가장 공의
로우신 형벌의 집행자로서, 하나님은 그들 스스로의 의지로 더한 죄들
로 인해서 뿐만 아니라, 유아의 경우처럼 아무 것도 더하지 않았을 지라
도 원죄 때문에 형벌을 내리신다. 이것이 이 문제에 대해서 내가 내린
결론이다. 그러므로 하나님께서 감추어두신 것들은 그대로 비밀 속에
두고, 나의 신앙을 손상시키지 않도록 하자.

이러한 운명론적 견해는 아우구스티누스의 원죄 개념과 유아 세례 중
생설이란 기발한 개념에 의해서 탄생했다. 그는 로마서 5장 12절이 유아
는 아담의 *죄성(vitium, 비티움)*을 물려받을 뿐만 아니라 아담의 *죄악
(reatus, 레아투스)*까지 물려받았기 때문에, 모든 유아는 지옥에 가야 마땅
하다는 사실을 가르치고 있다고 주장했는데, 이는 지난 300여 년 간의 정
통적인 성경해석에 반하는 것이었다. *비티움*에 *레아투스*를 추가한 것은
완전히 새로운 해석이었다. 아우구스티누스의 마음속에는 갓 태어난 아
기는 무죄한 상태로 태어난다고 가르쳤던 펠라기안들과 싸워야 한다는 생
각이 자리 잡고 있었다. 펠라기안들은 유아에게 물 세례를 주는 것을 허용
하긴 했지만, 아기가 죄책을 가지고서 태어났다고 믿지 않았기 때문에, 굳
이 물세례를 줄 이유는 없었다. 아우구스티누스는 *레아투스*를 내세우면
서 유아 세례를 베푸는 것을 정당화했다. 그는 유아의 완전한 무능력을 주
장했으며, 유아의 물 세례를 거부하게 되면 유아는 인간의 의지를 전혀 발
동할 수 없게 된다고 했다. 그러므로 하나님께서는 물세례를 통해서 유아
들의 죄책과 완전한 무능력이란 문제들을 해결하신다. 물세례는 "중생의
물두멍(laver of regeneration)"으로서, 유아의 죄에 대한 책임을 깨끗이 씻
어내는 동시에 또한 아기를 거듭나게 해줌으로써, 유아가 더 이상 신앙을
가질 수 없다든지 아니면 인간의 의지를 발동할 수 없다든지 핑계할 수 없
게 만들었다.[20] 그렇지만 이중 예정을 필수적인 요소로 만든 것은 유아의

완전한 무능력 때문이었다. 결국 아이가 자신의 의지를 발동할 수 없다면, 하나님께서 그를 위해 그 일을 해주셔야만 했다. 그리고 이 모든 것은 유아들에게 세례를 주는 그들의 관행과 불가분의 관계를 맺게 했다.

다시 제한 속죄로 돌아가 보자. 만일 하나님께서 인류를 창조하기 이전에 누가 천국에 갈 것이고 또 누가 지옥에 갈 것인지를 미리 예정하셨다면, 그리스도께서 천국에 갈 사람들만을 위해 돌아가셨다는 것은 당연한 이치이며, 그러한 주장을 수용할 수밖에 없다. 이 내용은 아우구스티누스의 이중 예정에 대한 가르침에서 직접적으로 나왔다. 아우구스티누스의 요한일서 1장 1절-2장 11절에 대한 그의 설교문(Homily 1, 8 [on 1 Jn 1:1-2:11] in Vol VIII, 265-66)을 보면,

> 사도는 스스로를 분리하려는 자들(즉 도나투스파)이 나타나 "보라 그리스도가 여기 있다 보라 저기 있다"라고 말하면서, 온 세상을 구속하신 분을 일부만 구속하신 분으로 주장하게 될 것을 알았다. 그래서 그는 즉시 덧붙였다. "우리만 위할 뿐 아니요 온 세상의 죄를 위하심이라."(요일 2:2) 형제들이여, 이 구절이 의미하는 바를 생각해보라. 분명히 이 구절은 모든 열방 가운데 있는 교회, 온 세상에 있는 교회를 가리키고 있다.

이제 우리는 요한이 말하는 "세상"이 실제로는 "택함 받은 자들의 세상"[21]을 가리킨다는 종교개혁자들의 가르침을 살펴볼 필요가 있다. 아우구스티누스와 동시대 인물인 아퀴테인의 프로스퍼(Prosper of Aquitaine, 390년 - 455년)는 펠라기우스파를 반대하면서, "구세주는 온 세상을 구속하고자 십자가에 달리신 것이 아니다"[22]라는 가르침을 강조했다.

이 사람들의 뒤를 좇아 피터 롬바르드(Peter Lombard)가 등장했으며, 『명제집(The Four Sentences)』이란 책을 썼다. 그는 그리스도의 죽음의 효력이 전 인류를 위해서 충분하지만, 그 효력은 택함 받은 자들에게만 해당한다고 주장했다.[23] 칼뱅이 등장하기 전까지 이 주제에 대해서 글을 쓴 사람이 없었지만, 그의 입장에 대한 논쟁은 있었다. 브라이언 암스트롱 같은 학자들은 장 칼뱅과 도르트 총회의 칼뱅주의 사이엔 큰 간격이 있다고 보았지만, 로저 니콜은 칼뱅과 도르트 사이엔 확실한 연속성이 있다고 보았다.[24]

칼뱅이 이 주제를 직접 언급하지는 않았기 때문에, 우리는 그의 정확한 입장을 확정할 순 없지만, 그의 제네바 후계자(즉 베자)의 입장은 분명했다. 후에 이 점을 확실히 밝힐 것이지만, 테오도르 베자는 아우구스티누스의 신플라톤주의와 아리스토텔레스의 논리학을 결합해 하나님을 악에 대한 도덕적 효력 원인으로부터 변호하고자 했다. 그는 장 칼뱅에게서 배운 이중 예정론 때문에 이러한 변론을 펼치게 되었다. 베자는 또한 이중 예정론을 옹호했으며, 우리가 타락 전 예정론(supra-lapsarianism, 베자가 칼뱅에게서도 배운)이라고 부르는 입장을 주장했다.[25] 이 견해에 따르면, 하나님께서는 인류를 창조하실 것을 결정하시기도 전에 또는 그리스도께서 타락한 인류를 위해 죽으실 계획을 세우시기도 전에, 어떤 사람들은 천국으로 나머지 사람들은 지옥으로 가도록 예정하셨다. "Supra"는 "위에"란 뜻이지만, 이 경우에는 "이전에"란 뜻을, "lapse"는 "타락"이란 뜻을 가지고 있다. 따라서 인간의 타락 이전에 하나님께서는 누가 천국에 가고 누가 지옥에 갈지를 미리 정하셨다. 다시 강조하지만, 여기서 이중 예정론과 제한 속죄 사이의 연결고리를 보는 것이 중요하다. 결국 하나님께서 인류를 창조하시기도 전에, 아담이 타락하지 않았고 또한 그리스도께서 죽으실 것이 결정되기도 전에 누가 천국에 가고 또 누가 지옥에 갈 것인지를 정하셨다면, 그렇다면 그리스도의 죽음은 천국으로 가기로 선택된 자들만을 위한 것일 수밖에 없다.

비록 베자는 속죄가 모든 인류를 위해 충분하다는 것과 택자에게만 효력 있다는 것을 구분하는 것을 거부했지만, 대다수의 개혁신학자들은 그렇지 않았다.[26] 특히 윌리엄 퍼킨스의 주장이 중요했다.

잠재적인 효력이란 그 대가 자체가 모든 사람을 죄에서 구속하기에 충분하다는 것을 의미한다. 비록 천 개의 인간 세계가 있다 하더라도 그 모든 세계의 모든 이를 구속할 수 있다. 그러나 실제적인 효력을 생각한다면, 그 대가는 하나님의 뜻 가운데서 … 오직 선택되고 예정된 사람들만을 위해 지불된 것이다.[27]

1619년 도르트 총회가 열렸을 때, 대다수 개혁신학자들은 그리스도의 죽음의 보편적 충분성과 택자에게만 국한된 효력성을 구분하는 입장을 취했다. 이 입장은 근본적인 질문을 야기했다. 즉 만일 이중 예정론이 잘못된 교리라면, 애초에 속죄의 범위에 대한 이런 논의가 왜 필요했을까? 이 딜레마를 해결하기 위해, 결국 하나님의 작정 순서 문제로 발전했다. 타락 전 예정론(supra-lapsarianism)에 따르면, 하나님께서 사람들을 창조하시기 전에, 누구를 천국에 보내실지 지옥에 보내실지를 먼저 작정하셨다. 그리고 나서 타락을 허용하시는 하나님의 작정이 있었고, 마지막으로 택자들만을 위한 구원을 마련하시는 하나님의 작정이 있었다.

이 개념이 (최소한 부드럽게 표현하자면) 다소 불쾌하게 여겨졌기 때문에, 일부 신학자들은 하나님의 이미지를 부드럽게 만들기 위해 다른 순서를 제안했다. 먼저 인간을 창조하시는 하나님의 작정이 있었고, 그 다음 타락을 허용하시는 작정, 그 후 일부는 천국으로 가도록 예정하고 또 다른 이들은 지옥으로 가도록 예정하신 작정이 있었고,[28] 마지막으로 택자들만을 위한 구원을 마련하시는 작정이 있었다. 이를 타락 후 예정론(Infra-lapsarianism)이라고 부르는데, "infra"는 "아래" 또는 "이후"를 의미한다. 다시 말해서, 예정을 위한 작정은 타락 "이후"에 이루어졌으며, 타락 "이전"에 이루어진 것이 아니라는 말이다. 다음의 대조표를 보라.

타락 전 예정론	타락 후 예정론
1. 누가 천국에 가고 누가 지옥에 갈 지를 미리 예정하시는 하나님의 작정	1. 인간을 창조하신 하나님의 작정
2. 두 그룹을 창조하시는 하나님의 작정	2. 타락을 허락하시는 하나님의 작정
3. 타락을 허락하시는 하나님의 작정	3. 누가 천국에 가고 누가 지옥에 갈지를 예정하시는 하나님의 작정
4. 천국에 보내시는 자들에게만 구원을 제공하시는 하나님의 작정	4. 천국에 보내시는 자들에게만 구원을 제공하시는 하나님의 작정

이 두 체계 모두 제한 속죄를 가르치는데, 이 교리는 서구 기독교에서는 대부분 거절하고 있다. 아르미니우스는 정통 칼뱅주의의 예정론 교리에 반발했다. 1609년 그가 죽자, 그의 추종자들은 모임을 갖고서 다섯 가지 항목으로 된 반박문(Remonstrance)을 작성했다. 두 번째 항목은 속죄의 범위를 다루고 있으며, 다음과 같이 선언했다.

예수 그리스도는 세상의 구주로서 모든 사람과 각 개인을 위해 죽으셨으므로, 십자가의 죽음을 통해 모든 사람에게 죄들의 사함과 화해를 위한 길을 여셨다. 그러나 실제로 이 죄들의 사함과 용서를 누리는 일은 오직 신자들에게만 가능하다. 왜냐하면 요한복음 3장 16절은 "하나님이 세상을 이처럼 사랑하사 독생자를 주셨으니 이는 그를 믿는 자마다 멸망하지 않고 영생을 얻게 하려 하심이라"고 말하고 있고, 아울러 요한일서 2장 2절은 "그는 우리 죄를 위한 화목 제물이니 우리만 위할 뿐 아니요 온 세상의 죄를 위하심이라"고 말하고 있기 때문이다.

이제 아르미니우스주의의 기둥과 같은 원리들을 살펴보자. 1) 그리스도는 모든 사람을 구원하려는 목적으로 죽으셨다. 2) 십자가에서 이루어진 화목의 사역 자체와 그 화목이 실제로 적용되는 것 사이엔 엄청난 차이점이 있다. 화목이 적용되려면 믿음으로 응답하는 일이 있어야 한다. 여기서 화목을 위한 속죄는 제한 없이 모든 인류를 위한 것이다. 먼저 인류를 창조하려는 하나님의 작정이 있었다. 하나님은 인간이 타락할 것을 예지하셨지만, 타락을 작정하진 않으셨다. 하나님은 모든 사람에게 구원을 제공하려는 작정을 하셨고, 믿는 모든 사람들을 구원하려는 작정을 하셨다. 이것을 표로 나타내면 다음과 같다.

아르미니우스주의

1. 하나님은 자유의지를 가진 인간을 창조하기로 작정하셨다.
2. 하나님은 인간이 타락할 것을 미리 아셨다(예지).
3. 하나님은 모든 사람을 위한 구원의 길을 작정하셨다.
4. 하나님은 믿는 자들은 누구나 구원받도록 작정하셨다.

이러한 작정의 내용을 보면 예정을 언급하는 것은 전혀 없다. 반대 진영의 주장이 전개되었는데, 아르미니우스를 반대하는 측은 속죄의 범위를 놓고 85페이지 분량의 논증을 펼쳤다. 대부분 그리스도의 죽음은 모든 사람에게 충분하지만, 효력은 오직 택함을 받은 자에게만 적용된다는 관점을 강조하고 있다. 아르미니우스주의자들은 그리스도의 죽음이 하나님의 선택보다 먼저 작정되었다고 주장했다. 이 순서가 그리스도의 죽음이 진정으로 모든 인류를 위한 것임을 보여준다고 했다. 그들은 이러한 그들의 교리가 전혀 새로운 것이 아니며, 루터, 칼뱅, 불링거도 같은 견해를 가졌다고 주장했다.[29]

이 논쟁은 결국 도르트 총회(1618-19)를 열게 했고, 여기서 칼뱅주의 5대 교리가 공식화되었다. 이 도르트 총회는 앞서 언급했던 반대 진영의 입장보다 더욱 제한된 입장을 취했으며, 그리스도는 오직 택함을 받은 자들만을 위해 죽으셨다는 입장을 재확인했다. 총회는 그리스도께서는 택함받은 자들을 위해 죽으셨음을 주장했으며, 예정과 속죄의 관계가 불가분리적으로 연결되어 있음을 강조했다.

도르트 총회가 끝난 후 속죄의 범위를 조정하여 정통 칼뱅주의를 유지하고자 했던 모이즈 아미로(1596-1664년)의 가르침이 부각되었다. 그의 가르침은 다음과 같이 요약될 수 있다.

아미랄디안주의

1. 인간을 창조하시는 하나님의 작정이 있었다.
2. 타락을 허락하시는 하나님의 작정이 있었다.
3. 모든 사람에게 충분한 구원을 제공하시는 하나님의 작정이 있었다.
4. 일부는 천국으로, 다른 사람은 지옥으로 보내시는 하나님의 작정이 있었다.

아미로는 이상하게 모순이 많이 섞여 있었다. 그는 정통 칼뱅주의자들(베자와 그의 추종자들)에 맞서 싸우는 일을 했지만, 장 칼뱅과 그의 가르침을 옹호하는 데 열심을 내었다. 그는 베자가 예정론을 그의 신학의 기초로 삼고 지나치게 강조함으로써 잘못 가고 있지만, 한편 칼뱅은 그 교리가 너무나 비밀스러운 것이기에 그것을 생각하는데 너무 깊이 빠져선 안된다고 생각했다고 확신했다.

아미로는 그리스도의 희생의 범위와 목적이 온 세상 사람들을 다 포함하는 것이었으며, 하나님께서는 모든 사람의 구원을 의도하셨다고 확신했다. 그러나 동시에 그는 하나님께서 이 구원을 얻도록 예정하신 사람들은 소수에 불과하다고 믿었다. 그리고 그는 이 두 개의 교리를 이성적으로 접근해선 안된다고 말했다. 자신이 존중하고 따랐던 사람(즉 칼뱅)처럼 성경에 모순처럼 보이는 것이 발견될 때마다 아미로는 그것을 신비의 영역으로 남겨두었다. 인간의 이성은 하나님의 길을 이해할 수 있는 능력이 없으며, 이성은 계시에 굴복해야 했기 때문이다. 그에게 믿음은 택함을 받는 조건이긴 하지만, 선택은 믿음의 원인이었다. 만일 이것이 이해되지 않는다 해도 상관없었다. 그것은 신비이기 때문이다.[30]

실제로 아미로는 칼뱅의 말을 그대로 따라하는 것처럼 보인다. 하지만 그의 글 어디에서도 칼뱅이 타락 전 예정론자였다는 인식은 찾아볼 수 없다. 만일 아미로가 진정으로 칼뱅과 동일한 견해를 가지고 있었다면, 타락 전 예정론의 직접적인 산물인 제한 속죄도 옹호하는 사람이어야만 했다. 이로써 논쟁의 배경은 확실해졌다. 제한 속죄를 지지하는 주요한 이유는 무엇인가?

제한 속죄에 대한 논쟁

하나님의 뜻

여기서 주장하는 것은 그리스도의 사역의 목적이 택함 받은 자를 구원하는 것이란 점이다. 그리스도의 사역은 실패할 수 없다. 그리스도는 모든 사람을 구원하고자 오신 것이 아니었다. 그리스도는 택함 받은 자들을 구원하고자 오셨다. 아더 핑크(Arthur Pink)는 어떻게 구원이 나의 것이 될 수 있는지에 대한 생각을 우리에게 알려준다.

> 대다수 사람들의 이야기는 그리스도께서 죄인들을 구원하고자 오셨다고 말한다. 그래서 그리스도는 자신의 역할을 다하셨으니, 이제는 각자 자신의 역할을 다해야 한다는 것이다. 그리스도의 경이롭고 완성되고 영광스러운 사역을 단지 구원을 받을 수 있는 수단 정도로 축소시키는 것은 그분께 가장 불명예스럽고 모욕적인 일이다.[31]

그리스도께서 과연 모든 사람을 위해서 죽으셨는지 아니면 천국에 가도록 선택된 사람들만을 위해 죽으셨는지에 대한 논쟁의 문제는 속죄사역의 초점을 인간에게만 한정시키는 문제점을 야기시킨다. 이는 제한 속죄를 주장하든 무제한 속죄를 주장하든 관계없이 속죄에 대한 인간 중심적인 관점일 뿐이다. 우리는 속죄의 의도나 목적이 인간 중심적인 것을 초월해서 하나님 중심적인 것으로 볼 수 있어야 한다. 사실, 인류 역사에 대한 하나님의 전체 계획 자체가 하나님 중심적이다. 사탄의 반역은 충격적인 것이었다. 사탄은 하나님의 성품에 대해서 의심을 품게 했으며, 하나님이 주권자이신가 또는 하나님이 우리의 사랑을 받을 만한 분이신가에 대해서 의문이 들게 했다. 속죄를 포함해서, 인간을 위한 하나님의 계획은 이러한 질문들에 대해서 답하고 있다.

인류의 죄는 하나님의 성품에 흠집을 내었다. 과연 하나님은 의로우신 분이신가에 대해서 의심을 품게 했다. 그러나 로마서 3장 25-26절은 "이 예수를 하나님이 그의 피로써 믿음으로 말미암는 화목제물로 세우셨으니 이는 하나님께서 길이 참으시는 중에 전에 지은 죄를 간과하심으로 자기의 의로우심을 나타내려 하심이니 곧 이 때에 자기의 의로우심을 나타내사 자기도 의로우시며 또한 예수 믿는 자를 의롭다 하려 하심이라"고 말한다.

만일 우리가 이 구절을 올바르게 이해하고 있다면, 택함 받은 사람의 구원은 부차적인 목적이나 의도라는 사실을 알 수 있다. 사실 어떤 인간도 구원 받는 믿음을 행사하지 않는다 할지라도, 그리스도는 기꺼이 인간이 되어서 십자가 위에서 돌아가셨을 것이라고 우리는 담대하게 주장할 수 있다. 어째서 그런가? 하나님의 인격을 훼손하는 사탄의 거짓말을 침묵시키기 위해서다. 굳이 다른 이유 때문이 아니라 오로지 하나님은 의로우시다는 사실을 입증하기 위해서라도 그리스도는 이 세상에 오셔서 죽으셨을 것이다. 이것이 그리스도의 죽으심의 주된 이유였다. 즉 하나님 아버지의 인격을 변호하기 위한 것이었다. 하나님의 목적을 속죄를 위한 것으로만 보려는 시도는 성경의 증언 가운데 일부에 불과하다. 그리고 십자가의 가로 막대가 천사들과 인간의 세상에 하나님의 정의를 입증하는 것이라면, 십자가의 세로 막대는 하나님의 사랑을 입증하는 것이다. 하나님의 사랑을 "택함 받은 자들의 세상"(요 3:16)으로만 제한하는 것 또한 악한 것이다. 데이브 헌트(Dave Hunt)는 의문을 제기하며, *이런 사랑을 무엇이라 부를 수 있을까(What Love is This)?*[32]라고 말했다.

십자가의 효력

논쟁의 양측은 그리스도의 죽음이 인류 전체의 죄를 갚기에 충분했다고 믿고 있다. 또한 양측 모두 그리스도의 죽음은 천국에 가도록 택함 받은 자에게만 효력이 있다고 믿는다. 그러나 "특정 구속론자들(particular redemptionists)"은 "그가 거룩하게 된 자들을 한 번의 제사로 영원히 온전하게 하셨느니라"(히 10:14)와 같은 구절이 죄에 대한 형벌은 오직 한 번만 지불할 수 있다는 사실을 입증한다고 주장한다. 다시 말해서 만일 그리스도께서 죄에 대한 형벌을 단번에 지불하셨고 하나님이 만족하셨다면(화해가 이루어졌다면), 어째서 죄인들이 정죄를 받고 또 형벌을 받아야 하는가? 라는 문제를 제기했다. 이는 이중적인 문제를 일으킬 수 있는 것이었다. 그렇기 때문에 그리스도의 죽음은 택함 받지 않은 자들의 형벌에 대한 값은 지불하지 않은 것이었다. 그렇지 않으면 믿지 않는 자들의 형벌은 두 번이나 (한 번은 그리스도에 의해서, 다른 한 번은 정죄를 받은 죄인 자신에 의해서) 그 대가를 치르는 것이 될 수밖에 없었다.

하지만 바로 이것이 요점이 아닌가? 누군가 사형수에게 그를 대신해 죽겠다고 제안하고 또 실제로 그 일이 일어났다고 해보자. 그럼에도 그 사람이 자신을 대신하여 이 엄청난 행위가 실제로 이루어졌다고 믿지 않는다면, 자신의 사형이 집행되는 날이 다가오고 있다고 느끼면서 감옥에서 엄청난 고통에 시달리게 될 것이다. 그러므로 정죄 받은 죄인은 그리스도께서 자신을 위해 이루신 일을 믿어야 한다. 그렇지 않으면 그는 그 은혜를 결코 누리지 못할 것이다.

무제한 속죄를 지지하는 성경구절

무제한 속죄를 지지하는 가장 중요한 논거는 다음 두 개의 성경 구절에 뿌리를 내리고 있다. 이 구절들을 아는 사람이라면 누구든 실제적인 이해에 필요한 모든 것을 갖추고 있다고 말할 수 있다.

요한일서 2장 1-2절

여기서 우리는 예수님께서 "우리 죄를 위한 화목 제물이니 우리만 위할 뿐 아니요 온 *세상의 죄*를 위하심이라"는 것을 볼 수 있다. "우리 죄"와 "온 세상의 죄"를 구분하고 있지만, 그럴지라도 그리스도의 죽음이 온 세상의 죄에 실제적인 영향을 미치지 않았다고 말하기는 어렵다. 어떤 사람들은 요한일서 1-2장에서 사용하는 일인칭 복수, 즉 "우리"가 요한과 다른 사도들만을 가리킨다고 주장하기도 한다. 그러나 요한일서 2장 1절에서 수신자를 "나의 어린 자녀들"이라고 밝히고 있다. 그리고 바로 이어서 요한일서 2장 2절을 보면 "우리"가 나온다. 2절의 "우리"에서 1절의 어린 자녀들을 포함시키지 않는 것은 문법에 맞지 않는다. 또 다른 학자들은 "온 세상"이 "택함 받은 자들의 세상"만을 가리킨다고 주장한다. 이는 제한 속죄를 믿는 사람들이 요한복음 3장 16절에서 "세상"을 정의하고 있는 것과 같은 주장이다. 그러나 이 구절이나 요한복음의 다른 구절들에서 세상이란 단어 속에 "택함 받은 자들만"을 끼워 맞추는 것은 전형적인 *자기 생각 주입하기(eisegesis)*, 즉 자신의 신학을 성경 본문에 주입하여 읽어내는 방식일 뿐이다. 다시 말하지만, 불신자들을 포함한 "온 세상"과 죄 사함을 받은 (대명사 "우리"가 나타내는) "어린 자녀들"과는 분명히 구분된다(요일 2:1-2). 더 나아가 요한복음 17장 6절을 보면, 우리는 예수님께서 "세상 중에서 내게 주신 사람들"을 위해 기도하시는 것을 볼 수 있다. 분명히 여기에는 그리스도께 맡겨진 사람들과 세상 사이에 구별이 있다. 9절에서도 동일한 구분을 볼 수 있다. 이렇게 구분하는 사람이 바로 요한복음 3장 16절을 쓴 사람이다. 그러므로 우리는 세상이란 단어를 "택함 받은 자들만의 세상"(요 3:16)과 "택함 받지 않은 사람들의 세상"(요 17:6, 9)으로, 양자택일 한다거나 아니면 양자 모두 수용하는 식으로 받아들여선 안된다.

도르트 칼뱅주의자들은 어째서 그토록 제한 속죄를 지지하는 것인가? 그들 중 전부는 아닐지라도 많은 사람들이 칼뱅주의 5대 교리가 하나의 요소와 그 다음 요소가 서로 맞물려 돌아가는 체계라는 것을 깨닫고 있기 때문이다. 만일 5대 교리 중 하나만 실패하더라도 전체 체계가 무너져 내린다. 각 요점들은 상호 의존적이고, 고립되어 있지 않으면서도 하나님의 속성처럼 각자의 장점 위에 굳게 서 있다.

베드로후서 2장 1절

이 구절은 거짓 선생들을 언급하고 있는데, 성경은 주님이 그들을 "사셨다(bought)"라고 표현하고 있다. 이 "샀다"라는 단어는 그리스어로 *아고라조(agorazo)*인데, 이 단어는 고린도전서 6장 19-20절과 7장 22-23절에서 사용된 단어와 같은 단어이며, 요한계시록 5장 9절, 14장 3-4절을 보면 이 단어는 "속량을 받다(redeemed)"로 번역되었다. 분명한 사실은 택함을 받은 자들도 얼마든지 거짓 가르침에 미혹될 수 있다는 것이다. 이 점은 가장 가까운 구절들에서 경고하는 내용들을 통해서 확인할 수 있다(벧후 2:18-22).[33] 일단 거짓 가르침에 미혹당한 사람은 심지어 거짓 교사가 될 수도 있다. 만일 영원한 안전의 교리가 사실이고 또 우리가 그것을 믿는다면, 이러한 거짓 선생도 택함을 받은 사람들 중 한 명이 틀림 없다. 그렇다면 베드로후서 2장 1절의 거짓 선생들의 경우도 마찬가지인 것일까?

만일 베드로후서 2장 4절 이하의 설명이 없었다면, 베드로후서 2장 1절의 거짓 선생들도 택함을 받은 사람들이지만, 길을 잃고 거짓 교사가 된 사람들로 볼 수밖에 없었을 것이다. 하지만 베드로는 여기서 이 거짓 선생들의 미래 운명을 설명하기 위해 세 가지 비유를 사용하고 있다. 즉 타락한 천사들, 노아의 시대의 경건치 아니한 사람들, 그리고 불과 유황에 의해서 멸망을 당한 소돔과 고모라다. 이러한 언어와 표현을 볼 때, 이 거짓 선생들은 택함을 받은 사람들이 아니라, (거듭난 일이 없기에) 영원한 정죄와 심판을 받게 될 사람들이다. 따라서 만일 베드로가 1절의 거짓 선생들을 4절 이하에서 심판을 받은 천사들, 노아의 시대의 경건치 아니한 사람들, 그리고 소돔과 고모라의 사람들과 견주고 있다면, 이 거짓 선생들은 천국에 들어가도록 택함을 받은 사람들일 수 없다. 그럼에도 불구하고, 성경은 이 거짓 선생들이 십자가에서 값을 주고 *샀다*고 말하고 있다. (여기서 사용된 동사는 "부인하다"에 선행하는 부정과거 분사로써, 이 동사의 행동보다 "샀다"는 동사가 앞서 발생했음을 의미한다.)

이 구절은 제한 속죄를 믿는 사람들을 당혹스럽게 하기 때문에, 제한 속죄를 지지하는 많은 저자들은 이 구절을 건너뛰는 경향을 보이고 있다.[34] 베드로후서 2장 1절이 택함을 받았지만 거짓 선생이 된 사람들을 이야기하고 있다고 주장한다면, 사실 이것은 칼뱅의 다섯 번째 요소인 성도들의 견인과 모순을 일으키게 된다. 차라리 무제한 속죄를 선택하는 것이 훨씬 더 합리적인 선택이라고 할 수 있다.

요약

이 짧은 토론은 속죄 논쟁을 해결하기 위한 것이 아니라 이러한 논쟁이 있다는 사실을 소개하기 위한 것이었다. 과연 가치가 있었을까? 어떤 사람은 매우 놀란 듯한 반응을 보였다. 도르트 칼뱅주의의 5대 교리를 보존하고 싶어 하는 사람들에게는 분명 가치가 있었을 것이다. 하지만 앞서 언급했듯이 5대 교리를 구성하고 있는 사슬 가운데 하나의 고리가 끊어지면 전체 사슬이 끊어지게 된다.

한편 자신이 신봉하는 신학이 도르트 칼뱅주의와 직접적인 연관이 없는 사람들에게는 그리스도의 죽음이 인류 전체의 죄를 갚기에 *충분하지만*(sufficient), 믿는 사람들에게만 *효력이 있다*(efficient)고 말하는 것으로 충분하다.

미주

1 P. T. Forsyth, *The Cruciality of the Cross* (1909), 44-45. 이 문장은 존 스토트의 책, 그리스도의 십자가에서 재인용되었다. J. R. W. Stott, *The Cross of Christ* (Downers Grove, IL: InterVarsity, 1986), 43.

2 H. D. McDonald, *The Atonement of the Death of Christ: In Faith, Revelation, and History* (Grand Rapids: Baker, 1985), 73.

3 C.H. Dodd, *The Bible and the Greeks* (London: Hodder & Stoughton, 1935),94.

4 J.Gundry-Volf, "Expiation, Propitiation, Mercy Seat," in *The Dictionary of Paul and His Letters* (InterVarsity, 1993), 279.

5 G.E. Ladd, *A Theology of the New Testament* (Grand Rapids, MI: Eerdmans Publishing, 1974), 471.

6 L. Morris, "The Use of Hilaskesthai in Biblical Greek," *Evangelical Theological Quarterly* 62 (1950-51): 233. See also, L. Morris, *The Apostolic Preaching of the Cross*, (Grand Rapids, MI: Eerdmans Publishing, 1965).

7 W.H.G. Thomas, *Hebrews*, 37.

8 Stott, *Cross*, 159.

9 다음 책을 보라. Zane C. Hodges, *Romans: Deliverance From Wrath*, (Corinth, Texas, Grace Evangelical Society, 2013), 99-105.

10 이 "형벌"이란 단어는 그리스어로는 *콜라신(kolasin)*인데, 영어로는 "제지하다(restraint)"는 뜻을 가지고 있으며, 보통 "고통(torment)"으로 번역된다. 몰턴(Moulton)과 밀리건(Milligan)은 파피루스 문서를 통해서 이 단어가 "제한" 또는 "억제"의 의미가 있다는 점을 입증했는데, 이는 원예학에서 나무를 가지치기(pruning)하여 성장을 억제하는 방식이었다.

11 Ladd, *Theology*, 472.

12 P. Yancey, *Disappointment with God* (Grand Rapids: Zondervan, 1991), 96-97.

13 Ibid., 98.

14 Stott, *Cross*, 175.

15 R. Pyne, "Notes," 53-54. 다음 책을 보라. Morris, *Apostolic Preaching of the Cross*, 11-18.

16 Ladd, *Theology*, 474. He also references F. Buchsel, TDNT 4:340 and A. Deissmann, *Light from the Ancient East*, 331f.

17 L. Morris, *Apostolic Preaching of the Cross* (London: Tyndale, 2000), 58-59.

18 이 주제를 가장 철저하게 다룬 책은 다음과 같다. David L. Allen, *The Extent of the Atonement: A Historical and Critical Review*, (Nashville, Tennessee: B&H Academic, 2016).

19 B.G. Armstrong, *Calvinism and the Amyraut Heresy* (Madison, WI: University of Wisconsin Press, 1969).

20 K. 윌슨의 아우구스티누스와 레아투스에 관한 연구를 참조하라. K. Wilson's work on Augustine and reatus in "The Mortal Wound to the Anthropological *Regula Fidei*: Formation, Fall, and Free Will of Mankind from Clement of Rome through Augustine" (unpublished masters thesis, Golden Gate Seminary, 2006).

21 W. R. Godfrey, "Reformed Thought on the Extent of the Atonement to 1618," *Westminster Theological Journal* 37:2 (Winter): 134.

22 Prosper of Aquitaine, Pro Augustino calumniantium, Article 9. 다음 내용도 참고하라. Pro Augustino responsiones ad capitula obiectionum Vincentianarum, Article 1.

23 P. Lombard, *Libri quatuor seutentiarum*, Vol. 192, column 799.

24 R. Nicole, *Moyse Amyraut (1596-1664) and the Controversy on Universal Grace, First Phase* (1634-1637), Oh. D. Dissertation, Harvard University, 1966.

25 Calvin, *Institutes*, III, 21.5.

26 Godfrey, "Reformed Thought," 144.

27 W. Perkins, *The Works of that Famous and Worthy Minister of Christ in the University of Cambridge*, M. William Perkins, vol. 2 (London, 1631), 609.

28 하나님의 작정에 관한 문헌을 아는 대부분의 사람들은 이중 예정이 타락 전 예정론이나 타락 후 예정론의 필수적인 부분이라고 주장할 것이다. 그들의 주장은 옳다. 그러나 이중 예정은 아우구스티누스 신학의 핵심이었으며, 제한 속죄는 그에 따른 당연한 결과였다. 비록 대부분의 사람들이 명백한 이유로 이중 예정론에서 벗어나려 했지만, 아우구스티누스, 고트샬크, 칼뱅, 베자, 퍼킨스의 저작들을 살펴보면, 이들 모두는 타락 전 예정론자이자 또한 이중 예정론자였음을 알 수 있다.

29 Godfrey, "Reformed Thought," 159.

30 Armstrong, *Calvinism*, 215-18.

31 A. W. Pink, *The Satisfaction of Christ* (Grand Rapids: Zondervan, 1955), 110.

32 D. Hunt, *What Love is This?* (Bend, OR: The Berean Call, 2004).

33 본문을 평이하게 읽게 되면, 이들이 진짜 신자임을 나타내는 것 같이 보인다. 다음 책을 보라. H. Neyrey, *The Anchor Bible: 2 Peter, Jude*, (New York, Doubleday Books, 2004) 221. 토마스 슈라이너의 베드로전후서, 유다서의 주석 364쪽을 보면, 이 사람들은 "일시적인 (phenomenological) 신자"라는 견해를 취하고 있다. Thomas Schreiner, *The New American Commentary; 1,2 Peter, Jude*, (Nashville, Tennessee, Broadman & Holman Publishers, 2003) 360-364.

34 D. N. Steele and C. C. Thomas, *The Five Points of Calvinism: Defined, Defended, Documented* (Philadelphia: Presbyterian & Reformed, 1963), 38-47; E. H. Palmer, *The Five Points of Calvinism* (Grand Rapids: Baker, 1972), 41-55.

제5장

칭의

교회사에서 칭의(justification)보다 더 중요한 교리는 없다. 이 교리를 두고 종교 개혁가들과 로마 가톨릭 교회가 갈라섬으로써, 거의 5세기 동안 교회의 분열을 고착화시켰다. J. 펠리칸(Pelikan)은 칭의를 "기독교의 주요 교리이자 개신교와 로마 가톨릭을 가르는 주요 차이점"[1]이라고 불렀다. 이 교리를 개괄적으로 살펴보면서, 이 주제에 대한 주요 학파의 사상과 우리가 성경적인 가르침으로 이해하고 있는 부분을 살펴보고자 한다. 이 일을 진행하는 과정에서, 우리는 이 교리를 둘러싼 몇 가지 까다로운 쟁점들을 다룰 것이다.[2] 예를 들자면, 칭의는 즉각적으로 일어나는 것인가, 아니면 일정 기간에 걸쳐서 진행되는 과정인 것인가? 이것은 하나님께서 어떤 사람을 의롭다고 그저 "선언하시는" 것인가, 아니면 하나님께서 그들을 의롭게 "만드시는" 과정인 것인가? 이러한 질문들을 비롯해서 여러 가지 질문들이 다뤄질 필요가 있다. 우선적으로 다양한 주요 학파들의 생각을 살펴보자.

다양한 주요 학파들

로마 가톨릭 교회

그리스도께서 돌아가신 지 60년 만에 교회는 철저히 갈라디아주의화되었다. 행위에 의한 구원은 당시의 지배적인 교리였으며, 아우구스티누스의 시대까지 그 교리는 지속되었다. 앞으로 살펴보겠지만, 그는 당시 전통 교회의 교리(유아 세례 등)를 많이 계승했지만, 은혜에 의한 구원론을 사수하는 싸움에서 독보적인 위치를 차지하고 있었다. 비록 그가 은혜의 원수가 될 수 있는 몇 가지 가르침을 옹호했을지 모르지만, 마음속으로는 펠라기우스 교리의 냄새만 풍겨도 즉각적으로 대응하는 일을 했다.

안타깝게도 아우구스티누스는 원어에 대한 지식은 부족했지만, 엄청난 권위를 가지고 말했다. 그의 모국어는 라틴어였다. 신약성경을 기록하는 데 사용되었던 코이네 그리스어는 한 세기를 넘기지 못했다. 그가 그리스어 동사 "*디카이오오(dikaioo)*"의 의미를 설명하려고 했을 때, 그것을 "의롭게 만들다(to make righteous)"는 의미로 말했다.[3] 이러한 이해는 로마 가톨릭 교회의 교리 속에 스며들었다. 로마 가톨릭의 칭의에 대한 기본적인 개념은 죄인이 물 세례를 받을 때 하나님이 그에게 그리스도의 성품을 "주입하시는(infused)" 행위로 바라보는 것이었다. 그러나 이러한 하나님의 행위는 세례를 받는 시점에 완결되는 것이 아니었다. 그는 이렇게 말했다. "우리는 의롭다 하심을 얻었지만, 의(義) 자체는 우리가 앞으로 나아갈수록 더욱 커져가게 된다."[4]

아우구스티누스는 평생에 걸친 의롭게 되는 과정을 통해서, 하나님은 속 사람을 정욕의 사람에서 사랑의 사람으로 변화시켜 가신다고 생각했다. 그는 사람의 선행이 공로로 인정받을 수 있다고 믿었지만, 그러한 견해를 수용한 많은 사람들처럼, 그는 동시에 인간의 모든 공로가 하나님의 은혜의 산물이라고 가르쳤다(빌 2:13, 즉 하나님은 신자에게 하나님의 뜻을 행하고 싶어 하는 소망과 그것을 행할 수 있는 능력을 주신다).[5] 그는 또한 하나님의 사랑이 이생에서 완전해진다면, 사람은 연옥에서 시간을 보내지 않고 바로 천국에 갈 수 있다고 믿었다. 만일 신자가 이생에서 그러한 완전함에 도달하지 못한다면, 연옥의 고통은 천국에 갈 준비를 시키는데 불가피한 것이었다.[6]

아우구스티누스는 칭의라는 교리 아래에 중생과 성화를 하위 교리로 설정했다.[7] 우리의 분별로는 이러한 체계는 명백한 모순을 포함하고 있는 것이었지만, 아우구스티누스에게는 모두 이치에 맞는 것이었다. 이 체계에서는 사람이 즉시 의롭다 함을 받을 수 없는 것이었기 때문에, 신자라도 죽을 때까지 자신이 의롭다 함을 받았다는 것을 알 수 없었다. 아우구스티누스는 "구원받은 자"와 "택함 받은 자"를 구분했다. 구원받은 자는 택함 받은 자의 열매를 맺고 있는 것처럼 보일 순 있지만, 죽기 전 어느 시점에 떨어져 나가게 되면, 이는 그가 결코 택함 받은 적이 없었음을 입증하는 것이었다. 그리고 다시 한 번 말하지만, 아우구스티누스는 이러한 체계는 사람이 죽을 때까지 자신이 택함 받았음을 알 수 없게 만든다는 것을 인정할 만큼 지적인 정직성을 가지고 있었다. 로마 가톨릭 교회(RCC)는 아우구스티누스의 교리를 전면적으로 채택하여 오늘날까지 이어오고 있다. 트렌트 공의회(1545-63)에서 RCC는 종교개혁자들의 교리에 응수했다. 그리고 이 트렌트 공의회가 칭의를 의롭게 되는 과정으로 정의했기 때문에, 천국에 가고자 하는 사람은 삶에서 의로운 행실을 더욱 강화해야만 했다.[8] 대죄(大罪, mortal sin)는 이렇게 포인트 쌓듯 쌓아온 칭의를 무효화시킬 수 있지만, 고해를 통해서 회복될 수 있었다. 또한 RCC는 죽기 전에 천국에 갈지 여부를 알 수 없다는 아우구스티누스의 믿음을 계승했다. "어느 누구도 흠 없는 삶을 살 수 없기 때문에, 자신이 하나님의 은혜를 얻었는지 여부를 확정할 수 없었다."[9] 이 세상에서 얻을 수 있는 최선의 것은 "그저 두려움과 불안"이 뒤섞인 소망이다. 하나님께서는 성도들의 선행에 대해서 상급으로 갚아주시지만, 그럼에도 그 선행의 배후에는 하나님의 도우심이 있기 때문에, 이러한 상급조차도 천국의 문을 여는 데 약간의 보탬이 될 뿐이다.[10]

트렌트 공의회는 칭의는 선행의 결과물이 아니라고 주장하는 사람들에게 저주를 선포했다.[11] 인간의 선행이 천국에 들어가는 데 아무런 보탬이 되지 않는다고 믿는 사람에게 또 다른 저주가 선포되었다.[12] "전가된 의"의 개념은 도덕적으로 바른 삶을 살려는 노력에 찬물을 끼얹는 심각한 위협으로 여겨졌다. B. 데머리스트는 RCC의 이러한 접근 방식을 다음과 같이 요약했다.

사실 전통적인 로마 가톨릭 신자들은 하나님께서 새로운 본성을 주신다고 믿을 뿐만 아니라, 기도하기만 하면 선행과 가치 있는 일을 행하도록 하나님께서 도우신다고 믿는다. 가톨릭 신학에서 칭의의 개념은 매우 포괄적인 개념이며, 개신교에서 중생과 성화로 구분하는 것을 모두 아우르고 있다. 로마 가톨릭의 경우, 칭의는 하나님의 입장에서 의롭다고 선언하는 것이 아니라, 인간의 입장에서 평생에 걸쳐서 의롭게 되어가는 과정이다.[13]

RCC의 칭의론을 떠나기 전에, 그들이 주장하는 "복되신 동정녀 마리아가 자신으로부터 시작하여 모든 의롭게 된 사람들에게까지 미치는 인류의 칭의에 기여했다"[14]는 주장에 대해서 언급하지 않고 그냥 넘어갈 순 없을 것 같다. 마리아는 하나님의 어머니(Mother of God)이시며, 거룩한 삶과 선행을 실천했고, 또한 십자가에서 고통을 당했기 때문에, 하나님께 인정받을만한 많은 추가적인 공로를 쌓았다. 이러한 마리아의 공로는 합당한 자격을 갖춘 성인들에게 나누어줄 수 있었고, 그들은 이렇게 얻게 된 보너스 점수를 가지고 천국에 들어갈 수 있었다.

자유주의 펠라기우스주의자들

속죄에 대한 논쟁을 들여다보면, 우리는 많은 현대 신학자들이 하나님을 분노하고, 진노하고, 질투하며, 복수심 있는 분으로 묘사하는 것을 반대한다는 사실을 볼 수 있다. 자유주의 신학적 관점에서는 이러한 구약의 개념들은 원시적이고 유목민적인 신앙을 반영하는 것일 뿐이며, 신약 시대에 와서 하나님은 자비롭고, 용서하며, 동정심 많고 사랑이 넘치는 분으로 발전적으로 묘사되고 있다고 보고 있다. 그들에게 하나님은 엄격한 율법의 집행자나 형벌을 내리는 재판장이 아니라, 탕자가 집으로 돌아오기를 하염없이 기다리는 사랑의 아버지다. 그들은 피조물과 전혀 무관한 의의 전가(imputation of a righteousness)는 터무니없다고 주장한다. 오히려, 의는 시간이 지남에 따라 도덕적 향상을 통해 얻어지는 것이라고 본다. 우리에게 필요한 것은 예수님의 모범을 따르는 것뿐이며, 그렇게 함으로써 우리도 율법의 의(義)를 성취할 수 있다. 모든 사람 속에는 약간의 선(善)이 있다. 우리가 해야 할 일의 전부는 그저 이 선(善)의 불꽃을 부채질하여 하나님께서 받으실 만한 의(義)의 불을 지피는 것이다.

앞서 설명한 대로, 펠라기우스는 "모든 사람이 타락 전의 아담과 같이 태어난다"는 인간론을 주장한 인물이었다. 사람들은 하나님의 은혜 없이도 율법을 완수할 수 있지만, 은혜의 선물은 이 일을 더 쉽게 만들어준다. 전이 지은 죄들을 용서받는 것은 물세례를 통해 이루어진다. 세례 후에 하나님의 은혜의 도움을 받아서 사람들은 선한 행실을 한 결과로써 영생을 획득하게 되는 것이다.[15]

알브레히트 리츨(A. Ritschl, 1822-1889년)은 현대 자유주의 신학의 아버지로 추앙을 받고 있다. 그는 하나님을 오직 사랑의 관점에서만 보았다. "사랑의 개념만이 하나님을 설명하는 유일하고도 적절한 개념이다."[16] 하나님이 육신이 되신 이유는 인간이 하나님을 분노하고 또 복수심으로 가득한 분으로 오해하고 두려워하는 것을 극복하려는 것이었다. 그에게 의의 전가 개념은 "완전히 거짓된 것"[17]일 뿐이었다. 용서는 예수님의 윤리적 삶을 복제하고 싶어하는 모든 사람에게 열려 있었다. 이와 같은 주제, 즉 사랑의 하나님을 다양하게 묘사하는 몇 가지 새로운 구절들을 가미한 대중 가요들이 사람들의 심금을 울리고 있는데, 이는 펠라기우스주의적인 교리를 반복하는 것일 뿐이다.

일부 아르미니우스주의자들

아르미니우스주의자들 중에는 "통치적 속죄론(governmental theory of atonement)"을 지지하는 사람들이 있는데, 이 이론은 기본적으로 그리스도의 죽음이 하나님께서 우주의 도덕적 질서를 유지하기 위해 세상의 죄들에 대해서 상징적인 대가를 치른 것으로 보는 관점에 토대를 두고 있다. 그들은 칭의가 그리스도의 의(義)를 죄인들에게 전가해준다는 개념을 부정한다. 그들에 따르면, 이러한 이해는 "꾸며낸(fictional) 것"[18]일 뿐이다. 어떤 사람에게 그의 것이 아닌 의를 부여하는 것은 방종을 조장할 뿐이라고 본다.

존 웨슬리의 칭의 개념은 죄들의 사함과 죄책을 제거해주는 것까지 포함하고 있는데, 그 뿐 아니라 동시에 사람의 도덕성까지 재형성해주는 것을 전제로 하고 있다. 그는 칭의와 성화(聖化)를 따로 떨어진 것으로 볼 수 없었다.[19] 그는 루터가 말했던, "의인이면서 동시에 죄인(simul iustus et peccator)"이라는 개념을 거부했다. 즉, 한 사람이 죄인이면서 동시에 의인으로 양립하는 개념을 인정할 수 없었다.

칭의는 무엇보다 하나님께서 의롭다고 선언하신 사람들에게 속고 있다
는 의미가 아니다. 마치 그들을 실제와는 다른 존재로 여기신다거나, 그
들을 실제와 다르게 보신다는 것을 의미하지 않는다. 이는 결코 하나님
께서 … 우리가 불의할 때 우리를 의롭다고 믿으신다는 것을 의미하지
않는다.[20]

대부분 아르미니우스주의자들에 따르면, 칭의는 고의적인 자범죄로 인
해서 상실될 수 있다. 따라서, 최종적인 칭의를 확신하는 일은 이생에서는
불가능하다. 이것은 아우구스티누스의 견해와는 다른 것인데, 아우구스
티누스는 "택함 받은 자가 떨어져 나갈 수 있다"고 믿지 않았기 때문이다.
대신 만일 누군가가 믿음에서 떨어졌다면, 그는 처음부터 택함 받은 자가
아니었던 것이다.[21]

신정통주의

신정통주의를 지지하는 사람들이 많이 있지만, 그 가운데서도 우리는
칼 바르트(K. Barth)의 관점을 통해서 이를 살펴볼 것이다. 그는 칭의를 우
리가 경험할 수 있는 것이라고 보지 않았다. 오히려 영원 전에 인류를 위
한 하나님의 선언으로 본다. 따라서 모든 인류가 의롭게 되었기 때문에 인
류를 의롭게 하려는 하나님의 결정은 모든 인간이 하나님과 화목할 수 있
는 문을 열었다. 그리스도께서 세상에 오신 목적은, 인류를 의롭게 하려는
하나님의 은혜로운 결정을 드러내고 또 하나님과 인간의 언약 관계를 가
로막고 있었던 죄의 장벽을 제거하기 위한 것이었다. 따라서 바르트에 따
르면, 인간은 믿기 전부터 이미 의롭다 함을 받았다. 그는 칭의를 의(義)의
전가(imputed righteousness) 개념으로 설명하지 않는다. 오히려 죄로 인

해 깨진 언약, 즉 하나님과 인간 사이의 언약 관계를 회복하는 것으로 본다. 그러므로 죄인을 의롭게 해주는 복음에 반응하는 것이 아니라, 이미 의롭게 된 사람들이 이러한 "기쁜 소식"을 듣고 반응하는 것이다. 그럴 때 그들에게 칭의가 실존적인 현실이 되는 것이었다.[22]

종교개혁자들

사도 이후 시대의 교회들은 아우구스티누스에게 이르기까지 칭의 교리를 다투지 않았다. 아울러 아우구스티누스 이후에도, 마르틴 루터가 등장하기 전까지는 아무도 이 주제에 대해 심도 있는 연구를 하지 않았다. 루터는 이 교리를 연구하면서 회심을 하게 되었고, 결론적으로는 아우구스티누스와 의견을 달리하게 되었다. 원어에 능통하게 된 그는 *디카이오오* (*dikaioo*)가 의롭게 "만드는 것"이 아니라, 다만 의롭다고 "선언하는 것" 이란 결론을 내렸다. 그는 이 단어가 법정 용어란 사실을 발견했다. 그는 이 단어가 주로 법정에서 사용되는 용어라고 판단했다. 성화와는 대조적으로 칭의는 성품의 변화가 아니라 신분의 변화를 가리키는 것이었다. 그리고 이러한 신분의 변화는 즉각적으로 일어나는 것으로, 아우구스티누스가 생각했던 평생에 걸쳐 진행되는 일이 아니었다. 칭의의 필요 조건은 오직 믿음이었다. 이렇게 법정적 판결을 통해서, 하나님은 인간의 죄를 값없이 용서하셨을 뿐만 아니라, 그리스도의 의를 신자들에게 전가해주심으로써 천국에 갈 수 있게 하셨다. 이 의는 "낯선 것(alien)"일 수밖에 없는데, 왜냐하면 그것은 다른 사람에게서 오는 것이었고, 또한 누구도 자신의 노력으로 "획득(eam)"할 수 있는 것이 아니었기 때문이다.

루터의 칭의 개념을 이해하는 열쇠는 앞서 언급했듯이, "*의인이면서 동시에 죄인(simul iustus et peccator)*"[23]이라는 표현이다. 신자는 원칙적으로는 의롭지만, 실천적으로는 죄인이다. 이것이 바로 우리는 그리스도 안에서 신분적으로는 의롭게 된 사람이지만, 지상에 사는 동안 상태적으로는 죄악된 사람이라고 부르는 것이다. 그는 또한 신자가 구원의 확신을 가질 수 있다고 가르쳤다.[24] 하지만 우리가 앞으로 살펴보겠지만, 그의 논리는 두 가지 이유로 다음과 같은 점에서 실패했다. 1) 그는 신자가 구원을 잃을 수 있다고 생각했다. 2) 그는 선행(善行) 여부가 칭의가 이루어진 여부를 시험하는 리트머스 시험이라고 믿었다.[25]

필립 멜란히톤(P. Melanchthon)은 루터에게 그리스어를 가르친 사람이었는데, 그는 종교 개혁의 루터파 교리를 체계화하는 일을 했다. 그는 칭의가 사람을 의롭다고 "선언하는" 것이 아니라 의롭게 "만들어가는" 과정이라고 했던 아우구스티누스의 가르침을 정면으로 반박했다. "우리의 모든 의는 하나님의 은혜로운 전가로 인한 것이다."[26] 그는 또한 칭의와 성화를 구분하는 데 있어서 루터와 의견을 같이했다.

장 칼뱅도 이러한 관점을 따랐다. 그는 루터처럼, 신자가 자신의 구원을 확신할 수 있다고 믿었다. 객관적인 보증은 약속으로 주어진 하나님 말씀을 통해서 오는 것이었고, 주관적인 보증은 신자의 삶에서 성령의 역사와 사역을 통해서 오는 것이었다. 그는 확신에는 정도의 차이가 있을 수 있다고 생각했다.

물론, 우리는 믿음이란 확실해야 하고 또한 확신할 수 있다고 가르치고 있긴 하지만, 한 번도 의심을 해본 적이 없다거나 불안한 마음을 가져보지 않을 정도의 확신을 가질 수 있다고는 생각하지 않는다. 한편 신자들은 이생의 삶을 사는 동안 심각한 시련과 고난 속에서 자신의 믿음을 의심하는 일을 수천수만 번 할 순 있지만, 그럴지라도 하나님의 자비하심에서 떨어져 나간다거나 또는 구원을 상실할 수 있다고는 결코 인정하지 않는다.[27]

칼뱅은 확신에 대해 매우 강경한 입장을 취했으며, 자신의 구원을 확신하지 못하는 사람은 신자가 아니라고까지 생각했다. 칼뱅은 칭의와 성화를 구분하는 데 있어 루터보다 더 강경했다. "칭의가 이루어지는 것은 의로운 사람이 되는 것과는 전혀 다른 의미를 가지고 있다."[28] 그러나 칼뱅은 칭의와 성화를 분명히 구분하긴 했지만, 그렇다고 해서 칭의와 성화를 완전히 분리하고 싶어 하지는 않았다. 로마 가톨릭 교회는 종교개혁자들이 법정적인 칭의라는 교리를 통해서 방종한 삶을 가르치고 있다고 비난했다. 그래서 칼뱅은 내부적인 의와 외부적인 의를 연결하는 것에 신중을 기했다. 외부적인 의는 태양에서 나오는 빛줄기처럼 내부적인 의에서 나온다. "당신은 그리스도의 성화에 참여하지 않은 채 그리스도를 소유할 수 없다. … 우리를 의롭다 하시는 그리스도 안에서 우리는 그리스도의 성화에도 참여한다. 우리는 칭의와 마찬가지로 성화에도 참여한다."[29] 하이델베르크 요리문답(1563), 웨스트민스터 신앙고백(1646), 웨스트민스터 소요리문답(1647)은 비슷한 표현을 사용해서, 동일한 개념으로 칭의를 설명하고 있다.[30]

신개혁주의

20세기 후반, 존 맥아더, R.C. 스프라울, 존 파이퍼, 팀 켈러, 웨인 그루뎀과 같은 사람들의 영향력 아래에서, 개혁주의 신학이 급부상하게 되었다. 이들은 정통 개혁주의 신학의 모든 특징을 갖추고 있었지만(여기서 맥아더는 예외적인 특징을 갖고 있었는데, 그는 칼뱅주의 5대 교리와 세대주의 입장을 동시에 가지고 있었고, 여러 가지 모순이 내재된 혼합적인 신학적 입장을 취했다), 은사주의 운동으로 향하는 문을 활짝 열고 있었다.[31]

이들 모두 도르트 칼뱅주의 5대 교리를 따르기 때문에, 믿음과 견인 또는 행위를 어떻게든 조화시켜야만 했다. 앨런 스탠리(Alan Stanley)와 같은 저술가들은 믿음 플러스 행위에 의해서 의롭다 함을 얻는다고 말할 때, 표준적인 가톨릭 교리를 사용한다. 즉, 그는 빌립보서 2장 12-13절을 인용해서 말하길, 우리는 두렵고 떨림으로 구원을 이루어야 하지만, 우리가 행하는 모든 행위는 하나님이 주시는 능력을 받고 또한 동기를 부여받음으로써 가능하다고 말한다. 다시 말해서, 모든 공로는 하나님께 돌려야 하는 것이다. 따라서 스탠리는 육신적인 동기에 의해서 행한 행위를 구분하는데, 이는 기름과 물이, 진흙과 철이 섞일 수 없는 것처럼 육신의 행위는 믿음과 혼합될 수 없기 때문이다. 성령의 능력에 의해서 행해지는 행위만이 믿음과 결합하여 영생을 거두게 해준다.[32] 신개혁주의 운동에서 (특히 R.C. 스프라울 사후에) 다른 누구보다 학문적 기치를 높이 든 토마스 슈라이너(Thomas R. Schreiner)는 자신이 정립한 구원 방정식을 제시하면서, 조금의 흔들림 없이 믿음과 행위를 결합시키고 있다.

> 바울은 선행이 영생에 필수적인 요소라고 분명히 주장하고 있다. 오직 성령을 위해 심는 사람들만 영생을 누릴 것이며, 악을 행하는 사람들은 천국을 유업으로 받지 못할 것이다. 야고보 또한 칭의는 행위에 의해서 이루어진다고 가르치고 있다. 선한 행위를 하지 않으면 어느 누구라도 의롭다 함을 얻을 수 없다.[33]

존 파이퍼(John Piper)는 믿음과 행위를 조화시키고자 무진 애를 썼다. 그는 다음과 같이 말했다.

> 현재의 칭의는 오직 그리스도의 대속 사역에만 토대를 두고 있으며, 오로지 믿음에 의해서 그리스도와 하나된 사람만 누릴 수 있다. 미래의 칭

의는 그리스도 예수 안에서 우리가 하나님 앞에서 흠 없이 완전하다는 것을 공개적으로 확증하고 선포하는 일이 될 것이다. 그런데 이 최후의 심판은 우리의 행위에 따라서 결정될 것이다. 다시 말해서 우리 삶에서 맺은 성령의 열매는 우리에게 참된 믿음이 있음과 그리스도와의 하나됨이 이루어진 증거와 확증으로서 나타나게 될 것이다. 이러한 확증적인 변화가 없다면 미래의 구원도 없을 것이다.[34]

이러한 주장에서 독자는 몇 가지 문제점을 발견하였는가? 분명 그리스도의 대속 사역을 믿는 믿음만으로도 그리스도와 하나가 될 수 있다. 그러나 우리가 하나님 앞에서 흠이 없다는 선언은 미래적인 것이고, 바로 미래의 칭의다. 이 미래의 칭의는 오직 우리의 행위가 의로운 변화를 보여줄 때만 주어지는 것이다. 앞서 언급한 행위가 없다면 구원(칭의)도 없게 된다.

존 파이퍼(John Piper)와 N.T. 라이트(Wright)의 논쟁에서 라이트의 결론은 (라이트는 신개혁주의 운동에 속하지 않지만) 파이퍼와 크게 다르지 않다.

현재의 칭의는 믿음을 근거로 내려지는 선언이며 또한 오로지 믿음에 의해서 하나님의 언약 가족에 속한 자가 되었다는 선언이다. 이 현재적인 판결은 마지막 날에 내려질 판결이 현재의 선언과 일치할 것을 보증한다. 성령님은 신자에게 거룩한 삶을 살 수 있는 능력을 주실 것이고, 이로써 장차 미래 판결이 내려질 때, 신자가 그때까지 살아온 삶과 일치하게 하실 것이다.[35]

이 얼마나 복잡한가? "현재의 평결"(즉 현재의 칭의)은 "마지막 날에 내려질 평결"이 현재의 평결과 일치할 것이라는 "확신"을 주지만, 그럼에도 현재의 평결과 미래의 평결 사이에서 의로운 삶을 산 사람에게만 주어질 뿐이다. 그러나 오늘날 누가 자신의 삶이 내일도 의로울지 알 수 있는가? 다시 말해, 미래의 평결, 나의 궁극적인 칭의는 현재 나의 삶의 선한 행위에 달려 있는 것이다.

이 두 가지 접근 방식은 모두 믿음 플러스 의로운 행위를 통한 구원이라는 가족의 형제자매일 뿐이다. 그렇다면 우리의 구원은 마지막 심판의 날까지 물음표로 남을 수밖에 없을 것이며, 그 날에 우리의 행위가 만천하에 드러나게 될 것이며, 진정 우리의 삶과 행위가 그리스도와 같은 삶과 행위를 반영하는 것이었을 때에만 우리는 의롭다고 선언될 것이다. 그렇다면 이것이 로마 가톨릭의 교리와 무엇이 다르다는 것인가?

긍정적인 측면에서 보자면, 신개혁주의는 크리스 반랜딩엄(Chris VanLandingham)처럼 은혜를 구원 방정식에서 완전히 제거하지는 않고 있다는 점이다. 반랜딩엄은 E.P. 샌더스의 "우리는 은혜로 구원받지만, 행위에 의해서 구원 상태를 유지한다"[36]는 결론에 반응을 나타내면서, 그는 단순하게 "우리는 우리의 행위를 통해서 의롭다 함을 받는다"[37]고 주장했다. 그는 "영생"이 미래 뿐만 아니라 현재의 삶에도 적용된다는 사실을 보지 못했기 때문에 이런 결론에 도달했다. 과연 성경은 무엇이라고 말하는가? 성경은 "아들을 믿는 자에게는 영생이 있고"(요 3:36, 6:48)라고 말한다. 즉 우리가 예수님을 나의 구주와 주님으로 영접한 즉시 영생을 가지고 있다고 말하고 있다.

요약

위에서 언급한 접근법들은 오늘날 우리가 세상에서 발견하는 칭의 (Justification)를 이해하는 다양한 관점을 모두 포괄하는 것은 아니지만, 주요한 그룹들의 입장을 대표하고 있다고 할 수 있다. 성경학도들이 반드시 기억해야 할 주요 차이점은 다음과 같다.

1) "의롭게 만들다(made)"(주입설) vs. "의롭다고 선언하다(declared)" (전가설).

2) 즉각적이다(순간적이다) vs. 과정이다(점진적이다).

3) 오직 믿음으로만 된다 vs. 믿음 플러스 공로로 인정받을 만한 행위가 있어야 한다.

4) (인간의 행위나 상태와는 무관하게) 법정적인 것이다(forensic) vs. (개인의 내면적 변화와 경험이 동반되는) 존재적인 것이다(existential).

이렇게 칭의에 대한 역사적 해석들을 살펴보았으니, 이제 성경으로 돌아가서, 성경이 무엇을 말하는지 살펴보자.

성경에서 말하는 칭의

이 글을 시작하기에 앞서 먼저 칭의의 개념이 바울의 신학적 사고에 있어서 얼마나 중요한 자리를 차지하고 있는지에 대한 논쟁이 있었음을 이해할 필요가 있다. 바울은 동사 *디카이오오(dikaioo)*를 14번, 명사 *디카이오수네(dikaiosune)*를 52번 사용했지만, 동사는 로마서와 갈라디아서를 제외하면, 고린도전서 6장 11절과 디도서 3장 7절에서만 볼 수 있다. 많은 뛰어난 학자들은 칭의를 바울이 로마서와 갈라디아서에서 유대주의자들과 대립하기 위해 사용한 논쟁적 개념으로 보고 있으며, 아울러 칭의는 그의 가르침에서 중심적인 교리라기보다는 "그리스도와의 연합" 같은 중심적인 교리에 비해 주변적인 교리라고 생각한다.[38] 한편 조지 래드는 칭의와 그리스도와 우리의 하나됨 또는 칭의와 슈바이처의 "실현된 종말론"에 토대를 두고 있는 "이미, 그러나 아직"을 대조적인 것으로 설정하는 것은 잘못된 가설이라고 주장한다.[39] 그는 칭의를 신자가 이생에서 이미 누리고 있는 종말론적 축복으로 이해한다. 동시에 그는 또한 "그리스도 안에서" 우리의 삶을 오늘날 누려야 할 종말론적 축복이자, 칭의의 결과로서 주어지는 필연적인 축복으로 본다. 이 개념을 이해하려면, 구약성경에 말하는 칭의의 개념을 먼저 살펴볼 필요가 있다.

구약성경에서

"의롭다고 칭하다(justify)"로 번역된 동사는 *싸다크(sadaq)*이며, 이 동사는 기본적으로 "규범에 일치하게 하다"는 뜻을 가지고 있다. 구약성경에서 *의(Righteousness, 세데크, 세다카)*라고 하는 단어는 본질적으로 윤리적인 자질을 가리키지 않는다. 오히려 이 단어는 "세상에서 사람이나 일들이 마땅히 따라야 하는 규범"[40]을 뜻한다. 동사 *싸다크(sadaq)*는 규정된 규범에 따라 행동하는 것을 의미하며, 가끔 *히필(hiphil)* 형태를 띠면서 "의롭다고 선언하다" 또는 "의롭다고 칭하다"라는 뜻을 나타내기도 한다. 예를 들어, 사무엘하 15장 4절을 보면, 이 단어가 압살롬의 마음의 희망을 표현하면서 법정적인 배경에서 사용되는 것을 볼 수 있다. "내가 이 땅에서 재판관이 되고 누구든지 송사나 재판할 일이 있어 내게로 오는 자에게 *내가 정의 베풀기를 원하노라.*" 이 구절에선 *히필* 어근이 사용되면서 "내가 정의 베풀기를 원하노라"는 희망을 표현하고 있다. 이 단어는 신명기

25장 1절에서도 사용되고 있는데, "사람들 사이에 시비가 생겨 재판을 청하면 재판장은 그들을 재판하여 의인은 의롭다 하고 악인은 정죄할 것이며"라고 말하고 있다. 슈렝크(Schrenk)와 스티거스(Stigers)는 법정적 사용을 주장하지만, "누군가와 올바른 관계에 있다"는 기본 의미에 대해선 의견을 달리하고 있다.[41] 한편 래드(G.E. Ladd)는 관계적 개념을 강조하면서 다음과 같이 요약했다.

의(義)는 신학적으로 엄청나게 중요한 의미를 가진 단어가 되었다. 의는 하나님께서 인간의 행위를 위해 정하신 표준이다. 의로운 사람은 하나님의 심판의 기준인, 신적인 표준을 충족하는 사람이며, 하나님과 올바른 관계에 서 있는 사람이다.[42]

아이히로트(W. Eichrodt)는 "하나님의 행동에 적용될 때, 이 개념은 좁혀지며 거의 독점적으로 법정적인 의미로 사용된다"[43]고 덧붙였다.

예수 시대의 유대인들에게는, 그들이 구전으로 해석한 율법이 그들 스스로 만든 규범이 되었다. 그들은 공과 실(merits and demerits) 체계를 발전시켰다. 그들의 관점에서는 하나님께서 하늘에서 각 사람의 계정을 가지고 계신다. 만일 공이 실을 초과하면 해당 개인은 하나님과 좋은 관계를 유지하는 것으로 생각했다. 스트랙(Strack)과 빌러벡(Billerbeck)은 이러한 체계를 상세히 설명했다.[44] 토라를 공부하고, 자선을 행하고, 자비를 베푸는 행위는 공로를 쌓는 것으로 여겨졌다. 그렇기 때문에 바울의 신학이 구전 전통에 매여 있던 바리새인들에게 얼마나 충격을 주었을지 충분히 이해할 수 있다. 로마서 3장 26절을 보면, 하나님은 경건하지 않은 자를 의롭다 하심으로써 자신도 의로우신 분으로 나타내신다. 이러한 칭의는 율법의 행위와는 상관없이 이루어지는 것이었기에(갈 2:16, 3:11), 바울의 칭의는 랍비들의 가르침의 범위를 완전히 벗어나는 개념이었다.

신약성경에서

칭의(Justification)의 의미를 완전히 이해하기 위해서는 몇 가지 중요한 측면을 살펴볼 필요가 있다. 그중 두드러진 특징 중 하나는 칭의가 종말론적(Eschatological) 특징을 가지고 있다는 점이다.

종말론적인 의미

유대교의 이해에 따르면, 사람들은 사후에 그들이 행한 행위에 따라서 심판을 받게 되어 있다. 기준에 부합하는 사람은 의롭다거나 또는 무죄로 선언되거나 무죄판결을 받게 될 것이며, 그렇지 못한 사람은 정죄를 받고 심판을 받게 될 것이다. 이렇게 최후의 심판에서 하나님께서는 하나님이 정하신 규범에 따라서, 각 사람이 하나님과 올바른 관계를 맺고 있었는지를 결정하실 것이다. 무죄인 사람은 의롭다고 선언될 것이고, 유죄인 사람은 정죄를 받게 될 것이다. 따라서 래드가 지적한 것처럼, 칭의는 종말론적 사건이다.[45] 그래서 바울 역시 로마서 2장 13절과 8장 33절 등 여러 곳에서 미래형 *디카이오테손타이*(dikaiothesontai, *의롭다 하심을 얻으리니*)라는 구절을 주님의 재림의 때에 이루어질 종말론적 심판과 연결해서 사용하고 있다.[46] 그리스도께서도 마태복음 12장 36-37절에서, 종말론적 의미를 담아 이렇게 말씀하셨다. "내가 너희에게 이르노니 사람이 무슨 무익한 말을 하든지 심판 날에 이에 대하여 심문을 받으리니 네 말로 *의롭다 함을 받고*(shall be justified) 네 말로 정죄함을 받으리라." 신자들은 이 종말론적 심판을 그리스도의 심판대에서(고후 5:10), 나머지 불신자들은 크고 흰 보좌 앞에서, 즉 백보좌 심판대에서 경험하게 될 것이다(계 20:11-15).

그런데 여기서 바울의 종말론은 슈바이처가 언급했듯이, 독특한 특징을 드러내고 있다. 최종적인 칭의의 선언은 미래에 이루어지는 것이지만, 그럼에도 바울은 우리의 칭의가 과거에 이미 이루어진 것으로 말하고 있다. 즉 사도 바울은 로마서 5장 1절과 9절에서 (과거의 한 순간에 완료된 행동을 의미하는) 부정과거 분사(aorist participles)를 사용하고 있다. 즉 신자들은 "이미 칭의가 이루어진 것"이다. 바울은 고린도전서 6장 11절에서도 이 진리를 반복하고 있다. 그래서 그는 "주 예수 그리스도의 이름으로 … 의롭다 하심을 받았느니라"고 말하고 있다. 이것은 신약의 "이미 그러나 아직" 종말론의 또 다른 사례인데, 이 점은 히브리서에서 두드러지게 나타나고 있다. 우리는 종말론적 축복을 누리기 위해서 죽음을 기다릴 필요가 없다. "아들이 있는 자에게는 생명이 있기"(요일 5:12) 때문이다. 우리는 영생의 선물을 받는 일에 죽음을 기다릴 필요가 없다. 또한 영생을 누리는 일에 다음 생까지 기다릴 필요도 없다. 모든 육체에 성령님이 부어지는 것도 종말론적 축복이지만(요엘서 2장 28절을 보라), 우리는 지금 성령님을 받을 수 있다. 하나님의 나라는 미래의 세대에 세워지는 것이지만, 이미 시작되었다.[47] 마찬가지로 칭의는 최종적인 무죄 선언이긴 하지만, 신자들에게는 이미 일어난 일이다. 그럼에도 칭의는 종말론적 성격 이상의 의미를 지니고 있다.

법정적 의미

구약과 신약성경의 문맥을 볼 때, "의롭다고 선언하다(to justify)"라는 표현은 법정적(forensic) 의미를 가지며, 이는 법정 상황에서 사용된다는 점에서 자명한 것처럼 보인다. 현대 가톨릭 학자들조차도 이 단어가 법정적인 의미를 가지고 있다는 점을 인정하고 있다. 그런데 로마서의 고전으로 일컬어지는 샌데이와 헤드램의 로마서를 보면, 그들은 신자에게 법정적인 의가 전가된다는 것은 "허구(fiction)"라고 주장하고 있다. 그렇기 때문에 우리는 "전가된 의(imputed righteousness)"[48]가 무엇을 의미하는지 설명해야 할 필요성을 느끼지 않을 수 없다. 샌데이(W. Sanday)와 헤드램

(A.C. Headlam)은 이렇게 설명하고 있다.

믿음에 의해서 의롭게 된다라는 말은 신자가 개인의 믿음으로 인해서 하나님 앞에서 마치 그가 의인인 것처럼 계산되거나 또는 대우받는다는 의미다. 그러나 그 이상의 의미가 있다. 즉 이러한 상태에 있는 사람은 실제로 의로운 것이 아니라, 하나님께 죄를 범한 사람이며 또한 경건하지 아니한 사람(롬 4:5)이지만 의인으로 계산되며 또한 의인처럼 대우를 받는다는 점에서 이 표현은 충격적일 수 있다. 이런 맥락에서, 그리스도인의 삶은 허구에서 시작되도록 설정되었다. 이 점에 의문을 제기하는 것은 놀랄 일이 아닌데, 그래서 일부 사람들은 의롭게 된다는 말을 단순히 개념상 의를 귀속시키는 것이 아니라, 실제 의를 나눠주는 것으로 해석하기도 한다.[49]

앞에서 살펴본 바와 같이, 이 저자들은 한 사람이 "의인이면서 동시에 죄인이 될 수 있다"는 루터의 개념을 두고서 난색을 표현하고 있는 것이 분명하다. 그러나 이 역설을 이해하는 것이 매우 중요한데, 그렇지 않으면 이러한 칭의 개념에서 이 의가 "허구"라는 이유만으로 의의 "주입설 (infusion)"을 향해 문을 활짝 열 수 있기 때문이다. 샌데이와 헤드램은 신자가 실제로는 그렇지 않을 때에도, "의인"으로서 다루어지고 있다고 말하고 있다. 빈센트 테일러는 의가 실재적인 것이라고 말하면서 "허구" 개념을 없애려고 했지만, 그가 말한 내용을 보면 그것은 본질상 의보다는 의로운 마음을 가리키는 것이었다. 그는 이렇게 말하고 있다. "신자는 의로운데, 왜냐하면 구속의 역사를 이루신 그리스도를 믿는 믿음을 통해서, 의로운 마음을 가지게 되었기 때문이다. … 그는 아직 의를 성취하지 않았더라도, 이미 마음과 의도에서 의롭다."[50]

이 딜레마를 해결하려면, 우리는 구약에서 "의(righteousness)"의 기본적인 의미가 관계성(relationship)에 있다는 점을 기억해야 한다. 이 의는 사람에게 새로운 관계, 즉 왕이나 재판관이나 기타 다른 사람과의 "올바른 관계"를 제공하는 것이었다. 성령님께서 신자를 그리스도의 몸 안으로 넣으시는 세례를 베푸실 때, 그 사람은 새로운 정체성을 얻게 되는데, 바로 그는 아담 안에서 여전히 "죄인"(롬 5:19)이지만, 그리스도 안에서 "의롭게 된 사람" 중 하나가 된다. 이러한 관계는 참된 하나 됨(genuine union)이 이루어졌음을 의미한다. 이 새로운 정체성 덕분에, 신자는 실제적인 의, 곧 그리스도의 의를 받게 된다. 이로써 신자는 하나님과의 "올바른 관계(right standing)"에 들어가게 된다. 래드가 지적했듯이[51], 이 새로운 관계는 허구가 아니라 실제다. 로마서 8장 33-34절은 칭의의 행위와 정죄의 행위를 대조하고 있다. "의롭다 하시는 이는 하나님이시니 누가 정죄하리요?" 여기서 말하는 정죄는 윤리적 성품에 대한 것이 아니라 율법의 혐의에 대한 법적 판결을 가리킨다. 마찬가지로 의롭다고 선언하는 칭의 행위도 윤리적 성품과 관련이 있는 것이 아니라 율법의 혐의로부터 법적인 무죄 선언에 초점을 두고 있다. 그러므로 이렇게 "의인이면서 동시에 죄인"이라는 패러독스를 이해하기 위해서는 지위(position)와 상태(condition)를 구분할 필요가 있다. 그리스도 안에서 신분상 우리는 진정으로 의롭다. 우리의 하늘 계좌에는 이미 (회계 용어를 사용하자면) 의(義)가 계좌이체되었다(로기조마이, logizomai, imputed). 즉 의가 하늘에 있는 우리의 계좌에 입금된 것이다. 이것은 허구가 아니며, 또한 신자에게 성품의 변화를 일으키는 요소로서, 의를 "주입"한 것도 아니다. 이는 우리의 지위가 그리스도 안에 있는 자가 되었기에, 하늘에 있는 우리의 계좌에 그리스도의 의를 계좌이체시킨 것이다. 이 땅에서 살아가는 동안 우리의 성품은 우리의 "상태"를 따라서 드러나게 될 것이다.

이렇게 지위와 상태를 구분하는 것은 그리스도인의 삶에 대한 진리 가운데서 주변적인 진리가 아니다. 이것은 핵심적인 중요한 진리인데, 왜냐하면 우리가 그리스도 안에서의 우리의 지위에 초점을 맞출 때 비로소 우리의 상태가 그리스도의 성품에 일치하고자 움직이기 시작하기 때문이다(고후 3:18). 우리는 우리가 생각하는 대로 되고 또 우리 자신을 어떤 사람으로 생각하는가에 따라서 맞춤이 일어나게 된다. 우리가 우리 자신의 비참한 상태에 초점을 맞추게 되면 상황은 악화될 것이다. 반대로 우리가 그리스도에게 초점을 맞추고 또 이미 우리에게 주어진 그리스도의 의에 초점을 맞추면 상황은 좋아질 것이다. 바로 이것이 로마서 6장 1-10절에서 그리스도 안에서 우리의 새로운 지위에 대해서 설명한 후에, "이와 같이 너희도 너희 자신을 죄에 대하여는 죽은 자요 그리스도 예수 안에서 하나님께 대하여는 살아 있는 자로 여길지어다"라고 우리에게 이렇게 말하는 이유다. 여기서 "여기다(reckon)"로 번역된 단어는 *로기제스떼(logizesthe)*이며, 로마서 4장 3절에서 "여기다(counted)"로 번역된 단어와 같다.

어쩌면 그 반대의 상황이 도움이 될 수도 있다. 고린도후서 5장 21절을 보면, "하나님이 죄를 알지도 못하신 이를 우리를 대신하여 죄로 삼으신 것은 우리로 하여금 그 안에서 하나님의 의가 되게 하려 하심이라"고 되어 있다. 어느 누구도 이 구절을 읽으면서, 그리스도께서 죄악된 성품을 갖게 되셨다고 이해하진 않을 것이다. 이 구절은 그리스도께서 죄를 알지 못하셨다고 말하고 있다. 그리스도의 신성은 그리스도로 하여금 죄를 짓지 못하게 했다. 그렇지만 아버지께서는 그리스도로 하여금 십자가에서 우리의 모든 죄악을 대신 지게 하심으로써 마치 우리의 죄를 짊어진 채 죄가 되게 하셨다. 우리의 모든 죄들이 그리스도에게 전가된 것이다. 그리고 그리스도의 부활 덕분에, 그리스도의 의가 우리에게 전가되었다. 이러한 전가의 목적은 우리로 하여금 *상태의 측면에서도 의롭게 되게*(we might become righteous in our condition) 하려는 것이다.

요약

칭의 교리에 대해 다루어진 내용을 되돌아보면서, 우리는 과연 이 칭의 교리가 조직신학의 영역에서 그토록 중요하게 다룰 필요가 있는 것인지를 묻지 않을 수 없다. 어쨌든 이 교리는 로마 가톨릭과 개신교 사이의 주요 논쟁점이었고, 많은 논쟁을 야기해 왔다. 하지만 만일 칭의가 영생을 얻는 일에 그렇게 중요한 것이라면, 어째서 요한의 글 전체에서나, 특히 요한복음에서 칭의가 거의 언급되고 있지 않은 이유는 무엇일까?

그럼에도 우리는 종교개혁자들과 함께, 칭의가 복음의 핵심이란 결론을 내려야만 한다. 그리고 복음은 분열을 감수하고서라도 싸울 만한 가치가 있다. 진리를 위해 싸워야 할 교리는 몇 개 되지 않을지라도, 분명 복음은 그중 하나다. 성경 저자들은 각기 다른 어휘, 문체, 화법 등을 통해서 개념들을 전달하는 일을 했다. 성경의 완전한 영감(verbal plenary inspiration) 하에서 성령님은 성경 저자들에게 말씀을 그저 받아쓰게 하지 않으셨다. 오히려 그들의 개성과 어휘를 사용해서, 오류 없이 하나님의 말씀을 기록하게 하셨다. 따라서 같은 개념이라도 저자마다 표현이 다를 수밖에 없다. 그래서 바울과 요한의 어조가 다르다. 게다가 우리는 야고보서 2장과 히브리서 11장 7절에서도 믿음으로 의롭다 함을 받는다는 개념을 볼 수 있다. 즉, 이 교리는 바울에게만 국한된 것이 아니었다.

그럼에도 신약에서 바울만큼 복음을 변호하는 일에 힘쓴 저자는 없다. 그가 복음의 진리를 변호하는 법률가처럼 법적인 용어를 사용해서, 칭의 교리를 강조한 것은 당연한 일이다.

미주

1 J. Pelikan, *The Christian Tradition: A History of the Development of Doctrine*, 5 vols. (Chicago: University of Chicago Press, 1971-89), 4:139.

2 다양한 입장을 보려면, 다음 책을 보라. *Justification: Five Views*, Eds. James Beilby & Paul Rhodes Eddy (Downers Grove, IL: InterVarsity Press, 2011). 또한 다음의 책들도 참고하라. N.T. Wright, *Justification: God's Plan and Paul's Vision* (Downers Grove, IL: InterVarsity Press., 2009) and John Piper, *The Future of Justification: A Response to N.T. Wright* (Wheaton, IL: Crossway Books, 2007).

3 Augustine, On the Spirit and the Letter, 45.

4 Idem, *Sermon*, 158.5.

5 Idem, *Letter*, 194.14. 앨런 스탠리와 같은 현대 신학자들은 빌립보서 2장 12-13절을 증거 구절로 사용하여, 행위가 천국에 들어가는 데 필수적이지만 하나님이 신자를 통해 이러한 행위들을 행하게 하시는 것이기 때문에 신자들의 공로가 아님을 입증하는 일을 했다. 사실, 그는 성령에 의한 행위와 육신에 의한 행위를 철저히 구분한다. 전자는 영생을 얻는 데 필수적인 것이지만, 후자는 거부된다. 값없는 은혜 신학(Free Grace theology)을 믿는 우리는 성령에 의한 행위는 상급을 받지만, 육신의 행위는 상급을 받는데 전혀 기여하지 못한다고 말한다. 우리가 상급 문제로 여기는 것을 스탠리는 하나님 나라에 들어가는 문제로 여기고 있다. 다음 책을 보라. Alan P. Stanley, *Salvation is More Complicated than You think: A Study on the Teachings of Jesus* (Authentic, 2007), Location 835 of 2705 (Kindle).

6 Idem, *City of God*, XX.25; XXI.13, 16, 26.

7 A. E. McGrath, *Iustitia Dei*, 2 vols. (Cambridge: Cambridge University

Press, 1986-87), 1:60; L. Berkhof, *Christian Faith* (Grand Rapids: Eerdmans, 1979), 435.

8 Council of Trent, X.

9 Ibid., IX.

10 Ibid., XVI.

11 Ibid., Canon 24.

12 Ibid., Canon 32.

13 B. Demarest, *The Cross and Salvation* (Wheaton: Crossway, 1997), 350.

14 J. A. Hardon, *The Catholic Catechism* (New York: Doubleday, 1975) 169.

15 Demarest, *Cross and Salvation*, 348.

16 A. Ritschl, *The Christian Doctrine of Justification and Reconciliation*, H. R. Mackintosh and A. B. Macaulay, eds. (Clifton, NJ: Reference Book Publishers, 1966), 274.

17 Ibid., 70.

18 W. H. Taylor, "Justification," *Beacon Dictionary of Theology*, R. S Taylor, ed. (Kansas City: Beacon Hill, 1984), 298. J. Wesley says, "We do not find it expressly affirmed in Scripture that God imputes the righteousness of Christ to any" ("Minutes of Some Late Conversations," in *The Works of John Wesley*, 14 vols. [Grand Rapids: Zondervan, 1958], 8:277). 웨슬리는 죄인의 믿음이 의로 여겨진다고 믿었지만, 그에게 이것은 의를 부여받는 것이 아니라 죄와 죄책을 제거하는 것을 의미했다.

19 Demarest, *Cross and Salvation*, 353.

20 Wesley, "Justification by Faith," in *Works*, 5:57.

21 다음의 책을 보라. Roger E. Olson, *Arminian Theology: Myths and Realities* (Downer Grove, IL: InterVarsity Press, 2006).

22 K. Barth, *Church Dogmatics*, G. W. Bromiley and T. F. Torrance, eds. (Edinburgh: T. & T. Clark, 1936-77), IV.1: 492.

23 Luther, *Works*, 26:232 and 25:260.

24 Ibid., 26:377-78.

25 Ibid., 34:183.

26 P. Melanchthon, "Baccalaureate Theses," 10, in *Melanchthon: Selected Writings*, trans. C. H. Hill (Westport, Conn.: Greenwood 1978), 17.

27 Calvin, *Institutes*, III.2.17 and III.4.27.

28 Ibid., III.11.6.

29 Ibid., III.16.1; 11.1.

30 필자는 B. 데머리스트(Demarest)에게 큰 빚을 지고 있다. 그는 십자가와 구원(Cross and Salvation, 345-362)이란 책에서 칭의 교리의 역사적 흐름에 대한 기본 틀을 잘 정리해주었다.

31 Collin Hanson, *Young, Restless, and Reformed: A Journalist's Journey with the New Calvinists* (Wheaton, IL: Crossway Books, 2008). 웨인 그루뎀, 존 파이퍼, 샘 스톰스와 같은 개혁주의 신학자들 또한 은사주의 신학자들이다.

32 Alan Stanley, *Salvation is More Complicated than You Think: A Study on the Teachings of Jesus* (e-book, Location 830-46).

33 Thomas R. Schreiner, "Justification Apart from and by Works: At the Final Judgment Works Will Confirm Justification," in *Four Views on the Role of Works at the Final Judgment* (Grand Rapids: Zondervan, 2013), 91.

34 John Piper, "The Justification Debate: A Primer," *Christianity Today*, http://www.christianitytoday.com/ct/content/pdf/justification_june09.pdf, accessed January, 24, 2018.

35 N. T. Wright, Ibid.

36 E. P. Sanders, *Paul and Palestinian Judaism: A Comparison of Patterns of Religion* (Philadelphia: Fortress, 1977), 517-18.

37 Chris VanLandingham, *Judgment & Justification in Early Judaism and the Apostle Paul* (Peabody, MA: Hendrickson Publishers, 2006). 다음 책도

보라. Paul A. Rainbow, *The Way of Salvation: The Role of Christian Obedience in Justification* (UK: Paternoster Press, 2005).

38 다음 책을 보라. D. Davies, *Paul and Rabbinic Judaism* (1955), 222; W. Wrede, Paul (1907), 123; A. Schweitzer, *The Mysticism of Paul*, trans. by W. Montgomery (New York: Macmillan, 1931), 225.

39 Ladd, *Theology*, 480. Schweitzer's realized eschatology does not exclude the "not yet" as does that of C. H. Dodd.

40 N. Snaith, *Distinctive Ideas of the OT* (1944), 73.

41 G. Schrenk, "dikaiosune," in TDNT, 1964 ed., 2:195-96, and H. G. Stigers, "sadaq`," in TWOT, 1980 ed., 2:752-55.

42 Ladd, *Theology*, 481.

43 W. Eichrodt, *Theology of the OT*, Old Testament Library, trans. by J. A. Baker (Philadelphia: Westminster, 1961), 1:240.

44 H. L. Strack and P. Billerbeck, *Kommentar zum Neuen Testament aus Talmud und Midrasch* (Munich: C. H. Deutsche Verlagsbuchhandlung, 1961), IV: 6-11.

45 Ladd, *Theology*, 482-83.

46 다음 글을 보라. Schrenk, "dikaioo," in *TDNT*, 1964 ed., 2:217-18.

47 다음 책을 보라. *Dispensationalism, Israel, and the Church: The Search for Definition* eds. Craig A. Blaising and Darrell L. Bock (Grand Rapids, Michigan: Zondervan Publishing, 1992), *Three Central Issues in Contemporary Dispensationalism: A Comparison of Traditional and Progressive Views*, ed. Herbert W. Bateman (Grand Rapids, Michigan: Kregel Publications, 1999) and *Dispensationalism and the History of Redemption: A Developing and Diverse Tradition*, eds. D. Jeffery Bingham and Glenn R. Kreider (Chicago, IL: Moody Publishers, 2015).

48 W. Sanday and A. C. Headlam, *Romans* (Edinburgh: T. & T. Clark, 1896), 36. 국제신약비평주석 로마서의 새 판은 칼뱅과 비슷하게, 칭의와

성화의 신학적 연관성을 고수하면서, 칭의의 법정적인 관점을 취하고
있다. 다음 책도 참고하라. C.E.B. Cranfield, *Romans*, vol. 1 (Edinburgh:
T. & T. Clark, 1975), 95.

49 Ibid.

50 V. Taylor, *Forgiveness and Reconciliation: a Study in New Testament Theology*, 2d Ed. (New York: Macmillan, 1956), 57.

51 Ladd, *Theology*, 486.

제6장

구원의 순서

프란츠 부데우스(Franz Buddeus, 1667-1729년)와 야코프 카르포프 (Jacob Carpov, 1699-1768년)는 처음으로 "구원의 서정(오르도 살루티스, *ordo salutis*)"[1]이란 용어를 사용한 신학자들이다. 이 용어는 구원의 순서 라고도 부르며, 신자가 하나님의 부르심을 받아 영화롭게 되는 과정에서 구원의 여러 요소들이 신지에게 전달되는 시간적 또는 논리적 순서를 가리킨다. 각 신학 체계마다 고유한 요소들이 있긴 하지만, 모든 신학 체계를 살펴보면 신자들은 마침내 영광에 이르게 되는데, 단지 다른 경로를 따를 뿐이다.

로마 가톨릭 교회의 구원의 순서

아우구스티누스(Augustine, 354-430년) 시대에 유아 세례는 이미 일반 화되어 있었다. 수 세기 동안 세례는 구원을 가져다주는 몇 가지 행위 중 하나로 여겨졌다. 아우구스티누스는 물세례를 공로를 쌓는 행위

(meritorious work)로 보지는 않았지만, 그것이 성도들의 최종 영화에 이르게 해주는 다양한 성례의 시작점이라고 보았다. 아우구스티누스의 시대부터 오늘날까지 로마 가톨릭 교회의 구원의 순서는 다음과 같다.

1. 세례성사(Baptism)

물세례를 통해서 개인은 "거듭난다"(딛 3:5). 따라서 하나님의 거부할 수 없는 은혜가 죄인을 구원으로 이끌고 가는 시작점으로서, 중생의 사역은 "중생의 물두멍"에서 시작된다. 여기서 원죄의 죄책과 형벌이 제거되며, "사람은 흰 천보다 더 희고 눈보다 더 밝게 된다."[2] 그러나 물세례는 과거의 죄들에게만 효력이 있다. 이후에 지은 죄들은 추가적인 성례가 필요하다.

2. 견진성사(Confirmation)

세례받은 자들에게 견진성사를 행하면, 성령님이 부어지게 되고, 이로써 그들은 그리스도를 위한 능력 있는 증인이 될 수 있다(행 8:15-17).

3. 성체성사(Eucharist)

화체설(變體說)에 의해서 변화된 성체는 신자에게 영적인 자양분이 되어 은혜의 상태를 유지하게 해준다. 이 성체성사로부터 끊어지는 것은 영적인 죽음을 의미한다.

4. 고해성사(Penance)

이는 세례 후에 지은 죄들, 특히 간음, 배교, 살인과 같은 대죄(大罪)들을 처리하는 방법이다. 고해성사에는 통회, 자백, 그리고 사제가 요구하는 보속 행위가 포함된다.

5. 종부성사(Extreme Unction)

죽기 직전에 행해지는 이 종부성사는 그때까지 고백되지 않은 모든 죄들을 처리한다. 이로써 모든 죄들의 사면이 이루어지며, 신자는 하나님의 영광을 볼 수 있는 상태로 준비된다.

로마 가톨릭 교회의 신학은 성례전과 매우 밀접하게 연결되어 있으며, 그들에게 성례전은 은혜를 받는 수단이기 때문에 위와 같이 나열할 필요가 있다. 그런데 이러한 성례전 안에는 여러 요소들이 다음과 같은 순서로 포함되어 있다. 즉 *중생, 회개, 믿음, 회심, 성화, 영화*다. 이 중 마지막 단계인 영화를 제외한 모든 과정이 가톨릭의 칭의 개념 안에 포함되어 있다.

루터교회

물론, 루터교회는 마르틴 루터(M. Luther)로부터 시작되었기 때문에 그들의 신학은 루터의 사상을 반영하고 있을 수밖에 없다. 루터는 회심이 여러 단계를 거치는 과정을 통해서 일어난다고 믿었으며, 이미 중생한 신자라 할지라도 구원을 잃어버릴 수 있다고 생각했다. 물론, 구원을 잃어버릴 수 있다고 믿는 모든 사람들과 마찬가지로, 루터도 구원이 다시 회복될 수 있다고 믿었다.

1. **부르심**. 하나님께서는 모든 사람을 그리스도를 믿도록 부르시며, 아직 회심하지 않은 자들이 복음의 메시지에 반응할 수 있도록 충분한 은혜를 제공하신다.

2. **조명**. 하나님의 부르심과 함께 빛이 임한다. 하나님의 부르심을 듣는 모든 사람들은 성령의 조명을 받음으로써 그리스도를 영접했을 때 얻게 되는 유익과 영접하지 않았을 경우 맞닥뜨리게 될 결과를 깨닫게 하신다.

3. **회개**. 회개는 자신이 지은 죄들을 슬퍼하고, 구원이 그리스도의 사역을 통해서 제공된다는 사실을 인식하는 것을 포함하고 있다.

4. **믿음**. 그리스도께서 자신을 구원하실 수 있다는 사실을 깨달은 후, 사

람은 그리스도를 믿기로 선택하게 된다.

5. **중생**. 믿음의 결과로, 사람은 거듭나는 경험을 하게 되고, 변화를 경험하게 된다.

6. **칭의**. 중생의 결과로, 영원한 죄 사함을 얻게 되고 하나님과의 올바른 관계 속에 들어가게 된다.

7. **성화**. 칭의된 결과로, 사람은 이제 거룩한 삶을 사는 가운데 영적으로 성장하게 되며, 이에 따라서 믿음의 열매를 맺게 된다.

8. **보존**. 신자가 믿음에 거하는 한, 하나님께서 끝까지 그들을 지켜 주신다. 그러나 만일 더 이상 믿기를 멈추는 선택을 한다면, 그들은 구원을 잃게 된다.

이 순서는 유아의 경우 달라진다. 왜냐하면 루터는 세례를 통한 중생을 믿었기 때문이다. 따라서 유아가 세례를 받을 경우, 중생이 이 순서의 맨 앞에 오게 되며, 그 뒤를 이어 다른 단계들이 자연스럽게 뒤따르게 된다.

언약주의 개혁교회

언약주의 개혁교회에게, 구원의 모든 과정은 하나님과 인간이 맺은 은혜의 언약에서 출발한다.

1. **부르심**. 모든 사람에게 해당되는 일반적인 부르심이 있고, 택함 받은 자들만 해당되는 특별한 부르심이 있다. 어둔 마음을 밝히고, 마음을 하나님께로 향하게 하고, 또 그리스도를 영접하고 싶은 의지를 움직이는 것은 성령님이시다.

2. **중생**. 완전히 타락한 사람은 하나님을 위해 결정을 내릴 수 없기 때문에, 성령께서 사람이 믿을 수 있도록 새로운 출생이란 선물을 주셔야만 한

다. 따라서 사람은 (그리스도를 또는 복음을) 믿기 전에 분명히 거듭나야만 한다.

3. **믿음.** 중생의 필연적인 결과는 믿음이다. 믿음은 그리스도를 자신의 구주로 믿는 것을 가리키며, 이것은 하나님의 또 다른 선물이다.

4. **회개.** 하나님은 새롭게 성도가 된 사람에게 회개를 통해서, 자신의 죄에 대해서 슬퍼하고 또한 모든 경건하지 못한 행실에서 돌아서게 하신다.

5. **칭의.** 이 단계에 와야, 이전 죄인으로 행한 일에 대해서 의롭다는 법적인 선언이 주어진다.

6. **성화.** 칭의와 분리될 순 없지만, 칭의는 순간적인 반면, 성화는 평생에 걸친 과정이다. 이 과정을 통해서 신자는 점차적으로 그리스도의 모습을 닮게 된다.

7. **보존.** 하나님께서 오래 참고 견디시는 것만큼, 신자들은 오래 참고 견디지 않는다. 그럼에도 하나님께서는 참 신자들이 넘어지지 않도록 지키고 보호하신다. 시간이 주어지기만 한다면, 그들은 그리스도 안에서 성장해갈 것이며, 그렇지 않으면 그들은 전혀 신자가 아니다.

8. **영화.** 신자들은 장차 그리스도께서 나타나시면 그리스도의 영광스러운 모습으로 변하게 될 것이고, 죄성이 제거될 것이며, 영광스러운 몸을 받게 될 것이다.

비언약주의 개혁교회

개혁주의 전통을 따르면서도, 언약 신학을 따르지 않는 사람들이 많이 있다. 이들은 보통 *구원의 서정(ordo salutis)*을 더 세부적으로 나누고 있다.

1. **선택.** 누가 그리스도를 영접할 것인가를 하나님의 미리 아심과 상관없이, 하나님께서는 영원한 과거에 영생을 얻을 사람들을 선택하셨다.

2. **부르심**. 개혁주의에서 이 부르심은 저항할 수 없는 은혜(irresistible grace)로 불리며, 이는 칼뱅주의 5대 교리 가운데 하나다. 이러한 부르심은 불신자가 복음에 반응할 수 있도록 마음을 부드럽게 하고 또한 복음에 대한 이해력을 높혀준다.

3. **중생**. 전적으로 타락한 인간은 성령님께서 그를 거듭나게 하심으로써 믿을 수 있는 능력을 주시기 전까지, 믿음을 행사할 수 없다. "성령께서는 죄인 안에 새로운 마음 또는 새로운 본성을 창조하신다. 이 일은 중생 또는 새로운 출생을 통해서 이루어지며, 이렇게 거듭나는 역사를 통해서 죄인은 하나님의 자녀가 되며 또한 영생을 받게 된다. 이 과정을 통해서 죄인의 의지는 새롭게 되고, 죄인은 자신의 자유로운 선택에 의해서 자발적으로 그리스도께 나아오게 된다."[3]

4. **회개**. 중생한 사람들 속에 거하시는 성령의 능력에 의해서, 그들은 모든 죄에서 돌이킨다.

5. **믿음**. 중생한 자는 이제 그리스도를 자신의 구주이자 삶의 주인으로 받아들이는 개인적인 결정을 내리게 된다.

6. **칭의**. 새롭게 믿게 된 신자는 하늘 법정에서 이제 의롭다고 선언된다.

7. **성화**. 칭의된 사람은 이제 성령에 의해 거룩하게 되는 과정을 시작한다. 이 과정에는 오르막과 내리막을 경험하게 되지만, "추세선(trend line)"은 항상 상승한다.

8. **보존**. 택함받은 자들을 보존하는 것은 하나님의 능력이기 때문에, 그들은 믿음을 저버리지 않는다. 따라서 성도들은 그들의 삶이 끝날 때까지 견딘다.

9. **영화**: 그리스도께서 재림하실 때, 택함받은 자들은 타락을 일으켰던 그 모든 요소로부터 완전히 벗어나게 된다. 즉, 그들은 영화롭게 된다.

개혁주의 신학의 중요한 측면 중 하나는 하나님의 주권을 변호하는 것이다. 구원 과정에서 인간의 역할이 조금이라도 있다고 할 것 같으면, 이는 하나님의 주권을 훼손하는 것으로 여겨진다. 다시 말해서 하나님께서 인간에게 의존하신다는 의미가 되고, 그렇다면 하나님의 주권을 침해하는 것이 된다. 그렇기 때문에 이것이 개혁주의 신학에서 중생이 믿음에 앞서야 하는 주된 이유 중 하나가 된다. 중생하지 않은 사람이 그리스도를 선택할 수 있다면, 이는 인간이 자신의 힘으로 구원 과정에 무언가를 더할 수 있음을 의미하는 것인데, 이는 인간의 전적 타락의 교리를 약화시킬 뿐만 아니라 동시에 인간의 행동과는 독립적으로 역사하시는 주권적인 하나님께서 구원의 역사에서 인간을 의존하실 수밖에 없게 되는 결과를 초래하게 되는 것이다.

아르미니안 교회

아르미니안 또는 아르미니우스주의자들은 일반적으로 이렇게 믿고 있다.

1. **부르심**. 아르미니안들에게, 부르심은 보편적이다. 십자가에서 발효된 은혜는 모든 사람에게로 흘러나가고 있으며, 타락의 영향을 되돌리는 작용을 하고 있다. 이로써 사람들로 하여금 그리스도를 선택할 수 있게 만든다.

2. **회심**. 회심은 회개와 믿음으로 구성된다. 모든 사람은 선하거나 악한 일을 스스로 선택할 수 있는 도덕적 자유를 가지고 있기 때문에, 두려움과 떨림으로 자신의 구원을 이루어야 한다. 여기서 강조되는 것은 "구원을 이루라"라는 것에 있다. 그러므로 회심은 하나님과 인간의 협력 활동(synergistic activity)으로 간주된다.

3. **칭의.** 아르미니안들은 칭의를, 하늘 법정에서 죄인이 그리스도의 의를 전가받아 의롭다고 선언되는 법적인 결정으로 보지 않는다. 오히려 우주의 올바른 도덕적 통치를 받기 위해서 필요한, 죄의 용서를 받는 것으로 이해한다.

4. **성화.** 어느 순간에 "두 번째 축복(second blessing)"을 경험하게 되면, 이로써 죄성이 파괴되고 또한 신자들에게 하나님과 인간을 향한 완전한 사랑을 할 수 있는 능력이 주어진다.

5. **견인.** 신자들은 믿음에서 떨어질 수 있고 또한 구원을 잃어버릴 수도 있다. 그러한 사람들 중에는 참 신자도 있으며, 참 신자도 타락할 수 있다. 아르미니안 신학체계에서 중생이 차지하는 위치를 파악하는 것이 중요하다. 그들은 중생이 회심에서 성화에 이르는 전체 과정을 포괄하고 있다고 보고 있다.

요약

여기서 값없는 은혜 구원론(Free Grace soteriology)을 가장 잘 드러낼 수 있는, 구원의 서정을 교리적으로 제시하고 싶은 유혹이 있을 수 있지만, 아직 시기상조다. 구원의 과정에서 몇 가지 아직 살펴보지 않은 요소들이 있기 때문에, 이 요소들을 더 자세히 분석하기 전까지는 구원의 순서에서 이 요소들의 자리에 대해서 확고한 입장을 세우기는 어렵다. 이 요소들 가운데 칭의와 성화와 같은 몇 가지 요소들은 이미 살펴보았다. 영화(glorification)가 마지막에 자리를 잡고 있다는 점에 대해서는 이견이 없다. 견인(perseverance)은 영원한 안전(eternal security)를 다루면서 다시 논할 것이다. 아울러 선택, 부르심(calling), 중생, 그리고 회개에 대해선 더 많은 설명을 필요로 한다. 또한 어떤 사람들은 구원의 서정을 설명하면서, 둘

다 가지려는 태도를 보인다. 즉 그들은 시간적 순서와 논리적 순서를 동시에 주장한다. 예를 들자면, 데머리스트(Demarest)는 다음과 같은 주장을 하고 있다. "회심, 중생, 그리스도와의 하나 됨, 그리고 칭의는 그리스도를 선택하는 순간에 동시에 일어나는 일이며, 순차적으로 일어나는 일이 아니다."[4] 하지만 동일한 문맥에서, 중생하지 않은 사람이 그리스도를 영접하는 결정을 할 수 없으므로, 그가 믿을 수 있으려면 먼저 (시간적으로 앞서) 중생되어야 한다고 주장한다. 구원의 서정에서 하나의 요소가 논리적으로 하나의 고정된 위치를 가지면서도 또한 시간적으로 다른 위치에 있을 수 있다는 설명은 전혀 설득력을 가질 수 없다.

"그러면 어떻게 보아야 하나요?"라는 질문은 타당하다. 이 순서가 어떤 차이를 만드는가? 이것은 주로 하나님의 주권(divine sovereignty)과 인간 책임(human responsibility)의 문제다. 하나님의 주권을 강조하는 사람들은 구원 과정에서 인간을 전적으로 배제하고 싶어 한다. 그렇다면 하나님께서 연약한 진흙 덩어리를 가지고 자기 아들의 형상으로 만들기 위해 모든 일을 하시며, 이렇게 진흙에 불과한 인간은 그 과정에서 아무런 의지, 감정, 또는 의사를 가지지 않는다고 본다. 이 점을 인정하는 것은 하나님의 주권 교리를 약화시키는 것으로 여겨진다. 반면에 인간의 능력을 강조하는 사람들은 타락의 영향을 최소화하고 싶어 하며, 하나님께서는 창조와 십자가에서는 적극적으로 역사하셨으나 개인의 구원 과정에서는 수동적으로 역사하시며, 각 개인은 자신의 구원을 이룰 수 있는 능력이 있다고 본다. 한 가지 희망적인 것은, 성경에서 중도적인 입장도 있다는 것이다.

미주

1 필자는 B. 데머리스트에게 큰 빚을 지고 있다. 그는 십자가와 구원 (Cross and Salvation, 36)이란 책에서 이 주제에 대한 기본 틀을 잘 정리해주었다.

2 F. G. L. Van Der Meer, *The Faith of the Church* (London: Darton, Longman & Todd, 1966), 367.

3 D. N. Steele and C. C. Thomas, *Five Points of Calvinism*, 48.

4 Demarest, *Cross and Salvation*, 43.

제7장

회개[1]

A.W. 토저(Tozer)는 그의 책, 『나는 그것을 이단이라고 부른다(I Call It Heresy)』에서 자신의 입장을 주재권 구원으로 밝히고 있다. 그는 이렇게 말하고 있다. "진정한 순종은 그리스도인의 삶에서 가장 힘든 요구 사항 중 하나다. 순종 없이는 구원이 있을 수 없다. 왜냐하면 순종 없는 구원은 스스로 모순된 것이며, 불가능한 일이다. … 우리는 다시 복음을 전해야 한다. 즉 그리스도께서 모든 것의 주님이 되시든지 아니면 전혀 주님이 되지 않으시든지, 둘 중 하나를 선택하라고 선포해야 한다!"[2] 같은 장에서, 그는 누가복음 15장의 탕자의 비유를 가지고 자신이 이해하고 있는 회개를 다음과 같이 이렇게 쓰고 있다.

"집으로 돌아오기로 마음에 정한 탕자가 (즉 죄인이) 가장 먼저 했던 것은 자백하는 것이었다. '아버지 내가 하늘과 아버지께 죄를 지었사오니 지금부터는 아버지의 아들이라 일컬음을 감당하지 못하겠나이다 나를 품꾼의 하나로 보소서 하리라.' 이처럼 회개란 우리가 순종하는 자녀로서 하나님의 말씀과 하나님의 뜻에 온전히 복종하는 것이다. … 만일 우리가 하나님을 향해 이런 순종을 보이지 않는다면, 과연 우리가 진정으로 회심한 것인지 의심하지 않을 수 없다!'[3]

토저만이 구원의 과정에서 회개의 역할[4]을 이렇게 보는 것은 아니다. 존 맥아더 또한 『예수님이 전하신 복음(The Gospel According to Jesus)』이란 책에서 단호하게 선을 그으며 이렇게 말하고 있다. "처음 메시지부터 마지막 메시지에 이르기까지, 구주께서 강조하신 것은 죄인들을 불러 회개시키는 것이었다. 이는 단지 그분이 누구신지 새롭게 깨닫는 것뿐만 아니라, 죄와 자아로부터 돌이켜 그분을 따르는 것을 의미한다."[5] 회개를 구원 과정의 필수적인 요소로 본 또 다른 사람은 대럴 보크(D.L. Bock)이다. 그는 이렇게 말하고 있다. "회개는 … 오늘날 복음을 전하는 일에 있어서 필수적인 부분이다."[6] 그는 누가의 지상대명령이라고 할 수 있는 누가복음 24장 47절을 설명하면서, 예수님은 회개란 용어를 사용하셨는데, 이는 구원에 있어서 회개의 중요성을 강조하신 것이라고 설명하고 있다.

분명 이러한 신학자들은 회개와 칭의의 관계에서, 회개가 칭의를 위한 요구 조건이라고 이해하고 있다. 다시 말해서 그들의 논쟁을 보면, 회개는 불신자들을 위한 것이다. 그러나 또 다른 학자들은 회개가 신자들을 위한 것이라고 생각한다. 장 칼뱅은 다음과 같이 말했다. "이제 논쟁의 여지없이 분명한 사실은, 회개는 믿음을 끊임없이 좇아 다닐 뿐만 아니라 믿음에서 태어난다는 것이다."[7] 또한, C.H. 스펄전(Spurgeon)은 이렇게 말했다. "회개에 합당한 모든 열매는 믿음 속에 내포되어 있다. 그렇기 때문에 여러분은 그리스도를 믿는 사람이 여전히 하나님의 적으로 남아 있거나 또는 죄를 사랑하는 자로 남아 있는 경우를 결코 찾을 수 없을 것이다."[8]

따라서 어떤 기독교 교사들은 회개가 불신자를 위한 것이라고 믿는 반면, 다른 이들은 회개가 신자를 위한 것이라고 믿고 있다고 말하는 것이 옳다. 어떤 견해가 옳은 것인가? 본서의 입장은 두 가지 모두 옳다고 본다. 다시 말해서 회개는 불신자와 신자 모두를 위한 것이다. 그렇지만 우리는 회개가 불신자들이 예수 그리스도를 알고 믿어 구원받는데 필요한 선행 조건은 아니라는 사실을 입증하고자 노력할 것이다. 이 연구의 절차는 다음과 같다. 즉 교회사 속에서 회개에 대해서 토론된 다양한 입장을 자세히 검토할 것이고, 회개를 불신자를 위한 것으로 본 사람들과 신자를 위한 것으로 본 사람들로 구분해서 살펴볼 것이다. 그리고 나서 성경의 사례들을 통해 회개가 모든 사람을 위한 것임을 보여주고자 한다.

회개에 대한 역사적인 입장들

속사도 시대의 교부들부터 아우구스티누스까지

초기 교회 시대에 매우 영향력이 있었지만 완전히 이단적인 내용을 담고 있는 책은 『헤르마스의 목자(The Shepherd of Hermas)』라는 책이었다. 저자는 로마교회의 장로이자 감독인 클레멘트와 동시대인이라고 주장하고 있다. 헤르마스는 목자의 복장을 하고서 나타난 "회개의 천사"에게서 지시를 받는다. 이 책은 태만한 교회를 향해 회개를 촉구하고 있다. 이 책은 철저히 율법주의적인 내용을 담고 있으며, 복음이나 은혜를 전혀 언급하지 않는다. 대신 선행을 통한 공로 쌓기와 순교를 통한 죄의 속죄를 언급한다. 믿음에 의한 칭의도 언급하고 있지 않으며, 물 세례가 구원에 필수적인 요소라고 주장한다.[9] 물 세례는 회개의 표식이며, "그리스도인을 그리스도인답게 만든다. … 금욕과 형벌적 고행은 회심을 위한 학교다."[10]

믿음은 회개의 열매이며, 세례가 회개를 인치는 것이다.[11]

순교자 유스티누스(Justin Martyr)는 헤르마스의 뒤를 이어 세례를 중생의 사역으로 보았다. 그는 이렇게 말했다. "우리의 교리를 진리로 확신하는 자들은 ⋯ 기도와 금식과 지난 죄들을 회개하라는 권면을 받고 있다. ⋯ 그리고 나서 우리는 그들을 물이 있는 곳으로 데리고 가서, 우리가 중생한 것과 같은 방식으로 그들도 중생하도록 한다. ⋯ 왜냐하면 그리스도께서는 '사람이 물과 성령으로 나지 아니하면 하나님의 나라에 들어갈 수 없느니라' 고 말씀하셨기 때문이다."[12] 순교자 유스티누스는 물 세례의 중요성을 다음과 같이 강조했다. "회개의 물두멍은 ⋯ 바로 세례다. 세례는 회개한 자를 깨끗하게 할 수 있는 유일한 방법이다."[13]

속사도 시대에, 회개는 바울이 오랫동안 반대했던 유대주의적 영향을 거의 그대로 반영하게 되었다. 구제와 마찬가지로, 회개도 하나의 선행으로 여겨졌다(2 Clement 16:4). 회개는 구원과 영생을 얻게 해주는 수단으로 받아들여졌다(2 Clement 9:8). 울며 통회하는 참회는 하나님의 용서를 얻게 해줄 수 있었다(Just. Dial. 141.3). 이처럼 2세기 초부터 회개는 하나님의 인정을 받는 방법과 연결되었고[14], 또한 물세례와도 결부되었다.[15]

아우구스티누스 시대에 이르러 유아세례가 일반화되었다. 그는 세례를 통해서 "우리는 의롭다 함을 받지만, 성장할 때마다 의는 점차 커져간다" (Augustine, Sermon, 158.5)고 말했다. 그는 구원의 서정을 통해서, 예정, 부르심, 칭의, 영화를 보았다. 하지만 그에게 칭의는 중생부터 성화까지 모든 것을 포괄하는 개념이었다.[16] 그리고 중생은 세례시에 시작되었다. 아우구스티누스는 실제로 세례를 "구원을 가져다주는 중생의 물두멍" (Augustine, Sermon, 213.8)이라고 불렀다. 또한 택함받은 자들은 세례를 통해서, 외적 표징(물세례)과 영적인 실체(중생과 그리스도와의 하나됨)를 모두 받는다고 보았다. 아우구스티누스에게 "세례성사는 의심의 여지

없이 중생의 성례"(Augustine, *On Forgiveness of Sins, and Baptism*, II.43)였다.

그러나 헤르마스와 기타 다른 사람들과는 달리, 아우구스티누스는 회개를 그저 인간의 행위로 보지 않았고, 값없이 주어지는 은혜의 선물로 보았다. 회개는 중생과 믿음과 마찬가지로 죄인에게 주어지는 은혜의 선물이었다.[17] 심지어 어린아이도 세례를 통해서 중생할 수 있었는데, 이는 세례가 "아직 마음으로 믿어 의에 이르고 입술로 고백하여 구원받을 수 없는" 작은 아기도 깨끗하게 해주기 때문이다(Augustine, *On the Gospel of St. John*, 80.3). 이로써 세례받은 택함 받은 아이들은 반드시 믿음과 회개로 나아갈 것이며, 뿐만 아니라 은혜 안에서 성장할 것이라고 보았다. 이 모든 요소들이 아우구스티누스가 이해하고 있는 칭의 개념 속에 포함되어 있었다. 그는 그리스어에 익숙하지 않았기 때문에, *디카이오오(dikaioo)*의 의미를 "의롭다 선언하다"가 아니라 "의롭게 만들다"로 오해했다(Augustine, *On the Spirit and the Letter*, 45). 이 오해 때문에, 로마 가톨릭 교회는 칭의를 평생의 과정으로 보게 되었다. 이러한 교리는 결국, 어느 누구도 그가 죽을 때까지 자신이 택함 받은 자인지 아닌지 알 수 없게 만들었다.

분명 교부들과 그 후계자들은 "진행형 회심관(linear view of conversion)"[18]을 가지고 있었다. 즉 회심은 세례를 받을 때 시작되지만, 죽을 때까지 완성되는 것은 아니라고 보았다. 세례를 받을 때, 세례를 받기 이전에 지은 죄들만 용서를 받는다. 세례 이후에 짓는 죄들이 큰 문제였다. 이러한 문제 때문에, 초기 많은 그리스도인들은 죽음의 침상에서 세례를 받고자 살아있는 동안 세례받기를 최대한 미루었다. 그래서 유아 세례를 받은 자들의 죄 문제를 해결하기 위한 방법이 필요했다. 그래서 회개 또는 고해성사가 도입되었다. 한편 초기 교회는 세례 후에 회개의 횟수를 놓고서 논쟁했지만, 아우구스티누스 시대에는 무제한 회개가 허용되었다 (Augustine, *On the Creed*, 15-16).

라틴 교부들은 그리스어 *메타노에오(metanoeo*, "회개하다")와 *메타노이아(metanoia*, "회개")를 라틴어로 "참회 행위를 하다"와 "참회 행위"로 번역함으로써 회개에 대한 이해를 명확히 했다.[19] 이 번역은 제롬의 벌게이트에 그대로 보존되었고, 회개가 행위 중심의 참회로 이해되는 계기를 마련했다.

아우구스티누스 시대에 접어들면서, 세례를 받은 후에 지은 죄들을 참회하는 것(penance)이 교회로 회복하는 일반적인 방식이 되었다. 참회 행위는 죄의 성격과 고해 신부(Father Confessor)의 성향에 따라서 다르게 운용되었다. 이러한 행위에는 금식하기, 기도하기, 눈물 흘리기, 간청하기, 금욕하기(결혼한 사람의 경우), 머리 깎기, 엎드려 절하기 등이 포함되었다. 참회는 며칠 동안 지속될 수도 있었고, 여러 해 동안 이어질 수도 있었다.[20]

요약하자면, 속사도 교부들의 시대에, 유아 세례가 보편화되기 전까지 회개는 주로 세례 전(pre-baptismal)에 필요한 것이었다. 그러므로 세례는 사람이 자신의 구원을 얻는데 보탬이 되는 사람의 일로 받아들여졌다. 명확히 정의되지는 않았지만, 분명히 죄를 뉘우치고 또한 죄를 포기하는 행동을 포함했으며, 특히 물 세례를 받는 시점에 그리해야 했다. 아우구스티누스 시대에는 유아 세례가 일반적인 관행이었다. 물 세례에서 중생이 이루어지고 칭의가 시작되는 것이었기 때문에, 세례 후에는 회개가 초점이 되었다. 이러한 회개는 뉘우침과 자백뿐만 아니라 고행의 행위를 하는 것과 사실상 동의어로 여겨지게 되었다. 회개를 이렇게 이해하는 일은 암흑기를 거쳐 르네상스 시대까지 만연했으며, 종교개혁자들이 일어날 때까지 이어졌다.

종교개혁자들(Reformers)과 회개

칼뱅과 루터는 세례 이후에 지은 죄들을 뉘우치고, 자백하고, 참회의 행위들을 함으로써 속죄할 수 있다는 개념을 거부했다. 이들은 (과거, 현재, 미래의) 모든 죄들은 죄인이 세례를 받을 때 그리스도의 피로 덮였다고 믿었다. 따라서 고행의 행위는 필요치 않다고 보았다. 칼뱅에게, 회개는 그리스도인의 삶 전체에 걸쳐서 계속되는 것이었지만, 그럼에도 그것은 믿음의 열매로 간주되었다. 칼뱅의 생각에 믿음이란 중생(regeneration) 없이는 올 수 없었다. 그러므로 성령의 중생시키는 일이 있은 후에야, 믿음의 선물이 택함 받은 자들에게 주어지고, 이 믿음에서 회개가 나오는 것이었다. 따라서 회개는 옛 본성(육체, flesh)을 죽이는 것이며 또한 새 본성(영, spirit)을 살림으로써 거룩에 이르게 해주는 것으로 정의되었다.[21] "칼뱅은 회개를 후대의 신학자들이 성화로 부르는 것, 바로 그것으로 이해했다."[22]

루터에게 회개는 믿음의 시점에서 시작되는 것이었다. 회개는 자신이 지은 죄들에 대한 진정한 슬픔과 모든 악을 포기하는 것까지 포함했다. 그는 이렇게 썼다. "회개는 단순한 참회(penitence)가 아니라, 죄 사함의 약속을 붙잡는 믿음이기도 하다. 이것이 없다면 참회하는 죄인들이 멸망할 것이기 때문이다."[23] 칼뱅처럼 루터도 회개와 믿음을 연결시켰고 또한 회개를 신자의 평생 과정으로 보았다. "우리의 주님이자 주인 되시는 예수 그리스도께서 '회개하라' 고 말씀하셨을 때, 주님은 신자의 삶 전체가 참회의 삶이 될 것을 요구하셨다."[24] 그러나 칼뱅과는 달리 루터는 회심(conversion)이 진행형(linear)이고 또한 한 사람의 삶이 끝날 때까지 완성되지는 않는다고 보았다. 즉 신자가 믿음에서 떨어져 구원을 잃을 수 있다고 생각했다. 그러나 다시 믿음으로 돌이킬 수 있으며, 이러한 복귀는 고

행의 행위를 통해서 이루어지는 것은 아니라고 보았다.

종교개혁 이후의 회개

R. 윌킨(Wilkin)에 따르면, 종교개혁 이후 회개에 대한 이해가 네 가지 방향으로 나뉘었다.[25]

1) 죄짓기를 멈추려는 의지 또는 결심과 그리스도의 주권에 대한 헌신[26],

2) 생각의 변화[27],

3) 통회, 자백, 참회 행위[28],

4) 죄로부터 돌이킴[29].

개혁주의 사상가들의 근본적인 입장은 중생이 믿음과 회개에 선행해야 한다는 것이었다. 이것은 아우구스티누스와 칼뱅의 믿음을 따르는 것이었다. 믿음과 회개는 "회심"으로 이해되었다. 그런데 중생하지 않은 자는 믿는 일을 할 수조차 없고, 회개는 믿음의 열매였다. C.H. 스펄전(1834-1892년)은 이렇게 말했다. "살아계신 하나님과 그 아들 예수 그리스도를 믿는 믿음은 항상 새로운 출생이 이루어진 결과이기 때문에, 중생하지 않은 자 속에 믿음은 결코 존재할 수 없다."[30] 즉, 중생에서 믿음이 나오며, 믿음은 회개의 어머니다. 회개는 자신이 지은 죄들에 대한 슬픔과 죄를 버리는 일까지 포함한다.[31] 지난 2세기 동안 모든 개혁주의 신학을 연구한 결과 내린 결론은 칭의는 회개 이후에 오는 것이었다.

A.H. 스트롱(Strong, 1921년 사망)은 중생, 회개, 믿음을 동시에 일어나는 사건으로 보았다. (물론 논리적으로는 동시적인 것은 아

니며, 순서가 있다.) 회개와 믿음은 사람의 지성, 감정, 의지에 작용하는 것이기 때문에, 각각 세 가지 요소로 이루어진다.

회개는 다음 세 가지 요소로 구성된다.
1) 지성 - 죄를 인식함,
2) 감정 - 죄를 슬퍼함,
3) 의지 - 죄를 버림.

믿음도 다음 세 가지 요소로 구성된다.
1) 지성 - 복음을 아는 지식을 갖게 됨,
2) 감정 - 그리스도의 은혜의 충분성을 느낌,
3) 의지 - 그리스도를 구주와 주님으로 신뢰함.

따라서 회개는 알게 된 모든 죄에서 떠나려는 결심이며, 믿음은 그리스도께로 돌아가려는 결심이다.[32] 이로써 스펄전과 스트롱 모두 회개는 중생의 조건이 아니라고 보았는데, 왜냐하면 중생이 회개와 믿음에 앞서 일어나는 것이기 때문이다.

밀라드 J. 에릭슨과 B. 데머리스트는 이 순서를 뒤집어, 회개와 믿음 후에 중생이 온다고 주장했다. 스트롱과 마찬가지로, 그들은 회심이 회개(부정적 측면: 죄에 대한 슬픔과 죄를 떠나려는 결심)와 믿음(긍정적 측면: 복음과 그리스도의 은혜를 아는 지식 + 그리스도를 전적으로 신뢰하는 감정)으로 구성된다고 말한다. 에릭슨에게, 회개는 죄에 대한 슬픔과 죄를 떠나려는 결심으로 이루어진 것이었다. 믿음은 복음 진리를 지성적으로 이해하고, 아울러 그리스도의 위격을 신뢰하는 감정으로 이루어진 것이었다. 논리적으로 보면, 중생이 회개와 믿음(이 두 가지가 회심을 이룬다)에 의존하고 있지만, 시간적으로 볼 때 이 세 가지가 동시에 일어난다.[33] 데머리스트도 같은 입장이었다.[34] 앞에 다룬 논의를 보면, 신학자들은 "회개가 중생보다 먼저 오는지 그렇지 않은지"에 대해서 합의를 이루고 있지 못하고 있다.

어떤 신학자는 회개가 중생의 조건이라 하고, 다른 신학자는 회개는 중생의 열매라고 주장한다. 그래서 우리는 다시 원점으로 돌아오게 되었다. 어떤 사람은 회개가 중생하지 않은 사람을 위한 것이라고 말하고, 또 어떤 사람은 회개는 중생한 자를 위한 것이라고 말한다. 이제 성경은 무엇이라고 말하는지, 성경 자체를 살펴볼 차례다. 과연 불신자들의 회개 사례가 있는가? 신자들의 회개 사례는 있는가?

회개에 대한 성경의 증언

불신자들을 위한 회개

회개가 불신자들을 위한 것임을 분명히 증명할 수 있는가? 물론이다. 세례 요한의 사역은 거의 대부분 불신자들을 대상으로 한 것이었다. 우리는 이 점을 요한복음 1장 7절을 통해서 확인할 수 있는데, 이 구절은 요한이 빛(즉 예수님)에 대하여 증언하고, 모든 사람이 자신으로 인해서 예수님을 믿게 하려는 것이라고 밝히고 있다. 누군가 구약 성도들 중 다수는 율법의 그림자를 통해서 하나님의 약속을 믿는 믿음을 이미 가지고 있었다고 주장할 수 있을 것인데, 어쨌든 그러한 "신자들"도 이제는 하나님의 최고의 계시이신 그리스도를 믿을 필요가 있었다. 그럴지라도 그들은 회개 후에 믿어야만 했다. 이 사람들 대부분은 처음엔 믿지 않았다. 왜냐하면 요한복음 5장 35절을 보면, 많은 유대인이 요한의 메시지에 반응했고 또한 그의 빛에 즐거이 있기를 원하였지만, 정작 메시아께서 오셨을 때 그들은 그분을 믿지 않았고(요 5:36-47), 구원받지도 못했기 때문이다(요 5:34). 핵심은 이렇다. 즉 요한의 대부분 청중에게 회개가 중생하는 믿음보다 먼저 왔다는 점이다. 따라서 회개는 불신자들을 위한 것이었다.

예수님도 동일한 사역을 하셨다. 우리는 이 사실을 마가복음 1장 15절을 통해서 확인할 수 있는데, 그 구절을 보면 그리스도는 갈릴리 지역에 가서 하나님 나라의 복음을 전하며 회개하고 복음을 믿으라고 말씀하셨다. 이 복음은 왕과 그분의 왕국에 대한 기쁜 소식이긴 하지만, 믿는 일은 여전히 회개 이후에 오는 것으로 제시되고 있다. 병행 구절인 마태복음 9장 13절, 마가복음 2장 17절, 그리고 누가복음 5장 32절(KJV를 보라)도 회개할 것을 요구하고 있는데, 이 구절들은 회개가 아직 복음을 믿지 않은 죄인들이 우선적으로 해야 하는 일로 설명하는 명확한 예시다. 회개가 필요한 사람들은 의로운 사람 또는 의인들이 아니라, 세리들과 죄인들이었다. 그렇지만 만일 누군가 극단적인 주장을 하면서, 이 세리들과 죄인들은 야훼와 언약 관계에 있는 유대인이며, 단지 그분과의 교제에서 멀어진 사람들이기 때문에, 회개는 신자들을 위한 것이라고 말한다면, 누가복음 24장 47절을 보라고 말하고 싶다. 왜냐하면 이 구절은 회개와 죄 사함이 모든 민족에게 전파되어야 할 것으로 말하고 있기 때문이다. 확실히 말할 수 있는 것은 이 민족들은 야훼와 언약 관계에 있는 사람들이 아니었다. 그러므로 이 민족들 가운데서 각 개인들이 구원을 받기 위해선 복음을 믿어야 했지만(막 16:16), 그럼에도 복음을 믿을 것을 요청하기 전에 회개를 요구해야만 했다.

만일 이러한 구절들이 회개가 불신자들을 위한 것이란 점을 선명하게 보여주지 못하고 있다는 생각이 든다면, 사도행전 17장 30절을 보라. 누가는 이 구절을 통해서 바울이 아테네 사람들과 그리스 철학자들에게 회개를 분명히 요구하고 있다는 사실을 밝히고 있다. 사도 바울은 "알지 못하던 시대에는 하나님이 간과하셨거니와 *이제는 어디든지 사람에게 다 명하사 회개하라*"고 하셨다고 말하고 있다. 회개의 이유는 심판이 임박했기 때문이다. 하나님께서는 죽은 자들 가운데서 다시 살리신 그리스도를 통해서 천하를 공의로 심판할 날을 정하셨는데, 머지않아 심판의 날이 올 것이다. 그리스도의 부활에 대한 이 메시지를 듣고 일부 사람들이 믿었다. 이는 베드로후서 3장 9절에서 말하는 내용과도 너무도 유사하다. 곧 하나님은 아무도 멸망하지 아니하고 모든 사람이 회개하기를 원하신다. 이 구절에서 말하는 "모든 사람"은 분명 불신자들을 가리킨다. 바울이 에베소교회의 장로들 앞에서 했던 증언을 보면(행 20:21), "하나님께 대한 회개"와 "우리 주 예수 그리스도께 대한 믿음"을 언급하고 있는데, 이런 것이 바울의 설교의 기본적인 틀이었다.

다시 말하지만, 회개가 믿음 앞에 자리잡고 있는 것이 분명해 보인다. 히브리서 6장 1절에서도 회개, 그 다음에 신앙의 순서로 언급하고 있다. 히브리서 기자는 회개로 시작해서 심판에 이르는 과정을 시간 순으로 나열하고 있다. 즉 죽은 행실을 회개함과 하나님께 대한 신앙과 세례들과 안수와 죽은 자의 부활과 영원한 심판 순으로 열거하고 있다. 이 구절을 객관적으로 본다면, 여기서 첫 단계가 회개라는 사실을 인정하지 않을 수 있겠는가?

이상 인용된 구절들은 회개가 불신자들을 위한 것임을 보여준다. 그러나 회개는 또한 믿는 자들을 위한 것이기도 하다.

신자들을 위한 회개

이스라엘을 향해 민족적으로 회개하도록 부르는 일은 독특한 사례로 볼 필요가 있는데, 이 주제는 다음 장에서 자세히 다룰 예정이다. 니느웨 사람들에게 회개를 외친 일은 흥미로운 사례였다. 마태복음 12장 41절과 누가복음 11장 32절은 요나의 설교를 듣고 니느웨 사람들이 회개했다고 기록하고 있다. 그러나 요나서를 보면 "니느웨 사람들이 하나님을 믿고 금식을 선포하고 높고 낮은 자를 막론하고 굵은 베 옷을 입은 지라"(욘 3:5)고 말하고 있다. 그런데 복음서는 요나의 메시지에 대한 니느웨 사람들의 전체적인 반응(믿음 + 회개의 열매)[35]을 "*메타노에산(metanoesan, 즉 회개하다)*"라는 단어를 사용해서 기록하고 있지만, 사실 니느웨 사람들의 처음 반응은 하나님을 믿는 것이었다.

이러한 니느웨의 사례가 선명하게 느껴지지 않는다면, 요한계시록 2-3장에서 교회를 향해 회개를 명령하고 있는 사례를 살펴보자. 일곱 교회 중 다섯 교회가 회개하라는 명령을 받았다(서머나 교회와 빌라델비아 교회는 이 회개 명령에서 제외되었다). 이 다섯 교회에 속한 대다수 사람들은 분명 신자들로 보아야 한다. 에베소 교회는 배도의 죄 때문에 회개하라는 명령을 받지 않았다. 오히려 영적으로 죽은 상태와 냉담한 정통 신앙 때문에 책망을 받고 있었다. 그들은 바른 믿음은 가지고 있었지만, 열정이 식어버렸고, 처음 사랑을 떠났다. 이제 그들은 회개를 필요로 했다. 처음 행위를 회복해야 했는데, 이렇게 처음 행위를 회복하는 것이 회개의 열매였다. 그렇다면 이것은 신자들을 향한 회개의 부르심이 아니겠는가? 물론 그렇다. 라오디게아 교회의 경우를 보면서, 많은 학자들은 여기서 핵심은 관계(relationship)가 아니라 *사귐(fellowship)*이라는 점에 동의하고 있다. 즉 회개를 통해서 사귐을 회복하는 문제인 것이다. 요한계시록 3장 19절은 "무릇 내가 사랑하는 자를 책망하여 징계하노니[36] 그러므로 네가 열심을 내라 회개하라"고 말한다. 여기서 회개하는 자들에게 주어진 약속은 단지, "내가 그에게로 들어가 그와 더불어 먹고 그는 나와 더불어 먹으리라"는 것이었다. 이 약속은 관계가 아니라 사귐에 관한 것이다. 여기에 그러진 그림은 친밀함, 함께 식사하면서 서로 사귐을 나누는 모습이다.

누가복음 15장을 보면, 회개에 관한 세 가지 비유가 동일한 상황에서 나온다. 예수님께서 세리들과 죄인들과 더불어 식사를 하고 계셨다. 바리새인들과 서기관들은 예수님이 어떻게 이런 행동을 할 수 있는지 이해하지 못했다. 이 본문은 오랫동안 복음 전도자들이 죄인들에게 "집으로 돌아오라"고 호소할 때 즐겨 사용하는 본문이었다. 그러나 누가복음 15장 4-7절에 나오는 잃어버린 양이 실제로는 양을 가리키는 것이 아니라고 어떻게 확신할 수 있는가? 또한 다음 비유에 언급된 동전이 일반적인 동전이 아니라고 어떻게 확신할 수 있는가? 또한 탕자의 비유에서, 탕자가 집을 떠나기 전에 이미 아버지와 함께 마음을 나누는 가족의 일원이 아니었을 것이라고 말할 준비가 되었는가? 이 부르심은 집으로 돌아오라는 것이지만, 이미 집이 있었고, 이미 가족의 일원이었으며, 이미 양무리의 일원이었던 사람들을 향한 부르심일 가능성이 크다.

달라스 신학대학원의 교수이자 신약학과 학과장인 제인 핫지스(Zane Hodges)는 누가복음 15장의 예들은 양쪽으로 해석될 수 있다고 말했다.[37] 불신자의 관점으로 보면, 이는 회개로의 부르심이다. 신자의 관점으로 본다 해도, 역시 회개로의 부르심이다. 이 비유의 전체 시리즈는 주님의 식탁 교제와 연결되어 있었다. 주님은 세리들과 죄인들과 더불어 식사를 하셨다. 거룩하고 의로운 사람이 죄인들과 더불어 식사를 하면서 교제를 나누려면 무엇이 필요할까? 이러한 죄인들은 자신이 의롭다 함을 받았든 그렇지 않았든 회개의 결정을 내려야만 했다. 이 점을 염두에 두고 생각해 보면, 예수님께서는 회개한 세리들과 죄인들과 더불어 식사하는 것을, 회개하지 않은 바리새인들과 서기관들과 식사하는 것보다 더 편안하게 여기셨던 것을 알 수 있다.

이렇게 설명하면 훨씬 더 이해하기 쉬울 것이다. 관계에 속한 진리를

"A 진리"라고 부르자. 그리고 사귐에 속한 진리를 "B 진리"라고 부르자. 만일 누군가가 "B 진리"에 관한 질문을 한다면, "B 진리"에 대한 답을 얻게 된다. 누군가가 "A 진리"에 대한 질문을 하면, "A 진리"에 대한 답을 얻게 된다. 이제 부자 청년의 경우를 예로 들어보겠다. 그는 자신이 어떻게 해야 영생을 "상속(inherit)" 받을 수 있는지를 물었다. 예수님께서는 그에게 가서 가진 모든 것을 팔아 가난한 사람들에게 나눠주라고 말씀하셨다. 만일 우리가 이 질문을 "A 진리"에 관한 것으로 이해한다면, 하나님과의 자녀 관계를 형성하거나 또는 천국에 들어가는 방법은 자신을 부정하는 행위를 통해서 되는 것으로 이해하게 될 것이다. 대부분 개신교 해석자들은 이 점에 대해서 불편함을 느낄 것이며, 이 구절에서 예수님이 말씀하신 것을 어찌하든지 "믿음의 증거"를 요구하는 것일 뿐이라고 해석하고자 애를 쓸 것이다. 설사 이것이 올바른 해석이라고 해도, 자신의 믿음의 증거로 모든 소유를 팔아 가난한 사람들에게 나누어 준 신앙 고백자들이 과연 얼마나 되겠는가? 그러나 만일 부자 청년이 "B 질문"을 하고 또 예수님께서 "B 답변"을 하신 것이라면 어떻게 되겠는가? 만일 영생을 *받아들이는 것*(A 진리)이 믿음에 의해서 되는 것이고, 영생을 *소유하고 있는 것*[38](B 진리)이 행위(우리는 좋은 의미에서 선행이 성령에 의해서 동기 부여를 받고, 하나님이 주시는 힘으로 행하는 것으로 볼 수 있다. 엡 2:10, 갈 2:20을 보라)에 의해서 되는 것이라면 어떤가? 만일 부유한 젊은 관원이 A 질문을 했다면 예수님은 그에게 A 대답을 주셨을 것이다. 대신 그는 B 질문을 했고, B 대답을 받았다. 물론 예수님은 B를 얻으려면, 반드시 A를 통과해야만 한다는 것을 알고 계셨다. 영생을 소유하려면 먼저 영생을 받아야 한다. 마치 땅을 소유하려면 땅을 획득해야 하는 것과 같다.

이것은 회개의 경우도 마찬가지다. 회개 역시 "B 진리"인 사귐과 연결되어 있다. 그렇기 때문에 누가복음 17장 3-4절은 매우 좋은 사례다. 이 구절은 두 형제 사이의 깨진 사귐을 다루고 있다. 그들 사이의 사귐이 회복되려면, 죄를 지은 자가 먼저 형제에게 찾아가서 회개해야 하고, 상처를 받은 형제는 회개하는 형제를 용서해야 한다. 그렇게 함으로써 이미 형성된 영구적인 관계(형제 관계)를 가지고 있던 두 사람은 다시 우정관계(즉 사귐)를 즐길 수 있게 될 것이다. 따라서 이 시점부터 "관계"라는 단어를 사용할 때 이는 "A 진리"를 의미하며, "사귐"은 "B 진리"를 가리킨다는 점을 기억하자. 형제에게 죄를 지음으로 인해서 그들의 관계가 끝난 것은 아니지만, 그들의 사귐이 깨지게 된다.

위의 구절들을 통해서 볼 때, 회개가 단순히 불신자들을 향한 도전만은 아니라는 점이 분명해졌을 것이다. 회개는 신자들에게도 해당되는 것이다. 그렇다면 회개는 모든 사람을 위한 것이 아니겠는가? 그렇다면 회개는 정확히 무엇인가? 많은 사람들이 말하듯이, 회개는 "생각을 바꾸는 것"을 의미하는 것인가? 아니면 어떤 사람들이 가르치듯이, 자신이 지은 죄들에서 완전히 돌이키는 것을 의미하는 것인가? 필자는 회개가 생각의 변화 그 이상의 의미가 있긴 하지만, 외적으로 확인할 수 있을 정도로, 자신의 죄악에서 완전히 돌이키는 정도는 아니라고 본다. 그렇다면, 회개가 의미하는 것은 무엇인가?

회개의 의미

우리는 이 회개의 의미를 구약성경에서 *슈브(shub*, "*돌아서다*" 또는 "*방향을 바꾸다*")와 *니함(niham*, "*후회하다*" 또는 "*위로를 받다*")이란 단어를 비교하면서 규정하고자 하지는 않을 것이다. 이 단어들은 앞으로 자세히 살펴볼 것이다. 사실 구약성경에는 회개를 뜻하는 *메타노에오 (metanoeo)* 또는 *메타노이아(metanoia)*와 정확히 일치하는 용어가 없다.

그래서 70인역(LXX)은 *슈브(shub)*를 *메타노에오(metanoeo)*로 번역한 곳이 없다. 70인역에서 *슈브(shub)*는 *에피스트레포(epistrepho)*로 번역되고 있는데, 이 때문에 많은 사람들이 *에피스트레포*와 *메타노에오*를 동일시하거나, *메타노에오*의 의미에 *에피스트레포*를 포함시키는 결과를 낳았다.[39] 과연 이렇게 하는 것이 타당한 일일까? *에피스트레포*와 *메타노에오*의 관계를 논하기 전에, 우리는 먼저 *메타노에오*의 어원적 의미를 살펴볼 필요가 있다. 과연 이 단어가 신약성경의 문맥에서 회개의 의미로 충분히 사용되고 있는지를 확인해야 한다.

이미 살펴보았지만, 루터와 칼뱅은 회개의 의미에서 "참회(penance)"의 개념을 제거하려 했다. 이를 쉽게 해결하고자 그들은 단어의 어원적 의미로 돌아갔다. 그래서 이 단어를 이렇게 분해했다. meta = "후에", noeo = "생각하다." 이 둘을 합치면, meta는 "사건 이후" 또는 "나중에"라는 의미를 가지게 된다. 이는 곧 무언가를 뒤돌아보고 생각을 바꾸는 것을 뜻한다. 따라서 회개는 "마음을 바꾸다"라는 의미로 이해될 수 있으며, 이는 비종교적 문맥에서도 충분히 의미가 통한다. 그러나 이런 의미가 과연 신약성경의 문맥에서 충분히 사용되고 있는가? 아니면 우리가 이 단어에 이런 의미를 억지로 부여함으로써 "어원론적 오류"를 범하고 있는 것은 아닌가?[40]

요한과 예수님은 모두 "회개하라 천국이 가까이 왔느니라"(마 3:2, 4:17)고 선포했다. 만일 여기서 메타노에오의 어원적 의미를 대입한다면, 과연 의미가 통할 것인가? "마음을 바꾸라 천국이 가까이 왔느니라." 그다지 납득이 가지 않는다. 설령 그들이 마음을 바꿔야 할 대상(그들 자신의 죄악됨이나 하나님의 의 등)을 추가하더라도 뭔가 부족하다. 오히려 "하나님과 올바른 관계를 회복하라"라는 의미를 대입하면 훨씬 더 회개의 의미에 가깝게 느껴진다. 즉 "하나님과 올바른 관계를 회복하라 천국이 가까이 왔으니라." 어떤가? 이렇듯 "하나님과 올바른 관계를 회복하는 것"은 단순히 "마음을 바꾸는 것"보다는 더 큰 의미를 내포하고 있다. 요한계시록 9장 20-21절을 보면, 회개는 확실히 "마음을 바꾸다"라는 의미보다 훨씬 더 무게 있는 의미를 가지고 있음을 볼 수 있다.

"이 재앙에 죽지 않고 남은 사람들은 손으로 행한 일을 회개하지 아니하고 오히려 여러 귀신과 또는 보거나 듣거나 다니거나 하지 못하는 금, 은, 동과 목석의 우상에게 절하고 또 그 살인과 복술과 음행과 도둑질을 회개하지 아니하더라."

성경에서 회개의 의미를 "죄에서 돌아서는 것"이란 의미로 사용하고 있는 구절을 찾고자 한다면, 바로 이 구절에서 찾을 수 있다. 하나님께서 이 사람들이 "살인이나 음행 등에 대한 생각을 바꾸지 않았다"고 해서 이들을 재앙으로 치신다고 해석하는 것은 이 말씀의 강력한 경고의 의미를 제거하는 일이 된다. 그렇다면 회개는 B. 데머리스트가 말한 것처럼 "돌아선다"는 의미를 확실히 가지고 있다. 그는 다음과 같이 주장했다. "회개는 마음의 변화일 뿐만 아니라, 궁극적인 충성의 대상과 아울러 그리스도인이 되기 전에 빠져 살았던 죄에서 하나님께로 돌이키는 행위의 변화다."[41]

그리스어 '에피스트레포(epistrepho)'는 신약성경에서 "돌이키다"로 번역된 단어인데, 칠십인역(LXX)에서는 '메타노에오(metanoeo)'가 아니라 히브리어 '슈브(shub)'를 이 뜻으로 번역했다. 그러나 신약성경에서 '에피스트레포'의 용례를 살펴보면, 39회 사용된 가운데 단지 5회를 제외하면 대부분 돌이키는 일이 내적인 것이라기 보다는 외적인 것임을 볼 수 있다. 야고보서 5장 19-20절이 바로 그렇게 외적인 것으로 사용된 경우다. 그 구절을 보면, 신자[42]가 좁고 협착한 길(즉 진리의 길)에서 벗어났고,[43] 다른 형제가 그를 돌이키는 일을 하고 있다. 이러한 돌이킴은 분명히 육안으로 관찰할 수 있는 외적인 것을 가리킨다. 이것은 D.L. 보크가 언급했던 대로, 내적인 돌이킴이 아니다.[44]

그리고 그 5회 사용된 경우, '에피스트레포'가 내적인 의미로 해석될 수 있긴 하지만(마 13:15, 막 4:12, 요 12:40, 행 28:27, 고후 3:16), 그 다섯 번의 경우 모두 이스라엘 민족 전체의 돌이킴을 가리키고 있다는 점에 주목해야 한다. 이 주제는 다음 연구에서 다룰 것이다. 그렇지만 처음 네 개의 구절은 이사야서 6장 9-10절을 언급하는 것인데, 이 구절은 흥미롭게도 교차 대구형태(chiastic arrangement)를 띠고 있다. "이 백성에게 이르기를 너희가 듣기는 들어도 깨닫지 못할 것이요 보기는 보아도 알지 못하리라 하여 이 백성의 마음을 둔하게 하며 그들의 귀가 막히고 그들의 눈이 감기게 하라 염려하건대 그들이 눈으로 보고 귀로 듣고 마음으로 깨닫고 다시 돌아와 고침을 받을까 하노라." 이 메시지는 마음, 귀, 눈 … 눈, 귀, 마음 순서로 하나의 순환을 이루고 있다는 점에 주목할 필요가 있다. 물론, 여기서 신체 기관은 비유적으로 사용되었지만, 메시지는 이를테면 "경각심을 일깨우는 강력한" 내용을 전달하고 있다. 그들의 "돌이킴"에 어떤 내적 과정이 연루되어 있다면, 그 돌이킴은 교차 대구 구조 안에 담겨 있었을 것이다. 하지만 그런 것이 아니라 여기의 돌이킴은 교차 대구 형태 밖에 있기 때문에, 이 돌이킴은 메시지를 내면화하는 것이라기 보다는 오히려 돌이킨 이후의 외적인 행동을 언급하고 있는 것으로 보아야 한다.

이사야서 6장 10절에서 사용된 돌이킴이란 단어에 대한 위의 분석이 얼마나 설득력이 있는지는 모르겠지만, 신약성경에서 '에피스트레포'라는 용어가 사용된 대부분의 경우는 분명히 외부적으로 관찰 가능한 어떤 변화를 가리키고 있다. 그러므로 우리는 한 사람이 관찰 가능한 방식으로 자신의 죄에서 돌이키는 것이 회개 또는 믿음의 열매일 수 있지만(사도행전 3장 19절과 11장 21절을 비교해보라), 그 돌이킴 자체가 근본적인 회개의 본질을 이루는 요소는 아니라고 결론을 내릴 수 있다.

그렇지만 회개가 단순한 "마음의 변화" 이상이면서도 죄로부터의 돌이키는 관찰 가능한 것보다 못한 것이라면 그것은 무엇일까? 우리는 회개를, 곧 자신이 지은 죄들로부터 돌이키려는 내적인 결심이라고 정의하고자 한다. 이 의미가 신약성경에서 이 단어의 모든 용례에서 잘 들어맞을 것이라고 생각한다.

결론

만일 회개가 자신이 저지른 죄들로부터 돌이키려는 내적인 결심이라면, 과연 회개가 영생을 얻기 위한 조건인가? 라는 질문을 해보자. 다시 한번 말하지만, 우리는 아니라고 결론을 내린다. 회개는 *영생을 얻기 위한 (for receiving eternal life)* 조건이 아니라, *영생을 누리기 위한(for possessing eternal life)* 조건이다. 영생을 누린다는 것은 하나님과의 사귐 속에 있는 신자만이 경험할 수 있는 풍성한 삶의 질을 즐기는 것을 의미한다. 회개는 관계와 연결된 것이 아니라, 사귐과 연결되어 있다. 즉 "하나님과 좋은 관계를 누리기" 위해서는 회개해야 한다. 만일 불신자라면, 그는 영생이라는 값없는 선물을 받기 위해서 먼저 믿어야 한다. 그는 믿기 전에 회개할 수도 있고, 믿은 후에 회개할 수도 있다. 그를 지옥 형벌에서 구원하는 것은 그의 믿음이지만, 그를 그의 믿음 안에 머물게 하는 것은 그의 회개다. 회개는 사귐을 위한 것이다.[45]

누군가 "그러나 자신이 지은 모든 죄에서 실제로 돌이키고 또 죄를 버리지 않은 사람과 어떻게 하나님이 교제하실 수 있는가?"라고 질문하고 싶어할 수 있다. 아마도 다음 비유가 도움이 될 것이다. 목회자로서 나는 중독적인 행동에 연루된 사람들을 매주 만났다. 나는 이들과 함께 점심을 먹고, 골프를 치고, 성경 공부를 했는데 편안한 마음을 가졌다. 그러나 그들 중 일부는 여전히 중독에 사로잡혀 있었다. 그들은 아직 외적으로 그러한 중독 행위에서 돌이키지 않았다. 그렇지만 나는 여전히 그들과 편안하게 사귐을 나눌 수 있었다. 어떻게 그럴 수 있는가? 고린도전서 5장 11절은 나에게 "그런 자와는 함께 먹지도 말라"고 말씀하고 있지 않은가? 아, 그럼에도 그들과 함께 먹을 수 있는 이유는 이 사람들이 자신의 행동이 잘못되었다고 진정으로 인정을 했고, 그것으로부터 벗어나기를 원하기 때문이었다. 다시 말해, 그들 각 사람은 회개했다. 그렇지만 아직 외적인 승리를 얻지는 못했다. 다만 그들은 중독적인 행동에서 돌아서기로 내적으로 결심했을 뿐이었다. 성령의 능력을 통해서 조만간 그들은 죄와 사망의 법에서 해방을 받게 될 것이다(롬 8:2).

만일 이 사람들 중 누구라도 자신의 죄악된 행동에서 돌이키기로 마음속으로 결단하지 않았다면, 나는 그들과 사귐을 나눌 수 없었을 것이다. 이것이 예수님께서 술꾼, 세리, 탐식가, 죄인들과 함께 식사 교제를 하신 일이 아니었던가? 예수님은 그들의 죄를 묵과하지 않으셨다. 그렇다고 그들과 똑같이 죄를 탐닉하지도 않으셨다. 그럼에도 예수님은 그들과 식탁 교제를 나누셨다. 우리는 그들이 회개했다고 결론을 내릴 수밖에 없다. 즉 그들은 자신의 삶이 방탕하며, 잘못되었다는 사실을 확증했고, 이에 "하나님과 올바른 관계 맺기"를 원하는 상태였던 것이다. 다시 말해, 그들은 자신들이 지은 죄들에서 돌이키기로 마음속으로 결단한 사람들이었다. 그들이 그러한 마음을 가지고 있었기 때문에, 예수님은 기꺼이 그들을 만나주시고, 함께 식사하시고, 죄에서 구원 받는 길을 설명해 주셨던 것이다. 그들이 진정으로 회개했다는 외적인 열매는 바로 예수님을 만나고 싶어하는 갈망이 그들에게 있었다는 것이었고, 결국 죄로부터 돌아서게 될 것이었다.

그렇다면 누가 옳은 것인가? 즉 회개는 신자를 위한 것인가 아니면 불신자를 위한 것인가? 회개는 신자와 불신자 모두를 위한 것이라는 점에서 양측 모두 옳다. 회개는 모든 사람을 위한 것이다. 다만 회개는 구원의 조건이 아니라 성화의 조건이다. 회개는 관계의 조건이 아니라 사귐의 조건이다. 하나님과의 영원한 관계를 맺기 위해서, 사람은 오로지 한 번 믿는 일이 있어야 한다. 그러나 하나님과의 지속적인 사귐을 누리기 위해서, 사람은 회개로 점철된 삶을 살아야 한다.

사복음서와 사도행전을 보면 이스라엘의 국가적인 회개를 촉구하는 구절들이 있는데, 이는 복음주의자들 사이에서 뜨거운 논쟁의 원인이 되고 있다. 이는 세례 요한의 사역에서 가장 뚜렷하게 드러나고 있으며, 사도행전 초반부를 보면 베드로가 "이스라엘 사람들"을 향해 회개를 촉구하는 메시지를 이어가는 것을 볼 수 있다. 논쟁의 핵심은 요한의 "회개의 세례"와 베드로의 "죄 사함을 위한" 회개와 세례의 본질과 의미에 대한 것이다.

이스라엘의 민족적인 회개

세례 요한은 이스라엘을 향해 분명하고도 간결한 메시지를 전했다. "회개하라 천국이 가까이 왔느니라."(마 3:2) 예수님도 똑같은 메시지를 전하셨다. "회개하라 천국이 가까이 왔느니라."(마 4:17) 그러자 백성들이 반응했다. 그들은 예루살렘, 유대, 그리고 요단 강 주변 지역에서 떼를 지어 몰려왔다. 그러나 바리새인들과 사두개인들이 나타났을 때(마 3:7), 요한은 아무런 감명을 받지 못했다. "독사의 자식들아 누가 너희를 가르쳐 임박한 진노를 피하라 하더냐? 그러므로 *회개에 합당한 열매 맺기를 시작하라(start bearing fruit worthy of repentance)." (이탤릭체는 저자의 번역임)*

이스라엘 민족의 회개의 의미를 이해하려면, 우리는 세례 요한의 사역의 배경과 "진노"라는 단어의 의미, 그리고 예수님께서 자신을 십자가에 못 박은 세대의 유대인들에게 내리신 지주의 본질을 이해할 필요가 있다. 일단 우리가 이스라엘의 민족적인 회개를 이해하게 되면, 물세례와 성령 세례 사이의 관계도 풀 수 있다. 결국, 아우구스티누스는 성령 세례가 물세례 중에 일어난다고 가르쳤고, 칼뱅, 루터, 웨슬리, 로버트 쌩크[46], 그리고 많은 학자들이 아우구스티누스의 세례에 대한 가르침을 따랐다. 과연 성경이 사람이 물속에 있는 동안이나 물이 뿌려지거나 또는 부어지는 동안 성령을 받는다고 가르치는가? 그렇지 않다면 왜 그렇지 않은 것인가? 이스라엘의 민족적인 회개를 이해하는 일은 성령 세례가 언제 일어나는가, 그 시점을 아는데 있어서 매우 중요하다. 이를 확실히 이해하려면 우리는 먼저 세례 요한의 사역의 배경을 연구해야 한다.

세례 요한 사역의 배경

야훼와 이스라엘이 맺은 언약

세례 요한으로 시작해서, 예수님과 베드로에게 이르기까지 이스라엘을 향해 민족적인 회개를 촉구한 것을 이해하려면, 야훼와 이스라엘 사이에 맺어진 언약 관계를 이해하는 것이 필요하다. 이 언약 관계는 모세 언약보다 훨씬 이전인 아브라함 언약에서 시작되었다. 이 언약은 모세 언약과는 매우 달랐다. M. 클라인(Kline)은 모세 언약을 종주국-속국 조약(suzerainty-vassl treaty)이라고 불렀다.[47] 그러나 M. 와인펠트(Weinfeld)에 따르면, 아브라함 언약은 은혜 언약이었다. 와인펠트의 말에 따르면, "구약성경에는 두 가지 유형의 언약이 있다. 하나는 하나님과 이스라엘 사이에 맺어진 의무적인 언약이고, 다른 하나는 하나님과 아브라함, 그리고 하나님과 다윗 사이에 맺어진 약속에 의한 언약이다."[48] 와인펠트는 이 두 가지 유형의 언약을 대조하면서 이렇게 말했다.

두 가지 언약 모두 동일한 요소, 즉 역사적 도입 부분, 경계 규정(border delineations), 준수 사항, 증인, 축복과 저주를 포함하고 있었다. 그러나 기능적인 측면에서 볼 때, 이 두 유형의 문서 사이에는 큰 차이가 있다. "조약"은 종속국이 그의 주군인 종주국에게 지는 의무만을 규정하는 반면, "은혜 언약"은 주군이 그의 종에게 지는 의무만을 규정한다. … 더욱이, 은혜는 이미 수행된 충성과 선행에 대한 보상인 반면, 조약은 미래의 충성을 유도하기 위한 것이었다.[49]

L.W. 킹(King)은 그의 저서 『바빌로니아 경계석(Babylonian Boundary-Stones)』이란 책에서 충성스러운 종들에게 내리는 왕실의 은혜를 수록하여, 여러 비문들과 번역본을 처음으로(1912년) 출판하는 일을 했다.[50] 이 경계석(즉 쿠두루, *kudurrus*)은 기원전 1450년부터 기원전 550년 사이에 세워졌거나, 아니면 바빌로니아 역사 전체 기간에 걸쳐서 사유 재산을 보호하기 위한 목적으로 세워진 것으로 보인다. 킹은 이렇게 설명하고 있다.

쿠두루 비문은 바빌로니아 제3왕조 카사이트 왕조 시대에 기원을 두고 있으며, 처음에는 왕에게 충성스러운 관리와 신하들에게 왕실의 토지를 하사했던 내용을 기록하거나 확증하는 용도로 사용되었지만, 그 목적은 분명 새롭게 획득한 소유자의 권리를 자신들이 섬기는 신들에게 보호를 요청하는 것이었다. 법적인 기록 외에 추가적으로 첨부하여 새겨넣은 일련의 저주는 소유자의 권리를 침해하는 그 어떠한 간섭도 불허하는 내용을 담고 있었고, 비석의 빈 공간에 새겨넣은 신들의 형상은 곧 신들의 보호를 상징하는 것이었다.[51]

이처럼 왕실에서 땅을 하사하는 일은 아브라함 시대부터 다윗 시대까지 이스라엘에서도 흔히 있는 일이었다.[52] 토지를 하사하는 일은 예외 없이 속국이 자신의 종주국을 향해 충성스러운 섬김과 봉사에 대한 보상이었다. 종주국-속국 관계가 땅을 하사하는 일의 근거였다는 점에 주목해야 한다. 다시 말해, 왕들은 언약 관계가 없는 사람에게 땅을 하사하는 일을 하지 않았다. 관계가 보상에 우선적이었다.[53] 와인펠트가 이러한 언약들이 왕실 하사 유형이라고 확신하게 된 것은 왕실 하사의 특징과 아브라함 언약과 다윗 언약 사이의 유사성 때문이었다. 아브라함과 다윗 모두 그들의 종주국을 충실히 섬겼다. 아브라함은 하나님께 순종했기 때문에 이스라엘 땅을 약속받았고(창 22:16, 18, 26:5), 다윗은 하나님을 진실하고 충성스럽고, 또한 의로 섬겼기 때문에 왕조를 약속받았다(왕상 3:6, 9:4, 11:4, 6, 11, 35, 14:8, 15:3).[54]

전통적인 전천년주의에 의해서, "조건적 언약"과 "무조건적 언약"으로 구분하는 일이 혼란을 야기시켰다.[55] 사실, 은혜 언약은 순종을 조건으로 체결된 것이긴 하지만, (적어도 최초 수혜자에게) 발효된 후에는 무조건적이었다.[56] 종주국-속국 조약은 시작은 무조건적이지만, 발효된 후에는 조건적이 되었다. 종주국은 주권적으로 언약을 시작했지만, (이러한 언약들의 역사적인 서문에 명시하고 있는 것과 같이) 종속국이 규정을 충성스럽게 수행했을 때에만 그에 상응하는 축복이 내려졌다. "조건적" 대 "무조건적"은 지나치게 단순화하는 것일 뿐만 아니라 부적절한 구분이라고 할 수 있다. 이 두 가지 유형을 구분하는 더 좋은 방식은 "미래의 순종에 대한 동기 부여" 대 "과거의 순종에 대한 보상"이라고 할 수 있다.

요점은 이렇다. 아브라함이나 다윗이 하나님에게서 은혜를 받았을 때, 그것은 빼앗길 수 없는 것이었다. 그러나 이러한 은혜에는 미래 세대(후손)에 대한 약속이 포함되어 있었고, 이러한 은혜는 최초 수혜자의 충성스러움을 바탕으로 한 보상이었기 때문에, 만일 미래 세대가 신실하지 않다면 어떻게 은혜의 축복(보상)이 그들에게 주어질 수 있을 것인가? 답은 그럴 수 없다는 것이다. 이삭은 창세기 26장에서 이 원리를 보여주고 있다. 아브라함은 죽었다. 이제 하나님께서 이삭에게 나타나셔서 그에게 미래의 순종을 요구하셨는데, 곧 이집트로 가지 말라는 것이었다. 하나님께서는 이삭이 순종하여 그 땅에 머무르기만 한다면, 그의 아버지 아브라함에게 맹세하신 것을 이루어주실 것을 확증하셨다. 이삭은 순종했고, 따라서 은혜의 약속은 그를 통해 계속해서 흘러갈 수 있었다.

마찬가지로, 하나님께서 야곱의 꿈에 나타나셨다. 야곱은 아내를 얻고자 하란으로 돌아가고 있었는데, 그곳은 아브라함이 떠나온 곳이었다. 하나님께서는 야곱에게, 그의 할아버지 아브라함에게 주신 약속은 팔레스타인에서만 성취될 수 있다고 말씀하셨다. 따라서 창세기 31장 3절에서 하나님은 야곱에게 돌아가라고 말씀하셨다. 땅의 축복이 야곱을 통해서 흐르려면 그는 하나님의 음성에 순종해야 했다. 하나님께서 원래 아브라함에게 약속하신 땅을 소유하려면 순종해야 한다는 이 원리는 아브라함과 맺은 팔레스타인 언약으로부터 시작해서 최종적으로 남은 자에게까지 흘러가게 되었다. 팔레스타인 언약(신 30:1-10)에서 약속된 땅을 완전히 소유할 수 있는 믿음을 가진 유대인 세대는 아직까지 없었다. 아브라함에게 주어진 약속은 여전히 유효하기 때문에, 하나님께서는 그 약속을 상속받을 충성스러운 세대가 일어나기를 기다리고 계신다.

이 신실함의 원리는 씨의 약속에도 동일하게 적용된다. 아브라함에게 주어진 이러한 은혜의 측면은 이루어질 것이다. 사무엘하 7장에 주어진 다윗 언약은 아브라함 언약의 씨에 대한 약속의 측면을 이어받았다. 다윗이 이 언약에 대해서 알았던 것은 바로 솔로몬이 다윗 왕위를 영원히 세울 사람이 되리라는 것이었다. 그러나 솔로몬은 이 은혜의 영원한 본질을 성취할 수 있는 사람이 아니었다. 그는 신실하지 않았다(왕상 11:11, 35). 다윗에게 주어진 왕좌의 은혜는 영원한 통치에 합당한 충성스러운 후손을 기다릴 수밖에 없게 되었다. 왕좌의 은혜의 미래적인 측면을 성취하는데 필요한 이 "신실한 세대"의 원리는 예수님과 아브라함 언약, 그리고 다윗 언약의 성취를 연결시키는 중요한 연결고리다. 은혜 언약은 신실하지 못한 세대나 충성스럽지 못한 통치자에 의해선 결코 이루어질 수 없는 것이었다.

이스라엘이 그들의 메시아가 될 이상적인 왕을 기다리고 있었던 것처럼, 야훼께서는 모세 언약(종주국-속국 조약)의 규정에 충성스러운 이상적인 세대를 찾고 계셨다. 그러한 세대를 통해 야훼께서는 아브라함, 이삭, 야곱에게 하신 약속을 성취하실 수 있었다. 즉 아브라함 언약(은혜 언약)을 성취하실 수 있었다. 그러나 신실하지 못한 세대에게 무슨 일이 일어났는가?

여기에서 은혜에 대한 이해가 도움이 될 수 있다. 속국의 충성스럽지 않은 처사가 종주국-속국 조약의 언약 관계를 무효화시키진 못했다. 종주국은 주권적으로 관계를 시작했고, 그 관계를 어떻게든지 유지해나가야 했다. 이것이 호세아서와 로마서 9-11장과 기타 여러 성경 구절에 나타나 있는 하나님의 주장이다. 속국의 충성스러움 여부가 언약의 지속 기간을 결정하지는 않았다. 그렇다면 종주국의 군주는 충성스럽지 못한 속국을 어떻게 처리했을까? 관례적으로 그는 세 가지 선택 사항 중에서 하나를 선택했다. 1) 그는 언약의 저주를 내릴 수 있었다.[57] 2) 그는 속국을 향해 거룩한 전쟁을 선포할 수 있었다.[58] 3) 그는 아예 새로운 언약을 체결할 수 있었다.[59] 이러한 세 가지 징계 조치 모두에는 인센티브 조항이나 또는 왕실의 하사품 상실 조항 등이 종주국-속국 조약에 새롭게 포함되었을 것이다. 하사품은 충성스러운 속국에게만 주어졌기에, 충성스럽지 못한 속국은 이러한 하사품의 대상이 아니었을 것이다. 다시 말해서, 그는 보상을 잃었다. 종주국-속국 조약 (또는 새로운 조약)은 여전히 효력이 있었지만, 인센티브 조항(은혜 언약)에 포함된 보너스는 주어지지 않았다. 따라서 충성스럽지 못한 속국이 직면한 위험은 일시적인 징계(예를 들자면, 더 무거운 세금이나 더욱 혹독한 규정 또는 심지어 처형)를 받거나 또는 보상을 상실하는(왕실의 하사품을 받는 대상에서 제외되는) 것이었다.

언약에 대한 이러한 논의를 통해서, 우리는 희망적으로 세례 요한과 예수님께서 사역을 시작하셨을 때, 하나님께서는 신실한 세대를 찾고 계셨다는 사실을 알 수 있다. 그러나 A.D. 1세기에 살았던 유대인 세대가 신실한 세대로 하나님 앞에 서려면 우선 회개가 필요했다. 그들, 즉 하나의 민족으로서 유대인을 향한 이러한 회개로의 부르심은 이전 세기 하나님께서 그들을 회개로 부르셨던 것과 다르지 않았다. 그러므로 우리는 구약에서 회개를 어떻게 말하고 있는지를 살펴볼 필요가 있다.

구약성경에서 말하는 이스라엘의 회개

E. 뷔르트바인(Wurthwein)에 따르면, 구약에는 *메타노에오(metanoeo)*나 *메타노이아(metanoia)*에 상응하는 단어가 없다.[60] 그렇기 때문에 이 용어는 칠십인역(LXX)에서 드물게 볼 수 있을 뿐이다(동사는 14회 사용되었고, 항상 *슈브(shub)* 대신 *니함(niham)*이란 단어를[61] 번역하고 있다). 칠십인역에서 슈브란 단어는 *에피스트레포(epistrepho)*로 번역되어 있는데, 이미 살펴보았듯이 이 용어는 *메타노에오*와는 구분되는 단어다. 구약성경에서 *슈브(shub)*라는 단어는 1,056회 사용되고 있지만, 뷔르트바인에 따르면 오직 118회만 종교적인 상황에서 사용되었다고 한다.[62] R. 윌킨은 동사, 명사, 형용사를 합쳤을 때 203회 정도가 언약과 관련해서 사용되었고 주장하고 있다.[63] 요나서 3장 5-10절에서 니느웨 사람들의 경우를 제외

하면, 이 단어는 이스라엘 사람들 외에 이방인에게 사용된 적은 없다. 대부분 이 단어는 선지자들이 이스라엘을 향해 언약적 충성으로 돌아오라고 외치면서 사용했다. 야훼와 이스라엘은 친밀한 관계를 가지고 있었다. 뷔르트바인은 이렇게 설명하고 있다.

호세아서는 야훼와 이스라엘의 관계를, 아내가 남편에게 성실하지 못한 결혼 관계에 비유하고 있다. 또한 이사야서는 반역하는 아들들로 비유하고 있고, 예레미야서는 야훼를 저버리는 것을 죄로 묘사하고 있다. 이 모든 표현은 죄란 하나님에게서 돌아서거나 배교하는 것이란 사실을 드러내고 있다. 이스라엘은 야훼와 특별한 관계에 있었기 때문에 더욱 심각했다.[64]

여기서 요점을 분명히 해야 한다. 구약성경에서 회개로의 부르심은[65], 이미 야훼와 언약 관계에 있는 이스라엘 민족을 향한 것뿐이었다. 그들은 야훼와 결혼한 관계 또는 사랑하는 아버지와 자녀 관계로 여겨졌다(렘 31:3, 9). 선지자들이 "돌아오라(turning)"고 촉구했던 것은 이미 그들과 관계를 맺고 계신 하나님과의 사귐을 "회복하려는 것(return)"이었다. 주님께 돌아가시 않으면 일시적인 심판이 임할 것이었다. 신명기 4장 23-31절은 그 배경을 이렇게 설정하고 있다.

"너희는 스스로 삼가 너희의 하나님 여호와께서 너희와 세우신 언약을 잊지 말고 네 하나님 여호와께서 금하신 어떤 형상의 우상도 조각하지 말라 네 하나님 여호와는 소멸하는 불이시요 질투하시는 하나님이시니라 … 내가 오늘 천지를 불러 증거를 삼노니 너희가 요단을 건너가서 얻는 땅에서 속히 망할 것이라 너희가 거기서 너희의 날이 길지 못하고 전멸될 것이니라 … 그러나 네가 거기서 네 하나님 여호와를 찾게 되리니 만일 마음을 다하고 뜻을 다하여 그를 찾으면 만나리라 이 모든 일이 네게 임하여 환난을 당하다가 끝날에 네가 네 하나님 여호와께로 돌아와서 그의 말씀을 청종하리니 네 하나님 여호와는 자비하신 하나님이심이라 그가 너를 버리지 아니하시며 너를 멸하지 아니하시며 네 조상들에게 맹세하신 언약을 잊지 아니하시리라."

이 구절들 속에 나타나 있는 몇 가지 특징들에 주목하자.

1) 모세의 언약, 종주국-속국 조약에 대해서 다음 세대의 신실치 못함에도 불구하고 조상들과 맺은 언약(아브라함 언약, 은혜 언약)에 대한 하나님의 신실성,

2) 소멸하는 불로 묘사되고 있는 하나님의 진노,

3) 심판의 일시적인 성격,

4) 육체의 생명을 멸하고 유대인들을 여러 나라로 흩어버리게 될 심판, 그리고

5) 말일에 주님께로 돌아와 온 마음으로 주님을 찾게 될 세대를 향한 주님의 긍휼로 가득한 마음 등등.

모세오경에서 이스라엘이 (또는 누구든지) 주님께로 돌아오는 것을 가리키는 슈브란 단어를 사용한 유일한 경우는 앞서 인용한 신명기 4장 23-31절과 신명기 30장 1-10절(팔레스타인 언약)에 있다는 점에 주목할 필요가 있다.[66] 신명기 30절 1-10절을 보면, 만일 유대인들이 온 마음과 뜻을 다하여 주님께로 돌아온다면 여러 나라로 흩어진 유대인들이 야훼께 돌아올 수 있다고 말한다. 따라서 구약에서 이스라엘을 향해 주님께로 돌아오라는 호소는 모세 언약에 대한 그들의 신실하지 못한 상태에서 돌이켜 온 마음과 뜻을 다해 주님을 찾으라는 호소라고 결론을 내릴 수 있다. 이는 관계를 새로이 형성하기 위한 것이 아니라 사귐을 회복하기 위한 부름이

다. 언약에 대해서 신실하지 못한 것은 하나님의 일시적인 진노를 불러오는 것이었지, 영원한 심판을 불러오는 것이 아니었다. 이스라엘 민족을 구성하는 개인들은 여호와를 믿는 개인적인 믿음 부족으로 인해서 영원한 심판을 받을 수 있지만, 이스라엘 민족 전체는 결코 영원한 심판에 처할 수 없었다.

유대교의 부패

세례 요한 시대의 유대교 상황에는 많은 변화가 있었다. B.C. 143년 이후 이스라엘에는 합법적인 대제사장이 없었다. 안나스는 A.D. 15년에 대제사장 직에서 물러났지만, 성직 매매와 족벌주의가 만연하였기에, 그의 사위인 가야바 외에도 그의 다섯 아들이 대제사장 직을 돌아가면서 계승했다. 가야바가 요한 시대의 대제사장이었을 수도 있지만, 그의 장인 안나스(Annas)[67]가 숨어 있는 실질적인 권력이었다. (안나스 앞에서 밤에 예수님에 대한 비공식적인 재판이 이루어진 것을 생각해보라. 사도행전 4장 6절이 이를 증명하고 있다.) 그리고 당시 대제사장이었던 안나스의 영향력 하에 성전 내에서 이루어진 불법적인 이익 추구 행위를 지칭하는, "안나스의 시장(Annas' Bazaar)"은 상당히 문서화되어 있었다. 성전 금고는 부패와 뇌물을 통해서, 성전 세(본래는 반 세겔이지만 한 세겔씩 받았다)에서 징수된 돈, 환전상에게서 받은 12%의 할증료, 그리고 희생 제물용으로 동물과 새들을 판매한 돈 등으로 가득 차 있었다. 진실로 성전은 강도들의 소굴이 되었다. 구리로 된 두루마리에는 서기 70년에 티투스의 군대가 쳐들어왔을 때 로마인들이 빼앗아 가지 못하도록 이스라엘 곳곳에 숨겨진 금이 대략 4,630 달란트 정도가 된다[68]고 기록되어 있었다. 많은 사람들은 이 돈이 성전에서 나온 것이라고 생각하고 있다.[69] 이것이 사실이든 아니든, 유대교가 사기꾼들이 운영하는 돈벌이 사기극으로 변질되었다는 사실이 기록으로 남아 있다. 하나님께서는 충분히 참으셨다. 과거에 앗수르인과 바빌로니아인들이 하나님에 의해서 그분의 백성을 징벌하는 도구로 사용되었던 것처럼, 그러한 부패에 대한 심판이 곧 임하려 하고 있었다.

세례 요한은 이스라엘 백성들을 부패한 유대교에서 나오라고 불러내고 있었다. 그는 그 유대교 체제가 너무나 타락했기 때문에, 자체적으로는 전혀 변화될 수 없다는 것을 깨달았다. 그래서 요한은 백성들에게 회개를 촉구하기 위해서 예루살렘으로 들어가는 대신, 광야로 나갔다. 부패한 유대교와의 분리와 단절을 선언하기 위해서 그들은 회개하고 물세례를 받아야만 했다.

만일 그리스인이 유대인이 되기를 원한다면, 그는 세 가지를 해야 했다. 즉 예루살렘에 희생 제물을 가져오고, (남성의 경우) 할례를 받고, 또 물세례를 받아야 했다. 물세례를 통해 이방인은 새로운 정체성을 얻을 수 있었다. 그는 과거와 단절하고 유대교에 가입했으며, 이것은 사실 본래 은혜 언약으로 돌아와서 은혜 언약의 규정을 충성스럽게 지키는 것이었다. 유대인이 되려면 이방인의 방식을 끊고 또 유대교에 가입하여 유대교의 관습에 일체감을 가지기 위해서 물세례가 필요했다. 마찬가지로, 부패한 유대교를 버리고자 하는 사람도 물세례를 받아야 했다. 그것이 바로 세례 요한이 백성들에게 요구했던 것이었다. 요한이 쿰란 공동체와 무슨 연관이 있었는지는 알 수 없지만, 그는 당대의 성전 체제를 혐오했던 그들의 혐오감을 공유하고 있었던 것처럼 보인다. 쿰란의 에세네파는 성전 공동체와 관계를 단절했다. 요한과 그를 따르는 제자들도 마찬가지였다. 왜냐하면 요한은 하나님의 진노가 그 유대인 세대에게 임할 것을 알고 있었기 때문이었다. 앞으로 신약성경에서 말하는 "진노"의 의미에 대해서 살펴보자.

신약성경에서 말하는 "진노"

세례 요한은 바리새인들과 사두개인들에게 "누가 너희를 가르쳐 임박한 진노를 피하라 하더냐?"고 물었다. 여기서 "진노"라는 단어는 오르게 (orge)이며, 이 단어는 로마서와 요한계시록에서 자주 사용되는 단어다. 두 책 모두에서 이 단어는 명확하게 영원한 진노를 표현한 적이 없다. 요한계시록 6장 17절은 환난 시대의 끝을 가리켜 "그의 진노의 큰 날"이라고 말한다. 이 진노라는 단어는 여섯 번 사용되었지만, 다니엘의 백성과 그의 거룩한 성 예루살렘(단 9:24, 27)을 위한 다니엘 프로그램의 마지막 칠 년을 묘사하고 있는, 요한계시록 6-19장에서만 나타나고 있다. 만일 이 단어가 영원한 진노를 가리키거나 또는 영원한 진노를 의미하는 것이었다면, 우리는 요한계시록 19장 이후 지옥이나 불못 또는 크고 흰 보좌 심판을 언급하면서 이 단어가 사용되는 것을 볼 수 있어야 한다. 하지만 그렇지 않다.

로마서에서 "진노"라는 단어는 로마서 1장 18절에 처음 등장한다. 로마서 1장 18절은 "하나님의 진노가 불의로 진리를 막는 사람들의 모든 경건하지 않음과 불의에 대하여 하늘로부터 나타나는(아포칼룹테타이, apokaluptetai, 이 단어는 현재 시제다)" 것으로 소개하고 있다. 하나님의 진노는 그 당시 그들을 상실한 마음대로 내버려 두심으로써(24,26,28절), 그들의 죄악된 본성이 끝없이 이끄는 대로 끌려가게 해서 마침내 옳고 그름을 판단할 수 없는 상태에 이르게 하는 것으로 나타났다. 로마서에서 말하는 구원(롬 1:16)은 칭의를 넘어 자신의 삶에서 폭군처럼 작용하는 죄성으로부터 해방을 받음으로써, 믿음으로 하나님의 의를 실제적으로 드러내는 삶으로까지 나아가고 있다(로마서 1장 17절을 보라). 그리스도께서 죽음 안에서 우리의 대체물이셨던 것처럼, 생명 안에서도 우리의 대체물이 되심으로써(로마서 4장 25절을 보라), 장차 올 "진노"로부터 우리를 구원하고자 하셨다(로마서 5장 9-10절을 보라). 그리스도의 죽음에 의해서 우리는 의롭게 되었고, 그리스도의 생명에 의해서 우리는 점진적으로 성화되어 간다. 그러므로 신약의 다른 어떤 책보다 진노란 단어를 더 많이 사용하고 있는 로마서는 영원한 진노가 아니라, 지금이든 또는 그리스도의 심판대에서든, *시간 속에서(in time)* 인간의 죄에 대한 하나님의 진노의 쏟아짐을 언급하고 있다.[70]

신약의 나머지 부분에서도 마찬가지다.[71] 이 점을 확증하기 위해서 바울 서신 가운데 한 가지 사례를 더 들고자 한다. 많은 주석가들은 데살로니가전서 1장 10절과 5장 9절을 환난 전 휴거 또는 진노 전 휴거에 대한 가장 강력한 성경의 증거로 보고 있다.[72] 이 두 구절 모두 환난 기간을 가리키면서 "진노"라는 단어를 사용하고 있다. 이 구절들은 범세계적인 교회의 지체들이 이 진노로부터 건짐을 받을 것이며 또한 이 진노의 시간 속에 들어가지 않을 것을 말하고 있기 때문에, 데살로니가전서 4장 13-18절에 언급된 "휴거"는 어린 양의 진노(계 6:16-17)가 있기 전에 세상에서 옮겨지게 될 것이라는 약속이다. 따라서 다시 한번 말하지만, 신약성경에서 말하는 "진노"는 영원한 진노를 가리키는 것이 아니라, 현재이든 아니면 이 시대의 끝에 있게 될 현세적인 진노를 가리키고 있다.[73]

저주 받은 바로 그 유대인 세대

이 주제를 통해서, 우리는 세례 요한이 진노라는 단어를 사용한 사례와 신약성경의 나머지 사례와의 일치성을 살펴보고자 한다. "임박한 진노(wrath to come)"라는 말은 현세적인 사건을 의미하고 있었다. 이 진노는 그리스도를 거부한 사람들이 받게 될 영원한 정죄를 가리키고 있지 않았다(마태복음 23장 33절을 보라). 다만 현세에 받게 될 심각한 심판이 있었다. 예수님 자신도 마태복음 23장에서 자신을 거절한 세대에게 임하게 될 저주를 설명하셨다. 그 구절을 보면, 예수님은 서기관, 바리새인, 위선자들을 거듭해서 신랄하게 비난하셨다. 세례 요한처럼 예수님도 그들을 독사의 자식이라고 불렀다(33절). 그들이 예수님을 거절했을 뿐만 아니라 다른 의로운 선지자들(34절)까지 거절했기 때문에, 진노가 예수님을 거절한 세대에게 쏟아 부어질 참이었다. 그 진노는 마태복음 23장 35-36절에 소개되어 있다. 의인 아벨의 피로부터 바라갸의 아들 사가랴의 피까지 모든 의로운 사람의 피에 대한 책임이 그 세대에게 돌아가게 될 것이다. 예수님은 몇 구절 뒤에 제자들에게 성전 지역의 돌 하나도 다른 돌 위에 남지 않고 다 무너질 것이라고 말씀하심으로써(마 24:2), 그 심판이 어떠한 모습일지에 대한 몇 가지 암시를 남기셨다. 이 예언의 말씀은 서기 70년에 티투스가 로마 군대를 이끌고 와서 예루살렘을 침략했을 때 성취되었다. 이는 곧 하나의 유대인 세대를 몇 년으로 볼 것인가에 대한 문제로 이어졌다. 만일 구약의 이스라엘 백성들이 광야에서 방랑 생활을 했던 기간을 하나의 지표로 삼는다면, 한 세대는 40년으로 볼 수 있을 것이다. 예수님이 서기 30년에 사역을 시작하셨고, 티투스에 의한 심판이 서기 70년에 그들에게 임한 것은 과연 우연인 것일까? 이렇게 40년은 한 세대의 유대인을 구분하는 기간이었다. 하나님께서는 그 세대의 유대인들에게, 저주를 피하고 싶다면 부패한 유대교로부터 분리되어 나올 수 있는 40년의 시간을 주셨다. 티투스가 왔을 때 그는 1,100,000명의 유대인들을 죽였다. 이로써 의인 아벨의 피로부터 사가랴의 피에 이르기까지 모든 의로운 사람들의 피에 대한 복수가 이루어질 수 있었다.[74]

세례 요한의 사역

세례 요한은 이스라엘 백성들을 부패한 유대교에서 불러내는 일을 했다. 그들이 자신들의 죄를 자백하고 회개하며 물세례를 받는다면, 그들은 야훼와의 "사귐을 회복"할 수 있었을 것이고, 그렇다면 그들은 빛 가운데 행하고 또 성령으로 세례를 주고자 메시아께서 오셨을 때 그분을 알아볼 준비가 되어 있었을 것이고, 또 기꺼이 그렇게 했을 것이다(요 1:25-33). 요한이 예수님을 가리켜, "내 뒤에 오시는 그이"(요 1:27, 30)라고 언급한 것은 상당히 중요한 의미가 있었다. 요한이 자신을 주의 길을 예비하는 자로 보았을 때(요 1:23), 그는 이사야서 40장 외에도 다른 말씀을 염두에 두었을 가능성이 크다. 말라기 선지자도 주님 앞에서 길을 준비하는 일을 할 사자에 대해서 예언했다(말 3:1). 여기서는 주께서 그의 성전에 임하실 것이라고 말하고 있다. "그가 임하시는 날을 누가 능히 당하며 그가 나타나는 때에 누가 능히 서리요? … 그가 은을 연단하여 깨끗하게 하는 자 같이 앉아서 레위 자손을 깨끗하게 하되 금, 은 같이 그들을 연단하리니."(말 3:2-3) 물론 이 구절들은 그리스도의 재림과 크고 두려운 주의 날(말 4:5)을 가리킨다. 그러나 세례 요한은 그가 생각했던 유일한 오심을 예비하고 있었다. 그리고 그의 관점에서 그 날은 오고 있었고, 그날에는 용광로 속에 모든 것을 던져넣어 태워버리는 날이 될 것이며, 악을 행하는 자는 뿌리도 가지도 찍혀 불에 던져지게 될 것이었다(말 4:1, 마 3:1-12).

우리의 관점에서 볼 때, 이 일은 이미 이루어진 일이기도 하고 또한 아직 이루어지지 않은 일이기도 하다. 그러므로 세례 요한이 "이미 도끼가 나무 뿌리에 놓였으니"(마 3:10)라고 말했을 때, 그는 이스라엘 지도자들의 마음이 완악해지는 모습을 보았으며, 그런 차원에서 이미 하나님의 진노가 시작되었다고 생각했다. 야훼와 이미 언약 관계에 있던 이 백성들은 진노를 피할 수 있는 기회를 40년 동안 가지고 있었다. 마침내 티투스가 왔을 때, 나무는 뿌리째 뽑히게 되었다. 그리고 주님은 장차 말라기 4장 1-5절의 예언의 말씀을 따라서, 장차 불로 사르기 위해 이스라엘에 *다시* 오실 것이다. 어쨌든 예수님은 자신의 초림의 때에 요한에게서 회개의 세례를 받음으로써 자신과 동일시되었던 사람들에게 성령으로 세례를 주고자 하셨는데, 이는 곧 에스겔서 36장 25-27절에서 예언된 내용의 부분적인 성취였다.

베드로의 사역

베드로 또한 오순절에 "이스라엘 사람들"을 향해 동일한 요구를 했다. 사도행전 2장에서 베드로의 말을 듣고 있던 사람들은 유월절을 지키기 위해서 지중해 주변 여러 지역에서 예루살렘으로 올라왔다가 오순절까지 머물던 유대인들이었다. 그들이 주와 그리스도이신 분을 십자가에 못 박았다는 소리를 듣고서 죄책감을 느끼게 되었을 때(행 2:36), 그들은 "우리가 어찌할꼬?"라고 물었다. 베드로가 준 대답은 이스라엘 민족 전체를 향한 것이었다. 그는 온 이스라엘 민족을 향해 회개하고, 메시아이신 분과 동일시 됨을 나타내는 물세례를 받으라고 요구했고, 그리하면 그들은 진노로부터 구원을 받게 되고 또한 성령을 선물로 받을 수 있었다. 이것은 세례 요한과 동일한 사역이었고, 이번에는 요한이 약속했던 대로 예수 그리스도께서 보내신 성령을 받는 것이 추가되었다. 그러나 그들은 회개와 세례를 통해서 메시아이신 분과 명백하게 하나가 되어야 했다.

요한과 예수님이 예고하신 진노와 베드로가 이스라엘 민족을 향해 회개를 외친 것 사이의 분명한 연결점이 사도행전 2장 40절에 잘 나타나 있다. "또 여러 말로 확증하며 권하여 이르되 - *너희가 이 패역한 세대에서*

구원을 받으라 - 하니." 베드로는 그들에게 지옥이나 불 못에서 구원 받는 방법을 말하는 것이 아니었다(물론 처음으로 믿음을 갖는 사람들에게는 그것도 포함되어 있긴 하겠지만). 그는 그들이 현세에 일어나게 될 진노, 즉 그 패역한 세대에게 임박한 심판을 피하는 방법을 구체적으로 선포하고 있었던 것이다.

만일 이 시점에 이스라엘 온 민족이 베드로의 말을 들었다면, 어쩌면 예수님께서는 하늘에서 돌아오셔서 지상에 메시아 왕국을 세우시고 천년동안 통치하는 일을 시작하셨을 것이다. 그러나 온 민족이 다 들은 것은 아니었기에, 사도행전 3장에서 다시 "이스라엘 사람들"에게 말하고 있다. 그는 다시 예수님의 이야기를 하면서, 백성들과 지도자들의 죄를 이야기했다. 또 다시 그는 그들에게 *회개하고 돌이킬 것(메타노에오 + 에피스트레포, 행 3:19)*을 요청했다. 만일 그들이 그렇게 한다면, 많은 일들이 일어나게 될 것이었다. 1) 그들의 죄가 사해질 것이고, 2) 새롭게 되는 때가 주님에 의해서 시작될 것이며, 3) 예수님께서 오시게 되는 것이었다. 사도행전 3장 19-20절을 NKJV로 보면, "that … so that … that"이라고 되어 있는데, 이것은 세 개의 연속적인 목적/결과를 설명하고 있는 것처럼 보인다. 사실 목적은 두 개이며, 두 번째 목적이 두 부분으로 나뉘어 있다. 그런데 여기서 말하는 새롭게 되는 때가 주님이 이 땅에 재림하시는 때를 가리키는 것인가 아닌가를 두고서 논쟁이 있다. 다시 말해, 왕과 왕국이 다시 한번 이스라엘 민족에게 제시되고 있다는 것이다. 그러므로 만일 그들이 회개한다면, 왕께서 자신의 왕국을 세우고자 돌아오실 것이란 의미가 된다. 베드로는 계속해서 이 구절을 통해서, 메시아를 거절한 자들에게 임하게 될 심판을 이야기하고 있다(23절). 그리고 나서 그는 이스라엘 백성이 아브라함을 통해서 맺었던 언약 관계를 다시 언급하고 있다. 이 언약은 아브라함의 씨에게 주어질 미래의 복을 보장하고 있었다. 그러므로 관계는 확고했다. 그러나 사귐은 그렇지 않았다. 이스라엘 사람들은 자신의 민족과 하나님 사이에 관계를 맺기 위해서 아무것도 할 필요가 없었다. 야훼께서 이미 갈대아 우르에 있는 아브라함을 불러, 그가 가나안 땅으로 가기 전에 언약을 맺는 일을 하셨다. 그러나 이스라엘 민족은 하나님과의 사귐을 회복하고 메시아를 영접하게 될 신실한 세대에게 약속된 축복을 받으려면 회개할 필요가 있었다.[75]

물 세례와 성령

사도행전을 보면 어떤 그룹에 속한 사람들이나 개인들이 성령을 받는 내용을 기록하고 있는 다섯 개의 장이 있다(사도행전 2, 8, 9, 10, 19장). 예수님을 믿은 때와 성령을 받은 때 사이에 시간 간격이 있었던 경우를 살펴보면(사도행전 2, 8, 9, 19장), 각 경우마다 유대인 혈통의 신자들이 연루되었을 때였다. 사도행전 8장의 사마리아인들은 절반은 유대인이었다. 사도행전 19장의 신자들은 요한의 세례를 받았으므로 그들도 유대인이었다. 이 새로운 신자들에게 성령님이 선물로 주어지려면, 먼저 물세례가 선행되어야 했는데, 그들은 물세례를 통해서 메시아이신 분과 하나 됨을 이룰 수 있었다.

사도행전에서 고넬료는 이방인 구원의 원형이다. 이방인들이 죄 사함을 받는 일은 그들이 처음 믿는 시점부터 왔다(행 10:43). 하지만 죄 사함뿐만 아니라 성령을 받는 일까지가 복음을 믿는 이방인에게 베푸는 하나님의 은혜의 섭리였다. 이방인들이 구원을 받는 과정을 보면, 먼저 성령 세례를 받고 나서 물 세례를 받았다. 고넬료와 그의 일행이 그들에게 증거되는 말씀을 믿었을 때, 성령님께서 말씀을 듣고 있던 모든 사람에게 임했다. 그렇게 성령을 받은 후에야 그들은 유대인 신자들과 동등하게 성령을 받았음을 증명하는 차원에서 물세례를 받았다(행 10:45-48, 11:12-18).

그들은 성령을 받기 위해 물세례를 필요로 하지 않았으며, 회개는 언급조차 되지 않았다. 사도행전 3장 19절을 보면, 이스라엘 사람들은 새롭게 되는 때를 맞이하려면 "회개하고 돌이켜야" 했지만, 이방인들의 경우엔 그들이 "믿고 주께 돌아왔을 때"(행 11:21) 복이 임했다. 왜 그런 것일까? 이방인들은 메시아이신 분과 하나 되기 위해서 그 세대의 타락한 유대교를 회개할 필요가 없었다. 마태복음 23장의 저주는 메시아를 십자가에 못 박은 그 세대의 유대인들에게만 해당되는 것이었고, 이방인들은 해당되지 않았기 때문이다.

결론

이제 진노, 유대인 세대, 그리고 물세례에 대한 이러한 이해는 이스라엘 민족과 연관해서 "회개"의 의미에 어떠한 영향을 미치는가? 우리는 세례 요한, 예수님, 그리고 베드로가 이중적인 사역을 했다고 제안하고 싶다. 하나는 이스라엘 민족으로 하여금 야훼와의 사귐 속으로 돌아오게 하려는 것이었다. 언약 관계는 이미 오래 전에 확고하게 서 있었다. 이스라엘 민족은 하나님과의 새로운 관계를 세울 필요가 없었지만, 사귐은 깨어진 상태였다. 모세 언약에 의한 희생 동물 제사는 너무나 타락하여 손상된 상태였기에, 이러한 타락 상태로부터 완전히 돌이키려는 결심(또는 회개)과 이 회개에 따르는 열매(실제적인 돌이킴)가 없다면, 그들은 심각하고 임박한 심판에 직면할 수밖에 없었다.

이렇게 불같이 타오르지만, 한편 일시적인 하나님의 분노가 히브리서 10장 26-39절에서 경고하는 심판이었을 수 있다(신명기 4장 23-31절의 "맹렬한" 경고를 기억하라). 히브리인 그리스도인들이 그리스도를 믿었지만,

예루살렘의 타락한 희생 제사로 되돌아간다면 그들은 하나님의 진노에 노출될 수밖에 없었다. 그들은 전에 타락한 유대교로부터 분리되어 나왔지만, 거기로 돌아가서 다시 연합하는 것은 자신들에게 저주의 재앙을 불러오는 일이었다.

세례 요한, 예수님, 그리고 베드로는 모두 이스라엘로 하여금 회개하고 돌이키도록 설득함으로써, 하나님과의 사귐을 새로이 회복시키려고 애를 썼다. 바리새인들과 사두개인들의 말이 옳았다. 그들은 아브라함의 육신의 자손들이었다(마 3:9). 그러므로 그들은 언약 관계 안에 있었다. 그러나 신실한 유대인 세대가 나타날 때까지, 은혜 언약들(곧 아브라함 언약과 다윗 언약, 즉 땅과 왕국의 약속)의 축복은 실현되지 않을 것이다. 대신 그들은 종주국-속국 조약(곧 모세 언약)의 저주를 경험하게 될 것이다. 그것을 피하는 유일한 방법은 타락한 유대교에서 완전히 돌아서는 것이었다. 그러나 세례 요한, 예수님, 그리고 베드로의 사역은 이스라엘 민족으로 하여금 회개하도록 부르는 것 이상의 의미가 있었다. 요한은 선두주자로서, 주의 길을 예비하기 위해 보내진 사자였다. "그가 증언하러 왔으니 곧 빛에 대하여 증언하고 모든 사람이 자기로 말미암아 믿게 하려 함이라."(요 1:7) 예수님 또한 사람들이 자신과 자신이 전하는 복음을 믿기를 원하셨다(막 1:15, 요 6:29-47). 베드로도 마찬가지였다(행 2:44, 4:4, 32, 10:43). 비록 이스라엘 민족은 회개하라는 부르심을 받았지만, 그 민족에 속한 개인들은 믿고 또한 회개하라는 부르심을 받았다.

이러한 유대인들은 어떤 의미에선 구약의 신자들이었다. 즉 옛 언약 아래 있었던 유대인들은 하나님께서 그들에게 약속하신 것에 대한 믿음을 가지고 있었고, 그들의 믿음은 아브라함처럼 의로 여기심을 받을 수 있었다. 오순절에 "경건한" 유대인이 천하 각국으로부터 왔는데, 이들은 제자들이 성령의 충만함을 받는 모습을 친히 목격할 수 있었다. 성경은 이 사람들을 "경건한" 유대인으로 묘사하고 있는데, 이 경건하다는 단어는 율라베스(eulabes)다. 이 단어는 신약성경에서 형용사로 세 번만 사용되었는데, 모두 누가가 사용했다. 사실 명사형(율라베이아, eulabeia)과 동사형(율라베오마이, eulabeomai) 또한 누가와 히브리서의 저자만 사용하고 있다. 이 단어의 형용사 형을 사용하고 있는 다른 두 가지 사례를 보면, 이 단어는 분명 신자들에게 사용되는 단어다. 사도행전 8장 2절을 보면, "경건한" 사람들이 스데반의 시신을 가져다가 장사를 지내주었고 또한 애도를 했다. 이 사람들은 신자들이었다. 그리고 누가복음 2장 25절을 보면, 시므온은 의롭고 "경건한" 사람으로 묘사되고 있으며, 성령님이 그 위에 있는 사람이었다. 분명히 이런 사람을, 우리는 구약 시대의 신자라고 부를 수 있다. 그렇다면 사도행전 2장에서 베드로의 설교를 들은 삼천 명 중 많은 사람들도 이렇게 구약시대의 신자로 볼 필요가 있다. 그럼에도 베드로의 메시지에 반응한 모든 사람들은 예수님을 믿는 믿음을 가져야만 했다(행 4:12).

시므온처럼 메시아를 기다리고 있었고 또한 이미 하나님 앞에서 의롭다 함을 받은 사람들은 메시아께서 나타나셨을 때 그분을 알아보지 못하거나 믿지 않았을 가능성은 매우 낮다. 그렇지만 이러한 사람들과 옛 언약 아래서 하나님께서 계시하신 것을 믿은 적이 없는 사람들은 모두 하나님의 가장 높은 계시인 하나님의 아들 예수 그리스도를 믿는 믿음을 가져야만 했다. 베드로는 그들이 알지 못하였기에 예수님을 십자가에 못 박아 죽인 일에 대해서 백성과 그들의 지도자들에게 분명히 책임을 물었다. "형제들아 너희가 알지 못하여서 그리하였으며 너희 관원들도 그리한 줄 아노라."(행 3:17) 그렇지만 이제 그들은 하나의 민족으로서 하나님과의 사귐을 회복하기 위해선, 회개하고 돌이켜야 했다(행 3:19). 이스라엘 민족에 속한 개인들은 영생을 얻으려면 믿어야 했는데, 이는 주님께서 구원받은 사람들을 날마다 교회에 더하셨기 때문이다(행 2:47). 바울이 비시디아 안디옥의 유대인들에게 말했듯이, "모세의 율법으로 너희가 의롭다 하심을 얻지 못하던 모든 일에도 이 사람을 힘입어 믿는 자마다 의롭다 하심을"(행 13:39) 얻을 수 있었다.

따라서 이스라엘 민족은 *사귐(fellowship)*을 위해서 회개할 필요가 있었다. 그러나 이스라엘 민족에 속한 개인들은 *관계(relationship)*를 위해서 믿어야만 했다. 그러므로 믿었을 뿐만 아니라 회개한 모든 유대인들은 (그들이 예수님을 믿기 전에 하나님을 믿고 있었든, 아니면 처음으로 믿음을 경험했든) 물세례를 받았고 또한 성령을 선물로 받았다고 추정할 수 있다. 사도행전 2장 41절은 베드로의 말씀을 기쁨으로 받아들인 삼천 명의 사람들이 세례를 받았다고 밝히고 있다. 세 개의 구절을 더 읽게 되면(행 2:44), 우리는 이들을 가리켜 "믿는 사람"이라고 부르는 것을 볼 수 있다. 그들이 믿음을 가지게 된 시점은 아마도 베드로의 메시지를 들으면서 "마음에 찔림"을 받았을 때였을 것이다(행 2:37). 바로 그 시점에서 그들은 이러한 잘못을 바로잡으려면 무엇을 해야 하는지 물었다. 만일 그들이 베드로의 메시지를 믿지 않았다면, 문제를 바로잡기 위해 자신들이 무엇을 해야 하는지 묻는 것은 아무 의미가 없다. 그러므로 우리는 이러한 청중들이 오순절에 먼저 믿고 나서 회개했다는 주장을 할 수 있다.

사도행전 3장의 청중들에게도 동일한 주장을 할 수 있다. 베드로는 간청하는 말을 하면서, 그들에게 죄 사함을 받고 또 주님 앞에서 새롭게 되는 때를 맞이하려면 "회개하고 돌이키라"(행 3:19)고 말했다. 이 메시지를 들은 사람들의 반응이 사도행전 4장 4절에 기록되어 있는데, 거기에는 "말씀을 들은 사람 중에 믿는 자가 많으니 남자의 수가 약 오천이나 되었더라"고 기록되어 있다. 다시 말하지만, 순서가 중요했다. 즉 믿는다 = 회개하다 =) 돌이키다였다. (그 결과 침례를 받았고, 신자들의 새로운 공동체인 교회에 합류할 수 있었다.)

따라서 이스라엘 민족과 그 안의 개인들의 경우엔 이미 관계가 형성된 경우였기에, 관계가 사귐에 앞섰고, 믿음이 회개에 앞섰다고 말할 수 있다. 이스라엘 민족은 이미 관계를 맺고 있었기 때문에, 다만 사귐이 필요했을 뿐이다. 이는 이스라엘 민족 안의 일부 개인들에게도 마찬가지였다. 그러나 이스라엘 민족 내의 특정 개인들의 경우 이미 의롭다 함을 받았건 그렇지 않았건 간에, 사도행전에 나타난 유대인들의 회개의 사례를 보면 그것은 분명 믿음의 결과였다. 즉 회개가 믿음을 일으키는 원인이 아니었다. 그러므로 *저주받은 세대의 유대인들에게*, 믿음이 의롭다 함을 얻는 조건이었고, 반면 회개는 성화를 위한 조건이었다. 믿음은 관계를 위한 것이었고, 회개는 사귐을 위한 것이었기 때문이다.

미주

1 이 글은 원래 Grace Evangelical Society 저널에 기사로 게재된 것이다.

2 A. W. Tozer, *I Call It Heresy!* (Harrisburg, PA: Christian Publications, 1974), 11, 15.

3 Ibid., 17, 19, emphasis added.

4 우리가 "구원과정(salvation process)"이라고 부르는 것은 구원의 서정 (the ordo salutis)을 가리킨다. 이 용어는 18세기 초기에 루터교 신학자 프란치 부데우스(Franz Buddeus)와 야코프 카르포프(Jacob Carpov)가 처음 사용했다. 개신교에서 일반적으로 논의되는 구성요소들은 다음과 같다. 부르심, 중생, 믿음, 회개, 칭의, 성화, 견인, 영화, 그리고 선택. 이 순서에 대해서는 수세기 동안 논쟁이 이어져 왔다. 자세한 내용은 이전 장과 데머레스트의 십자가와 구원(Cross and Salvation), 36-44쪽을 참조하라.

5 J. F. MacArthur, *The Gospel According to Jesus* (Grand Rapids: Academie, 1988), 161-62. 존 맥아더는 L.S. 체이퍼, T. 콘스타블, M. 코코리스, 찰스 라이리 등이 모두 회개를 예수님을 믿는 믿음이나 예수님에 대한 자신의 생각을 바꾸는 것과 동의어 정도로 만듦으로써 회개의 참 의미를 놓치고 있다고 주장했다. 요한복음은 회개를 언급하지 않으며, 로마서도 이 단어를 단 한 번만 사용할 뿐이며, 그렇기 때문에 바울은 빌립보 감옥 간수에게 복음을 증거하면서 회개를 포함시키지 않았다(행 16:31)는 체이퍼의 설명에 대해서 맥아더는 이는 성경에서 말하지 않는 것에서 이끌어낸 무가치한 논증이라고 주장했다.

6 D. L. Bock, "A Theology of Luke-Acts," in *A Biblical Theology of the New Testament*, eds. R. B. Zuck and D. L. Bock (Chicago: Moody, 1994), 131. 대럴 보크는 이 책에서 회개, 돌이킴, 그리고 믿음을 서로 다른 표현

방식이지만 동일한 의미라고 설명하고 있다(ibid., 129, n. 33). 그는 돌이킴과 회개는 관점의 차이에 따라서 다르게 보일 수 있다는 점을 인정하면서, 돌이킴을 관점의 변화에 따라 오는, "방향의 전환"이라고 설명하고 있다(ibid., 132). 그렇기 때문에, 보크에게 믿음과 회개는 서로 바꾸어 쓸 수 있는(interchangeable) 용어일 뿐이다. 그는 사도행전 3장 19절과 11장 21절을 비교하면서, 누가는 이렇게 여러 병행 구절에서 하나의 용어를 다른 용어로 바꾸어 쓰고 있다고 주장한다. 두 경우 모두 믿거나 아니면 회개한 후에 돌이키는 일이 따라왔다. 이렇게 보크는 돌이킴을 구원으로 이끄는 "단 하나의 행동"의 필수적인 부분으로 설명한다. 그는 사도행전 14장 15절을 예로 들면서, 이 구절에서 우리는 하나님에게서 멀리 떠나 있던 불신자들의 구원에서 필요한 것은 "방향의 전환"이란 사실을 볼 수 있다고 주장한다. 사도행전 15장 19절을 통해서는 이방인들이 "하나님께 돌아오는(turning to God)" 모습을 볼 수 있으며, 이 단어 하나만으로도 구원을 받게 해주는 반응이 무엇인지를 설명하기에 충분하다고 강조한다. 보크는 회개에 대한 이해를 누가복음-사도행전으로부터 발전시켰으며, 그래서 누가를 "회개의 신학자"라고 부르는데, 그 이유는 누가가 회개란 명사형을 신약성경 전체에서 22회 사용한 가운데서 누가복음-사도행전에서 11회 사용하고 있으며, 동사형을 신약성경 전체에서 34회 사용한 가운데 14회 사용하고 있기 때문이다. 우선적으로 보크는 회개와 그로 인해 결과적으로 따라 오는 행위를 구분하는 듯 보인다(ibid., 130-31). 그는 신약의 의미가 구약의 *슈브(shub)*의 의미(즉 "돌이키다 또는 방향을 돌리다")에 가까워지는 경우를 몇몇 문맥에서 볼 수 있다고 주장한다(눅 24:44-47).

보크는 회개를 "인간의 전체적인 관점을 포함한 시각의 변화"로 묘사한다. 그리고 회개를 통한 시각의 변화 중 하나는 "죄를 지금까지와는 다르게 보고, 이것을 다루지 않으면 자신에게 치명적이란 사실을 인식하게 되는 것"이라고 설명한다.

그러나 그의 설명이 진행되어갈수록 용어들이 빠르게 혼란스러워진다. 그는 회개가 관점의 변화라고 주장하고, 돌이킴은 회개 이후에 오는 방향의 변화라고 정의한다. 그리고 나서 나무의 뿌리와 열매를 구분하며 설명한다. 그러나 뿌리를 설명하면서, 믿음, 회개, 돌이킴 중 어느 것에든 뿌리를 내릴 수 있다고 주장한다. "이 세 가지 용어 각각은 하나님께 나아가는 것과 하나님의 공급과 자비에 뿌리를 내리는 것을 가리킨다"고 설명한다. 하지만 회개하는 것은 구원의 서정(ordo salutis)에서 첫 번째로 나타나는 것이라고 말한다(그 결과 지금까지 알았던 삶, 죄, 하나님을 새로운 방식으로 바라보기 시작하게 되는 것이다). 그 다음에는 돌이킴이 오게 되며(이는 인생의 새로운 방향을 잡게 되는 것이다), 마지막으로 믿음이 오게 된다(즉, 새로운 시각에서 하나님께 초점을 맞추게 되는 것이다). 그리고 이 세 가지 모두는 나무의 뿌리로 설명되는데, 이는 나무의 열매를 맺기 전에 반드시 뿌리를 내려야 하기 때문이다.

그러나 보크의 설명을 보면, 마치 뿌리 안에 열매가 존재하는 것처럼 보인다. 한 사람의 삶의 방향 전환(돌이킴)은 회개(관점의 변화)에 의한 결과다. 회개와 돌이킴은 모두 사람이 믿기(보크의 설명에 따르면 믿음도 뿌리의 일부다) 전에 일어난다고 설명한다. 따라서, 이러한 복잡한 정의를 정리하자면, 사람은 회개(새로운 시각 얻기)와 돌이킴(새로운 삶의 방향 얻기)을 모두 거친 후에야 믿음(새로운 초점 얻기)에 이르게 되는 것이다. 결국, 보크의 설명에 따르면 구원 = 회개 + 돌이킴 + 믿음으로 정의할 수 있다.

7 Calvin, *Institutes*, III.3.1.

8 C. H. Spurgeon, "Faith and Regeneration," *Spurgeon's Expository Encyclopedia* (Grand Rapids: Baker, 1978), 7:141.

9 P. Schaff, *History of the Christian Church*, 5th ed. (n.p.: Charles Scribner's Sons, 1910; reprint, Grand Rapids: Eerdmans, 1967), vol. 2, *Ante-Nicene Christianity*, 684-87.

10 J. Behm, "metanoeo," in TDNT, 1967 ed., 4:1008.

11 Ibid., 4:1007.

12 J. Martyr, *Apol.* I., c. 61.

13 J. Martyr, *Dial.*, 14.1.

14 Behm, "metanoew," 4:1008.

15 세례 중생설은 헤르마스(?-140년)와 순교자 유스티누스(100-165년) 뿐만 아니라 이레나에우스(130-202년)와 예루살렘의 키릴로스(Cyril, 313-386년)도 가르쳤으며, 아우구스티누스에게로 이어졌다.

16 Demarest, *Cross and Salvation*, 351.

17 Ibid., 282.

18 R. N. Wilkin, "Repentance as a Condition for Salvation" (Th.D. diss., Dallas Theological Seminary, 1985), 19.

19 W. D. Chamberlain, *The Meaning of Repentance* (Grand Rapids: Wm. B. Eerdmans Publishing Co., 1943), 27-28.

20 Wilkin, "Repentance," 22.

21 Calvin, *Institutes*, III.3.2,9.

22 Demarest, *Cross and Salvation*, 248.

23 M. Luther, *What Luther Says* (St. Louis: Concordia, 1959), 1210.

24 B. L. Woolf, *Reformation Writings of Martin Luther* (London: Lutterworth, 1952), 32, emphasis added.

25 Wilkin, "Repentance," 7-10.

26 윌킨에 따르면, 이 점을 강조하는 사람들은, J. Anderson, W. Barclay, H. Conzelmann, J. D. G. Dunn, D. Fuller, K. Gentry, J. Gerstner, L. Goppelt, W. Graham, G. Ladd, I. H. Marshall, J. I. Packer, J. R. W. Stott, and L. Strauss 등이 있다.

27 이 점을 강조하는 사람들은 L. S. Chafer, G. M. Cocoris, H. A. Ironside, and C. C. Ryrie (ibid., 8) 등이 있다.

28 로마 가톨릭 교회의 관점으로, 이는 구원을 얻기 위한 조건이라기보다는 회개를 유지하는데 필요한 요건이다.

29 이 견해를 가진 사람들 중에는 J. 그레이엄, G. 피터스, A. H. 스트롱

이 있고, 웨스트민스터 신앙고백 소요리문답(ibid., 10) 등이 있다.

30 Spurgeon, *Encyclopedia*, 7:139.

31 Demarest, *Cross and Salvation*, 248.

32 Ibid., 249.

33 Ibid.

34 Ibid.

35 니느웨 사람들은 처음에는 불신자였기 때문에, 여기서 순서는 회개 + 신앙 + 열매라고 주장할 수 있지만, 성경에 기록된 처음 반응은 그들의 믿음이었다.

36 이 단어는 신약성경을 보면 자녀 교육을 위한 것으로 꾸준히 사용되고 있다.

37 Z. C. Hodges, *Absolutely Free!* (Grand Rapids: Zondervan, 1989), 148-52. 핫지스는 Absolutely Free!라는 책에서 회개를 하나님과의 *조화로운 관계*, 즉 *교제*로의 부르심이라고 설명한다. 믿는다는 것은 하나님과 영구적인 구원의 관계를 형성하기 위한 부르심에 응답하는 것이다. 이 영구적인 구원의 관계를 위한 믿음은 단 한 번 필요하지만, 주님과 최초로 교제 관계를 형성하거나 또는 교제를 회복하기 위한 회개는 신자의 삶에서 여러 차례 반복될 필요가 있다.

38 마태복음(마 19:16)은 동사 possess(소유하다)를 사용하고 있지만, 누가복음(눅 10:25)은 inherit(상속하다)를 사용하고 있다. 구약성경은 *나할*(nhl)과 *야라쉬*(yrsh)란 단어를 사용하고 있는데, 서로 바꾸어 사용되고 있으며, 각각 "상속하다(to inherit)"와 "소유하다(to possess)"는 뜻을 가지고 있다. 빠르게 성구사전을 찾아보면 두 단어 모두 양쪽으로 번역되고 있다는 것을 확인할 수 있다. *야라쉬*는 주로 신명기에서 사용되었다. 신명기는 이스라엘 백성이 약속의 땅에 들어가서 그 땅을 소유해야(possess) 한다고 말한다. 하지만 땅에 거주하는 것과 땅을 소유하는 것 사이에는 엄청난 차이가 있었다. 땅을 소유하기 위한 명확한 지침이 이스라엘 백성들에게 주어졌다. 만일 그들이 그 지침을 따르는 일에 실패

했을 때(예를 들자면 블레셋 사람들과의 싸움에서 졌을 때), 이는 땅을 소유하는 믿음에서 실패하는 것이었다. 오늘날 유대인들은 또 다시 그 땅에 있지만, 여전히 그 땅을 소유하지 못하고 있다. 그들은 아브라함에게 주어진 약속의 후손들로서, 자신들에게 주어진 그 땅에 대한 완전한 권리를 그리스도께서 그들을 위해 땅을 되찾고자 오실 때까지 경험하지 못할 것이다.

이러한 상속권은 신실함에 대한 보상이란 사실을 유념할 필요가 있다. 이것은 그리스도인의 삶에서도 마찬가지다. 하나님의 모든 자녀는, 하나님의 자녀라면 마땅히 누려야 할 많은 축복의 상속자다(갈 4:7). 그러나 성숙한 아들들(히 2:10)에게는, 장차 그리스도께서 오실 때 나타나게 될, 하늘에 예비된 특별한 기업/소유가 예비되어 있다(벧전 1:4-5, 9). 실제로 히브리서 10장 39절을 보면, 히브리서 기자는 *페리포이에신*(*peripoiesin, possession, 소유*)이란 단어를 사용하여 히브리 그리스도인들에게 이 점을 강조한다. (우리 성경에는 '오직 영혼을 구원함(*페리포이에신*)에 이르는 믿음을 가진 자니라'고 번역되었는데, 여기서 구원함에 해당되는 단어가 그리스어로는 *페리포이에신*이다. 그렇다면 이 구절은 이렇게 번역되어야 한다. '오직 우리 영혼은 하늘에 있는 기업을 얻게 될 믿음을 가진 자니라.') 그렇다면 이 히브리 그리스도인들은 믿음에 의해서, 영원을 위해 준비하는 그들의 삶(*푸시케*(*psuche*), 즉 지상에서 성화의 삶을 살아가는 시간)을 소유하고 있었던 것이다. 로마서 8장 17절은 이중 상속을 언급하고 있다. 즉 상속자들이 있고 또한 그리스도와 함께 한 상속자들 또는 공동 상속자들이 있다. 공동 상속자들은 지금 그리스도와 함께 고난을 받는 사람들이며, 장차 영광도 함께 받게 될 것이다.

39 Behm, "metanoew" 4:990-91.

40 D. A. Carson, *Exegetical Fallacies*, 2d ed. (Grand Rapids: Baker, 1996), 28-33.

41 Demarest, *Cross and Salvation*, 252.

42 이 구절에서 미혹되어 진리를 떠난 사람은 신자가 아니라는 두 가지 주장이 있다. 하나는 그 사람이 형제가 아니라는 주장이다. 분명히 이 구절은 형제들을 대상으로 말하고 있으며, 형제들 중 한 사람이 진리에서 떠나는 상황을 가정하고 있다. 이 구절은 야고보가 신자를 언급하고 있다고 보이는 구절이긴 하지만, 그럼에도 형제가 아니라는 가정을 해야만 한다.

이 사람이 형제가 아니라는 주장은 일반적으로 다음과 같은 방식으로 전개된다. 모든 신앙공동체마다 명목상의 크리스천들과 참으로 거듭난 크리스천들이 혼재해 있기 마련이다. 후자만이 참된 신자다. 모든 교회는 양과 염소, 알곡과 가라지, 신자와 불신자, 참된 형제와 거짓 형제로 혼재되어 있다. 따라서 야고보가 여기서 형제들이라고 말했다고 해서 모든 형제가 참 신자라는 의미일 순 없다는 것이다.

이런 주장이 특정 문맥에서는 충분히 납득할 만한 것일 순 있지만, 야고보서에서는 이렇게 확정할 만큼 선명하지는 않다. 야고보서 1장 16-18절을 보면, "내 사랑하는 형제들"은 18절에서 말하고 있는 "우리"와 동일한 사람들을 가리키며, 여기엔 저자인 야고보도 포함되어 있다. 이 구절은 하나님께서 "그 피조물 중에 우리로 한 첫 열매가 되게 하시려고 자기의 뜻을 따라 진리의 말씀으로 우리를 낳으셨느니라"고 말하고 있다. 이보다 더 신명하게 영적 출생을 진술할 수 있는가? 야고보가 말하는, 사랑하는 형제들은 "거듭난(born again)" 사람들을 가리킨다.

19절은 즉시 이 "사랑하는 형제들"을 다시 언급한다. 분명히, 이 사람들은 야고보가 16-18절에서 언급한 동일한 그룹이다. 그리고 이 사랑하는 형제들은 마음에 심어진 말씀, 곧 그들의 영혼을 능히 구원할 수 있는 말씀을 온유함으로 받으라는 격려를 받고 있음을 주목하라. 이 구절에서 "구원하다"는 뜻의 그리스어가, 야고보서 5장 20절에서 미혹된 길에서 돌아온 영혼을 사망에서 "구원하다"고 말하고 있는 구절에도 사용되고 있다. 그렇다면 이 구절에 해당되는 사람이 형제가 아니라고 주장하는 것은 너무도 증거가 빈약하다.

또 다시 명백한 사실로부터 벗어나는 다른 방법은 야고보서 5장 19절에서 진리에서 벗어난 사람을 형제가 아니라 교회 회중 가운데 그저 한 사람으로 보는 것이다. 즉 교회의 교인이긴 하지만 형제는 아니라는 것이다. 그러나 이러한 주장은 완전히 문맥에서 벗어난 것이다. 바로 앞 문맥인 13-18절만 보더라도 "any"는 특별한 상황에 처한 교회의 신자들을 가리키는데 세 번이나 사용된 것을 볼 수 있다. 특별한 상황에 처한 신자의 필요를 어떻게 채워야 하는지에 대한 지침들이 제시되어 있다. 병든 사람은 교회의 장로들을 청해야 하며, 장로들은 그에게 기름을 바르고 그 병든 사람을 위해 기도해야 한다. 믿음의 기도는 그 병든 사람을 *치유(sozo, heal)* 할 것이다. 분명 이 구절이 불신자를 가리킨다고 주장하는 사람은 없을 것이다. 마찬가지로, "any"라는 단어를 사용했다고 해서, 야고보서 5장 19절이 미혹되어 진리를 떠난 불신자를 가리킨다고 주장해서는 안된다.

43 야고보서 5장 19절에서 "떠나다"라는 단어는 그리스어 플라네오 *(planeo)*라는 단어가 사용되었다. 이 단어는 정도(正道)나 바른 궤도에서 벗어나다라는 뜻을 가지고 있으며, 영어로는 "err"로 번역되었다. 그러므로 이 단어는 신자가 당연히 하나님의 아들을 중심으로 바른 궤도를 돌아야 하는데, 그는 하늘에 있는 자신의 자리를 벗어난 모습을 그림처럼 묘사하고 있다. 그는 전에 하나님의 아들의 영광의 빛을 반영하는 신자였지만, 어떤 이유에선지 블랙홀이 그를 끌어당겨 궤도에서 벗어나게 된 것이다.

44 n. 5를 보라.

45 David Anderson, "The Role of Repentance in Salvation," in *A Defense of Free Grace Theology: With Respect to Saving Faith, Perseverance, and Assurance*, ed. Fred Chay (USA: Grace Theology Press, 2017), 89-119.

46 다음 책을 보라. Shank, *Elect in the Son* (Springfield, MO: Westcott, 1970)과 *Life in the Son* (Springfield, MO: Westcott Publishers, 1961). 필자는 1976년 이 저자와의 개인 인터뷰에서 새 신자가 물속에 있을 때 성령

을 받는다고 말하는 것을 들었다. 필자가 사도행전 10장의 고넬료의 경우를 예로 들자, 그는 고넬료의 경우는 예외라고 말했다. 십자가에 달린 강도의 사례를 추가로 제시하자(오순절 이전에는 성령 세례가 없었기에), 그는 강도는 "열망(desire)"의 세례를 받았다고 주장했다. 즉 강도는 십자가에서 내려와서 물세례를 받고 싶었지만 그럴 수 없었기 때문에, 하나님께서는 물 세례를 받고 싶어하는 그의 열망 때문에 그에게 의를 전가해주셨다는 것이다.

47 다음 책을 보라. M. Kline, *Treaty of the Great King* (Grand Rapids: Eerdmans, 1963), 9-10. 최근의 연구를 보면, 클라인은 개요를 상당히 개선하여 소개하고 있다. 특히 규정 섹션을 보면 많은 도움을 얻을 수 있다. (다음 소논문을 참조하라. S. A. Kaufman, "The Structure of Deuteronomic Law," *Maarav* 1 [April 1979]: 105-58.) 그렇지만 전체적으로 신명기는 하나의 거대한 종주국-속국 언약 구조를 갖추고 있는 것으로 보고 있다.

48 M. Weinfeld, "The Covenant of Grant in the Old Testament and the Ancient Near East," *Journal of the American Oriental Society* 90 (April-June 1970): 184.

49 Ibid., 185.

50 L. W. King, Babylonian Boundary-Stones and Memorial-Tablets in the British Museum (London: British Museum, 1912).

51 Ibid., x.

52 A. E. 힐은 "에발 산 의식은 히브리 토지 하사인가?"(Journal of the Evangelical Theological Society 31 (December 1988): 399-406)라는 글을 통해서, 이스라엘 역사에서 왕실 하사의 사례를 제시했다. 그런데 Z. 벤-바락은 "므비보셋과 고대 이스라엘의 토지 하사 제도"("Meribaal and the System of Land Grants in Ancient Israel," Biblica 62 (January 1981): 73-91)라는 글을 통해서 다윗이 이 제도를 사용했다는 주장을 했다. 다윗은 가드 왕 아기스에게서 군 사령관으로서의 봉사에 대한 보상으로 시글락

을 받았을 때 이 관습을 알게 되었을지도 모른다. 그러나 므비보셋 이야기(삼하 9장, 16:1-4, 19:17-31)는 다윗이 충성스러운 봉사에 대한 보상으로 땅을 주는 이 관습을 직접 실천했던 것을 보여준다. 사무엘상 8장 14절과 22장 7절을 통해서도 다윗 시대에 하사 제도가 유행했음을 엿볼 수 있다.

53 아브라함과의 관계는 실제로는 갈대아 우르에서 시작되었다. 이 사실이 종종 간과되고 있지만, 사도행전 7장 2-3절에 명확히 드러나 있다. 성경본문이 "우리 조상 아브라함이 하란에 있기 전 메소보다미아에 있을 때에 영광의 하나님이 그에게 보여"라고 말할 때, 이러한 문구는 언약 관계를 맺기 위한 전문 용어다. 주종(종주국-속국) 관계는 우르에서 이미 확립되었다. 그에 따른 규정은 아브라함이 우르를 떠나 이 영광스러운 하나님이 그에게 보여주시는 땅으로 가라는 것이었다. 아브라함은 이 규정에 순종했기 때문에, 즉 충실한 봉신이었기 때문에, 은혜 언약의 보상 곧 이스라엘 토지를 하사 받았던 것이다(창 15:1).

54 다음은 성경과 유사하게 충성스러운 봉사를 가리키는 용어들이다.

① (아슈르바니팔이 그의 신하 불타에게) "나의 왕권의 책무를 지켰다"는 "내 말을 순종하고 내 명령과 내 계명과 내 율례와 내 법도를 지켰음이라"(창 26:5)와 유사하다.

② "완전하게 행하였도다(아루 15:13-17)"는 "내 앞에서 행하여 완전하라"(창 17:1)와 유사하다.

③ "진실로 내 앞에 섰으며", "충성으로 행하였도다"는 "성실과 공의와 정직한 마음으로 주 앞에서 행하므로"(왕상 3:6)와 유사하다.

④ "나는 왕이다… 순종으로 섬기는 자와 왕명을 지키는 자에게 친절을 베푸는 자다"(아루 15:6-7, 16:6-7, 18:9-12)는 "오직 네 하나님 여호와는 … 그를 사랑하고 그의 계명을 지키는 자에게는 천 대까지 그의 언약을 이행하시며 인애를 베푸시되"(신 7:9-12)와 "온 마음으로 주의 앞에서 행하는 종들에게 언약을 지키시고 은혜를 베푸시나이다"(왕상 8:23)와 유사하다.

⑤ "땅"과 "집"이 왕들이 충성스러운 신하에게 베푸는 주요한 선물인 것은 아브라함에게 주어진 선물(땅)과 다윗에게 주어진 선물(집 = 왕조)과 유사하다.

⑥ "아달-에니와 그의 아들들에게 그것을 영원히 주리라"(PRU III 16,132:27-38)는 "너와 네 자손에게 주리니 영원히 이르리라"(창 13:15)와 "너 및 네 대대 후손 사이에 세워서 영원한 언약을 삼고 … 이 땅 곧 가나안 온 땅을 주어 영원한 기업이 되게 하고"(창 17:7-8)와 유사하다.

⑦ "그날에 아바-엘이 그 성읍을 주었다"는 "그날에 여호와께서 아브라함과 언약을 세우셨다"와 유사하다. 와인펠드에 의하면, "그날에"라는 말은 법적인 의미가 있다.

⑧ 토지를 하사하면서 경계를 정하는 것이 매우 유사하다.

⑨ 토지를 하사하거나 왕조를 약속하는 것을 법적으로 확고하게 하려는 뜻에서 결혼을 하거나 양자로 삼는 일은 세상에서나 성경에서도 널리 사용되고 있다.

아브라함 언약에 관해서, 이 저자는 창세기 12장이 아닌 창세기 15장을 언급하고 있다는 점을 지적할 필요를 느낀다. 창세기 12장 1-3절을 보면, 미래 순종에 관해서 최소한 한 가지 규정이 있다. 즉 아브라함이 그 땅으로 가야 한다는 것이었다. 아브라함에게 주어지는 미래 보상은 그가 그 땅으로 가는 것에 달려 있었다. 이 점은 사도행전 7장 3절이 확증히는 내용이다. 사실 그가 제단을 쌓고, 조카를 구출한 것은 그 땅으로 간 이후에 일어난 일이었다. (다음 소논문을 보라. 이러한 구출 행위는 속국 상호 간에 맺은 고대 협약에 따른 의무에 따른 것이었다. D. J. McCarthy, Treaty and Covenant: *A Study in Form in the Ancient Oriental Documents and in the Old Testament*, Analecta Biblica, no. 21 [Rome: Pontifical Biblical Institute, 1963], 24-25.) 그리고 소돔 왕이라는 거짓 종주국에 맞서 진정한 종주국에게 충성을 보이기 위해 종주국의 대표자(즉 멜기세덱)에게 (일반적인 속국의 의무로서[ibid., 32]) 조공을 바치고 그와 언약의 식사(빵과 포도주 [ibid., 172-73])를 하자, 그 후에 하나님께서는 아브라함에게 "네 *보상은* 매우 클 것이다"(강조는 필자의 것)라고 말씀하셨다.) 창세기의 은혜 언약은 종주국에 대한 과거 충성스러움에 대한 보상이었다.

55 J. D. Pentecost, *Things to Come* (Grand Rapids: Zondervan, 1969), 65-69.

56 1998년 2월 24일 예루살렘에서 필자는 저자와 개인 인터뷰를 가졌다. 와인펠트는 자신의 분별에 따르면, 포로 귀환 이후 유대인들은 아브라함 언약과 다윗 언약을 모세 언약에 대한 그들의 순종여부에 따라 조건적으로 성취되는 언약으로 보기 시작했다고 말했다. 앗수르와 바벨론 사람들이 이스라엘과 유다를 징계하는 일에 사용되기 전에 그렇게 그들이 이해하지 못했다는 것이 참으로 안타깝다. 사실 신명기 4장 23-31절을 읽은 후에 그들이 그것을 놓칠 수 있었다는 것이 참으로 이해하기 어렵다. 그러나 은혜 언약의 축복의 성취는 신실한 세대의 순종 여부에 달린 것이었지만, 후손에 대한 약속은 은혜가 주어진 후에는 무조건적인 것이었다. 유일한 문제는 과연 어떤 세대가 그 신실한 세대가 될 것인가였다.

57 F. C. Fensham, "Common Trends in Curses of Near Eastern Treaties and kudurru-Inscriptions Compared with Maledictions of Amos and Isaiah," *Zeitschrift fur die alttestamentliche Wissenschaft* 75 (January 1963): 172.

58 Ibid., 172-74.

59 Exodus 34, for example.

60 E. Wurthwein, "metanoew," in TDNT, 1967 ed., 4:980.

61 "후회하다" 또는 "스스로 위로하다"라는 의미를 가지고 있는 이 동사는 구약성경에 108회 나오지만, 그 중 단 3회만 인간의 죄에 대한 회개의 의미로 사용되고 있다(렘 8:6, 31:19, 욥 42:6). 신학적 의미에서 이 단어는 보통 하나님의 후회하심을 가리킨다(다음 책을 보라. H. V. Parunak, "A Semantic Survey of *nih.am*," [Biblica 56, 1975]: 512-32). 예레

미야 8장 6절은 이스라엘이 저지른 우상 숭배에 대한 일시적인 징계를 다루고 있다. 예레미야 31장 19절은 이스라엘이 야훼께로 돌아온 후의 슬픔을 말하고 있다. 그리고 욥기 42장 6절은 욥이 회개한 후 받은 일시적인 축복을 언급하고 있다. 이 구절들 중 어느 것도 언약 관계나 개인적인 관계 형성을 위한 회개의 의미로 사용되고 있지 않다(윌킨이 쓴 회개라는 책, 17쪽을 참고하라.)

62 Wurthwein, "metanoeo," 4:984.

63 Wilkin, "Repentance," 13.

64 Wurthwein, "metanoeo," 4:985.

65 우리는 메타노에오에 정확히 상응하는 히브리어 단어가 없다는 사실을 기억해야 한다.

66 이 언약에 대한 더 자세한 분석은 다음 책을 보라. Pentecost, *Things to Come*, 95-99. 이 구절은 은혜 언약의 수혜자와 그의 후손에 대한 지속적인 성격을 재확인하고 있다. 아브라함의 경우처럼 토지 하사에 대한 약속이든 다윗의 경우처럼 영원한 왕조에 대한 약속이든, 자손에 대한 약속은 영구적인 것이었다. 그렇지만 다시 한번 말하지만, 그 약속의 완전한 축복을 누리려면, 신실한 유대인 세대가 나와야 하기 때문에 하나님께서는 그 땅을 소유하게 될 신실한 유대인 세대를 기다리고 계시며, 유대인들은 시온에서 나와서 온 세상을 통치하실 신실한 왕을 기다리고 있다.

67 그는 임기가 끝난 후에도 대제사장으로 불렸는데, 아마도 전직 대통령을 여전히 대통령 아무개라고 부르는 것과 같은 방식일 것이다. 유대인들에게 대제사장은 종신직이었으므로, 안나스는 로마가 다른 사람을 임명했음에도 불구하고 여전히 이스라엘 민족에게 토라의 영향력을 발휘했을 것이다.

68 한 달란트는 대략 25-75파운드 사이의 무게이므로, 이 금의 무게는 58톤에서 174톤 사이였을 것이다.

69 R. Price, *Secrets of the Dead Sea Scrolls* (Eugene, OR: Harvest House, 1966), 280-282.

70 로마서 2장 5절을 언뜻 보면, 영원한 심판을 말하는 것처럼 보일 수 있다. 그러나 이 구절에서 말하는 진노는 데살로니가전서 2장 16절과 같이 해석되어야 하는데, 이 구절을 보면 그리스도를 거절하고 복음의 역사를 방해하는 일을 하는 유대인들이 하나님의 심판이 임할 때까지 죄의 잔을 채우고 있는 모습이 그려져 있다. 이 심판의 확실성이 바울에 의해서 표현되고 있는데, 즉 아직 일어나지 않은 미래의 사건이나 상태를 이미 완료된 것처럼 부정 과거 시제로 표현하는 방식인 선취적 부정 과거 시제(proleptic aorist)로, "노하심이 끝까지 그들에게 임하였느니라"고 표현되고 있다. 이 진노는 데살로니가전서 1장 10절과 5장 9절에서 언급하고 있는 것과 동일한 진노일 가능성이 높지만, 그리스도를 거부한 그 유대인 세대에 대한 하나님의 진노의 쏟아짐을 배제하지는 않는다. 두 개의 구절은 대환난 시기에 임하는 진노의 예시다. 로마서 2장 5절도 같은 것을 언급하는 것일 수 있다. 로마서 2장 5절에서 "쌓는다"는 표현은 데살로니가전서 2장 16절에서 "채운다"는 표현과 유사한 개념이다. 그리고 "진노의 날"은 그리스도를 거부한 유대인 세대에게 일어났던 일시적인 심판을 가리키는 것일 수도 있고, 데살로니가전서에서 말하는 진노를 가리키는 것일 수도 있다(스바냐 1장 14-18절에서 말하는 여호와의 큰 날과 요한계시록 6장 16-17절에서 말하는 어린 양의 진노의 큰 날을 보라). 대부분 주석가들은 로마서 2장의 진노가 유대인들의 죄에 대한 것을 다루고 있다는 점에 동의한다. 로마서 2장 5-10절을 크고 흰 보좌 심판을 가리키는 것으로 해석하는데 한 가지 문제점이 있다면, 그것은 7절에서 영생을 언급하고 있다는 것이다. 크고 흰 보좌는 영생을 주는 자리가 아니다. 사도 바울이 천년왕국 시기를 왔다 갔다 하면서 심판문제를 다루었을 것 같지는 않다. 이 심판은 대환난 기간에 있게 될 일시적인 진노를 가리킬 가능성이 크며, 이후에 그리스도의 심판대와 양과 염소를 구분하는 일이 있게 될 것이다(마 16:27, 25:31).

71 요한복음 3장 36절은 흔히 영원한 심판으로 오해할 수 있는 또 다른 구절이다. 그러나 시제를 주의 깊게 살펴보면, 여기서 말하는 영생과 하나님의 진노 모두 현재적인 경험을 가리킨다. 즉 신자는 그가 믿는 순간 즉시 영생을 소유한다. 영생은 미래의 심판을 통해서 주어지는 선물이 아니다. 진노도 마찬가지다. 로마서 1장 18절과 마찬가지로 이 진노 또한 현재적인 것이다. "도리어 하나님의 진노가 그 위에 머물러 있느니라."

72 다음 책을 보라. Robert Thomas, "I & 2 Thessalonians" in *The Expositors Bible Commentary*, vol. 11 (Grand Rapids, Michigan: Zondervan Publishing, 1978), 248, 285. Michael Vlach, "The Eschatology of the Pauline Epistles" in *The Return of Christ: A Premillennial Perspective* eds. David L. Allen & Steve W. Lemke (Nashville, Tennessee: Broadman & Holman Publishing, 2011), 249. 석의를 통해서 가장 완전한 변증을 하고 있는 주석은 제인 핫지스의 주석이다. 다음 책을 보라. "The Rapture in 1 Thessalonians 5:1-11" by Zane Hodges in *Walvoord: A Tribute*, ed. Donald K. Campbell (Chicago, IL: Moody Press, 1982), 67-79. 다음 책도 보라. Marvin Rosenthal, *The Pre-Wrath Rapture of the Church* (Nashville, Tennessee: Thomas Nelson Publishers,1990), 246.

73 기독교 문학에서 "진노"라는 단어는 보통 불신자들을 향한 하나님의 영원한 분노와 징벌을 묘사하는 데 사용되고 있는 것은 사실이다. 그렇지만 성경에서 "진노(오르게, orge)"로 번역되고 있는 단어가 영원한 것이 아니라 현세적인 것으로 사용되고 있는 사례를 찾아 확인하는 일은 불신자들의 영원한 형벌을 부인하려는 것이 아니다. 요한계시록 14장 10절을 보며, 짐승을 경배하고 또한 그의 표를 받은 자들은 영원한 고통을 받게 될 것을 분명히 증거하고 있다. 그러나 오르게(orge)라는 단어가 영원에 묶여 있는 것이 아니라 현세에 묶여 있음을 직접 확인해보는 일은 로마서 1장 18절, 5장 9절, 9장 22절(여기서 진노는 우리 속에 있는 죄악된 본성이 이끄는 삶에 방치하는 것을 뜻한다), 데살로니가전서 1장

10절과 5장 9절(여기서 진노는 대환난에 남겨지는 것을 뜻한다), 그리고 마태복음 3장 7절(여기서 진노는 AD 70년에 있었던 티투스의 예루살렘 침공을 뜻한다)과 같은 구절들을 해석하는데 매우 중요하다.

74 Josephus Flavius, *War Against the Jews*, Book VI, Chapter IX, Section 3, www.bible.ca/pre-flavius-josephus-70AD-Mt24-fulfilled.htm. Accessed January 10, 2018.

75 다음 책을 보라. Barry E. Horner, *Future Israel: Why Christian Anti-Judaism Must Be Challenged* (Nashville, TN: B&HAcademic, nd), 252,340 and RobertL.Thomas, *Perspectives On Israel and the Church 4 Views*, ed. Chad O. Brand, (Nashville, TN: B&H Academic, 2015), 87-111.

제8장

믿음

    수세기 동안 구원론에서 구원 받는 믿음의 본질이 무엇인가에 대한 많은 논의가 있었다. 많은 개신교와 여러 교단에 속한 성경 학자들은 하나님이 인정하시는 구원 받는 믿음에 여러 가지 요구 사항들을 더하고 있지만, 그들 중 누구도 믿음을 그 방정식에서 제외시키고 있지는 않다. 믿음은 필수적인 것이다. 우리는 믿어야 한다. 그러나 구원 받는 믿음은 징확히 무엇을 믿어야 하는 것인가? 믿음을 여러 가지 요소로 나눌 수 있는가? 신약성경에서, 예를 들자면 영구적인 믿음, 일시적인 믿음, 참 믿음, 거짓 믿음과 같이 여러 유형의 믿음을 볼 수 있는가? 신약성경에서 말하고 있는 믿음의 의미를 정확히 파악하려면 이러한 각 질문에 답할 수 있어야 한다.

사복음서에서

　믿음의 탐구를 시작하기에 좋은 곳은 사복음서다. 동사형은 공관복음서에서 드물게 사용되고 있다. 즉 마태복음에서 11번, 마가복음에서 10번, 누가복음에서 9번 사용되고 있을 뿐이다. 반면 요한복음에서는 99번 사용되고 있다. 이상한 일이지만 명사형은 요한복음에서 전혀 볼 수 없다. 래드의 설명에 따르면, 그 이유는 요한은 믿음이 단순히 "정확한 신학"[1]으로 이해될 가능성을 피하고 싶어했기 때문이다. 요한복음은 전도의 목적을 위해 기록된 것이기 때문에(요 20:31), 믿음의 가장 중요한 역할은 구원을 받는데 필요한 하나님의 요구 사항을 충족시키는데 있다. 요한복음에서 뿐만 아니라 사실 신약성경 전체에서 믿음에 있어서 독특한 것은 피스튜오 에이스(pisteuo eis) 구조인데, 이는 신약성경 밖에서는 거의 사용하지 않는 표현이며, 심지어 70인역에서도 볼 수 없다. 이 용어는 기독교 신앙 메시지에 속한 특성을 표현하기 위해 독특하게 구성된 것으로 보인다. A. 외프케(Oepke, Kittel, 2:431-33)에 따르면, 여기서 사용되는 전치사(eis, 곧 into)는 개인적인 관계(personal relationship)를 나타내는데 사용되는 것이라고 한다. 이 전치사는 공관복음에서 두 번 사용되고 있으며(마 18:6, 막 9:42), 요한복음에서는 요한복음 2장 11절과 17장 20절 사이에서 30번 이상 사용되고 있다. 이러한 사실들은 앞으로 직접 확인하게 될 것이지만, 믿음의 본질을 이해하는데 있어서 아주 중요하다.

　존 맥아더는 찰스 라이리와 제인 핫지스가 믿음을 그저 "지적인 동의(mental assent)"로 정의하고 있다고 공격했다. 맥아더는 그렇게 믿는 사람들은 "부패한 복음에 속고 있다. 그들은 믿음만이 자신을 구원할 것이라는 말을 들었을 것이지만, 그들은 진정한 믿음을 이해하고 있지도 않고 또한 소유하고 있지도 않다. 그들이 의지하는 '믿음'은 일련의 사실에 대한 지적인 수긍(intellectual acquiescence)에 불과할 뿐이다. 그런 믿음은 사람을 구원하지 못한다"[2]라고 비판했다. J.I. 패커(Packer)는 이렇게 주장했다. "살아 계신 그리스도를 향해 헌신하게끔 하는 것은 없이 그저 복음을 지적으로 동의만 하게 하는 것은 성경에서 정한 믿음에 이르지 못하며, 구원에도 이르지 못한다. 이러한 지적인 동의는 거짓 회심자들만을 양산하는 것일 뿐이다."[3] 또한 J.M. 보이스(Boice)에 따르면, 이런 식으로 믿음을 접근하는 방식은 "복음을 그리스도께서 죄인들을 위해 죽으셨다는 단순한 사실로 축소시키는 일이며, 죄인들에게 그저 피상적인 지적인 동의에 의해서 이 사실을 인정하도록 요구하는 일일 뿐이기에, 그들이 거듭나지 않았을 수도 있음에도 불구하고 그들의 영원한 안전을 보장하는 어리석음을 범할 수 있다."[4]

종교개혁자들에게서

존 맥아더와 그의 진영에 속한 사람들의 이러한 주장을 평가하기 전에, 주재권 구원론자들(lordship salvationists)이 복음 논쟁에서 교회 역사, 특히 종교 개혁사를 자신들의 편으로 주장하기 때문에, 개혁자들의 의견을 다시 들어보는 것이 좋을 듯 하다. 이 주제를 진행하는데 있어서, 칼뱅은 자신의 신학이 전적으로 아우구스티누스에게서 왔다고 주장했으며, 아우구스티누스는 "믿음은 동의하며 생각하는 것 외에 아무것도 아니다"[5]라고 말했다는 사실을 기억하는 것이 필요하다.

그러므로 칼뱅이 "왜냐하면 의롭다 하심을 받는 부분에서, 믿음은 순전히 수동적인 것이며, 하나님의 은혜를 회복하는데 우리에게 속한 그 어떤 것도 필요치 않고, 다만 우리가 부족한 것을 그리스도에게서 받기 때문이다"[6]라고 쓴 것에 놀랄 필요가 없다. 주재권 구원론자들은 능동적인 믿음은 선한 행실을 낳고 또한 순종과 손에 손을 잡고 걷게 해준다고 주장한다. 그보다 못한 것은 거짓 믿음이라고 그들은 주장하고 있다. 그러나 칼뱅은 "우리는 믿음을 일종의 그릇에 비유할 필요가 있다. 왜냐하면 우리가 비어 있고 또 우리 영혼의 입을 열어 그리스도의 은혜를 구하지 않는다면, 우리는 결코 그리스도를 받을 수 없기 때문이다"[7]라고 말했다. R.T. 켄달(Kendall)은 칼뱅을 이렇게 평가했다. "칼뱅이 묘사하는 내용에서 두드러지는 것은 믿음이 가지고 있는 수동성이다. 즉 믿음의 주어지는 특징과 지적이고 수동적이고 확신을 주는 본질적인 특성이다."[8] M.C. 벨(Bell)은 켄달의 의견에 동의하면서 이렇게 썼다. "칼뱅은 믿음이 본질적으로 수동적인 특성이 있으며, 마음이나 이해에 중심을 두고 있고, 주로 확실한 지식을 가졌느냐의 관점에서 보아야 한다고 가르쳤다."[9]

그러므로 분명 칼뱅은 믿음을 그리스도께서 어디로 가시든지 그리스도를 따르려는 전적인 헌신이나 순종과 같은 것으로 보지 않았다. 오히려 T. 르웰렌(Lewellen)이 보았던 것처럼, 칼뱅의 관점에서 순종은 믿음에서 흘러나오는 것이며, 그리스도인의 삶의 본질에 속한 것이었고, 믿음 자체는 그리스도 안에서 예비되어 있는 구원에 대한 하나님의 약속을 의지하는 것일 뿐 그 이상도 이하도 아니었다.[10]

종교개혁자들은 여러 가지 많은 점에서 의견을 달리했지만, 그럼에도 믿음을 이렇게 접근하는 방식에는 완전히 동의했던 것으로 보인다. 『아우크스부르크 신앙고백서(Augsburg Confession)』를 쓴 필립 멜란히톤은 믿음을 단순히 "수용하는 것(receptivity)"[11]이라고 정의했다. 현대 표준 루터교 신학의 저자인 F. 피퍼(Pieper)는 "구원하는 믿음이란 본질적으로 복음에 제시된 하나님의 약속을 마음으로 의존하는 것이다. … 앞에서 서술한 믿음의 특징에 대해서 굳이 언급하자면, 의롭다고 인정을 받을 수 있는 믿음이란 복음에 제시된 죄 사함을 받아들이는데 필요한 단순한 도구나 아니면 수용하는 기관 정도로만 보아야 한다"[12]고 썼다.

B. B. 워필드에게서

개혁자들에 대해서는 이 정도면 충분하다. 개혁주의 신학의 옹호자들은 어떠할까? 가장 확고한 옹호자 중 한 사람인 B.B. 워필드(Warfield)는 그의 저서에서 믿음에 대한 광범위한 논의를 펼치지만, 믿음을 결코 순종과 연결시키고 있지는 않다. 사실 그는 피스튜오(*pisteuo*)와 여격이 함께 쓰이는 경우(우리가 일반적으로 "…을 믿다" 또는 단순히 누군가나 무언가를 "믿다"라고 번역하는 경우)는 "주로 믿는다는 동의를 표현한다"[13]고 말하고 있다. 그의 말을 더 자세히 인용하자면 다음과 같다.

모든 믿음의 중심적인 요소는 의심의 여지없이 동의(assent)에 있다. 동의는 소위 확신의 동력이라고 불리는 정신적 동력을 구성한다. 그러나 동의의 동력은 항상 그렇듯이, 의지의 특별한 움직임이 아니라 지성의 움직임에 의존하고 있다. 동의(assensus)는 인식(notitia)에서 시작된다. 우리가 "신뢰"라고 부르는 감정의 움직임은 사실 동의의 결과다. 그리고 믿음이 그 자체를 완성하는 것은 바로 이 감정의 움직임 안에서 되어지는 것이며, 특별히 "믿음"으로 형성되는 것은 바로 동의에 의해서 형성되어 진다는 것이다.[14]

영국 청교도주의에서

그렇다면 종교개혁자들이 믿음을 수동적인 것이고 또한 단순히 하나님의 약속에 대한 신뢰나 확신으로 이해했다면, 순종과 행위를 포함하고 있는 이 능동적인 믿음이라는 개념은 어디에서 온 것일까? 그 답은 영국 청교도들이다. 앞서 언급한 R.T. 켄달의 저서를 보면, 이렇게 발전되어 온 것을 확실히 증거하고 있다. 르웰렌은 다음과 같이 말하면서 이 점을 강조하고 있다.

청교도 시대에 … 구원하는 믿음의 정의에 변화가 있었다. 종교개혁 이후 세대의 어떤 신학자들은 종교개혁자들이 정의했던 믿음을 미묘하게 변경했는데, 곧 수동적인 수용성에서 의지에 중심을 두고 헌신과 순종 모두를 포함하는 죄인의 능동적인 반응으로 바꾸었다.[15]

종교개혁자들의 믿음의 이해와는 다르게 믿음의 정의가 변경된 내용이 웨스트민스터 표준 문서에 그대로 반영되어 있는데,[16] 주재권 구원론자들은 자신들의 입장을 입증하기 위해서 자주 웨스트민스터 표준 문서를 인용하고 있다. 예를 들어, 존 맥아더가 쓴 책의 부록을 보면, 주재권 구원을 교회의 역사적인 믿음인처럼 설명하고자 부록의 17쪽 가운데 10쪽이나 웨스트민스터 표준 문서와 종교 개혁 이후 영국 칼뱅주의자들의 저술을 인용하고 있다.[17] 주재권 구원이 전통적인 기독교의 한 흐름에 기원을 두고 있다고 말하는 것은 분명히 타당하지만, 그렇다고 해서 "제인 핫지스가 현대의 이단이라고 비난하는 믿음을 (곧 주재권 구원론을) 참 교회가 항상 믿어왔던 것이다"[18]라고 단정적으로 말하는 것은 상당한 어폐가 있다. 르웰렌의 글을 다시 한번 인용하자면 다음과 같다.

사실은 이렇다. 즉 맥아더의 견해는 웨스트민스터 표준 문서에 구현되어 있으며, 기독교 교회 역사에서 길고 강력한 역사를 가지고 있다. 순종을 포함하는 능동적인 헌신으로서의 믿음이라는 개념은 교회 역사의 한 줄기, 즉 영국 청교도주의의 산물이며, 이는 강력한 줄기이다. 그렇다고 해서 그 줄기를 "참 교회"와 혼동해서는 안 된다. 칼뱅은 그것에 동의하지 않았고, 루터교 신학도 항상 그것에 반대해 왔으며, 심지어 오늘날에도 일부 개혁주의 신학자들은 그러한 믿음의 정의를 받아들이지 않고 있다.[19]

보다 현대적인 교회사에서, 자유주의 신학자인 R. 불트만(Bultmann)조차도 믿음에 대한 그의 아주 긴 논문 중 아주 짧은 부분에서 믿음과 순종을 일치시키려는 시도를 하고 있다.[20] 흥미롭게도 그는 로마서 15장 18절과 16장 19절과 같은 구절들을 자신의 주장을 입증하기 위해 사용하는데, 이 구절들에는 믿는다는 동사나 믿음이라는 명사가 전혀 없다. 주재권 구원론자들은 정말로 불트만의 격자(grid)를 통해서 구원받는 믿음에 대한 그들의 주장을 지지받고 싶어 하는 것인가? 이와는 대조적으로 사도 바울은 "그러므로 사람이 의롭다 하심을 얻는 것은 율법의 행위에 있지 않고 믿음으로 되는 줄 우리가 인정하노라"(롬 3:28)고 말했다. 이 구절은 의롭다 함을 받는 믿음을 순종의 행위로부터, 동이 서에서 먼 것처럼 분리시키고 있다. J. 딜로우(Dillow)가 다음과 같이 날카롭게 묻고 있다. "만일 믿음이 순종(율법)의 행위의 반대이고 또한 행위의 반대라면, 무슨 정신적 연금술을 사용해서 믿음이 순종의 행위와 별개이면서 믿음 자체 속에는 순종의 행위를 내포하고 있다고 진지하게 주장할 수 있단 말인가?"[21]

불행한 일이지만, 점점 더 많은 21세기 신학자들이 바로 그 마술을 부리고자 애를 쓰고 있다. 다른 누구도 아닌 D.A. 카슨(Carson)조차도 그의 믿음의 정의 속에 견인(perseverance)을 포함시키는 일을 하고 있다. "요컨대, 진정한 믿음은 견인과 연결되어 있다 … 구원받는 믿음의 정의의 일부엔 끝까지 견디는 일이 필수적으로 포함되어 있다."[22] 우리가 행위 없이 믿음으로 구원받았다는 바울의 명백한 주장과, 행위(또는 끝까지 견디는 일) 없는 믿음은 "가짜"라는 카슨의 주장에 직면했을 때, 카슨은 아우구스티누스와 그의 추종자들이 사용했던 동일한 탈출구를 통해서 도망치는 것을 볼 수 있다. "…우리는 신비 속에 갇혀 있다."[23] 미안한 이야기지만, 여러분들이여, 신비와 모순은 전혀 다른 것이다. 이 점에 대해선 칭의를 다루는 장에서 충분히 살펴보았다.

"허수아비" 논증

이 논쟁을 교란시키는 요소가 있는데, 나는 이것을 "허수아비(straw man)" 효과라고 부르고자 한다. 허수아비 효과란 상대방의 실제 주장이나 입장을 정확하게 반박하는 대신, 상대방이 실제로 주장하지 않은 가설적인 주장을 설정한 다음, 그 가설을 논박하는 방식을 가리킨다. 그렇게 논박하는 방식은 설득력은 있을 수 있지만, 결코 공정하지 않다. 상대방이 실제로 말하지도 않은 내용을 논박하는 것이 무슨 의미가 있단 말인가? 이미 살펴보았듯이, 주재권 구원론자들은 한결같이 값없는 은혜 저술가들이 믿음을 "지적인 동의(mental assent)"로 정의하고 있다고 비난한다. 그렇게 함으로써 오직 은혜로 받는 구원을 믿는 사람들이 믿음을, 마치 그리스도를 향한 헌신도 없고, 냉담하며, 지적인 과정으로만 받아들이고 있다고, 즉 상상에 의한 구원을 확신하고 있다고 공격하고 싶어한다. 우리 또한 믿음을 이렇게 정의하는 것을 몹시 싫어한다. 참 그리스도인이라면 당연히 그래야 한다. 그렇다면 이것이 달라스 신학대학원의 루이스 S. 체이퍼, 찰스 라이리, 토마스 L. 컨스터블, M. 코코리스, 제인 핫지스 및 다른 많은 사람들이 옹호하는 믿음에 대한 공정한 평가인가? 결코 그렇지 않다. 믿음을 마음, 감정, 의지의 영역으로 인위적으로 분할하는 문제를 두고서 씨름하는 시간을 가진 후, 제인 핫지스는 이렇게 밝혔다. "우리가 할 수 없는 한 가지는 … 우리가 알지 못하는 무언가를 믿는 일이다."[24] 이어서 그는 로마서 10장 14절 이하를 인용했는데, 거기서 바울은 "그런즉 그들이 믿지 아니하는 이를 어찌 부르리요 듣지도 못한 이를 어찌 믿으리요 전파하는 자가 없이 어찌 들으리요 … 그리므로 믿음은 들음에서 나며 들음은 하나 님의 말씀으로 말미암았느니라"(KJV 참조)고 말하고 있다. 요점은 바로 사람의 마음이 어떤 주제를 제대로 인식하기 전까지는 믿을 수 없다는 것 이다. 물론 여기엔 지성도 포함되어 있다. 이런 것이 과연 단순히 지적인 활동에 불과한 것인가? 결코 그렇지 않다. "믿음을 그런 식으로 묘사하는 것은 그것을 하찮은, 그저 학문적인 활동으로 격하시키는 것이다. 하지만 사실은 전혀 그렇지 않다. 실제로 믿음이란 … 하나님께서 복음 안에서 우 리에게 말씀하신 것이 진실한 것이라는 내적인 확신이다."[25] 핫지스는 더 나아가 믿음을 "굳건한 확신,"[26] "어린아이 같은 신뢰,"[27] 복음의 진리를 그대로 "취하는 행위,"[28] "신뢰의 행위"[29]로 정의했다.

믿음의 심리학화

믿음의 세분화

많은 신학자들은 믿음을 지적인 믿음, 감정적인 믿음, 의지적인 믿음으로 세분하려는 노력을 기울여 왔다. 존 맥아더[30]는 주장하길, L. 벌코프 (Berkhof)[31]는 믿음을 인간 정신의 세 가지 영역과 연관시키고 있다고 했다.

1) 노티시아(notitia), 즉 지적 요소로서 명제를 이해하는 것이다.

2) 아센수스(assensus), 즉 감정적 요소로서 명제에 대해서 확신을 갖고 긍정하는 것이다.

3) 피두시아(fiducia), 즉 의지적 요소로서 순종하고자 의지를 사용해서 결단하는 것이다.

그러나 벌코프의 책을 직접 살펴보면, 그는 맥아더가 주장하는 것과는 정반대로 가르치고 있음을 발견하게 된다. 벌코프가 실제로 "의지적 요소"로 설명한 것은 순종이 아니라 신뢰였다. "이 세 번째 요소는 죄 있고 더러워진 영혼이 자신을 그리스도께 항복하는 일과 죄 용서와 영적 생명의 근원으로서 그리스도를 영접하고 받아들이는 것 뿐만 아니라 구주이자 주로서 그리스도를 개인적으로 신뢰하는 것까지 포함하고 있다."[32] 그러나 앞서 언급했듯이, 제인 핫지스는 벌코프가 사용했던 것과 동일한 용어, 즉 "신뢰(trust)"와 "취함(appropriation)"이란 용어를 사용해서 믿음을 정의하고 있다. 벌코프가 그의 세 번째 요소에서 "순종하려는 의지의 결단" 대신 분명히 "신뢰"를 염두에 두었다는 것은, 이 세 번째 요소에 *피두시아* (*fiducia*)라는 이름을 붙인 것을 통해서도 확인할 수 있다. 피두시아는 라틴어로 "확신, 신뢰, 의존, 확실"[33]을 의미한다.

다른 저자들의 경우엔, 이 세 가지 요소를 어떻게 설명하고 있는지를 살펴보는 것이 좋을듯하다. 예를 들어, 데머리스트는 세 가지 요소를 이렇게 설명한다. "믿음은 … 복음을 아는 지식으로서 지적인 요소, 그리스도의 은혜의 충분함을 느끼는 감정적인 요소, 그리고 구주이자 주님으로서 그리스도를 신뢰하는 의지적인 요소를 포함한다."[34] 핫지스가 기본적으로 "신뢰"를 정의하고 있는 내용이 데머리스트에 의해선 믿음의 의지적인 요소로 설명되고 있고, 반대로 맥아더는 "신뢰"를 믿음의 감정적인 요소로 이해하고 있는 것에 주목하라. 이러한 논의가 그저 의미상의 차이일 뿐이라고 치부할 순 있지만, 여기에 의지의 요소를 함께 다루게 되면 상황은 달라질 수 있다. 의지는 믿음의 행위에서 어떤 역할을 하는 것일까?

믿음과 인간의 의지

많은 이들이 아치볼드 알렉산더를 19세기 최고의 개혁주의 사상가로 여긴다. 찰스 핫지(Charles Hodge)는 알렉산더를 자신이 아는 가장 위대한 인물이라고 말했다. 그런데 알렉산더는 믿음을 "단순히 진리를 믿는 믿음"[35]이라고 정의했다. 그리고 핫지 자신도 로마서 주석에서 자신의 믿음의 이해를 개혁주의 전통 안에서 자신이 받아들이고 있는 것으로 명확히 밝히면서 다음과 같이 설명하고 있다. "그러므로 구원과 직접적으로 연결되어 있는 믿음이란 지식, 그러니까 진리와 진리의 총량에 대한 인식과 믿음의 대상이 되는 진리에 대한 확신이나 동의, 그리고 신뢰나 의존의 개념까지 포함하고 있다."[36] 그는 어디에서도 믿음이 순종을 의미하거나 또는 순종을 포함하고 있다는 식으로 제시하거나 심지어 암시한 적이 없다.

사도 요한은 그것을 또 다른 방식으로 표현하고 있다. "영접하는 자 곧 그 이름을 믿는 자들에게는 하나님의 자녀가 되는 권세를 주셨으니 이는 혈통으로나 육정으로나 사람의 뜻으로 나지 아니하고 오직 하나님께로부터 난 자들이니라."(요 1:12-13) 이 구절은 분명 타락한 인간의 의지로는 스스로 하나님의 자녀로 태어나게 할 수 없다는 뜻을 확실하게 밝히고 있다. 만일 믿음과 인간의 의지를 수동적이거나 수용적인 것이 아니라 어떤 능동적인 것으로 밝히고 싶은 뜻이 있었다면, 요한은 바로 여기서 그 뜻을 밝혔을 것이다.

그러나 신약 신학자들은 매우 미묘한 방식으로 인간의 의지와 자발적인 헌신 또는 순종을 믿음의 본질과 하나로 연결시키는 일을 하고 있다. 다음의 선언을 생각해 보라. "구원하는 믿음은 … 반드시 그리스도에 대한 전적인 신뢰와 헌신을 포함하고 있으며, 이는 곧 순종과 선행으로 입증되어야 한다. 이러한 믿음의 측면은 그리스도께 충성하고 또한 그분의 유익에 헌신하는 것을 포함한다."[37] 그렇지만 우리가 여기서 또 다시 기억해야 할 것은, 핫지는 믿음을 정의하면서 "신뢰하는 것"과 "취하는 것"이라는 단어를 포함하긴 했지만, "헌신"이란 단어는 포함하지 않았다는 것이다. 데머리스트는 특별히 믿음과 순종을 같은 것으로 확립하기 위해서 믿음의 의지적인 측면을 강조하는 일을 한다.

바울은 또한 구원하는 믿음이 그리스도(행 16:31, 골 2:5) 또는 하나님(롬 4:24, 살전 1:8)을 향한 신뢰와 헌신을 포함한다고 확증하는 말을 했다. 사도 바울에게 믿음은 주요한 진리에 대한 지적인 이해와 감정적인 동의까지 포함하는 것이었다. … 그러나 그것은 또한 그리스도를 향한 의지적인 항복을 의미했으며, 사랑(고전 13:2, 갈 5:6)과 순종(롬 1:5, 16:26)과 선행(살전 1:3, 딛 2:14, 3:8)으로 입증되는 것이었다. 성경적으로 말하자면, 어떤 사람에 대해서 아는 것과 어떤 사람과 인격적인 관계를 맺고서 신뢰와 헌신을 통해서 아는 것은 엄청난 차이가 있다. 전자는 이론적이고 형식적으로 아는 것인 반면, 후자는 경험적이고 인격적으로 아는 것이다. 어떤 사람이 뛰어난 철학자나 신학자일 수 있고, 하나님에 대해 웅변적으로 이야기할 순 있지만, 그리스도를 자신의 주님으로 신뢰하는 관계 속에서 알고 있지는 못할 수가 있다. 그런 사람은 약간의 지식을 가지고 있기는 하지만, 믿음의 지식은 가지고 있지 않다.[38]

이 인용문에는 사실 우리가 동의하는 부분이 많이 있지만(*사람에 대해 아는 것 vs. 그 사람을 친밀한 관계를 맺고서 아는 것*), 그럼에도 문제가 되는 부분도 많이 있다. 우선적으로 처음 언급했던 네 가지 사안은 사실상 믿음의 의미와는 아무 상관이 없다. 그 네 가지는 다만 믿음의 대상(그리스도 또는 하나님)만을 언급할 뿐이다. 예를 들어, 사도행전 16장 31절은 빌립보 간수에게 그저 "주 예수를 믿으라"고 말할 뿐이다. 바울은 그에게 믿는 것이 신뢰와 *헌신(commitment)*을 의미하는 것이라고 전혀 설명하고 있지 않다. 여기서 데머리스트는 억지 주장을 하고 있을 뿐이다. 다시 말해서 그는 자신이 주장하고 싶은 것을 그저 추측해서 설정하고 있다.

또 다른 문제는 "믿음은 주요한 진리에 대한 지적인 이해와 감정적인 동의까지 포함하는 것이었다. … 그러나 그것은 또한 그리스도를 향한 의지적인 항복을 의미했으며, 사랑과 순종과 선행으로 입증되는 것이었다"라는 주장이다. 믿음이 *의지적인 항복(volitional surrender)*을 의미한다는 성경적 증거는 어디에 있는가? 앞서 언급한 구절에서 믿음이 사랑, 순종, 선행으로 입증된다고 말을 할 순 있지만, 그렇다고 의지적인 항복이 이러한 행위를 실제로 산출하는 것은 사실 별개의 사안이다.

데머리스트의 진술의 세 번째 문제는 마지막 일곱 개의 성경 구절 중 어느 것도 새로운 출생으로 이어지는 믿음의 행위로서, 구원하는 믿음을 다루지 않는다는 것이다. 그것들 하나 하나는 이미 신자가 된 사람들의 사랑, 순종, 선행을 다루고 있다. 그것들은 칭의가 아니라 성화를 다루고 있다. 디도서의 구절들은 이 점을 분명히 한다. "그가 우리를 대신하여 자신을 주심은 모든 불법에서 우리를 속량하시고 우리를 깨끗하게 하사 선한 일을 열심히 하는 자기 백성이 되게 하려 하심이라."(딛 2:14) 그리고 "이 말이 미쁘도다 원하건대 너는 이 여러 것에 대하여 굳세게 말하라 이는 하나님을 믿는 자들로 하여금 조심하여 선한 일을 힘쓰게 하려 함이라."(딛 3:8) 이 구절들에는 그의 주장, 즉 중생하는 믿음은 반드시 적극적인 헌신과 선행의 삶을 향한 절대적인 항복을 수반하는 의지의 행위를 포함한다는 내용이 전혀 없다.

우리는 믿음을 정의하면서 믿음의 *증거까지 포함하지 않도록* 매우 주의해야 한다. 그리스도를 향한 헌신과 그리스도의 이름으로 행하는 선행이 믿음의 증거가 될 수 없다고 주장하는 사람은 없을 것이다. (그렇지만 우리는 그러한 선행들도 결정적인 증거는 될 수 없다고 주장할 수 있는데, 왜냐하면 마태복음 7장을 보면 거짓 교사들이 그리스도의 이름으로 많은 선행을 행했지만, 그럼에도 그들은 불신자였기에 그리스도께서 그들을 거부하셨기 때문이다.) 그리고 이러한 선행에는 순종의 행위가 포함될 수 있다. 하지만 *순종을 낳는 것은 믿음이지, 순종이 믿음을 낳는 것이 아니다.* 또한 순종이 믿음의 일부가 될 수도 없다. 딜로우는 맥아더의 주장의 약점을 다음과 같이 지적하고 있다.

> 맥아더는 … 신중하게 "성경적인 믿음의 개념은 순종과 분리될 수 없다"고 설명한다. 그러나 믿음으로 인한 자연스러운 결과 또는 불가피한 결과조차도 믿음 자체와 동일시되어서는 안 된다. 믿음 속에는 "순종하다"의 의미가 없다. 믿음은 "진리에 순종하려는 의지의 결단"도 아니다. 믿음은 "의존적인 신뢰"이다. … "믿음"이라는 단어에 순종의 개념을 도입하는 것은 사도 바울의 가르침에 어긋나는 것이다.
> 이러한 명백한 불일치를 "역설"이라고 주장하는 것은 다소 억지스러운 주장처럼 보인다. … 믿음이 순종과 같을 수도 있고 같지 않을 수도 있다고 말하는 것은 역설이 아니다. 그것은 모순이다. … 맥아더가 우리 속에서 자연스럽게 행해지는 행위에 대해 말할 때, 그의 칭의 교리는 우리를 의로운 존재로 만드는 가톨릭의 칭의 개념과 조금도 다르지 않다.[39]

그리스도를 믿고자 결단하기

우리는 종종 "아무개가 그리스도를 믿고자 결단을 내렸다"는 말을 한다. 이 말은 무엇을 의미하는 것인가? 결단하는 것은 의지의 행위가 아닌가? 만일 믿음에 의지적인 요소가 없는 것이라면, 우리가 회심 경험을 이야기할 때 "그리스도를 믿고자 결단했다"고 말하는 것은 잘못된 밀인가? R.T. 켄달은 믿는 것을 "결단하다"라고 말하기보다는 "확신을 하다"로 말하는 것을 더 선호한다.[40] 하지만 나는 "결단"이라는 단어가 잘못된 것이란 생각은 들지 않는다. 사실 더 중요한 것은 이 결단 속에 정확히 무엇이 포함되어 있는지를 명확히 하는 것이다. 나는 그리스도를 향한 결단이란 누군가가 그리스도를 구주로 신뢰하기로 결정(또는 선택)했다는 것을 의미하는 것이라고 제안하고 싶다. 실제로 요한계시록 22장 17절은 "원하는 자는 값없이 생명수를 받으라"고 말하고, 요한복음 5장 35-40절은 "믿는다"는 의미 속에 "원하다"의 의미도 내포되어 있음을 강조하고 있다. 요한복음 1장 12절과 요한계시록 22장 17절을 보면, 믿음을 곧 선물을 "받는" 것으로 묘사하고 있다.[41] 추측건대, 사람은 선물을 받거나 아니면 거부하기로 결정할 수 있다. 그러나 그런 것은 자신의 삶의 주인으로서 그리스도께 순종하기로 결단하는 것과는 전혀 다른 것이다. 그리스도께서는 생명수를 받은 사람들에게 전적인 복종과 헌신으로 자신을 따르라고 요청하셨지만, 문제는 과연 후자가 구원받는 믿음의 필수적인 요소이며 또한 구원의 조건인 것인지, 아니면 다만 믿음의 바람직한 결과일 뿐, 믿음과 동시에 또는 이후에 나타날 수도 있고 아니면 전혀 나타나지 않을 수도 있는 것인지 여부다.

요약

구원받는 믿음의 의미에 대한 오직 은혜로 받는 구원의 입장에 대해서 그저 "지적인 동의" 또는 "이성적인 작용"일 뿐, 결코 참 믿음이 아니라는 식의 비난은 불공정하고 부정확한 평가다. 지성, 감정, 의지 중 어느 것도 구원받는 믿음을 결정하는 핵심적인 요소에서 분리시킬 수 없다. 오직 은혜로 받는 구원을 지지하는 사람들은 믿음을 "신뢰", "확신", "의존", "개인적인 수용(appropriation)"으로 반복해서 설명해 왔다. 이 단어들은 본래 종교 개혁자들과 지난 두 세기 동안의 많은 핵심적인 개혁주의 신학자들이 사용한 것과 동일한 것이다. 믿음의 의미에 "순종"이라는 요소를 추가한 것은 오직 영국의 청교도들과 그들을 따르는 사람들 외엔 없었다.

우리는 벌코프가 믿음을 마음의 요소(노티시아), 감정의 요소(아센수스), 그리고 의지의 요소(피두시아)로 나눈 것에 아무런 이의가 없다. 나는 나의 생각을 도표로 그려보았는데, 이 도표는 벌코프의 생각과 잘 조화를 이루고 있다.

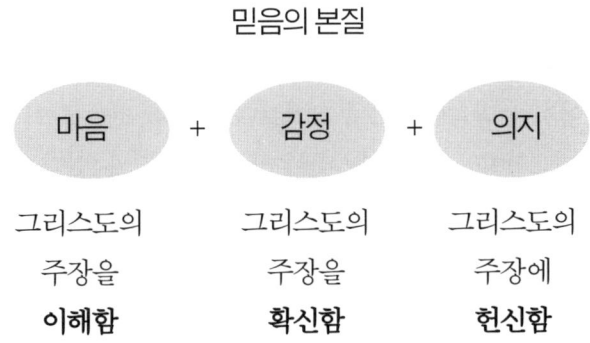

믿음의 본질

마음 + 감정 + 의지

그리스도의	그리스도의	그리스도의
주장을	주장을	주장에
이해함	**확신함**	**헌신함**

이 도표를 보면, 인간의 의지가 믿음의 본질에서 중요한 역할을 한다는 것을 분명히 알 수 있다. 그러나 그 역할이란 것이 그리스도의 인격과 사역에 대한 그리스도의 주장을 받아들이는 것이지, 그리스도의 모든 계명에 순종하는 헌신은 아니다. 오직 은혜로 받는 구원을 지지하는 사람들이 믿음을 그저 지적인 활동으로 보고 있다고 주장하는 것은 명백히 거짓이다.[42]

신약성경에 나타난 다양한 믿음

"머리"의 믿음과 "마음"의 믿음을 구별하려는 사람들은 흔히 경험에 호소한다. 나 자신을 포함하여 우리 중 많은 사람들은 어린 시절 교회에 다니며 세상 죄를 지고 가신 하나님의 아들 예수님에 대해서 들었던 것을 기억할 수 있을 것이다. 우리 중 많은 이들이 이러한 사실을 믿었거나, 적어도 심각하게 의심하는 일을 하지는 않았지만, 어쨌든 나중에 우리 삶에서 그리스도를 개인적인 구주로 신뢰하게 되었을 때 우리 자신이 비로소 "진정한" 신자가 되었다고 확신하게 되었다. 그렇다면 우리가 어린 시절에 가졌던 그 믿음은 무엇이었을까? 그것은 "마음"의 믿음과는 다른 "머리"의 믿음이었던 것인가? 나는 그렇다고 말하겠지만, 성경은 그것을 가리켜 "믿음"이라고 부르지 않는다. 우리는 그리스도에 관한 몇 가지 사실을 믿을 수 있지만, 그런 것들이 우리 삶에 개인적인 영향을 미치지 않는 경우가 있다. 이것을 믿음이라고 부르기보다는 단지 진리를 인정하거나 인식하는 것(약 2:20)이라고 부르는 것이 더 도움이 될 수 있다. 왜냐하면 믿음은 진리를 우리 자신의 삶에 적용하게 해주고 또한 오로지 그리스도를 통해서 하나님으로부터 생명을 받을 수 있도록 진리를 신뢰하는 것이기 때문이다.

우리 중 많은 사람들이 신뢰로서 믿음을 설명하기 위해서 블론딘(Blondin)이라는 외줄 타기 곡예사가 나이아가라 폭포 위를 외바퀴 수레에 사람을 태우고 건너겠다고 제안한 이야기에 공감을 표현하곤 한다. 내기를 했을 때, 블론딘이 그 일을 해낼 수 있다고 믿는 구경꾼들이 많았다. 하지만 정작 그들 중 몇 명이나 블론딘과 더불어 외바퀴 수레에 기꺼이 타고자 했을까? 그들이 외바퀴 수레에 올라타기로 결단했을 때에야 비로소 그들의 믿음은 머리의 믿음에서 마음의 믿음으로, 지적인 동의에서 개인적인 신뢰로 전환될 수 있다. 나는 이 비유에 절대적으로 공감하며 적절한 설명이 된다고 믿는다. 문제는 과연 신약성경이 머리의 믿음과 마음의 믿음 사이의 이러한 차이점을 두고 있느냐 하는 것이다. 우리는 그렇지 않다고 생각한다.

야고보서 2장 14-26절에서 말하는 거짓 믿음

신약성경에서 말하는 믿음의 차이점들을 찾고 싶어 하는 사람들은 사실상 마땅히 찾을 만한 구절이 몇 개 없다. 거짓 믿음을 말하고 있는 것으로 알려진 최고의 구절은 야고보서 2장 14-26절인데, 여기서 "믿음"은 진정성이 없고, 거짓된 믿음으로 묘사되고 있다. 우리는 많은 지면을 할애하여(부록 1을 보라. 야고보서에 언급된 믿음은 죄의 형벌로부터의 구원을 가리키고 있지 않다는 사실을 보여주고자 우리는 해석학적 연구에 심혈을 기울였다), 야고보서 구절을 분석했으며, "행함이 없는 믿음은 그 자체가 죽은 것"이라고 했을 때, "죽었다(dead)"는 단어가 "가짜, 거짓된, 또는 겉모습만 그럴싸한"의 의미가 없다는 것을 밝혔다. "죽은"이란 단어는 사실 "비활성적인, 활기 없는, 불타오르지 않는"이란 의미를 가지고 있다.

요한복음 2장 23-25절에서 말하는 거짓 믿음

사람들이 "구원" 받지 않고도 얼마든지 그리스도를 믿을 수 있음을 보여주는데 사용하는 또 다른 신약성경 구절은 요한복음 2장 23-25절이다. 그렇지만 이 구절을 자세히 살펴보면 이 구절은 "믿지만 구원받지 못하는" 믿음을 설명하는 것이 아님을 알 수 있다.

"유월절에 예수께서 예루살렘에 계시니 많은 사람이 그의 행하시는 표적을 보고 그의 이름을 *믿었으나* 예수는 그의 몸을 그들에게 *의탁하지 아니하셨으니* 이는 친히 모든 사람을 아심이요 또 사람에 대하여 누구의 증언도 받으실 필요가 없었으니 이는 그가 친히 사람의 속에 있는 것을 아셨음이니라."

대부분은 아닐지라도 많은 주석가들은 요한복음 2장 23절에 나오는 "많은" 사람들의 믿음을 "열등한" 믿음을 가진 사람들로 설명하고 있는데, 다시 말해서 이 사람들의 믿음은 중생에 이르지 못할 정도의 약한 믿음인 것이다. S. 투생(Toussaint)은 표적에 근거한 믿음은 "신뢰할 수 있는" 믿음이 아니라고 생각했다.[43] E. 블룸(Blum)도 마찬가지이고,[44] W.H. 해리스(Harris)도 마찬가지다.[45] 표적에 근거한 믿음은 피상적이고, 불충분한 믿음인 것처럼 보인다. 그러나 이렇게 생각할 수 있는 근거는 어디에 있는가? 분명히 이런 생각은 이런 믿음을 가진 자들에게 보이신 주님의 반응에서 비롯되었다. 주님은 초자연적인 지식으로 그들의 마음을 아셨기 때문에 그들에게 자신을 맡기려고 하지 않으셨다. 주님은 그들의 마음속에서 그들을 신뢰할 수 없는 무언가를 보셨음에 틀림이 없다. (많은 사람이 *믿었다(pisteuo)*와 예수는 *의탁하지(pisteuo)* 않았다에서 사용된 동사는 피스튜오(*pisteuo*)이며, 같은 동사가 동일하게 사용되고 있다.) 그들이 믿었다고 말할 때, 동일하게 피스튜오란 그리스어가 사용되었는데, 이는 요한복음에서 예수님을 믿은 다른 사람들의 믿음과 차별화시킬 수 있는 여지가 전혀 없다. 사실, 그들의 믿음을 불충분한 믿음으로 단정짓기 보다는 오히려 진정한 믿음으로 볼 수 있는 증거가 훨씬 더 많다.

피스튜오 에이스(pisteuo eis)

아마도 이에 대한 강력한 증거는 여기서 사용하고 있는 용어에 있다. "많은 사람이 그의 행하시는 표적을 보고 그의 이름을 *믿었으나(에피스튜산 에이스, episteusan eis)*." 앞서 언급했듯이, 동사 *피스튜오(pisteuo)*와 전치사 *에이스(eis)*의 조합은 절대적으로 기독교의 고유한 특성이다. 70인역이나 여러 그리스어 문학에서는 이러한 조합을 사용한 사례가 없다. 또한 *에이스(eis)*가 "개인적인 관계"를 표현하는 다른 방식들로 사용되고 있기 때문에, 거의 모든 주석가들은 이 조합이 예수님과의 개인적인 관계 확립에 의한 예수님을 믿는 믿음을 표현하기 위해 신약성경의 저자들에 의해 "만들어진" 것으로 믿고 있다. 특히 흥미로운 사실은, 이 조합은 신약성경에서 32회 등장하는데, 요한이 그 중 30회나 이 조합을 사용하고 있으며 또한 요한복음의 목적이 예수님의 이름을 힘입어 생명을 얻게 해주는 믿음을 이끌어내는 것이었다는 점이다.

성구 사전을 검색해보면, 이러한 조합이 처음 사용된 곳은 요한복음 1장 12절이다. "영접하는 자 곧 그 이름을 믿는(believe in His name) 자들에게는 하나님의 자녀가 되는 권세를 주셨으니." 이 구절은 오늘날 복음을 전할 때 가장 많이 사용하는 구절 중 하나다. 요한복음 1장 12절에서 그 이름을 믿는 것의 의미에 대해 의문을 제기하는 사람도 없고, 이 믿음이 영원한 하나님의 가족이 되는데 불충분하다고 설명하는 사람도 없다. 그런데 바로 다음에 나오는 구절인 요한복음 2장 23절이 문제의 구절이라는 것을 깨달으면 상황은 더욱 흥미로워진다. 요한복음 1장 12절과 요한복음 2장 23절의 "*믿었다(피스튜오 에이스)*"는 동사는 완전히 같은 것이며, 요한이 이 구절을 두 번째 사용했을 때 처음 사용했을 때와는 완전히 다른 의미로 사용했음을 암시하는 내용은 전혀 없다.

예수님의 이름을 믿는 것으로는 중생의 역사를 일으키는데 충분하지 않다고 말하려는 사람에게 특별히 문제가 되는 것은 요한복음 3장에서 예수님께서 니고데모에게 거듭남에 필요한 것을 설명하실 때 "믿는다 (believe in)"는 말을 네 번이나(15, 16, 18, 36절) 사용하셨다는데 있다. 요한복음 3장 18절에서 예수님은 사람이 정죄받는 이유에 대해서 "믿지 아니하는 자는 하나님의 독생자의 이름을 믿지 아니하므로 벌써 심판을 받은 것이니라"고 구체적으로 말씀하셨다. 요한복음을 기록한 주요한 목적을 진술하고 있는 요한복음 20장 31절을 보면, 요한은 "그 이름을 힘입어 생명"을 얻는다고 분명히 선언하고 있다. 제인 핫지스는 다음과 같이 설명한다.

> 이러한 중요한 주장들을 고려할 때 요한이 요한복음 2장 23절에서 "많은 사람이 그의 이름을 믿었으나"라고 선언하면서 또한 동시에 그렇게 믿은 사람들이 생명을 얻지 못했고 여전히 하나님의 정죄 아래 있다고 생각했다는 것은 정말 믿기 어렵다. 요한이 *에피스튜산 에이스 토 오노마 아우투(episteusan eis to ovoma autou)*를 사용한 방식을 고려해볼 때, 과연 그의 독자들이 그러한 결론을 내리도록 예상했다는 것은 상상할 수 없는 일이다.[46]

요한은 개인들이 거듭난 사실을 나타내기 위해 *피스튜오 에이스 (pisteuo eis)*의 구문을 훨씬 더 많이 사용하고 있다(요 3:15, 16, 18, 36 외에도 요 4:39, 6:29, 35, 40, 7:38, 39 등을 보라. 이 외에도 많은 구절들이 있다). 만일 요한이 요한복음 2장 23절에서 예수님의 이름을 믿은 많은 사람들이 다른 사람들보다 열등한 믿음을 가진 사람들로 차별하고 싶었다면, 어째서 그는 그들의 믿음을 묘사하기 위해서, 그리스도의 이름을 믿음으로써 그리스도와 개인적인 관계를 맺은 사람들을 나타내기 위해서 특별히 만들어진 구문, 즉 *피스튜오 에이스*를 사용했던 것일까? 그것은 말이 되지 않는다.

그럼에도 불구하고, 주석가들은 연이어 이 사람들이 피상적이고 불충분한 믿음을 가졌다고 결론을 짓고 있다. 그들의 믿음은 "표적"에 근거한 것이었기 때문에, 결국 그러한 믿음은 거듭나게 하기엔 충분하지 않은 것으로 보기 때문이다. W. 헨드릭슨(Hendriksen)은 다음과 같이 설명하고 있다.

> 많은 사람이 예수님의 이름을 믿었다. 즉 그의 능력이 나타난 방식 때문에 그들은 그를 위대한 선지자, 어쩌면 메시아로까지 받아들일 수 있었다. 그렇다 해도 이것이 곧 그들이 예수님께 그들의 마음을 굴복시켰다는 것은 아니다. 모든 믿음이 구원하는 믿음은 아니다(요한복음 6장 26절과 비교해보라).[47]

헨드릭슨은 이 구절에 자신이 이해하고 있는 믿음의 개념(즉 마음을 굴복시키는 것)를 주입하는 일을 했을 뿐만 아니라, 믿음에 대해서 전혀 언급하고 있지도 않은 요한복음 6장 26절을 참고 구절로 인용하는 일을 했다. 하지만 그 구절은 믿음을 전혀 말하고 있지 않다.

두 부류의 신자가 있는가?

W. 홀 해리스(Hall Harris)는 요한이 그의 복음서에서 다양한 종류의 믿음을 설정하고 있다고 확신하는 사람 중 하나다. 그는 요한복음 2장 23-25절을 그에 대한 본보기로 사용하면서 다음과 같이 설명했다. "만일 이들이 참 신자들이었다면, 예수께서 그들에게 자신을 맡기지 않으신 일은 참으로 설명하기 어려운 일이 된다. 특히 요한복음은 사람들을 빛으로 나아오는 자들과 어둠에 머물기를 선택하는 자들(요 3:19-21과 비교해보라),

이렇게 두 부류로만 나누고 있기 때문이다."[48] 하지만 해리스의 진술은 정확한 것인가? 오직 두 부류만 있는가? 신앙과 불신앙의 부류는 없는가? 오히려 이 두 가지 부류가 요한복음에서 빛과 어둠보다 훨씬 더 많이 사용되고 있다. 그리고 이 두 부류에 관해 요한은 이렇게 말하고 있다. "그를 믿는 자는 심판을 받지 아니하는 것이요 믿지 아니하는 자는 하나님의 독생자의 이름을 믿지 아니하므로 벌써 심판을 받은 것이니라."(요 3:18) 핫지스가 지적하듯이, 요한에게 믿는 사람들은 한 부류에 속하고, 믿지 않는 자들은 다른 부류에 속한다. "너희가 내 양이 아니므로 믿지 아니하는도다."(요 10:26) 요한복음의 저자는 독자들에게 사람들이 믿었지만 어찌 된 일인지 구세주의 양이 아닌 사람들, 또는 회색 지대에 있는 사람들이 있다는 식으로 결코 말하고 있지 않다.[49]

요한복음 6장 60-66절은 어떤가?

해리스는 요한복음 6장 60-66절을 언급하면서, 계속해서 자신의 주장을 전개한다. 심지어 요한복음에는 영생이 없는 신자와 영생이 있는 신자가 있다고 주장하면서 이렇게 말하고 있다.

믿지만 거듭나기엔 불충분한 믿음이 요한복음 6장 60-66절의 핵심이다. 예수님의 제자들 중 많은 사람이 수군거렸다(60절). 그러자 예수님은 그들에게 "너희 중에 믿지 아니하는 자들이 있느니라"(64절)고 대답하셨다. 이 일 후에 요한은 예수께서 믿지 않는 자들이 누구인지(어쩌면 요한복음 2장 24-25절에 대한 암시일 수도 있다) 처음부터 아셨다는 설명을 덧붙였다. … 이 거짓 제자들에 대한 예수님의 평가가 옳았다는 증거는 그들의 행동에 나타났다. "그 때부터 그의 제자 중에서 많은 사람이 떠나가고 다시 그와 함께 다니지 아니하더라."(요 6:66) 예수님과 함께 끝까지 견디는 것이야말로 참 믿음의 외적인 표식이다.[50]

이것은 참으로 놀라운 해석이 아닐 수 없다. 요한복음 6장 60-66절을 읽을 때, 우리는 예수님께서 말씀하신 한 무리의 사람들이 어떤 종류의 믿음을 가졌다는 진술이나 암시를 찾을 수 없다. 성경은 그들이 처음부터 믿은 사람들이었다고 전혀 말하지 않는다. 믿음에 대해서 설명하지도 않거니와 심지어 언급조차 하지 않는 일곱 개의 구절의 핵심적인 요점이 어떻게 "불충분한 믿음"일 수 있는 것인가? 이 구절이 말하는 내용은 그저 이 사람들이 믿지 않았다는 것뿐이다. 그렇다. 분명 불신앙은 우리가 요한복음에서 볼 수 있는, 신앙과 불신앙, 이렇게 두 부류 가운데 하나다. 이 사람들은 불신앙 부류에 속한 사람들이었다. 그러므로 해리스가 괄호를 통해서 요한복음 2장 24-25절과 연결시킨 일은 엄청난 비약이 아닐 수 없다. 그런 비약이라면 이 그룹의 사람들이 믿는 사람들이었다고 말하는 것도 가능하다.

요한복음 6장은 주로 신자들에 대한 내용을 다루고 있지만, 60-66절에는 믿는 자들에 대한 내용은 없고 다만 믿지 않는 사람들을 드러내고 있다. 이제 6장 40절에 주목하라. "내 아버지의 뜻은 아들을 보고 그를 믿는 자마다 영생을 얻는 이것이니 마지막 날에 내가 그를 다시 살리리라." "믿는 자마다(everyone)"에 주목하라. 요한의 생각 속에는 믿는 자로서 마지막 날에 영생과 부활의 선물을 받지 못할 사람은 아무도 없다. 그렇다면 이제 요한복음 2장 23-25절로 돌아가보자. 이 구절에 대한 만족스러운 해석을 얻으려면 두 가지 질문에 더 답을 해야 한다.

1) 표적에 근거한 믿음은 구원 받는 믿음보다 못한 것인가?
2) 믿었던 이 사람들이 거듭난 사람들이었다면, 왜 예수님은 그들에게 자신을 맡기기를 꺼리셨는가?

표적을 믿는 믿음

첫 번째 질문은 쉽다. 물론 표적에 근거해서 그리스도를 믿는 믿음도 구원 받는 믿음이다. 그리스도께서 기적을 행하신 이유는 바로 자신이 주장하는 대로 오시기로 약속된 메시아이심을 사람들에게 확신시키기 위해서였다. 사람들로 하여금 자신을 믿게 하려는 것이었다. 심지어 해리스조차도 *피스튜오 에이스*라는 동사가 요한복음 12장 이후에는 4회만 사용되고 있다고 지적한다. 나머지 30회의 사용은 처음 열두 개의 장에 있다. 아울러 부활을 제외한 모든 기적의 역사는 요한복음 1-12장에 있다. 해리스는 요한복음 1-12장에서 *피스튜오 에이스*와 기적을 결합시키고 있는 것에 대해서 다음과 같이 말함으로써 표적을 믿는 믿음이 충분하지 못하다는 자신의 주장을 스스로 약화시키고 있는 것처럼 보인다. 즉 그는 이렇게 말하고 있다.

> 요한복음 1-12장이 주로 예수님이 누구이신지와 예수님을 믿어야 할 필요성의 쟁점으로서 표적-기적 사건을 다루는 반면, 요한복음 13-21장은 이미 예수님을 믿은 제자들에게 하신 예수님의 고별 담화와 수난 사건을 기록하고 있다는 사실을 온전하게 이해할 필요가 있다.[51]

이 얼마나 정확한 해석인가! 표적은 사람들로 하여금 예수님을 믿게 하기 위해 주어진 것이었다. 두 가지 해석을 다 취할 수는 없다. 즉 표적은 사람들이 예수를 믿도록 돕기 위해 주어졌다고 말하면서, 표적 때문에 예수를 믿을 때 그들의 믿음이 불충분하다고 말할 수는 없다. 예수님은 자신이 행하는 표적을 보고서 믿는 믿음을 폄하하기보다는, 오히려 자신의 표적을 보고도 믿지 않은 사람들에게 책임을 물으시는 것처럼 보인다. "만일 내가 내 아버지의 일을 행하지 아니하거든 나를 믿지 말려니와 내가 행하거든 나를 믿지 아니할지라도 그 일은 믿으라 그러면 너희가 아버지께서 내 안에 계시고 내가 아버지 안에 있음을 깨달아 알리라 하시니."(요 10:37-38) 주님이 행하신 일들은 그들로 하여금 주님을 믿도록 확신시키기 위해 행해진 것이었다. 그들이 주님이 행하신 일들을 보고도 믿지 않았다면, 그들은 변명의 여지가 없었다.

예수께서 요한복음 20장 29절에서 도마에게 말씀하신 것처럼 특별한 표적을 보지 않고 믿는 자에게 특별한 복이 있지만, 요한은 바로 다음 구절에서 "예수께서 제자들 앞에서 이 책에 기록되지 아니한 다른 표적도 많이 행하셨으나 오직 이것을 기록함은 너희로 예수께서 하나님의 아들 그리스도이심을 믿게 하려 함이요 또 너희로 믿고 그 이름을 힘입어 생명을 얻게 하려 함이니라"(요 20:30-31)고 말하고 있다. "이것을 기록함은"에서 이것은 곧 요한이 그의 복음서에 기록한 표적들을 가리킨다. 그는 특별히 표적들을 기록했는데, 곧 예수께서 하나님의 아들 그리스도이심을 믿게 하려는 것이었다. 과연 "표적을 믿는 믿음"은 불충분한 믿음인가? 요한에 따르면, 결코 그렇지 않다.

자기 몸을 의탁하지 않으신 그리스도

만일 그들이 참 신자들이었다면, 왜 예수님은 그들에게 자신을 맡기려 하지 않으셨을까 하는 질문이 여전히 남는다. 이것을 이해하기 위해서는 요한복음의 주요한 주제라고 할 수 있는 *친밀함(intimacy)*이란 주제를 더 자세히 살펴볼 필요가 있다. 요한은 요한복음과 요한일서 모두에서 친밀함이란 주제를 다루고 있다. 친밀함의 또 다른 표현은 바로 *사귐(fellowship)*이다. 그리고 사귐이 요한일서의 주요한 주제이고 관계는 부차적인 주제인 반면, 요한복음에서는 그 반대이다. 즉 관계가 주요한 주제이고 사귐이 부차적인 주제이다. 그러나 오해는 하지 말자. 요한복음에서도 사귐 또는 친밀함에 관한 내용이 많이 담겨 있다.

요한은 성막 또는 성전의 설계를 따라서 요한복음의 개요를 설정하고 있다. 우리는 이방인들이 들어갈 수 있는 바깥뜰, 촛대와 진설병 상이 놓여 있는 성소, 그리고 대제사장만이 들어갈 수 있는 지성소가 있음을 알고 있다. 이러한 구조를 따라서 우리는 요한복음 1-12장에서 세상을 향한 복음 전도의 봉사를 볼 수 있고, 요한복음 13-16장에는 밤에 홀로 나간 한 명의 불신자를 제외하고서 예수님의 사랑하는 제자들이었던 열한 제자들하고만 특별한 빛과 음식을 나누는 사귐을 볼 수 있다. 그리고 마지막으로 요한복음 17장에서는 주님이 대제사장으로서 자기 사람들을 위해서 기도하시는 모습을 볼 수 있다. 처음 열두 개의 장은 주로 복음 전도에 초점이 맞추어져 있고, 앞으로 이어지게 될 사귐과 또는 친밀함에 관한 진리에 대한 힌트만 볼 수 있다. 이 처음 열두 개의 장들의 초점은 관계에 있다. 그러나 요한복음 13-16장에서는 예상대로 강조점이 바뀐다. 이제 예수님께서는 이미 관계를 맺은 신자들을 대상으로 말씀하시기 때문이다. 그들은 목욕을 한 사람들이었다. 이제 그들은 발을 씻어야 한다. 여기서 초점은 관계가 아니라 사귐이다. 그러므로 이 장들은 주님과의 친밀함에 관한 진리들이 중심을 잡고 있다.

따라서 우리는 예수님께서 "나의 계명을 지키는 자라야 나를 사랑하는 자니 나를 사랑하는 자는 내 아버지께 사랑을 받을 것이요 나도 그를 사랑하여 그에게 나를 *나타내리라*(엠파니소, *manifest*)"(요 14:21)와 같이 말씀하시는 것을 볼 수 있다. 대화가 "아는 것(knowing)"이나 "믿는 것(believing)"이 아니라, "사랑하는 것(loving)"을 중심으로 전개되는 것에 주목하라. 이제부터 우리는 순종에 대한 진리 속으로 들어가고 있다. 만일 우리가 순종의 방정식을 세우고 싶다면, 이러해야 한다. 즉 순종 = 사랑. 순종 ≠ 믿음. 그리고 사랑은 친밀함과 사귐의 언어다. 그러나 특히 *엠파니소*(*empaniso*)라는 단어에 주목할 필요가 있다. BAGD는 이 문맥에서 이 단어는 "드러내다(to reveal)"를 의미한다고 소개하고 있다. 예수님은 자신을 사랑하는 자들에게 기꺼이 자신을 드러내고자 하셨다. 주 예수님께서는 사랑의 관계 속에서 모든 것을 활짝 열고자 하셨다. 우리도 마찬가지다. 당신은 당신을 진정으로 사랑하지 않는 사람들에게 당신 마음의 가장 깊은 것을 맡기는 것이 편안한가? 그렇지 않을 것이다. 예수님도 마찬가지였다. 그런 일은 많은 신뢰를 필요로 한다. 그렇기 때문에 예수님은 요한복음 2장 23절에서 새로운 신자들에게 자신을 맡기고자 하지 않으셨던 것이다. 그들은 예수님을 믿었다. 그러나 예수님께서는 이 시점에 그들의 마음을 아셨고, 그들이 아직 자신을 사랑하지 않는다는 것을 아셨다. 이것이 그렇게 놀라운 일인가? 우리가 그리스도 안에서 성장할수록 우리는 그분을 더욱 더 사랑한다. 그리고 우리가 그분을 더 사랑할수록, 우리는 그분께 더 기꺼이 순종한다. 그리고 우리가 그분께 더 순종할수록, 그분은 우리에게 더 많은 것들을 열어주신다.

예수님은 나중에 최후의 만찬 자리에서 "너희는 내가 명하는 대로 행하면 곧 나의 친구라"(요 15:14)고 말씀하시면서 동일한 진리를 설명하셨다. 주님은 자신이 명하신 대로 행한다고 그들을 그저 자녀라고 부르시지는 않는다. 주님의 계명을 순종하는 신자들은 주님의 친구다. 이는 곧 친밀함을 뜻한다. 그리고 주님의 친구들에게는 특별한 특권이 주어진다. "이제부터는 너희를 종이라 하지 아니하리니 종은 주인이 하는 것을 알지 못함이라 너희를 친구라 하였노니 내가 내 아버지께 들은 것을 다 너희에게 알게 하였음이라."(요 15:15) 주님은 자신의 종들보다 자신의 친구들에게 더 많은 것을 드러내신다. 주님의 친구들은 곧 순종하는 자들이다. 주님의 자녀들은 믿는 자들이다.

요한복음 2장 23절의 새로운 신자들에게, 주님은 자신이 누구인지, 곧 메시아이시며 또한 하나님의 아들이심을 드러내셨다. 그들은 믿었고 또한 거듭났다. 그러나 주님은 그들이 아직 자신의 친구가 되지 않았고, 그들이 자신에게 순종할 만큼 친밀한 관계가 형성되지 않았기 때문에 그 이상으로 자신을 드러낼 수 없으셨던 것이다.

은밀히 숨어있는 그리스도인들

요한은 아직 예수님의 친구가 되지 못한 신자들에 대해서 여러 곳에서 이야기하고 있다. 요한복음 12장 42절을 보면, 공개적으로 주 예수님을 따르는 제자들과 새로운 신자들 사이의 대조를 하고 있는데, 이 부분을 주목해보자. "그러나 관리 중에도 그를 믿는 자가 많되 바리새인들 때문에 드러나게 말하지 못하니 이는 출교를 당할까 두려워함이라." 이 관리들이 거짓 신앙 고백자들이라는 암시는 전혀 없다. 여기서 우리는 요한이 그리스도와의 개인적인 관계를 나타내는데 매우 중요한 그리스어 표현을 사용하고 있는 것을 볼 수 있다. 즉 에피스튜산 에이스 아우톤(episteusan eis auton)이다. 이 관리들은 거듭난 신자들이었지만, 두려움(즉 죽음에 대한 두려움이 아니라 사람들의 호의를 잃을 것에 대한 두려움) 때문에 예수님과 공개적으로 하나된 관계를 드러내려 하지 않았다. ("네 입으로 예수를 주로 시인하라"는 로마서 10장 9-10절을 기억하라.)

밤에 예수님께 찾아왔던 니고데모를 기억하는가? 우리는 그가 유대인들의 관원(ruler)이었음을 볼 수 있는데, 이는 요한복음 12장 42절에서 예수님을 믿었던 사람들에게도 사용되었던 용어(즉 관리, chief rulers)였다. 다른 주석가들은 요한복음 2장 25절과 3장 1절 사이에서 연결고리 역할을 하는 단어가 있음을 지적했는데, 바로 안쓰로포스(anthropos, "사람")란 단어였다. 니고데모는 그가 보았던 표적 때문에 요한복음 2장 23절에서 믿었던 많은 사람들 중 한 사람이었지만, 유대인의 관원이었고 회당에서 쫓겨날 것이 두려워 여전히 주님과 공개적으로 하나된 관계를 밝히기를 주저했던 것이 아니겠는가?

설령 니고데모가 나중에 그리스도를 믿게 되었다 하더라도(아마도 요한복음 12장 42절에서), 그는 십자가 처형 당시 분명히 신자였고, 예수님과 공개적으로 하나된 관계를 기꺼이 밝힌(시인한) 사람이었다. 요한복음 19장 38-39절을 보면, 그는 아리마대 요셉과 함께 예수님의 시신을 장사지내기 위해 가져가기를 요청한 사람으로 나타나 있다. 성경은 "아리마대 사람 요셉은 예수의 제자이나 유대인이 두려워 그것을 *숨기더니 (secretly)*"라고 말하고 있는데, 이는 "밤에" 예수님을 찾아왔던 니고데모도 마찬가지였다. 이제 니고데모는 은밀한 곳에서 나올 준비가 되어 있었다. 이 두 사람은 이미 오랫동안 신자였다. 하지만, 예수님이 죽으신 후에야 예수님의 *친구*가 되었다. 이렇게 "처음"과 끝 사이의 기간 동안 그들에 대한 이야기를 많이 볼 수 없는 것은 당연하다. 그들은 은밀한 곳에 숨어 있었기 때문이다. 마지막에라도 자신을 제자로 드러낸 일은 칭찬할 만하지만, 예수님은 "친히 사람의 속에 있는 것을" 아셨고(요 2:25), 자신과 공개적으로 하나된 관계를 드러내길 주저하는 사람들에게 자신을 드러내거나 나타내거나 맡기려 하지 않으셨다. 아마도 그것이 주님이 베드로, 야고보, 요한과 같은 겸손한 어부들을 처음 제자들로 택하신 이유일 것이다. 그들은 "유대인의 관원들"만큼 잃을 것이 많지 않았다. 그들은 기꺼이 주님과 하나된 관계를 나타내고자 했다. 그들은 주님의 가장 친한 친구가 되었고, 왕이 다시 오실 때 이스라엘 열두 지파를 다스릴 위대한 사도들이 되었다. 니고데모와 아리마대 요셉이 은밀한 곳에 숨어 있는 동안 놓친 것뿐만 아니라 오는 세상에서 놓치게 될 것에 대해서도 생각해 보라!

요약 및 결론

여러 주석서들이 마치 다양한 범주의 믿음이 있는 것처럼 설명하고 있지만, 그럼에도 신약성경에는 다양한 범주의 믿음이 있음을 말하고 있는 구절은 전혀 찾아볼 수 없다. 믿음의 수준은 다를 수 있지만, 서로 다른 믿음은 없다. 믿음은 믿음일 뿐이며, 모두 참된 믿음, 진정한 믿음, 온전한 믿음이다. 그렇지만 신약성경에서 말하는 믿음이 다 구원하는 믿음을 말하고 있지는 않다. 겨자씨 한 알만한 작은 믿음도 산을 옮기기에 충분하지만 (그것도 참된 믿음이기에), 그렇다고 해서 그것이 구원하는 믿음은 아니다. 병을 고치는 믿음도 참된 믿음이긴 하지만, 그것이 구원하는 믿음은 아니다. 야고보서 2장에서 "믿고 떠는" 귀신들의 믿음도 참된 믿음이긴 하지만, 그것도 구원 받는 믿음은 아니다. 구원 받는 믿음은 분명히 *예수 그리스도의 인격과 사역에 묶여 있어야 한다.*

그러므로 신약성경에서 말하는 믿음 가운데 어떤 것은 구원 받는 믿음이 아니라는 주장에 우리는 전혀 이의를 제기하고 싶지 않다. 하지만 신약에서 구주로서 예수님을 믿는(피스튜오 에이스)의 믿음 가운데 어떤 것은 구원 받는 믿음이 아니라는 주장에는 이의를 제기하고 싶다. 신약성경에서 예수님을 구주로 믿었지만, 그럼에도 구원받지 못하는 하위 수준의 믿음이나 불충분한 믿음이란 없다. 심지어 사도행전 8장 13절에서, 마술사 시몬조차 구원 받는 믿음을 가지고 있었다. 성경 본문에는 그의 믿음과 침례가 사마리아에 있는 다른 사람들의 믿음과 침례와 구별되어야 한다고 말하는 것이 일절 없다. 만일 "열매" 문제를 논할 것 같으면, (예수님과의 하나된 관계를 공개적으로 나타내는), 그의 침례, 그의 영적인 열망, 그리고 침례 이후의 그의 빠른 회개는 모두 진정한 회심을 입증하는 것이라고 말할 수 있다.

구원 받는 믿음은 계시된 진리, 특히 하나님의 약속에 대한 동의로 *시작*되지만, 그 약속을 신뢰할 때까지는 *완성*되지는 않는다. 사람은 그 약속들을 자신에게 적용하고, 영생에 대한 유일한 소망으로서 그 약속들을 완전히 확신하고 또한 신뢰해야 한다. 그러한 믿음은 우발적이거나, 피상적이지 않으며, 단순한 지적인 과정의 산물이거나 그 결과가 아니다. 그러한 믿음은 신뢰의 행위이며, 신뢰의 행위를 통해서 사람은 천국 문을 열기 위해서, 기꺼이 자신이 지은 모든 죄들의 무게와 결과를 그리스도의 십자가에 내어 맡긴다.

마지막으로 한 가지 더 언급할 것이 있다. 우리가 이전에 다루었던 "인간 타락의 정도"에서 살펴본 대로, 아담과 이브는 하나님께서 경고하신 대로(창 2:17), 그들이 육체적으로 죽는 일은 수백 년 후에 이루어졌지만, 죄를 짓는 순간 영적으로 죽는 경험을 했다는 사실을 상기하라. 요한에게도 (그리고 우리에게도!) 영생에 대한 하나님의 약속은 영원히 하나님과 함께하는 운명에 대한 약속에 불과한 것이 아니다. 하나님은 지금 여기서부터 영생을 시작하는 복을 약속하셨으며, 이 영생은 앞으로도 영원히 하나님과 함께 하는 생명의 삶이다. 그렇지만 이 영생을 현재적으로 *경험하는* 일은 하나님의 선물로서 우리에게 주신, 그리스도 안에 있는 영생의 삶(롬 6:23)을 살아내야 하는 우리의 날마다의 믿음에 달려 있다. 이것이 바로 주 안에 *거하라(abiding)*는 명령의 본질이다. 우리가 믿음을 통해서 그리스도 안에 거할 때, 우리는 *우리 속에 거하는* 영생을 지금부터 풍성히 누리며 살 수 있다.

미주

1 Ladd, *Theology*, n. 3, 307.

2 MacArthur, *The Gospel According to Jesus*, 170.

3 Ibid., ix.

4 Ibid., xi.

5 A. Augustine *"On the Predestination of the Saints"* chap. 5, in *The Nicene and Post-Nicene Fathers of the Church,* 28 vols, trans. and ed. Phillip Schaff (Grand Rapids: Eerdmans, 1956), vol. 5: St. Augustine: Anti-Pelagian Writings, 499.

6 Calvin, *Institutes*, III. xiii. 5, emphasis added.

7 Ibid., III. xi. 7.

8 R. T. Kendall, *Calvin and English Calvinism to 1649* (Oxford: Oxford University Press, 1979), 19. See also Calvin, Institutes, III. 2. 36.

9 M. C. Bell, Calvin and Scottish Theology: The Doctrine of Assurance (Edinburgh: Handsel, 1985), 8.

10 T. G. Lewellen, "Has Lordship Salvation Been Taught throughout Church History?" *Bibliotheca Sacra* 147 (January-March 1990), 57.

11 *Apology of the Augsburg Confession*, IV. 56, 112, 257. 다음 책을 보라. *The Formula of Concord, Solid Declaration,* III. 8-14. 멜랑히톤과 루터의 칭의론을 다룬 다음 책도 참고하라. R. D. Preus, "Perennial Problems in the Doctrine of Justification," *Concordia Theological Quarterly* 45(1981); 163-84.

12 F. Pieper, *Christian Dogmatics*, 3 vols. (St. Louis: Concordia, 1953), 2:426, 437.

13 B. B. Warfield, "Faith," in *Biblical and Theological Studies* (Grand

Rapids: Eerdmans, 1968), 444.

14 Ibid., 403. 웨인 그루뎀은 그의 책, Wayne Grudem, *"Free Grace" Theology, 5 Ways It Diminishes the Gospel* (Wheaton, IL: Crossway, 2016), 114ff에서 내가 워필드의 생각을 잘못 읽었다고 지적하면서, 믿음을 아무런 신뢰도 없이 그저 지적인 작용으로 만들고 있다고 비난했다. 아래 "허수아비 논증(Straw Man)"이라는 제목의 섹션을 보면 알 수 있듯이, 이 주장은 전혀 사실이 아니다.

15 Lewellen, "Lordship Salvation," 58.

16 *The Westminster Confession of Faith*, III. viii; XIV. ii (Philadelphia: Orthodox Presbyterian Church, n.d.). 웨스트민스터 표준 문서는 1643년부터 1649년까지 영국 의회가 소집한 웨스트민스터 총회에서 작성된 문서들이다. 이 문서들은 웨스트민스터 신앙고백서, 소요리문답, 대요리문답으로 구성되어 있다. 이 문서들은 현대 장로교의 많은 부분의 교리적 기초를 형성한다. 이것을 약간 수정한 고백서가 있는데, 바로 1689년 런던 침례교 신앙고백서다. 이 신앙고백서는 현대 많은 침례교회의 성장 기반이 되는 교리적 기초를 형성하고 있다.

17 MacArthur, *Gospel*, 221-37.

18 Ibid., 222.

19 Lewellen, "Lordship Salvation," 59. 다음 책을 보라. G. H. Clark, *Faith and Saving Faith* (Jefferson, MD: Trinity Foundation, 1983), 110-18; R. T. Kendall, *Once Saved Always Saved* (Chicago: Moody Press, 1985); and M. C. Bell, *Calvin and Scottish Theology: The Doctrine of Assurance* (Edinburgh: Handsel, 1985).

20 R. Bultmann, *"pisteuo,"* in TDNT, 6:205-06.

21 C. Dillow, *The Reign of the Servant Kings* (Hayesville, NC: Schoettle, 2002), 273.

22 D. A. Carson, "Reflections on Assurance" *Still Sovereign*, eds. Thomas Schreiner and Bruce Ware (Grand Rapids: Baker Books, 1995), 264, 267.

다음 책을 보라. *Salvation by Allegiance Alone*, Bates.

23 Ibid., 264, 272.

24 Hodges, *Absolutely Free*, 31.

25 Ibid., emphasis original.

26 Ibid., 28.

27 Ibid., 38-39.

28 Ibid., 40-41.

29 Ibid., 32.

30 MacArthur, *The Gospel According to Jesus*, 173.

31 L. Berkhof, *Systematic Theology* (Grand Rapids: Eerdmans, 1939) 503-05.

32 Berkhof, *Theology*, 505.

33 D. P. Simpson, "fiducia," in *Cassell' s New Latin Dictionary* (New York: Funk & Wagnalls, 1968), 247.

34 Demarest, *Cross and Salvation*, 249.

35 A. Alexander, *Thoughts on Religious Experience* (1844; reprint ed., London: Banner of Truth, 1967), 64.

36 C. Hodge, *St. Paul' s Epistle to the Romans* (1860; reprint ed., Grand Rapids: Eerdmans, 1950), 29.

37 Demarest, *Cross and Salvation*, 260.

38 Ibid., 260-61.

39 Dillow, *Reign*, 74-76, emphasis added.

40 R.T. Kendall, *Calvinism and English Calvinism to 1649* (Oxford: Oxford University Press, 1981), 28, 200.

41 "값없이*(dorean, 도레안)*' 에 해당하는 그리스어는 로마서 5장 15절과 17절을 보면, 은혜의 선물의 절대적으로 값없이 주어지는 것을 강조하기 위해 명사 형태로 사용되고 있다.

42 Wayne Grudem, *"Free Grace" Theology-Five Ways It Diminishes the*

Gospel (Wheaton, IL: Crossway, 2016), 112-18.

43 S. Toussaint, "Acts," in *The Bible Knowledge Commentary* (Wheaton, IL: Victor, 1983), 373.

44 E. Blum, "John," in *The Bible Knowledge Commentary* (Wheaton, IL: Victor, 1983), 280.

45 W. H. Harris, "A Theology of John's Writings," in *A Biblical Theology of the New Testament*, ed. R. B. Zuck and D. L. Bock (Chicago: Moody, 1994), 224-26.

46 Z. Hodges, "Problem Passages in the Gospel of John. Part II: Untrustworthy Believers-John 2:23-25," *Bibliotheca Sacra* 135 (April-June 1978), 139. 나는 이 성경구절을 분석하는데 이 글을 통해서 많은 도움을 받았다. 그에게 감사한 마음을 전하고 싶다.

47 W. Hendriksen, *A Commentary on the Gospel of John*, 3d ed. (London: Banner of Truth, 1964), 127.

48 Harris, "John's Writings," 225.

49 Hodges, "Problem Passages," 144.

50 Harris, "John's Writings," 225-26.

51 Ibid., 224.

제9장

영원한 안전

서문

만일 당신이 오늘 죽는다면, 영원을 어디에서 보낼지 아는가? 아니면 "사람이 죽기 전에는 어디서 영원을 보낼지 아는 것은 불가능하다"고 주장하는 사람의 말에 동의하는가? 우리는 죽음의 순간이 오기 전부터 그 사실을 알 수 있다고 믿고 있다. 사실 당신이 아직 세상에 살아있는 동안 "하나님의 백성을 위해 예비된 안식"을 경험하려면 그러한 지식을 미리 갖는 것이 필수적이다. 고대의 잠언은 다음과 같은 현명한 조언을 말해주고 있다.

알지 못하면서 자신이 알지 못한다는 사실을 알지 못하는 자는 어리석은 사람이니, 그를 피하라.
알지 못하나 자신이 알지 못한다는 사실을 아는 자는 순수한 사람이니,

그를 가르치라.
알면서도 자신이 안다는 것을 알지 못하는 자는 잠자고 있는 사람이니,
그를 깨우라.
알고 있으며 또한 자신이 안다는 사실을 아는 자는 지혜로운 사람이니,
그를 따르라.

하나님을 개인적으로 알게 되었고 또한 우리가 죽을 때 그분과 함께 하게 될 것을 알고 있다면, 우리는 위의 잠언에 제시된 네 가지 범주 중 하나에 속한다. 어떤 사람들은 알지도 못하고 또 자신이 알지 못한다는 것조차 모른다. 그들은 길을 잃었으나, 그것조차 깨닫지 못하고 있다. 이러한 부류에 속한 사람들은 로마서 3장 10-18절의 메시지, 곧 "의인은 없나니 하나도 없다"는 사실을 알아야 한다. 그리스도를 알지 못하는 사람은 다 하나님 앞에 죄인으로 서 있으며, 하나님으로부터 영원히 분리될 운명에 처해 있다. 그렇지만 어떤 사람들은 이런 사실을 알지 못하며, 또한 자신이 알지 못한다는 사실을 알고 있다. 이러한 부류에 속한 사람들은 고린도후서 5장 21절의 메시지가 필요하다. "하나님이 죄를 알지도 못하신 이(곧 그리스도)를 우리를 대신하여 죄로 삼으신 것은 우리로 하여금 그 안에서 하나님의 의가 되게 하려 하심이라." 예수님은 우리를 대신하여 십자가에 달리셨다. 그리고 우리와 영원히 함께 살게 하고자 십자가에서 죽으셨다.

그런데 가장 비극적인 부류의 사람들은 알면서도 자신이 안다는 것을 알지 못하는 이들이다. 그들은 구원받았고 그들의 운명이 확실하게 된 신자들이지만, 자신이 구원받았다는 것을 모르거나 아니면 자신의 구원과 마지막 운명을 확신하지 못한다. 그런 사람들은 영원한 안전의 메시지를 절박하게라도 이해하고 배울 필요가 있다. 그럴 때 그들은 자신이 알고 있으며 또한 자신이 아는 것을 알고 있는 네 번째 부류에 들어갈 수 있게 될 것이다.

성자 하나님을 통해서 성부 하나님을 알고 있으며 또한 자신이 하나님을 알고 있음을 아는 사람보다 이 세상에서 더 큰 평안과 안식을 가진 사람은 없다. 그렇다면 이 네 번째 부류에 속한 사람들은 정말 주제넘고 영적으로 지나치게 자신만만한 것일까? 정말로 이 세상에서 진리를 알고 또 자신이 안다는 것을 알 수 있을까? 이러한 질문에 답하는 것이 앞으로 우리가 다룰 주제다.

이 주제를 다섯 가지 범주, 즉 단순 정의, 신학적 가능성, 영원한 안전 교리를 지지하는 사람들의 성경적인 근거, 영원한 안전 교리를 반대하는 사람들의 문제점, 그리고 실제적인 이점들을 통해서 살펴볼 것이다. 우선, 단순 정의부터 살펴보자.

단순 정의

영원한 안전을 가장 단순하고 짧게 정의를 내린다면, "한 번 구원은 영원한 구원(Once saved, always saved)"으로 정의할 수 있다. 여기서 "항상"이라는 단어는 매우 포괄적인 단어이기 때문에, 사람들에게서 즉각적인 반응을 일으킨다. "항상, 결코, 모든" 등과 같은 단어를 들으면 우리는 예외적인 요소를 찾기 시작한다. 그럼에도 불구하고 이 정의는 모든 비판을 견뎌낼 수 있다. 이것은 성경에서 가장 빛나는 교리 가운데 하나로서 빛을 발하고 있다. 일단 믿으면, 당신은 결코 잃어버린 바 될 수 없다. 결코 지옥에 가는 일이 없다. 그리스도는 항상 당신의 구원자가 되어 주실 것이다. 당신은 당신 자신의 영원한 운명을 단번에 영원히 확정하였기 때문에, 다시는 그것에 대해 걱정할 필요가 없다. 분명히 "결코, 항상, 모든"과 같은 수식어로 가득 찬 교리는 도전을 받게 될 것이다. 과연 시험을 통과할 수 있을 것인가?

신학적 가능성

"한 번 구원은 영원한 구원(once saved, always saved)"이란 말은 엄청난 선언이다. 이것이 과연 가능한 일인가? 영원한 안전 교리에는 어떤 요소들이 포함되어 있는가? 이 교리를 모호하게 만든 과도한 부분을 걷어내면, 결국 두 가지 요소만 남는다. 바로 인간의 죄와 하나님의 예비하심이다.

인간의 죄는 인간을 하나님으로부터 분리시킨다. 인간의 죄는 인간을 지옥으로 보낸다. 인간이 이 끔찍한 구덩이에서 벗어나려면, 하나님께서 인간의 죄에 대한 응당한 형벌을 대신 치르실 어떤 예비하심을 마련하셔야만 한다. 분명히, 십자가 위에서 죽으신 그리스도의 죽음은 하나님께서 마련하신 인간의 죄에 대한 값을 지불하는 것이었다. 영원한 안전에 대한 문제는 과연 이 예비하심이 모든 인간의 모든 죄를 갚았는가에 달려 있다. 속죄는 제한적인 것인가?

이 시점에서, 영원한 안전을 반대하는 사람들은 죄를 여섯 가지 범주로 나누어 문제를 혼란스럽게 만든다는 사실을 지적할 필요가 있다. 즉 그들은 죄를 과거 죄와 미래 죄, 나쁜 죄와 중대죄, 자백한 죄와 자백하지 않은 죄로 나눈다. 이는 마치 검은 기름 한 통을 여섯 개의 칸으로 나누려는 것과 같다. 그렇게 한다 해도 각 칸의 기름은 여전히 검고, 여전히 기름일 뿐이다. 그리스도인이 구원을 잃을 수 있다고 믿는 대부분의 사람들은 하나님의 예비하심이 과거의 죄뿐만 아니라 미래의 죄, 검은 죄뿐만 아니라 회색 죄, 자백한 죄뿐만 아니라 자백하지 않은 죄까지 다 포함하고 있다고 믿지 않는다. 만일 영원한 안전이 신학적으로 가능하다면, 그렇다면 그리스도의 죽음은 두세 가지 죄 뿐만 아니라 이 통 안의 모든 죄들을 태워버릴 만큼 강력해야 한다. 하나님의 예비하심은 시간, 정도, 자백 여부에 관계없이 우리가 지은 모든 죄로 인해서 발생하게 된 빚 전부를 갚을 수 있어야 한다.

다행히도 하나님께서는 이 문제에 대해서 침묵하지 않으셨다. 하나님은 히브리서 10장에서 이 문제에 대해서 분명히 말씀하셨다. 이 성경본문을 보면, 성령님께서는 황소와 및 염소의 제사와 하나님의 아들의 제사를 비교하셨다. 황소와 및 염소의 제사는 미래의 죄를 처리할 수 없었다. 일년에 한 차례씩 이스라엘 백성들은 지난 해에 지은 죄들을 속죄하기 위해서 예루살렘으로 올라가야 했다. 그리고 예루살렘을 떠날 때에는 깨끗한 상태가 되어서 돌아갔다. 하지만 내년 속죄일이 다시 돌아올 때까지 그들에게는 1년치 죄들이 다시 쌓였다. 그들의 제사는 앞으로 짓게 될 미래의 죄들을 처리하지 못했기 때문에, 이스라엘 사람들은 해마다 계속해서 제사를 드려야만 했다.

그러나 예수님의 희생제사는 매년 드리는 제사의 필요성을 끝냈다. "이는 황소와 염소의 피가 능히 죄를 없이 하지 못하는"(히 10:4) 문제가 하나님의 어린 양의 희생을 통해서 가능하게 되었기 때문이다. 히브리서 10장에는 이 가능성을 강조하는 세 개의 그리스어 단어가 있다.

첫째는 부사 *에파팍스(ephapax)*이다. 이 단어는 신약성경에 단 5회 등장한다. 그중 네 번은 우리의 죄들을 처리하기 위한 그리스도의 죽음을 언급할 때 사용되었다(롬 6:10, 히 7:27, 9:12, 10:10). 이 단어는 "*단번에 영원히 또는 단번에 모든 것을(once for all)*"(히 10:10)로 번역되었다. 이 단어의 의미는 히브리서 10장 12절에서 "죄들을 위하여 한 영원한 제사를 드리시고"라는 구절에 명확히 드러나 있다. 그리스도의 죽음은 인간의 죄에 대한 하나님의 유일한 예비하심이며, 인간의 모든 죄를 갚기에 충분하다. 과거, 현재, 미래의 시간적인 구분이 없다. 그리스도께서 하늘로 승천하셨을 때, 그리스도는 아버지 우편에 앉으셨는데, 이는 그의 사역이 완성되었음을 의미한다. 더 이상 죄들을 속죄하는 일이 필요없게 된 것이다. *에파 팍스*, 즉 *단번에 영원히* 이루어진 것이다. 모든 죄들, 곧 과거 죄, 현재 죄, 미래 죄, 그리고 검은 죄, 회색 죄, 흰 죄(물론 모든 죄는 검다), 그리고 자백한 죄, 자백하지 않은 죄, 그리고 알려진 죄, 알려지지 않은 죄가 다 같아졌다.

이러한 우리의 이해를 군건히 하려는 듯 두 번째 그리스어 단어, *디에네케스(dienekes)*는 그리스도 죽음이 미래의 죄까지 지불했음을 강조하고 있다. 이 단어는 신약성경에서 단지 4회 등장하고 있는데, 모두 히브리서에서 나온다(히 7:3, 10:1, 12, 14). 이 단어의 의미는 "영원히, 영구히, 끊임없이 지속하는, 멈춤이 없는"이다. 요점은 이렇다. 즉 황소와 염소의 희생은 일 년 동안만 효력이 있었지만, 반면 예수님의 희생은 "영원한" 효력이 있다는 것이다. 따라서 약 2천 년 전에 드려진 예수님의 한 번의 희생은 이후에 저질러진 모든 죄들을 충분히 속죄하기에 충분했다. 물론, 이 모든 죄들은 십자가의 시점에서 보면 모두 "미래의" 죄들이다. 그러므로 이 한 번의 희생은 우리가 과거에 지은 죄들 뿐만 아니라 미래에 지을 모든 죄의 빚까지도 제거했다.

어떤 사람은 "그리스도의 죽음이 나의 미래 죄에 대한 형벌을 갚기에 충분하다는 것을 믿지만, 내가 그 죄들을 자백할 때만 효력이 있다"고 반박하고 싶을 것이다. 히브리서 10장에 있는 세 번째 그리스어 단어가 영원한 안전에 대한 진실을 결정적으로 뒷받침하지 않았다면 그러한 반박이 설득력이 있었을지도 모른다. 이 단어는 히브리서 10장 11절에 나오는 *페리에레인(perielein)*이다. 이 단어는 "없이 하다(take away)"로 번역되었다. 문자적으로 이 단어는 "어떤 사람이나 어떤 것 주위에서 무언가를 치우다"라는 뜻을 가지고 있다. 이 단어는 배를 붙잡아 두고자 닻을 던지는 것과 사람의 목에서 올가미를 벗겨내는 데 사용된다. 인간의 죄는 그의 목에 씌워진 교수대의 올가미가 되었지만, 그리스도의 죽음은 그 올가미를 단번에 영원히 제거했다. 다시 말해서, 그리스도의 죽음은 우리가 미래에 쌓을 수 있는 모든 죄의 빚을 갚기에 충분하지만, 계좌에 수표를 쓸 때만 (즉 자백할 때만) 효력이 있는 비자금과 같은 것이 아니다. 전혀 그렇지 않다. 그리스도의 죽음은 시간, 정도, 자백의 여부에 관계없이 모든 죄의 올가미를 제거했으며, 그 올가미는 다시는 우리의 목에 씌워질 수 없다.

이 세 개의 헬라어 단어들은 우리의 영원한 안전을 밝히 드러내고 있을 뿐만 아니라, 히브리서 10장에서 사용된 그리스어 시제 또한 완료시제를 사용함으로써, 과거에 완료된 행위가 현재에 영향을 미치고 있음을 강조하고 있다. 이는 과거의 완료된 행위가 계속적인 결과를 내고 있으며, 이것을 영구적인 상태로 고착시켰음을 의미한다. 우리는 "거룩함을 얻었노라"(히 10:10)와 "영원히 온전하게 하셨느니라"(히 10:14)는 구절에서 이러한 시제를 볼 수 있다. *거룩하게 하다(하기아조, hagiazo)*라는 단어는 "거룩하게 만들다"를 의미하고, *완전하게 하다(텔레이오오, teleioo)*는 "온전하게 하다, 완성하다"를 의미한다. 히브리서 10장 10-14절을 보면, 하나님께서는 우리의 죄들에 대한 하나님의 예비하심으로서 예수님의 제사가 우리를 영구적으로 거룩하게 하였고 또한 온전하게 만들었다고 말씀하고 계신다!

그러므로 영원한 안전은 신학적 가능성일 뿐만 아니라 신학적 현실이다. 히브리서 10장은 하나님의 예비하심이 우리의 모든 죄들을 단번에 영원히 도말하였고 또한 없애 버렸다는 사실을 분명히 하고 있다. 그리스도의 죽음은 아담부터 그리스도께서 십자가에 달려 죽으실 때까지 신자들의 죄들(과거의 죄들)과 그리스도께서 십자가에 달려 죽으신 때로부터 오늘날에 이르기까지의 죄들(십자가를 기준으로 해서 미래의 죄들)을 충분하고도 효과적으로 덮어 버렸다. 하나님의 예비하심은 인간의 죄를 충분히 해결한다. "한 번 구원은 영원한 구원"이라는 신학적 가능성을 확립했으니, 이제는 이 교리를 지지하는 사람들의 목소리를 들어보자.

영원한 안전 교리를 지지하는 사람들의 성경적인 근거

어떤 이들은 영원한 안전 교리를 "성도의 견인"이라고 부른다. 아마도 더 나은 표현은 "성도의 보존"일 것이다. 성도의 견인은 *인간의* 노력을 강조하는 반면, 성도의 보존은 *하나님의* 노력에 초점을 맞추고 있다. 최종 분석을 해보면, 신자의 영원한 안전은 성도의 끝까지 견디는 능력에 달린 것이 아니라, 성도를 안전하게 보존하시는 하나님의 능력에 달려 있다.

이는 마치 아버지가 어린 아들의 손을 잡고 번잡한 교차로를 건너는 것과 같다. 그들이 거의 길을 다 건넜을 때, 어린 아들이 미끄러져 넘어졌다. 그러나 땅에 부딪히기 전에, 아버지의 강력한 오른팔로 그를 한 번 크게 들어 올리자 안전하게 착지할 수 있었다. 이에 어린 아들은 기뻐하면서 아버지를 올려다보며 외쳤다. "아빠, 내가 꼭 잡았죠?" 아버지는 미소를 지으며 의미심장하게 대답했다. "그래, 그랬지, 아들아. 하지만 아빠가 먼저 잡고 있었단다." 하나님께서 성도를 보존하시는 일도 이와 같다. 영원한 안전의 핵심은 우리가 하나님을 붙잡는 것이 아니라, 하나님이 우리를 붙잡고 계시는 것에 달려 있다.

영원한 안전이 하나님의 인격과 사역에 달려 있다는 사실을 고려할 때, 이 교리에 대한 최고의 증거는 삼위일체 하나님의 각 위격께서 성도의 보존을 위해 하시는 역할에서 나온다. 그러므로 영원한 안전에 기여하는 삼위일체 하나님의 각 위격께서 행하시는 두 가지 공헌을 살펴보자.

성부

하나님의 전능하심

수많은 구절들이 자기 자녀들을 보존하시는 하나님의 능력과 그 보존하시는 일을 하시는 하나님의 능력을 저지할 수 있는 다른 존재나 다른 어떤 것도 존재하지 않음을 증거하고 있다. 예를 들어, 다음 구절들의 강력한 연결 고리를 생각해 보라.

1. "그들을 주신 내 아버지는 만물보다 크시매 아무도 아버지 손에서 빼앗을 수 없느니라." (요 10:29) 여기엔 신자도 포함된다.

2. "약속하신 그것을 또한 능히 이루실 줄을 확신하였으니." (롬 4:21) 하나님은 믿는 모든 자에게 영생을 약속하셨다. 하나님은 약속하신 것을 능히 이루실 수 있다.

3. "만일 하나님이 우리를 위하시면 누가 우리를 대적하리요 … 내가 확신하노니 사망이나 생명이나 천사들이나 권세자들이나 현재 일이나 장래 일이나 능력이나 높음이나 깊음이나 다른 어떤 피조물이라도 우리를 우리 주 그리스도 예수 안에 있는 하나님의 사랑에서 끊을 수 없으리라." (롬 8:31, 38-39). 어떤 이들은 이 구절이 하나님 자신에 대해서 말하는 것이 아니라, 하나님의 사랑에 대해서 말한다고 반박한다. 그러나 하나님의 사랑에서 끊어지는 일이 없을진대, 하나님으로부터 영원히 끊어질 수 있겠는가? 그리고 특히 "장래 일이나"라는 단어에 주목하라. 이 단어는 당신의 미래의 죄들을 포함하고 있다. 미래에 짓는 죄들도 당신을 하나님의 사랑에서 끊을 수 없다.

4. "능히 너희를 보호하사 거침이 없게 하시고 너희로 그 영광 앞에 흠이 없이 기쁨으로 서게 하실 이." (유 24) 사람이 구원을 잃을 수 있다고 말

하는 것은 하나님께서 그가 구원을 잃지 않도록 보호하실 수 없다고 말하는 것과 같다. 누가 더 강한가, 하나님인가 우리 자신인가? 영원한 안전을 부정하는 것은 하나님의 전능하심을 부정하는 것이다.

하나님의 무조건적인 사랑

하나님 사랑의 무조건적인 특징은 그 사랑을 인간의 사랑보다 훨씬 높은 수준으로 끌어올린다. "우리가 아직 죄인 되었을 때에 그리스도께서 우리를 위하여 죽으심으로 하나님께서 우리에 대한 자기의 사랑을 확증하셨느니라."(롬 5:8) 우리는 우리가 지은 죄들 때문에 하나님의 사랑을 받을 자격이 없었다. 우리가 믿은 이후로 하나님의 사랑이 줄어들게 되었고, 그래서 우리의 죄들이 우리를 위한 그리스도의 죽음의 유익을 상쇄하는 것인가? 그렇지 않다. 오히려 그와는 반대로 "그러면 이제 우리가 그의 피로 말미암아 의롭다 하심을 받았으니 더욱 그로 말미암아 진노하심에서 구원을"(롬 5:9) 받게 될 것이다. 하나님은 우리가 그분의 원수였을 때보다 그분의 자녀가 된 지금 우리를 "훨씬 더" 사랑하신다. 우리의 죄들이 우리가 구원받기 전에 하나님의 사랑의 수도꼭지를 잠그지 않았을진대, 구원받은 이후에는 결코 잠그지 않을 것이다. 그러므로 아버지의 크신 능력과 그의 크신 사랑이 영원한 안전 교리를 든든히 뒷받침하고 있다. 예수님은 어떠실까?

성자

하나님의 아들의 죽음

히브리서 10장에서 이미 살펴보았듯이, 그리스도의 죽음은 신자의 목에 걸려 있던 죄의 교수대 올가미를 단번에 제거했다. 이 진리를 부정하는 것은 그리스도의 피가 시간, 정도, 자백 여부와 상관없이 우리의 모든 죄를 덮기에 충분하지 않다고 말하는 것과 같다. 이는 그리스도의 사역이 충분하지 않았고, 이제 우리의 구원을 유지하기 위해 그리스도의 사역에 우리의 선행을 더해야 한다는 의미가 된다. 우리 주님이시며 구원자이신 그리스도의 인격과 사역에 대한 얼마나 큰 모욕인가!

하나님의 아들의 기도

1. 우리의 대언자로서. 요한일서 2장 1-2절은 "만일 누가 죄를 범하여도 아버지 앞에서 우리에게 대언자(변호자)가 있으니 곧 의로우신 예수 그리스도시라 그는 우리 죄를 위한 화목 제물이니 우리만 위할 뿐 아니요 온 세상의 죄를 위하심이라"고 말하고 있다. 구원받은 이후에 우리가 죄를 지을 때마다 예수 그리스도는 사탄의 고발하는 손가락질로부터 우리를 변호하는 변호사 역할을 하신다. 우리의 변호자(대언자)는 하나님의 정의에 대한 요구를 완전히 만족시킨(화목시킨) 자신의 흘리신 피에 근거하여 변론하는 일을 하신다. 그는 단순히 우리의 죄로 인해 발생한 빚이 완전히 갚아졌다고 진술할 뿐이다. 그러면 소송은 기각된다.

2. 우리의 중보자로서. 히브리서 7장 25절은 "그러므로 자기를 힘입어 하나님께 나아가는 자들을 온전히 구원하실 수 있으니 이는 그가 항상 살아 계셔서 저희를 위하여 간구하심이니라"고 말하고 있다. 그리스도는 하늘에서 대제사장으로서 우리를 위해 중보 기도를 하시는데, 이러한 그리스도의 중보 기도의 예는 요한복음 17장 11절에서 찾을 수 있다. "거룩하신 아버지여 내게 주신 아버지의 이름으로 저희를 보전하사 우리와 같이 저희도 하나가 되게 하옵소서." 요한복음 17장의 나머지 부분은 아버지께 중보 기도하시는 기도내용을 소개하고 있다. 일단 구원받은 신자가 구원을 잃어버릴 수 있다고 말하는 것은 이러한 그리스도의 기도가 아무 의미

가 없다고 말하는 것과 진배없다. 그렇지 않은가?

그러므로 십자가에서 이루신 그리스도의 과거 사역과 중보기도를 통한 현재 사역은 영원한 안전 교리를 떠받치고 있다. 성령님은 어떠실까?

성령

성령의 내주

누군가 그리스도인이 될 때, 성령님은 그 사람 안에 거하시기 위해 임하신다. 그리스도의 말씀에 따르면, 이렇게 성령의 거주는 영구적인 것이다. 왜냐하면 그리스도께서는 "내가 아버지께 구하겠으니 그가 또 다른 보혜사를 너희에게 주사 영원토록 너희와 함께 있게 하리니 그는 진리의 영이라 … 그는 너희와 함께 거하심이요 또 너희 속에 계시겠음이라"(요 14:16-17)라고 말씀하셨기 때문이다. 루이스 스페리 체이퍼가 다음과 같이 훌륭하게 표현했다. "성령님은 근심하실 수 있지만, 떠나시는 일은 없다. 소멸될 순 있지만 … 결코 꺼지는 일은 없다. 성령님은 결코 그리스도인을 떠나지 않으신다. 그렇지 않다면 그리스도의 말씀은 거짓이 되고, 그리스도의 기도는 응답받지 못한 것이 된다."[1]

성령의 인치심

에베소서 4장 30절을 보면, 성령님이 우리를 구속의 날까지 인치셨다는 것을 볼 수 있다. 신약 시대에 인치는 일은 세 가지 목적으로 사용되었다.

1. 인증하기 위해. 사도 바울은 고린도교회 성도들이 자신의 사도직을 인증하는 "인(seal)"이라고 말했다. 그들은 그를 사도로 인증했다. 마찬가지로, 성령님은 우리를 진정한 그리스도인으로 인증하신다.

2. 보호하기 위해. 요한계시록 14장을 보면, 144,000명은 "인침"을 받았는데(계 7:4-8), 이는 그들이 죽음으로부터 보호를 받았다는 의미다. 그러므로 성령의 인침은 우리를 둘째 사망(하나님으로부터의 영원한 분리)으로부터 보호한다.

3. 소유권을 표시하기 위해. 인침은 가축의 몸에 찍는 낙인과 같은 것으로, 소유권을 나타내는 표시다. 마찬가지로 성령의 인침은 우리가 하나님께 속해 있음을 나타낸다. 우리는 하나님께서 값을 주고 사신 바 된 소유물이다(엡 1:14). "이제 나는 예수께 속했고, 예수는 내게 속했네. 이 세상뿐 아니라 영원히."[2]

분명히, 성령님의 내주하심과 인치심의 사역은 우리를 구속하시는 그날까지 하나님으로부터 우리가 받게 되는 영구적인 보호를 가리킨다. 이것이 바로 영원한 안전이다.

결론

우리의 안전은 우리 자신에게 달린 것이 아니라 하나님께 달려 있다. 우리의 구원을 보장하는 것은 우리의 끝까지 견디는 능력에 있지 않다. 그것은 아버지의 무한한 능력과 무조건적인 사랑, 하나님의 아들께서 단번에 영원히 자신을 바친 희생과 현재의 중보 기도 사역, 성령님의 영구적인 내주하심과 보호하시는 인치심 덕분이다. 삼위일체 하나님의 각 위격에 의한 이 모든 공헌은 하나의 결론으로 이어지는데, 바로 우리의 영원한 안전이다. 그러므로 영원한 안전을 부인하는 것은 하나님의 성품과 사역을 정면으로 도전하는 일이다. 영원한 안전교리를 반대하는 주장들에는 무엇이 있을까?

영원한 안전 교리를 반대하는 사람들의 문제점

영원한 안전 교리를 반대하는 사람들의 거의 모든 반박은 다음과 같은 문제가 선명하지 않기 때문에 생겨나게 된 것이다. 즉 관계의 진리와 사귐의 진리, 또는 구원의 요건과 제자도의 요건, 또는 하나님의 영원한 심판과 하나님의 일시적인 심판, 또는 문자적 언어와 비유적 언어의 차이점을 인지하지 못한 데서 비롯된 것이다. 이러한 구분을 바르게 이해할 때, 이 모든 반박들은 사라지게 될 것이다. 하나 하나 살펴보자.

관계 vs. 사귐

한 남자가 어린 소년을 입양했을 때, 관계가 시작된다. 곧 부자 관계다. 관계는 영구적이다. 그 소년이 아무리 수치스러운 행동을 하더라도, 그는 여전히 그의 아버지의 아들이다. 그러나 부자 관계가 행복한 관계인지 아닌지는 그들 사이의 사귐에 달려 있다. 만일 그 소년이 집을 나가 심지어 이름을 바꾼다 할지라도, 관계는 여전히 존재하지만, 사귐은 그렇지 않다. 사귐이 회복되려면, 그 소년은 집으로 돌아와 아버지께 용서를 구하고 아버지의 권위에 순종해야 한다.

관계와 사귐을 이렇게 구분하는 것은 하나님의 자녀가 아버지에게서 멀어질 수도 있고, 심지어 믿음과 "가족 배경"을 부인하면서도 (곧 배교하면서도) 여전히 그리스도인으로 남아 있을 수 있는지를 설명하는데 도움이 된다. 그가 하늘 아버지와 맺은 관계는 결코 변하지 않을 것이다. 그것은 부자 관계이다. 그러나 그 관계는 아버지와의 개인적인 사귐을 통해서만 누릴 수 있다. 죄를 지은 아들은 반드시 아버지의 용서를 구하고 그의 권위에 순종해야 한다. 그럴 때 사귐이 회복된다.

관계와 사귐의 차이를 이해할 때, 우리는 어떻게 죄를 자백하지 않은 상태에서 교통사고로 죽은 사람이 여전히 천국에 갈 수 있는지를 이해할 수 있다. 매우 간단하다. 알고 있는 죄를 자백하는 일은 사귐을 위해서 하나님이 요구하시는 조건이다(요일 1:3, 9). 자백은 관계와는 상관이 없다. 자백하지 않은 죄를 가지고 죽은 그리스도인은 여전히 하나님 아버지와 자녀의 관계를 가지고 있지만, 아버지와의 사귐이 없는 상태에서 죽음을 맞이한 경우다.

지위 vs. 상태

때때로 성령님은 하늘에 있는 그리스도 안에서의 우리의 지위(position, 엡 1:3 이하)의 관점에서 우리를 묘사하기도 하시고, 때로는 땅에서 우리의 상태(condition, 롬 8장)의 관점에서 묘사하기도 하신다. 우리는 이미 지위상, 하나님 앞에서 거룩하고 흠이 없다(히 10:10, 고전 1:2). 그러나 우리는 상태상, 영적일 수도 있고 아니면 육신적일 수도 있으며, 성령에 의해서 지배를 받거나 아니면 육신에 의해서 지배를 받을 수 있다. 우리가 그리스도 안에서 우리의 지위에 집중할 때, 우리의 상태는 천천히 우리의 지위와 일치를 이룰 수 있다(고후 3:18). 하나님께서 "내가 거룩하니 너희도 거룩할지어다"(벧전 1:16)라고 말씀하실 때, 하나님은 우리의 상태가 거룩할 것을 요구하시는 것이다. 그러나 하나님께서 우리가 "그리스도 예수 안에서 거룩하게 되었다 또는 성화되었다"고 말씀하실 때, 하나님은 우리의 지위가 온전히 거룩하게 되었음을 확증하시는 것이다.

그래서 고린도교회 성도들처럼 매우 거룩하지 못한 (정욕, 육신성, 질투로 가득 찬) 사람들의 무리도 "거룩하게 된 또는 성화된 자들"(고전 1:2)이라고 불릴 수 있었다. 그들은 그들의 지위상 거룩했지만, 그들의 상태상으로는 거룩하지 못했다. 바울은 그들의 상태 때문에 그들의 지위를 잃을 것이라고 결코 위협하지 않았다. 오히려 그는 그들의 지위를 근거로 그들의 상태 개선을 촉구했다(골 3장, 엡 4장). 그러므로 어떤 그리스도인이든 그의 지위상으로는 안전하지만, 그의 상태상으로는 거룩하지 못할 수 있다. 이렇게 말한다고 해서 그리스도인의 상태를 *변명*하려는 것 아니라, 오히려 그리스도인의 지위를 *변호*하려는 것이다.

구원 vs. 제자도

에베소서 5장 5절과 갈라디아서 5장 21절과 같은 유업(inheritance, 상속)에 관한 구절들이 일부 사람들에게 혼란을 야기했다. 이 구절들은 심각한 도덕적 죄를 나열하고 있고 또한 그러한 죄를 *계속해서* 행하는 자는 하나님 나라를 상속받지 못할 것이라고 단언하고 있다. 이 구절을 해석하는 쉬운 방법 가운데 하나는 이러한 악한 행동을 계속해서 행하는 사람은 단순히 그리스도인이 아니라고 말하는 것이다. 이것이 사실일 수도 있지만, 그럼에도 우리는 거듭난 모든 증거를 가지고 있지만 어떤 악한 습관을 끊지 못하고 여러 해 동안 계속해서 가지고 있는 사람들을 볼 수 있다. 그들은 진정 처음부터 그리스도인이 아니었던 것인가, 아니면 구원을 잃은 것인가? 우리는 둘 다 아니라고 본다.

실제로 "유업(또는 상속)"이라는 단어는 성경본문이 제자도에 관해서 설명하는 가운데 사용되고 있다. 누가복음 14장은 구원의 값없는 선물(큰 잔치의 비유)과 제자도의 높은 대가를 아름답게 대조시키고 있다. 그리스도께서는 구원의 잔치 자리에서 값없이 제공되는 식사 초대를 받아들이도록 사람들을 격려하는 일을 하셨고, 심지어 "강권하여 데려다가 내 집을 채우라"(눅 14:23)고 말씀하셨지만, 또한 그 비용을 (즉 친구, 가족, 재산,

건강, 심지어 자신의 목숨까지도 잃을 수 있음을) 계산하지 않고서 제자도의 길을 시작하는 사람들에게는 엄중하게 경고하는 말씀을 하셨다(눅 14:26-33). 그리스도께서는 사실상 이렇게 말씀하고 계신다. "여기저기 짓다만 건물들이 너무도 많이 흩어져 있다. 이러한 것들은 나의 이름을 증거하는 일에 부정적인 영향을 미치고 있다. 만일 끝까지 완수할 의향이 없다면 제자도의 길을 시작하지 않는 것이 낫겠다."

그럼에도 불구하고 제자도에 따르는 보상 또는 상급은 많다. 마태복음 19장 27-30절, 25장 34절, 골로새서 3장 24-25절, 야고보서 2장 5절, 요한계시록 21장 7절과 같은 구절들은 주님을 신실하게 섬긴 자들에게 주어지는 보상을 보여준다. 이 구절들은 모두 "유업 또는 상속 구절(inheritance passage)"이다. 그리고 이 각각의 구절을 보면, 모두 그리스도의 심판대에서 받게 될 유업 또는 상급의 문제를 다루고 있으며(고전 3:12-15, 고후 5:9-10), 이러한 유업 또는 상급은 우리가 그리스도인이 된 *이후의* 행위에 근거하여 주어지게 될 것이다. 그러므로 유업의 상실을 경고하는 이러한 구절들은 구원의 문제가 아니라 *상급*의 문제를 다룬다.

요한복음 15장 6절을 보면, "상속"이나 "상급"이라는 단어를 찾을 수 없지만 그럼에도 이 구절은 상속 또는 유업을 다루고 있다. 여기서 "거하다"라는 단어가 사귐의 진리를 말하고 있기 때문이다. 여기서 우리는 그리스도 안에 거하지 않는 그리스도인을 볼 수 있다. 그러한 그리스도인은 그리스도와 관계는 맺고 있지만 사귐은 없다. 분명히 그는 주님을 위해 일하지 않는 사람이다. 그는 구원은 받았지만 제자는 아니다. 그러므로 불의 시험(고전 3:13)은 그의 행위를 나무, 풀, 짚처럼 태워 버릴 것이다. 그렇다면 상급도 없고, 유업도 없을 것이다. 고린도전서 9장 27절도 마찬가지로 제자도와 상급의 진리를 소개하고 있다.

영원한 심판 vs. 일시적 심판

영원한 안전이란 주제를 생각할 때, 소위 난해 구절이라 불리는 것들 가운데 대부분은 경고가 현생에서 실현되는 것인지(그리스도의 심판대를 포함하여) 아니면 영원한 세상에서 실현될 것인지를 제대로 분별하지 못하기 때문에 문제가 생긴다. 예를 들자면, 히브리서에는 많은 경고 구절들이 있는데(히 2:1-4, 3:7-4:16, 5:11-6:20, 10:26-39, 12:3-29), 이 각 구절은 충성스럽지 못한 것에 대한 현생에서 치러지는 심판을 말하고 있다. 그리고 구약의 성전 예배로 되돌아간 히브리 그리스도인들은 그리스도를 거절하는 유대인들과 함께 AD 70년 로마 군대의 손에 의해서 죽음을 당할 위험에 처해 있었다. 덜 심각한 타락에는 아버지가 아들에게 하듯 일시적인 징계가 있었다(히 12:5-11). 이러한 경우에 대부분 경고는 사람들이 세상을 사는 동안 겪는 일시적인 심판에 관한 것이었다. 천국에 들어가느냐 마느냐의 문제가 결코 아니었다.

베드로후서 2장 20-22절도 현생의 문제를 다룬다. 이들이 그리스도인이라는 것은 2장 20-21절에서 *에피기노스코(epiginosko)*라는 단어가 사용된 것을 통해서 확정할 수 있다. 이 *에피기노스코*라는 단어는 그리스도에 관한 사실을 단지 인정하는 정도가 아니라 그리스도를 경험적으로 아는 지식을 가지게 된 것을 의미한다. 그렇다면 이 그리스도인들의 "나중 형편이 처음보다 더 심하리니"라는 말은 무슨 뜻인가? 의의 길에서 돌아선 그들의 상태는 그들이 그리스도인이 되었을 때("처음")보다 훨씬 더 나쁘게 될 것이며, 그들은 그리스도의 심판대에서 해(loss, 손실)를 입게 될 것이다. 베드로는 이것을 비유적으로 "개가 그 토하였던 것에 돌아가고 돼지가 *씻었다가* 더러운 구덩이에 도로 누웠다 하는 말이 그들에게 응하였도다"라고 말했다. 베드로가 말한 "나중 형편"이란 영원을 가리키는 것이 아니라 현생을 가리킨다. 이것은 그들이 세상의 더러움에서 피하기 전의 도덕적 상태와 비교했을 때 현생에서 그들의 나중 도덕적 상태를 말한다.

위에서 언급한 관계와 사귐, 지위와 상태, 구원과 제자도, 현생과 영원을 구분하는 일은 영원한 안전을 반대하는 사람들의 반박을 대부분 해소시켜 주긴 하지만, 따로 다루어야 할 몇 가지 반박들이 더 있다.

1. "우리가 주를 부인하면 주도 우리를 부인하실 것이라."(딤후 2:12) 이 구절은 마치 우리가 구원을 잃을 수 있는 것처럼 보이지만, 디모데후서 2장 13절은 "우리는 미쁨이 없을지라도 주는 항상 미쁘시니 자기를 부인하실 수 없으시리라"고 말하고 있다. "미쁨이 없다(faithless)"는 말은 "믿지 않는다(do not believe)"라고 번역해야 옳다. 만일 우리가 신자로서 믿음을 부인하고 또 그리스도를 거부할지라도 그리스도는 여전히 우리 안에 살아 계시며 또한 자신을 부인할 수 없으시다. 그러나 장차 그리스도께서는 우리와 함께 왕노릇하는 문제에 대해선 부인하실 수 있다(딤후 2:12, 롬 8:17).

2. 구원이 값없는 선물이란 사실을 인정하지만(롬 5:15-16), 그럼에도 어떤 이들은 사람이 항상 선물을 되돌려줄 수 있다고 주장한다. 그러나 성경의 명백한 증거는 "하나님의 은사(gifts)와 부르심에는 후회하심이 없느니라"(롬 11:29)는 것이다. 우리에게 이 선물을 주시기로 선택하신 하나님께서는 그것을 도로 가져가지 않으실 것이므로, 아무리 우리가 원할지라도 되돌려드릴 수 없다.

3. "이것은 은혜를 싸구려로 만든다. 그저 믿기만 하면 아무렇게나 살아도 된다는 말인가?" 은혜는 우리에게 아무런 대가를 요구하지 않지만, 하나님께는 모든 것을 요구하셨다. 곧 하나님의 아들의 생명을 요구하셨던 것이다. 더욱이, 그리스도인은 이론적으로 그가 원하는 대로 살 수 있지

만, 거룩하지 않은 삶은 그야말로 그리스도께서 이 세상에서 제공하시는 "풍성한 삶"과 그리스도의 심판대에서 제공하시는 미래의 상급 등을 모두 상실하게 만든다는 사실을 볼 수 있어야 한다. 거룩하지 않은 삶은 신자를 하나님의 일시적인 심판이나 징계에 처하게 한다.

4. "성경은 신자라도 은혜에서 떨어질 수 있다고 말한다."(갈 5:4, 히 4:1) 사실 바울은 여기서 두 가지 차원의 삶을 비교하고 있다. 은혜 아래 사는 것은 더 높은 차원의 삶이다. 갈라디아인들이 원했던 것처럼 율법 아래서 그리스도인의 삶을 사는 것은(갈 3:3) 더 낮은 차원에서 삶을 힘들게 사는 것이다. 본질적으로 그러한 그리스도인은 더 높은 차원에서 더 낮은 차원으로 떨어진 것이다. 그는 은혜에서 (그리고 하나님의 "안식"에서) 떨어진 사람이다.

5. "히브리서 6장 4-6절은 당신이 타락하게 되면, 구원받는 것은 불가능하다고 말한다." 아니다. 이 구절은 "다시 새롭게 하여 회개하게 할 수 없나니"라고 말하고 있으며, 이는 곧 두 번 구원받는 것이 불가능하다는 뜻이다. 역설적으로, 그리스도인이 어떤 극악무도한 죄를 짓게 되면 구원을 잃어버릴 수 있다고 말하는 모든 사람들은 또한 그 죄를 회개함으로써 다시 구원을 얻을 수 있다고 주장한다. 하지만 히브리서 6장은 아니라고 말한다. 만일 그리스도인이 구원을 잃을 수 있다는 것이 사실이라면, 그가 다시는 구원받을 수 없다는 것도 사실이다. 다른 한편으로, 이 구절은 그리스도인이 의의 길을 오랜 동안 걸어온 후 믿음에서 떠나게 되면, 그를 새롭게 구원하는 회개가 불가능하다고 말하고 있다. 그는 어쩌면 인간의 이성으로 설득하기에는 너무 멀리 갔을 수 있다. 그럴지라도 하나님께서 그를 돌이키게 하는 것이 불가능할 순 없다. 하나님께는 모든 것이 가능하다. 어느 경우든, 이 구절은 구원 상실을 전혀 말하고 있지 않다.[3]

6. "요한계시록 22장 19절은 계시록의 말씀에서 무엇이든지 제하는 자는 '생명책' (KJV 참고)에서 그의 부분을 제하여 버릴 것이라고 말하고 있다." 하지만 "생명책"으로 번역된 사본은 없다. 이 구절은 "생명나무"로 번역되어야 한다. 이 구절은 상급의 상실을 말하고 있거나 아니면 비그리스도인에게 적용되어야 한다. 첫 번째 옵션은 요한계시록 22장 19절에 있는 "메로스(meros)"라는 단어를 요한복음 13장 8절에 있는 "메로스"라는 단어와 동일하게 "부분(part)" 또는 "몫(portion)"으로 번역하는 것이다. 이는 관계가 아니라 사귐을 가리킨다. 그러므로 요한계시록 3장 5절에서 "그 이름을 생명책에서" 지운다는 표현도 세 가지 설명이 가능하다. 첫째, 그리스도께서 이기는 자의 이름을 지우지 않으리라는 진술은 일종의 "완곡어법(litotes)"으로, 부정으로 강한 긍정을 나타내는 수사학적 표현일 수 있다. 즉, 하나님이 무엇을 하실지 강조하기 위한 표현인 것이다. 다시 말해서, 하나님과 그의 천사들 앞에서 그의 이름을 확실하게 인정하신다는 표현인 것이다. (미국 사람들이 "매우 좋다(very good)"는 뜻으로 "나쁘지 않네(not bad)"라고 말하는 것과 같다.) 그러므로 이 구절에서 "결코 지우지 아니하고"라는 말은 처음부터 지울 가능성을 상정하지 않은 표현인 것이다. 둘째, 모든 사람의 이름이 그가 그리스도를 구주로 영접하기를 거절할 때까지 생명책에 기록되어 있다가, 그리스도를 거절하는 순간 그의 이름이 지워진다는 의미가 깔려 있을 수 있다. 이로써 오직 신자들의 이름만 남게 되는 것이다. 셋째, 로마 거주자 중 절반만이 시민이었다. 시민이 극악무도한 범죄를 저지르면, 시 공무원들은 공식적으로 시민 명부에서 그의 이름을 지웠다. 그는 거주자로 남을 순 있었지만, 시민으로서의 권리와 특권은 잃었다. 따라서 생명책에서 그 이름이 지워진다는 것은 하나님의 왕국에서 거주할 권리를 상실하는 것은 아니지만, 하나님의 왕국에서 그가 받게 될 상급은 상실할 수 있다는 뜻으로 보아야 한다.

이로써 우리는 영원한 안전의 교리를 정의하는 일을 했고, 충분히 입증하는 일을 했으며, 변호하는 일을 마쳤다. 이제 우리는 "그렇다면, 이것이 나의 그리스도인의 삶에 어떤 영향을 미치는가"라는 질문을 하고 싶을 것이다. 이제 몇 가지 실제적인 이점들에 대해서 살펴보자.

실제적인 이점들

이 땅에서 하나님을 알고 또 자신이 하나님을 안다는 사실을 아는 사람만큼 많은 축복을 누리는 사람은 없다. 그런 사람은 율법주의가 아니라, 영적 자유의 삶을 누리기 때문에 복을 받은 사람이다. 그는 하나님의 은혜를 얻고자 애쓰거나 유지하기 위해서 힘쓸 필요가 없다. 그는 "그리스도께서 우리를 자유롭게 하려고 자유를 주셨으니 그러므로 굳건하게 서서 다시는 종의 멍에를 메지 말아야"(갈 5:1) 한다. 안전을 확신하는 그리스도인의 삶은 정죄를 받는 삶이 아니라 확신의 삶을 누리는 복을 받았다. 그는 은혜의 보좌 앞에 담대히 나아가 긍휼하심을 얻고 때를 따라 돕는 은혜를 누릴 수 있다. 이렇게 "때를 따라 돕는 은혜"을 얻는다는 것은 사귐으로의 회복을 뜻한다. 아버지와의 관계에 있어서 자신이 이미 "사랑하는 자 안에서 열납되었다"(엡 1:6)는 사실을 아는 신자는 확신을 가지고 사귐의 회복을 기대할 수 있다. 그러나 안전을 확신하지 못하는 신자는 끊임없는 자기 정죄의 삶을 살 수밖에 없으며, 하나님과 자신의 현재적인 상태에 대해서 결코 긍정적인 확신을 가질 수 없다.

더욱이 안전을 확신하는 신자는 노력하고 애쓰는 삶이 아니라, 영혼이 안식하는 삶을 누리는 복을 받았다(마 11:28-32). 하나님과의 관계가 자신의 행위에 달려 있다고 믿는 사람은 하나님을 더 잘 섬기겠다는 약속을 자주해야 할 뿐만 아니라 자신이 결코 지킬 수 없는 새로운 결심을 자주 함으로써, 하나님 앞에서 절뚝거리는 신앙생활을 할 수밖에 없다. 그러나 안전을 확신하는 신자는 하나님의 백성에게 남아 있는 안식에 지금 들어가 안식을 누리며 살 수 있다(히 4:9).

샌프란시스코를 방문하여 사람이 만든 세계 7대 경이로운 건축물 중 하나인 금문교를 본 적이 있는가? 다리의 주요 구간은 4,200피트(약 1.28km)에 달하며, 1937년 완공 당시 세계에서 가장 긴 단일 구간이었다. 이 다리 건설에는 흥미롭지만 잘 알려지지 않은 이야기가 있는데, 우리는 이런 다리를 건설하는 것이 얼마나 어려웠을지 상상할 수 있을 것이다. 완공되었을 때 비용은, 대공황 시기였음에도 2,700만 달러에 달했다. 이렇게 막대한 비용이 들어간 것은 작업 속도가 느렸기 때문이었다. 그 이유 중 하나는 교각 위에서 일하려는 사람들을 찾기 어려웠기 때문이다. 다리를 건설하는 처음 절반의 기간 동안 23명이 아래의 차가운 바다로 떨어져 목숨을 잃었다. 그럴진대 과연 누가 이 다리 위에서 자신의 생명을 걸고 싶어 했겠는가? 안전 장치는 사용되지 않았다. 그러나 마침내 다리의 두 번째 절반을 건설할 때, 그들은 이제껏 만들어진 적이 없었던 가장 거대한 안전망을 사용하기로 결정했다. 안전망을 설치하는 비용이 10만 달러가 들었지만, 그 가치를 충분히 해냈다. 그 중 한 가지 예를 들자면, 이렇게 설치된 안전망 덕분에 다리 건설 후반기에 다리에서 추락했던 인부 열 명의 목숨을 구할 수 있었다. 뿐만 아니라 이 안전망은 다리 건설 후반기의 시간을 절약하게 해줌으로써 그 가치를 증명했다. 왜냐하면 사람들이 추락의 두려움에서 벗어나 안전감을 느끼면서 일할 수 있었기 때문에 작업 속도가 이전보다 15~25% 빨라졌기 때문이다. 혹시라도 미끄러지거나 추락한다 해도 안전하다는 것을 아는 지식은 사람들로 하여금 모든 에너지를 다리 건설에만 쏟아붓게끔 해주었다.

실수하면 어떻게 될까 두려워하는 사람은 최선을 다할 수 없다. 의심의 여지 없이, 하나님께서는 우리가 구원받은 후에 선한 행위를 하며 살기를 원하신다(엡 2:8-10). 그러나 만일 우리가 하나님께서 큰 도끼를 우리 머리 위에 들고 계시며 우리가 실수할 때마다 우리 머리를 잘라낼 준비를 하고 계신다고 생각한다면, 우리의 선한 행위는 두려움에서 비롯될 수밖에 없다. 두려움으로 하나님을 섬기는 것은 최선을 다하지 못하게 할 뿐만 아니라, 신자에게서 기쁨마저 빼앗아 간다. 신자는 자신이 원해서가 아니라 해야 하기 때문에 마지 못해 행동하게 되는 것이다. 하지만 하나님께서 자신 아래 안전망을 펼쳐 놓으셨다는 것을 아는 신자는 감사하고 또 사랑하는 마음으로 자유롭게 하나님을 섬길 수 있다!

하나님께서 당신을, 하나님을 알고 또 자신이 하나님을 안다는 것을 아는 사람들 중 한 명이 되도록 인도해주시기를 바란다. 그러한 지식을 갖는 것이 가능한가? 물론이다. 가능할 뿐만 아니라 그것은 신앙에 있어서 필수적이다. 그러한 지식이 없는 신자는 하나님 앞에서 살얼음판을 걷듯이 신앙생활을 할 수밖에 없다. 그는 편집증적이고, 율법주의적이며, 자기 정죄와 끊임없는 결심의 삶을 살게 될 것이다. 반면 그러한 지식을 가진다면, 우리는 평안과 자유와 확신과 안식의 삶을 누리게 될 것이다. 나의 친구여, 당신은 어떠한가? 오늘 죽는다면, 내일 어디에서 영원을 보낼 것인지 확실히 알고 있는가?

미주

1 Lewis Sperry Chafer, *Systematic Theology,* "Soteriology," III (Dallas: Dallas Seminary Press, 1948), 336.

2 노먼 존 클레이튼(1903-1992)의 작사

3 히브리서 6장이 신자의 구원 상실이란 주제를 다루지 않는다는 간단한 설명을 보려면, 다음 책을 참고하라. Anthony B. Badger, "Doesn't Hebrews 6 Say if We Fall Away We Cannot Be Saved?" in *21 Tough Questions about Grace*, Grant Hawley, ed., (Allen, TX: Bold Grace, 2015) 227-36.

제10장

구원의 확신

영원한 안전과 밀접하게 연결된 주제는 구원의 확신이다. 그래서 우리는 영원한 안전에 대해서 다루면서, 아는 것과 우리가 알고 있음을 아는 것에 많은 강조점을 두었다. 분명히 영원한 안전이 올바른 교리라면, 누군가 이 진리를 인식하든 안 하든 그 사람의 영원한 운명은 위태롭지 않다. 그러나 이전 장에서 언급한 축복은 자신의 영원한 운명에 대한 의심이 있는 사람이 아니라 확신이 있는 사람만 누릴 수 있다는 것이다. 자신이 창조주와 영원을 함께 보내게 될 것이라는 사실을 의심 없이 아는 것을 우리는 구원의 확신이라고 부른다. 이것이 영원한 안전에서 나온 논리적인 결과처럼 보일 순 있지만, 그럼에도 이 주제는 보수 신학에서 가장 큰 쟁점 중 하나가 되었다. 앞으로 다룰 내용 중 어떤 부분은 이미 다룬 내용의 복습이 될 수도 있지만, 또 어떤 부분은 전혀 새로운 내용이 될 것이다. 여기엔 실제적인 두 가지 질문이 있다.

1) 죽기 전에 자신이 천국에 갈 것을 아는 것이 가능한가?
2) 그러한 확신이 가능하다면, 이 확신의 근거는 무엇인가?

이러한 논의의 중심엔 바로 그리스도인의 삶을 살아가는 동기가 무엇인가의 문제가 있다. 이 점에 대해서 앞으로 자세히 살펴볼 것이다. 어떤 신학자들은 심지어 구원의 확신 없이는 사람이 의롭다 함을 받을 수 없다고까지 말한다. 우리는 다시 한번 아우구스티누스부터 시작할 것이다. 왜냐하면 우리 시대의 많은 신학이 여전히 그의 신학체계에 기반을 두고 있기 때문이다.

아우구스티누스와 확신

아우구스티누스는 이 세상을 사는 동안 구원의 확신을 가질 수 있다고 생각하지 않았다. 그는 "*디카이오오(dikaioo)*"를 "의롭게 만들다"로 번역했다는 사실을 우리는 기억해야 한다. 칭의를 이렇게 이해했기 때문에, 그는 의롭게 되는 과정이 평생에 걸쳐서 이루어진다고 믿었다. 그는 또한 어떤 사람이 그의 생애 마지막까지 택함을 받은 자 중 하나처럼 보일 수 있지만, 만일 그가 마지막에 믿음에서 떠난다면 그는 구원받은 자 중 한 사람이었지만 택함을 받은 자는 아니었음을 입증하는 것이라고 믿었다. 그래서 그는 "구원받은 자"와 "택함 받은 자"라는 정교한 구분을 했다. L.S. 체이퍼는 영원한 안전에 대해서 설명하면서, 아우구스티누스 신학의 이러한 측면에 대해서 논평의 말을 했던 P. 커닝햄(Principal Cunningham)의 말을 인용했다.

아우구스티누스는 진정한 신자이고 또한 중생한 사람들이 … 타락하게 되면 결국 멸망할 수 있다고 생각했던 것 같다. 그는 그렇게 타락하여 멸망할 수 있거나 또는 멸망하게 된 사람들은 생명에 이르도록 예정되었거나 택함을 받은 사람들에게 속한다고 생각하지 않았다. … 그렇다면 아우구스티누스의 오류는 사람들이 믿고 또 중생할 수 있지만 그럼에도 생명에 이르도록 선택받지 않았을 수도 있고, 그 결과 궁극적인 구원에 실패할 수 있다고 가정한 데 있었다.[1]

이렇게 구원받은 자와 택함 받은 자를 구분했기 때문에, 아우구스티누스는 사람이 죽기 전까지는 자신이 영원을 어디에서 보낼지 아는 것이 불가능하다고 생각했다. 우리는 아우구스티누스가 이 점에 대해서 일관된 사상가였음을 인정할 필요가 있다. 만일 어떤 사람이 택함 받은 사람처럼 보일 수 있고, 실제로 진정한 신자일 수 있으며, 중생했을 수도 있지만, 그의 생애 마지막 순간까지 언제든지 믿음에서 떨어져 나갈 수 있고 이로써 그가 택함 받지 않았다는 것을 드러내는 것이라면 그 사람은 죽기 전까지는 자신이 택함 받은 자인지 결코 확신할 수 없다는 것은 자명하다. 이러한 접근 방식은 마태복음 24장 13절과 아울러 이와 유사한 구절들을 바라보는 아우구스티누스의 관점의 논리적인 결론이었다는 것을 이해하는 것이 중요하다. 그는 그리스도의 문자적인 1,000년 지상 통치를 믿지 않았기 때문에, 마태복음 24장 13절과 같은 구절들을 영혼의 구원을 가리키는 것으로 이해했다. 그렇기 때문에 그리스도인으로서 "그들의 생애"의 마지막 순간까지 끝까지 견디는 삶을 살아낸 자들만이 구원받아 천국에 가는 것이었다. 그러나 어떤 사람이 생애를 마치는 순간까지 과연 끝까지 견딜 것인지 여부를 우리는 결코 알 수 없다. 따라서 사람은 죽는 그 순간까지 자신의 구원을 결코 확신할 수 없을 수밖에 없다. 그리고 이것이 오늘날 로마 가톨릭 교회의 믿음이다. 그들은 아우구스티누스에게서 이러한 믿음을 전수받았다.

루터와 확신

마르틴 루터에 따르면, 구원 받는 믿음은 다음과 같다.

자신의 행위나 자신의 힘이나 자신의 가치를 바라보는 것이 아니라, 전혀 새로운 종류의, 새롭게 창조된, 주입된 덕목에 주목하는 믿음이 필요하다. … 구원 받는 믿음은 자신에게서 벗어나 그리스도께 매달리는 것이며 또한 그리스도를 자신의 소중한 보화처럼 끌어안는 것이다. 그리고 믿음은 그리스도 덕분에 자신이 하나님께 사랑받는다고 확신하는 것이다.[2]

이 확신의 근원은 무엇인가? 루터에 따르면, 그것은 복음 안에 있는 하나님의 자비의 약속을 의존하는 데서 오는 것이며, 내적인 변화에 의한 어떤 감각에서 오는 것이 아니다. "확신은 나 자신과 나의 상태를 성찰해보고, 거기서 무슨 칭찬할 만한 것을 발견한 데서 오는 것이 아니다. 그와는 반대로 확신은 오직 말씀을 듣는 것을 통해서만 오며, 오직 하나님의 말씀과 그 약속에 매달리는 만큼 그리고 그만큼만 온다."[3] 분명히 루터에게는 하나님의 말씀이 그가 필요로 하는 확신의 유일한 근원이었다.

S. 프퓌르트너(Pfurtner)는 다음과 같이 썼다. "루터는 구원의 확신을 자신의 종교 개혁 메시지의 가장 핵심에 두었다. … 루터에게 믿음은 순수한 수용이며, 절망에 빠져들어 가는 죄인이 하나님과 그의 용서하는 은혜에 자신을 내맡기는 행위와 더불어 구원의 메시지를 붙잡는 것이었다."[4] 확신의 근거로 자신의 열매에 초점을 맞추는 일은 확신을 믿음에서 분리시키는 일이며 또한 파멸로 이끌고 가는 일이다. 루터교의 *일치 신조(The Lutheran Formula of Concord, 1577)*는 어떤 불확실한 표현도 없이 다음과 같이 밝히고 있다.

우리는 이렇게 믿고, 가르치며, 또한 고백한다. 곧 참된 신자들과 참으로 중생한 자들은 무덤에 이르기까지 많은 연약함과 결함이 붙어 있음에도 불구하고, 그 때문에 믿음에 의해서 그들에게 전가된 그들의 의(義)나 또는 그들의 영혼의 구원을 의심해서는 아니 되며, 그리스도를 위하여, 거룩한 복음의 약속과 흔들리지 않는 말씀에 따라서 그들에게도 은혜로 우신 하나님이 계신다고 확실하게 여겨야 한다.[5]

루터의 사상 속에 이상한 불일치가 있는 것은 그가 확신은 하나님의 약속에 기반하고 있다고 믿으면서 동시에 신자가 끝까지 견디지 않으면 구원을 잃을 수 있다고 생각했기 때문이었다.[6]

칼뱅과 확신

칼뱅이 칭의에 대해서 만큼은 루터의 견해를 받아들였다는 것을 제외하고는 그의 전체 신학체계를 아우구스티누스에게 빚지고 있기 때문에, 그가 구원의 확신 문제에 있어서 아우구스티누스와 같은 입장을 가졌다는 것은 우리에게 놀랄 일이 못된다. 하지만 칭의의 정의를 "의롭게 만들다"에서 "의롭다고 선언하다"로 바꾸면서도 아우구스티누스와 같은 입장을 고수하였기 때문에, 칼뱅은 그의 신학에서 여러 가지 불일치를 낳을 수밖에 없었다.

칭의가 모든 죄들(곧 과거, 현재, 미래의 죄들)의 용서를 가져다 준다는 믿음은 자연스럽게 확신을 동반하게 된다는 것이 분명하다. 만일 이러한 칭의가 율법의 행위 없이 오직 믿음으로만 오는 것이며, 또한 이러한 칭의가 내가 죄를 짓기도 전에 미래의 죄들을 없앨 수 있는 것이라면, 나는 믿는 순간 구원에 대한 확신을 가지게 될 것이다. 그러므로 미래의 죄들은 나의 영원한 운명에 아무런 영향을 미칠 수 없다. 왜냐하면 내가 믿는 순간 의롭다고 선언될 때 그 모든 죄들까지 다 용서를 받았기 때문이다.

그리고 아우구스티누스의 진술 가운데 몇 가지를 보면, 칼뱅이 가르친 것과 정확하게 일치하고 있다. 우리는 그가 확신이 믿음의 필수적인 결과라고 생각했다는 사실을 기억할 필요가 있다. 사실, 칼뱅의 믿음에 대한 정의를 보면 확신을 포함하고 있다. "믿음을 우리에게 베풀어진 신성한 은혜에 대한 확고하고 확실한 지식이라고 말한다면 이제 우리는 믿음에 대한 완전한 정의를 갖게 된다. 즉 믿음은 그리스도 안에서 값없이 주어진 약속에 뿌리를 내리고 있으며, 성령에 의해서 우리의 마음에 계시되고 또 마음에 인쳐진 것이다."[7] 그는 믿음을 확고한 확증[8], 확신[9], 견고한 확신[10], 그리고 완전한 확신[11]으로 묘사했다.

벨(Bell)은 "의심의 여지 없이, 칼뱅은 구원의 확신은 믿음의 본질 그 자체라고 가르쳤다. 확신은 신자에게 선택의 여지가 있는 추가적인 사항이 아니다"라고 설명했다.[12] 그리고 A.N.S. 레인(Lane)은 다음과 같이 쓰고 있다.

칼뱅에게 구원의 확신이 없이 구원에 참여하는 일은 불가능한 일이었다. 확신은 그리스도인의 삶의 두 번째 단계이거나, 믿음 이후에 오거나 믿음과 구별되는 것이 아니다. 그렇지만 그 다음 세대에 그를 따르는 사람들 가운데 일부가 이러한 방식으로 그 두 가지를 분리했는데, 이로써 칼뱅의 확신의 근거로부터 이탈이 이루어졌으며 아울러 광범위하게 구원을 확신하는 일이 사라지게 되었다.[13]

확신은 믿음과 함께 왔으며 또한 믿음의 일부였다. 확신 문제는 나중에 자신의 믿음을 내적으로 성찰하는 일이나 또는 자신의 믿음의 열매를 검사함으로써 발전하게 된 것이 아니었다. 만일 어떤 사람이 십자가에서 완성된 그리스도의 사역을 진정으로 믿는다면, 그는 하나님 앞에서 자신의 영원한 신분이 확정되었다는 확신을 가져야 한다. 칼뱅은 확신의 정도는 다양할 수 있다고 생각했지만, 확신이 그리 크지 않다고 해서 그 사람이 신자가 아니라거나 또는 택함 받은 자가 아니라고 생각하지는 않았다. 이 것은 믿는 순간 칭의가 이루어진다는 그의 견해와 일치하는 것처럼 보였다.

그러나 개혁주의의 칭의 개념이 개혁주의를 따르는 사람들 가운데 방종을 조장할 것이라는 로마 가톨릭 교회의 강력한 비판 때문에, 칼뱅은 칭의와 성화를 연결하고 또한 통합하고자 애를 썼다. 그 결과 나오게 된 것이 바로 진정으로 칭의가 이루어진 사람은 성화로 나아갈 것이라는 가르침이었다. 만일 어떤 사람이 점진적으로 성화가 이루어지지 않는다면, 그는 칭의가 되지 않은 사람인 것이었다. 칼뱅 또한 아우구스티누스의 무천년설을 채택했기 때문에, 그는 마태복음 24장 13절을 아우구스티누스와 똑같이 해석하였으며, 이로써 택함 받은 자들은 생애의 마지막까지 그리스도 안에서 계속 성장할 것이라고 결론지었다. 왜냐하면 생애의 마지막까지 끝까지 견디는 자들만이 구원받을 것이기 때문이다.

이러한 체계를 지지하기 위해 칼뱅은 교묘하게도 "일시적 믿음"이란 교리를 발전시켰다. 그는 씨 뿌리는 자의 비유, 히브리서 6장의 경고, 그리고 마태복음 7장에서 "주여, 주여…"라고 말하는 사람들에게 주는 경고에 대한 해석을 통해서 이러한 이해에 도달했다.[14] 예를 들자면, 칼뱅이 히브리서 6장 4-5절에 대해 말한 내용은 다음과 같다.

바울이 믿음을 택함을 받은 결과라고 선언하고 있기 때문에, 나는 버림을 받은 사람들에게도 믿음이 있다고 말하는 것이 어떤 이들에게는 어려움을 주리라는 것을 안다. 이러한 어려움은 쉽게 해결된다. 왜냐하면 … 경험은 버림 받은 자들이 때때로 택함을 받은 자들과 거의 같은 신앙 감정을 가질 수 있음을 보여주기 때문에, 심지어 그들 자신도 스스로 생

각하기에 택함 받은 자들과 아무런 차이점이 없다고 느낀다.[15]

그러므로 히브리서 6장에 있는 사람들은 빛 비춤을 받고, 하늘의 은사와 하나님의 선한 말씀과 오는 세상의 능력을 맛보았을 수 있지만, 그럼에도 떨어져 나가게 되면 그들은 자신들이 결코 택함을 받지 않았음을 입증하는 것이었다.

칼뱅은 버림 받게 된 자들에게 그러한 영적인 경험들을 할 수 있도록 허용된 것은 그들을 영원히 정죄하시는 하나님의 거절을 정당화한다고 생각한 것 같다. 딜로우(Dillow)는 다음과 같이 설명하고 있다.

이 가르침의 핵심 주장은 하나님께서 버림 받은 자들에게 동일하진 않지만 효과적인 부르심의 영향력과 거의 유사한 초자연적인 영향력을 허락하신다는 것이다. 그는 빛 비춤을 받고, 영적인 것을 맛보고, 영적으로 성장하며, 택함을 받은 자들과 비슷한 영적인 감정을 갖는다. 어쨌든 하나님께서는 이 사람이 자신이 택함을 받았다고 믿도록 속이는 것처럼 보이기도 하지만, 이는 그가 마침내 떨어져 나가게 되었을 때 그를 정죄하는 일에 있어서 하나님이 더욱 의로운 분으로 나타나시게 하기 위함인 것으로 보인다. 이 사람은 이러한 깃들을 충분히 "맛보았지만" 스스로 믿음을 저버렸기 때문이다.[16]

하나님께서 그런 깊은 영적인 경험을 버림 받은 자들에게 허락하시는 이유는 그럼에도 그들이 진정으로 믿지 않았기 때문에, 그들이 더욱 변명할 수 없게 만드는 것으로 보인다. 성령님의 이러한 역사는 "무효한" 부르심 또는 "성령의 열등한 역사"라고 부를 수 있다.[17]

이제, 확신에 대한 "경험은 버림 받은 자들이 때때로 택함을 받은 자들과 거의 같은 신앙 감정을 갖고 있는 것을 보여주기 때문에, 심지어 그들 자신도 스스로 생각하기에 택함 받은 자들과 아무런 차이점이 없다고 느낀다"라는 진술의 의미를 한번 생각해 보자. 이 말이 사실이라면, 여기에는 택함 받은 자들처럼 보이는 두 그룹의 사람들이 있으며, 두 그룹 모두 "그들 자신도 스스로 생각하기에" 택함을 받은 자들이다. 그러나 칼뱅에 따르면 택함 받은 자들처럼 보이는 사람들(즉, 택함 받은 자들과 동일한 열매를 맺는 사람들)과 자신이 선택받았다고 생각하는 이들 중 일부는 실제로는 택함 받은 사람들이 아니며, 죽기 전에 어느 시점에 떨어져 나감으로써 이 사실을 증명할 것이다. 이 불쌍한 부류의 사람들은 자신이 택함을 받았다고 생각하지만 그저 스스로 속고 있는 버림 받은 사람들이다. 이보다 더 명확할 수 있을까? 이러한 가르침을 그대로 따른다면, 어느 누구도 죽을 때까지 자신이 택함 받은 자 중 한 명이라는 것을 알 수 없을 것이다. 물론, 이것이 바로 아우구스티누스가 가르친 것이며, 칼뱅도 자신의 신학 체계가 일관적이었다면 똑같이 인정했을 것이다. 아아, 그는 그렇게 하지 않았다.

자신이 실제로는 버림 받은 자이지만 스스로를 택함 받은 자 중 한 사람이라고 생각할 수 있는, 끔찍스러운 가능성 때문에 칼뱅은 이렇게 말했다. "그렇기 때문에 신자들은 행여라도 육적인 안전감을 갖거나 믿음의 확신을 갖지 않도록, 주의 깊고 겸손하게 자신을 살피라는 가르침을 받을 필요가 있다."[18] 여기서 우리는 "육적인 안전감"과 "믿음의 확신" 사이의 구분을 볼 수 있다. 칼뱅은 이제 의인이 끝까지 견뎌야 하며 그렇지 않으면 애초에 의인이 아니었다고 말하는 무천년주의 신학 체계 안에서 즉각적인 칭의라는 개혁주의 교리를 유지하고자 최대한 애쓰고 있다. "하나님께서는 오직 택함 받은 자들 속에만 믿음의 살아 있는 뿌리를 심어주셨기에, 택함 받은 자들은 끝까지 견딜 것이다."[19] 이 말은 하나님께서는 오직 택함 받은 자들에게만 끝까지 견디는 은사를 주셨다고 믿었던 아우구스티누스의 말처럼 들리지 않는가?

칼뱅은 심지어 씨 뿌리는 자의 비유에서 결실을 내었던 "땅"에 해당하는 사람도 택함 받은 자들이 아닐 수 있다고 생각했던 것 같다. "뿌리가 깊지 않은 나무가 뿌리를 내릴 수 있지만 시간이 지나면서 시들게 되는 것처럼, 몇 년 동안 잎과 꽃을 피울 뿐만 아니라 열매를 맺을 수도 있다."[20] 그는 자신의 가르침이 큰 파장을 일으킬 것을 깨달았음에 틀림이 없다. 왜냐하면 존 맥아더처럼, 칼뱅은 더욱 혼란을 가중시킬 뿐인, 가상의 반박에 대한 답변을 자신의 글 여기 저기에 뿌려 놓았기 때문이다. 예를 들어 보자.

신자들에게 자신들의 입양을 확신할 더 강력한 증거가 없어진다고 반대할 경우, 나는 하나님의 택함 받은 자들과 사그라지는 믿음에 때문에 염려하는 자들 사이에 유사성과 공통성이 많이 있긴 하지만, 그럼에도 오로지 택함 받은 자들만이 바울이 칭송하는 완전한 확신을 가지고 있으며, 이 확신 덕분에 그들은 하나님을 아바 아버지라고 부르짖을 수 있다고 답하고자 한다.[21]

오, 이 밀이 정말 도움이 되는가? (실제든 상상이든) 신자는 어떻게 자신이 바울이 말한 그 완전한 확신을 가지고 있는지 알 수 있을까? 어쩌면 그의 확신은 부분적인 확신일 뿐일 수 있는데, 그가 그것을 어떻게 아는가? R.T. 켄달은 여기에 문제가 있음을 발견하고서 다음과 같이 쓰고 있다.

만일 버림 받은 자들이 "택함 받은 자들과 거의 같은 영적 감정"을 경험할 수 있다면, 버림 받은 자들이 경험하는 것이 무엇인지 최종적으로 알 방법이 없다. 더욱이, 버림 받은 자들이 하나님이 자신들에게 자비로우시다고 믿을 수 있다면, 우리가 똑같이 믿는 것이 그들의 믿음과 진정 다른 것인지를 어떻게 확신할 수 있는가? 우리의 "믿음의 시작"은 구원이지만, 버림 받은 자들이 가지고 있는 것처럼 보이는 "믿음의 시작"은 구원이 아니란 것을 어떻게 그렇게 확신할 수 있는가?[22]

칼뱅은 성령님께서 택함 받은 자들에게 주시는 내적인 확신에 대해서 이야기하고 나서, 버림 받은 자들도 비슷한 영적 감각을 가질 수 있다고 말함으로써 더욱 깊은 구덩이를 파는 일을 했다. 이런 식의 가르침으로는 아무도 구원의 확신을 가질 수 없다. 신자는 자신이 죽는 순간에야 비로소 자신이 택함 받았다는 것을 알 수 있게 된다. 로마 가톨릭 교회의 압력은 칼뱅을 그가 그토록 벗어나고 싶어 했던 가톨릭 신학에 내재되어 있는, 영원한 미래에 대한 바로 그 두려움 속에 가두었다. 딜로우는 칼뱅을 연구한 결과 다음과 같이 지적함으로써 핵심을 꿰뚫고 있다. 즉 궁극적으로 칼뱅은 마지막 순간까지 신자가 구원의 확신을 가질 수 있다는 가능성을 버렸다. 그가 택함 받은 자의 믿음과 버림 받은 자의 믿음 사이의 유일하고도 확실한 차이가 전자의 믿음은 끝까지 견딘다는 점이라고 확정했을 때, 확신을 사실상 불가능한 것으로 만들어버렸다.[23]

이러한 구원의 확신에 대한 접근 방식은 여타 다른 기독교 교회들의 접근 방식과 크게 다르지 않다.[24] 그들의 주요 대변인 중 한 명인 R. 생크는 이렇게 말하고 있다. "분명히, 확신은 오로지 마지막 순간까지 믿음으로 견디었을 때에만 (또는 견디는 일에 실패했을 때에만) 알 수 있다. 어떤 사람도 확고한 믿음의 견인을 떠나 택함이나 최종적인 구원을 확신하는 일을 할 수 없다."[25] 한 가지 염두에 둘 것은 생크는 순수한 아르미니우스주의자로, 영원한 안전 교리에 반대하여 남침례교를 떠난 사람이었다. 그런데도 이러한 견인 교리를 연구할 때, 이 두 신학 체계(즉 칼뱅주의와 아르미니우스주의)가 얼마나 일치하는지를 발견하게 되는 것은 이상한 일이 아닐 수 없다. 찰스 핫지는 이 그룹을 대표하는 인물로, 다음과 같이 말하고 있다.

> 선택, 부르심, 칭의, 그리고 구원은 불가분리적으로 결합되어 있다. 그러므로 자신이 부르심을 받은 사람이라고 하는 분명한 증거를 가진 사람은 자신이 택함을 받았다는 것과 최종적인 구원에 대해서 동일한 증거를 가지게 된다. … 택함을 받은 유일한 증거는 효과적인 부르심이며, 그 점을 입증하듯 나타나는 실제 삶의 거룩이다. 그리고 이 부르심의 진실성을 말해주는 유일한 증거와 끝까지 견디는 우리의 견인의 확실성은 선을 행하는 일을 인내하면서 끝까지 감당해 낸다는데 있다.[26]

혹은 존 머레이가 말했듯이, "성도의 견인은 끝까지 견디는 자들만이 참 성도라는 사실을 매우 강력하게 상기시킨다."[27] 우리는 성도의 견인에 대한 이 모든 개념들이 아우구스티누스가 전천년설에서 무천년설로 바꾼 결과라는 사실을(본서의 제1장을 보라) 깨달을 필요가 있다. 따라서 아우구스누스부터 칼뱅까지, 그리고 칼뱅부터 영국 청교도들까지, 그리고 영국 청교도들부터 19세기와 20세기에 그를 추종하는 자들에 이르기까지, 거짓 교리의 독이 산천을 따라 흘러내려 강으로, 그리고 마침내 가톨릭과 개신교 신학의 바다로 흘러 들이가게 되었던 것이다. 오, 싱경의 신학적 스프레드 시트의 한 측면을 (즉 종말론을 전천년주의에서 무천년주의로) 바꿀 때 우리는 얼마나 복잡한 거미줄에 엮이게 되는 것인가. 딜로우는 결론적으로 말한다. "다시 말해서, 택함의 유일하고도 실제적인 증거는 끝까지 견디는 것이며, 견인의 확실성만이, 즉 끝까지 견디는 것만이 우리가 확신할 수 있는 유일한 근거다! 그런즉 이러한 토대 위에서는 확신을 가지는 일은 불가능하다!"[28]

영원한 안전 교리를 지지하는 개혁주의자들 중 일부는, 구원을 얻기 위해 생애 끝까지 견뎌야 한다고 말하면서 동시에 구원의 확신을 가질 수 있다고 주장하는 것은 모순이라는 사실을 인식하고 있다. M. 로버츠 (Roberts)는 다음과 같이 말했다.

우리는 최종 견인 교리를 끈질기게 고수하면서도, 동시에 우리 자신의 개인적인 신앙 고백을 불확실성에 고착시키는 것을 정당한 것으로 보고 있다. 긍정적으로 말하자면, 우리는 *아도키모스(adokimos)* 즉 버림을 당할까(castaway) 두려워하는 것(고전 9:26-27)이야말로 택함을 받았고 또한 끝까지 견디는 자들의 큰 특징 중 하나라고 말할 수 있다. 오히려 그러한 두려움이 없는 사람이야말로 병적인 오만을 가진 사람이기에, 그러한 생각은 설교단에서 교정되거나 아니면 타락이라는 슬픈 경험을 통해서 배우게 될 것이다.[29]

자, 여기에 그 내용이 있다. "불확실성"과 "두려움"과 같은 단어들은 아우구스티누스와 그에게 영향을 받은 이들이 설명하는 견인 교리의 실체가 무엇인지를 그대로 드러내준다. 그것은 바로 불확실성과 두려움의 교리인 것이다. 그러한 교리를 고수함으로써, 아무도 죽을 때까지 자신이 천국에 갈 것인지를 알 수 없게 만드는 것이다. 아우구스티누스는 이 점을 인정했다. 로버츠도 마찬가지다. 그는 "두려움 … 은 택함 받은 자들이 갖는 위대한 특징 중 하나"라고 말했다. 그는 구원의 확신 교리를 "병적인 오만"이라고 불렀다. 그러나 건강한 것과 병적인 것에 대해 이야기하고 싶다면, 다음 어느 쪽이 더 건강한지 말해보라. 즉 부모에게서 무조건적으로 수용되기 때문에 순종이 장려되는 사랑의 분위기에서 자녀를 키우는 것이 더 건강한가, 아니면 자녀들이 부모의 사랑과 인정을 얻기 위해 필요한 수준이 어느 정도인지 결코 알 수 없지만 맹종해야 하는 두려움의 분위기에서 키우는 것이 더 건강한가? 질문은 수사적이지만, 대답은 너무나 분명하다.

테오도르 베자와 확신

테오도르 베자(1519-1605년)는 다른 길을 선택했다. 그는 제한 속죄를 믿었는데, 이 견해는 칼뱅에게서 얻은 것 같지는 않다.[30] 그는 타락 전 선택설(supralapsarianism)을 가르쳤는데, 이는 하나님께서 애초에 인간을 창조하고자 작정하시기도 전에 일부를 천국으로 또 나머지는 지옥으로 가도록 선택하셨다는 가르침이었기에, 결국 그리스도께서는 택함 받은 자들만을 위해서 죽으셨다고 결론을 내릴 수밖에 없었다. 여기서 문제는 당신이 택함을 받았는지 아닌지를 어떻게 판단할 것인가였다. 칼뱅은 확신이 그리스도를 바라보는 것에서 온다고 말했지만,[31] 반면 베자는 그리스도를 바라보지 말라고 경고했다. 왜냐하면 "우리는 우리를 위해 죽으신 일이 없는 분을 신뢰하고 결국 정죄를 받을 것이기 때문이다. 따라서 우리는 그리스도의 죽음을 우리 믿음의 확실한 근거로 삼을 수 없을 뿐만 아니라, 우리 자신이 영원부터 택함을 받은 사람들 중에 속하는지 틀림없이 예측할 수도 없다. 왜냐하면 택함 받은 사람의 숫자와 그리스도께서 위하여 죽으신 사람의 숫자가 동일하기 때문이다. 그러므로 확신의 근거는 그리스도 이외의 다른 데서 찾아야 한다."[32]

베자가 선택한 이처럼 급적인 갈림길을 평가하면서 켄달은 이렇게 말한다.

베자는 우리를 그리스도에게로 이끌지 않고 다만 우리 자신에게로 이끈다. 이렇게 되면 우리는 그리스도에게서 시작하는 것이 아니라, 나타난 현상들로부터 시작하게 된다. 이는 우리를 소위 선택의 작정 문제로 돌아가게 한다. 따라서 칼뱅은 자신을 바라보는 것이 불안이나 확실한 정죄감으로 이어진다고 생각했지만, 반면 베자는 다르게 생각했다. 그는

성화 또는 선행을 구원받는 믿음에 대한 틀림없는 증거로 보았다.[33]

그럼에도 베자는 그것을 칼뱅이 말한 "일시적 믿음"에 의한 것으로 돌리기도 했다. 그들의 신학에 나타나고 있는 이러한 모순점은 결국 그들을 따르는 자들에게 구원의 확신을 가질 수 있는 가능성을 약화시키는 결과를 낳았다. 베자에게 성화는 구원받는 믿음을 입증하는 확실한 증거였다. 그렇지만 이상하게도 버림 받은 자들 또한 택함 받은 자들이 맺는 모든 열매를 맺을 수 있다. 따라서 버림 받은 자들 또한 점진적으로 성화되어 가는 모습을 나타낼 수 있다. 그렇다면 어떻게 성화를 통해서, 자신이 택함을 받았는지 아닌지를 알 수 있는가? 분명 알 수 없다. 그러나 그는 베드로후서 1장 10절을 자신의 안전한 보루로 삼고서, 오로지 자신의 생애 끝까지 견디는 사람만 자신이 택함 받았음을 알 수 있다고 결론짓는다. 하지만 이것 또한 아우구스티누스가 가르친 것, 즉 당신 삶의 마지막까지는 당신이 구원받은 것을 알 수 없다고 말한 것과 동일하지 않은가?

윌리엄 퍼킨스와 확신

J. 딜로우는 퍼킨스를 "칼뱅주의 삼위일체"(칼뱅, 베자, 퍼킨스)의 세 번째 인물이라고 불렀다.[34] 퍼킨스는 칼뱅의 일시적 믿음과 베자의 타락 전 선택설을 받아들였고, 또한 베드로후서 1장 10절을 중심으로 구원의 확신에 대한 전체 체계를 구축했다. 열매를 확인하는 것이 핵심이었다. 다음은 택함 받은 자임을 입증하는 필수적인 열매들이다.

1. 죄를 짓고서 하나님을 거스렸을 때 마음의 고통을 느끼는가
2. 육신과 싸우고 있는가

3. 하나님의 은혜를 간절히 바라는가
4. 하나님의 은혜가 가장 보배로운 보화라고 여기는가
5. 하나님의 말씀의 사역자들을 사랑하는가
6. 하나님을 간절히 그리고 눈물로써 사모하는가
7. 그리스도의 재림을 소망하는가
8. 가능한 모든 죄를 피하고자 하는가
9. 삶의 마지막 숨을 거둘 때까지 믿음을 지키고자 하는가[35]

이것은 참으로 놀라운 생각이 아닌가? 내가 확신을 가질 수 있는 유일한 방법이 내 인격에 이 아홉 가지 열매를 맺는 것이라면, 여기서 언급한 아홉 번째 열매도 반드시 나와 함께 해야만 한다. 그러나 아홉 번째 열매는 내가 나의 생애 마지막 숨을 거둘 때까지 견뎌야 한다는 것이다. 그렇다면 마지막 숨을 거둘 때까지는 내가 선택받았음을 알 수 없다는 것인데, 어떻게 확신을 가질 수 있단 말인가? 분명히 나는 그럴 수 없다.

윌리엄 퍼킨스와 그가 열거한 택함 받은 자임을 입증하는 필수적인 열매들은 영국 청교도주의와 그들이 생각하는 경건한 사람의 특징이 무엇인지에 대한 사상적 근간을 이루게 되었다. 청교도의 율법주의와 함께 이러한 사상이 결합하게 되자, 은혜는 율법에 의해서 더욱 가려지게 되었고, 이러한 신학을 받아들인 거의 모든 기독교 그룹에서는 은혜에 감동하고 감격하여 기쁨으로 하나님을 섬기는 신앙이 사라지다시피 하게 되었다.

아르미니우스와 확신

R.T. 켄달의 책은 흥미로운 내용으로 가득한데, 왜냐하면 그는 개혁주의 신학자이자 영국 성공회 사제였기 때문이다. 그는 미국인들이 결코 알 수 없는 영국 청교도주의에 대한 독특한 관점을 가지고 있었다. 그는 구원

의 확신의 측면에서, 청교도적 성향의 칼뱅주의자들과 아르미니우스주의자들은 동일한 입장을 가지고 있다고 결론을 내리고 있다.[36]

만일 퍼킨스가 첫 번째 은혜를 받은 자는 반드시 두 번째 은혜(즉 끝까지 견디는 은사)를 받아야 한다는 주장을 하고, 첫 번째 은혜(또는 초기 믿음)가 무효화될 수 있다는 주장을 했을지라도, 사실 두 입장 사이엔 아무런 실제적인 차이가 없다. 어쨌든 신자가 끝까지 견디지 않는다면(아르미니우스가 그렇게 말했든 퍼킨스가 그렇게 말했든 상관없이), 그러한 사람은 택함 받지 않은 사람으로 판명되기 때문이다.[37]

존 맥아더가 그랬던 것처럼 아르미니우스는 적극적인 의지와 순종을 믿음의 필수 조건에 포함시켰다. 그는 믿음이 세 가지 부분으로 되어 있다고 주장했다. 즉 회개와 그리스도를 향한 신뢰, 그리고 하나님의 명령에 대한 순종이다. 이것은 존 맥아더의 주장과 비슷하지 않은가? 그리고 확신은 믿음의 열매들에서 온다.

웨스트민스터 표준문서와 확신

1640년대에 웨스트민스터 신학자들이 모였을 때, 칼뱅의 견해를 대변하는 사람은 아무도 없었다. 사실, 그들은 칼뱅의 믿음과 확신의 교리를 완전히 뒤집었다. 믿음과 믿음의 의지적인 요소는 수동적인 것에서 능동적인 것으로 변했다. 그들은 칼뱅의 일시적 믿음 교리를 완전히 버렸는데, 그럴 만한 이유가 있었다. 칼뱅은 확신을 그리스도를 바라보는 것에 토대를 두고 싶어 했지만, 이 청교도들은 확신을 자기 자신과 자신들이 맺는 열매를 바라보는 것에 토대를 두고 싶어 했다. 그러나 버림 받은 자들도 택함을 받은 자들과 동일한 열매를 맺을 수 있었기에, 분명히 이생에서는 어떤 확신도 가질 수 없었다.

확신에 대해서, 웨스트민스터 신앙고백서(18.3)는 이렇게 말한다. "은혜와 구원을 확신하는 것은 믿음의 본질이 아니기 때문에, 참 신자들은 그 확신을 얻기까지 오래도록 기다릴 수 있어야 한다." 청교도들은 자신의 믿음이 자신을 구원하기에 충분한 것인지를 확인하는데 필요한 자기 성찰에 관한 책을 쓰는 일에 혼신의 힘을 다했다. 존 오웬(J. Owen, 1616-1683년)은 650쪽에 달하는 『성령에 관한 강론(A Discourse concerning the Holy Spirit)』이라고 부르는 책을 썼는데, 이 책을 쓴 주된 목적을 그리스도를 주로 고백하는 이들이 진정 자신이 그리스도를 소유했는지 아닌지를 판단하는데 도움을 주려는 것이라고 밝히고 있다.[38]

현대 열매 검사자들

현대의 인기 있는 많은 성경 주석가들은 청교도적 확신의 철학을 따랐다. 제임스 몽고메리 보이스(J.M. Boice)는 "우리가 이러한 선한 행위들을 (모든 시대의 그리스도인들처럼) 행하는 것이 절대적으로 필요하다. 왜냐하면 우리가 행하지 않는다면, 우리가 진정으로 그리스도를 따르는 자들인지 확신할 수 없기 때문이다"[39]라고 말했다. W. 챈트리는 "하나님을 지극히 사랑하고 율법을 지키려는 정신을 가졌을 때에만 사람이 진정으로 하나님께로부터 났다고 믿을 수 있는 이유를 가지게 된다"[40]고 썼다. 그리고 존 맥아더는 이렇게 설명하고 있다.

성경은 하나님의 역사하심의 증거가 삶에서 필연적으로 나타날 수밖에 없으며, 이렇게 변화된 행동이야말로 필연적인 열매라고 분명히 가르치고 있다. 의로운 삶을 가져오지 않는 믿음은 죽은 것이며 구원할 수 없다. 참된 의의 열매가 전혀 없는 입술만의 신앙고백을 가진 그리스도인들은 자신들이 구원받았다는 확신에 대한 성경적 근거를 결코 찾지 못

할 것이다.[41]

다른 곳에서 그는 이렇게 말했다. "그 사람의 삶의 열매가 진정 그 사람이 신자인지 불신자인지를 드러낸다. 중간 지대는 없다."[42] 다시 한번, 우리는 이 현대 열매 검사자들이 허수아비 논쟁을 시도하고 있음을 볼 수 있다. 그들은 오직 은혜로 받는 구원 입장에 있는 사람들이 신자가 삶에서 선한 열매를 전혀 보이지 않고도 진정으로 거듭날 수 있다는 믿음을 조장한다고 말하기를 좋아한다. 그러나 과연 이것이 공정한 평가인가? 분명히 아니다! 제인 핫지스의 말을 들어보라.

물론 그리스도를 믿는 신자 각자의 삶에 선한 행위가 있어야 한다고 믿는 것은 당연하다. 사람이 그리스도를 믿음으로써 중생의 놀라운 기적을 경험했음에도 또는 하나님께서 그의 하늘 아버지가 되셨고 이후 하나님의 말씀으로 가르침 또는 징계를 받고도 아무런 변화 없이 수년간 살 수 있다는 생각은 매우 환상적인 생각일 뿐만 아니라 심지어 기괴하기까지 하다. 우리는 그런 개념을 단연코 거부한다. … 하지만 이것이 핵심은 아니다. 여기서 핵심은 구원의 확신에 대한 것이다. 구원의 확신을 갖는 문제에서 행위는 그 어떠한 결정적인 역할을 할 수 없다.[43]

오직 은혜로 받는 구원을 믿는 신학대학원 교수들은 신자의 삶에서 맺는 선한 행위나 영적인 열매가 구원의 확신을 얻는 일에 아무런 가치가 없다고 말하지 않는다. 이러한 행위들은 부차적인 것이거나 아니면 보강하는 역할을 하는 것으로 본다. 신자의 구원을 확신할 수 있는 유일하고도 본질적인 근거는 하나님의 약속에 있다. 하나님의 약속이야말로 확실하고 굳건한 토대다. 신자의 경험은 자신의 구원을 확증하는 증거를 제공할 순 있지만, 하나님의 말씀의 약속에 비견할 때 그것은 부차적인 것일 뿐이다. 성경 어디에서도 그것을 확신에 필수적인 것으로 가르치고 있지 않다.

구원의 확신 문제에서 하나님의 말씀이 얼마나 중요한 것인지에 대해서, 요한일서 5장 13절보다 더 분명하게 보여주는 구절은 없다. 이 구절은 "내가 하나님의 아들의 이름을 믿는 너희에게 이것을 쓰는 것은 너희로 하여금 너희에게 영생이 있음을 알게 하려 함이라"고 말한다. 수많은 소책자가 이 구절을 사용하여 새로운 신자들에게 그리스도 안에서 그들의 운명에 대한 확신을 주는 일을 했다. 그러나 어떤 사람들은 이 구절을 왜곡하여 요한일서의 주제를 진술하는 구절로 사용하기 시작했다. 그리고 나서 그들은 요한일서를, 당신의 구원 여부를 검증하고자 당신의 경험을 시험하는 여러 가지 방법들을 기술하고 있는 서신으로 설명하고 있다.[44] 이러한 시험들 가운데에는 "거함"(요일 2:28, 3:6)과 "그의 계명을 지킴"(요일 2:3, 7-10)과 같은 신자의 책임들이 포함되었다.

그러한 시험은 의심, 혼란 또는 자기-기만을 불러일으킬 뿐이다. 만일 그리스도의 계명을 지키는 것이 구원여부를 시험하는 것이라면, 나는 다음과 같은 질문을 하고 싶다.

1. 얼마나 많은 계명을 지켜야 하는가?
2. 얼마나 오랫동안 계명을 지켜야 하는가?
3. 계명을 어느 정도로 완벽하게 지켜야 하는가?
4. 어느 계명이 다른 계명보다 더 중요한 것인지를 어떻게 정할 것인가?
5. 그리스도는 상대 평가를 하실 것인가, 절대 평가를 하실 것인가?

신자는 보통 주관식 질문을 하면, 대답을 잘 하지 못하는 경향이 있다. 만일 우리가 1) 모든 계명을 지켜야 한다. 2) 죽을 때까지 계명을 지켜야 한다. 3) 하늘에 계신 너희 아버지처럼 온전해야 한다. 4) 모든 죄가 죄이므로 모두 똑같이 중요하다. 5) 상대 평가는 없다고 한다면, 우리는 하나님께 받아들여지기 위한 완벽한 순종을 요구하는 율법으로 돌아가게 된다. 혹자는 (모세 율법이 아니라 이 세대의 법으로서) 그리스도의 법을 완전히 순종하는 것을 확신의 기준으로 삼아야 한다고 주장하고 싶어 할 수도 있다. 과연 그런가? 분명히 아니다. 그럴지라도 확신이 보장되는 것은 아니다. 그렇게 되면 기준은 상대적인 것으로 축소될 것이고, 상대적인 것은 전적으로 주관적으로 흐를 수밖에 없다. 다시 말하지만, 아무도 알 수 없는 문제가 되어 버릴 것이다. 어떤 사람은 이렇게 말하고 싶을 수 있다. "하지만 나는 오늘 계명을 지키고 있기 때문에, 오늘 나는 하나님의 자녀임을 확신한다." 그러나 내일은 어떠할까? 만일 내일 넘어질 가능성이 있을진대, 내일을 확신한다는 것은 전혀 의미가 없게 된다. 또한 우리는 오늘의 선한 행동이 택함을 받은 일이 없는 사람에 의해서 얼마든지 생산되고 있을 가능성에 대해서도 생각해 보아야 한다. 만일 우리가 이 점을 인정한다면, 현재의 선한 행동은 아무 것도 보장하지 않는다. 제인 핫지스는 이렇게 설명한다.

참된 신자는 영원히 안전하다고 주장하면서도, 신자의 구원 확신이 하나님의 계명에 순종하고 있을 때에만 가능하다고 주장한다면, 그런 경우는 요한일서 5장 13절을 매우 이해하기 어려운 구절로 만들어 버린다! 왜냐하면 내가 지금 순종적으로 살고 있더라도 미래에는 순종하지 않을 가능성이 존재하기 때문이다. … 그러나 앞으로 순종하는 삶을 멈춘다면, 현재는 내가 순종적인 삶을 살고 있음에도 불구하고 지금 그리스도인이 아니라는 것을 입증하는 것이 되고 만다. 그렇다면 나의 현재의 순종은 나의 그리스도인됨을 입증하지 못하며, 따라서 나는 이생에서 나의 삶이 끝나기 전까지는 결코 내가 영생을 소유하고 있다는 것을 알 수 없게 된다. 그러므로 요한이 우리가 현재적인 또는 지속적인 순종에 의해서 우리의 그리스도인됨을 시험해야 한다는 뜻으로 그렇게 말한 것이라면, 그는 우리가 영생을 가졌다는 것을 알 수 있다고 말할 수 없었을 것이다. 그러나 요한은 우리에게 영생이 있음을 알 수 있다고 분명히 말하고 있다![45]

요한일서의 주제는 요한일서 5장 13절에 있지 않다. 요한일서의 분명한 목적은 우리가 예상할 수 있는 곳, 즉 요한일서 1장 1-4절의 서론 부분에 있다. 거기서 우리는 "사귐(fellowship, 교제)"이라는 단어를 두 번 볼 수 있다. 요한복음의 다락방 강화와 요한일서를 전체적으로 보면, 요한은 주로 사귐에 초점을 맞추고 있다. 요한일서 5장 13절에서 "내가 … 너희에게 이것을 쓰는 것"이란 많은 사람들이 생각하는 것처럼 요한일서 전체 주제를 가리키는 것이 아니다. 대신 많은 주석가들이 설명하듯이, 앞서 요한일서 5장 1-12절에서 말하고 있는 것을 가리킨다.[46] 이것은 요한이 이 서신서의 다른 여러 부분들에서 정확하게, "이것들 + 내가 쓰다/썼다 + 너희에게"를 사용하는 방식이다. 이 방식은 요한일서 1장 5-10절을 가리키는 2장 1절과 2장 18-25절을 가리키는 2장 26절에서도 사용되었다. 요한일서에서 사용하고 있는 핵심 용어는 "증거(witness)" 또는 "증언(testimony)"을 의미하는 *마르티리아(martyria)*라는 단어이다. 요한일서 5장 9-12절을 읽어보고, 이 단어가 (또는 이 단어의 동사형)이 몇 번이나 나오는지를 확인해보라.

"만일 우리가 사람들의 증언(witness)을 받을진대 하나님의 증거(witness)는 더욱 크도다 하나님의 증거(witness)는 이것이니 그의 아들에 대하여 증언하신(witnessed) 것이니라 하나님의 아들을 믿는 자는 자기 안에 증거(witness)가 있고 하나님을 믿지 아니하는 자는 하나님을 거짓말하는 자로 만드나니 이는 하나님께서 그 아들에 대하여 증언하신(witnessed) 증거(witness)를 믿지 아니하였음이라 또 증거(witness)는 이

것이니 하나님이 우리에게 영생을 주신 것과 이 생명이 그의 아들 안에 있는 그것이니라 아들이 있는 자에게는 생명이 있고 하나님의 아들이 없는 자에게는 생명이 없느니라 내가 하나님의 아들의 이름을 믿는 너희에게 이것을 쓰는 것은 너희로 하여금 너희에게 영생이 있음을 알게 하려 함이라."

요한이 이 구절에서 주장하는 것은 하나님의 증언(증거)의 신뢰성이다. 하나님의 증거는 사람들의 증거보다 더 크다. 그리고 이 증언은 하나님이 우리에게 영생을 주셨고, 이 생명이 그의 아들 안에 있다는 것이다. 우리는 이 증언을 받아들이거나 아니면 거부할 수 있다. 만일 우리가 그 증언을 믿는다면, 우리는 그 증언을 내면화하여 우리 안에, 우리 마음에 자리를 잡게 할 것이다. 만일 우리가 그 증언을 거부한다면, 우리는 하나님을 거짓말쟁이라고 부르는 것이다(이것은 그다지 좋은 선택은 아니다, 그렇지 않은가?). 그러나 만일 우리가 이 증언을 믿는다면, 우리는 또한 예수님을 믿을 것이다. 그리고 우리가 예수님을 믿는다면, 이 생명이 그의 아들 안에 있기 때문에 우리는 영생을 가지고 있음을 알 수 있다. 만일 우리가 아들을 가지고 있다면, 우리는 생명을 가지고 있다. 우리가 해야 할 일은 믿는 것뿐이다.

우리는 우리의 믿음이 진짜인지를 확인하기 위해서 우리의 믿음을 탐색하는 일을 하라는 부름을 받은 일이 없다는 점에 주목하라. 우리는 "우리의 믿음에 대한 믿음"을 가질 필요가 없다. 우리는 하나님이 그의 아들에 관하여 말씀하신 것을 믿으라는 부름을 받았다. 우리의 확신은 여기에 달려 있는데, 사실 그보다 더 중요한 것은 하나님을 신뢰할 수 있느냐 여부다. 하나님의 증거도 여기에 달려 있다. 우리는 하나님의 증거를 믿거나 아니면 거부할 수 있다. 사실, 요한일서 5장 13절에서 우리는 요한복음 5장 24절의 메아리를 들을 수 있다. "내가 진실로 진실로 너희에게 이르노니 내 말을 듣고 또 나 보내신 이를 믿는 자는 영생을 얻었고 심판에 이르지 아니하나니 사망에서 생명으로 옮겼느니라."[47]

결론

종종 나는 구원의 확신이란 주제로 토론을 하면서, 주재권 구원론자에게 그가 죽을 때 천국에 갈 것이라고 생각하는지 묻곤 한다. 대답은 항상 그렇다고 한다. 왜 그렇게 생각하는지, 어떤 근거로 그렇게 생각하는지 물으면 대개 자신의 삶에서 성령님이 역사하고 있는 증거를 통해서 확신할 수 있다고 대답하곤 한다. 하지만 본인이 심각하게 타락할 가능성이 있는지 물으면 대개 그렇다고 대답한다. 왜냐하면 고린도전서 10장 12절이 그가 넘어지지 않을 것이라고 단정하는 것에 대해 경고하고 있는 구절이라고 생각하기 때문이다. 하지만 만일 그가 타락하게 되고 또 오랫동안 썩은 열매를 맺는다면 어떻게 되는 것인가? 그것은 무엇을 증명하는 것일까? 그들은 대개 여기서 움찔하면서, 그것은 그가 처음부터 그리스도인이 아니었다는 것을 증명하는 것이라고 말한다. 아하! 그렇다면, 오늘 당신이 무슨 선한 행위를 했는지를 묻는다면 무슨 말을 할 것인가? 유일한 대답은 이러한 선한 행위들조차도 택함을 받지 않은 사람에 의해서도 산출될 수 있다는 것이다. 만일 이러한 선한 행위들이 택함 받지 않은 사람에 의해서도 산출되고 있다면, 과연 무슨 궤변을 늘어놓음으로써 현재적인 열매들이 자신이 택함을 받았음을 확신할 수 있는 근거로 해석될 수 있다고 주장할 것인가? 분명히 그럴 수 없다.

그렇다면 주재권 구원론은 이 땅에서 사는 동안 자신의 생애 끝까지 견뎌야 구원을 받는다는 교리와 결을 같이 하고 있다. 이 교리를 고수하고 싶어 하는 사람들은, 자신이 택함을 받았다고 생각하는 사람들이 죽기 전에 믿음에서 떨어져 나가 다시 돌아오지 않음으로 인해서 자신이 택함을 받은 사람이 아님을 증명할 수 있다고 본질적으로 믿어야만 한다. 만일 그렇다면, 현재 의존하고 있는 그 어떤 선한 열매나 선한 행위도 자신의 구원에 대한 확신을 줄 수 없다는 사실을 인정해야 한다. 왜냐하면 이후에 얼마든지 믿음에서 떨어져 나갈 수 있기 때문이다. 그렇다면 그러한 선한 행위들은 애초에 택함 받지 않은 사람들에 의해서 산출될 수 있는 외견상 그럴듯한 열매일 뿐이란 점을 입증하는 것이 될 뿐이다. 그러므로 *현재의* 신실함은 현재적으로 구원을 확신하게 해줄 없으며, 전혀 신뢰할 수 없는 근거일 뿐이다. 오로지 *미래의* 신실함만이 구원을 확신하게 해주는 근거이기 때문이다. 그렇지만 미래는 항상 저 멀리에 있다. 사람은 죽음의 순간까지는 언제든지 떨어져 나갈 수 있다. 현재의 신실함은 결코 구원을 확신하게 해주는 확고한 토대가 되지 못한다.

때때로 데마가 좋은 사례로 제시된다(골 4:14, 딤후 4:10, 몬 24). 디모데후서 4장은 데마가 바울과 15년 동안 오랫동안 함께 섬기다가 바울을 떠났다고 우리에게 말하고 있다. 그는 "이 세상을 사랑하여" 바울을 버리고 갔다. 이 구절은 데마에 대해서 무엇을 말해주는가? 어떤 사람은 만일 그가 돌아오지 않았다면, 그것은 그가 결코 신자가 아니었음을 의미하는 것이라고 주장하고 싶을 것이다. 그러나 만일 그가 돌아왔다면? 그것은 그가 회개하고 끝까지 견뎠기 때문에 신자였음을 증명한다. 그러나 만일 그가 또 다시 이 세상을 사랑하여 떠나갔다면 어떻게 되는 것일까? 음, 그것은 그가 결코 신자가 아니었음을 증명한다. 그러나 만일 그가 또 다시 회개하고 돌아왔다면? 이런 식으로 계속해서, 이런 일이 그의 삶의 끝까지 반복될 수 있다. 그렇다면 데마는 과연 자신이 택함을 받았는지 아닌지를 언제 알 수 있는 것인가? 물론 죽음의 순간이 되어서야 알 수 있을 것이다. 그렇다면 이생에서는 전혀 확신을 가질 수 없게 된다.

여기서 논쟁의 중심은 거듭난 사람이 자신의 삶에 선한 열매를 맺어야 하는가 아닌가의 문제가 아니다. 분명히 거듭난 사람은 선한 열매를 맺어야 한다. 그렇지만 열매는 구원 확신의 근거가 아닐뿐더러, 만일 사람이 자신의 끝까지 견딤으로써 맺는 열매를 구원 확신의 궁극적인 근거로 삼는다면, 그는 결코 확신을 가질 수 없다는 것이다. 우리는 사람이 믿는 순간 자신이 거듭났다는 절대적인 확신을 가질 수 있다고 믿는다. 우리는 새 신자에게 구원의 확신을 안겨줄 수 있는데, 우리가 느끼거나 볼 수 있는 그의 삶의 변화 때문이 아니라, 우리가 하나님의 약속을 의심 없이 믿기 때문이다. 왜냐하면 하나님의 약속은 하나님의 아들이시며 또한 우리가 지은 죄들로부터 우리를 구원하시는 구원자이신 예수 그리스도를 믿는 사람은 누구나 영생을 값없는 선물로 받는다고 약속하고 있기 때문이다.

미주

1 P. Cunningham, *Historical Theology*, 3d ed., 2:490, quoted in L. S. Chafer, Systematic Theology, III (Dallas: Dallas Seminary Press, 1969), 270.

2 M. Luther, *What Luther Says: An Anthology*, comp. Ewald M. Plass, 3 vols. (St. Louis: Concordia, 1959), 1:496, emphasis added.

3 Quoted by S. Pfurtner, *Luther and Aquinas on Salvation* (New York: Sheed and Ward, 1964), 125.

4 Ibid., 29, 35.

5 *The Formula of Concord*, Epitome III (Affirmative Theses), 6.

6 *Beggars All, Reformation & Apologetics*, "Did Luther Believe Salvation Can Be Lost?" (October 7, 2009).

7 Calvin, *Institutes*, 3.2.7.

8 Ibid., 3.2.2.

9 Ibid.

10 Ibid.

11 Ibid., 3.2.22.

12 Bell, *Scottish*, 22.

13 A. N. S. Lane, "Calvin's Doctrine of Assurance," *Vox Evangelica* 11 (1979): 32-33.

14 Dillow, *Reign*, 254.

15 Calvin, *Institutes*, 3.2.11.

16 Dillow, *Reign*, 254.

17 Calvin, *Commentary*, Lk 17:13; *Institutes*, 3.2.12; 3.2.11.

18 Ibid.

19 Ibid.

20 Ibid.

21 Ibid.

22 Kendall, *Once Saved*, 24.

23 Dillow, *Reign*, 258.

24 로버트 생크에 따르면, 이것이 최선의 분별이다.

25 R. Shank, *Life in the Son: A Study of the Doctrine of Perseverance* (Springfield, MO: Westcott, 1961), 293.

26 C. Hodge, *St. Paul's Epistle to the Romans* (1860; reprint ed., Grand Rapids: Eerdmans, 1950), 212.

27 Quoted by Dillow, *Reign*, 259.

28 Ibid., 258-59.

29 M. Roberts, "Final Perseverance," *The Banner of Truth* 265 (October 1985): 10-11.

30 Kendall, *Once Saved*, 13-18. 칼뱅은 마가복음 14장 24절을 주석하면서, "'많은' 이라는 단어는 세상의 일부가 아니라 인류 전체를 의미한다"고 말했다. 그는 148쪽에서 하나님의 영원한 예정에 관해서 말하길, "그리스도께서 온 세상의 죄악을 속죄하고자 오셨다는 것은 논쟁의 여지가 없다"고 했다. 요한복음 1장 29절에 대한 주석에서 그는 "요한이 세상 죄를 말할 때 그는 이 은혜를 인류 전체에 무차별적으로 확장하고 있다"고 설명했다.

31 Calvin, *Institutes*, 3.24.5.

32 Kendall, *Once Saved*, 32.

33 Ibid., 33.

34 Dillow, *Reign*, 263.

35 W. Perkins, *Works*, 1:115.

36 Kendall, *Once Saved*, 143.

37 Ibid., 144.

38 J. Owen, *The Works of John Owen*, 16 vols., vol. 3: *A Discourse*

concerning the Holy Spirit (1677; reprint, Edinburgh: Banner of Truth Trust, 1965), 45-47, 226- 28. 식민지 미국에서 청교도 신학이 어떻게 발전했는지에 대한 광범위한 설명과 "오직 은혜로 받는 구원 논쟁"이라는 상반된 신학에 대한 설명을 보려면 다음 책도 보라. Michael P. Winship, *Making Heretics; Militant Protestantism and Free Grace in Massachusetts*, 1636-64, (Princeton, New Jersey, Princeton University Press, 2002).

39 J. M. Boice, *Christ's Call to Discipleship* (Chicago: Moody, 1986), 166. 여기서 그는 유일하게 구원의 확신을 언급하고 있다.

40 W. Chantry, *Today's Gospel: Authentic or Synthetic?* (Edinburgh: Banner of Truth, 1970), 74.

41 MacArthur, *The Gospel According to Jesus*, 23.

42 Ibid., 178.

43 Z. Hodges, "We Believe In: Assurance of Salvation," *Journal of the Grace Evangelical Society* 3 (Autumn, 1990), 7, emphasis added.

44 다음 책을 보라. Christopher D. Bass, *That You May Know; Assurance of Salvation in 1 John*, (Nashville, Tennessee, Broadman & Holman Academic, 2008) and I. Howard Marshall, *The Epistles of John*, The New International Commentary on the New Testament, (Grand Rapids, Michigan, Eerdmans Publishing co. 1978) 243.

45 Hodges, 5. See Gary W. Derickson, *1,2,3 John*, Evangelical Exegetical Commentary, (Bellingham, WA, Lexham Press, 2014) 23-28

46 R. E. Brown (*The Epistles of John*, Anchor Bible [Garden City, NY: Doubleday, 1982], 608), lists them as Alexander, Brooke, Klopper, Schnackendburg, and Schneider.

47 다음 책을 보라. Dave Anderson, *Maximum Joy: First John - Relationship or Fellowship?* (Grace Theology Press, 2016), 34.

제11장

중생1

서론

　　모든 신학 "체계"에는 그 체계에 너무나 깊이 뿌리박혀 있어서 그것들을 뿌리 뽑는다면 전체 나무가 쓰러질 만한 특정 교리들이 있다. 데이비드 울프는 그의 탁월한 인식론 저서에서 훌륭한 조직신학이 하나의 체계로서 자격을 갖추려면 네 가지 기준을 충족해야 한다고 설명하고 있다.2 그는 하나의 신학 체계의 적절성, 합리성, 신뢰성, 그리고 적합성이 이 네 가지 기준에 근거하여 평가되거나 검증될 수 있다고 말한다. 신학 체계가 이 기준들을 충족시키지 못한다는 것은 그 신학의 약점을 드러내는 것이며, 그렇다면 그 체계 전반에 걸친 신학적인 재구성이 필요하거나 또는 지적인 정직성을 위해서 더 적합한 다른 체계로 전환할 필요가 있음을 나타낸다. 이 네 가지 기준은 다음과 같다.

1. 일관성(consistency) — 하나의 신학체계에서 표현되는 신학적 주장, 가설, 의견은 모순이 없어야 한다.
2. 통일성(coherence) — 신학적 주장과 가설은 통일된 방식으로 서로 연결되어 있어야 한다.
3. 포괄성(comprehensiveness) — 신학체계는 모든 증거에 적용 가능해야 한다.
4. 조화성(congruity) — 신학적 주장, 가설 등으로 이루어진 하나의 신학체계는 모든 증거와 "조화"를 이루어야 한다. 모든 데이터와 조화를 이루려면 정확하고 적절하며 정밀해야 한다. 즉, 전체는 그 부분들의 합과 같아야 한다. 만일 전체의 한 부분이 전체와 조화를 이루지 못한다면, 다른 부분들을 흐트러뜨리지 않으면서 이 부분을 포함하도록 전체가 수정되어야 한다. 우리는 모든 데이터에 가장 "적합"한 해석을 찾아야 한다.[3]

모든 신학 체계의 또 다른 특징에는 "침투성(ingression)"이라고 불리는 것이 있다. 이것은 단순히 일부 주장이나 가설이 다른 주장들보다 체계 내에 더 깊이 박혀 있거나 더 결정적으로 상호 연결되어 있을 수 있음을 의미한다. 우리는 이것을 "깊은 침투"라고 부른다. 하나의 체계에 그다지 깊이 침투되어 있지 않은 견해들은 체계에 큰 변화를 주지 않기 때문에 쉽게 버려질 수 있고, 아니면 거짓된 것으로 판명날 수도 있다. 그러나 더 깊이 침투되어 있는 항목들은 체계를 떠받들고 있으며, 체계는 그러한 항목들에 더욱 의존하고 있다. 따라서 이러한 문제들을 시험해보는 일은 체계에 아주 중요한 일이며 또한 체계에 어떤 변화를 일으키기 전에 또는 적어도 그 체계에 헌신하고 있는 사람들에게 받아들여지기 전에 많은 증거를 가지고 더욱 신중하게 평가되어야 한다. 예를 들자면, 세대주의에서는 이스라엘과 교회를 구분하는 교리가 깊이 침투되어 있다. 이러한 구분을 제거하게 되면 세대주의는 차 속의 설탕보다 빠르게 녹아내리게 될 것이다.

　마찬가지로, 대부분의 개혁주의 신학에서는 전적 타락과 중생의 교리가 깊이 침투되어 있다. R.C. 스프라울이 루이스 스페리 체이퍼의 세대주의를 분석하면서 지적했듯이, "우리가 체이퍼의 (그리고 역사적 세대주의의) 중생에 대한 견해로 눈을 돌릴 때, 내가 믿기론, 우리는 세대주의와 개혁주의 신학 간의 논쟁에서 가장 결정적인 지점을 볼 수 있다."[4] 만일 개혁주의 중생의 개념이 오류라면, 그들의 전적 타락의 개념 또한 틀렸다. 그리고 그들의 전적 타락의 견해가 잘못된 것이라면, 그들의 교리 가운데 가장 "깊이 침투된" 교리가 뿌리째 뽑히게 될 것이고, 그렇다면 그 나무는 쓰러지게 될 것이다. 전형적인 개혁주의의 *구원의 서정(ordo salutis, 구원의 순서)*에서 중생은 믿음보다 선행한다. 이러한 이해는 전적 타락에 대한 개혁주의 관점에서 비롯된 것인데, 이 관점은 사람은 완전히 타락하였기 때문에, 자신을 구원하는 과정에 아무런 역할도 기여도 할 수 없다는 것이다. 이와 다르게 주장하는 것은 행위로 구원을 받을 수 있다고 가르치는 것이 되고 만다. 다시 한번, R.C. 스프라울의 설명을 살펴보자.

　개혁주의 신학에서 중생의 위치에 대한 논리적인 순서는 전적 타락 또는 도덕적 무능력 교리에 기초하고 있다. 타락한 인간은 스스로의 믿음에 의해서 그리스도께 나아갈 도덕적 능력이 없기 때문에, 중생은 믿음보다 앞서 일어나야만 하는 논리적인 필연성이다. 만일 우리가 믿음이 중생보다 선행한다고 가정한다면, 우리는 중생하지 않은 사람들이 아직 중생하지 않은 상태임에도 불구하고 믿음을 행사할 수 있는 도덕적인 능력을 가지고 있다고 가정하는 것이 된다. 만일 중생하지 않은 자들이 믿음을 행사할 수 있다면, 고전적인 아우구스티누스주의와 개혁주의 신학에서 주장하는 것과는 달리 사람은 도덕적인 무능력 상태까지는 타락하지 않았다는 결론을 내릴 수 있다. 이것은 타락에 대한 아르미니우스

의 관점 또는 반(半)펠라기우스주의적인 관점을 끌어안는 것이 된다.[5]

도르트 칼뱅주의[6]의 나머지 네 가지 요소(즉 무조건적 선택, 제한 속죄, 불가항력적 은혜, 성도의 견인)은 사실 전적 타락 교리의 산물이라고 해도 과언이 아니다. 우리는 하나의 신학의 "체계"는 일관성 뿐만 아니라 통일성을 갖춰야 한다는 사실을 기억할 필요가 있다. 모든 것이 서로 연결되어야 한다. 아마도 첨단 기술 시대에 "조직(Systematic)" 신학을 설명하는 또 다른 방법은 "스프레드 시트(Spread sheet)" 신학이다. 스프레드 시트에서 한 항목을 변경하면 다른 모든 항목도 변경된다. 통일성이 그것을 요구하기 때문이다. 이것이 바로 아우구스티누스가 무천년주의자가 되었을 때, (즉 종말론이란 하나의 항목의 변화가 일어났을 때) 그의 칭의 관점이 바뀐 (즉 구원론이란 다른 항목의 변화가 일어난) 이유이다.[7]

따라서 우리는 R.C. 스프라울의 다음의 의견, 즉 중생은 개혁주의 신학과 세대주의 신학을 구분하는 핵심적인 해석들 가운데 하나라는 점에 동의한다. 그렇다면 중생에 대한 개혁주의적 관점, 특히 구원의 순서와 관련하여 그 배경을 더 깊이 살펴보는 것이 도움이 될 것이다. 믿음 이전에 중생이 일어나야 한다는 그들의 견해는 실제로 어디에서 기원한 것일까? 그리고 그러한 관점에 대한 그들의 신학적 입장 변호는 무엇인가?

중생의 역사

아우구스티누스

아우구스티누스의 배경

신학 연구는 보통 아우구스티누스로부터 시작하는데, 이는 그가 삼위일체 문제 외에도 은혜와 기타 다른 교리들을 진지하게 탐구한 최초의 교부이기 때문이다. 그의 가르침은 오늘날까지 로마 가톨릭 교회, 루터교, 칼뱅주의자, 아르미니우스주의자, 그리고 영국 성공회(Anglo-Catholics)에 이르기까지 지대한 영향을 미쳤다. 아우구스티누스는 세례 중생설을 가르쳤지만, 그가 처음으로 그것을 가르친 것은 아니었다. 따라서 이번 주제는 세례, 회개, 칭의에 대한 이전 자료의 일부를 반복하게 될 것이다.

완전히 이단적이었지만 초대 교회 시대에서 매우 영향력 있었던 문서는 헤르마스의 목자(The Shepherd of Hermas)다. 이 저자는 자신을 로마 교회의 장로이자 주교였던 클레멘트와 동시대 인물이라고 주장한다. 헤르마스는 목자 복장을 하고 나타난 "회개의 천사(angel of repentance)"에게서 지시를 받는다. 그 내용은 게으르고 나태한 교회를 향해 회개하라는 것이었다. 이 책의 내용은 철저하게 율법주의적이며 복음이나 은혜를 전혀 언급하지 않는다. 그는 선행에 의한 공로를 쌓는 것과 순교를 통한 죄의 속죄에 대해서 말하고 있다. 믿음에 의한 칭의에 대한 언급은 없지만, 물세례가 구원에 필수적인 것으로 말하고 있다.[8] 그리고 물세례는 회개의 인침으로 설명하면서, "물세례는 이름 뿐인 그리스도인들을 참 그리스도인들로 만든다. … 금욕주의와 고행은 회심의 학교다"[9]라고 말하고 있다. 믿음은 회개의 열매이고 세례가 그것을 인친다.[10]

순교자 유스티누스(Justin Martyr, 100-165년)는 헤르마스의 뒤를 이어 물세례를 중생의 사역으로 보았다. 그는 말하길, "우리 교리의 진실성을 확신하는 자들은 … 기도, 금식, 그리고 과거 죄들을 회개하는 일에 힘쓴다. … 그리고 나서 그들은 우리에 의해서 인도함을 받아 물이 있는 곳으로 가서 세례를 받음으로, 우리가 중생했던 방식대로 그들도 중생하게 된다. … 왜냐하면 그리스도께서 말씀하시기를, '사람이 물과 성령으로 나지 아니하면 천국에 들어갈 수 없느니라'고 말씀하셨기 때문이다."[11] 순교자 유스티누스에게 물세례의 중요성은 그가 "회개의 물두멍 … 즉 세례는 회개한 자들을 정결하게 할 수 있는 유일한 것이다"[12]라고 말할 때 강조되고 있다.

이레나에우스(Irenaeus, 130-202년) 또한 요한복음 3장 5절과 디도서 3장 5절과 같은 구절들 때문에 물세례를 중생과 연결시켰다. 그리고 예루살렘의 키릴로스(Cyril, 313-386년)는 물세례를 "하늘로 가는 전차(chariot to heaven)"라고 불렀다. 그는 물세례 없이 천국에 가는 유일한 방법은 순교라고 믿었다. 아우구스티누스(Augustin, 354-430년) 시대에 이르러서는 유아 세례가 완전히 유행하게 되었다. 그리고 세례반에서 "우리는 칭의되었지만, 의 그 자체는 우리가 앞으로 나아감에 따라 자란다"[13]라고 선언했다. *구원의 서정(ordo salutis)*에서 아우구스티누스는 예정, 부르심, 칭의, 그리고 영화를 보았다. 그런데 칭의는 중생부터 성화에 이르는 모든 것을 아우르는 우산이었다.[14] 그리고 중생은 세례에서 시작되는 것이었다. 그는 실제로 세례를 "중생의 구원하는 물두멍"[15]이라고 불렀다. 택함 받은 자들은 세례를 통해서 외적인 표징(즉 세례의 물)과 영적인 실재(즉 중생과 그리스도와의 하나됨)를 받는다. 아우구스티누스에게 "세례의 성례는 의심할 바 없이 중생의 성례"[16]였다.

그러나 헤르마스와 기타 다른 선임자들과는 달리, 아우구스티누스는 중생을 인간의 행위로 보지 않았다. 그것은 죄인 속에서 중생, 믿음, 회개를 일으키는, 인간의 공로와는 전혀 관계없는 은혜의 선물이었다.[17] 그러므로 어린아이들조차 확실히 세례를 통해 중생할 수 있었다. 심지어 "마음으로 믿어 의에 이르고 입으로 시인하여 구원에 이르도록" 고백할 수 없는 아주 어린 유아조차도 정결하게 해주기"[18] 때문이다. 그럼에도 불구하고 세례받은 택함을 받은 아이들은 필연적으로 믿음과 회개, 그리고 은혜 안에서 성장해 간다. 이러한 것들이 다 그가 이해하고 있는 칭의 속에 포함되어 있는 요소들이었다. 그는 그리스어에 익숙하지 않았기 때문에, 디카이오오(dikaioo)를 "의롭다고 선언하다"가 아니라 "의롭게 만들다"는 뜻으로 오해했다.[19] 이러한 오해는 칭의가 일생에 걸친 과정이라는 가톨릭적 믿음으로 이어지게 되었다. 물론, 이러한 접근 방식으로는 사람이 죽을 때까지 자신이 택함 받았는지 아닌지를 알 수 없는 것이었는데, 어쨌든 이런 것이 아우구스티누스[20]와 로마 가톨릭 교회가 가르치는 칭의의 개념이었다.

택함 받지 않은 자들도 물세례라는 외적인 표징을 받을 수 있지만, 내적이고 영적인 역사는 없다. 아우구스티누스는 유아들이 물세례 시 원죄로부터 정결하게 된다고 믿었다. 세례받지 않은 유아들과 세례는 받았지만 택함 받지 않은 유아들은 마귀의 손에 여전히 남아 있다. 세례받고 또 택함 받은 유아들은 필연적으로 믿음과 회개로 나아간다. 비록 아우구스티누스가 구원을 위해 하나님의 은혜에 의지하긴 했지만, 물세례는 의심의 여지 없이 이 은혜를 받을 수 있는 단 한 가지 수단이었다.

이로써 우리는 물세례에 대한 역사적 배경이 믿음 이전 중생에 대한 아우구스티누스의 관점을 이해하는 데 매우 중요하다는 사실을 볼 수 있었다. 그의 논리도 마찬가지다.

아우구스티누스의 논리

아우구스티누스가 아무리 총명했을지라도, 그가 받은 훈련은 수사학이었지 성경의 석의(exegesis, 釋義)가 아니었다. 그가 사용하는 언어는 라틴어였으며, 그리스어가 아니었다. 우리는 이미 그가 *디카이오오(dikaioo)*라는 단어를 잘못 이해함으로써 교회 역사에, 적어도 개신교의 교리에, 심각한 결과를 초래했다는 점을 살펴보았다. 그의 신학의 대부분은 그의 날카로운 논리의 힘에서 나왔다. 그는 그가 견지했던 세례 중생설과 유아 세례에 대한 개념을 성경을 통해서 옹호하는 일을 거의 하지 않았다. 우리 대부분이 실수를 저지르는 것처럼, 그는 성경을 자신의 경험을 통해서 걸러내는 일을 했다. 자신이 회심하기 이전에 정욕의 노예였다는 사실을 깨달은, 그는 자신의 경험으로부터 자신이 전적으로 타락했고, 정욕의 감옥에서 스스로를 구해낼 수 없다고 추론했다.

아우구스티누스는 펠라기우스와 그의 가설, 즉 사람이 실제적인 범죄를 저지르기 전까지는 무죄 상태라는 개념에 반대하였으며, 오직 사람은 전적으로 타락했다는 자신의 이해에 기초해서, 타락한 인간은 결단코 믿음을 포함한 구원 과정에서 그 어떤 역할도 할 수 없다는 결론을 내렸다. 타락한 인간은 스스로 믿을 수조차 없다고 그는 생각했다. 따라서 사람은 믿기 위해서 거듭나야(또는 중생해야) 한다고 보았다. 성경 구절을 단 한 줄도 인용하지 않은 채, 아우구스티누스는 오로지 논리, 즉 인간 이성의 전당에서 자신의 *구원의 서정(ordo salutis)*을 구축하는 일을 했다. 전적 타락에 대한 (즉 인간은 이성을 포함하여 모든 영역에서 타락했다는) 그의 이해[21]를 고려할 때, 그가 자신의 논리에 그토록 믿음에 대한 많은 비중을 두었다는 것은 놀라운 일이다. 그럼에도 불구하고, 그가 이해하고 있는 중생의 개념이 성경이 아니라 전통과 논리의 결합에서 나왔다는 사실을 아는 것이 중요하다.

로마 가톨릭 교회

로마 가톨릭 교회는 아우구스티누스를 따랐다. 토마스 아퀴나스는 "세례는 세례받은 자에게 천국의 문을 열어준다"[22]고 말했다. 아퀴나스는 "열망의 세례(baptism of desire)"란 용어를 처음으로 사용한 사람인데, 그는 여러 가지 이유로 세례를 받고자 물에 나아갈 수 없는 사람들에 대해서 "그러한 사람은 세례에 대한 그의 열망 때문에 실제로 세례를 받지 않고도 구원을 받을 수 있다. … 이로써 하나님은 … 사람을 내적으로 성화시키신다"[23]고 말했다.

트렌트 공의회(1545-63)에서 중생의 교리는 더욱 혼탁하게 되었다. 아우구스티누스가 중생을 즉각적인 것으로, 칭의를 평생의 과정으로 보았던 반면, 이 공의회는 중생이 오로지 물세례에서만 시작된다고 결정해버렸다. 그들은 중생, 칭의, 성화를 하나님의 은혜라는 하나의 연못 안으로 다 집어 넣어버렸다. 물론 이 연못은 성례전(물세례, 성찬 등)이란 통로를 통해서만 접근 가능한 것이었다.

제2차 바티칸 공의회(1963-65)는 사람이 구원을 받으려면 믿음과 세례가 모두 필요하다고 결의했다. 그러나 바티칸은 모든 인류가 하나님의 생명에 참여할 수 있고 또한 모든 사람이 "열망의 세례"에 의해서 구원받을 수 있다는 포괄주의로 방향을 틀었다. 이 열망의 세례는 교육받지 못한 사람들이 소유하고 있는 분명히 표현하지 않은 *암묵적인 믿음(implicit faith)*과 동등한 것이었다. 토마스 아퀴나스는 이러한 암묵적 믿음만으로도 구원을 받는데 충분하다고 가르쳤다.[24] 그리고 공의회 이후의 가톨릭 신자들은 이 암묵적 믿음을 열망의 세례와 동일시했으며, 이로써 모든 사람이 천국에 갈 수 있는 문을 열어주었다.

그들 자신의 잘못 없이 그리스도의 복음이나 그리스도의 교회를 알지는 못하지만, 진실한 마음으로 하나님을 찾고, 은혜에 감동을 받아, 자신의 양심의 지시를 따라서 그저 자신이 아는 만큼 하나님의 뜻을 행하고자 노력하는 자들도 영원한 구원을 받을 수 있다. 또한 신성한 섭리는 그들 자신의 잘못이 없는 상태에서 하나님을 아는 성경적인 지식에 이르지 못했고 또 은혜 밖에서 선한 삶을 살기 위해 노력하는 자들에게 구원에 필요한 도움을 주는 것을 거절하지 않을 것이다.[25]

G. 바움(Baum)과 같은 가톨릭 신학자들은 동일한 교리를 다음과 같이 선언했다. "열망의 세례가 이 세상에서 구원받도록 선택된 대다수 사람들의 구원 방식이 아닌가 하는 생각이 든다."[26] 그래서 바티칸은 이렇게 말했다. "모든 사람이 하나님의 자녀가 되고 또 천국의 상속자가 되는데 반드시 세례를 받을 '필요'가 있는 것은 아니다. 모든 사람이 이 세상에 출생하였고 또한 하나님의 보편적인 은혜의 제공으로 인해서, 이미 하나님의 자녀가 되고 또 천국의 상속자가 되도록 부르심을 받았다."[27]

루터교회

엄청난 모순처럼 보일지 모르지만, 루터는 죽을 때까지 유아 세례를 통한 중생을 믿었다. 그는 하나님께서 "친히 그것(세례)을 새로운 출생이라고 부르시는데, 이를 통해서 우리는 죄와 사망과 지옥으로부터 풀려나게 되고 또한 생명의 자녀, 하나님의 모든 선물의 상속자, 하나님의 친 자식, 그리고 그리스도의 형제들이 된다"[28]고 말했다. 소요리문답(The Small Catechism, IV, 1529)에서 루터는 다음과 같이 말했다.

세례는 단순히 물이 아니라, 하나님의 명령에 따라 사용되고 또 하나님의 말씀과 연결된 물이다. … 어떻게 물이 그렇게 큰 효과를 낼 수 있는가? 이런 효과를 내는 것은 물이 아니라 물과 연결된 하나님의 말씀이며, 물과 연결된 하나님의 말씀에 의존하는 우리의 믿음이다. … 하나님의 말씀과 연결될 때 (이 물은) 세례가 되는데, 다시 말해서 성령 안에서 은혜로운 생명수이자 또한 중생의 씻음이 된다.[29]

그러나 중생 뿐만 아니라 믿음과 칭의도 물세례와 함께 온다. 이것은 루터가 그토록 옹호했던, 시간의 어느 한 순간에 발생하는 칭의이며, 과거, 현재, 미래의 모든 죄에 대한 용서를 가져다주는 효과를 발생함으로써 사람을 하나님 앞에서 의롭다고 선언해주는 것이었다.

그러나 누군가 유아가 어떻게 믿음을 행사할 수 있는가를 묻는다면, 그에 대한 대답은 이렇다. 즉 선포된 하나님의 말씀이 물과 결합하는 순간 중생이 일어나게 되며 또한 유아는 원초적인 믿음(rudimentary faith)으로 복음에 반응하게 되는 것이었다. 세례는 자동으로 중생시키지 않는다. 반드시 믿음과 결합되어야 한다. "세례를 받을 때, 아이들 자신도 믿고 또한 그들 자신의 믿음을 가지게 된다. 하나님께서는 기독교 교회의 믿음에 순종해서, 아이를 세례반으로 데려오는 내부모의 중재를 통해서 아이들 안에 믿음을 일으키신다."[30]

이제 세례를 받는 일에 *대부모 제도*가 도입된 것에 주목하라. 또한 하나님께서 대부모의 "중재"를 통해서 유아들에게 믿음을 넣어주신다고 말하는 것에도 주목하라. 그러므로 부모들이 자신의 자녀가 세례받기를 크게 바라는 것은 단지 세례 자체의 중요성 때문만이 아니라, 하나님께서 자신들을 중재자로 사용해서 그들의 어린 자녀 속에 믿음을 넣어주시는 것이라면 자신들이 자녀의 구원에 대한 책임이 있는 것이 되기 때문이다. 루터는 분명히 프로테스탄트로 이어지는 종교 개혁을 일으켰지만, 그는 바티칸의 성벽에서 한 발짝도 떨어지지 않으려 했던 것처럼 보인다. 이렇게 세례받은 유아들은 성장하면서 회개, 성숙한 믿음, 그리고 순종을 통해서 자신들의 중생과 원초적인 믿음을 재가받을 필요가 있었다.

이제 그림을 그려보자. 유아나 어린아이가 물세례를 받는다. 그가 자라면서 그는 물세례 때 자신이 중생했으며, 아마도 그의 부모인 대부모의 중재 때문에 그리스도 안에서 원초적인 믿음을 행사했다는 말을 듣는다. 이제 그가 진정으로 택함 받은 자라면, 지금까지 진행되어 온 일이 무슨 의미인지를 자신이 의식하기도 전에 자신에게서 일어난 이 모든 일은 결국 그의 회개, 성숙한 믿음, 순종에 의해서 확증되게 될 것이다. 분명히 그가 순종하지 않는다면, 그것은 그가 진정으로 택함 받은 자가 아닌 것과 어떤 알 수 없는 이유로 그의 유아 세례는 "효력이 없었다"는 것을 입증하게 되는 것이다. 지옥의 불은 그러한 사람을 기다리고 있다. 그러므로 당신의 부르심과 택하심을 확실히 하려면 순종해야 한다. 이 모든 것은 결국 행위 중심적인 구원론으로 돌아가게 되는 것인데, 특히 극악무도한 죄를 지은 사람은 이처럼 어렵게 얻은 구원을 잃을 수 있다. 이 시점에서 빌립보서 2장 13절을 인용해서, 사람이 자신의 구원을 이룰 수 있는 것은 하나님의 은혜 덕분이라고 말하는 것은 순전히 궤변적인 성경 해석이다. 영국 성공회도 유아 세례 중생설을 가르친다. 영국 성공회 39개 신조(미국판, 1801)를 보면, 다음과 같은 내용을 볼 수 있다.

"세례는 … 중생 또는 새로운 출생의 표징이다. 세례는 하나의 도구이기에, 세례를 올바르게 받는 자들은 교회에 접붙여진다. 죄 사함과 성령에 의해서 우리가 하나님의 아들들로 입양된다는 약속이 이렇게 가시적으로 표징이 되고 인쳐지게 된다."(27 조항) 그리고 공동 기도서에 규정된 대로, 사제는 세례 직전에 "이 아이에게 성령을 주셔서, 거듭나게 해주시고 또한 영원한 구원의 상속자가 되게 하소서"라고 기도한다. 세례 후에 사제는 하나님께 "이 유아를 성령으로 중생시켜 주시고, 주의 자녀로 받아주시고, 또한 주의 거룩한 교회에 가입시키신" 것에 감사하는 기도를 드린다.[31]

언약 개혁주의

우리는 개혁주의 신념을 가진 많은 이들이 하나님의 주권에 대한 그들의 견해를 그 어떠한 대가를 치르더라도 보존하고자 결단했으며, 심지어 그것이 하나님을 죄와 악에 대한 직접적인 책임이 있는 분으로 만들더라도 그렇게 하고자 한다는 점을 기억할 필요가 있다. 이 하나님의 주권이 그들의 구원론과 관련될 때, 그들은 인간을 구원 과정의 그 어느 부분에서도 포함시키는 것(협력설, synergism)이 아니라, 오로지 하나님께서 인간의 구원 과정에서 모든 것을 홀로 주체적으로 행하신다는 입장(단일설, monergism)을 고수하고자 조심한다. 따라서 그들의 신학체계에서는 중생이 회개, 믿음, 그리고 칭의보다 선행하는 것이 매우 중요하다.

그들 중 어떤 사람들은 *추정적 중생(presumptive regeneration)*이라고 부르는 것을 믿는데, 이는 중생이 유아 세례 중에 일어나는 것이 아니라, 그들의 세례 자체가 하나의 표징(sign)으로서, 세례 속에 이미 중생과 믿음의 씨앗을 내재하고 있다는 것이다. 뿐만 아니라 그들의 세례는 하나님께서 교회의 언약 공동체 안에 은혜를 베풀고 계신다는 표징이기도 하다. 그렇다면 중생이라는 하나님의 행위가, 세례받은 자 안에서 의식적인 현실이 아닐지라도, 믿음과 회개라는 의식적인 반응보다 선행하는 것이 된다.

이러한 신념과는 다른 입장을 가진 사람들은 *약속적 중생(promissory regeneration)*을 믿는데, 이는 곧 세례가 세례받은 자에게 미래의 중생이 주어질 것이라는 표징이자 인침이라는 뜻이다.

칼뱅은 중생을 거듭남, 회개, 믿음, 칭의, 성화의 전체 과정으로 정의했다. 그에게 중생은 다른 모든 것들을 포괄하는 우산과 같았다. 중생은 물세례에서 시작되지만 "한 순간이나 하루나, 일 년 만에 이루어지지 않는다." 대신 중생은 "지속적이고 때로는 느린 진전을 통해서"[32] 성취된다. 그는 세례 요한이 아직 어머니의 태 안에 있을 때부터 성령으로 충만했던 것을 언급하면서, 이것은 곧 중생이 유아들이 하나님의 말씀을 듣기 전에도 그들에게 일어날 수 있음을 증거하는 것으로 보았다.[33] 그래서 그는 중생이 어머니의 태 안에서나 또는 유아기 초기에 일어날 수 있는 것으로 생각했다. 그는 할례와 세례를 나란히 놓고서, 둘 다 중생에 비유했다. 믿는 부모를 둔 유아들에게 세례는 죄 사함, 그리스도와의 하나 됨(union with Christ), 그리고 성령에 의한 중생을 의미했다. 유아들은 실제로 믿을 수는 없지만 중생과 성화의 씨앗을 받을 수는 있었다.[34] 칼뱅에게 세례는 "우리의 모든 죄가 제거되고, 사해지며, 말살됨으로써 죄가 결코 하나님의 시야에 다시 들어오거나, 다시 기억되거나, 우리를 송사할 수 없음을 우리에게 확증하는 인을 친 문서와 같은 것이었다."[35] 만일 이 모든 것이 유아에게 사실이라면, 유아 때 세례를 받은 성인에게 어째서 믿음이나 칭의가 필요한 것인지 궁금하지 않을 수 없다. 칼뱅의 말에 의하면, 유아 상태에서 세례를 받을 때 이 모든 것이 이루어진 것처럼 보이기 때문이다.

영어권 최초의 개혁주의 표준이었던 『스코틀랜드 신앙고백서(The Scots Confession, 1560)』는 "우리는 세례를 통해서 그리스도 예수 안에 접붙여지게 되고, 그의 의에 참여하게 되며, 이로써 우리의 죄들이 가려지고 사함 받게 되었음을 확실히 믿는다"(21조)고 말하고 있는데, 이는 추정적 중생으로 기울어져 있음을 보여준다. 반면에 『웨스트민스터 신앙고백서(The Westminster Confession, 1647)』는 세례는 "은혜 언약의 표징이자 인침이며, 그리스도 안으로의 접붙여짐, 중생, 죄 사함, 그리고 예수 그리스도를 통해서 하나님께 자신을 바침으로써 새 생명 가운데 행하는 것 등의 표징이자 인침이다"(28장 1절)라고 말하고 있는데, 이는 약속적 중생으로 기울어져 있음을 보여준다. 그리고 W.G T. 쉐드(Shedd, 1820-1894년)는 누가복음 1장 15절, 사도행전 2장 39절, 고린도전서 7장 14절, 그리고 구약의 할례와 신약의 유아 세례의 유사점을 들어서 유아 세례 중생설을 옹호하는 일을 했는데, 이런 말을 했다. "유아 중생의 경우, 중생과 회심 사이에 시간적 간격이 있다. … 중생한 유아는 그의 인지적 기능이 믿음과 회개를 행사하고 나타낼 수 있게 되면, 믿고 회개하게 될 것이다."[36]

다시 말하지만, 이 구원의 서정의 많은 부분은 인간이 자신의 구원에 어떤 역할도 하지 못한다는 사실을 확실히 하려는 노력의 일환이다. 이 사실을 확실히 하려면, 개인 안에서 하나님의 주권적이고 독립적인 행위로서 중생이 회개와 믿음보다 먼저 일어날 수밖에 없다. 따라서 사람은 믿기 때문에 중생하는 것이 아니라, 중생했기 때문에 믿는 것이다. 쉐드는 "성령님은 중생하게 하는 영으로 주어지기 전까지는 사람을 회심하게 하고 거룩하게 하는 영으로 주어지는 일이 없다"(마 12:33, 요 3:3)[37]고 설명했다. 존 머레이(J. Murray)는 언약 신학자들의 입장을 다음과 같이 말함으로써 잘 요약했다. 즉 "중생 없이는 사람이 그리스도를 믿는 것이 도덕적으로나 영적으로 불가능하지만, 중생하게 되면 그 사람이 믿지 않는 것이 도덕적으로나 영적으로 불가능하다."[38] 그리고 루이스 벌코프는 확고한 목소리로 "중생에 뿌리를 내리지 않은 회심은 참 회심이 아니다"[39]라고 말했다.

공정하게 말하자면, 많은 현대 개혁주의 신학자들이 세례 중생설을 거부하고 있다[40]는 점을 밝히는 것이 좋을 듯하다. 그러나 그들은 중생이 믿음보다 선행해야 한다는 논리는 유지하고 있다. 스프라울은 이러한 사고방식의 대표자로서 이렇게 설명하고 있다.

개혁주의 신학의 구원의 서정에서 중생이 믿음보다 선행한다는 점을 기억하라. 이는 시간적 우선 순위라기 보다는 논리적 우선 순위다. 개혁주의 신학은 하나님의 중생케 하시는 행위와 신자의 믿음 행위를 시간적으로 동시적인 것이며 분리되지 않는다고 믿고 있다. 구원의 서정은 논리적인 순서와 의존성을 가리킨다. 믿음이 논리적으로 중생에 의존하는 것이지, 중생이 논리적으로 믿음에 의존하는 것이 아니다. 다시 말해서, 우선 순위는 논리적인 것이지 시간적인 것이 아니다. 중생이 믿음의 필수 조건이지, 믿음이 중생의 필수 조건은 아니다.[41]

요약

신학적 차이점이나 심지어 신학 체계의 차이점은 종종 핵심적인 단어를 이해하는 방식의 차이에 달려 있는 것처럼 보인다. 칭의가 좋은 예다. 종교 개혁은 "의롭다 함을 받는다(to justify)"는 의미에 대한 이해의 차이에 달려 있었다. 중생은 여러 가지 방식으로 사용되는 칭의의 또 다른 용어였다.

어떤 그룹은 중생을 전체 기독교 경험을 아우르는 우산 역할을 하는 것으로 이해하고 싶어 한다. 다른 그룹은 중생을 2단계 접근 방식(two-tiered approach)으로 이해하고 싶어 한다. 즉 유아 세례 시에 추정적 또는 약속적 중생이 일어나고, 나중에 인생의 어느 시점에서 완전한 중생이 일어나는 것으로 보는 것이다. 또 다른 그룹은 믿는 순간에 일어나는 새로운 출생이라는 즉각적인 행위로 이해하고 싶어 한다. 그러나 앞에서 이미 언급했지만, 이러한 논의를 전개할 때 정말 중요한 것은 성경 자체의 증언을 면밀히 검토해야 한다는 것이다. 우리는 이미 아우구스티누스가 주로 기존 전통과 자신의 논리적인 추론에 의해서 나름 결론을 도출해내었다는 사실을 살펴보았다. 종교개혁자들은 오직 성경(Sola Scriptura)을 외치긴

했지만, 그들 또한 로마 가톨릭 교회의 전통에서 벗어나지는 못했다.

이렇듯 성경 자체에 견고한 기초를 두고 있지 않다면, 그 위에 세워진 건물은 안전할까? 조직 신학은 비유컨대 일종의 거대한 강으로 생각해 볼 수 있다. 그러나 이 강은 두 개의 지류가 만나 도도히 흐르고 있다. 즉 역사 신학과 성경 신학이다. 이 지류 중 하나가 오염되었다면, 바다 또한 오염될 수밖에 없다. 이 말은 곧 자신의 조직 신학은 자신의 성경 신학만큼만 좋다는 또 다른 표현인데, 이는 후자가 전자의 구성 요소이기 때문이다. 조직 신학은 일반 계시를 통합하지만, 더욱 중요한 계시의 출처는 바로 성경의 특별 계시이다.

따라서 *확고한 성경의 석의(solid exegesis of the Scriptures)*야말로 포괄적이고 일관되며 통일성이 있고 논리정연하며 통합적인 조직 신학을 개발하는데 있어서 가장 중요하다. 그렇다면 성경이 말하는 중생이 무엇인지를 정확하게 보려면 성경의 문맥 속에서 중생을 보아야 하며, 그러려면 성경으로 눈을 돌려야 한다.

성경 속 중생

디도서 3장 5절

신약 성경은 중생의 교리를 가르치는데 여러 가지 다른 단어와 이미지를 사용하고 있다. *중생(regeneration)*을 의미하는 그리스어는 *"팔린게네시아(palingenesia)"* 인데, 이 단어는 마태복음 19장 28절과 디도서 3장 5절, 단 두 군데에서만 사용되었다. 마태복음에서 예수님은 자신의 재림 때 *"세상이 새롭게 될 것(팔링게네시아)",* 즉 *세상의 중생*이 일어나게 될 것을 말씀하셨다. 그리고 그리스도 자신의 왕국을 세우실 것과 열두 제자가 이스라엘의 열두 지파를 심판할 것과 그리고 그리스도를 위해 자신을 희생한 자들에게 보상하실 것을 언급하셨다.

그러나 디도서 3장 5절을 보면, 우리는 신자의 거듭남을 직접적으로 언급하는 것을 볼 수 있다. "우리를 구원하시되 우리가 행한 바 의로운 행위로 말미암지 아니하고 오직 그의 긍휼하심을 따라 *중생(regeneration)*의 씻음과 성령의 새롭게 하심으로 하셨나니." 많은 이들이 물세례의 행위가 중생을 일으킨다고 확신하고 있는데, 그 이유는 이 구절이 중생과 씻음을 함께 언급하고 있기 때문이다. 그러나 바로 이어서 성령님을 언급하고 있고, 다른 여러 구절들과 함께 보면, 이 중생은 물과 직접적으로 연결되어 있지 않고 오히려 성령님과 연결된 성령의 사역이란 사실을 볼 수 있다.

베드로전서 1장 3절, 23절

중생(regeneration)을 의미하는 명사뿐만 아니라 동사 "거듭나다(born again)"에 해당하는 그리스어 "*아나겐나오(anagennao)*" 또한 신약 성경에서 단 두 군데에서만 사용되고 있다. 베드로전서 1장 3절과 23절이다. 1장 3절은 "우리 주 예수 그리스도의 아버지 하나님을 찬송하리로다 그의 많으신 긍휼대로 우리를 *거듭나게 하사* 예수 그리스도를 죽은 자 가운데서 부활하게 하심으로 말미암아 산 소망이 있게 하시며"(KJV 직역)라고 말하고 있다. 여기서 거듭나게 하는 일을 하시는 분은 아버지이다.

베드로전서 1장 23절도 보면, "너희가 *거듭난* 것은 썩어질 씨로 된 것이 아니요 썩지 아니할 씨로 된 것이니 살아 있고 항상 있는 하나님의 말씀으로 되었느니라"라고 말하는 것을 볼 수 있다. 이번에는 하나님께서 우리에게 새로운 출생을 주기 위해 사용하신 도구인 하나님의 말씀에 초점을 맞추고 있다.

그런데 이 네 개의 구절 가운데 (명사형이든 동사형이든) 어느 곳에서도 믿음을 중생과 연결시켜 언급하고 있지 않다는 사실에 주목할 필요가 있다. 우리의 믿음이 관련되어 있지 않은 것은 아니지만, 이 구절들에는 중생이 우리의 믿음을 일으킨다거나 아니면 우리의 믿음이 중생을 일으킨다는 것을 암시하는 것이 전혀 없다는 것이다. 어쨌든 베드로전서 1장 23절에서는 하나님께서 이 중생의 역사를 일으키는데 사용하시는 도구가 언급되어 있는데, 바로 하나님의 말씀이다. 이는 사람이 복음 메시지를 듣고 이해하기 전까지는 거듭날 수 없음을 뜻한다. 그렇다면 유아가 어떻게 복음 메시지를 듣고 이해할 수 있는지 묻지 않을 수 없다.

야고보서 1장 18절

야고보서 1장 18절은 또 다른 그리스 동사 "아포쿠에오(apokueo)"를 사용하여 새로운 출생을 묘사하고 있다. 이는 곧 "낳다(beget)"는 뜻을 가진 동사다. "그가 그 피조물 중에 우리로 한 첫 열매가 되게 하시려고 자기의 뜻을 따라 진리의 말씀으로 우리를 낳으셨느니라." 이것이 육체적인 출생을 언급하는 것이 아니라는 사실이 출생에 사용된 도구가 진리의 말씀이란 점을 통해서 명백히 알 수 있다. 이것은 영적인 출생을 가리키며, 이 영적인 출생은 하나님의 말씀이라는 도구를 통해서 이루어진다. 다시 한번 우리는 영적 출생의 도구가 하나님의 말씀이고, 듣고 이해하는 것이 거듭남의 필수 조건일진대, 어떻게 거듭나는 일이 유아들에게 이루어질 수 있는 것인지를 묻지 않을 수 없다. 이와 같은 구절들은 유아 세례를 실행하는 자들이 과연 유아 속에서 어떻게 하나님의 말씀이 작용하여 새로운 출생을 일으킬 수 있는지에 대한 설명으로 "믿음의 씨앗"이나 "대부모의 믿음"과 같은 억지 개념을 만들어낸 이유이기도 하다.

시제

앞서 언급했던 세 개의 동사(베드로전서 1:3, 23, 야고보서 1:18)에 대해서 살펴보아야 할 또 다른 측면은 *시제*의 문제다. 야고보서 1장 18절과 베드로전서 1장 3절을 보면, 부정과거 시제(aorist tense)가 사용된 것을 볼 수 있다. 부정과거 시제는 동사의 모습(동작 유형)에 관해서는 실제로 특정할 수 없는 시제이긴 하지만, 일반적으로 진행되는 과정이나 지속적인 행동을 묘사하는데 사용하는 시제는 아니다. 베드로전서 1장 3절에 사용된 부정과거 시제는 분사 역할을 하며, 현재형 연결사("to be") 역할을 한다. 부정과거 시제가 현재 시제의 주동사에 종속될 때, 분사의 행위는 주동사의 행위보다 선행한다. 다시 말해서 베드로가 베드로전서를 쓸 때에, 디아스포라 상태에 있던 이 유대인 신자들은 이미 거듭난 사람들이었다. 그들의 영적인 출생은 이미 이루어진 일이었다.

출생이라는 이미지는 진행되는 과정이 아니라, 이미 이루어진 일을 가리킨다. 비록 임신 기간을 하나의 과정으로 설명할 순 있지만, 출생은 그렇지 않다. 비록 출산이 길어질 순 있지만 보통 출산은 하루 만에 이루어진다. 그러므로 출생 자체는 임신의 완성을 뜻하며, 특정 순간에 단 한 번 일어나는 것으로 이해할 필요가 있다. 베드로전서 1장 3절의 경우를 보면, 부정과거 시제는 거듭남이 이미 일어났고, 베드로가 서신을 쓰기 이전에 이미 일어난 역사라는 사실을 말해준다. 이 구절에 담긴 중생의 개념은 교회사 가운데 진행되어온 그 어떤 중생의 개념과도 일치하지 않는다.

베드로전서 1장 23절에 사용된 동사 또한 신자들의 영적 출생이 어떤 과정을 거친다는 개념이 전혀 없음을 보여준다. 이 구절에 사용된 동사는 완료 시제(perfect tense)다. 이는 곧 과거에 완료된 행위가 현재까지 지속되고 있음을 뜻한다. 여기서 요점은 출생 행위가 완료되었고 또한 과거에 일어난 일이라는 것이다. 여기서 중생을 묘사하는 동사로 사용된 "너희가 거듭난 것(Being born again)"이란 단어는 신자들의 생애 가운데 여전히 진행 중인 과정이 아니라 이미 완료된 행위를 가리킨다.

사도 요한

요한복음 1장 13절

요한복음 1장 13절, "이는 혈통으로나 육정으로나 사람의 뜻으로 나지 아니하고 오직 하나님께로부터 난(born) 자들이니라"는 구절을 보면, 여기엔 겐나오(gennao), "태어나다(born)"란 동사가 사용되었다. 이 동사 앞에 비록 "다시(again)"의 의미를 가진 아나(ana)나 팔린(palin)이란 전치사가 붙어 있지는 않지만, 이 구절 또한 영적인 출생을 말하고 있다. 여기서 하나님께로서 난 자들이란 이미 그리스도를 영접하고 그리하여 하나님의 자녀가 되는 권세를 얻은(요 1:12) 사람들을 가리킨다. 사람은 출생을 통해 자녀가 되므로, 출생을 나타내는 동사가 사용되었다. 또 다시 이 단어는 부정과거 시제를 사용하고 있는데, 이 단어는 과정을 나타내는데 결코 사용된 일이 없는 시제다. 이 구절이 많은 내용을 우리에게 말해주지 않는다해도, 분명 중생은 하나님의 사역이다. 사람들은 그리스도를 "영접하는" 일을 할 수 있지만, 그럼에도 인간은 수동적인 역할을 할 뿐이고, 하나님이 능동적인 역할을 하신다. 하나님께서는 자기 자녀를 출산하는 일에 매우 능동적인 산파 역할을 하신다. 그리스도를 "영접하는 일"에 인간의 의지적인 측면이 관련되어 있긴 하지만, 그럼에도 아기들은 출생하는 일에서 상대적으로 수동적이다.

요한복음 3장 3-8절

이 구절은 "거듭남 또는 다시 태어남(born again)"이라는 개념을 소개하는 구절로, 많은 사람들이 잘 알고 있는 구절이다. 그런데 이상하게도, "*다시(아노텐, anothen)*"라는 단어는 "다시(again)"의 의미보다는 "위로부터(from above)"(요 3:31, 19:11, 23)의 의미도 포함하고 있기 때문에, 다시 태어난다는 단어의 언어적 의미는 상당히 약화될 수 있다. 그럼에도 불구하고, 요한복음 1장 13절에서 우리가 발견한 것과 동일한 출생을 나타내는 동사 *겐나오(gennao)*가 이 구절들에서 여덟 번 사용되고 있다. 각 경우마다 부정과거 시제나 완료 시제가 사용되고 있기 때문에, 영적인 출생은 과정이 아니라는 사실을 다시 한번 강조되고 있다. 이 구절들이 명확하게 밝히고 있는 한 가지 사실은 거듭남과 성령님이 직접적으로 연결되어 있다는 것이다(요 3:6-8). 대부분 성경 주석자들은 세례 요한이 메시아를 성령으로 세례를 주는 이라고 예언하고 있는 요한복음 1장 33절을 근거로 해서, 성령에 의해서 이루어지는 거듭남(the new birth)은 성령께서 신자에게 세례를 베푸는 시점에 일어난다고 설명하고 있다.

중생이 진정 그렇게 일어나는 것이라면, 이는 구약 시대의 중생에 대해서 의문을 일으킬 수밖에 없다. 구약시대 성도들 또한 신자들이었고 영생을 소유한 사람들이었지만, 그럼에도 오순절 이후의 신자들이 중생한 것과 같은 의미로 중생하지는 않았을 것이다. 구약시대의 신자들은 옳고 그름의 기준을 명확히 밝히고 있는 율법에 의지했지만, 우리는 새 언약 덕분에, 그들에겐 알려지지 않은 방식으로 우리의 양심을 활성화시키기 위해서 성령님이 우리 속에 내주하신다. 다윗과 같은 사람은 (구속의 날까지 인침을 받는 것과 같은 것은 아니었지만) 성령님을 소유했기에, 오늘날 우리가 경험하는 것처럼 죄에 대한 각성을 경험했던 것으로 보인다. 아마도 그것이 그가 하나님의 마음에 합한 사람으로 불렸던 이유였을 것이다.

요한일서 5장 1절

놀랍게도, 일부 개혁주의 학자들은 이제 구원의 서정에서 중생이 믿음보다 선행한다는 자신들의 믿음을 주장하기 위해서 요한일서 5장 1절을 근거 구절로 제시하고 있다. 최근 한 논문에 따르면, 존 파이퍼가 신약성경에서 요한일서 5장 1절이 중생이 믿음보다 선행한다는 입장을 지지하는 가장 명확한 구절이라고 말했다고 인용하고 있었다.[42] 이런 주장은 유명한 개혁주의 학자들, 즉 스토트, 웨어, 프레임, 머레이 등의 지지가 없었다면 굳이 다룰 필요조차 없었을 것이다. 이런 주장은 그리스어 문법, 즉 분사와 완료 시제의 사용을 오해하고 있기 때문에 생겨난 것이다.

모두 뛰어난 그리스어 문법학자들인 마운스, 월러스, 저윅, 몰튼 등은 완료 시제를 과거에 완료된 행위가 현재적인 결과를 낳은 것으로 설명하고 있다. 요한일서 5장 1절에서 "낳다(born)"로 번역된 그리스어 동사는 완료 시제이지만, "믿는다"는 동사는 현재형 분사다. 앞서 언급했던 개혁주의 학자들은 주동사("낳다(born)")의 동작이 과거에 완료되었고, 문장의 주어에 연결된 분사는 현재형이기 때문에, 주동사("낳다/중생하다")의 동작이 "믿는 것(believing)"보다 선행해야 한다고 주장한다. 그래서 그들은 중생이 믿음을 일으키거나 또는 믿음의 원인이 되어야 하다고 주장한다.

물론, 영어 문법과 마찬가지로 그리스어 문법에서도 길을 잃기 쉽다. 그리스어 문법을 처음 배우기 시작한 초급생이 흔히 저지르기 쉬운 오류를 피하려면, 이러한 주장은 더 자세히 검토될 필요가 있다. 더 깊이 들어가기 전에 한 가지 지적하고 싶은 점은, 일부 개혁주의 학자들이 요한일서 5장 1절에서 사용된 "낳다"는 동사가 완료 시제를 사용하고 있고, 이는 곧 중생이 믿음보다 선행한다는 자신들의 이해를 지지하는 것으로 설명하고 있지만, 앞서 언급한 문법학자들은 전혀 그렇게 설명하고 있지 않다는 것이다. 그리스어 문법학자들이 개혁주의 신학자들 보다 문법을 더 잘 알고 있지 않겠는가? 그렇다면 요한일서 5장 1절은 실제로 무엇을 말하고 있는가? 요한일서 5장 1절을 보자.

"예수께서 그리스도이심을 믿는 자마다 하나님께로부터 난 자니 또한 낳으신 이를 사랑하는 자마다 그에게서 난 자를 사랑하느니라."(요일 5:1)

문장의 주어인 "자마다(whoever)" 다음에는 "믿는(believes)"(NKJV)으로 번역된 그리스어 현재 분사가 나온다. 이 현재 분사(o pisteuon) 앞에는 영어에서 that의 역할을 하는 "o"가 붙어 있는데, 이는 "관사적" 분사로서, 주동사에 연결되어 부사 역할을 하는 것이 아니라 비인칭 대명사에 연결되어 형용사 역할을 한다. ESV는 이러한 문법을 반영하여 "Everyone who believes"로 번역했다. 분사 앞에 관사가 없는 경우에만 분사는 주동사인 "낳다"와 연결되어 어떤 식으로든 "하나님께로부터 난" 상태를 묘사하거나 한정할 수 있다.[43] 따라서 문장의 주어를 묘사하는 형용사적 분사로서, 이 현재 분사는 주동사의 결과에 영향을 미치지도 않고 또한 주동사의 행위에 어떤 식으로든 개입하지도 않는다. 문법학자들은 그저 저자가 완료 시제를 사용하여 강조하고 싶어 하는 특정 동사의 모습이 과연 과거에 완료된 행동인지("낳았다(has been born)") 아니면 현재의 결과인지("낳다 (is born)")에 대해서 설명할 뿐이다. 예수님께서 십자가에서 외치신 "테텔레스타이(tetelestai)"(완료 시제 동사)를 "다 이루었다(It is finished)"로 번역한 것을 볼 때, 우리는 후자가 강조되고 있는 것을 볼 수 있다. 대부분의 번역자들은 여기에서 십자가 처형의 현재적인 결과에 초점을 맞춰 현재 시제로 "다 이루었다"고 번역하고 있지만, 그들은 과거에 완료된 행동에 초점을 맞추어 "다 이루어졌다(it has been finished)"로 번역할 수도 있었다. 마찬가지로, 요한일서 5장 1절을 번역했던 대부분 번역자들은 요한이 그리스어 완료 시제를 사용한 것을 현재적인 결과에 초점을 맞춰서 현재 시제로 "하나님께로부터 난(is born)"으로 번역하고 있다.

마지막으로 살펴볼 것은 요한일서 5장 1절은 현재적으로 신자인 사람이 처음 믿을 때 가지고 있었던 원시적인 믿음에 대해서 다루고 있지 않다는 점이다. 과거에 거듭난 사람은 현재적으로 믿고 있는 사람이며, 하나님을 사랑하고 또한 하나님께로부터 난 다른 사람들을 사랑함으로써 그 믿음을 보여주는 사람이다. 하지만 그들은 현재적으로 믿음에서 떠나 있는 상태이고 또한 하나님이나 다른 사람들을 사랑하지 않을 수 있다. 요한은 믿음 안에 거하는 문제를 다루고 있다. 그의 요점은 거듭난 사람들이 믿음의 여정 가운데 어느 단계에 있든(요한일서 2장 12-14절을 보라), 믿는 사람은 여전히 하나님께로부터 난 자이며, 하나님을 사랑하고 또한 하나님께로부터 난 다른 사람들을 사랑함으로써 믿음 안에 거하며, 이로써 그들의 영적인 혈통(요한일서 3장 9절과 비교해보라)을 나타낸다는 것이다. 요한은 일반적인 원리를 강조하고 있기 때문에, "믿는 자마다"와 "사랑하는 자마다"라는 분사들의 현재 시제를 사용하고 있으며, 아울러 하반절에 있는 "또한 사랑하느니라"(격언을 나타내는 현재 시제)는 구절과 함께 결합해서 격언적 용법을 사용하고 있다.[44]

바렛(Barrett)은 그의 논문 전체에서 중생이 실제적으로 믿음을 촉발시킨다고 주장함으로써 문법의 오류를 범하고 있다. 만일 이 구절이 정말 그렇게 말하고 있다면, 이 구절은 개혁주의 신학을 지지하는 근거구절이 될 수 있다. 하지만 원인과 결과는 주동사와 연결되어 있는 부사적 분사로만 예측할 수 있다. 불행히도 자신의 주장을 위해서 그가 인용하는 분사들은 모두 형용사적 분사들이다. 결과적으로, 이 구절은 믿는 것이 새로운 출생(중생)의 결과이거나 또는 중생에 의해서 촉발되는 것으로 말하고 있지도 않다. 새로운 출생이 믿음을 촉발하거나 또는 믿을 수 있게 해준다고 주장하는 것은 마치 마라톤 경주에서 달리는(현재 분사) 모든 사람이 경기 번호표를 달고 있는데(완료 동사), 그 번호표를 단 것이 그들로 하여금 경기장을 달리게 했다고 주장하는 것과 같다. (이렇게 말하는 것은 잘못된 인과관계를 주장하는 것이다. 번호표를 달았다는 사실이 그 사람이 경주를 달리는 행위의 원인(causes)이 되지는 않는다. 그들은 이미 경주를 달리고 있거나, 경주에 참여하고 있기 때문에 번호표를 단 것일 뿐이다. 이 비유는 중생과 믿음의 관계가 원인과 결과의 관계가 아니라, 두 가지 별개의 영적 현실 또는 상태임을 문법적인 근거를 들어 설명하려는 시도다. 중생은 하나님의 주권적인 역사이며, 믿음은 그 결과로 나타날 수 있는 반응이지만, 한쪽이 다른 쪽을 직접적으로 "야기한다"는 인과관계로만 해석하는 것은 성경의 문법적 뉘앙스를 오독하는 것이다.) 이 논문 전체는 그리스어 문법의 단순한 오류에 기반을 두고 있다. 그리고 이는 논쟁의 여지가 없는 오류다.[45]

결론

우리는 구원의 서정에서 중생을 믿음 앞에 두는 것에 대한 성경적 지지가 전혀 없다고 결론을 내리고자 한다. 아울러 *시간적인 우선순위*(temporal priority)는 없고, 그저 논리적인 우선순위(logical priority)만을 주장하는 것은 그 자체가 모순이다. 이런 맥락에서 "우선순위"라는 말 자체가 시간상 우선순위를 가리킨다. 이 단어는 "시간에" 사용하는 단어다. "우선순위"의 의미를 "중요성에 있어서 첫째"로 바꾸지 않는다면, 시간적 우선순위 없는 논리적 우선순위를 주장하는 것은 터무니없다. 그리고 분명히 역사 신학에서 중생은 믿음보다 시간적 우선순위를 가진 것으로 여겨졌는데, 이는 유아들이 물세례를 받을 때 중생한다고 생각되었기 때문이다. 개혁주의 신학자들이 유아 세례에 대한 성경적 지지가 거의 없다는 사실을 깨닫고 나서야 시간적 우선순위 대신 논리적 우선순위를 주장하기 시작했다.

스프라울은 논리적 우선순위를 주장하는데, 왜냐하면 그는 이것이 아니라면 다른 유일한 선택지가 펠라기우스주의, 반(半)펠라기우스주의, 또는 신인협력설(synergism) 외에는 없다고 보기 때문이다. 그는 "만일 우리가 믿음이 중생보다 선행한다고 가정한다면, 우리는 중생하지 않은 사람들이 아직 중생하지 않은 상태임에도 불구하고 믿음을 행사할 수 있는 도덕적 능력을 가지고 있다고 가정하는 것이 된다. … 이렇게 되면 아르미니우스주의적이거나 또는 반(半)펠라기우스주의적인 타락관을 수용하는 꼴이 된다"[46]라고 썼다. 그는 체이퍼와 왈보드의 글을 인용하면서, 그들이 신인협력설을 배제하는 구원관을 주장했다고 말했다. 그러나 그는 중생을 누가 일으키는가(하나님 홀로 - 단일설, 또는 하나님과 인간이 함께 - 협력설)에만 논점을 둠으로써, 본질적인 문제를 흐리는 잘못된 논법을 썼다고 그들을 비판했다. 오히려 그는 구원의 서정에서 믿음이 중생보다 선행하면 그것은 신인협력설이라고 주장했다.[47] 그는 체이퍼와 왈보드가 "중생은 믿는 마음 안에서 전적으로 하나님의 사역이다"와 같은 진술을 할 때 "모호하고" 또한 "불분명하다"고 비난했다. 그는 이런 진술을 불분명하다고 생각했는데, 왜냐하면 믿음이 중생보다 선행하는지 아니면 그 반대인지를 따지는 것 자체가 문제라고 이해했기 때문이다. "마음이 이미 믿고 있는가, 아니면 중생했기 때문에 믿고 있는가? 이 질문에 대한 대답이 칼뱅주의와 반(半)펠라기우스주의를 결정한다."[48]

여기에 문제들이 많이 보인다. 첫 번째는 시너지즘(synergism)이라는 단어에 있다. "함께 일하다"는 뜻의 그리스어 "쉬네르게오(*sunergeo*)"에서 파생된 이 단어의 정의만으로도 복음주의 신학자라면 누구라도 구원에 대해서 이렇게 협력적인 방식으로 접근하는 것을 단호히 거부하기에 충분하다. 체이퍼도 왈보드도 인간과 하나님이 인간의 구원을 이루기 위해서 함께 일한다고 말한 적이 없다(요한복음 1장 13절을 보라). 그렇다면 스프라울은 그들을 그 점 때문에 어떻게 비난할 수 있는가? 이는 그가 중생 앞에 믿음을 두는 모든 구원의 서정을, *협력설(synergism)*로 보기 때문이다. 믿음조차 하나의 행위로 보지 않는 한, 이것이 어떻게 가능한 것인가? 바로 스프라울이 말하고자 하는 바가 정확히 그렇기 때문이다. 즉 그는 사람이 중생 이전에 믿을 수 있다면, 그렇다면 인간이 자신의 구원에 기여할 도덕적 능력이 있다고 생각한다. 그리고 사람이 중생 이전 구원 과정에 무슨 기여라도 할 수 있다면, 그의 구원은 전적으로 하나님의 역사만으로 되는 것이 아니다. 그렇다면 그것은 신인협력적일 수밖에 없다.

이것이 성경적인 사고방식인가? 절대로 아니다. 이러한 종류의 추론은 믿음을 하나의 행위로 만들어 버린다. 성경은 너무도 많은 곳에서 믿음과 행위를 대조시키고 있기 때문에, 따로 언급할 필요가 없을 정도다. 에베소서 2장 8-9절과 로마서 4장 4-6절이 이 점을 명확하게 말하고 있지 않은가? 만일 구원이 믿음에 의한 것이라면, 행위는 구원 과정에서 아무런 기여를 할 수 없다. 그럼에도 중생 이전의 믿음이 신인협력적이라고 주장하는 것은 믿음을 행위와 동등한 것으로 볼 때에만 가능한 이야기가 된다.

하지만 중생 이전의 믿음이 사람으로 하여금 고결한 (즉 구원에 보탬이 될 수 있는) 행위를 촉발시킬 도덕적 능력이 있음을 전제하는 것이라는 주장에 대해서 우리는 무슨 말을 할 것인가? 특정 개혁주의 신학자들은 고(故) 존 거스트너의 말에서 이 점이 투명하게 드러나고 있다고 주장했다.

개혁주의 교리에 따르면, 전적 타락은 인간을 도덕적으로 고결한 선택을 할 수 없게 만든다. 반면 세대주의는 어느 정도는 이 생각에 동의하는 듯 보이지만, 이렇게 "전적으로 타락한" 인간은 그럼에도 불구하고 믿을 수 있는 존재로 보는 것 같다. 우리는 인간의 믿음이 중생보다 선행하거나 적어도 중생과 동시에 일어난다는 것(그리고 중생에 기반하지 않는다는 것)을 보게 될 것이다. 이런 교리가 유지되는 한, 전적 타락의 신경은 잘리게 된다. … 세대주의자가 주장하는 바와 같이 인간이 복음에 도덕적으로 반응할 수 있다고 할 것 같으면, 세대주의는 결국 인간이 전적으로 타락했다고 믿지 않는 것이다.[49]

R.C. 스프라울이 "가장 유명한 세대주의자"라고 깎아내리는 체이퍼와 왈보드, 그리고 빌리 그레이엄은 어떻게 인간의 전적 타락을 믿으면서 또한 동시에 믿음이 중생보다 선행한다고 주장할 수 있었던 것일까? 핵심은 바로 그들은 인간이 스스로 하나님을 위한 도덕적 선택을 할 수 있다고 믿지 않았기 때문이다. 인간은 "도움", 즉 신적인 능력을 필요로 한다. 체이퍼는 이러한 신적인 능력을 "신적인 설득(divine persuasion)"이라고 불렀다. "이 모든 것에서 주목해야 할 중요한 진실은, 신적인 설득이 아무리 무한하더라도 그것은 여전히 설득으로 남는다는 점이다. 다시 말해서 개인의 영혼이 그리스도를 믿으려는 결단을 내릴 때, 그는 강제나 강압에 의해서가 아니라 자신의 의지로서 결단을 내리는 것이다."[50] 빌리 그레이엄은 이렇게 설명한다. "성령님은 가능한 모든 것을 동원해서, 당신을 동요시키고, 이끌고, 사랑을 나타내지만, 결국 그것은 당신의 개인적인 결정이다."[51]

따라서 결론은 이렇다. 스프라울/ 거스트너 같은 개혁주의 사상가들과 체이퍼/ 왈보드 같은 세대주의자들은 전적으로 타락한 인간은 스스로 도덕적 선택을 할 수 없다는데 동의하고 있다. 그러나 후자는 인간이 그러한 선택을 할 수 있도록 만드는 신적인 능력을 "신적인 설득"이라고 부르는 반면, 전자는 이 신적인 능력을 "중생"이라고 부른다. 그렇지만 우리의 성경 신학은 중생을 믿음 앞에 두는 것에 대해서 성경적인 지지가 없음을 피력했다. 그렇기 때문에 일부 개혁주의 성향을 가진 조직 신학자들은 그 순서를 바꾸고 싶어 한다.[52] 그들의 성경 신학이 그것을 요구하기 때문이다. 그러나 이 "신적인 설득"이라는 개념은 어떠한가? 성경적이라고 할 수 있는가?

스프라울은 이 논쟁이 바로 이 한 가지 핵심으로 귀결된다는 것을 정확히 인식했다. 하나님은 과연 요한복음 6장 44절이 가르치는 것처럼 사람들을 자신에게로 이끄시거나 권유하는 일을 하시는가, 아니면 그 모든 것이 하나님 자신에게서 비롯되고 인간에게서 비롯된 것이 아님을 증명하기 위해 그들을 강제로 하나님의 왕국으로 이끌어 들이시는가? 스프라울은 하나님이 사람들을 그들의 의지에 반하여 자신의 왕국으로 이끌어 들이신다고 주장한다.[53] 그는 요한복음 6장 44절의 핵심 동사 "헬코(helko)/ 헬쿠오(helkuo)"를 "끌어당기다, 강요하다, 강제하다"라는 의미로 해석했다. 그리고 스프라울은 저항할 수 없는 은혜 또는 불가항력적인 은혜를 굳게 믿는 것 같다. 동사 "헬코"는 신약 성경에서 단 두 번만 사용되었다(약 2:6, 행 21:30). 이 두 개의 구절을 보면, 신자들이 적대적인 환경 가운데 불신자들에 의해서 그리고 불신자들 앞으로 그들의 의지에 반하여 끌려가는 모습을 볼 수 있다. "헬쿠오"란 단어는 요한복음 밖에서 유일하게 한 번 사용되었는데, 마찬가지 상황에서 사용되었다. 즉 사도행전 16장 19절을 보면, 이 단어는 바울과 실라가 당국 앞에 끌려가게 된 상황에서 사용되었다.

스프라울은 요한복음 6장 44절에 사용된 "헬쿠오"란 단어도 강제적인 의미에서 "끌어당기다(drag)"란 뜻을 가지고 있다고 결론을 내렸다. 이것은 모세스 실바(Moises Silva)가 "불법적이며 총체적 전이"[54]라고 명명한, 성경 해석의 오류(exegetical fallacy)다. 야고보서와 사도행전에서 그 단어가 "의지에 반하여 끌어당기다"란 뜻을 가지고 있다고 해서 요한복음 6장 44절과 같이 전혀 다른 문맥에서도 반드시 같은 의미를 가져야 하는 것은 아니다. 성경 신학에서 우리는 요한이 그 단어를 사용한 문맥 속에서 요한이 의도했던 의미를 찾고자 해야 한다. 그렇다면 야고보나 누가와 같은 저자들이 그 단어를 사용한 용례보다는 오히려 요한복음에서 요한이 그 단어를 사용한 용례들을 살피는 것이 더 도움이 될 것이다. 요한은 요한복음에서 "헬쿠오"란 단어를 네 번 더 사용했다. 요한복음 12장 32절은 요한복음 6장 44절과 매우 유사한 문맥을 가지고 있기 때문에, 요한복음 12장 32절을 통해서 요한복음 6장 44절의 의미를 결정하는 것은 순환 논증이 될 것이다. 요한복음 18장 10절을 보면, 우리는 베드로가 대제사장의 종의 귀를 베기 위해서 칼집에서 칼을 *뽑는(drawing)* 것을 볼 수 있다. 그리고 요한복음 21장 6, 7절을 보면, 어부들이 물고기가 가득한 그물을 *끌어당기는(drawing)* 것을 볼 수 있다. 무생물이나 인간이 아닌 생명체에게 "헬쿠오"란 단어를 사용한 것 자체로는 아무 것도 확정할 수 없다. 그렇다면 요한복음 6장 44절에 사용된 "헬쿠오"란 단어의 의미를 어떻게 결정할 수 있을까?

스프라울은 "헬쿠오"란 단어가 "저항할 수 없는 우월성으로 강요하다"는 의미를 가지고 있다는 자신의 이해를 뒷받침하고자 키텔(Kittel)의 글을 인용했다.[55] 우리는 이러한 결론이 스프라울의 성급한 판단이었는지 아닌지 확신할 수는 없지만, 그 글은 요한복음 6장 44절과 관련해서 오히려 정반대의 결론을 내리고 있음을 확인할 수 있었다. 알브레히트 외프케(Albrecht Oepke)[56]는 마카베오서 1권 4장에서 두 구절, 예레미야 31장 3절에서 한 구절을 인용하여 헬쿠오(*helkuo*)란 단어가 가족 맥락이나 연인

맥락에서 "사랑으로 이끌다" 또는 "구애하다"란 의미로 사용되고 있다고 설명했다. 예레미야서를 보면, 하나님께서 연인으로서 그의 사랑의 대상인 이스라엘을 영원한 사랑으로 이끄셨던(drawn) 일을 언급하고 있다. 그리고 마카베오서 1권 4장 14:13과 15:11을 보면, 유대인 어머니가 자신의 일곱 아들이 믿음을 위해 순교하는 모습을 지켜보는 상황을 언급하고 있다. 두 경우 모두 이 헬쿠오란 동사는 사랑하는 자가 사랑을 받는 자를 강한 사랑의 끈으로 끌어당기는 일에 사용되고 있다. 다시 한번 우리는 문맥이 모든 것을 결정한다는 진실을 볼 수 있다. 요한복음 6장 44절은 하나님께서 이끄시는 경우에만 사람들이 예수님께 나아온다는 사실을 말하고 있다. 이것은 적대적인 상황이나 환경 가운데 일어나는 일이 아니다. 오히려 이것은 가족 맥락이며 사랑 맥락이다. 어째서 이것이 그토록 중요한 것인가? 사랑은 강제적인 것이 아니기 때문이다. 어떤 신랑이 자신의 신부를 결혼식장으로 억지로, 강제적으로, 끌고 가기를 바랄까? 나는 그렇지 않다고 생각한다. 하나님께서는 주권적으로 사랑의 관계를 시작했을 수도 있지만, 이제는 연애하고 구애하는 기간을 갖고 계신다. 이로써 미래의 신랑이 미래의 신부를 자신의 많은 미덕으로 설득하고 싶어 하는 것이다.

우리는 "하나님의 설득(divine persuasion)"을, 전적으로 타락한 존재가 구원을 위해 그리스도를 믿는 데 필요한 신적인 능력을 부여하는 것으로 성경이 묘사하고 있는 것이라고 결론을 내리고자 한다. 이것은 결코 신인협력설이 아니다. 하나님이 관계를 시작하시는 분이시며, 하나님이 설득하는 분이시고 또한 구애하시는 분이시다. 인간은 응답자이다. 인간의 믿음은 수동적인 것이다. 인간은 하나님 선물의 수신자이며 받는 자다(요 1:12). 로이 올드리치(Roy Aldrich)는 오래 전에, "선물을 받는 것은 결코 공로적인 행위로 해석될 수 없다"[57]고 주장했다. 그리고 성경 어디에서도 이러한 하나님의 설득을 중생으로 부르고 있지 않다.

밀라드 에릭슨(Millard Erickson)은 그의 조직 신학 연구에서 동일한 결론을 내리고 있다.

여기서 결론은 바로 하나님께서 회개하고 믿는 자들을 중생시키신다는 것이다. 그러나 이런 결론은 전적 무능력 교리와 모순되는 것처럼 보일 수 있다. 이 지점에서 우리는 성경과 논리 사이에서 갈등해야 하는 것인가? 탈출구가 있다. 그것은 하나님의 특별하고 효력 있는 부르심과 중생을 구별하는 것이다. 어느 누구도 복음의 일반적인 부르심에 응답할 능력이 없지만, 택함 받은 자의 경우에는 하나님께서 특별한 부르심을 통해서 강력하게 역사하심으로써 그들로 하여금 회개와 믿음으로 응답하게 하신다. 이 회심의 결과로, 하나님은 그들을 중생시키신다. 이 특별한 부르심은 단순하게 말하자면, 성령님의 강력하고도 효력 있는 역사다. 이러한 성령님의 역사는 중생을 일으키는 완전한 변화가 아니라, 개인의 회심을 가능하게 만들고 확실하게 만드는 역사다. 따라서 구원의 초기 단계에서 논리적 순서는 특별한 부르심-회심-중생이다.[58]

로버트 파인(Robert Pyne)은 다음과 같이 쓰면서 비슷한 이해를 드러내고 있다.

많은 신학자들, 특히 더욱 개혁주의적인 성향을 가진 자들은 부르심과 믿음 사이에 중생을 넣고 싶어한다. 믿음보다 선행하고 택함 받은 자에게만 작용하는 분명한 성령의 사역이 있지만, 그 사역을 묘사할 때에는 더 구체적인 용어를 사용하는 것이 나아 보인다. 중생이 영혼을 살리는 성령의 내주를 통해서 일어난다고 주장할 수 있다. 그러한 내주는 믿음을 통해서 오는 것이기 때문에(행 2:38, 갈 3:2), 중생을 믿음의 원인이 아니라, 믿음의 결과로 보는 것이 적절하다.[59]

결론

　우리는 본 장에서 개혁주의 신학과 세대주의 신학 간의 중요한 차이점 중 하나인 *구원의 서정(ordo salutis)*에서 중생과 믿음과의 관계와 이에 대한 서로 다른 해석이 전적 타락에 대한 이해에서 비롯되었음을 살펴보았다. 개혁주의 신학과 세대주의 신학은 모두 나름 체계적인 신학 체계를 가지고 있다. 정의상, 좋은 신학 체계는 일관성, 통일성, 포괄성, 그리고 조화성을 갖춰야 한다. 어느 신학 체계에서든 어떤 교리들은 그 신학 속에 깊이 내재되어 있기 마련이다. 다시 말해서, 여러 교리들 중 하나가 결함이 있는 것으로 판명되면, 전체 신학 체계가 결함이 있는 것이 되고, 적어도 개정이 필요하게 되며, 솔직히 거부되어야 한다.

　우리는 또한 조직 신학이 그 위에 세워지는 역사 신학과 성경 신학이 좋은 만큼만 좋다는 점을 설명했다. 만일 신학 체계의 측면들이 명확한 성경의 증언과 충돌한다면, 그 신학 체계는 불일치, 불통일성, 불포괄성, 그리고 부조화성을 가질 수밖에 없다. 스프라울과 거스트너는 그들이 인정한 대로, 전적 타락에 대한 그들의 견해가 그들의 칼뱅주의 5대 교리 가운데 나머지 네 가지 교리를 지배하고 있다고 말했다. 그러나 그들의 전적 타락 견해에 필수적인 것은 중생이 택함 받은 자 안에서 믿음의 작용보다 선행해야 한다는 그들의 교리이다. 이 핵심적인 요소가 무너지게 된다면, 그들의 전적 타락 이해는 결함이 있는 것일 수밖에 없다. 그리고 그들의 전적 타락 이해가 결함이 있다면, 그들의 전체 5대 교리 체계는 최소한 흔들릴 수밖에 없게 된다. 우리는 중생이 믿음보다 선행한다는 현대 개혁주의 가르침이 유아 세례와 세례 중생설에서 발전해온 점을 입증하고자 애를 써 왔다. 그것은 또한 성경의 바른 해석보다는 인간의 논리적인 귀결에 의존한 결과였다. 중생이 믿음보다 선행한다는 교리를 지지하는 성경적인 근거가 없다는 점을 충분히 보여주었기를 바랄 뿐이다.

우리는 또한 세대주의를 묘사하기 위해 경멸적인 용어인 "시너지즘 (synergism)"으로 부르는 것은 억지적인 오명을 씌우는 것이란 사실을 밝히 드러내고자 했다. 왜냐하면 세대주의자 가운데 어느 누구도 인간이 자신의 구원을 이루기 위해 하나님과 "함께 일한다"고 말한 일이 없기 때문이다. 믿음은 공로에 속한 행위가 아니다. 본질적으로 이 둘은, 곧 믿음과 행위는 상호 배타적이다. 더 나아가, 중생을 전적으로 타락한 존재가 구원을 위해서 믿을 수 있게끔 신적인 능력을 부여받는 것으로 말하는 것 또한 오해이다. 그렇게 하는 것은 성경적인 단어를 비성경적인 방식으로 오용하는 것이다. 이렇게 신적인 능력을 부여해주는 것에 대해서 성령님이나 하나님 아버지의 사역을 가리키는 부르심, 죄를 깨닫게 함, 이끌어줌, 설득 등(누가복음 14장) 이러한 성경적인 용어를 고수하는 것이 더 성경적이지 않겠는가? 이러한 종류의 성경적 용어를 사용하는 것은 좋은 성경 신학으로 이어지기 마련이다. 그리고 좋은 성경 신학은 견고한 조직 신학을 구축하는 데 도움이 된다.

미주

1 이 자료는 원래 Grace Evangelical Society journal에 기사로 게재되었다.

2 David Wolfe, *Epistemology: The Justification of Belief* (Downers Grove, IL: InterVarsity Press, 1982), 50-55.

3 이것은 E. D. 허쉬 주니어가 *Validity in Interpretation* (New Haven, Yale University Press, 1979) 81-86란 책에서 설명한 "내재적 장르" 개념과 유사하다.

4 R. C. Sproul, *Willing to Believe* (Grand Rapids: Baker, 1997), 193.

5 Ibid., 194.

6 이는 장 칼뱅 사망 후 반세기 이상 지난 시점에 제임스 아르미니우스의 교리에 대한 반작용으로 (도르트레흐트 시에서 열린) 도르트 종교 회의에서 발전하게 된 칼뱅주의의 한 분파다. 도르트레흐트에서 시작된 칼뱅주의는 테오도르 베자의 타락 전 선택설과 윌리엄 퍼킨스의 열매 검사 기준의 영향으로 인해서, 장 칼뱅 자신이 가르친 것에서 멀리 벗어났다고 믿는 사람이 많이 있다(다음 책을 보라. R. T. Kendall, *Calvinism and English Calvinism to 1649* [Oxford: Oxford University Press, 1979]).

7 아우구스티누스는 끝까지 견디는 것을 구원에 필요한 절대적인 요건이자 또한 택함 받은 자의 근거로 보면서, 마태복음 24장 13절을 그에 대한 증거 본문으로 반복적으로 사용했다(*Rebuke and Grace*, 10, 16; *To Vincentius*, 9을 보라).

8 Schaff, *History*, vol. 2, *Ante-Nicene Christianity*, 684-87.

9 Behm, "metanoeo," 4:1008.

10 Ibid., 4:1007.

11 J. Martyr, *Apol.* I., c. 61.

12 J. Martyr, *Dial.*, 14.1.

13 Augustine, *Sermon*, 158.5.

14 Demarest, *Cross and Salvation*, 351.

15 Augustine, *Sermon*, 213.8.

16 Idem, *On Forgiveness of Sins, and Baptism*, II.43.

17 Demarest, *Cross and Salvation*, 282.

18 Augustine, *On the Gospel of St. John*, 80.3.

19 Idem, *On the Spirit and the Letter*, 45.

20 Augustine, *On Rebuke and Grace*, 40.

21 이는 세대주의자들이 일반적으로 동의하는 내용이다.

22 T. Aquinas, *ST*, III, q. 69, art. 7.

23 Ibid., III, q. 68, art. 2.

24 Ibid. II, q. 2, arts., 6-7.

25 Second Vatican Council, Dogmatic Constitution on the Church, II.16.

26 G. Baum, "Baptism," in *Encyclopedia of Theology: The Concise Sacramentum Mundi,* K. Rahner, ed., (New York: Crossroad, 1982), 77.

27 Richard P. McBrien, *Catholicism*, 2 vol. in 1 (Minneapolis: Winston, 1981), 738.

28 Luther, *Works*, 53:103.

29 멜란히톤은 아우크스부르크 신앙고백서 9조에서 비슷한 견해를 표명했다.

30 Luther, *What Luther Says*과 E. M. Plass (St. Louis: Concordia, 1959), 51.을 비교해보라. 아울러 H. Schmid, *The Doctrinal Theology of the Evangelical Lutheran Church* (Minneapolis: Augsburg, reprint, 1961), 463-64에서 인용한 D. Hollaz의 글도 읽어보라. 그는 "유아들의 경우 진지하고 완강한 저항이 없기 때문에, 세례에 동반된 성령의 은혜가 그들의 자연적인 저항을 깨뜨리고 억제함으로써 중생을 방해하지 못하게 한다. 그러므로 그들의 중생은 즉각적으로 이루어진다"고 말했다. 다음 책도 보라. D. Bonhoeffer, *Cost of Discipleship* (London: SCM, 1959), 206; and

F. Pieper, *Christian Dogmatics*, 3 vols. (St. Louis: Concordia, 1953), 3:264, 269-70.

31 *The Book of Common Prayer* (New York: Church Pension Fund, 1945), 270, 280.

32 Calvin, *Institutes*, III.3.9.

33 Ibid., IV.16.19.

34 Ibid., IV.16.17-20.

35 Ibid., IV.15.1.

36 W. G. T.Shedd, *Dogmatic Theology*, 3 vols.(Grand Rapids: Zondervan, reprint, n.d.), 2:508, n. 1. 다음 책도 보라. Michael F. Bird, *Evangelical Theology: A Biblical and Systematic Introduction*, (Grand Rapids, MI: Zondervan Publishing, 2013) 762-763, and Wayne Grudem, *Systematic Theology: An Introduction to Biblical Doctrine*, (Grand Rapids, MI: Zondervan Publishing, 1994), 974-975.

37 Ibid., 2:514.

38 J. Murray, *Redemption Accomplished and Applied* (Grand Rapids: Eerdmans, 1955), 106.

39 L. Berkhof, *Systematic Theology* (Grand Rapids: Eerdmans, 1941), 485.

40 Allen Mawhinney, "Baptism, Servanthood, and Sonship," *Westminster Theological Journal* 49 (Spring 1987): 47-48.

41 Sproul, *Willing to Believe*, 193-4.

42 Matthew Barrett, "Does Regeneration Precede Faith in 1 John?" 이는 2011년 11월 조지아주 애틀랜타에서 열린 제62회 복음주의 신학회 연례 회의에서 발표된 논문으로, 존 파이퍼의 책, *Finally Alive* (Scotland: Christian Focus, 2009), 118쪽을 인용하고 있다. 다음 책도 보라. Matthew Barrett, *Salvation By Grace: The Case for Effectual Calling and Regeneration*, (Phillipsburg, New Jersey, P&R Publishing, 2013)158-162, and John Piper, *Finally Alive*, (Fearn, Ross-Shire, Great Britain: Christian

Focus, 2009) 118.

43 부사적 분사가 독립 동사의 동작을 묘사하는 여덟 가지 방법이 있다. 시간, 방식, 수단, 원인, 조건, 양보, 목적 또는 결과다(Wallace, *Grammar*, 612). 예를 들어 에베소서 5장 18-21절을 살펴보자. 독자들은 "성령의 충만을 받으라"(주동사, 유한 동사)는 명령을 볼 수 있다. 이 주동사 뒤에는 다섯 개의 분사형 동사들(화답하며, 노래하며, 찬송하며, 감사하며, 복종하라)이 이어지고 있다. 이 분사들 중 어느 것도 앞에 관사가 붙어 있지 않기 때문에, 이들 모두는 주동사의 동작을 어떤 식으로든 묘사하는 부사적 분사일 수밖에 없다. 그렇다면 주동사의 동작을 묘사하는 여덟 가지 방법 중 성령의 충만을 받을 수 있는 방법을 다음 두 가지 즉 수단 또는 결과를 통해서 알 수 있다. 즉 1) 화답하며, 노래하며, 찬송하며, 감사하며, 복종하는 방법을 통해서 충만함을 받거나, 아니면 2) 화답하며, 노래하며, 찬송하며, 감사하며, 복종한 결과로 충만함을 받을 수 있다. 따라서 분사들은 에베소교회 성도들에게 어떻게 성령의 충만함을 받을 수 있는지(수단)를 말하고 있거나, 아니면 충만함을 받은 결과(결과)를 말하고 있을 가능성이 매우 높다. 이들 모두 부사적 분사이기 때문에, 주동사인 "충만을 받으라"를 직접적으로 수식하고 있다.

44 Wallace, *Grammar*, 523.

45 다음 글을 보라. Thomas R. Schreiner, "Does Regeneration Necessarily Precede Conversion?" available online from 9 Marks at: http://www.9marks.org/journal/ does-regeneration-necessarily-preceed-conversion: accessed April 16, 2018. 그리고 문법에 대한 내용은 다음 책을 참고하라. Robert W. Yarbrough, *1-3 John*, BECNT (Grand Rapids, Michigan, Baker, 2008), 270. 컬버는 아우구스티누스가 요한일서 5장 1절, "예수께서 그리스도이심을 믿는 자마다 하나님께로서 난 자나"를 해석한 내용을 인용하고 있다. 다음 책도 참고하라. Robert Duncan Culver, *Systematic Theology; Biblical & Historical*, (Fearn, Ross-shire, Great Britain, Christian Focus Publications 2006), 698.

46 Sproul, *Willing to Believe*, 194.

47 Ibid., 196.

48 Ibid. 다음 책도 보라. Matthew Barrett, *Salvation by Grace*, 125.

49 John H. Gerstner, *Wrongly Dividing the Word of Truth: A Critique of Dispensationalism* (Brentwood, TN: Wolgemuth & Hyatt, 1991), 109.

50 Lewis S. Chafer, *Systematic Theology*, 8 vols. (1947-48; Grand Rapids: Kregel, 1993), 6:106-7.

51 Billy Graham, *How to Be Born Again* (Waco, TX: Word, 1977), 168.

52 Demarest, *Cross and Salvation*, 291.

53 Sproul, *Chosen*, 69-72.

54 M. Silva, *Biblical Words and Their Meanings: An Introduction to Lexical Semantics* (Grand Rapids: Zondervan, 1983), 25-27. 이 용어는 본래 제임스 바가 쓴 책, *Semantics of Biblical Language*, (Oxford, Oxford University Press, 1961) 21쪽에서 처음 사용되었다.

55 Sproul, *Chosen*, 69.

56 A. Oepke, "elkuw," in TDNT, 1968 ed., VII: 503.

57 Roy L. Aldrich, "The Gift of God," *Bibliotheca Sacra* 122 (July–September 1965): 252-53.

58 M. J. Erickson, *Christian Theology*, 3 vols. (Grand Rapids: Baker, 1983-85), 3:933.

59 R. Pyne, "The Role of the Holy Spirit in Conversion," *Bibliotheca Sacra* 150 (April 1993): 215, n. 29.

제12장

주재권 구원

　주재권 구원을 논하는데 필요한 주제들에 대해서 이미 많은 이야기를 나누었다. 특히 구원을 확신하는 문제와 구원 받는 믿음의 본질에 대한 중요한 부분들을 심도있게 다루었다. 서기 1세기 말부터 종교개혁 시대의 종교개혁자들이 주창했던 오직 믿음(sola fide)으로 라는 외침에 이르기까지 주류 기독교게에서 행위가 천국으로 가는 방법이라고 가르쳐 왔기 때문에, 주재권 구원을 천국으로 가는 방법으로 접근하는 방식은 종교개혁 시대 이후부터 발전해왔다고 말하는 것이 그리 틀린 말은 아니다.

　우리는 주재권 구원론자들의 주장의 근원을 살펴본 결과, 장 칼뱅이 아니라 테오도르 베자에게 뿌리를 내리고 있다는 사실을 알 수 있었다. 베자는 타락 전 선택설(supralapsarianism)을 토대로 삼고 있는 하나님의 작정에 대한 믿음을 가지고 있었기에, 그는 제한 속죄라는 개념을 만들어내었다. 바로 그 교리는 사람이 구원의 확신을 위해서 그리스도를 바라보지 말고, (왜냐하면 현재 믿음을 고백하는 신자가 버림받은 자일 수 있고, 그렇기 때문에 실제론 자신을 위해 죽은 일이 없으신 구세주를 바라보고 있을 수 있기 때문이다) 오히려 자신의 삶의 열매를 바라보아야 한다는 주장이었다.

이러한 종류의 열매 검사 이론은 영국 칼뱅주의자들과 영국 청교도 신앙을 추앙하는 기독교인들의 전투 구호가 되었다. 택함 받은 자가 구원을 받으려면 끝까지 견뎌야 한다고 말하는 마태복음 24장 13절과 같은 구절들과 무천년주의적 종말론을 결합시킨, 주재권 구원론자들은 사람이 자신의 구원을 확신할 수 있으려면 그 마지막 숨을 거둘 때까지 "열매 검사자"가 되어야 한다는 주장을 하고 있다. 극단적 세대주의자인 대럴 보크(D. Bock)와 대화를 나누게 되었는데, 그는 이것이 사실일 수 있다는 점을 인정했다. 즉, 사람이 죽을 때까지는 자신이 죽으면 천국에 갈 것인지 알 수 없다는 것이다. 만일 그렇다면, R.T. 켄달(Kendall)의 지적이 옳을 수밖에 없는데, 즉 아르미니우스주의자들과 칼뱅주의자들 사이엔 아무런 차이가 없을 뿐만 아니라 심지어 개신교와 가톨릭의 구원론에도 큰 차이가 없게 된다. 모두가 천국에 들어가기 위해선 죽을 때까지 선한 행위를 해야 하며, 끝까지 견뎌야 한다. 우리의 선한 행위가 구원 방정식의 필수적인 부분인 것이다.

이러한 차이점들을 자세히 살펴보기 전에, 우선적으로 유사점을 강조하는 것이 더 유익할 것으로 보인다. T. 르웰렌(Lewellen)은 이렇게 말한다.

주재권 구원을 찬성하는 사람들과 반대하는 사람들 사이에 본질적으로 동의하는 내용이 있다. 양측 모두는 중생 또는 성령님에 의해서 죄인에게 영생이 수여되는 것이 구원에 필수적이라는데 동의한다. 양측 모두 중생이 지위 또는 신분의 변화를 가져오며, 중생을 통해서 하나님과 믿는 죄인 사이에 아버지-자녀 관계가 성립된다는데 동의한다. 양측 모두 중생이 본질적인 변화를 일으키며, 또한 중생한 사람은 성령님과 영생을 받게 되는데, 곧 그의 영혼 안에 하나님의 생명이 자리를 잡게 된다는 데 동의한다. 이러한 본질적인 변화는 탁월한 성품과 행실의 변화를 위한 가능성과 능력을 제공해준다. 양측 모두 그러한 변화가 신자에게 이루어지는 것을 기대할 수 있고, 열망할 수 있으며, 요구할 수 있고 또한 가능하다는 점에 동의한다. 양측 모두 그리스도인도 죄를 지을 수 있으며, 게다가 심각하게 죄를 지을 수 있다는데 동의한다.

양측 모두 신자가 죄를 짓는 일은 심각한 것이며, 신자가 죄를 지으면 성령님의 역사에 의해서 죄를 깨닫게 하는 사역을 불러오고 또한 교회의 책망과 징계를 가져올 수 있다는 데 동의한다. 그리고 양측 모두 그러한 불순종이 신자에게서 얼마 동안 지속될 수 있다는 데 동의한다. … 사실상 주재권 구원론도, 죄를 짓는 그리스도인이 참 신자가 아니라고 가르치지 않는다. 마찬가지로, 오직 은혜로 받는 구원론도 스스로를 그리스도인이라고 고백하는 모든 사람이 구원을 받았다고 보지 않는다.

기독교 역사를 살펴보면, 거의 대부분 성경교사들은 중생은 어떤 외적이고 가시적인 변화를 가져올 수밖에 없으며, 아무런 변화가 없다는 것은 참 중생이 일어난 것으로 볼 수 없는 증거일 수 있다고 가르쳐 왔다. 사실 오직 은혜로 받는 구원을 가르치는 성경교사들도 똑같은 것을 가르치고 있다. 불일치하는 요소는 또 다시 언급하지만, 결국 믿음의 본질과 확신의 문제다. 오직 은혜로 받는 구원론 입장에서는 중생으로 인해 생긴 변화 자체가 진정한 구원을 확신하는 주된 근거나 증거라는 것을 결코 허용하지 않는다는 것이다.[1]

본서의 저자는 위의 내용 가운데 마지막 문장, 즉 "오직 은혜로 받는 구원론 입장에서는 중생으로 인해 생긴 변화 자체가 진정한 구원을 확신하는 *주된*근거나 *주된*증거라는 것을 결코 허용하지 않는다는 것이다" 에 대해서 확실히 해야 할 필요를 느낀다. 사실상, 신앙을 고백하는 신자들의 삶 속에서 나타나는 선한 열매는 분명히 그들이 그리스도인임을 *뒷받침하는* 증거이거나 *이차적인* 증거다. 그리고 주재권 구원론 진영에서도 나의 이 진술에 동의할 사람들이 많이 있다. 그러나 큰 문제는 그들은 그러한 열매를 맺는 사람들조차도 그들의 삶의 마지막 순간까지 끝까지 견뎌야 구원을 받는다고 믿고 있다는 것이다. 그들이 생애 끝까지 견디는 자들만이 참 그리스도인으로 확신할 수 있다고 주장하는 순간, 죽기 전까지는 구원의 확신을 가질 수 없게 만들 뿐만 아니라, 열매 검사를 주된 증거의 수준으로 끌어올리게 된다. 그렇다면 하나님의 약속을 주된 확신의 근원으로 의지한다는 주장은 그저 입에 발린 소리일 뿐이다. 이는 직관적으로 자명한 사실이다.

지금까지 다룬 주제의 거의 대부분이 주재권 구원론이라는 주제와 관련이 있으므로, 이 논쟁에 답하는 요소를 강조하기 위해 지금까지의 전체 설명을 반복해야 할 필요를 느낀다. 따라서 이제는 신약 성경에서 사용된 "주(Lord)"라는 용어의 의미에 집중한 다음, 신약성경의 구원론을 더 깊이 있게 들여다보기 위해서 로마서를 살펴보고자 한다.

신약 성경의 퀴리오스(Kurios)

"주재권 구원"에 대한 전반적인 논쟁은 "주(Lord)"라는 용어를 어떻게 이해하느냐에 달려 있다고 해도 과언이 아니다. 주재권 구원론 입장에 있는 사람들은 모두 이 "주(Lord)"라는 용어를 "모든 주권을 가진 한 분"의 의미로 받아들이고 있다. 이러한 이해로부터 예수님을 구주이자 주님으로 영접한다는 것은 다음 두 가지를 가리킨다는 가르침이 나왔다. 1) 죄인이 자신이 지은 죄들에서 구원 받으려면 주 예수님을 신뢰해야 한다. 2) 주 예수님의 주권적인 통치에 순복해야 한다. J.V. 담스(Dahms)는 우리의 구원을 확실히 하려면 완전한 항복(total surrender)이 있어야 한다고 가르치는 대표적인 인물이다.

구약 시대에 사람이 구원을 받으려면 최우선적인 요구 사항이 하나님께 완전한 항복을 하는 것이라는 점은 신약 시대에 들어와서 영생을 상속 받으려면 우선적으로 회개해야 한다는 사실과 일치를 이루고 있다. 회개를 앞세운 것은 하나님의 뜻을 향한 완전한 항복, 완전한 헌신을 의미 했다(예를 들자면, 누가복음 24장 47절, 사도행전 여기저기, 로마서 2장 4절, 고린도후서 7장 10절, 베드로후서 3장 9절, 요한계시록 16장 9절을 보라.) 사실, 회개가 구원하는 믿음과 따로 구분되어 사용될 때에는 항상 회개가 먼저 언급되고 있다(막 1:15, 행 20:21, 히 6:1).

인간 구원에 있어서 회개가 우선적으로 언급되고 있다는 점은 신약 성경이 구원을 확실하게 하기 위해서 필요한 것이 무엇인지를 언급할 때 그리스도의 주재권을 항상 언급하고 있다는 사실과 일치를 이루고 있다 (행 16:31, 롬 10:9, 행 2:36, 5:31, 롬 10:13, 고전 1:2, 고후 4:5, 빌 2:11 등).[2]

사도행전 2장 36절이 담스의 주장의 증거로서 제시되고 있다는 점에 주목할 필요가 있다. 우리는 전에 이 구절을 언급했지만, 다시 살펴보자. "이 예수를 하나님이 주와 그리스도(both Lord and Christ)가 되게 하셨느니라." 이 구절은 주재권 구원론자들에겐 훌륭한 증거 본문처럼 보인다. 하지만 불행히도 그들은 베드로의 설교 배경이 시편 110편을 근거로 삼고 있다는 사실을 완전히 놓치고 있다.

다윗의 주님

시편 110편은 신약 성경에서 가장 많이 인용되고 있는 구약 성경 가운데 하나다(33회 직접 인용되고 있거나 또는 암시되어 있다). 예수님은 바리새인들과 토론하는 중에 그들을 당황하게 만들기 위해서 이 구절을 사용하셨다. 예수님은 자신을 반대하는 자들을 향해 "너희는 그리스도에 대하여 어떻게 생각하느냐?"고 물으셨고, 그들은 "다윗의 아들"이라고 대답했다(마 22:42). 하지만 예수님께서는 만일 그리스도가 다윗의 아들이라면, 어떻게 다윗이 그를 주님이라고 부를 수 있었는지 물으셨다. 바리새인들은 완전히 혼란스러워하며 떠나갔고, 그 이후로는 더 이상 예수님께 묻고자 하지 않았다.

예수님께서 마음에 품고 계셨던 구절은 시편 110편 1절이었다. "여호와께서 내 주에게 말씀하시기를 내가 네 원수들로 네 발판이 되게 하기까지 너는 내 오른쪽에 앉아 있으라 하셨도다." D.M. 헤이(Hay)는 이렇게 설명했다. "이 인용구절은 전체 공관복음서 가운데 예수님의 메시아 직분을 직접적으로 표현하는 것으로 볼 수 있는 유일한 구절이다."[3] 병행 구절들(마 22:41-46, 막 12:35-37, 눅 20:41-44)을 살펴보면, 다음 세 가지 요소들을 드러내고 있다. 1) 예수님을 대적하는 자들은 예수님께서 시편을 메시아를 증거하는 구절로 사용하신 것에 대해 이의를 제기하지 않았다. 2) 예수님께서는 다윗이 성령의 감동을 받아 시편 110편을 썼거나 또는 적어도 그렇게 말했음을 믿으셨다. 3) 예수님께서는 자신을 메시아라고 생각하셨다. *그렇다면 무엇이 그들을 당황스럽게 만들었던 것일까?* 그들은 어째서 단순히, "글쎄요, 다윗은 자신의 아들이 메시아이며 또한 세상의 구주였기 때문에 그를 주님이라고 그렇게 쉽게 불렀을 것입니다"라고 말하지 않았던 것인가? 어쨌든 그들은 그런 말조차 하지 않았다. 왜 그랬을까?

칠십인역을 인용하는데 약간의 이문(variations)상 차이점과 문맥상 차이점이 있긴 하지만, 공관복음서의 저자들은 대체적으로 이 세 가지 요점에 동의하고 있는 것으로 보인다. 우리는 공관복음서를 살펴볼 것인데, 마태복음을 기준점으로 삼고 또한 마가복음과 누가복음의 차이점을 살펴보는 방식으로 진행할 것이다. 마태복음을 보면, 예수님께서 바리새인들이 모였을 때에 먼저 그들에게 질문을 던지셨다고 언급하고 있는데(마 22:41), 이 점이 독특하다. 마가복음에서는 이 점이 명확하지 않다. 오히려 예수님은 성전에서 많은 사람들을 대상으로 가르치는 일을 하셨다. 그러므로 이 사람들 중에 바리새인과 헤롯당원(막 12:13), 사두개인(막 12:18), 서기관(막 12:28)이 포함되어 있었을 것이다. 누가는 마가보다도 훨씬 적은 분량을 할애하고 있으며, 서기관들이 아무것도 감히 더 물을 수 없었다고 설명하고 있다(눅 20:39-41).

마태는 메시아(즉 그리스도)를 언급했는데, 청중에게 특이한 질문을 던진 것 같지는 않다. 마태복음에서 메시아를 언급하는 것은 확실히 흔한 주제는 아니었다. 유아기 시절(다섯 번 언급)을 제외하고서, 마태복음 22장 이전에 메시아를 언급하는 구절은 단 세 구절 뿐이다(마 11:2, 16:16, 20). (마가복음에서는 8:29, 9:41, 누가복음에서는 3:15, 4:41, 9:20 뿐이다). 메시아 주제는 유대교에서도 어느 정도 논쟁의 대상이었다. 쿰란 두루마리에서 종말론적인 메시아를 명확하게 언급하는 메시아 본문의 수는 17개이며, "군주(Prince)", "홀(Scepter)", "가지(Branch)", "맏아들(First-Born)"과 같은 용어까지 포함한다면 21개가 된다.[4] R.E. 브라운(Brown)과 같은 초기 학자들은 쿰란 두루마리에서 두 가지 서로 다른 메시아가 소개되고 있다는 사실을 인지했다.[5] 그러나 J. J. 콜린스(Collins)와 같은 최근의 묵시록 학자들은 쿰란 두루마리에서 네 가지 다른 유형의 메시아적 인물이 있음을 소개하고 있다. 즉 왕, 제사장, 예언자, 그리고 천상의 존재다.[6]

분명히 이 질문은 바리새인들 사이에서 큰 논쟁거리가 아니었다. 그들은 메시아가 누구의 아들인가[7]라는 예수님의 질문에 "어떤 메시아를 말하는 것입니까?"라고 되받아치지 않았다. 다만 빠르게 응수하면서 그들은 메시아가 다윗의 혈통에서 나오리라[8]는 것을 기꺼이 인정했다. 오히려 예수님이 하신 대답이 수수께끼를 남겼다. 만일 메시아가 다윗의 아들이라면, 어떻게 다윗이 (성령의 감동으로)[9] 자신의 아들을 자신의 주님이라고 부를 수 있단 말인가?[10] 다윗이 자신의 아들을 주님이라고 불렀음을 입증하고자, 예수님은 칠십인역에서 시편 110편 1절을 약간의 변화만 주고서 인용하셨다.[11] 그들의 메시아 개념이 인간으로 제한되어 있었기 때문에[12] 이 논증은 바리새인들을 난처하게 했다. 요점은 이것이다. 즉 그들의 메시아 개념은 신적인 존재나 아니면 어떤 초월적인 메시아적 존재를 포함하고 있지 않았던 것이다. 다윗이[13] 자신의 아들을 주님이라고 부르는 것은 고대 근동의 개념을 깨뜨리는 것이었다.

바리새인들이 직면한 곤경은 바로 이것이었다. 즉 한편으로 그들은 메시아가 다윗의 혈통에서 나올 것이므로 "다윗의 아들"이 될 것이라고 믿었고, 다른 한편으로 그들은 시편 110편 1절에서 "내 주(my Lord)"가 메시아를 가리킨다고 믿었다. 그들이 가지고 있는 메시아에 대한 인간적인 개념 때문에 바리새인들은 당황할 수밖에 없었다. 그래서 메시아가 어떻게 다윗에게 주님이라고 불리면서 동시에 다윗의 아들이 될 수 있는지에 대한 예수님의 결정적인 질문에 그들은 침묵할 수밖에 없었다.[14] 이 딜레마에서 벗어날 수 있는 유일한 방법은 메시아의 개념 또는 그 패러다임을 전환하는 것이었다.[15] 즉 메시아는 어떤 식으로든 신적인 존재여야 했으며, 적어도 역사상 가장 위대한 제왕적인 인물 중 하나였던 다윗보다 우월한 인물이어야 했다. 그럴 때에만 위대한 다윗 왕이 자신의 아들을 주님이라고 부를 수 있는 유일한 이유일 수 있었다.[16]

예수님에 대해서 하늘에 계신 아버지께서 베드로에게 주신 계시, 즉 메시아가 "살아계신 하나님의 아들"(마 16:15-17)이라는 계시는 바리새인들에겐 주어지지 않았다. 공관복음 가운데 마태복음만이 분명히 밝히고 있듯이(마 22:46), 그들은 예수님의 질문에 결코 답을 할 수 없었다. 사실, 그들은 이 성경의 수수께끼를 풀지 못하는 자신들의 무능력에 너무 당황한 나머지, 더 이상 당혹스러운 상황에 처하지 않고자 아무도 질문을 감히 하려고 하지 않았다. 그들은 예수님을 난처하게 만들기를 바랐지만, 오히려 상황이 역전되었다.

요약을 해보면, 본문과 문맥은 약간 다르지만, 공관복음서는 같은 요점을 제시하고 있다. 1) 예수님은 다윗이 성령님의 감동을 통해서 시편 110편을 말했다고 믿으셨다. 2) 예수님은 다윗이 말한 "내 주"는 곧 메시아를 언급하는 것이라고 믿으셨다. 3) 예수님은 메시아가 다윗의 아들이자 또한 다윗의 주님이라고 믿으셨다. 4) 다윗은 성령님을 통해서, 언젠가 메시아의 모든 원수들이 그의 발 아래 있게 될 것이라고 선언했다.[17] 그리고 5) 예수님의 말씀을 듣고 있던 청중들은 다윗이 시편 110편의 저자 또는 화자라는 그분의 주장을 거부하거나 또는 그 시편이 메시아 시편의 성격을 띠고 있다는 주장을 반박하지 않았다.

이 구절의 중요성을 간과해서는 안 된다. 그리스도의 공생애 당시 유대인들은 신적인 존재로서 메시아 개념을 가지고 있지 않았다. 그리스도께서 재판을 받는 이야기에서 볼 수 있듯이(마 26:63-65), 이것이 바로 예수 그리스도께서 십자가에 못 박혀 죽으셔야만 하는 이유였다.

예수님의 "신성 모독"

또 다시 마태복음을 기준점으로 삼고서, 대제사장이 예수님을 향해 "하나님의 아들 그리스도인지"[18](마 26:63)를 묻는 질문을 살펴보자. 마가복음에서 이 질문은 "네가 찬송받을 자의 아들 그리스도냐"(막 14:61)는 것이었고, 누가복음에서는 "네가 그리스도냐"(눅 22:67)는 것이었다. 물론, 세 가지 질문 모두의 공통 분모는 예수님이 그리스도, 곧 메시아이신가 하는 것이었다. 메시아에 대한 것이 핵심적인 쟁점이었다는 사실을 인식하는 것이 중요한데, 이는 예수님께서 시편 110편 1절을 언급하셨고, 이 시편을 메시아적으로 해석하셨으며 또한 자신을 메시아로 제시하셨기 때문이다. 공관복음서를 보면, 대제사장의 질문과 예수님의 응답 사이에 차이점들이 있는데, 이는 유대인들 앞에서 심문이 이루어진 서로 다른 배경 때문인 것으로 설명될 수 있다. 이러한 차이점들을 설명하기 위해 여러 가지 해석들이 제시되었지만, 대럴 L. 보크(Bock)의 설명이 가장 적절한 것 같다.[19] 보크는 안나스 앞에서 초기 심문이 이루어졌으며, 이 내용이 누가와 요한에 의해서 기록되었고, 이어서 재판이 두 부분으로 즉 저녁 심문(마태복음과 마가복음)과 공식적인 아침 재판(누가복음)으로 진행되었을 것이라고 설명하고 있다. 따라서 간략한 질문을 한 후에 두 번의 더 상세한 재판(하나는 저녁, 다른 하나는 아침에)이 진행되었던 것으로 이러한 차이점들을 설명할 수 있다.

마태와 마가가 기록한 저녁 재판을 보면, 예수님께서는 단순히 "네가 말하였느니라"(마 26:64) 또는 "내가 그니라"(막 14:62)라는 말로 질문에 답하셨다. 그러나 아침 재판을 보면, 예수님께서는 그들이 이미 마음을 정했다는 사실을 체념한 듯 받아들이신 것으로 보인다. 예수님이 그들의 질문에 대답하거나 아니면 그들에게 묻는 일은 더 이상 아무 의미가 없게 되었다(눅 22:67-68). 그래서 그들과 헛되이 말을 주고 받는 대신, 예수님은 시편 110편 1절과 다니엘 7장 13절을 언급함으로써 자신의 운명을 결정짓는 일을 하셨다.

공관복음서를 보면, 세 개의 복음서 모두에서 예수님은 구약성경 가운데 두 개의 메시아 구절을 통합시키셨다. 시편 110편 1절은 "인자"를 언급하고 있지 않고, 다니엘 7장 13절은 "우편에 앉아 계신다"는 것을 언급하지 않는다. 그러나 예수님께서 이 두 개의 구절을 함께 통합시키자(마 26:64, 막 14:62, 눅 22:69), 대제사장은 즉시 자신의 옷을 찢고 마태복음과 마가복음에서 기록한 것처럼, 예수님을 신성모독 죄로 고발했다. 누가는 이러한 대제사장의 반응을 생략하고 있는데, 그 이유는 앞서 언급했듯이 마태와 마가는 저녁 재판을, 누가는 아침 재판을 다루고 있기 때문일 것이다.

대제사장이 참람하다고 판단을 내린 예수님의 말씀은 무엇이었을까? 많은 사람이 지적하듯이, 미쉬나는 사람이 거룩한 *테트라그람마톤(Tetragrammaton, 여호와의 이름을 나타내는 4개의 자음)*을 소리 내어 말할 때 신성 모독 죄를 범하는 것이라고 정하고 있다(*산헤드린* 7.5).[20] 그러나 여기서 예수님이 신성 모독 죄를 범하는 일에 가장 가깝게 다가간 때는 그가 메시아인지 아닌지를 묻는 그들의 질문에 "내가 그니라(I am)"(막 14:62)고 대답했을 때뿐이다. 하지만 이 말은 신성 모독적인 발언으로 보기엔 너무 모호하다. 만일 정말 그런 것이었다면, 대제사장은 예수님께서 "내가 그니라"고 말씀하신 시점에 옷을 찢어야 했다. 대제사장은 예수님께서 이 말씀을 하고 나서, 시편 110편 1절과 다니엘 7장 13절을 언급한 후에야 자신의 옷을 찢었다. 그렇다면 신성 모독이라는 대제사장의 선언은 바로 이 메시아 구절들을 언급했기 때문일 것이다. 건드리(Gundry)는 예수님께서 자신을 야훼와 동등한 위치로 높인 것이 신성 모독이었다고 결론을 내리고 있다.[21]

다시 말하지만, 우리는 유대인들이 신성한 존재로서, 메시아 개념을 가지고 있지 않았다는 사실을 유념해야 한다. 누가 그럴 수 있단 말인가? 분명 메시아께서 다윗의 혈통에서 나오는 것이라면, 그는 인간일 것이다. 그러나 신성한 존재이기도 하다는 것은 그들이 한 번도 생각해 본 일이 없는, 그 어떤 것을 요구할 수밖에 없게 된다. 바로 그는 하나님이시면서 인간인 것이다. 다시 말하지만, 무엇이 **빠져** 있었는가? 그것은 메시아의 하나님 측면이었다. 자신을 메시아라고 주장하는 것은 죄가 아니었다. 그러나 신성한 존재라고 주장하는 것은 사형에 처할 만한 죄였다. 이런 것이 바로 사도행전 2장 36절에서 베드로가 설교하고 있는 내용의 배경이었다. 이러한 배경에 대한 이해가 없으면, 우리는 베드로가 말하는 내용을 이해할 수 없게 된다.

사도행전 2장 36절

이 위대한 베드로의 설교 중간에 누가는 시편 110편 1절을 인용함으로써 예수님께서 주님과 메시아이셨으며, 다윗에게 주어진 메시아에 대한 약속의 부분적인 성취로서 현재 하나님의 우편에 앉아 계신다는 베드로의 주장을 뒷받침하고 있다. 그러나 다니엘서 7장 13절이 예수님이 재판을 받으시는 상황에서 시편 110편 1절과 결합되어 종말론적 요소를 제공하듯이, 요엘서 2장과 시편 110편 1절을 결합한 것은 그리스도께서 하나님의 우편에 앉아 계시는 권위적 요소를 더하여주었고, 이로써 그에게 모든 인류에게 성령을 부어주시는 권세를 부여하고 있다. 이와 더불어 주의 이름을 부르는 모든 사람을 구원하는 권위와 권세가 온다(행 2:21). 이러한 사역들은 그리스도께서 현재적으로 가지고 있는 특권들인데, 그리스도의 제사장직과 관련된 성경 본문과 연결되어 있지 않고, 오히려 그리스도의 메시아 직분, 그리스도의 주재권, 그리스도의 통치와 연결되어 있다.

D.M. 헤이는 예수님께서 하나님의 우편에 있는 왕좌에 앉아 계시는 동안 "*퀴리오스(kurios)*"라고 생각하고 있긴 하지만,[22] 그는 이것을 수동적인 주재권으로 보면서 가이사에겐 위협이 되지 않는 것이며, 결코 우주적인 것이 아니라고 보고 있다. 그러나 H. 바이트하르트(Beitenhard)는 "*퀴리오스(kurios)*는 항상 법적인 개념과 권위의 의미를 담고 있다"[23]고 주장한다. 신으로서(As gods) 세상 군주들은 "인간의 삶에 개입하여 구원하거나, 처벌하거나, 심판할 수 있었다. … 그러므로 그들도 주(主)라고도 불리었다." 주님으로서 역할 중 하나는 "구원하는 것"이었다. 이것은 분명히

예수님이 지금 하고 있는 일이다. 자신의 주장을 더욱 뒷받침하기 위해서, 바이트하르트는 유대인들이 칠십인역을 회당에서 읽을 때, 테트라그람마톤을 퀴리오스로 발음했을 것이라고 설명한다. 그는 또한 초기 기독교 서기관들이 칠십인역 본문에서 테트라그람마톤을 퀴리오스로 변경했을 것이라고 의견을 개진했다. 만일 그렇다면, 이는 초기 그리스도인들이 퀴리오스라는 용어를 이해했던 바로 그 의미를 정확하게 해석하는데 확실히 도움이 된다. 퀴리오스는 *하나님 대신 사용하는 용어*였다. 기독교 공동체가 그리스도를 퀴리오스로 받들며 자신을 굴복시켰을 때, 그들은 또한 그리스도께서 우주의 통치자라는 사실을 이해했다. 로마서 14장 9절은 "그리스도께서 죽었다가 *다시 살으셨으니* 곧 죽은 자와 산 자의 주가 되려 (곧 다스리려) 하심이니라"고 말한다. 이 구절은 결코 *수동적인 주님(a passive Lord)*을 말하고 있지 않다![24]

그러므로 사도행전 2장 36절에서 베드로가 "*주(kurios)*"라는 단어를 사용한 것은, 예수님을 십자가에 못 박은 유대인들에게 예수님이 단지 메시아를 자처한 사람이 아니었다는 사실을 설득하려는 것이었고, 이것이 그의 설교의 정점이었다. 예수님은 실제로 하나님이셨다. 예수님은 주님이셨다. 여기서 초점은 주재권에 있는 것이 아니라, 바로 예수님의 신성 (divinity)에 있다.

물론 하나님은 주권자이시다. 그러나 여기서 핵심은 그것이 아니다. 핵심은 예수님께서 하나님이심을 확신시키는 것이다. 우리가 예수님을 가리켜 "우리 주님이시며 구주"라고 말할 때, 그것은 곧 "우리의 하나님이시며 구주"라고 고백하는 것이다. "주 예수 그리스도를 믿으라"는 것은 복종하라는 요구가 아니다. 그것은 믿음으로의 초청이며, 또한 믿으라는 요청이다. 구체적으로는 다음 사항을 믿는다는 의미다. 1) 예수님은 하나님 (곧 주님)이시다. 2) 예수님은 구주이시다. 3) 예수님은 유일한 구원자, 곧 기름 부음을 받은 자, 메시아(그리스도)이시다.

로마서 10장 9절 이하도 마찬가지다. "주의 이름을 부르는 자는 구원을 얻으리라"는 것은 복종을 요구하는 문장이 아니다. 그것은 문자 그대로, "주님의 이름을 부르라"는 뜻이다. 그분의 이름이 무엇인가? 예수 그리스도, 기름 부음을 받은 구주이시다. 예수님을 주로 시인한다는 것은 곧 예수님이 하나님이심을 인정하는 것이다. 로마서 전체적인 논리 전개가 이 해석을 뒷받침하고 있다.

로마서의 논증

사실상 거의 모든 성경주석가들은 로마서의 전반적인 흐름에 대해서 일치된 의견을 가지고 있다. 즉 로마서는 불신자들로 시작해서, 주님께 헌신된 종들에 대한 교훈으로 마무리되고 있다. 다시 말해서 죄인들이 성도가 되고, 성도들이 헌신된 종이 되는 것이다. 많은 학자들이 생각하는 로마서의 일반적인 개요는 다음과 같다. 즉 죄 ⇒ 구원 ⇒ 성화 ⇒ 하나님의 주권 ⇒ 섬김이다. 이 흐름을, "성화되어 가는 성도의 대서사시(The Saga of the Sanctified Saint)"라고 부른다.

그러나 "구원(salvation)"이라고 불리는 이 섹션(*사실 더 정확한 표현은 "칭의(justification)"다. 왜냐하면 로마서 3:21-4:25에서는 "구원"이라는 단어가 아니라 "칭의"라는 단어만 사용되고 있기 때문이다*)을 읽어보면, 칭의와 원인과 결과적으로 연결된 명사나 동사는 오로지 "믿음(faith)" 또는 "믿다(believe)"뿐이다. 이 둘은 도합 23회 등장한다. 회개, 돌이킴, 헌신, 또는 결단이란 단어는 전혀 등장하지 않는다. 만일 이러한 요소들 가운데 어느 하나라도 칭의에 필수적인 요건이라면, 이는 너무도 이상한 일이다.

우리는 어쩌면 바울의 사전에, 헌신이나 결단과 같은 단어가 아예 없었을 것이라고 결론을 내릴 수도 있다. 어쩌면 이 때문에 주재권 구원론자들이 중요하게 여기는 구원 과정 가운데 이 결정적인 단계, 즉 헌신과 결단을 바울이 언급하지 않는 이유일지도 모른다. 그러나 실제로는 그렇지 않다. 바울은 헌신에 대해서 매우 많은 말을 했다. 다만, 그가 헌신에 대해 말하는 대상은 이미 칭의 받은 자들이었다. 로마서 5장에 이르면, 로마의 신자들은 이미 칭의를 받은 상태다(로마서 5:1을 보라). 그리고 로마서 6장 1-10절에 이르면, 모든 성경주석가들은 이 구절들이 죄들(sins)의 형벌로부터 구출이 아니라, 죄(sin)의 권세로부터의 해방을 주제로 삼고 있다는 점에 동의한다. 죄들의 형벌 문제는 이미 로마서 3-4장에서 해결되었다. 그러나 성화되어 가는 성도의 대서사시를 살아내려면, 죄의 권세로부터의 해방이 반드시 필요하다. 놀랄 필요가 없지만, 바로 이 지점에서 바울은 헌신이나 결단에 해당하는 용어를 처음으로 사용하고 있다. 그것은 바로 *파리스테미(paristemi)*라는 단어다. 이 단어는 "굴복하라(yield, KJV)", "바치라(present, NKJV, NASB)", 그리고 "드리라(offer, NIV)"로 번역되고 있다. 흥미로운 일이지만 이 단어는 로마서 6장 13절에서 처음으로 등장하는데, 그곳을 보면 신자는 그리스도와 함께 죽고 함께 다시 살아난 자들로 소개되고 있다(롬 6:8). 그리고 이렇게 그리스도와 함께 죽고 함께 살아난 신자들은 이제 더 이상 자신의 지체를 불의의 도구로 죄에게 내어주는 것이 아니라, 죽은 자 가운데서 살아난 자처럼 하나님께 자신을 드리며, 자신의 지체를 의의 도구로 하나님께 바치라는 도전을 받는다. 종교적인 문맥에서 파리스테미란 단어는 제사를 드리라는 의미로 사용된다(BAGD, 628, 1d를 보라). 그리고 자신을 하나님께 드리는 경우, 이 단어는 온전하고 전적인 항복, 헌신, 결단, 복종을 뜻한다. 즉 하나님의 주권에 자신의 삶을 온전히 내어드리는 것을 표현한다.

로마서에서 제시된 순서, 즉 헌신 이전에 칭의가 이루어져야 한다는 것은 승리하는 그리스도인의 삶을 이해하는 일에 있어서 매우 중요한 개념이다.

이 점을 강조하기 위해서 나는 다음과 같은 금언을 소개하고자 한다.

금언: 해방이 없는 헌신은 감옥생활일 뿐이다

그리스도를 향한 헌신과 순종에 대해서 들은 이야기 중 내가 가장 좋아하는 이야기는 개척 선교사 윌라드 클라크에게서 들은 것이다. 그는 아프리카의 선교 기지를 떠나 원주민 마을들을 방문하고 싶어 했다. 그래서 그와 동료들이 좁은 길을 따라 운전해 가게 되었는데, 그 때 덤불 속에서 나는 비명 소리를 듣게 되었다. 클라크 선교사는 소총을 들고 덤불 속을 헤치고 나아가 작은 공터에 도착했다. 거기엔 한 아프리카 소년이 거대한 사자에게 심하게 공격을 당해 많은 피를 흘리고 있었다. 사자는 마치 소년을 마무리 지으려는 듯 공터 한쪽에서 뛰어들 준비를 하고 있었는데, 클라크 선교사가 소총을 들어 사자가 마지막으로 뛰어들기 직전에 사살해버렸다. 그들은 소년을 데리고 선교 본부로 돌아와 치료해 주었다. 의료실에서 치료를 받으며 몇 주를 보낸 후, 소년은 기운을 차리고 자기 마을로 돌아갈 수 있게 되었다. 몇 달 후, 클라크 선교사는 선교부 현관에 앉아 흔들의자에 몸을 맡긴 채 해 질 녘 시원한 저녁 바람을 즐기고 있었다. 그런데 선교부로 이어지는 열린 길을 보니 행렬이 다가오고 있었다. 가까이 오자, 그는 그 행렬을 이끌고 있는 것이 바로 그 소년인 것을 알게 되었다. 소년은 클라크 선교사의 집으로 오더니 자신을 알아보겠느냐고 물었다. 클라크 선교사는 그렇다고 대답했다. 그러자 어린 소년은 "선생님, 저는 오늘부터 제 남은 일생을 선생님의 종이 되기 위해 저 자신을 바치러 왔습니다"라고 말하는 것이었다. 클라크 선교사는 이렇게 대답했다. "그럴 필요 없다. 굳이 그럴 필요 없어." 그러자 소년은 이렇게 말했다. "선생님, 당신은 정글의 법칙을 이해하지 못합니다. 정글의 법칙은 이렇습니다. 누군가 우리를 확실한 죽음에서 구원했다면, 우리의 생명은 우리를 구원한 자에게 속하게 되는 것입니다. 선생님은 저를 확실한 죽음에서 구원해 주셨고, 우리 정글의 법칙에 따르면, 제 생명은 선생님께 속한 것입니다. 저는 저 자신을 선생님께 바치러 왔습니다. 이 사람들은 저의 모든 소유물을 나르는 일을 돕고자 온 저의 친구들입니다." 그러자 소년의 친구들이 다가와 소년의 모든 소유물을 클라크 선교사의 발 앞에 놓았다. 클라크 선교사는 자신이 경험했던 이 이야기를 하면서 이렇게 말했다. "그때야 비로소 나는 한 사람이 자신과 자신의 모든 것을 주님께 드린다는 것이 예수 그리스도께 어떤 의미일지 깨닫게 되었다."

이것은 헌신이 무엇인지를 보여주는 참으로 아름다운 이야기다. 하지만 내가 묻고 싶은 질문은 "왜?"다. 왜 어린 소년은 자신과 자신의 모든 것을 선교사님께 바치고자 했던 것인가? 어쩌면 당신은 "당연히 선교사님이 그의 생명을 구원했기 때문이죠"라고 답할 것이다. 그 점은 분명하다. 하지만 그것이 선교사님에 대한 감사와 사랑 때문이었을까? 물론 그 어린 소년은 선교사님에 대한 어느 정도의 감사한 마음을, 어쩌면 상당히 큰 감사의 마음을 가지고 있었을 것이다. 하지만 그것이 소년이 선교사님의 평생 종이 된 이유는 아니었다. 과연 우리는 그 어린 소년이 겨우 짧은 만남을 가졌을 뿐인데, 자신의 부모님이나 마을 사람들, 그리고 친구들보다 선교사님을 더 사랑했기 때문이라고 생각해야 하는가? 아마 아닐 것이다. 어쩌면 그는 오지보다는 선교 기지에서 살고 싶었을 수도 있다. 하지만 다른 사람의 종으로서? 그럴 리 없다. 자신의 생명을 바치는 일의 근거는 정글의 법칙이었다. 이 법칙에 따르면, 어린 소년의 위치는 자신의 생명을 구원한 사람의 소유가 되는 것이었다. 어린 소년이 자신의 집, 자신의 부모님, 친구들, 그 숲속 마을을 아무리 그리워하더라도, 정글의 법칙에 따르면, 그의 합법적인 위치는 선교사의 곁이었다. 그것은 원칙의 문제였다.

그의 평생 헌신은 정글의 법칙에 명시된 소유권의 원칙에 근거한 것이었다.

이제 우리가 그리스도께 우리의 삶을 헌신해야 한다는 말을 들을 때, 무엇에 근거한 호소를 하는 것인지 묻지 않을 수 없다. 주재권 구원론자들은 이런 헌신이야말로 참으로 *구원하는 믿음의 일부*라고 말하고 있다. 이런 종류의 헌신이 없다면, 우리의 믿음은 공허한 입술만의 고백에 불과하게 되며 또한 우리는 영원히 천국과 지옥 사이의 넓은 간극 사이에 갇힌 채 그저 하나님을 붙잡으려고 애쓰는 것일 뿐이게 되는 것이다. 그런데 주재권 구원론자가 아닌 사람들조차 "그분은 당신을 위해 모든 것을 주셨으니, 당신이 할 수 있는 최소한은 그분께 당신의 모든 것을 바치는 것입니다"와 같은 호소를 하고 있다. 일반적으로, 이런 호소는 그리스도의 사랑과 우리를 위한 그리스도의 희생에 대한 감동적인 이야기 바로 다음에 나온다. 그리고 합창단이 "내게 있는 모든 것을 아낌없이 드리네"라는 감미로운 곡을 부를 때, 우리는 앞으로 나아가 그분께 우리의 삶을 헌신하거나 또는 재헌신하도록 요청을 받는다.

그렇지만 어째서 이러한 헌신이 지속되지 않는 것인가? 그리스도인들이 잘못된 믿음의 기반 위에 서있기 때문인가? 거듭난 그리스도인이라면 그리스도께서 자신을 위해 행하신 일에 대해서 깊은 사랑과 감사를 느끼리라는 점은 전혀 의심의 여지가 없다. 그리고 감정적으로 고조된 순간에는 자신의 전 생애를 그리스도께 바치려는 마음이 크게 요동하기도 한다. 그러나 아쉽게도, 새로이 자신을 헌신하기로 결단한 그리스도인은 곧 죄가 여전히 자신의 지체 속에 거하고 있다는 사실을 발견한다. 그는 위선자처럼 느끼기 시작한다. 그는 자신과 다른 사람들에게 자신이 그리스도께 완전히 헌신했고 모든 것을 드렸다고 말하지만, 그리고 나서 수년 동안 자신을 괴롭혀 온 똑같은 옛 죄들을 짓고 있고 또 씨름하는 자신을 보게 된다. 그리스도를 향한 자신의 사랑과 감사가 아무리 고귀한 동기라 할지라도 그는 자신이 매일 빠져드는 죄의 바다 위로 자신을 들어 올릴 만큼 고귀하지 않다는 것을 재빨리 깨닫게 된다. 이때는 그저 모든 것을 포기하고 싶은 마음이 들거나, 최악의 경우 자신의 구원조차 의심하게 되는 유혹에 빠지게 된다.

여기서 무엇이 잘못되었을까? 실패는 어디에서 시작된 것일까? 아주 간단히 말하자면, 실패는 아마도 설교단에서 시작되었을 것이다. 우리 성경교사들은 로마서 1-4장을 가르칠 때에는 매우 명확하게 설명한다. 우리는 로마서 1-3장에서, 죄라고 불리는 그 어둠의 괴물의 모습을 얼마나 세세하게 묘사하는지 모른다. 그리고 로마서 4장에 들어가면서 우리는 희망의 문을 연다. 왜냐하면 그곳에서 우리는 칭의, 구속, 그리고 화목에 관한 약속들이 벽마다 아로새겨진 성전의 내소(the inner sanctuary)에 들어갈 수 있기 때문이다. 이 모든 것은 너무나 좋다. 그러나 여기서 우리는 매우 심각한 실수를 저지른다. 즉 새로 믿게 된 신자를 하나님의 왕국으로 안내한 후, 우리는 로마서 5-11장을 건너뛰고서 책임의 문제를 다루고 있는 로마서 12-16장을 여는 것이다. 이제 그가 생애 처음 왕이신 주님을 알게 되었을 뿐인데, 우리는 새로이 그리스도인이 된 사람에게 왕에 대한 그의 책임을 가르치려 드는 것이다. 곧 그의 몸을 산 제물로 *드리라(파리스테미*, 롬 12:1, 이 단어는 로마서 6:13,19절을 보면 죄에게도 사용되었다)고 가르치는 것이다. 이는 그것이 합당한 예배(reasonable service)이기 때문이다. 어째서 그것이 합당한 예배인 것인가? 바로 예수님께서 나를 속량하는데 필요한 모든 것을 지불하셨기 때문이다. 그러므로 나는 모든 것을 그분께 빚진 존재다. 그래서 혹시라도 사랑의 수고가 헛되지 않도록, 우리는 신자에게 그리스도께서 그를 위해 행하신 일에 대한 사랑과 감사의 마음으로 그의 삶을 그리스도께 헌신하라고 촉구하는 것이다. 사실 이보다 더 나쁜 가르침은 아직 믿지 않는 자에게 칭의를 얻기 위해서 그의 몸을 산 제물로 바치라고 말하는 것이다(안타깝지만 이런 것이 바로 주재권 구원론자들의 입장이다). 하지만 주목하라. 이렇게 하는 것은 로마서 5-11장의 모든 가르침을 건너뛰었다는 것이다.

이 책을 읽는 많은 독자들은 구원과 헌신에 대한 수많은 메시지를 들었겠지만, 감히 말하건대 로마서 5-8장의 주제인 영적 자유와 해방에 대한 메시지는 아마도 들은 사람들이 많지 않을 것이다. *영적 해방이 없는 헌신은 감옥生活일 뿐이다.* 영적 해방의 진리를 알지 못한 상태에서 헌신을 강조하게 되면, 신자를 위선의 감옥으로 끌고 들어간다. 만일 우리, 즉 성경 교사들과 설교자들이 죄성으로부터 해방 받는 진리를 설명하기도 전에 그들에게 헌신을 호소하게 되면, 하나님의 양들에게 큰 해를 끼치게 된다는 사실을 유념해야 한다. 영적인 자유와 해방이 이해되기 전까지는 아무리 진실한 신자라 해도 자신이 주님께 헌신하는 것이 진정 무엇인지를 깨달을 수 없다는 것이다. 왜냐하면 그는 그리스도를 향한 자신의 사랑이 자신을 거룩과 성화로 이끌 줄 것이라고 생각하면서, 그저 옛 사람, 자기중심적인 삶을 그리스도께 바치고 있기 때문이다. 그런 헌신은 뜻을 이루지 못한다. 그리스도를 향한 우리의 사랑이 헌신과 봉사의 삶을 지속적으로 살도록 우리를 지탱해주지 못할 것이기 때문이다. 어째서 그런가? 왜냐하면 우리가 죄를 더 사랑하기 때문이다. 이것이 당신에게 충격적인 진술인가? 어쩌면 충격적일 수 있지만, 이는 사실이다. 만일 당신이 죄가 당신을 너덜너덜해질 때까지 옥죄고 끌고 다니는 경험을 해본 적이 있다면, 내가 하는 말을 이해할 것이다. 죄의 이러한 강력한 옭죄는 역사(headlock of sin)는 승리하는 그리스도인의 삶을 살고 싶은 강력한 동기로서 그리스도를 향한 우리의 사랑을 무효화시켜 버린다. 우리는 아, 아주 작은 죄(그런 게 있을까?) 때문에 무너지곤 한다. 나는 지금 죄의 감옥과 그 감옥을 지키는 간수인에 대해 이야기하고 있다. 당신이 그리스도를 아무리 사랑한다고 느낄지라도, 당신과 나는 그리스도보다 죄를 더 사랑하는 때가 있다. 그렇지 않은가?. 그리스도를 향한 우리의 사랑과 감사만으로는 결코 우리를 헌신적인 삶으로 이끌 수 없다. 그렇다면 무엇이 우리를 헌신으로 이끌어 주는가? 우선적으로 생각해볼 것은 나를 그리스도께 바치는 근거가 무엇인지를 알아야 한다. 과연 어디서 헌신을 위한 견고한 토대를 찾을 수 있는가? 물론 그 답은 로마서 6장에 있다. 자 이제 로마서 6장 12-14절에 초점을 맞춰 보자.

로마서 5-8장의 주제는 "성화(Sanctification)"다. 로마서 6장의 주제는 "죄로부터의 자유(Freedom from Sin)"다. 로마서 6장에는 죄로부터의 자유라는 높은 곳으로 올라가게 해주는 다섯 단계가 있다. 곧 알라 ⇒ 믿으라 ⇒ 여기라 ⇒ 드리라 ⇒ 순종하라다. 처음 세 단계는 6장 1-11절에 있다. 첫째, 우리는 반드시 그리스도와 동일시되었다는 사실을 알게 해주는 진리를 *알아야 한다*. 둘째, 우리는 그리스도와 동일시되었다는 진리를 *믿어야 한다*. 셋째, 우리는 이러한 동일시의 진리를 실제적으로 *경험해야 한다*. 우리는 이 진리들을 우리의 영적 통장에 입금하고, 이제 필요할 때마다 개인 수표를 발행하여 사용할 수 있어야 한다. 수표에 내 이름으로 서명해서 발행하기 전까지는 은행에 내 돈이 있다는 사실을 진정으로 믿는 것이 아니다. 그리고 유혹이 나에게 찾아오고 또 죄의 본성이 거세게 날뛸 때, "미안하다, 오랜 친구야. 나는 네가 내 삶을 지배했던 옛 삶의 영역에서 죽었다. 내 영적 통장을 보면, 한때 나였던 옛 사람은 더 이상 존재하지 않으며, 오늘날 내가 사는 새로운 영역에서 너는 아무 권위가 없으므로 나는 너에게 순종할 필요가 없다. 나의 새 사람은 너의 지배적인 힘으로부터 자유롭다. 그러니 사라져라"고 말하지 않는 한, 우리는 이 진리를 나의 것으로 삼을 수 없다. 이것이 바로 그리스도 안에서의 우리의 지위에 대한 진리를 나의 것으로 삼는 방법이다. 죄의 본성이 왕으로서 다스리는 영역에서 죽었고, 이제 그리스도께서 왕으로서 다스리는 영역에서 살아난 것이다.

죄성(Sin Nature)으로부터 자유롭게 되는 네 번째 단계는 바로 *드리다*이며, 이 단어(*paristemi*)는 굴복하다, 바치다, 또는 드리다로 번역될 수 있다. 이 부분을 살펴보기 전에, 나는 "여기다(reckon)"라는 단어에 대해서 한마디 하고 싶다. 이 단어의 시제는 현재형인데, 특정 문맥에서 이 단어는 지속적인 행동을 뜻한다. 또한 이 단어는 죄에 대하여 죽은 그리스도의 죽음과 우리의 죽음을 가리키면서 계속해서 사용되었던 부정과거 시제(aorist tense)와는 뚜렷한 대조를 이룬다. 그리스도께서는 단번에, 영원히 십자가에서 죽으셨다. 우리도 그리스도와 함께 죽었다. 즉 우리의 옛 사람도 단번에 영원히 죽은 것이다. 다시 말해서, 우리가 신자가 된 그 특정 시점에, 바로 그 시점에 우리의 옛 사람이 그리스도와 함께 십자가에 못 박히고 장사되었다. 그때부터 우리는 옛 사람이 살았고 죄성이 다스리던 그 옛 영역에 대해서 죽게 되었고, 또한 지금도 죽어 있다. 그렇지만 우리는 그 사실을 *지속적으로, 날마다* 나의 것으로 주장해야 한다. 이것이 이 문맥에서 이 단어의 현재형이 사용된 의미다. 그러므로 매일 아침 일어날 때마다 우리는 우리의 옛 사람이 죽었다는 사실을 실제적인 것으로 여겨야 한다. 사람들은 좋은 사람은 절대 쓰러지지 않는다고 말하지만, 나는 이 말이 나쁜 사람에게도 그대로 적용될 수 있다고 생각한다. 우리의 원수 마귀는 우리가 변하지 않았다고 생각하게 만들고 싶어 한다. 마귀는 이렇게 말한다. "넌 그리스도를 만나기 전과 다르지 않아. 넌 그리스도 안에서 새로운 피조물이 아니야. 넌 언제나 그랬듯이 옛 사람일 뿐이야."

옛 사람은 마치 다이하드 배터리와 같다. 나는 예전에 시어스 자동차용 다이하드 배터리를 산 적이 있다. 몇 년간 잘 사용하고 나서, 나는 그 배터리가 영원할 것이라고 생각했다. 그러던 어느 날 전원이 나갔다. 점프 시동도 걸리지 않았다. 차에 대해서 잘 아는 친구는 그 배터리가 완전히 방전되었다고 말했다. 그는 방전된 배터리는 점프 시동을 걸 수 없다고 했다. 나의 시어스 다이하드 배터리가 방전되었다니? 믿을 수가 없었다. 우리의 옛 사람도 마찬가지다. 그리스도께서는 무한한 힘과 평생 보증이 있는 새로운 배터리를 주셨다. 하지만 우리는 우리의 옛 배터리가 죽었다는 사실을 믿으려 하지 않는다. 하나님께서는 로마서 6장에서 우리의 옛 배터리가 죽었다고 말씀하시지만, 어쨌든 우리는 태어날 때부터 그것을 사용해 왔고 그것이 쓸모없어졌다는 사실을 믿으려 하지 않는다. 물론, 우리는 옛 배터리에 숨겨진 힘을 발견하는 방법을 알려주는 수많은 광고나 책자 등을 통해서 그것을 계속 사용하도록 권유를 받는다. 하지만 하나님께서는 그것이 죽었기 때문에 결코 작동하지 않을 것이라고 말씀하신다. 사실이다. 하지만 당신의 차는 하나님께서 하시는 말씀을 믿고, 배터리 케이블을 옛 배터리에서 새 배터리로 바꿀 때까지 그냥 그 자리에 서 있을 것이다. 시어스 광고에 더 이상 속지 말라. 마스터 정비사이신 하나님께서는 당신의 다이하드 배터리가 죽었다고 말씀하신다. 매일, 매 순간 유혹에 직면할 때마다, 옛 사람은 죽었고 또한 장사되었다는 사실을 당신 자기 것으로 삼고, 그 사실에 의지하라. 새 사람은 완전히 새로운 세상에 살고 있다 (고후 5:17). 우리는 사망에서 생명으로 옮겨졌다(요 5:24). 우리는 어둠의 권세에서 해방을 받았고 또한 하나님의 사랑하는 아들의 나라로 옮겨졌다 (골 1:13). 우리가 살고 있는 이 새로운 세상, 이 사랑하는 아들의 나라에는 옛 사람이 존재하지 않으며 또한 죄성의 권세도 없다. 우리는 죄의 관할 구역에서 벗어났다.

우리가 이러한 사실들을 알고, 이러한 사실들을 믿고, 또 이러한 사실들에 의지할 때, 비로소 우리는 네 번째 단계인 *헌신할*(롬 6:13) 준비를 하게 된다. 그래서 로마서 6장 12절이 "그러므로"로 시작하는 이유가 거기에 있다. 이 "그러므로"라는 단어는 로마서 6장 1-11절을 되돌아볼 것을 요청한다. 즉, "그리스도 안에서의 우리의 지위, 그리스도와 우리의 동일시, 죄성이 관할권을 가졌던 영역에서의 우리의 죽음, 그리고 예수님께서 다스리시는 영역으로의 우리의 옮겨짐"이라는 이러한 사실들에 근거해서, 이러한 사실들에 대한 당신의 지식, 믿음, 그리고 자신의 개인적인 경험으로 삼을 수 있는 개인적인 믿음 행사를 근거로 하여, 비로소 당신은 당신 삶의 주님으로서 그리스도께, 당신 자신을 드리거나 헌신할 준비가 되는 것이다. 당신 자신을 바치고, 드리고, 헌신하는 일의 근거를 알겠는가? 로마서 6장 1-11절은 그리스도께서 우리를 위해 행하신 일에 대한 우리의 사랑이나 감사에 대해 아무것도 말하지 않는다. 우리의 사랑이나 감사는 훌륭한 동기이긴 하지만, 평생의 헌신을 위해서는 충분하지 않다. 로마서 6장 1-11절은 그리스도 안에서 우리가 들어가 서있는 우리의 지위(our position in Christ)에 대해서 말한다. 그리스도인의 봉사를 위한 견고하고 지속적인 근거는 바로 그리스도 안에서의 우리의 지위이며, 또한 죄성의 폭정으로부터 해방을 받아 우리가 누리는 우리의 영적 자유에 있다. 따라서 그리스도인이 다른 어떤 근거에 의해서 봉사를 위해 자신을 헌신할 때, 그는 어려움을 자초할 수밖에 없다. 왜냐하면 그는 여전히 죄성에 노예처럼 사로잡혀 있기 때문이다. 그리고 그리스도인으로서 봉사하는 삶을 사는 가운데, 그는 다른 사람들을 돕기는커녕 자신의 삶조차 통제할 수 없는 무능력 때문에 고뇌하는 자신의 모습을 발견하게 될 것이다. 그는 위선의 감옥에 갇혀 있다. *영적인 해방 없는 헌신은 감옥生活이기 때문이다.* 하지만 일단 해방의 진리들을 이해하고 자신의 것으로 삼는다면, 그때 우리는 우리 자신을 그리스도께 드리는 일이나 헌신하는 일의 준비를 마치게 된다.

로마서 6장 12-14절은 두 부분으로 나눌 수 있는데, 12-13a절은 부정적인 측면이고 13b-14절은 긍정적인 측면이다. 부정적인 측면과 긍정적인 측면 모두 두 부분으로 되어 있다. 12-13a절에는 일반적인 것과 특별한 것, 두 가지 부정적인 금지 명령이 있다. 일반적인 것으로는 "죄로 너희 죽을 몸에 왕 노릇 하지 못하게 하여 몸의 사욕을 순종치 말고"라는 금지 명령이 있다. 자, 몇 개의 단어들을 명확히 해보자. 여기서 죄는 "*하마르티아 (hamartia)*"인데, 이는 죄성(Sin Nature)을 가리킨다. 죄성은 전에 우리를 지배했지만, 우리는 이 죄성으로부터 자유롭게 되었다는 사실을 기억해야 한다. 죄성은 그 왕좌에서 폐위되었다. 그렇지만 죄성이 파괴되거나 완전히 사라진 것은 아니다. 죄성은 여전히 우리 안에 존재하며, 언제든 다시 우리의 삶을 완전히 장악할 기회를 엿보고 있다. "왕 노릇 하다(reign)"는 단어는 "*바실레우오(basileuo)*"인데, 이는 왕이 자신의 왕국을 통치하거나 다스리는 것을 뜻한다. 그러므로 죄성은 당신의 몸을 자신의 왕국으로 삼고서, 왕좌에 앉아 다스리기를 원한다. 우리는 자아가 우리 삶의 왕좌에 앉아 있거나 아니면 그리스도께서 우리 삶의 왕좌에 앉아 있는 그림을 본 적이 있을 것이다. 사실, 그리스도께서 왕좌에서 폐위되신다면, 그 왕의 보좌에 뛰어 올라 통치를 바로 시작하는 것이 바로 우리의 죄성이다. 그러므로 당신 속에서 다툼이 벌어지는 것을 느낀다면, 그것은 당신의 삶을 누가 다스릴 것인지 또는 당신의 삶의 왕좌에 누가 앉을 것인지, 곧 그리스도인지 아니면 당신의 죄성인지를 놓고서 싸움이 벌어지고 있기 때문이다.

누가 통치하는 것인지를 어떻게 알 수 있는가? 결과로 알 수 있다. 12b절은 죄성이 다스릴 경우, 그 결과 우리는 우리의 정욕에 순종하게 될 것이라고 말한다. 윌리엄 뉴웰(William R. Newell)은 그의 로마서 주석에서 이 부분을 정확하게 이해하는데 도움이 되는 사실을 지적한다. 그는 죄성이 몸의 정욕을 통해서 다스리는 일을 할 것이라고 말하고 있다.[25] 정욕에 해당하는 그리스어는 *에피투미아(epithumia)*인데, 이 단어가 항상 부정적인 욕망을 의미하는 것은 아니다. 몸은 정상적이고 자연스러운 많은 욕망들을 가지고 있는데, 이러한 욕망들은 선하고 해롭지 않다. 그러나 죄성은 이러한 욕망들을 가지고 왜곡시키는 일을 한다. 음식에 대한 욕구, 잠에 대한 욕구, 운동에 대한 욕구, 성에 대한 욕구, 마실 것에 대한 욕구 등등. 이러한 것들은 모두 몸의 기본적이고 해롭지 않은 욕구들이다. 그러나 죄성이 다스릴 때, 죄성은 이러한 욕구들 중 어느 하나 또는 전부를 취하여 악한 것으로 왜곡시킬 수 있다. 그리고 이러한 욕구들 중 하나가 당신이나 나를 사로잡을 때, 우리는 죄성이 우리 삶의 왕좌에 앉아서 다스리는 일을 하고 있음을 확신할 수 있다. 사악한 왕처럼, 죄성은 우리를 움츠러들게 만들고 또한 노예처럼 그 왜곡된 욕망과 명령에 복종하게 만든다. 그러나 우리는 죄성이 그렇게 하도록 그냥 둘 필요가 없다는 점에 주목해야 한다. 왜 그런가? 로마서 6장 1-11절에서 말하고 있는 진리 덕분이다. 한 그리스도인 지도자는 "그리스도인의 삶에서 짓는 죄 중에는 자발적으로 짓지 않는 죄가 없다"는 말을 했다. 그래서 나는 "아니요. 그것은 비자발적이었습니다. 저는 어쩔 수 없었어요"라고 답했다. 그러자 그는 "그렇습니다. 저도 당신이 어쩔 수 없었다는 것을 믿습니다. 그러나 그리스도는 할 수 있었습니다"라고 대답했다. 그렇다. 어느 소녀가 말했듯이, 우리는 "죄가 당신의 문을 두드릴 때, 그리스도를 보내어 대답하게 해야 한다." 그리스도는 우리를 위해 대속적인 죽음을 죽으셨다. 우리가 거듭났다면 우리 모두 그 사실을 믿을 것이다. 그러나 우리가 정작 깨닫지 못하고 있는 것은 바로 그리스도께서는 우리 안에서 대리적인 삶을 사시기를 원하신다는 것이다. 승리하는 그리스도인의 삶은 그리스도의 대리적인 삶(substitutionary life)에 달려 있다. 우리는 자아 중심적인 삶을 그리스도 중심적인 삶으로 대체해야 한다. 즉 "죄가 당신의 문을 두드릴 때, 그리스도를 보내어 대답하게" 해야 한다. 내가 악한 정욕에 순종할 때, 그것은 대개 내가 그렇게 하기로 선택했기 때문이다. 그것은 내가 자아를 너무나 사랑하기 때문에 열렬히 그렇게 하기로 선택했거나, 아니면 그리스도 중심의 삶이 아니라 자아 중심적인 삶으로 그것과 싸우려 하고 있기 때문이다.

이제 좀 더 구체적으로 들어가 보자. 바울은 "또한 너희 지체를 불의의 병기로 죄에게 드리지 말고"(6:13a)라고 말한다. "항복하다" 또는 "드리다" 또는 "바치다"로 번역되는 "파리스테미(paristemi)"란 단어의 의미를 더 확장하자면, 문자적으로는 "곁에 서다"를 뜻한다. 이는 마치 그리스도와 죄성이 자원자들을 향해 앞으로 나오라고 요청하는 것과 같다. 만일 내가 그리스도를 선택한다면, 나는 그리스도 곁에 가서 서면 된다. 마치 옛 찬송가처럼, "누가 주님의 편인가? 누가 왕을 섬길 것인가? 누가 그분의 조력자가 되어 다른 영혼들을 데려올 것인가? 누가 적과 맞설 것인가? 누가 주님의 편에 설 것인가? 누가 그분을 위해 갈 것인가?" 그리고 교회가 누군가를 제단으로 초대를 할 때, 이것이 바로 그들에게 요구하는 것이다. 앞으로 나와서 "저는 주님의 편에 설 것입니다. 저는 저의 몸을 주님의 싸움, 주님의 봉사, 주님의 처분에 맡기고자 바칩니다"라고 말하는 것이다. 그러므로 이 단어는 무언가를 다른 사람의 처분에 맡긴다는 의미다.

구체적으로 말해서, 바울은 "너희 지체를 (즉, 너희 몸의 지체들을) 불의의 도구로 죄성의 처분에 맡기지 말라"고 말했다. "도구(instruments)"(호플라, hopla)라는 단어는 "병기(weapons)"를 의미한다. 그러므로 분명히 여기에는 전쟁의 이미지가 있다. 하나님께서 창조하시고 선하다고 부르신 우리 몸을 죄성 같은 사악한 왕에게 내어주게 되면, 악을 위한 도구나 악의 병기가 될 수 있다는 것은 정말 충격적인 일이 아닐 수 없다. 그렇지 않은가? 우리의 위장이 온갖 쓰레기를 위한 쓰레기장이 될 수 있다. 우리의 눈은 악한 자에게 아직 점령되지 않은 미개척 영역을 침범하고자 탐지

하는 스파이 인공위성이 될 수 있다. 우리의 손은 훔치는 도둑이 되고, 때리는 곤봉이 되고, 죽이는 살인자의 무기가 될 수 있다. 그리고 우리의 혀는 총검처럼 사람을 찔러 상처를 입히고, 채찍처럼 무고한 희생자들에게 휘둘러 해칠 수 있다. 선한 것도 죄성 같은 사악한 폭군의 처분에 맡겨지게 되면, 무엇으로 변할 수 있는지를 깨닫는 것은 정말 정신이 번쩍 드는 일이다. 그러나 우리는 그렇게 할 필요가 없다. 왜 없는가?

로마서 6장 13절의 두 번째 부분은 "그러나(But)"라는 단어로 시작하는데, 이는 강한 대조를 표현하면서 긍정적인 측면을 소개하고 있다(롬 6:13b-14). 이제 우리는 우리 자신을 하나님께 드려야 한다. 어째서 우리는 우리의 삶을 하나님께 바쳐야 하는가? 하나님께서 우리가 지은 죄들을 속죄하기 위해 해주신 일 때문에 우리가 하나님을 너무나 사랑하기 때문인가? 아니다. 나는 당신이 그 때문에 하나님을 사랑하기를 바라지만, 그럼에도 우리의 헌신의 근거는 그 보다는 더욱 고차원적인 것이어야 한다. 즉 죄성이 간수였던 감옥으로부터의 영적인 자유를 얻었기 때문이다. 우리는 자유롭게 되었다. 우리 자신을 그리스도께 바쳐야 하는 이유는 그리스도를 향한 우리의 사랑 때문이 아니라, 이제 우리가 그리스도 안에서 들어가게 된 우리의 *지위(position)* 때문이다.

만일 배가 항해 중인데 선장이 사기꾼이라는 사실이 밝혀졌다고 상상해 보자. 선원들은 그 사기꾼 선장을 감옥에 가두었다. 일등 항해사가 항구에 도착할 때까지 선장으로 임명되었다. 이제 선원들은 누구에게 자신을 바쳐야 하는가? 여전히 그들의 충성을 요구하는 옛 사기꾼 선장에게 바쳐야 하는가, 아니면 대리 선장인 일등 항해사에게 바쳐야 하는가? 그들은 옛 선장에 대해 엄청난 충성과 사랑에 의한 연대감을 쌓았을 수도 있다. 물론 그에게는 결함이 있었겠지만, 어쨌든 여러 면에서 좋은 사람이었다. 그는 월급도 잘 주고, 음식도 잘 주었고, 술도 잘 마셨다. 그런데 왜 그들은 새 선장에게 자신을 헌신해야 하는가? 어째서 그런가? 당신은 그 이유를 알고 있다. 선원들은 본래 육지에 있는 선주들의 고용인들이었기 때문이다. 그들이 처해 있는 지위상, 그들은 선주들을 대신하여 행동하는 사람에게 충성해야 한다. 옛 선장은 그렇게 하지 않았다. 그는 사기꾼이었다. 그러므로 선원들은 새 선장을 옛 선장보다 더 사랑하기 때문이 아니라, 새 선장이 월급을 더 많이 주기 때문이 아니라, 선주들에게 고용된 고용인으로서 그들의 지위 때문에, 그들은 선주들을 대신하여 행동하는 사람에게 봉사해야 했기 때문에 새 선장에게 충성스러운 일원으로서 자신을 드려야 했다. 그들이 자신을 드리는 일의 근거는 그들의 감사하는 마음이 아니라, 그들의 지위였다.

앤드류 머레이(Andrew Murray)는 이렇게 말했다. "하나님의 계획에 대해서 피상적인 이해를 가지게 되면, 결국 칭의는 그리스도를 믿는 믿음으로 인한 하나님의 일이 되는 반면, 성화(또는 성장)는 우리가 경험한 영적인 해방에 대한 감사와 성령의 도움을 받음으로써 우리가 수행해야 하는 우리의 일이라는 생각으로 이어질 수 있다. 그러나 진지한 그리스도인은 우리의 감사가 얼마나 적은 능력을 가지고 있는지를 곧 깨닫게 될 것이다."[26] 그는 성화 또한 칭의와 마찬가지로 그리스도를 믿는 믿음에 의해서 이루어진다고 계속해서 설명한다. 그리스도는 죽음에서 우리의 대리자였으며, 또한 그리스도는 삶에서도 우리의 대리자이시다. 대리적인 삶이 없이 없이, 그저 대리적인 죽음만을 설교하는 것은 병원을 떠나면서 갓 태어난 아기를 인큐베이터에 남겨두는 것과 같다. 마일즈 스탠포드(Miles Stanford)는 이렇게 썼다. "그리스도인의 삶을 살게 하는 사랑의 동기 자체는 좋은 것이고, 고상하지만, 충분하지는 않다. … 성장하는 그리스도인으로서, 이제 우리는 사랑의 동기를 넘어 생명의 동기로 나아갈 필요성을 보아야 하는 때가 되었다."[27] 사도 바울은 "내게 사는 것이 그리스도니"(빌

1:21)라고 말했고, "내가 그리스도와 함께 십자가에 못 박혔나니 그런즉 이제는 내가 산 것이 아니요 오직 내 안에 그리스도께서 사신 것이라"(갈 2:20)고 말했다.

이 견고한 기반 위에서 우리는 우리 자신을 하나님께 드리고, 헌신하고, 내어주고, 온전히 바쳐야 한다. 그리고 우리가 주님께 무엇을 드리고 있는 지를 이해하는 것이 중요하다. 우리는 우리 자신을 "죽은 자 가운데서 다시 산 자같이 하나님께" 드려야 한다. 이 말은 매우 중요한 의미를 가지고 있다. 우리가 우리 자신을 죽은 자 가운데서 다시 산 자로서 드리지 않는다면, 우리는 죽은 자, 곧 옛 사람을 하나님께 바치는 일을 하는 것이기 때문이다. 그렇다면 우리는 주님을 위해 아무것도 이룰 수 있는 일이 없을 것이다. 왜냐하면 주님은 죽은 자를 사용하실 수 없기 때문이다. 옛 사람, 곧 자아 중심적인 삶은 그리스도께 드릴 것이 아무것도 없다. 옛 사람은 오직 실패와 좌절만을 끌어들일 뿐이다. 그리고 더 많은 헌신이 필요하다고 느끼게 할 뿐이다. 이런 사람은 카펫을 닳게 할 정도로 헌신에 재헌신을 할 것이지만, 그럼에도 그가 자신을 죽은 자 가운데서 살아난 자로서 하나님께 드릴 때까지, 다시 말해 그가 그리스도의 죽음과 부활에 연합되는 진리를 알고, 믿고, 여길 때까지, 그리고 나서 그리스도 안에서 새로운 피조물이 된 새 사람을 드릴 때까지 아무런 진전이 없을 것이다.

J.C. 메트칼프(Metcalf)는 문제와 해답을 동시에 보면서, 이렇게 말했다. "오늘날 헌신에 대한 가르침은 '옛 사람'을 헌신하게끔 하는 것에 불과하다. 이는 사형 선고를 우회하려는 시도일 뿐이기에 오로지 좌절과 실패만을 안겨줄 것이다. 그러나 당신과 내가 겸손하게 그리스도와 함께 죽은 사실을 우리의 삶과 봉사의 일상적인 기반으로 삼을 준비가 되어 있다면, 새 생명이 솟아나게 되고 또 흘러넘치는 것을 막을 수 있는 것은 아무것도 없을 것이며, 우리 주변의 목마른 영혼들의 필요를 넉넉히 채울 수 있을 것

이다."[28]

H. 던컨(Duncan) 또한 이런 개념을 강조하면서, 이렇게 쓰고 있다. "하나님께서는 우리에게 우리의 몸을 거룩한 산 제물로 그분께 드리라고 요구하셨다(롬 12:1). … 이 권면의 말씀이 로마서 6장 이후에 왔다는 사실에 주목하라. 이 순서에는 이유가 있다. 즉 헌신 이전에 우리의 자아가 십자가에 못 박히는 일이 먼저 이루어져야 하기 때문이다. 십자가에 못 박히지 않은 자아는 헌신을 거부한다. 이것이 바로 그토록 수많은 사람들이 진심으로 반복적으로 강단 앞으로 나아가 십자가에 못 박힌 일이 없는 자아를 하나님께 드리는 이유이다."[29] 던컨이 온전한 헌신 또는 자신의 몸을 거룩한 산 제사로 드리는 일이 로마서 12장 1절에 언급되어 있으며, 이처럼 중요한 권면이 로마서 6장 1-11절의 진리들이 주어지고 나서 한참 뒤에 주어졌다는 사실을 지적한 것은 너무도 옳은 일이었다. 실제로 로마서 12장 1절은 "그러므로 형제들아 내가 하나님의 모든 자비하심으로 너희를 권하노니 너희 몸을 하나님이 기뻐하시는 거룩한 산 제사로 드리라"는 말로 시작하고 있다.

각 단어가 중요하긴 하지만, 이 권면이 "형제들"에게 하고 있다는 점에 주목해야 한다. 헌신의 진리는 그리스도인들을 위한 진리이지, 비그리스도인들을 위한 진리가 아니다. 이는 행실(Walk)에 관한 진리이지, 구원의 길(Way)에 관한 진리가 아니다. 이는 복음전도에 관한 진리가 아니라, 제자도에 관한 진리이다. 그렇기 때문에 "그러므로"라는 단어도 중요하다. 이 단어는 바울이 지금까지 소개한 모든 진리들을 근거로 이제 호소를 시작하고 있음을 말해준다. 여기에는 로마서 6-8장의 성화의 진리 뿐만 아니라, 로마서 9-11장의 영원한 안전의 진리도 포함되어 있다. 신자가 죄성의 권세로부터 어떻게 자유를 얻을 수 있는지(롬 6-8장) 그리고 자신이 그리스도 안에서 얼마나 안전한지(롬 9-11장)를 알 때까지는, 그는 사실상 그

리스도인 봉사의 삶에 헌신(롬 12-16장)할 준비가 전혀 되지 않은 것이다.[30]

그리고 물론 여기 로마서 12장 1절에서 우리는 *파리스테미(paristemi)*라는 단어가 또 다시 등장하는 것을 볼 수 있다. 마지막으로 이 단어가 사용된 것을 기억하는가? 바로 성화의 진리를 소개하는 로마서 6장 13절에 있었다. 그리고 12장 1절 다음은 봉사의 진리와 그리스도의 심판대를 소개하는 로마서 14장 10절에 있다. 제자도 또는 그리스도께 온전한 헌신이라는 개념이 *파리스테미*(헌신, 거룩한 산 제사로 드림, 자신의 전부를 바침, 맡김)란 단어와 연결되어 사용되고 있다는 것이 흥미롭지 않은가? 게다가 이 단어는 불신자들을 대상으로 삼고 있는 백보좌 심판(계 20:11-15)과는 아무 연관이 없다. 천국에 들어가게 될 신자는 이런 질문을 받게 될 것이다. "나는 너에게 생명과 은사와 무수히 많은 기회를 주었건만 너는 무엇을 했느냐?" 다시 말해, "너의 헌신은 어디에 있느냐?"라는 질문을 받게 될 것이다. 그럼에도 이 질문은 천국에 들어가는 특권을 받은 신자들에게만 주어지는 질문이다. 불신자는 결코 "왜 너는 너의 모든 삶을 나에게 바치지 않았느냐?"라는 질문을 받지 않을 것이다. *주재권 구원론자들은 모든 것을 거꾸로 알고 있다.* 그렇지만 우리는 이 사실에 놀랄 필요가 없다.

S.L. 존슨(Johnson)은 학생들에게 이렇게 가르쳤다. "만일 당신이 복음을 제시할 때 값싼 은혜와 율법폐기론자로 비난받지 않는다면, 당신은 바울이 하나님께 받은 복음을 제시하는 것이 아니다. 왜냐하면 바울은 정확히 그런 비난을 받았기 때문이다(롬 6:1)." 우리는 주재권 구원론자들을 값싼 은혜를 전하는 사람들로 비난할 수 있을까? 결코 그렇지 않다. 그러나 그렇다고 해서 이 사실이 그들이 기뻐할 이유가 되어서는 안 된다. 오히려 과연 그들이 진정으로 바울의 복음을 제시하고 있는지를 심각하게 의심할 이유가 되어야 한다. 값없는 은혜의 참 복음이 제시되는 곳마다,

육신적인 마음으로는 이해가 되지 않기 때문에 인간의 행위나 인간의 헌신적인 노력에 의해서가 아니라, 오로지 하나님의 은혜로만 구원을 받는다는 은혜의 복음을 믿기 어려워하는 사람들이 항상 있을 수밖에 없다.

로마서 6장의 진리의 중요성을 아무리 강조해도 지나치지 않다. 어떤 사람들은 로마서 6장의 동일시의 진리들이 새롭게 그리스도인이 된 사람들이 이해하기에는 너무 깊다고 생각하는데, 마치 어떤 사람들이 예언이 이해하기에는 너무 깊기에 새로운 신자에게 가르쳐선 안된다고 생각하는 것과 같다. 한편 바울은 데살로니가 사람들과 3주 동안 함께 지냈고, 그 3주 동안 그들에게 예언의 세부 사항들까지 깊이 있게 가르쳤다. 왜 그랬을까? 왜냐하면 우리의 복된 소망으로서 그리스도의 재림은 이 땅에서 우리의 상태의 비참함을 해결하는 진리의 절반이기 때문이다. 우리는 반드시 *상태에 속한 진리(conditional truth)*를 알아야 한다. 그 나머지 절반은 *지위에 속한 진리(positional truth)*다. 만일 바울이 새로운 그리스도인들에게 예언의 진리를 가르쳤다면, 우리는 그가 분명히 그들에게 지위에 속한 진리를 깊이 있게 가르쳤다고 확신할 수 있다. 이런 것이 바로 예방적인 차원에서 미리 가르치는 신학이다. 이러한 예방 신학은 우리가 죄성에 의해서 지배를 받는 삶으로부터 어떻게 자유를 얻을 수 있는지를 말해준다. 이 모든 것은 우리가 그리스도와 함께 죽었고, 장사되었고, 부활했다는 사실, 즉 그리스도 안에서 *우리의 지위(our position in Christ)*에 달려 있다. 이러한 내용들은 새롭게 그리스도인이 된 사람들이 반드시 배워야만 하는, 가장 기본적인 사실들이다. 만일 배우지 않는다면, 죄성이 여전히 그의 삶에 왕 노릇할 것이고, 그가 죄성의 지배로부터 자유롭게 되었고 또한 죄성에 복종할 필요가 없음에도 해방의 진리를 전혀 알지 못한 채 수년을 잃어버릴 수가 있다. 그가 이 영적해방의 진리를 배우고 자신의 것으로 삼을 때, 그는 자신의 삶과 자신의 지체를 주님께 드리거나 헌신하거나 온전히 바칠 준비가 된다. 그러나 그 전에는 아니다. *영적 해방이 없는 헌신은 감옥 생활이기 때문이다.*

우리는 지금까지 죄성으로부터 해방을 받아 영적자유로 가는 다섯 단계 중 네 번째 단계, 즉 알라 ⇒ 믿으라 ⇒ 여기라 ⇒ 드리라에 대해서 살펴보았다. 우리 자신을 드리는 것의 근거는 무엇이었는가? 그리스도를 향한 우리의 사랑이 아니다. 우리가 그렇게 하는 순간, 오히려 죄를 더 사랑했다. 그리스도를 향한 우리의 감사도 아니다. 우리는 근본적으로 하나님의 은혜에 배은망덕한 행실을 했다. 그러나 우리의 삶과 우리의 지체를 헌신하는 근거는 그리스도 안에서 우리가 들어간 우리의 지위에 있었다. 바로 지위에 속한 진리이다. 이 진리가 영적 성장의 기반이고 토대다.

테니스계의 전설 마르티나 나브라틸로바(Martina Navratilova) 선수는 공산주의 체코슬로바키아에서 망명하여 미국 시민이 되었다. 그녀가 미국 시민권을 공식적으로 취득한 후, 비밀 요원이 그녀에게 접근하여 조국 체코슬로바키아를 위해 스파이 활동을 해달라고 요청했다고 가정해 보자. 이 시점에서 마르티나는 결정을 내려야만 했다. 그녀가 결정을 내렸다고 가정해 보면, 그녀는 이 옛 정부가 자신의 삶을 지배하게 해서는 아니 되었다. 체코 정부가 그녀의 삶에서 왕 노릇 하지 못하게 하는 방법은 그녀의 시간과 재능을 그 정부의 처분에 맡기지 않는 것이었다.

이제 우리가 질문해야 하는 것은 이렇다. 어째서 그녀는 체코슬로바키아를 위해 스파이 활동을 해서는 아니되는 것인가? 어째서 그녀는 자신의 시간과 재능을 체코슬로바키아 정부의 처분에 맡겨선 아니되는가? 오늘날 대부분 그리스도인들은 영적인 삶에 대해서 이야기하면, 일반적으로 이렇게 대답한다. "음, 그녀가 미국을 사랑하기 때문입니다. 여기에서 그녀가 얼마나 많은 돈을 벌어들이고 있는지를 생각해 보세요. 그녀가 누리고 있는 자유를 보세요." 그러나 사실 그녀는 미국보다 체코슬로바키아를 더 사랑하고 있을 수 있다. 어쨌든 그녀는 그곳에서 자랐고 그녀의 가족이 여전히 그곳에 있다. 그곳은 그녀의 고향이며 그녀는 체코어를 사용하는 것이 더 자연스럽다. 그녀의 마음속 깊은 곳에는 미국보다 체코슬로바키아를 더 사랑할 가능성이 더 많다. 만일 그녀가 어느 쪽을 더 사랑하는가의 문제가 스파이가 되는 결정적인 이유가 된다면, 무슨 일이 일어날지 알 수 없다. 자신의 삶에서 왕 노릇하고 지배하려는 체코슬로바키아 정부의 주장을 거부하고 이 여인이 자신의 재능과 시간을 그들의 처분에 맡기지 말아야 하는 근거는, 바로 그 근거는 그녀의 지위였다. 다시 말해서 그녀는 이제 미국 정부의 시민이었다. 그녀의 지위는 미국 국민이라는 지위였다. 그녀가 미국 시민으로서의 자신의 지위를 인식하고 또 그 지위를 받아들일 때에야 비로소 그녀는 체코 정부가 그녀의 삶을 지배하려는 시도를 거부하고 또한 자신의 시간과 재능을 그들의 처분에 맡기지 않을 수 있었다.

자, 이런 것이 신자가 처한 상황이다. 내가 하나님의 자녀가 되기 전에는 어둠의 왕국에서 살았다. 죄가 내 삶을 다스리고 지배했다. 그러다 나는 회심하게 되었고, 거듭남으로써 하나님의 사랑하는 아들의 왕국 안으로 옮겨지게 되었다. 나는 하나님의 왕국의 시민이 되었다. 그런데 이제 죄성, 곧 옛 왕이 여전히 내 삶을 다스리고 지배하려 한다. 죄성은 제거되거나 근절되지 않았다. 죄성은 여전히 내 삶을 다스리고 지배하고 싶어 한다. 그러나 로마서 6장 12-14절을 보면, 이전 옛 사람을 지배했던 죄성이 더 이상 내 삶과 몸을 지배하지 못하게 하라는 말을 듣게 된다. 왜 그래선 아니되는 것인가? 내가 특정 형태의 죄를 더 이상 사랑하지 않게 되었기 때문이 아니다. 옛 왕이 내 삶을 지배하는 것을 거부해야 하는 근거는 그리스도 안에서 나의 지위에 있다. 나는 더 이상 죄성이 지배하는 왕국의 시민이 아니다. 나는 그리스도께서 다스리는 왕국의 시민이다. 나의 새로운 지위를 근거로 나는 "나는 더 이상 죄성이 내 삶을 다스리거나 지배하게 할 수 없으며, 그러므로 나는 더 이상 나의 삶과 지체를 죄성의 처분에 맡길 수 없다"고 말해야만 한다. 다시 말하지만, 이러한 결단을 내릴 수 있는 명확한 근거는 그리스도 안에서 나의 지위다.

지위의 진리(Positional truth, 또는 신분의 진리)는 부수적인 것이 아니라, 근본적인 것이다. 이는 선택적인 사항이 아니라 필수적인 것이다. 지위의 진리는 새로운 그리스도인이 반드시 배워야 하는 진리 가운데 첫 번째 것이다. *영적 해방을 경험하기 전에 헌신은 감옥생활일 뿐이다.* 그러나 지위의 진리를 알게 되고, 믿게 되고, 참으로 의지하게 될 때, 비로소 신자는 다음과 같이 노래할 준비가 된다.

> 나의 생명 드리니 주여 받아주셔서
> 세상 살아갈 동안 찬송하게 하소서.
> 손과 발을 드리니 주여 받아주셔서
> 주의 진리 말씀만 전파하게 하소서.
> 나의 보화 드리니 주여 받아주셔서
> 하늘 나라 위하여 주 뜻대로 쓰소서.
> 나의 시간 드리니 주여 받아주셔서
> 평생토록 주 위해 봉사하게 하소서.

미주

1 Lewellen, "*Lordship Salvation*," 65.

2 J. V. Dahms, "Dying With Christ," *The Journal of the Evangelical Theological Society* 36 (March 1993): 20.

3 D. M. Hay, *Glory at the Right Hand: Psalm 110 in Early Christianity*, Society of Biblical Literature Monograph Series, no. 18, ed. R. A. Kraft (New York: Abingdon, 1973), 111.

4 R. Price, *Secrets of the Dead Sea Scrolls* (Eugene, OR: Harvest House, 1996), 302, 516:CD2:12; 6:1; 12:23; 14:19; 19:10; 20:1; 1QS9:11; 1Qsa2:12; 14:20; 1QM 11:17; 1Q30 1:2; 4Q252 1 v.3; 4Q266 (Da) 18 iii. 12; 4Q267 (Db) 26; 4Q270 (De) 9 ii. 14; 4Q287 10 13; 4Q375 1 i. 9; 4Q376 1 i. 1; 4Q377 2 ii. 5; 4Q381 15 7; 4Q458 2. 6; 4Q458 2 ii. 6; 4Q521 2 ii. 41; 89; 93; 6Q15 (D 34; 11Qmel 2:18; 1Qsb 5:20, 27; 4Q161 5-6 3; 4Q174 1:1; 4Q175 12; 4Q285 42, 53, 4; 4Q369.

5 다음 책을 보라. R. E. Brown, "The Messianism of Qumran," *Catholic Biblical Quarterly* 19 (January 1957): 53-82. 이 책은 두 종류의 메시아, 즉 아론 계통의 메시아와 다윗 계통의 메시아에 대한 훌륭한 분석을 제공하고 있다. 아론 계통의 메시아가 사실 다윗 계통의 메시아보다 우세했다. 브라운은 구약성경에서 (다윗 계통의 메시아는 에스겔 34장 24절과 37장 25절에서, 그리고 아론 계통의 제사장적 메시아는 에스겔 44-45장에서) 두 종류의 메시아에 대한 근거 구절을 찾았다. 마찬가지로, 위서(pseudepigrapha) 또한 두 메시아에 대한 기대를 드러내고 있다(열두 족장의 유언(Testaments of the Twelve Patriarchs)이란 위서를 보라). A. J. B. 히긴스는 이러한 견해에 반대하면서, "제사장적 메시아"(*New Testament Studies* 13 (January 1967): 211-39)란 글을 썼다. 이 견해는 열

두 족장의 유언을 기독교식으로 편집한 내용을 토대로 하고 있다.

6 J. J. Collins, *The Scepter and the Star: The Messiahs of the Dead Sea Scrolls and Other Ancient Literature*, The Anchor Bible Reference Library, ed. D. N. Freedman (New York: Doubleday, 1995), 11-12. 다음 책을 보라. L. H. Schiffman, "Messianic Figures and Ideas in the Qumran Scrolls," in *The Messiah*, ed. J.G. Charlesworth (Minneapolis: Fortress Press, 1992), 118-19 and S. Talmon, "Waiting for the Messiah: The Spiritual Universe of the Qumran Covenanters," in *Judaisms and Their Messiahs at the Turn of the Christian Era*, eds. J. Neusner, W. S. Green and E. S. Frerichs (Cambridge: Cambridge University Press, 1987), 111-37.

7 마가복음을 보면, 서기관들은 메시아가 다윗의 아들이라고 가르치는 사람들이었다. 누가는 단지 3인칭 복수로 "저희"라고 말하고 있지만, 어쩌면 누가는 더 이상 묻지 못하고 입을 다물고 있는 서기관들을 가리키고 있었을 것이다.

8 유아기 시절 이후에 예수님을 그리스도로 직접적으로 언급하는 부분은 많지 않지만, 예수님을 메시아 직분을 가지고 있는 다윗의 아들로 언급하는 부분은 많이 있다(마 1:1, 20, 9:27, 12:23, 15:22, 20:31-32, 21:9). 두 명의 메시아를 고대하고 있었고 또한 제사장적 메시아가 종말론적으로 더욱 소망의 대상이었을지라도, 이방인들의 시대 동안에는 자신들을 이방인 왕들의 폭정으로부터 구해줄 수 있는 정치적 메시아에 더 큰 초점이 맞춰져 있었다. 그러나 콜린스(Collins, 8-9)에 따르면, 성경 필사본 두루마리가 수백 명의 서기관을 대신하였고, 유대인 정착지에는 아마도 서기관이 없었을 것이라고 설명한다. 이는 대부분의 문서가 다른 곳에서 기록되었음을 의미한다. 그리고 프라이스(*Secrets*, 301)는 아론 계열의 메시아와 이스라엘 계열의 메시아에 대한 것은 쿰란 종파에 의해서 기록된 두루마리에서 발견할 수 있다고 설명한다. 이를 통해서 쿰란이 하나 이상의 메시아를 표명하는 내용을 기록한 유일한 장소였음을 추측할 수 있다. 프라이스는 유대교의 어느 종파가 쿰란에 2세기 이상 거주

하면서, 메시아 개념을 여러 메시아에서 하나의 메시아로 발전시켰을 것이라는 의견을 제시했다(ibid, 302). 이 주제에 대해서는 다음 책을 보라. Emily Puesch, "Messianism, Resurrection, and Eschatology," in *The Community of the Renewed Covenant, Christianity and Judaism in Antiquity Series*, eds. E. Ulrich and J. VanderKam, no. 10 (Notre Dame, IN: University of Notre Dame Press, 1993), 237-40.

9 마가복음은 성령님을 언급하면서, 영역을 의미하는 것이 아니라 (즉 성령 안에서가 아니라) 여격으로 (즉 성령에 의해서) 사용하고 있다. R. H. 건드리는 만일 이 구절의 의미가 곧 다윗이 야훼와 메시아 사이의 대화를 엿들을 수 있는 기회를 얻어, 하늘로 사로잡혀 올라갔던 것이라면, "성령에 감동하여"라는 구절 이후에, 환상을 보았다거나 아니면 음성을 들었다는 언급을 했을 것이라고 설명한다. (겔 11:24 LXX, 37:1 LXX, 계 1:10, 4:2; 17:3, 21:10) 다음 책을 보라. R. H. Gundry, *Mark* (Grand Rapids: Eerdmans, 1993), 720.

10 이전 장에서 언급했듯이, 바리새인들이 만일 다윗이 말하는 사람이 (그리고 저자도) 아니고 메시아가 신탁의 수신자라고 생각했다면 그들의 반응은 달랐을 것이다.

11 세 개의 공관복음서는 모두 주(kurios)라는 단어 앞에 관사를 생략하고 있다. 마태복음과 마가복음은 "발판" 대신 "아래"라는 단어를 사용하고 있다.

12 L. Morris, *The Gospel According to Matthew* (Grand Rapids: Eerdmans, 1992), 564-65; D. A. Hanger, *Matthew*, Word Biblical Commentary, no. 35c, ed. R.P. Martin(Dallas: WordBooks, 1993), 651; D. L. Bock, *Luke*, Baker Exegetical Commentary on the New Testament, vol.3B, ed. M.Silva (Grand Rapids: Baker, 1996), 1639.

13 마가복음은 다윗이 이 시편을 "말"한 사람이라는 점을 매우 강조하고 있다. 마가는 12장 36절("다윗이 … 친히 말하되")과 37절("다윗이 그리스도를 주라 하였은즉")에서 두 번이나 다윗이 이 시편을 썼다는 사

실을 강조하고 있다.

14 어떤 사람들은 이것을 반유대주의(antinomy)(Gundry, *Mark*, 721)로 보고, 다른 사람들은 하가다(haggadah)(Bock, *Luke*, 1630)로 본다.

15 대럴 L. 보크가 지적한 바와 같이, 예수님은 "메시아가 누구인지에 대한 사고의 새로운 토대를 마련하셨던" 것이다.

16 F. 노이그바우어(Neugebauer)는 유대인들이 어떤 면에서는 메시아를 다윗이 환생하는 것으로 보았을 것이라고 말한다. "이 말의 의미는 첫 번째 다윗과 다윗의 아들/메시아 사이의 연속성을 의미한다. 다시 말해서 다윗의 아들은 새로운 다윗, 마지막 다윗이며, 또한 다시 살아난 다윗을 가리킨다."(F. Neugebauer, "Die Davidssohnfrage(Mark xii. 35-7 Parr.) und der Menschensohn," *New Testament Studies* 21 [October 1974]: 91). 또한 예레미야 30장 9절을 보라. "그들은 그들의 하나님 여호와를 섬기며 내가 그들을 위하여 세울 그들의 왕 다윗을 섬기리라."

17 D. L. 보크(Bock)는 시편 110편 1절이 세 가지 요점을 제시한다고 말했다. 1) 저자이자 화자인 다윗이 이 인물을 주(Lord)로 인정함으로써 권위를 부여한다는 점, 2) 우편에 앉아 있는 모습으로 통치를 묘사한다는 점, 그리고 3) 모든 적이 제거될 때까지 그 통치가 지속되리라는 것을 선포한다는 점이다(Bock, *Luke*, 1638). 그는 메시아가 현재 아버지의 우편에서 통치하고 있다는 개념을 지지하긴 하지만, 누가복음 20장 41-44절에서는 시편 110편 1절은 이러한 측면을 보여주고 있지 않다고 설명했다. 시편 110편이 현재적인 통치를 가르치는지 아닌지 여부가 본 연구의 핵심 쟁점 중 하나다. 이런 결정을 내리려면 고린도전서 15장 22-28절과 히브리서의 구절들을 더욱 면밀하게 살펴보아야 한다. 보크는 메시아의 통치가 부활-승천에서 시작되었으며, 천년왕국의 끝까지 이어진다고 보았다(ibid.). 다른 학자들은 그리스도의 통치가 아마겟돈 전투에서 적들을 정복하고 이후에 그리스도의 왕국을 세움으로써 시작된다고 보고 있다. 이러한 관점에서 그리스도께서는 천년왕국이 끝날 때까지, 즉 모든 적들이 멸망할 때까지 적들 *한가운데서* 통치하실 것이다.

18 이 질문은 다윗의 아들(son of David) 질문에 대한 바리새인의 반응에 비추어 볼 때 특히 흥미롭다. 만일 바리새인들이 신적인 메시야의 개념을 가지고 있지 않았다면, 대제사장이 어떻게 "하나님의 아들"(마 26:63)이신 메시야를 기대하고 있었던 것인가? R. 건드리(Gundry)는 사무엘하 7장 14절과 시편 2편 7절을 예로 들면서, 신적인 아들됨이 다윗 계열의 왕들에게 약속되었다는 것과 사무엘상하의 구절들은 기독교 이전 유대교의 메시야 해석이 4QFlor 1:10-12에 나타난다고 언급했다(Gundry, *Mark*, 908). 그는 또한 4QpsDan Aa = 4Q243에서 사용된 "하나님의 아들"도 기독교 이전의 메시아에 대한 언급일 수 있다고 언급했다. 그리고 M. 헹겔(Hengel)에 따르면, 유대인들이 "하나님의 아들"을 보는 관점은 신성한 본질을 가진 존재가 아니라 다만 하나님에게서 임명을 받은 존재만을 의미할 뿐이다(M. Hengel, *The Son of God* [Philadelphia: Fortress, 1976], 21-56).

19 Bock, *Luke*, 1779-80.

20 Morris, *Matthew*, 685. 다음 책도 참고하라. D. R. Catchpole, *The Trial of Jesus*, Studia Post-Biblica, no. 18, ed. J. C. H. Lebram (Leiden: E. J. Brill, 1971), 132-35. 이 책은 문제의 핵심이 신성 모독이 아니었던 이유를 설명하고 있다.

21 Gundry, *Mark*, 917. "대제사장과 산헤드린의 나머지 구성원들이 예수님을 신성모독의 죄를 지은 것으로 판단한 가장 타당한 이유는, 그가 자신을 초인적인 존재로 격상시켜 하나님의 우편에 앉게 되고 또한 하늘 구름을 타고 오시는 인자로 묘사함으로써 하나님과 동등됨과 하나됨을 말로 찬탈했다고 판단했기 때문일 것이다." 다음 책을 보라. Bock, *Luke*, 1798-800; D. L. Bock, *Proclamation from Prophecy and Pattern* (Sheffield: JSOT Press, 1987), 140-41. 그는 동일한 결론을 내리고 있긴 하지만, 흥미로운 점은 누가복음의 기록은 다니엘 7장 13절을 인용한 것이 아니며(눅 22:69 - 인자), 또한 인자를 재판장의 이미지로 보고 있다는 것이다. 반면 다니엘서 7장 9-10절에서 재판장은 옛적부터 항상 계신 이로서 심

판을 베푸는데 책들을 펼치는 분으로 명확하게 제시되어 있다. 다음 책을 보라. M. Hengel, *Studies in Early Christology* (Edinburgh: T & T Clark, 1995), 182. 헹겔은 "'하늘 구름을 타고 와서 옛적부터 항상 계신 이에게 나아가 그 앞으로 인도되는'(단 7:13) 인자 같은 이는 재판장으로 나타나고 있다기보다는 오히려 재판에서 이기고 승리한 당사자로 보인다"라고 설명하고 있다. 다니엘서에서 인자를 언급하고 있는 부분은 심판과 연결되어 있다기보다는 예수님을 영원한 왕국, 즉 그의 권세는 소멸되지 아니하며, 그의 나라는 멸망하지 않는 왕국과 연결되어 있다(단 7:13-14).

22 Hay, *Glory*, 71-72.

23 H. Bietenhard, "kurios," in *NIDNTT*, 1986 ed., 2:510-15.

24 사실 M. 소시(Saucy)는 "Exaltation Christology in Hebrews: What King of Reign?" *Trinity Journal* 14 [Spring 1993]: 61, n. 84에서 로마서 14장 9절을 가리키면서 그리스도의 주재권은 하나님의 심판의 때까지 보류되었다고 주장했다(로마서 14:10과 비교해보라). 그러나 10절은 그리스도의 심판대를 언급하는 것이 아니라, 하나님의 심판대를 언급하고 있다. M. 헹겔은 하나님의 심판대를 언급하는 이 구절과 고린도후서 5장 10절에서 그리스도의 심판대를 언급하는 구절을 인용하면서, 보좌에 앉아 계신 아버지와 아들이 얼마든지 역할을 서로 바꿀 수 있음을 보여주고자 했다(Hengel, *Christology*, 189). 하지만 소시는 이 구절을 두 가지로 해석할 수는 없다고 보았다. 로마서 14장 1-10절이 그리스도의 주재권이 그리스도의 심판대까지 연기되었음을 뜻하거나(하나님이 보좌에 앉아 계시므로), 아니면 그는 '주님'을 '데오스(Theos, 하나님)'의 대안으로 이해해야만 했다. 후자가 사실이라면, 하나님이 지금 통치하고 계시므로 그리스도께서도 지금 통치하고 계신다는 의미다. 그리스도의 원수들이 완전히 정복되지 않았기 때문에, 하나님이 지금 통치하고 있지 않다고 말하고 싶은 사람이 있는가? 이 점에 조심하지 않으면, 아버지와 아들 모두 수동적인 상태에서 보좌에 앉아 계실 뿐이라는 결론을 내릴 것이

고, 그 말은 곧 온 세상을 다스리는 것은 사탄이라는 의미가 된다.

비테나르트("kurios" 514-15)는 이렇게 주장했다. "동시대 유대 사상에 따르면, 자연과 역사 속 세계의 다양한 영역은 권능을 가진 천사들에 의해 지배되고 있었다. 그리스도께서 이제 퀴리오스(kurios)의 지위로 높임을 받으셨기에, 권세를 가진 모든 존재들은 그리스도께 복종하게 되었고 그분을 섬겨야만 했다(골 2:6, 10; 엡 1:20). … 메시야 예수의 주재권은 현재적인 것이며, 실재다. 그분은 숨겨진 방식으로 세상에 대한 하나님의 권위와 주재권(God's authority and Lordship)을 행사하고 있으며, 종말론적 미래에 그것을 완성하실 것이다." 그리고 W. 포스터("kurios," in *TDNT*, 1984 ed., 3:1139-95)는 수동적인 주재권이라는 개념을 상상할 수 없는 것이라고 보았다. "주님이라는 개념 안에는 두 가지가 유기적으로 서로 결합되어 있는데, 곧 권능을 즉각적으로 행사할 수 있는 권세와 그 권세를 행사하는 분의 위격이 상호결합되어 있다. 이는 외적인 강제력이 도덕적인 영역과 법적인 영역까지 뻗어나감을 의미한다."(ibid., 1040). 그는 그 단어의 기본적인 의미가 "권능을 가지고 있다"는 뜻을 가지고 있다고 말했다. 예수님에 관해서 포스터는 "퀴리오스"라는 이름은 하나님과 동등한 지위를 의미한다"(ibid., 1089)고 단언했으며, 시편 110편 1절에 관해서는 "우편에 앉는다는 것은 공동 통치를 의미한다. … 그분은 세상과 관련하여 하나님의 주권을 행사하는 분이시다"(ibid., 1089-90)라고 말했다.

M. 소시("Exaltation Christology," 59-61에서)는 히브리서에서 사용된 퀴리오스란 단어는 어느 정도 그리스도의 수동성을 함축하고 있다는 점을 주장하고 있다. 그는 '바실레우스(Basileus, 왕)' 라는 용어가 로마인들에게 불쾌감을 주었기 때문에 '퀴리오스' 라는 단어로 바실레우스란 용어를 대체했다는 추론은 허황된 것이라고 주장했다. 그의 주장이 맞을 수도 있고 틀릴 수도 있지만, 그럼에도 그의 이런 주장은 더 큰 핵심을 완전히 놓치고 있다. 퀴리오스는 70인역에서 야훼(Yahweh)를 직접적으로 대체하는 단어였다. 이것이 그리스도 이전에 유대인들 스스로에 의해

이루어진 것인지, 아니면 초기 기독교 필사자들에 의해 이루어진 것인지는 중요하지 않다. 중요한 것은 퀴리오스가 바실레우스 보다 훨씬 더 높은 지위를 나타내는 단어였다는 점이다. 왜냐하면 퀴리오스가 하나님의 이름을 대체하는 용어가 되었기 때문이다. 이것이 D. L. 보크가 "주 그리스도의 통치"(*Dispensationalism, Israel, and the Church*, ed. C. A. Blaising and D. L. Bock (Grand Rapids: Zondervan, 1992), 53)라는 책에서 소개한 "메시아 그 이상"이라는 의미이다.

소시는 그리스도께서 통치하고 있는지 아닌지를 판단하는 척도로 그리스도가 자신의 적들을 대하는 방식(또는 소극적인 방식)을 계속 사용하고 있다(그는 하나님 아버지에 대해서도 같은 주장을 하고 싶은 것인가?). 그는 히브리서 1-2장에서 그리스도께서 적들을 대하는 방식을 "어느 정도는 소극적"이라고 표현했다. 비록 이런 논리가 히브리서 2장에서 (그리스도의 가장 큰 두 가지 적이라고 할 수 있는) 사망과 마귀를 다루는 역사를 간과하고 있는 것이긴 하지만, 자신의 적들을 다루는 이런 방식이 과연 그리스도께서 통치하고 있는지 아닌지를 판단하는 최종적인 기준이 될 수 있는 것인가? 비테나르트에 따르면, 주님은 사람들의 삶에 개입하여 구원하기도 하고, 벌하기도 하고, 심판할 수도 있는 분이란 점을 기억할 필요가 있다. 히브리서는 분명히 사람들에 대해서 처음 두 가지 기능을 이야기한다. 그리고 베드로후서 3장 9절과 같은 다른 구절들은 주께서 심판을 지연하고 계시는지를 명확히 밝히고 있다. 즉, 더 많은 사람들이 구원받게 하려는 것이다.

D. L. 보크("Current Messianic Activity and OT Davidic Promise: Dispensationalism, Hermeneutics, and NT Fulfillment," *Trinity Journal* 15 [Spring 1994]: 64)는 이렇게 말했다. "예수님의 구원하시는 역사와 통치하시는 활동은 적들을 다루시는 활동만큼이나 중요하다. … 예수님은 현재 완전히 통치하고 계시지 않는다. 왜냐하면 예수님께서는 미래에 더 많은 능력을 보여주실 것이기 때문이다. 하지만 그렇다고 해서 예수님이 전혀 통치하고 있지 않는다는 의미는 아니다." 만일 주 예수님께서

오늘날 자신의 적들을 부분적으로만 억제하고 계신다면, 그것은 더 많은 사람들이 회개하고 구원받을 수 있는 기회를 주고자 최종적이고 결정적인 전투를 늦추고 계시기 때문이다. 그리고 그것이야말로 히브리서의 강조점(즉 사람들의 구원)인데, 이 부분은 다음 장에서 더 자세히 살펴볼 것이다. 핵심은 이것이다. 즉 예수님께서 현재 만물의 주님으로 나타나고 있지 않다고 해서, 그분이 전혀 주님이 아니라는 의미가 아니라는 것이다.

25 William R. Newell, *Romans: Verse by Verse* (Chicago: Moody Press, 1938), 228.

26 Andrew Murray, *Abide in Christ* (London: James Nisbet & Co., 1888), 65.

27 Stanford, *Green Letters*, 52.

28 J. C. Metcalf, quoted in Stanford, *Green Letters*, 52-53.

29 H. Duncan, quoted in Stanford, *Green Letters*, 53-54.

30 로마서 5-8장에 대한 전체적인 설명은 *의의 초상화(Portraits of Righteousness)*란 책을 참고하라.

제13장

유아들의 구원과 이방인들의 구원

유아들의 구원

이것은 무시할 수 없는 주제다. 우리가 사는 지구상에는 낙태, 영아 살해, 유아 굶주림 문제가 만연한 상태이기 때문에, 우리는 이 유아들이 죽은 후에 어떻게 되는 것인가에 대한 질문을 던지지 않을 수 없다. 복음을 전하다 보면, 우리는 이 질문에 수도 없이 직면하게 될 것이다. 물론 세상은 만일 하나님이 세상을 사랑하신다면 세상 사람들이 고통당하는 것을 수수방관하지 않을 것이라고 항변하고 싶어한다. 무고한 사람들, 특히 어린이들이 고통을 겪고 있다는 사실만큼 우리의 마음을 아프게 하는 고통은 없을 것이다. 그렇다면 성경은 이에 대해서 무엇이라고 말하고 있을까? 대부분 복음주의자들은 다윗이 밧세바와 불륜을 저지른 결과로 태어난 아이의 죽음을 다루고 있는 사무엘하 12장으로 간다. 밧세바는 다윗의 아이를 낳았고, 성경 본문은 아이의 나이를 언급하고 있지는 않다. 추측컨대 갓 태어난 아기가 아니라, 한두 살쯤 되었던 것으로 보인다. 주님께서 나단을 보내어 다윗의 죄를 드러내고자 비유의 말씀과 징계의 말씀을 하시기까지 그리 오랜 시간이 지났을 것 같지는 않다. 나단은 여호와의 기름부음을 받은 다윗이 자신의 이기심을 채우고자 밧세바와 저지른 죄로 인해서 여호와의 원수가 주님을 비방할 거리를 만들게 되었음을 설명했다. 다윗의 죄는 그것으로 끝난 것이 아니라 밧세바의 남편인 헷 사람 우리아를 죽음으로 내몰게 했다. 그래서 주님은 다윗의 아이를 치셨으나, 다윗의 목숨은 아끼셨다.[1]

다윗이 죽은 아들은 자신에게 돌아올 수 없지만 자신은 죽은 아들에게 갈 수 있다고 말했을 때, 많은 학자들은 이것이 사후의 삶을 언급한 것이었을 거라고 생각한다.[2] 그렇다면 이는 그 아이가 천국에 있다는 뜻일 가능성이 많다. 어째서 그런가? 왜냐하면 우리는 다윗이 죽은 후에 천국에 갔다고 믿고 있기 때문이다. 그리고 다윗이 자신의 죽은 아들에게로 가겠다고 말했다면, 그의 아들도 천국에 있다는 뜻이 된다.

다른 학자들은 이 구절은 단순히 다윗의 아이가 죽었고 무덤에 묻혔다는 뜻일 뿐이라고 주장한다. 그는 땅 속에 있을 뿐이다. 언젠가 다윗도 죽어 땅 속에 묻히게 되겠지만, 그 아이가 다시 살아나 다윗과 이 땅에서 재회하는 일은 없을 것이다. 이것은 달라스 신학교의 구약학과장이었던 E. 메릴(Merrill)이 취했던 견해였다. 메릴은 이렇게 말했다. "다윗은 죽음의 돌이킬 수 없는 특성을 언급했던 것이다. 즉 죽음으로써 모든 것이 끝나는 것이기 때문에, 더 이상 기도하는 일은 의미가 없는 일이었다. 그래서 다윗은 '나는 그에게로 갈 것이지만, 그는 나에게 돌아오지 못하리라' 고 말했던 것이다. 이것은 죽은 자는 다시 살아날 수 없다는 그의 확신을 말해준다. 죽은 자에게로 가는 것은 오히려 산 자인 것이다."[3]

다른 학자들은 다윗이 그 아이의 죽음과 압살롬의 죽음을 놓고서 전혀 다른 반응을 한 것을 지적한다. 어쩌면 다윗은 천국에서 압살롬을 다시 보지 못할 것을 염려하는 마음에서 압살롬의 죽음에 대해서 한없이 슬퍼했을 수도 있다. 반면 아이가 죽었다는 소식을 들었을 때 다윗이 즉시 울음을 멈춘 것은 이 아이를 천국에서 만나 함께 영원한 삶을 누릴 수 있을 것이라고 확신했기 때문일 것이다. 이것은 죽음의 순간에 몸은 그 왔던 땅으로 돌아가고, 영은 그것을 주신 하나님께로 돌아간다고 말하고 있는 전도서 12장 7절에 대해서 의문을 일으킬 수 있다. 사실 이 구절은 신자의 죽음을 묘사한다. 다윗은 무덤 너머에 있는 영원한 운명에 대해서 했던, 자신의 진술에 의미를 두고 있었던 것일까? 확신하기는 어렵다. 그렇다면 이 구절이 과연 이 문제를 언급하고 있는 유일한 구절인가? 그렇지는 않다.

유아 구원 문제를 다루는 다른 구절들도 있다. 마태복음 19장을 보면, 예수님은 제자들에게 어린 아이들을 용납하고 자신에게 오는 것을 금하지 말 것을 말씀하시면서 "천국이 이런 사람의 것이니라"(14절)고 말씀하셨다. 이 구절은 누구라도 천국에 들어가려면 어린아이 같은 순전한 믿음이 있어야 한다는 사실을 보여주고 있다(마 18:1-5). 사실 천국에 아이들이 많다고 해서, 천국을 놀이동산 같은 곳으로 생각하는 것은 너무 터무니없는 해석일 수 있다. 사실 제인 핫지스(Zane Hodges)는 천국에 대해서 독특한 해석을 제시했는데, 즉 장차 주님이 이 세상에 강림하신 후 모든 민족을 양과 염소를 분리하신 후에 (육체적으로) 살아남게 된 아이들만 천년왕국에 들어가 살게 될 것이라는 해석을 내놓기도 했다. 마태복음 25장을 보면, "그들은 영벌에, 의인들은 영생에 들어가리라"(마 25:46)고 말씀하셨다. 다시 말해서, 모든 불신자들은 영벌에 들어가고 모든 의인들이 영생에 들어간다면, 누가 남아서 천년왕국을 채운단 말인가? 한 가지 가능성 있는 답변을 내놓자면, (복음에 대해서 개인적으로 응답할 수 없는) 책임 연령

이하에 있는 어린 아이들이다. 아이들은 복음에 대해서 아무 결정을 내릴 수 없었기 때문에 남게 되는 것이다. 어떻게 그럴 수 있단 말인가? 그들은 아직 주님이 그들에게 책임을 물으실 수 있는 나이에 도달하지 못했기 때문이다.

책임 연령을 암시하는 몇 개의 구절이 있는데, 그 중에 신명기 1장 39절과 민수기 14장 29절이 있다. 이 두 개의 구절은 모두 이스라엘의 광야 생활을 다루고 있다. 아이들은 그들 부모의 신앙 부족에 대한 책임이 없는 것으로 확증되었다. 따라서 그들의 부모는 처벌을 받았지만, 자녀들은 처벌에서 면제되었다. "너희의 아이들과 당시에 *선악을 분별하지 못하던 너희의 자녀들도* 그리로 들어갈 것이라 내가 그 땅을 그들에게 주어 산업이 되게 하리라."(신 1:39) 그 후에 책임 연령이 20세로 정해졌다. "너희 시체가 이 광야에 엎드러질 것이라 너희 중에서 이십 세 이상으로서 계수된 자 곧 나를 원망한 자 전부가 여분네의 아들 갈렙과 눈의 아들 여호수아 외에는 내가 맹세하여 너희에게 살게 하리라 한 땅에 결단코 들어가지 못하리라 너희가 사로잡히겠다고 말하던 너희의 유아들은 내가 인도하여 들이리니 그들은 너희가 싫어하던 땅을 보려니와 너희의 시체는 이 광야에 엎드러질 것이요."(민 14:29-32)

이러한 책임 연령의 개념은 요나서 4장의 마지막 구절인 11절에서도 언급되고 있다. 이 구절은 큰 성읍 니느웨에는 *좌우를 분별하지 못하는 자가* 12만 명이 있다고 말한다. 이 구절을 우리는 이 사람들은 그저 세상풍조를 따라 사는 사람들이었으며, 하나님의 성민처럼 더 높은 도덕적인 기준이 있다는 것을 모르는 무고한 사람들로 해석할 수 있다. 이 니느웨 성읍에 사는 전체 사람들이 자연에 나타난 하나님을 알게 해주는 계시에 대해서 영적으로 책임이 없다고 말하는 것은 로마서 1장과 시편 19편과 충돌을 일으킬 수 있다. 그러므로 이 구절에 대한 가장 좋은 해석은 이 숫자가 아이들의 숫자라는 것이다. 하나님은 아이들 중 하나라도 잃는 것을 원하지 않으신다(마 18:4). 하나님은 특히 무고한 생명이 희생당하는 것을 염려하신다. 우리는 사무엘하 12장, 마태복음 18-19장, 민수기 14장, 요나서 4장과 같은 본문에 대해서 얼마든지 토론할 수 있지만, 그럼에도 내가 죽은 유아들이 천국에 있다고 믿을 수 있는 주된 이유를 성경에서 찾게 된 것은, 그것이 하나님의 성품에 기반하고 있기 때문이다. 우리는 하나님의 본성이 사랑이라는 것을 알고 있다(요일 4:8). 하나님은 진실한 분이시기 때문에 거짓말을 할 수 없으시듯이, 또한 하나님은 사랑이시기 때문에 사랑에 속하지 않는 일을 하실 수도 없으시다. 그리고 사랑은 사랑하는 사람에게 최선의 이익이 되는 일을 한다. 그러나 우리는 또한 하나님이 의로우시다는 것도 알고 있다. "그의 모든 길이 정의롭고 진실하고 거짓이 없으신 하나님이시니 공의로우시고 바르시도다."(신 32:4) 이는 곧 하나님은 각 사람에게 공의로운 일을 하실 것이란 뜻이다. (각 어린아이마다 다를 순 있지만) 책임 연령에 도달하지 못한 어린아이들에게 책임을 묻는 것이 과연 옳은 것인가? 결코 그렇지 않다.

이것은 바울이 로마서 5장 13-14절에서 "아담의 범죄와 같은 죄를 짓지 아니한(had not sinned) 자들"을 언급했을 때 암시했던 내용이었다. 나는 이로써 하나님께서 비추시는 복음의 빛에 반응할 수 있는 나이에 도달하기 *전에*(before) 죽은 아이들은(요 1:9) 천국에 있을 것이라는 결론을 내렸다. 이렇게 구원받을 수 있다고 한다면, 이는 그리스도의 피를 적용하지 않고도 구원받을 수 있다고 말하는 것일까? 결코 그렇지 않다. 아이들의 경우 *아담처럼 개인적으로 지은 죄가 없기 때문에* 그 죄에 대한 책임을 져야 하는 것은 아니기 때문에(롬 3:19-20, 5:13-14), 그리스도의 피는 아담에 의해서 세상에 들어오게 된 그들의 원죄에 적용된다(롬 5:18). 십자가의 사역은 시간과 공간을 초월한다.

만일 당신이 아이들은 태어날 때부터 *비티암*(vitiam)과 *레아투스*(reatus)의 운명을 가지고 있다는 아우구스티누스의 견해를 받아들일지라도, 그리스도의 피는 그들에게 원천적으로 적용된다. 최근에 나는 켄 윌슨(Ken Wilson)의 논문을 살펴보았는데, 그의 견해에 따르면 아이들은 *비티암*(vitiam)을 가지고 태어나긴 하지만 *레아투스*(reatus)를 가지고 태어나는 것은 아니라고 밝히고 있다. 즉 죄악된 본성과 육체적인 죽음의 운명을 가지고 태어나는 것은 맞지만, 이 때문에 정죄를 받거나 지옥에 가는 것은 아니라는 것이다. 그러므로 개인적인 의지에 의해서 하나님을 저버리는 선택을 하는 죄를 짓기 이전에 죽은 아이들은 그들의 창조주에게로 가게 될 것이다. 만일 이러한 견해가 당신의 마음을 언짢게 한다면, 이는 아우구스티누스의 사상이 서양 기독교에서 얼마나 깊이 뿌리를 내리고 있는지를 단적으로 보여주는 증거라고 할 수 있다. 아우구스티누스 이전의 교부들 가운데 어느 누구도 아우구스티누스의 견해를 지지하지 않았다. 믿기 어렵겠지만, 그를 지지하는 많은 사람들은 아기들이 (세례용 물을 담은 큰 그릇인) 세례반에 가까이 다가갔을 때 꿈틀거리는 모습을 보고서 이런 사상에 동조하게 되었다고 한다. 이는 어린아기들도 유죄라는 사실을 입증하는 것으로 보았기 때문이다.

이방인들의 구원

이와 같은 원리가 복음을 한 번도 들어본 적이 없는 "이방인들"에게도 적용될 수 있을까? 인간을 사랑하시는 하나님께서 복음을 들어본 적도 없고, 그래서 복음에 응답할 기회조차 얻지 못한 사람들을 어떻게 영원한 정죄를 하실 수 있단 말인가? 구약성도들처럼 예수님에 대해서 실제로 들어본 적도 없는 사람들도 과연 구원받을 수 있을 것인가?(롬 3:21-26) 우리는 사실 이런 질문들을 수도 없이 듣고 있다. 개신교계[4]와 가톨릭계[5] 모두에서는 사람을 창조하신 사랑의 하나님께서는 그가 한 번도 들어본 적이 없는 복음에 대해서 책임을 물을 수 없다는 단순한 가정에 토대를 두고 있는 포용주의 경향이 더욱 커지고 있는 것 같다. 그렇다면 성경은 무엇이라고 말하고 있는가?

빛을 받아들이면 또 다른 빛을 불러 온다

이 기본 원칙은 이방인의 구원문제를 이해하는데 매우 중요하다. 마태복음 13장을 보면, 예수님께서는 마태복음 12장의 "용서받을 수 없는" 죄를 언급하신 후에 즉시 제자들에게 비유의 말씀을 시작하셨다. 마태복음 12장에서 바리새인들은 예수님이 바알세불의 능력을 빌려 귀신 들려 눈 멀고 말 못하는 사람을 치유하셨다고 비난했다. 즉 그들은 성령의 능력으로 이루어진 예수님의 위대한 기적을 마귀의 능력으로 돌린 것이다. 이러한 기적들의 목적은 사실 예수 그리스도의 위격과 메시지를 증거하려는 것이었다. 전략은 효과가 있었다. 보통 사람들은 "이는 다윗의 자손이 아니냐?"고 말했다. 이 질문에 의하면, 그들은 예수님을 메시아로 불렀던 것이다. 왜냐하면 메시아께서는 다윗의 자손으로 오실 것이라고 널리 알려져 있었기 때문이었다(마태복음 22장 41-42절에서 예수님께서 바리새인들에게 메시아께서 누구의 자손인지를 물으셨을 때 바리새인들의 대답을 기억하라). 그렇게 그들은 메시아를 영접할 준비가 되어 있었다. 하지만 백성들 가운데서 권력을 쥐고 있던 바리새인들은 자신들의 권력을 잃을까봐 두려워했다. 그래서 그들은 백성들의 마음에 의심을 품게 했다. 그들은 이 기적이 마귀의 힘에 의해서 이루어진 것이라고 말했다. 그에 대한 대답으로 예수님께서는 그들이 성령을 모독하는 죄를 짓고 있다고 비난하셨다. 그들은 주님의 기적을 불신하게 함으로써 백성들 앞에서 주님의 신뢰성을 무너뜨리는 일을 했던 것이다. 그러자 예수님께서는 기적을 행하는 대신에 비유의 말씀으로 방향을 전환하셨다.

전지전능하신 예수님께서는 대부분 바리새인들이 자신을 구세주나 메시아로 믿지 않을 것을 알고 계셨다. 자비로운 행동에 의해서 예수님께서는 들을 귀가 있는 사람들에게는 진리를 알게 하시고 또한 들을 귀가 없는 사람들에게는 진리를 숨기는 선택을 하셨다. 바리새인들은 들을 귀가 없었다. 따라서 그들에게 진리를 감추고자 비유로 말씀하시는 이 이야기들은 믿을 마음이 없는 바리새인들로 하여금 장래 심판대에서 더 많은 빛에 대하여 더 많은 책임을 지지 않도록 막으려는 것이었다. 반면에 예수님은 자신을 믿을 뿐만 아니라 들을 귀가 있는 사람들에겐 더 많은 빛을 계시하셨다. 어째서 비유로 가르치느냐는 갑작스러운 질문에, 예수님은 이렇게 대답하셨다.

"천국의 비밀을 아는 것이 너희에게는 허락되었으나 그들에게는 아니 되었나니 무릇 있는 자는 받아 넉넉하게 되되 없는 자는 그 있는 것도 빼앗기리라 그러므로 내가 그들에게 비유로 말하는 것은 그들이 보아도 보지 못하며 들어도 듣지 못하며 깨닫지 못함이니라." (마 13:11-13)

빛을 받아들이면 더 많은 빛을 가져오지만, 빛을 거부하면 어두움을 가져온다는 사실을 독자는 알고 있는가? 예수님께서는 믿지 않는 바리새인들이 더 많은 심판의 죄목을 쌓지 않게 하시고자 자신의 전구의 와트 수를 낮추셨다. (장차 불못에 들어간 영혼들은 각자 자신이 지은 죄에 비례해서 고통의 정도가 다를 것이다.) 그러나 예수님은 제자들로 하여금 더 많은 빛을 얻도록, 비유를 통해서 말씀하셨다.

모든 사람을 위한 빛

예수님은 세상의 빛이시다. 그리고 예수님은 "세상에 와서 각 사람에게" 빛을 비추셨다(요 1:9). 이 점은 시편 19편과 로마서 1장과 일치를 이루는데, 이 두 개의 성경본문은 창조 세계에 남겨진 창조주의 지문과 디자인을 통해서 창조주의 존재를 알 수 있음을 보여준다. 그런 이유 때문에 메소포타미아 사람들은 점성술을 시작했다. 그들은 대홍수 이후의 세상을 바라보면서 자신들의 운명이 날씨를 주관하시는 하나님의 발아래에 놓여 있음을 발견했다. 그들에겐 모든 것이 날씨의 변화 또는 패턴에 달려 있었다. 홍수는 그들의 농작물을 쓸어버릴 수 있었다. 가뭄도 마찬가지였다. 삶과 죽음은 그들의 통제밖에 있었다. 모든 것이 무질서했다. 그들은 대자연을 통제할 수 없었다. 그들의 우주에는 별을 제외하고는 질서가 없었다. 하지만 그들이 별자리를 바라보았을 때, 별자리가 패턴을 유지하고 하늘에서 별들의 위치가 규칙적으로 변경되는 것을 보았을 때, 거기엔 질서가 있었고 또한 설계가 있었다. 이것은 한 가지만을 의미했다. 별들은 최고의 존재였고, 곧 신들이었던 것이다. 그래서 그들은 별들을 숭배하기 시작했다. 그들의 지구라트는 그들의 교회였다. 바벨탑은 별들을 숭배하고자 지은 지구라트였으며, 꼭대기 층은 태양의 여신(즉 이스타르)에게 분향하는 곳이었다.

물론 메소포타미아 사람들은 그 이상 나아가지 못했다. 그들은 우주에 창조주의 설계가 있는 것을 보긴 했지만, 별들은 이 설계의 일부분일 뿐이며 신적인 존재가 아니라는 사실을 인식하지는 못했다. 사실 우주의 설계자이신 창조주께서 별들을 배치하셨다. 별자리는 날씨의 변화에 의해서 살고 죽을 수 있는, 보잘 것 없는 호모 사피엔스보다 훨씬 더 크고 지적인 위대한 창조주를 가리키고 있었다. 이는 곧 창조세계에 남아 있는 창조주의 손길에 대한 계시이며, 뿐만 아니라 책임 연령 이상의 모든 남성과 여성에게 주어진 신적인 빛이다. 이 신적인 빛은 최고의 존재이신 창조주를 밝히 드러내고 있다.

사람이 일단 이 빛의 비춤을 받으면, 그 빛에 어떻게 반응할 것인지를 결정해야 한다. 앞서 언급했던 원칙을 기억하자. 즉 일단 빛을 받아들이면, 더 많은 빛을 끌어오게 된다. 만일 사람이 이 빛을 보고 그것을 받아들이게 되면, 다시 말해서 창조주의 존재를 믿게 되면, 그 다음 단계는 "더듬어 찾게" 된다. 이것은 사도행전 17장 27절을 참조한 것인데, 이 구절은 사람이 하나님을 더듬어 찾아 발견할 수 있다고 말하고 있다. 만일 사람이 더듬어 찾는다면, 이것은 그에게 주어진 빛에 대해서 긍정적으로 반응한 결과다. 그렇다면 하나님께서는 그에게 더 많은 빛을 주신다. 이렇게 받아들인 빛은 더 많은 빛을 끌어온다.

이렇게 추가적으로 주어지는 빛은 무엇일까? 우리는 모른다. 하지만 여러 가지가 있을 수 있다. 고넬료는 더듬어 찾고 있었다. 하나님께서는 그에게 베드로를 보내셨다. 적어도 우리는 다양한 종류의 빛이 더 많이 주어질 것이라고 확실히 말할 수 있다. 성령님께서 한 영혼을 설득하시고, 각성시키시며, 부르시는 역사가 없다면, 우리는 어느 누구도 구원 받는 믿음을 행사할 수 없다고 분별하고 있다. 아버지께서 사람을 그리스도에게로 이끌지 아니하시면, 누구도 그리스도에게로 나아올 수 없다(요 6:44).

그리스도의 이름

하나님께서는 아담과 이브의 시대부터 구원자를 약속하셨고, 이 약속을 믿는 자들은 구원을 받았다. 오늘날 한 가지 확실한 것이 있는데, 바로 예수라는 이름이 그 구원자의 이름인 것이다. 그 어떠한 추가적인 빛이 주어지든, 일단 이 이름을 들어본 적이 있고 또 책임 연령이 지난 사람은 이 "이름으로 불리는" 메시아를 믿어야 한다. 우리에겐 구원받을 만한 다른 이름(또는 인물)이 없기 때문이다(행 4:12, 요 14:6). 그렇다면 예수님에 대해서 한 번도 들어본 적이 없는 사람들에게 이것을 어떻게 조화시킬 수 있을 것인가?

첫째, 오늘날에도 사람들이 하나님께서 약속하신 메시아를 믿긴 하지만 아직 그 이름을 들어본 적이 없을지라도, 믿음에 의해서 의롭다 함을 받을 수 있다. 이것이 바로 고넬료의 경우였는데, 그는 환상을 보았고 그 후에 추가적으로 복음의 말씀을 들었다(행 10장). 뿐만 아니라 요한계시록 14장 6-7절은 "또 보니 다른 천사가 공중에 날아가는데 땅에 거주하는 자들 곧 모든 민족과 종족과 방언과 백성에게 전할 영원한 복음을 가졌더라 그가 큰 음성으로 이르되 하나님을 두려워하며 그에게 영광을 돌리라 이는 그의 심판의 시간이 이르렀음이니 하늘과 땅과 바다와 물들의 근원을 만드신 이를 경배하라 하더라"고 말하고 있다.

이 메시지는 대환난의 끝 무렵에 주어질 것이다. 이 메시지의 두 가지 중요한 측면에 주목해 보자.
1. 이 메시지는 모든 민족, 모든 종족, 모든 방언과 모든 사람들에게 증거되었다. 모든 사람이 들었다.
2. 이 메시지는 하나님의 창조 사역에 중점을 두고 있다.

이 두 가지 요소는 이방인들의 구원 문제를 이해하는데 매우 중요하다. 무엇보다도 우선적으로 볼 수 있는 것은, 누구도 이 메시지에서 소외되고 있지 않다는 것이다. 하나님께서는 이 메시지가 모든 사람에게 전달되도록 하셨다. 그렇다면 모든 사람이 이 메시지에 대한 책임을 지게 될 것이다. 그리고 두 번째로 하나님께서는 그들이 살면서 본 것을 가지고 그들의 주의를 환기시키셨다. 즉 "하늘과 땅과 바다와 물들의 근원을 만드신 이를 경배하라"는 부르심을 받은 것이다. 그들은 이제 모든 사람이 받은 것과 동일한 빛을 가지게 되었다. 하늘과 땅을 창조하신 창조주를 알게 되었기 때문이다. 이제 그들은 창조주에 대해서 책임을 지게 되었다.

이 책임의 메시지는 또한 "복음" 즉 "기쁜 소식"으로 불리고 있다. 이것은 기쁜 소식이 틀림없는데, 왜냐하면 이제 그들은 창조주 하나님을 경배하라는 부르심을 받고 있기 때문이다. 그들은 선택할 수 있는 자유를 가지고 있다. 만일 그들이 하나님을 경배하기로 선택하면, 그들은 그들에게 주어진 빛에 반응하는 것이 된다. 그 결과는 무엇일까? 더 많은 빛을 얻게 될 것이다. 즉 예수님 자신의 빛을 얻게 될 것이다. 곧 몇 개의 구절을 지나게 되면, 우리는 "어린 양"(10절)과 "예수를 믿는 믿음"(12절)을 보게 된다.

요약 및 결론

이러한 동일한 원칙이 대환난이 시작되기 전, 현재에도 적용될 수 있다. 만일 누군가 하나님이 주신 빛에 반응한다면 그는 더 많은 빛을 받게 될 것이다. 어쩌면 선교사, 천사, 예수님 또는 우리가 알지 못하는 여러 가지 다른 방식으로 찾아올 것이다.

70년대 스코필드 기념 교회의 청소년 목사였던, 나는 한 무리의 청소년들을 데리고 멕시코 정글로 가서 데일 박사가 운영하는 선교회를 방문했다. 데일 박사는 내가 아는 세 명의 박사 학위를 가진 사람 중 한 명이었다. 그의 아버지가 이 선교회를 시작했으며, 아즈텍 인디언들을 대상으로 선교사역을 시작했다. 선교 본부는 내륙 깊숙한 곳, 강변 마을에 자리를 잡고 있었고, 세 개의 서로 다른 아즈텍 마을은 도보로 하루거리에 있었다. 거기엔 말을 타고 이동하는 일이 금지되었는데, 왜냐하면 아즈텍인들 사이에 구전으로 전해지는 코르테즈 이야기에 따르면 곧 백인들이 말을 타고 와서 그들의 조상들을 학살했기 때문이었다. 데일 박사도 마을에 들어가려면 인디언들처럼 걸어서, 즉 도보로 가야 했다.

데일 박사는 선교가 어떻게 시작되었는지를 말해주었는데, 사도행전 10장의 고넬료 이야기와 여러 면에서 비슷했다. 그의 아버지는 사실은 멕시코만 연안에서 선교사역을 시작했다. 어느 날 한 아즈텍 인디언이 정글에서 걸어 나왔고 놀라운 이야기를 들려주었다. 그는 어느 날 저녁 자신이 사는 마을에 매우 밝은 빛이 나타났다고 말했다. 한 사람이 빛 가운데서 그들의 언어로 말을 했고, 하늘과 땅을 지으신 하나님에 대해서 알려줄 백인을 찾을 수 있는 해안으로 사람을 보내라고 말했다. 데일 박사의 아버지는 이 남자를 그리스도에게로 인도했고 6개월 동안 함께 시간을 보내면서 기독교에 대해 가르쳤다. 그런 다음 그를 다시 그의 마을로 돌려보내 사람들에게 알리도록 했다.

1년 후, 같은 남자가 해안으로 돌아왔다. 그는 자신의 새로운 믿음을 자기 마을 사람들에게 충분히 설명할 수 없었노라고 말했다. 그는 데일 박사가 자신과 함께 자기 마을로 가기를 원했다. 자신의 가족을 떠나기 싫었던 데일은 선교 본부를 내륙으로 옮겼다. 이 아즈텍 선교는 한 사람에게 빛이 비춤으로써 시작되었고, 예수님의 이름이 전파됨으로써 절정에 달하게 되었으며, 이로써 기쁜 소식이 부족 전체에게 전파될 수 있었다.

구원은 영생을 값없이 주시는 하나님의 선물, 곧 그리스도의 피를 통해서 보증된 하나님의 약속된 구원에 대한 믿음에 의해서 의롭게 됨으로써 시작된다. 이 구원의 약속을 믿지만 이생에서 구주의 이름을 듣기 전에 죽은 사람들은, 구약성도들과 동일한 대우를 받게 될 것이며 따라서 그들이 받아들인 빛에 의해서 심판을 받게 될 것이다. 그러나 예수 그리스도의 주님되심은 지상 강림 이후에 완전히 드러나게 될 것이기 때문에, 총체적인 구원의 관점은 이 진리를 포함해야 한다. 장차 나타날 총체적인 우리의 구원은 만왕의 왕, 만주의 주님으로서 예수님과 공동 상속자가 되는 것까지 포함되어 있으며, 세상 나라를 그리스도와 공동으로 상속받게 되는 일은 결국 이생에서 받은 빛에 대한 우리의 지속적인 신실성에 달려 있다.

우리 하나님은 우리를 구원하고자 하시는 자신의 구원의 의도를 아무런 증거도 남기지 않은 채 우리를 그냥 내버려 두지 않으셨다(행 14:17). 이러한 목적을 위해 하나님은 말씀하셨고 또 여전히 말씀하고 계신다(히 1:1-2). 구원받기 위해서 책임 연령에 도달한 각 사람은 하나님의 구원 약속을 믿음으로써 하나님의 값없이 주어지는 선물을 받아야 한다. 하나님은 자신이 창조하신 모든 사람을 사랑하신다. 하나님은 의로운 분이시다. 그리스도의 피가 모든 사람의 죄에 대한 속전으로 지불되었기 때문에 하나님은 각 사람에게 의로운 일을 행하실 것이다. 그러므로 만일 누군가 자연에 나타난 창조주를 증거하는 빛에 응답하지 않는다면, 그 사람은 변명의 여지가 없다. 반면 그가 이 빛에 응답한다면, 하나님은 신실하셔서 그에게 더 많은 빛을 비춰 주실 것이다. 만일 이 사람이 하나님이 주시는 빛에 계속해서 반응했다면, 혹시라도 그가 죽기 전에 구체적으로 예수라는 이름을 알지 못하더라도 결국 그는 그의 주님되신 예수 그리스도를 대면하게 될 것이다.

미주

1 이 구절은 하나님의 징계라는 아주 흥미로운 주제에 대해서 아주 중요한 교훈을 담고 있다. 우리는 우리가 지은 죄의 결과로, 그에 상응하는 고통스러운 일이 임할 수 있다는 사실을 충분히 이해할 수 있다. 다윗은 간음죄와 살인죄를 저질렀기 때문에, 그가 죽임을 당하는 것은 당연한 일이었다. 하지만 다윗이 지은 죄 때문에, 그의 아들이 심판을 받았다.

2 Demarest, *Cross and Salvation*, 305, for example.

3 E. Merrill, "2 Samuel," in *The Bible Knowledge Commentary*, ed. J. F. Walvoord and R. B. Zuck (Wheaton, IL: Victor, 1988), 468.

4 개혁주의 견해를 참고하려면, N. Punt, *Unconditional Good News* (Grand Rapids: Eerdmans, 1980)를 보라. 아르미니우스주의자들의 견해를 참고하려면, C. Pinnock, "An Inclusivist View," in *More Than One Way?* ed. Okholm and Phillips (Grand Rapids: Zondervan, 1995), 119를 보라. 이 책은 *Four Views on Salvation In A Pluralistic World*, (Grand Rapids, Michigan, Zondervan, 1995)이란 이름으로 재출간되었다.

5 가톨릭의 견해를 참고하려면, K. Riesenhuber, "The Anonymous Christian According to Karl Rahner," in *The Anonymous Christian*, ed. Anita Roper, trans. Joseph Donceel (New York: Sheed and Ward, 1966), 171쪽을 보라.

제14장

하나님의 주권과 인간의 책임

기독교 세계에서 하나님의 주권과 인간의 책임이란 주제만큼 열띤 논쟁은 없을 것이다. 70년대에는 오순절 운동이 기독교계에서 가장 논란이 되는 주제였다. 더 이상은 아니다. 하나님의 주권이라는 기쁜 소식을 전하고 싶어하는 사람들은 그것이 마치 복음인 것처럼 여긴다.

이 주제는 결코 삭지 않다. 이 주제를 둘러싸고 일어나는 감성적인 폭풍을 측량해본다면, 어쩌면 5등급 태풍으로 분류할 수 있을 것 같다. 이 태풍으로 인해서 집과 건물 전체가 무너져 내리게 되었다. 그 여파로 많은 영혼을 잃게 되었다. 대부분 분열을 일으켰던 논쟁적인 문제와 마찬가지로 여기엔 두 가지 극단적인 견해가 있다. 1) 인간이 구원 과정에서 어떤 역할을 할 수 있다면, 하나님의 주권이 훼손된다고 주장하는 사람들이 있다. 또한 2) 하나님의 주권이 지나치게 강조되어 인간의 선택권이 사라질 정도가 되면, 인간의 인격이 훼손된다고 말하는 사람들이 있다. 그 결과 한 그룹은 하나님의 인격이나 속성이 위태롭다고 말하고, 다른 그룹은 인간의 인격이나 속성이 위태롭다고 말한다. 일종의 중간 지점을 찾으면 좋겠지만, 그럴 수 없었기 때문에 이 문제는 수세기 동안 기독교계를 분열시키는 문제였다. 중간 지점을 찾는 일은 거의 불가능에 가까운 일이었다.

그럼에도 불구하고 우리는 이 딜레마를 해결함으로써 복음과 말씀사역에서 각각의 제 기능을 발휘할 수 있게끔 실제적인 해결책에 도달해야 한다. 우리는 이 주제가 그저 하나님의 비밀 가운데 하나라는 결론을 내릴 수도 있지만(신 29:29), 우리가 복음을 나눌 때, 유족을 위로할 때, 성경을 가르칠 때, 선교사들을 격려할 때에는 충분히 납득할 만한 설명이 필요하다. 과연 무엇이라고 말할 수 있을까?

결정론 vs. 비결정론

우리가 사는 세상에 확고한 도덕적 절대성을 새기신 창조주를 믿는 신자들에게 비결정론은 선택 가능한 옵션이 아니다. 비결정론은 효율적인 도덕적 원인은 없다고 말한다. 따라서 일어나는 모든 일은 우연의 산물일 뿐이다. 이것은 진화론의 기초이자 또한 진화론의 몰락의 원인이기도 했다. 이 이론에 따르면, 생명은 DNA 사슬을 형성하는데 필요한 특정 화학물질의 우연한 융합을 통해서 자연발생적으로 생성됨으로써 시작되었다.

유타 주립대학교의 프랭크 솔즈베리 박사는 한때 특정 DNA 분자가 형성될 가능성을 측정한 적이 있다. 이러한 측정을 위해서, 그는 생명체가 이미 존재한다고 가정했다. 당연한 말이지만, 생명체가 무생물로부터 자연발생적으로 생성될 가능성은 매우 희박했다. 그는 또한 지구와 같이 기후환경이 좋은 10^{20}개의 행성이 존재한다고 가정했는데, 이 숫자는 기후환경이 좋든, 아니면 좋지 않은 간에 대부분 천문학자들이 생각하는 것보다 훨씬 더 많은 숫자였다. 그는 (세포가 아니라) 이 DNA 분자가 생성되는

데 40억 년이 걸릴 것으로 계산했다. 그는 이러한 행성들 가운데 하나에서 단 하나의 분자가 생성될 확률은 $1/10^{415}$이라고 결론을 내렸다. 그런데 우주가 그 사이에 빈 공간이 없이 기후환경이 좋은 행성들로 가득 차 있을 확률을 계산했을 때, 그 확률은 단지 $1/10$에 불과했다.[1]

하지만 누군가 "글쎄요, 그런 확률은 항상 있지 않나요"라고 계속해서 주장한다면, 수학적 확률에 관한 한 세계 최고의 전문가인 에밀 보렐(Emile Borel)의 연구를 생각해 보라. 그는 사실 확률의 기본 법칙을 공식화했는데, 이 법칙에 의하면 $1/10^{50}$의 확률을 가진 사건이 실제로 발생할 확률은 아무리 많은 시간이 주어지고, 아무리 많은 가능성을 고려해보아도, 결코 일어날 수 없는 사건이라는 것이다. 다시 말해서, 생명이 우연히 생겨나는 것은 지구에서건 아니면 다른 행성에서건 수학적으로는 불가능한 일이다.[2]

고 칼 세이건(Carl Sagan)은 한 걸음 더 나아갔다.[3] 그는 지구상에서만 생명체가 진화할 수 있는 확률을 계산했다. 그는 그 확률이 $1/10^{2,000,000,000}$이라고 결론을 내렸는데, 이는 너무 큰 숫자라서 그것을 다 쓰려면 평균 크기의 책 6,000권이 필요할 것이고, 보렐의 확률 법칙의 한계를 훨씬 넘어서는 것이었다. 그럼에도 불구하고 칼 세이건과 같은 냉소적인 사람들은 창조주 하나님보다는 진화론을 믿는 쪽을 선택하고 있다.

노벨상을 수상한 하버드 대학의 생물학자 조지 왈드(George Wald)는 이런 말을 했다. "이 일의 규모를 생각해보면, 한 가지 결론을 내릴 수밖에 없는데 곧 살아있는 유기체의 자연발생적인 생성은 불가능하다는 것이다. 그렇지만 나는 우리가 여기에 있다는 것은 자연발생의 결과라고 믿는다."[4] 적어도 그는 자신이 내린 결론에 대해서 다음과 같이 정직하게 말했다.

나름 합리적으로 내린 결론은 자연발생적인 생성을 믿어야 한다는 것이었다. 유일한 대안은 단번에 이루어진 주요한 행위에 의한 초자연적인 창조를 믿어야 했기 때문이다. 세 번째 대안은 존재하지 않았다. 이러한 이유 때문에 한 세기 전 많은 과학자들은 철학적인 필요에 의해서 자연발생적인 생성에 대한 믿음을 선택했다. … 대부분의 현대 생물학자들은 자연발생적인 생성이란 가설이 몰락하는 것을 만족스럽게 여기긴 했지만, 그럼에도 그에 대한 대안으로 특별 창조에 대한 믿음을 받아들이길 주저했기 때문에 아무 것도 없는 상태에 놓이게 되었다.[5]

따라서 비결정론을 믿는 사람들이 그렇게 하고 있다는 사실을 인식하는 것이 중요하다. 즉 그들은 그렇게 *믿고 있을 뿐이다.* "우연적" 세계관은 종교이며 또한 믿음이다. 하지만 이런 세계관을 가진 사람들에게서 나타나는 특징은 이미 지적했듯이, 일종의 믿음이다. 이런 믿음은 이성에 위배된다. 이성을 포기한 신앙은 광신주의일 뿐이다. 기독교는 광신주의가 아니다. 우주를 바라볼 때 분명한 질서와 지적 설계와 일정한 패턴을 보게 되는데, 우리는 이런 일이 결코 우연히 일어날 수 없다는 사실을 깨닫는다. 어째서 그런가? 이는 만물은 무질서, 즉 혼돈으로 흘러간다고 말하는 열역학 제2법칙에 위배되기 때문이다. 질서는 무질서를 거스르고, 설계는 혼돈과 모순된다. 오직 최고의 존재로서 창조주만이 혼돈에서 질서를 가져올 수 있다. 오직 신성한 설계자만이 열역학 제2법칙을 무시하는 일을 할 수 있다. 우연은 아무리 많은 시간이 주어진다 해도 결코 그런 일을 할 수 없다.[6]

그러므로 합리적인 사람에게 비결정론은 통계적으로 선택 가능한 옵션이 아니다. 결정론이 유일한 선택이다. 결정론은 효율적 원인을 수용한다. 우주에는 원인이 있으면 결과가 있다는 개념을 받아들인다. 설계는 우연의 산물이 아니다. 설계는 설계자에 의해서 결정된다. 그러나 결정론의 세계에서도 "강한" 결정론과 "약한" 결정론으로 나누어진다. 또는 이것을 "절대적" 결정론과 "상대적" 결정론이라고 부르기도 한다. 이것이 의미하는 것은 무엇인가?

강한 결정론

악에 관하여

강한 결정론은 이 방정식에서 인간을 완전히 배제시킨다. 하나님의 주권은 하나님께서 모든 것에 대한 책임이 있다는 식으로 제시된다. 하나님께서 모든 것의 원인이시기 때문에, 모든 것에 대한 책임이 있다. 하나님이 일어나는 모든 일의 제1원인이자 또한 최종적인 효율적 원인이시다. 인간의 선택권을 운운하지만, 그것은 그저 입에 발린 말일 뿐이다.

조나단 에드워즈(J. Edwards)는 다음과 같이 주장했다. 즉 만일 모든 사건에 원인이 있다면 인간의 자유로운 선택도 마찬가지다. 하나님이 모든 것의 제1 원인이시다. 그러므로 우리의 자유로운 선택의 원인도 하나님이실 수밖에 없다.[7] 본질적으로 인간은 이런 자유를 제거하기 위해 하나님을 이용했다. 바로 이 때문에 강한 결정론은 잡초 속에서 공을 잃어버렸다. 이 견해에 따르면, 인간은 자신의 도덕적 행동의 효율적 원인이 아니다. 하나님이 도구적인 도덕적 원인일 뿐인 인간과 함께 효율적인 도덕적 원인이 되셨다. 다시 말해서 인간은 세상에서 악의 효력을 드러내는 하나님의 도구일 뿐이다.

이러한 견해는 아무 편견이 없는 사람에게는 도덕적으로 혐오감을 주게 될 것이다. 하나님은 우주에 있는 모든 악에 직접적인 책임이 있는 분이 되실 수밖에 없다. 나는 하나님의 주권이 인간의 선택을 사실상 무효로 만들 수 있다고 주장하는 사람들이 인간이 구원 과정에 조금이라도 기여할 수 있다고 생각하는 것을 신성 모독적인 발상으로 비난하는 것은 참으로 아이러니하다고 생각한다.

동시에 그들은 하나님을 세상의 악과 죄에 대한 직접적인 책임이 있는 존재로 만들고 있다. 나는 그런 생각이야말로 진정한 신성 모독이라고 부르고 싶다. 물론 하나님은 절대적인 주권자이시다. 그렇지만 하나님은 또한 빛이시다. 하나님 안에는 어둠이 전혀 없다. 하나님은 거짓말을 하실 수 없는 분이시기에, 하나님께서 원하신다고 해서 죄를 짓거나 직접적으로 죄를 유발하는 일을 하실 순 없다. 하나님의 존재 자체가 죄를 금하고 있다. 그런 것은 하나님의 그 어떠한 본성에도 없다.

이 견해가 크리스천들에게 일으키는 또 다른 심각한 문제는 바로 인간의 책임을 완전히 제거한다는 것이다. 결국 인간이 대리자이고 도구일 뿐이라면, 어떻게 인간에게 책임을 물을 수 있단 말인가? 살인이 발생했을 때 우리는 총이나 칼에게 책임을 묻지 않는다. 우리는 총과 칼을 재판에 회부하지도 않는다. 총과 칼은 효율적인 도덕적 원인(*efficient* moral causes)이 아니라 도구적인 도덕적 원인(*instrumental* moral causes)이다. 총과 칼이 악을 저지르는 데 사용되었을 수도 있지만 도구일 뿐이다. 총과 칼은 그 일에 선택의 자유가 없었다. 바로 총이나 칼을 사용한 사람에게 책임이 있다. 비유하자면, 이 관점에 따르면 하나님께서 악의 효율적인 도덕적 원인이 된다.[8]

따라서 만일 인간이 악한 행위의 도구일 뿐이라면 책임을 지울 수 없다. 그 도구를 사용한 효율적인 원인이 그 악에 대해서 책임을 져야 한다. 물론 이런 것은 히틀러, 스탈린, 모택동과 같은 사람이 너무 많은 이 세상에서 세상을 사랑하시는 하나님의 개념을 갖고 있는 이 세상의 냉소주의자들의 결론일 뿐이다. 만일 그러한 하나님이 통제권을 갖고 계신다면 그분은 진정 사랑하시는 존재가 아니거나, 아니면 무능력한 존재일 것이다. 단적으로 말해서, 그런 하나님은 존재하지 않는다. 혹 그러한 하나님이 존재한다 해도, 우리는 그분과 아무 관계를 맺고 싶지 않을 것이다. 노먼 가이슬러(N. Geisler)는 강한 결정론은 하나님을 부도덕적인 존재로 그리고 인간을 비도덕적인 존재로 만든다고 결론을 내렸는데,[9] 우리는 이에 기꺼이 동의한다.

사랑에 관하여

강한 결정론은 또한 하나님의 사랑에도 영향을 미친다. 아르미니우스주의자들은 하나님은 자신의 예지에 *근거해서* 사람들을 선택하신다고 말하는 반면, 강한 결정론자는 하나님은 자신의 예지에도 *불구하고* 사람들을 선택하신다고 말한다. 다시 말해서, 전자는 하나님께서는 시간의 복도(corridors of time)를 내려다보시면서 누가 예수를 믿을지 아신다(즉 예지하신다)고 믿는다. 그런 다음 이 예지에 *근거해서* 하나님은 예수를 믿을 사람들을 선택하시는 것이다(벧전 1:1-2). 이 관점이 가지고 있는 한 가지 문제점은 요한복음 1장 13절이 우리가 사람의 뜻으로 난 것이 아니라고 말함에도 불구하고, 하나님의 선택을 사람의 선택에 달린 것으로 만든다는 것이다. 아래에서 우리는 사람의 의지의 역할에 대해서 자세히 살펴볼 것이다. 아르미니우스주의자들의 견해에 문제가 있다 해도 나는 그들이 하나님의 주권에 대한 관점을 보존하고자 많은 애를 쓰고 있지만, 반면 강한 결정론자들이 더 큰 문제를 만들어냈다고 생각한다. 그들의 경우, 하나님께서는 자신의 예지에도 불구하고 사람들을 택하신다. 다시 말해서 인간의 열망이나 선택과 관계없이, 하나님은 어떤 사람들을 택하시고 또 어떤 사람들을 유기하신다. 하나님은 택함을 받은 사람들이 그분 자신을 알고 싶어하지 않는다는 것을 이미 알고 계심에도 불구하고 선택하신다. 하나님께서는 자신을 향해 발로 차고 비명을 지르는 그들을 억지로 하나님의 왕국으로 끌고 가신다. 하나님은 그들의 의지에 반하여 그들을 강제로 밀어 넣으신다.

우리 중 많은 사람들이 사실상 그리스도를 믿기 이전에 하나님의 부르심을 완강하게 거부했던 경험이 있을 것이기 때문에, 우리는 대부분 이런 설명에 어느 정도는 공감을 표현할 수 있긴 하지만, 강제적으로 믿게 하는 것과 설득해서 믿게 하는 것 사이에는 큰 차이가 있다는 점을 말하지 않을 수 없다. 우리는 이미 요한복음 6장 44절에 사용된 그리스어 헬쿠오의 의미가 "이끌다(draw)"가 아니라 "잡아끌다(drag)"라는 의미라는 것을 R.C. 스프라울이 어떻게 가르치고 있는지에 대해서 살펴보았다. 또한 우리는 그가 키텔(Kittel)을 오해하여 이 견해를 지지하고 있다고 설명하는 것을 보았지만, 사실 키텔은 정반대로 말하고 있었다. 문맥을 잘 살펴보는 것이 정말 중요하다. 박해를 받고 있는 적대적인 환경에서 이 동사가 사용될 때에는 (예를 들자면 법정으로) 끌고 가는 것을 의미한다. 반면 문맥상 사랑의 분위기라면 이 동사는 (예를 들자면 아버지나 어머니가 자녀를 위해 또는 연인이 사랑하는 사람을 위해) 이끌어주거나 끊임없이 구애하는 것을 의미한다.

C.S. 루이스(Lewis)는 한때 자신의 회심을 설명하면서, "발로 차고 비명을 지르며 하나님의 왕국으로 끌려가는" 경험을 했노라고 말했다. 그러나 그는 『스크류테이프의 편지(The Screwtape Letter)』란 책에서 이렇게 말했다. "저항할 수 없음과 반박할 수 없음이야말로 하나님의 모략의 본질적인 두 가지 무기다. 단순히 인간의 의지를 무시하는 것은 … 하나님에게는 소용이 없다. 하나님은 억지로 강제하는 일을 하실 수 없다. 하나님은 구애만을 하실 뿐이다."[10] 그리고 그는 또 다시 『위대한 이혼(The Great Divorce)』이란 책에서 자신이 의도하는 바를 명확히 밝혔다. "결국에는 두 종류의 사람만 있다. 하나님을 향해 '당신의 뜻이 이루어지소서'라고 말

하는 사람과 하나님이 결국 '네 뜻대로 되리라'고 말씀하시는 사람이다. 지옥에 있는 모든 사람은 지옥을 선택한 사람이다. 그러한 *자기 선택이 없다면* 지옥도 있을 수 없다."[11]

　여기에 문제가 있다. 이는 하나님께서 발로 차고 비명을 지르는 우리를 하나님의 왕국으로 끌고 가는 것이 사랑의 원칙을 어기는 것이기 때문이다. 강제하는 것은 사랑이 아니다. 루이스가 말했듯이, "하나님은 억지로 강제하는 일을 하실 수 없다." 하나님은 그렇게 하고 싶어 하지도 않으신다. 인간을 창조하신 이유 중 하나도 하나님의 성품에 대한 질문, 즉 "하나님은 사랑받으실 만한 분이신가?"에 답하기 위한 것이었다. 그 질문에 답할 수 있는 유일한 방법은 *인간에게 선택권을 주는 것*이었다. 바로 그것이 욥의 충직성을 놓고서 하나님과 사탄이 다투는 모습을 보는 이유다. 루시퍼가 반역했을 때, 그는 하나님의 성품 중 사랑 측면과 주권 측면을 모두 의심하는 새로운 장을 열었다. 하나님의 진실하심을 놓고서 이 두 가지 측면은 동일한 해법으로 답할 수 있다. 곧 하나님의 명령에 순종하는 것으로 답할 수 있다.

　그래서 예수님은 "나의 계명을 지키는 자라야 나를 사랑하는 자니"(요 14:21)라고 말씀하셨다. 신명기 8장 2절은 하나님께서 이스라엘 백성을 광야에서 사십 년 동안 시험하셨고, 진정 그들의 마음이 어떠한지, 즉 그들이 하나님의 명령을 지키는지 지키지 않는지를 알고자 하셨다고 말하고 있다. 신명기 11장 1, 13, 22절은 하나님을 사랑하는 것과 하나님의 계명을 지키는 것을 동의어로 말하고 있다. 그러므로 사랑과 순종은 서로 밀접하게 연결되어 있다. 주권과 순종도 마찬가지다. 내가 하나님의 명령에 순종할 때, 나는 "예, 주님, 당신은 나의 주님, 나의 왕, 나의 주인이십니다. 당신은 주권자이십니다"라고 말하는 것이다. 그럼에도 우리가 하나님을 사랑하는 이유는 하나님이 먼저 우리를 사랑하셨기 때문이다. 하나님께서 주도권을 갖고 계신 것이다(요일 4:10, 19).

구약성경 전반에 걸쳐 우리는 이스라엘이 다른 신을 숭배하기로 선택했을 때 하나님께서 이스라엘에게 질투와 분노를 느끼셨던 모습을 볼 수 있다. 만일 이스라엘 사람들이 자유로운 도덕적 행위자가 아니었다면, 이런 질투와 분노를 느낄 이유가 없으셨을 것이다. 하나님께서는 그저 자신이 원하는 것을 그들에게 강요하시면 되었을 것이다. 하지만 하나님은 그렇게 하지 않으셨다. 만일 그렇게 하셨다면, 하나님께서는 그들이 진정으로 하나님을 사랑하는지를 결코 알 수 없으셨을 것이다. 나는 가끔 남편들에게 진정으로 아내를 선택했는지를 묻곤 한다. 그러면 그는 미소를 지으며 "아니요, 그녀가 저를 선택했지요"라고 대답한다. 그가 말하고자 하는 것은 그들의 결혼이 서로를 사랑했기에 이루어진 쌍방간의 결정이었다는 뜻이다. 어떤 남자도 자신의 신부가 발버둥을 치는데 억지로 결혼식장으로 끌고 가고 싶어하지 않는다. 자신의 신부가 자신을 사랑하지 않는다면, 그는 다른 신부를 찾을 수밖에 없다. 하나님도 마찬가지다. 진정한 사랑은 강제적인 힘으로 이루어질 수 없다.

누군가는 아이가 너무 어려서 불장난이 자신을 해칠 것이라는 것을 깨닫지 못한다면, 사랑하는 아버지는 아이의 의지와는 상관없이 그를 불에서 끌어내야 한다고 말하며 반대할 것이다. 그런 것도 분명 사랑이다. 아니면 익사하는 사람이 자신을 구해주려는 사람을 발로 차고, 비명을 지르며, 심지어 저항할 수도 있지만, 그럼에도 그런 그를 물에서 끌어내는 것도 여전히 사랑이다. 그렇지만 이런 것은 또 다른 문제를 야기한다. 인류의 경우 이 선택의 문제는 개인적인 것이 아니다. 이는 수십억 명의 사람들과 연결되어 있는 전체 인류의 문제다. 성경은 하나님께서 온 세상을 사랑하셨다고 말한다. 심지어 장 칼뱅도 "세상"의 의미를 온 인류로 인식했다.[12] 어떤 사람이 호수를 지나가다가 한 사람이 익사하는 것을 보았는데,

만일 그가 익사하는 사람을 구하고자 애쓰지 않는다면 우리는 분명 그의 사랑에 의문을 제기할 것이다. 하지만 그가 호수를 지나가다가 다섯 사람이 물에 빠져 허우적거리는 것을 보았고, 그가 모든 사람을 구할 수 있는 능력이 있었음에도 다만 두 사람을 선택하여 구했다면, 우리는 또한 그의 사랑에 의문을 제기할 것이다. 왜냐하면 그가 물에 빠져 허우적거리는 사람들을 그들의 의사와는 상관없이 무한정 건져낼 수 있는 능력이 있음에도, 다섯 명이 호수에 빠진 것을 보고서 단 두 명만 구해냈다면, 과연 그가 모든 사람을 사랑한다는 것은 (하나님은 외모로 사람을 취하지 아니하실 뿐만 아니라(롬 2:11), 하나님은 온 세상을 사랑하신다(요 3:16)는 것은) 의심받을 수밖에 없기 때문이다.

이런 이유 때문에 강한 결정론자는 요한복음에서 "세상"을 "택함 받은 자들로만 제한된 세상"으로 해석할 수밖에 없다. 그렇게 해석해야만 하는 이유는 버림받은 자들의 존재와 하나님께서 온 세상을 사랑하신다는 진리를 설명할 방법이 없기 때문이다. 하나님이 세상의 모든 사람을 사랑하신다면, 그분은 전능하시기에 모든 사람을 구원하실 수 있고, 심지어 발버둥치며 저항하는 사람들까지도 하나님의 왕국으로 끌어들일 수 있다. 물론 강한 결정론자가 되는 대신 다른 대안은 만인구원론자가 되는 것이다. 그것이 하나님의 사랑의 특성을 보존하는 유일한 방법이 될 수도 있기 때문이다.

진노의 그릇

그러나 강한 결정론자는 로마서 9장 22-23절을 반론으로 제시할 것이다. 이 구절은 하나님께서 영광을 위하여 "긍휼의 그릇"을 준비시키신 것과 대조적으로 멸망시키고자 "진노의 그릇"을 준비하신 사실을 말하고 있다. 그렇다면 이 구절의 문맥을 살펴봄으로써, 번역자들이 의도적이든 아니든 어떻게 물을 흐리게 했는지를 살펴보자.

"그런즉 우리가 무슨 말을 하리요 하나님께 불의가 있느냐 그럴 수 없느니라 모세에게 이르시되 내가 긍휼히 여길 자를 긍휼히 여기고 불쌍히 여길 자를 불쌍히 여기리라 하셨으니 그런즉 원하는 자로 말미암음도 아니요 달음박질하는 자로 말미암음도 아니요 오직 긍휼히 여기시는 하나님으로 말미암음이니라 성경이 바로에게 이르시되 내가 이 일을 위하여 너를 세웠으니 곧 너로 말미암아 내 능력을 보이고 내 이름이 온 땅에 전파되게 하려 함이라 하셨으니 그런즉 하나님께서 하고자 하시는 자를 긍휼히 여기시고 하고자 하시는 자를 완악하게 하시느니라 혹 네가 내게 말하기를 그러면 하나님이 어찌하여 허물하시느냐 누가 그 뜻을 대적하느냐 하리니 이 사람아 네가 누구이기에 감히 하나님께 반문하느냐 지음을 받은 물건이 지은 자에게 어찌 나를 이같이 만들었느냐 말하겠느냐 *토기장이가 진흙 한 덩이로 하나는 귀히 쓸 그릇을, 하나는 천히 쓸 그릇을 만들 권한이 없느냐* 만일 하나님이 그의 진노를 보이시고 그의 능력을 알게 하고자 하사 멸하기로 준비된 진노의 그릇을 오래 참으심으로 관용하시고 또한 영광 받기로 예비하신 바 긍휼의 그릇에 대하여 그 영광의 풍성함을 알게 하고자 하셨을지라도 무슨 말을 하리요?"(롬 9:14-23)

이 특정 구절을 이해하려면, 우리는 우선적으로 전체적인 문맥을 파악해야 한다. 로마서 8장의 마지막 부분에서 바울은 하나님의 자녀 가운데 한 사람도 우리 주 그리스도 예수 안에 있는 하나님의 사랑에서 끊어질 수 없다고 주장했다. 상상 속의 반대자는 "그렇지 않다. 이스라엘을 보라. 그들은 선택받은 백성이었지만 이제 하나님께서는 그들을 버리셨다"고 말한다. 그래서 로마서 9-11장은 이렇게 반대하는 사람들에게 답변하고 있다.[13] "하나님의 은사와 부르심에는 후회하심이 없느니라"(롬 11:29)라는 구절도 여기에 포함된다. 로마서 9장에서는 하나님의 주권에 초점을 맞추고 있다. 즉 선택받은 백성으로서 이스라엘(1-5절), 이스라엘이 선택받은 원리(6-13절), 그리고 선택받은 백성으로서 이스라엘의 특권(14-33절)을 말하고 있다. 우리는 먼저 로마서 9장에서 강조하는 것이 이스라엘의 버림받음이 아니라 선택이란 사실을 기억해야 한다. 강조점은 하나님의 정의가 아니라 하나님의 자비다. 이스라엘에 일어난 일 외에도 반대하는 사람의 마음 속에 있는 또 다른 질문은 "의로우신 하나님께서 어떻게 이 더러운 이방인들에게 의를 주실 수 있는가?" 였다. 그래서 1-5절에서 이스라엘이 선택받은 민족이라는 이유만으로 유대인들이 받게 된 놀라운 특권을 주장한 후에 (즉 선택받은 백성으로서 이스라엘의 특권에 대해 설명한 후에) 이스라엘이 선택받은 원리(6-13절)에 대해서 이야기하고 있다. 그가 우선적으로 언급한 것은 하나님의 약속(곧 하나님의 말씀)이 폐해지지 않았으며(롬 9:6), 또한 이스라엘에 대한 계획은 항로에서 이탈하지 않았다는 것이었다. 하나님께서는 아브라함의 육신의 자손들을 다 그의 자손으로 받아들이시려는 뜻이 없으셨다. 바울은 자신의 주장을 입증하고자, 아브라함의 후손인 이스마엘과 에서를 인용했지만, 둘 다 왕국 프로그램에 포함되지 않았다. 바울은 여기서 선택의 원칙을 설명하고 있는데, 바로 그 원칙은 하나님께서는 (육체적인 이유 때문이 아니라 영적인 이유 때문에 하나님 자신을 위해서 한 백성을) 선택하신다는 것이다. 이것이 불공평해 보이는가? 바울은 그런 반응을 예상했다. 그래서 로마서 9장 14-29절에서 그는 하나님께서는 원하는 사람은 누구든지 택하실 수 있는 하나님의 권리를 옹호한다. 그런 것이 창조주로서 하나님의 특권이다. 그래서 우리는 이 부분을 선택의 특권이라고 부를 수 있다.

로마서 9장 14-29절에 있는 선택의 원칙을 반대하는 두 가지 반대 의견이 있다. 로마서 9장 14절에 반대하는 사람은 "하나님은 불공평하다"고 말한다. 바울은 "결코 그렇지 않다"고 말한다. 실상은 이렇다. 즉 만일 하나님께서 의롭기만 하시고 자비로운 분이 아니라면 우리는 모두 멸망할 것이다. 왜냐하면 의인은 없나니, 한 사람도 없기 때문이다. 만일 우리가 마땅히 받아야 할 심판을 받는다 해도, 그 때에도 하나님은 의로우실 것이다. 사실, 하나님께서 행하시는 유일한 "불의"는 그분의 자비다. 하나님의 자비는 그분의 정의의 단두대를 막고 있다. "긍휼은 심판을 이기고 자랑하느니라."(약 2:13) 여기서 하나님의 긍휼을 인용한 것은 이스라엘 백성들이 금 송아지를 만든 후에 출애굽기 33장에서 하신 말씀(19절)에서 온 것이다. 그들은 모두 멸망을 당해야 마땅한 사람들이었다. 이 말은 영원한 운명이 아니라 일시적인 심판을 언급하는 것이다. 대신 하나님께서는 긍휼을 베푸셨다. 그리고 로마서 9장 16절은 인간의 의지와 인간의 행위는 하나님의 긍휼을 요구할 자격이 없음을 분명하게 밝히고 있다. 하나님께서는 자격이 있다고 보시는 자에게 긍휼을 주권적으로 베푸신다. 그것이 하나님의 권리이자 하나님의 주권이며 또한 하나님의 특권이다.

하나님은 이스라엘 백성들에게 긍휼을 베푸셨지만, 이집트인들에게는 긍휼을 베풀지 않으셨다. 하나님께서는 파라오의 마음을 강퍅하게 하셨다. 파라오의 마음이 굳어진 것은 나중에 다룰 주제이긴 하지만, 어쨌든 지금 우리는 파라오의 경우를 보면서 정의가 실현되었다고 간단하게 말할 수 있다. 파라오는 그가 받아야 마땅한 것을 받았다. 그런 것이 정의다. 모세의 경우와 죽어 마땅한 이스라엘 백성의 경우를 보면, 그들은 사실 "부당한 대우"를 받았던 것인데, 바로 그들이 받을 자격이 없는 것, 바로 긍휼을 얻었기 때문이다.

이제 우리는 반대자의 두 번째 반대 의견(롬 9:19)을 볼 수 있다. 첫 번째 반대 의견에서는 하나님이 불공평하다고 말했다. 이 반대 의견에서, 그는 하나님께서 죄에 대한 책임이 있다고 말한다. 논쟁은 다음과 같이 전개되었다.

만일 하나님이 파라오의 마음을 강퍅하게 하셨다면, 어떻게 하나님이 파라오의 행동과 불신에 대해서 최후의 심판에서 책임을 물으실 수 있겠는가? 사실, 하나님에게 책임이 있다. 하나님은 온 우주에서 가장 강력한 힘을 가지고 가진 분이시기 때문에, 아무도 하나님의 뜻에 반대할 수 없다. 그리고 만일 하나님께서 내 마음이 강퍅해지기를 원하신다면, 내가 아니라 하나님에게 모든 책임이 있다.

이 말이 귀에 익숙하게 들리는가? 하나님은 "강한" 결정론자로 비난을 받고 계신다. 이것은 E.H. 팔머(Palmer)가 칼뱅주의 5대 교리(TULIP이라고도 부른다)를 옹호하는 견해와도 정확히 일치한다.

> 예정은 하나님의 주권적 계획을 의미하며, 이를 통해서 하나님께서는 온 우주에 일어날 모든 일을 정하신다. ⋯ 하나님은 모든 일을 결정하시고 또 그대로 일어나게 하신다. ⋯ 그는 모든 것을 예정하셨다. ⋯ 손가락의 움직임, 심장의 박동, 소녀의 웃음, 타이피스트의 실수와 심지어 죄까지.[14]

그러므로 하나님께서 그렇게 의도하셨고 또한 하나님의 뜻을 거부할 수 없다면, 하나님은 죄 뿐만 아니라 세상의 모든 악에 대해서 책임이 있다. 이것이 바로 로마서 9장 19절에서 반대자가 제기하는 문제였다. 바울의 대답은 무엇인가? 사실 그에 대한 대답은 다음 장에 나오지만, 당분간 바울은 반대자에게 대답하지 않는다. 대신 그런 질문을 하면서 하나님을 자신의 수준으로 끌어내리는 그의 뻔뻔함에 대해 훈계하는 일을 한다. 토기그릇이 '왜 나를 이렇게 만들었습니까? 라는 의문을 제기할 권리가 있을까? 토기장이는 자신이 사용하고자 하는 용도대로 그릇을 만들 수 있는 주권적 권리가 있을 뿐만 아니라 자기 뜻대로 그것을 사용할 수 있다. 하나는 개 밥그릇으로, 다른 하나는 샐러드를 담는 그릇으로 마음에 정하였다면, 그것이 그의 특권인 것이다. 그릇은 이에 대해서 말할 자격이 없다 (20-21절).

그리고 나서 바울은 이러한 논리를 하나님과 인간의 관계에 적용한다. 어떤 그릇은 영광을 위해, 다른 그릇은 파괴를 위해 준비되었다. 요약하자면, 하나님을 하나님 되게 하자. 우리가 하나님께 도전하는 것은 불경스러운 일이다. 사실 19절에서 말하는 사람은 "우리 인간이 하나님보다 더욱 아름다운 감각을 가지고 있는 존재"라고 주장하고 있다. 그렇게 말함으로써 우리는 우리 자신을 하나님 보다 더 높은 자리에 올려놓고 싶어 하는 것이다. 이는 곧 인간이 하나님을 향해, "하나님이시여, 잠시 왕좌에서 내려오시죠. 저는 당신께 하고 싶은 말이 몇 가지 있습니다. 몇 가지 묻고 싶은 것도 있고요. 그러니 자 여기 앉아 주세요. 저는 당신에게 새로운 기회를 드리고 싶습니다. 이제 말씀해보세요. 무슨 권리로 저를 이렇게 만드셨나요?"

바울의 즉각적인 반응은 이랬다. 즉 무례하고 뻔뻔하기 그지없는 자신의 자녀로부터 질책을 받은 부모의 반응을 나타냈다. 그는 그의 멱살을 잡고 "내 말을 잘 들어라. 이 꼬맹이야. 나는 네 아버지이고 너는 어린아이일 뿐이야. 너는 나에게 그런 식으로 말할 권리가 없단다"라고 말하고 있는 듯하다. 물론 이런 일은 피조물에 불과한 존재가 창조주와 대면할 때 일어나는 작은 해프닝일 수 있다. 바울은 결론 짓기를, 우리는 우리를 향한 하나님의 방식에 대해서 의문을 제기할 권리가 없지만, 반면 하나님께서는 자신이 원하는 대로 우리에게 행하실 모든 권리가 있다고 했다.[15]

그리고 로마서 9장 25-29절에서 바울은 이렇게 말하고 있다. "유대인들을 제쳐놓고 이방인들에게 은혜를 베푸시는 이러한 현재적인 조치 때문에 놀랄 필요가 없다. 이 모든 일은 이미 선지자 호세아와 이사야에 의해 예언된 일이기 때문이다. 사실상 하나님께서 정의롭게 행동하셨다면(29절), 유대인들은 오래 전에 소돔과 고모라처럼 지도상에서 사라졌을 것이다. 하나님은 유대인들에게 빚진 것이 전혀 없으시다. 그들이 오늘날까지 존재하는 것은 오로지 하나님의 자비와 은혜 덕분이다." 이런 것이 이사야가 내린 결론이었다.

여기서 이것은 확실히 "강한" 결정론처럼 보일 수 있다. 하지만 여기서 강조하는 것은 하나님의 거절이 아니라 하나님의 선택에 관한 것이며, 하나님의 유기가 아니라 하나님의 자비에 관한 것이라는 점을 우리는 다시 한 번 상기할 필요가 있다. 하나님은 긍휼을 베풀 자에게 긍휼을 베푸시고, 은혜를 베풀 자에게 은혜를 베푸신다. 그렇긴 하지만, 반대자의 주장이 옳을 수도 있지 않은가? 만일 하나님께서 파라오의 마음을 강퍅하게 하셨다면 어떻게 파라오를 비난할 수 있는가? 만일 하나님께서 에서가 태어나기도 전에 그를 거절하셨다면 어떻게 에서를 비난할 수 있는가? 또한 멸하기로 준비된 진노의 그릇도 마찬가지 아닌가. 과연 이것을 사람을 외모로 대하지 않으시고 모든 사람을 사랑하신다고 말씀하시는 하나님과 어떻게 조화를 이룰 수 있단 말인가?

파라오의 마음

출애굽기 이야기를 살펴보지 않고는 파라오의 마음이 강퍅해진 것을 우리는 이해할 수 없다. 이 주제를 논의하는데 있어서 일반적으로 간과되는 것은, 출애굽기를 보면 파라오가 자신의 마음을 완강하게 했다고 말하는 경우가 많이 있다는 것이다(출 8:15, 32, 9:34). 어떤 경우엔 파라오의 마음이 완악하게 되었다고 말하는 경우도 있다(출 7:13, 22, 8:19, 9:7, 35). 그리고 아울러 하나님께서 그의 마음을 완악하게 하셨다거나 또는 완악하게 하시겠다고 말씀하시는 것도 볼 수 있다(출 4:21, 7:3, 9:12, 10:1, 20, 27, 11:10, 14:4, 8, 17). 우리는 과연 이러한 진술을 어떻게 조화시킬 수 있을 것인가?

우선적으로, 우리는 파라오가 이집트에 재앙이 내리기 오래 전부터 모세와 유대인의 하나님을 알고 있었다는 사실을 기억해야만 한다. 파라오는 모세가 하나님의 백성들을 풀어달라고 요청하기 전에 이미 여러 번 여호와를 거부한 사람이었다.

둘째로, 우리는 도덕법을 파라오에게 뿐만 아니라 모든 인간에게 적용할 필요가 있다. 이 도덕법은 도덕적 신념이 행동으로 옮겨지지 않으면 점점 약해져 결국 인간의 마음이 완전히 무감각해진다고 말한다. 신약성경은 이 과정을 "양심이 화인 맞는 것"(딤전 4:2)이라고 말하고 있는데, 이는 곧 양심이 불에 데인 상처로 덮여지게 되어 무감각해지는 과정을 가리킨다. 출애굽기를 읽어보면, 흥미롭게도 파라오가 여러 차례 "내가 범죄하였노라 여호와는 의로우시고 나와 나의 백성은 악하도다 … 바라건대 이번만 나의 죄를 용서하고"(출 9:27, 10:17)라고 말하는 모습을 볼 수 있다. 그는 자신이 죄를 지었으며 또한 하나님께서 자신을 구원하실 수 있는 능력이 있으시다는 사실을 깨달았으며, 진심 어린 회개를 하는 것처럼 보였다. 하지만 파라오는 마치 "위기 상황에서만 신앙을 찾는" 기독교인들처럼, 다만 압박을 받을 때만 회개하는 듯한 모습을 보였다. 위기가 제거되자마자 그는 다시 본래의 모습으로 돌아갔다. 그리고 파라오가 이런 행동을 할 때마다 그의 마음은 더욱 강퍅해졌다. 파라오는 자신의 행동과 결정을 통해 자신의 마음을 완강하게 했다.

그러나 성경본문은 하나님께서 파라오의 마음을 완악하게 하셨다고 말하고 있다. 어떻게 그럴 수 있을까? 바로 하나님의 자비하심 때문이다. 여러분도 아다시피, 하나님께서는 파라오에게 정의를 행하시고 즉시 처치하실 수 있으셨다. 하나님께서는 굳이 열 가지 재앙을 내리실 필요도 없으셨다. 다만 긍휼에 풍성하신 하나님께서는 매 재앙을 내리실 때마다 파라오에게 회개할 기회를 주셨던 것이다. 매번 하나님은 파라오의 진심 어린 회개를 기다리셨다. 바로 이런 것이 우리가 아는 하나님의 진실하신 모습이다. 파라오에게 기회를 주실 때마다, 하나님께서는 로마서 9장 22절에서 말하는 것처럼 파라오의 신성모독적인 발언과 반역행위를 오래 참으심으로 관용하셨지만, 매번 파라오는 거짓된 회개를 하면서 그의 마음은 더욱 완악해졌다. 이는 "악한 일에 관한 징벌이 속히 실행되지 아니하므로 인생들이 악을 행하는 데에 마음이 담대하기"(전 8:11) 때문이다. 하나님께서는 어떻게 파라오의 마음을 완악하게 하셨던 것일까? 오직 하나님의 긍휼하심을 통해서 간접적으로 파라오의 마음을 완악하게 하셨다. 오직 한 곳, 즉 출애굽기 9장 16절에서만 하나님께서는 파라오에게 하나님의 궁극적인 영광을 위해서 그를 살려주셨음을 밝히고 있다(NASB를 보라). 하나님께서는 이미 오래 전에 그를 멸하실 수도 있으셨다. 그러므로 하나님께서 파라오의 마음이 완강하게 되는 것을 내버려두신 것은 사실은 하나님의 오래 참으심과 자비하심 덕분이었던 것이다.

파라오의 이야기를 떠나기 전에, 우리는 출애굽기 9장 16절에 사용된 "세우다(raised up)"라는 단어에 대해서 살펴보는 것이 좋을듯하다. 이 단어는 *엑세제이라(exegeira)*인데, "창조하다"나 "만들어내다"는 의미가 없다. 샌데이와 헤드람은 문맥상 이 단어는 하나님께서 파라오를 역사상 중요한 위치로 끌어올렸다는 의미를 가지고 있다고 설명했다.[16] 그러므로 이 구절은 누군가를 지옥에 보내고자 창조했다는 의미가 전혀 없다.

강한 결정론을 고수했던 장 칼뱅은 이 구절을 사용하여 하나님께서는 지옥으로 보내고자 창조하신 유기된 자들(the reprobate)에 대한 이론을 확립했다. 칼뱅은 로마서 9장 22절을 설명하면서 이렇게 말했다. "바울의 두 번째 대답은 다음과 같은 내용을 간략하게 보여주는데, 곧 비록 예정에 대한 하나님의 계획은 이해할 수 없는 것이지만, 그럼에도 택함을 받은 자들의 구원에서와 마찬가지로 유기된 자들의 멸망에서도 하나님의 반박할 수 없는 형평성을 명확하게 볼 수 있다."[17]

그리고 하나님은 악의 효율적인 도덕적 원인이시며 인간은 도구에 불과하다는 점을 강조하기 위해서 칼뱅은 말하기를, "바울은 일반적인 의미에서 *도구(instruments)*라는 의미를 나타내는 *그릇(vessels)*이라는 단어를 사용했다. … 왜냐하면 주님은 우리를 도구로 사용하시기 때문이다."[18]라고 했다. 그리고 이중 예정에 대한 자신의 이해를 강화하기 위해서 이렇게 말했다.

비록 바울이 이 두 번째 절(즉 23절)에서 영광받기로 예비하신 영광의 그릇으로서 택함을 받은 자들을 예비하신 것이 하나님이시라고 분명하게 말하고 있긴 하지만, 앞의 22절에서 멸하기로 준비된 진노의 그릇이 유기된 자들이라고 말했을 때, 이 둘을 예비하시는 것이 하나님의 비밀의 경륜에 달린 일이라는 것은 의심의 여지가 없다. 그렇지 않다면 바울은 유기된 자들이 스스로 멸망을 당하거나 또는 자기 스스로 멸망의 구덩이에 빠지게 되었다고 말했을 것이다. 하지만 이제 바울은 그들의 운명이 그들이 태어나기도 전에 이미 정해진 것이라고 말하고 있다.[19]

윌 듀런트(Will Durant)가 장 칼뱅의 이중 예정론에 대한 개요를 요약하면서, "우리는 인간의 영혼을 가장 어처구니없고 신성모독적인 하나님이란 개념으로 어둡게 만든 사람을 사랑하기 어려울 것이다"라고 말한 것은 당연하다.[20] 칼뱅의 결정론은 너무나 강해서 하나님을 우주에서 유일한 효율적인 도덕적 원인[21]으로 만들었다. 사탄을 포함한 기타 다른 모든 피조물은 그저 하나님의 손에 있는 도구일 뿐이다.

유기된 자들의 눈을 멀게 하는 일에 작용하는 모든 외부적인 상황들은 하나님의 진노를 이루는 도구들이다. 하나님을 대적하는 일에 내적으로 역사하는 사탄 자신은 하나님의 허락 하에서만 행동하는 방식으로 일하는 하나님의 도구일 뿐이다. … 바울이 우리에게 알려주는 것은 경건치 않은 자들의 멸망이 그저 주님이 미래를 내다보신 결과가 아니라 오히려 주님의 계획과 뜻에 의해서 정해진 것이라고 말하고 있다. 솔로몬도 가르치기를, 경건치 않은 자들의 멸망이 예견된 것일 뿐만 아니라, 경건치 않은 자들 자체가 멸망을 위해서 창조되었다고 말하고 있다(잠 16:4).[22]

샌데이와 헤들램은 본문을 더욱 세밀하게 살피고 있다. 그들은 칼뱅의 실수를 바로 잡고 싶어 했으며, 그래서 이렇게 설명하고 있다. "사도 바울은 영생이나 죽음에 대해서 일절 언급하고 있지 않다. … 바울은 하나님께서 인간을 정죄할 목적으로 창조하셨다고 말하거나 암시한 적이 없다."[23]

자기 파괴

이중 예정을 말하는 것처럼 보이는 구절이 있다면, 바로 이 구절이다. 하지만 칼뱅이 "그들의 운명은 이미 정해졌다"라고 말할 때에는 너무 많은 것을 가정하고 있다. 그리스어는 매우 흥미롭다. 많은 영어 번역본은 로마서 9장 22절과 23절 모두에서 "준비되었다(prepared)"는 동사를 사용하는 반면, 원문에서는 서로 다른 두 개의 동사, *카텔티스메나 (katertismena)*와 *프로에토이마센(proetoimasen)*을 사용한다. 게다가 이 두 개의 동사는 서로 다른 시제와 태로 되어 있으며, 오직 후자만이 시간적으로 앞선(beforehand) 순서를 나타내기 위해서 접두사(pro-)를 가지고 있다.

다시 한 번 말하지만, 이 구절의 강조점은 하나님의 진노가 아니라 하나님의 자비에 있고, 유기가 아니라 선택에 있다는 것을 기억하는 것이 도움이 된다. 이 구절에서 이러한 사실이 어떻게 작용하는지 설명하고자 한다. 23절에서 바울은 "영광 받기로 예비하신 바 긍휼의 그릇"에 대하여 말하고 있다. 이 경우 동사는 3인칭 단수, 부정과거 능동태, 직설법이다. 즉, 동사의 주어는 하나님이며, 하나님께서 긍휼의 그릇들을 미리 준비하는데 적극적으로 관여하셨다는 것을 의미한다. 하나님이 직접적인 행위자이시며, 효율적인 원인이셨다. 하지만 22절에 사용된 동사는 전혀 다르다. 이 동사는 "진노의 그릇들"과 연결되어 있으며, 따라서 복수형이고, 중간태/수동태, 완료 분사다. 이는 이 진노의 그릇들의 (완료 시제로 표현된) 현재 상태를 설명하고 있다. 중간태/수동태가 사용된 것도 매우 중요하다. 우선적으로 살펴보자면, 이것은 하나님께서 이 과정에 직접적으로 전혀 관여하지 않았다는 것을 말해준다.[24] 하나님은 이 동사의 주어가 아닐뿐더러, 동사도 능동태가 아니다. 분명한 것은 이어지는 구절까지 이 진노의 그릇들에게 작용하는 외부적인 요인은 전혀 없다는 것이다.

반대로, 중간태는 수신자가 행동에 참여하고 있음을 나타낸다. 우리가 영어로 이것을 이해하는데 가장 가까운 개념은 자기 스스로 또는 자신을 위해 무언가를 한다는 개념이다. 예를 들어, 만일 내가 "나는 내 손을 씻었다"라고 말한다면, 이것은 중간태 동사가 되는데, 이는 씻는 행동이 내가 스스로 비누와 물을 사용해서 나 자신을 위해서 행한 것을 나타내기 때문이다. 그렇다면 진노의 그릇들은 그들 자신의 행동의 결과에 의해서 진노를 초래한 것이 된다. 그러나 진노의 그릇들과 관련하여 또 다른 중요한 요소는 하나님의 사전 행동을 가리키는 그 어떠한 표시도 없다는 것이다.

하나님께서는 영광을 받을 긍휼의 그릇을 친히 "미리 준비"하셨지만, 진노의 그릇이 되고자 "스스로를 준비한 사람들"에 대해서는 오래 참으심으로 관용하셨다. 이 동사를 로마서 9장 23절처럼 "준비하다"로 번역하게 되면, 하나님께서 긍휼의 그릇을 미리 준비하신 것처럼 진노의 그릇들도 "미리 준비하셨다"는 것을 의미하게 된다. 그럴 수 없다! 영원한 과거에는 이 그릇들의 운명을 정하는 일은 전혀 행해지지 않았다. 그들은 자신의 삶을 살아가면서 자신의 운명을 스스로 정했을 뿐이다.

댄 월리스(Daniel B. Wallace)[25]는 *카텔티스메나*가 중간태로 사용되지 않았다고 생각하는 몇 가지 이유를 제시했다. 우리는 잠시 이 점에 대해서 살펴볼 것이지만, 먼저 월리스가 여러 곳에서 문법해석을 하면서 표현했던 신학적인 확신을 살펴보아야만 한다. 그 중 가장 중요한 것은 로마서 9장 22절이다. 월리스가 "(카텔티스메나가 중간태라는) 견해는 (22-23절에서 언급하고 있는) 두 종류의 그릇 모두에게 하나님의 예정적인 의지가 적용되어야 하는 문맥을 무시하고 있다"고 말했을 때, 그는 사실 강한 결정론을 신봉하는 그의 믿음을 표현하고 있었다. 이것은 다름 아닌 이중 예정론이며, 진정 지적으로 정직하기만 한다면, 모든 강한 결정론자가 도달할 수밖에 없는 결론이다. 적어도 토머스 슈라이너는 "이중 예정론은 피할 수 없다"[26]는 말로 동일한 것을 인정했다. 월리스는 앞선 논의에서 이렇게 주장했다. "(하나는 영광에 들어가도록 다른 하나는 멸망에 들어가도록 정해진) 그릇들의 운명은 전적으로 창조주에 의해서 *미리 예정된 (predetermined) 것이 아닌가?*" 예정론이 아테네와 아우구스티누스를 통해서 기독교로 유입된 만큼, 이러한 신학적 입장을 옹호하는 사람이 문법적 증거를 개진할 때에는 상당히 조심해야 한다. (로마서 9장은 영원한 운명을 주제로 삼고 있지 않다[27]는 샌데이와 헤들램의 설명을 기억하라. 다시 말하지만 이 견해는 아우구스티누스에 의해서 시작되었다.) 그러한 하나님에 대한 관점, (즉 하나님께서 인간 대다수를 지옥에서 영원히 고통받도록 창조하신 것은 긍휼의 그릇들로 하여금 하나님의 긍휼을 더 잘 이해할 수 있도록 하기 위한 것이라고 주장하는) 그토록 혐오스러운 관점은 존 스토트로 하여금 영혼 소멸론자의 길을 걷게 했다. 그는 이 구절에 대해서 이렇게 썼다. "확실히 하나님께서는 어느 누구도 멸망하도록 '준비'하지 않으셨다. 누군가 멸망을 당하는 것은 그들 자신이 저지른 악행 때문에 스스로 준비하는 것이 아니겠는가?"[28]

문법을 다룰 때에도, 나는 진화론 논쟁을 떠올리지 않을 수 없다. 즉 유능한 과학자들의 경우에도 그들은 동일한 데이터를 가지고서 그 데이터를 분석하기 전에 자신이 이미 확고하게 가지고 있는 입장을 뒷받침하고자 활용할 뿐이다. 월리스는 직접적인 중간태(문장의 주어가 자신에게 행동하는 재귀 용법, 이를 테면 "나는 이 모든 일에 대해서 손을 씻는다"와 같은)는 신약성경에서 사용된 경우가 거의 없다고 말했다. (그리고 함축적으로 *카텔티스메나*가 중간태로 사용되었을 확률도 지극히 낮다). 한편 A.T. 로버트슨(Robertson)은 "사실 때로는 동사가 중간태인지 수동태인지 말하긴 어렵다"[29]라고 했다. 이미 말했듯이, 부정과거시제와 미래시제를 제외한 모든 그리스어 시제에서 중간태인지 수동태인지를 구분하는 것은 항상 미해결 문제다. "구분선을 찾는 것이 최선이다."[30] "문맥과 동사-개념만을 결정할 수 있을 뿐이다."[31] 그러므로 항상 그렇듯이, 문맥이 핵심이다. 월리스는 잘못된 전체성 전이의 오류(즉 하나의 단어가 이런저런 의미로 다섯 번 사용되었기 때문에, 다음에도 이런저런 의미로 사용되었을 것이라고 가정하는 오류)를 범했을 가능성이 있다. 이는 마치 신약성경은 기원법(optative mood)을 거의 사용하지 않기 때문에, 기원법을 볼 때 그것은 석의를 하는데 아무런 의미가 없다고 말하는 것과 같다. 이러한 해석적 오류는 문맥을 제대로 파악하지 못하게 만든다.

로버트슨은 직접중간태(direct middle)에 대해서, 한 페이지 전체에 걸쳐서 예시를 나열하고 있다.[32] 그는 심지어 고린도전서 14장 8절에 있는 *파라스큐아세타이(paraskeuasetai, 스스로 예비하다)*도 포함시키고 있는데, 비록 이 단어는 동사는 다르지만 우리가 로마서 9장 22절에서 보고 있는 것과 거의 같은 용례다. 이러한 용례는 월리스의 '관용 논증'에 반하는 근거가 될 수 있다. 또한, 신약성경에서 중간태가 완료 시제로 사용된 사례가 없다는 월리스의 두 번째 주장 역시 부적절한 전체성 전이의 또 다른 예이다. 이는 마치 R.C. 스프라울이 '*엘코(elko)*'가 요한복음 6장 44절을 제외한 모든 신약성경의 용례에서 '끌다' 또는 '당기다'를 의미하므로, 요한복음 6장 44절에서도 반드시 같은 의미로 사용되어야 한다고 주장하는 것과 같다. 다시 말해서, 우리가 '중생'을 다룬 장에서 엘코에 대해서 논의한 것처럼, 이러한 접근법은 문맥의 중요성을 약화시킨다.

그런 다음 월리스는 독자들에게 완료 시제의 *카텔티스메나*가 "이미 이루어진 일"을 암시한다고 말한다. 분사가 과거에 완료된 행동에 강조점을 두고 광범위한 완료의 의미로 사용되는 경우 이는 사실일 것이다. 그러나 이것은 분사이고 한정 동사가 아니기 때문에 현재적인 결과에 강조점을 둔 존재의 상태를 말하는 것일 가능성이 더 크다. 그렇다면 이 단어는 연계 접속사와 함께 서술적 형용사로 기능한다. 그렇다면 "멸하기에 *적합한(카텔티스메나)* 진노의 그릇"으로 해석할 수 있다. 수많은 주석가들이 이 문구를 이런 식으로 이해하고 있으며, 이 단어를 "무르익은" 또는 "준비된"으로 번역하는 것을 좋아한다(Weiss, Cranfield, Stott의 주석을 보라).

하지만 슈라이너(Thomas R. Schreiner)[33]와 같은 일부 학자들은 이중 예정론을 지지하는데 너무 열심을 낸 나머지, 동사 형태(중간태/수동태)를 무시하고서, 그것을 "신성한 수동태"라고 부르는데, 이는 곧 멸망시킬 준비를 하는 실체가 하나님이란 뜻이다. 23절에서 하나님이 긍휼의 그릇들을 예비하시는 분으로 분명하게 등장하는 것과는 대조적으로, 이 구절에서는 하나님이 전혀 등장하고 있지 않다는 사실을 잊어서는 안 된다. 어쨌든 *카텔티스메나*의 어휘적 뉘앙스와 완료 시제의 완료된 행동에 대한 월리스의 전체적인 주장은, 이와 같은 많은 문제들과 마찬가지로, 결국 해석자의 판단에 달려 있다.

월리스의 마지막 호소는 문맥에 집중하라는 것이다. 그는 20절로 돌아가 토기장이가 자신의 뜻대로 그릇을 만들 수 있는 주권적인 의지를 지적한다. 그는 이 주권적인 의지를 이중 예정을 뒷받침하는데 사용한다. "그릇의 운명은 … 전적으로 창조주에 의해서 *미리 예정되지 않았는가?*" 그런 다음 그는 영원한 운명이라는 개념을 이 그릇들에서 사람에게로 옮기면서, 22절에서 하나님이 하시는 활동이 멸망을 위해 그릇을 준비하는 것이 아니며, 오히려 멸망하기에 적합한 그릇에 대해서 오래 참으시는 일이라는 사실을 완전히 무시한다. 이제 만일 하나님께서 이 그릇들을 멸망시키고자 준비하시는 분이라면(아마도 수년에 걸쳐 준비하시는 분이라면), 어째서 하나님께 오래 참고 인내하는 일이 필요하단 말인가? 결국, 하나님은 이 그릇들을 영원히 고문할 운명을 정해놓고서 준비하는 분이실 뿐이다. 반대로 만일 이 그릇들이 "스스로 그런 운명을 선택했다면" 또는 일평생 회개하지 않고 죄를 지었기 때문에 멸망을 "자처한 것이라면" 그렇다면 전에 하나님께서 파라오의 진실하지 못한 회개에 대해서 여러 번 참으셨던 것처럼, 지금도 오래 참고 인내하는 일이 필요할 수밖에 없다. 마치 파라오가 자신의 고집과 기만으로 직접 자신의 마음을 완고하게 했고, 그래서 하나님께서는 거듭 재앙을 내리시면서 그를 오래 참으심으로 간접적으로 그렇게 하신 것처럼(전 8:11), 하나님께서는 택함 받지 않은 사람들이 스스로 방탕과 기만의 도가니를 만들어가도록 허용하신다.

월리스가 문맥을 설명하는 것을 볼 때 흥미로운 점을 발견하게 되었는데, 그것은 *카텔티스메나*(준비하다)에서 *프로에토이마센*(예비하다)으로 동사가 명확히 변화하는 부분을 완전히 무시한다는 것이다. 이러한 차이점은 논의가 필요하다. 두 번째 동사에는 접두사 프로(pro-)가 있지만, 첫 번째 동사에는 없다. 이는 하나님께서 (23절에 있는) 두 번째 동사에서는 '사전에' 적극적으로 개입하셨지만, (22절에 있는) 첫 번째 동사에서는 적극적으로 개입한 일이 없음을 보여준다. 물론, 두 번째 동사는 능동태를 사용하고 있는데, 이는 하나님께서(주어) 긍휼의 그릇(목적어)에게 직접적으로 영향력을 행하셨음을 나타낸다. 반면, *카텔티스메나*를 중간태/수동태로 사용한 것은 진노의 그릇을 '예비하는' 과정에서 하나님이 직접적으로 개입하셨다는 개념을 제거한다. 사실, 단순히 *카텔티스메나*를 '준비했다(prepared)'고 번역하는 것은 오해를 불러일으킬 수 있다. 이 단어는 신약성경에서 13회 사용되었는데, 그중 '준비되었다(prepared)'로 번역된 것은 단 한 번(히 10:5)뿐이다. 물론 그것도 가능한 번역이기는 하다. 하지만 영어 독자가 접속사 카이(kai/ and)로 연결된 구절에서 영어 단어 '준비되었다(prepared)'라는 단어를 보게 되면, 그는 뒤에 나오는 동일한 영어 단어도 같은 그리스어 단어를 사용하고 있을 것이라고 가정하게 될 것이고, 이에 이중 예정론을 신봉할 가능성이 높을 수밖에 없다. 그래서 바울은 바로 이런 점을 피하고자, 같은 단어를 사용하지 않았다. 왜 그런가? 이는 바울이 진노의 그릇과 긍휼의 그릇을 준비하는 주체의 차이를 독자들이 혼돈하지 않도록 의식했기 때문이 아니겠는가?

이에 우리는 월리스가 이중 예정(double predestination)을 옹호하며 제시했던 모든 논거들이 전혀 설득력이 없다는 결론을 내릴 수밖에 없다.

이는 우리를 "진노"의 의미가 무엇인가 다시 한 번 생각해보게끔 해준다. 우리는 이미 로마서에서 이 진노가 영원한 멸망을 가리키는 것이 아니라는 사실을 살펴보았다.[34] 로마서 1장 18절을 보면, 하나님의 진노가 불의로 진리를 막는 사람들의 모든 경건하지 않음과 불의에 대하여 *나타나고 있다(is being revealed)*고 말하고 있다. 그리고 우리는 이 진노가 24절, 26절, 28절에서 세 가지 진술에 의해서 정의되고 있는 것을 볼 수 있는데, 곧 "하나님께서 그들을 내버려 두시는데" 그들의 마음의 정욕대로 더러움에, 부끄러운 욕심에, 상실한 마음대로 살도록 내버려 두시는 것이다. 이러한 진노에서 구원을 받을 수 있는 길은 그리스도께서 그들 안에서 대리적인 삶(substitutionary life in them)을 사시고 그리스도의 생명이 그들 속에 생명력 있게 역사하는 방법을 배우는 것이다(로마서 5장 9절도 보라). 그들은 이미 의롭다함을 얻었지만(로마서 5장 1절과 9절을 보라), 풍성한 상속을 받게 해주는 죄의 본성의 권세(또는 진노)로부터 해방을 받지는 못했다. 그러므로 로마서 9장 22절의 그릇들은 죄성에 굴복하며 살아가는 그들의 완고한 자세에 대한 하나님의 인내심을 시험했다. 회개할 수 있는 모든 기회가 주어졌지만, 그들은 끊임없이 진리에 저항하는 일을 했으며 또한 궁극적으로는 그들의 죄악된 본성에 자신을 방임했다. 그들은 육체의 죄악된 행위로 인해서 초래된 진노의 그릇들이다. 찰스 핫지는 "그들은 멸망(destruction)을 당하기에 적합하게 되었다"고 말했는데, 여기서 말하는 멸망은 지옥 형벌에 들어가는 것이 아니라, 이생에서 받는 일시적인 징벌/ 죽음 또는 (신자들에게는) 장래 그리스도의 심판대에서 상속(기업)의 상실을 가리킨다.

우리는 이 "멸망(destruction)"이라는 단어를 주의 깊게 보아야 하는데, 왜냐하면 이 단어는 영원한 멸망 또는 영원한 정죄를 의미하지 않는다. 이는 대부분 세상 사람들이 장차 통과하게 될 대환난의 후삼년반 기간 동안 경험하게 되는 것과 같은 환난과 고난의 경험을 가리킨다. 고린도전서 5장 5절을 보면, 사도 바울은 근친상간의 죄를 저지른 형제를 가리켜, "이런 자를 사탄에게 내어주었으니 이는 육신은 *멸하고(for the destruction of* the flesh)"라고 말할 때, 같은 단어를 사용했다. 그는 멸망을 당할 것이지만, 그럼에도 그의 영은 구원받을 것이며, 마치 불 가운데서 건짐을 받는 것 같을 것이다. 그러므로 여기에 있는 신자는 장차 천국에 들어가긴 하지만, 이 세상에서는 일시적인 멸망 또는 징계를 당하고 또 그리스도의 왕국에서는 상급을 잃어버리게 되는 것이다. 데살로니가전서 5장 2-3절은 이렇게 말하고 있다. "주의 날이 밤에 도둑 같이 이를 줄을 너희 자신이 자세히 알기 때문이라 그들이 평안하다, 안전하다 할 그 때에 임신한 여자에게 해산의 고통이 이름과 같이 멸망이 갑자기 그들에게 이르리니 결코 피하지 못하리라." 다시 말하지만, 이것은 일시적인 멸망을 가리킨다. 언제나 그렇듯이, 문맥이 핵심이다. 데살로니가후서 1장 8-9절을 보면 이 멸망이란 단어가 사용되었는데, 이것은 영원한 멸망을 가리킨다. "하나님을 모르는 자들과 우리 주 예수의 복음에 복종하지 않는 자들에게 형벌을 내리시리니 이런 자들은 주의 얼굴과 그의 힘의 영광을 떠나 영원한 멸망의 형벌을 받으리로다." 이 단어를 문맥을 통해서 보면, 정확한 의미를 놓칠 수 없다.

나는 전에 이 구절의 훌륭한 예화를 경험한 적이 있었다. 전에 우리 교회 장로들과 함께 나는 아스트로돔에서 열린 오일러 대 카우보이 시범 경기에 갔다. 그곳에 다섯 명이 갔다. 나는 안쪽 좌석에 앉았다. 그 말인즉슨, 한 장로는 통로 쪽에 앉았고, 그리고 그 옆에 네 명의 장로가 앉았고, 나는 가장 안쪽 자리에 앉았다. 그리고 내 옆에는 모르는 남자 두 명이 앉아 있었다. 나 자신을 그들에게 소개했더니 그들은 나에게 여기에 온 이유를 물었다. 좀 우스운 질문인 것 같이 느껴졌지만, 그냥 랜드리와 카우보이스(오일러는 당시 팀이 아니었다)를 보러 왔다고 대답했다. 그 중 한 명은 자랑스럽게 카우보이스의 치어리더를 보러 왔다고 말했다. 우리는 모두 웃었다. 음, 게임이 시작되자, 그들은 맥주를 주문하기 시작했다. 다섯 명의 장로가 그 두 청년이 주문한 맥주를 건네고 또 전달하는 모습을 보는 것이 좀 재미있었다. 하프타임이 되자 이 남자들은 술에 취하기 시작했다. 그러자 아주 예쁜 소녀 두 명이 와서 우리 앞에 있는 빈 자리에 앉았다. 이 두 청년은 재빨리 자신을 소개했다. 게임이 다시 시작되자 그들은 맥주를 또 다시 주문했다. 그들은 경기 세 번째 쿼터를 지날 때쯤 만취한 상태가 되었다. 그러자 그들은 우리 앞에 있는 소녀들에게 추태를 부리기 시작했다. 대략 5석 반경에 있는 사람들은 모두 그들을 째려보았다. 그들 모두는, 그들이 멸망당하기에 또는 부끄러움을 당하기에 적합하다는데 동의했던 것이다! 그들이 스스로 자처한 일이었다. 우리가 한 일이라곤 그저 맥주를 건네준 것 뿐이었다!

결론

성경을 피상적으로 보게 되면 강한 결정론을 지지할 수 있지만, 더 깊이 들여다보면 또 다른 그림이 드러난다. 하나님은 사랑이시다. 하나님은 또한 사랑받기를 원하신다. 만일 하나님께서 자신의 피조물에게서 선택할 수 있는 능력을 제거하셨다면, 자발적으로 사랑을 선택할 수 없는 로봇들에게서 예배를 요구하시는 것에 불과했을 것이다. 분명 이런 것도 하나님의 주권을 설명하는, 또 하나의 견해일 순 있다. 예를 들자면, 한 사람이 열 대의 컴퓨터를 만들어 그의 손가락으로 "창조주께 영광을 돌리라" 라는 노래를 부르도록 프로그래밍했다고 생각해보자. 우리는 컴퓨터의 창조주가 컴퓨터에게 주권을 가지고 있다고 말할 수 있다.[35] 하지만 여기에 사랑으로 맺어진 관계를 볼 수 있는가? 그렇지 않다. 협동 결정론은 주권에 대한 훨씬 더 높은 관점을 제공한다.

약한 또는 협동 결정론

성경의 데이터를 강한 결정론보다 더 많이 통합하는 또 다른 접근 방식이 있는데, 우리는 이것을 *약한(soft)* 또는 *협동(cooperative)* 결정론이라고 부른다. 이것은 아르미니안주의나 펠라기안주의가 아니다. 이러한 신학 체계들은 "자기 결정론(self-determinism)"이라고 부를 수 있다. 약한 결정론에서 인간은 완전히 타락한 존재다. 아담이 타락한 결과 파생된 영향력을 상쇄할 수 있는 선험적인 은혜는 없다. 인간 안에는 선(善)을 일으킬 불꽃조차 없으며, 인간은 그저 하나님의 정의의 불을 일으키는 부채질이나 할 수 있을 뿐이다. 그러나 약한 결정론이 인간에게서 구원의 가능성을 완전히 제거하고 있지는 않다. 인간은 여전히 선택하고, 찾고, 더듬을 수 있는 능력을 가지고 있다(행 17장). "어느 누구도 하나님을 찾지 않는다"와 "어느 누구도 하나님을 찾을 수 없다"는 말에는 엄청난 차이가 있다. 하지만 그렇다고 해서 인간이 스스로 하나님을 찾을 수 있다거나 아니면 자신이 하나님으로 하여금 자신을 위한 구원의 결정을 내리도록 도울 수 있다는 뜻이 아니다. 인간에겐 하나님이 이끄시는 역사가 필요하다(요 6:44). 그렇기 때문에 우리는 이것을 협동 결정론이라고 부른다. 성령님은 발로 차고 비명을 지르는 사람이 아니라, 하나님의 이끄시는 역사에 응답하는 사람들을 하나님의 나라로 이끌어들이신다.

협동 결정론을 설명하기 위해서 앞에 사용한 예화를 또 다시 사용해보자. 이러한 주권의 관점에서 보자면, 창조주는 열 명의 사람들(창조주와 상호작용하고, 창조주를 사랑하고, 창조주에게 순종할 수 있는 능력을 부여한 존재들)을 창조하셨다. 그런 다음 그들에게 자신을 창조주로 계시하고, 그들의 경배를 요구할 수 있다. 사실, 창조주는 생명을 선물로 준 것에 대한 감사의 표시로 "창조주께 영광을 돌리라"는 찬송을 할 것을 요청할 수도 있다.

　어떤 사람들은 기꺼이 찬송하는 일을 선택할 것이지만, 다른 사람들은 "이보세요. 내가 언제 나를 태어나게 해달라고 부탁한 적이 있었나요? 나는 감사의 노래를 부르고 싶지 않습니다"라고 말할 수도 있다. 이렇게 반항적인 피조물들이 자신을 떠나갈 때, 창조주께서는 그들을 쫓아가서 자신의 모습을 더 계시하는 일을 하실 수도 있다. 더 많은 것을 배우게 된 그들 중 몇몇은 자신의 배은망덕함을 회개하고, 돌이켜 창조주를 경배할 수도 있다. 그러나 창조주께서는 여전히 자신에게 긍정적인 방식으로 반응하지 않는 사람들을 포기하지 않고 쫓아가신다. 엄청난 설득과 회유 끝에, 이들 중 많은 사람들이 창조주에게로 돌아온다. 일부는 결코 돌아올 마음이 없는데, 이는 창조주께서 자신을 그들에게 계시하지 않았기 때문이 아니다. 그럼에도 위대하신 창조주께서는 자신을 거역하고 반역을 저지른 사람들의 삶조차도 인류 역사에 대한 자신의 전반적인 계획을 달성하는 일에 사용하신다. 그러므로 나에겐, 이러한 피조물에 대해서까지 모든 주권을 가지고 계신 창조주께서는 컴퓨터 프로그래머보다 훨씬 더 주권적이고 호혜적인 것 같이 보인다.

　그렇지만 이러한 생각도 여전히 기본적인 질문에 대한 해답이 되지 못한다. 하나님의 선택은 사람이 태어나기도 전에 이루어지는 것인데, 어떻게 협력이 가능하다는 것인가? 로마서 9장에서 언급하고 있는 야곱과 에서의 문제가 영원한 운명에 관한 것[36]이 아니라는 점을 인정할지라도, (여기서 문제는 하나님의 구속의 목적은 하나님이 정하신다는 것이다) 성경은 여전히 하나님께서 세상을 창조하시기 이전에 자신을 위한 한 백성을 선택하셨음을 가르치고 있다(엡 1:4). 그러므로 성경은 우리가 창세 전에 "그리스도 안에서 선택되었다"고 말하고 있다. 우리가 "그리스도 안에" 있기도 전에 과연 우리는 어떻게 "그리스도 안에" 있을 수 있는 것인가?

이 "그리스도 안에"라는 개념은 로마서 6장에서 전개되어 있는데, 곧 우리가 침례를 받음으로써 그리스도의 죽음, 장사됨, 부활 속으로 들어가게 된 것을 분명하게 밝히고 있다. 그리고 이 일은 AD 33년(어떤 사람들은 29년을 선호한다) 오순절에 성령님께서 강림하심으로써 새롭게 시작된 성령 세례에 의해서 완성되었다. 그렇다면 우리는 어떻게 그리스도의 탄생, 십자가 사건, 성령 세례, 심지어 우리가 태어나기도 전에 "그리스도 안에" 있을 수 있게 된 것인가?

이 딜레마와 하나님의 법령을 둘러싼 논쟁(즉 타락 전 선택설, 타락 후 선택설 등)에 대한 해결책은 하나님의 존재론, 즉 하나님의 본질에 있을 수 있다. 하나님은 세 분이지만 또한 한 분이기도 하다. "주 곧 우리 하나님은 유일한 주시라(The Lord our God, the Lord is one)."(막 12:29) 왜냐하면 하나님은 한 분이시기 때문에, 하나님의 모든 속성은 하나님의 나눌 수 없는 본질의 일부다. 따라서 하나님의 선택과 예지는 하나이며 또한 동시적이다. 이 점이 베드로전서 1장 2절에 담긴 의미라고 할 수 있는데, 곧 "하나님 아버지의 *미리 아심을 따라* … 택하심을 받은 자들"이라고 말하고 있다. 하나님은 우리를 하나님의 *예지에 기초해서* 또는 하나님의 *예지에도 불구하고* 우리를 선택하신 것이 아니라, 하나님의 *예지에 따라서* 선택하셨다. 이 구절에 대해 J. 왈보드는 이렇게 썼다.

'선택하다(elect)'라는 단어는 예지와 관련해서 선택의 논리적인 순서가 아니라, 동시성을 말해준다. 하나님의 목적과 선택과 예지의 전체 과정은 모두 영원 속에서 이루어졌다. … 하나님의 영원한 목적의 모든 측면은 똑같이 영원하다.[37]

N. 가이슬러(Geisler)는 이렇게 표현했다.

선택과 예지에는 연대기적인 순서나 논리적 우선순위가 없다. … 하나님이 미리 선택하신 것은 예지하신 것에 근거할 수는 없다. 또한 하나님이 예지하신 것은 미리 선택하신 것에 근거할 수도 없다. 둘 모두 동시적인 것일 뿐만 아니라 대등한 것이다. 따라서 하나님은 우연히 일어난 것 같은 모든 행위를 포함해서, 앞으로 일어날 모든 일을 영원 전부터 확실히 알고 계셨으며 또한 확실한 의도를 갖고서 결정하셨다. 그러므로 자유 의지를 갖고서 행한 행동들이 있지만, 하나님께서는 그 일이 그렇게 일어나도록 결정하셨다. 그렇다면 하나님께서는 실제로 무슨 일이 일어날 것인지를 결정하신다는 측면에서 완전히 주권적이시지만, 그럼에도 인간은 자유 의지를 갖고 있으며, 자신이 선택한 것에 대한 책임을 지고 있다.[38]

우리는 신자들이 영원한 미래로부터 그리스도 안에서 선택되었다는 식으로 쉽게 말할 수 있다. 하나님의 전지전능성은 하나님으로 하여금 처음부터 또는 끝에서, 또는 한꺼번에 시간을 볼 수 있게 해준다. 하나님은 우리처럼 제한된 시간과 차원에 매여 있지 않다. 또한 하나님의 편재성은 하나님으로 하여금 시간과 공간을 초월할 수 있게 해주기 때문에, 하나님은 시작과 끝에 있거나 동시에 두 곳에 있을 수 있다. 이러한 문제를 놓고서 혼란스러워하는 것은 아마도 우리의 유한한 한계 때문에 발생하는 것일 뿐이다. 예지의 개념도 사실상 우리의 인간적 한계에 부딪힐 수밖에 없다. 하나님의 사후 지식에 대해서도 우리는 똑같이 말할 수 있다. 하나님은 모든 것을 *영원 전에* 알고 계실 뿐만 아니라 사고의 선후와 상관없이 *동시에* 아신다.

결론

마지막 결론 부분에서 구원의 서정에 대한 논의를 하는 것은 시간과 공간에 의해 제약을 받을 수밖에 없는 인간과 그러한 제한이 없는 창조주 사이의 수수께끼 같은 경계를 설명하려는 시도일 뿐이라는 사실을 인정해야 한다.[39] 그러나 우리가 하나님의 영원한 행위를 우리의 시간과 논리의 한계에 묶으려고 할 때, 우리는 무언가 신비로운 것을 말도 안 되는 것(nonsense)으로 바꾸어버리는 일을 하게 된다. 강한 결정론을 고수하면서 동시에 인간 선택의 타당성에 대해서 이야기하는 것이야말로 넌센스다. 물론, 하나님의 주권과 인간의 책임을 모두 언급하고 있는 성경의 병치는 비밀이긴 하지만, 가이슬러가 지적했듯이 비밀은 이성을 *넘어서는* 것이긴 해도 비밀이 이성에 *반하는 것*은 아니다. 이성에 반하는 것을 우리는 비밀이 아니라 *모순*이라고 불러야 한다. 하나님의 주권과 인간의 책임을 이율배반적인 것(서로 모순되지만 두 가지 모두 확실히 진실인 것)으로 설명하려는 J.I. 패커의 시도[40]야말로 모순에 불과한 것인데, 왜냐하면 그는 하나님의 주권을, 결정론적인 하나님, 즉 선택할 능력이 없는 인간들 위에 군림하는 하나님으로 제한적으로 이해하고 있기 때문이다. 하지만 인간의 책임은 선택할 수 있다는 사실을 전제로 한다. 따라서 패커의 모순은 선택할 수 없음과 선택할 수 있음을 조화시키려는 얼토당토않은 시도에 불과하다. 선택할 수 없음 + 선택할 수 있음은 넌센스이며, 이것은 모순이지 비밀이 아니다. 비밀은 이해할 수 없는 것이긴 해도 모순적이지 않다. 약한 결정론은 두 가지 진리를, 어떠한 모순도 없이 양립 가능하게 해주고 또한 상호협력하면서 공존하게 해준다.

미주

1 Will Durant, "The Reformation," in *The Story of Civilization*, vol. 6 (New York: Simon & Schuster, 1957), 490, emphasis added.

2 E. Borel, *Probabilities and Life* (New York: Dover, 1962), chapters one and three.

3 C. Sagan, ed., Communication with Extra-Terrestrial Intelligence (Boston: MIT Press, 1973), 46.

4 G. Wald, "The Origin of Life," in *Physics and Chemistry of Life*, by the editors of *Scientific American* (Simon & Schuster, 1955), 9.

5 같은 책, "Innovation in Biology," *Scientific American* 99 (September 1958), 100, emphasis added.

6 다음 책을 참고하라. "*Signs of Intelligence: understanding intelligent design*, eds. William A. Dembski and James M. Kushiner, (Grand Rapids, MI. Brazos pres. 2001)" 그리고 다음 책도 보라. Robert J. Spitzer, *New Proofs for the Existence of God: Contributions of Contemporary Physics and Philosophy*,(Grand Rapids MI.,Eerdmans Pub. 2010)

7 J. Edwards, "Freedom of the Will," in *Jonathan Edwards*, eds. Clarence H. Faust and Thomas H. Johnson (New York: Hill and Wang, 1962), 305.

8 고든 클라크는 이렇게 설명했다. "나는 이에 대해서 솔직하게 이렇게 말하고 싶다. 즉 한 남자가 술에 취해 가족을 총으로 쏴서 살해했는데, 그가 그런 일을 한 것은 하나님의 뜻이었다고 주장하는 것과 다르지 않다는 것이다." 그리고 추가적으로 이렇게 설명했다. "이러한 견해는 분명히 하나님을 죄의 원인으로 만든다. 하나님은 모든 일의 유일하고도 궁극적 원인이시다. 하나님에게서 벗어나 있거나 독립적인 것은 전혀 없다. 하나님만이 영원한 존재이시다. 하나님만이 전능하신 분이시다.

하나님만이 주권적이시다." (*Religion, Reason, and Revelation*, [Philadelphia, PA: Presbyterian & Reformed, 1961], 221) 다음은 R. C. 스프라울의 설명이다. "세상에 일어난 모든 일은 하나님께서 원하셨기 때문에 일어났다. … 하나님은 사람이 죄를 지어 타락하기를 바라셨다. 나는 죄를 짓게 된 일로 하나님을 비난하려는 것이 아니다. 나는 하나님께서 죄를 창조하셨다고 말하고 싶은 것이다." (R. C. Sproul, *Almighty Over All* [Grand Rapids: Baker Book House, 1999], 54).

9 N. Geisler, "God Knows All Things," in *Predestination and Free Will*, eds. D. Basinger and R. Basinger (Downers Grove, IL: InterVarsity, 1986), 75.

10 C. S. Lewis, *The Screwtape Letters* (New York: Macmillan, 1961), 38.

11 같은 책, *The Great Divorce* (New York: Macmillan, 1945), 69, emphasis added.

12 다음 책을 보라. Calvin's *Institutes*, 3.1.1; Commentaries, 3.139; 또한 요한복음 1장 29절, 로마서 5장 15절, 그리고 요한일서 2장 2절에 대한 칼뱅의 주석을 보라.

13 다음의 책을 참고하라. Arnold Fruchtenbaum, *Israelology: The Missing Link in Systematic Theology*, (Ariel Ministries Inc., 1989).

14 E. H. Palmer, *Five Points of Calvinism*, 25.

15 욥기에 나타난 하나님과 욥의 대화를 보라. 하나님께서는 욥의 무지와 하나님의 지혜를 드러내시고자 욥기 38장 1절부터 42장 6절에 걸쳐서 70가지 질문을 욥에게 하셨다.

16 W. Sanday and A. C. Headlam, *A Critical and Exegetical Commentary on the Epistle to the Romans*, International Critical Commentary (Edinburgh: T. & T. Clark, 1902), 256.

17 J. Calvin, *The Epistles of Paul to the Romans and Thessalonians*, Calvin's New Testament Commentaries, ed. D. W. Torrance and T. F. Torrance, trans. R. MacKenzie (Grand Rapids: Eerdmans, 1960), 210.

18 같은 책., 211.

19 같은 책., 212, emphasis added.

20 Will Durant, *The Story of Civilization,* "The Reformation," VI (New York: Simon and Schuster, 1957), 490.

21 제네바에서 칼뱅의 후계자인 테오도르 베자는 보는 관점에 따라 칼뱅을 한 단계 더 좋게 또는 한 단계 더 나쁘게 만들었다. 그는 선택을 "폭발지점(ground zero)"이라고 선언했다. 어떤 사람은 선택하고 다른 사람은 유기하기로 정하신 하나님의 예정을 인간을 창조하기로 정하신 일보다 앞에 두었다. 하나님은 이미 영원히 정죄하기로 결정하신 사람을 왜 창조하셨는가? 베자는 자신의 영적 멘토의 가르침을 되풀이하면서 말하길, 우주 앞에서 하나님의 정의를 보여주기 위해서라고 주장했다. 결국 하나님께서 어느 누구에게도 죄를 선고하지 않으셨다면 어떻게 자신의 정의를 입증하실 수 있단 말인가? 다음 저자의 책을 참고하라. Walter Kickel, *Vernunft and Offenbarung bei Theodor Beza,* in *Beirtage zurGeshichte und Lehre der Reformierten Kirche,* 25 (Neukirchener Verlagdes Erziehungsvereins GmbH Neukirchen-Vluyn, 1967), 100-67. 베자의 체계를 보여주는 차트가 번역되어 부록 2의 끝에 첨부되어 있다.

22 같은 책, 207-8, 킥켈(Kickel)이 주장했던 타락 전 선택설 (supralapsarianism)에 대해서 칼뱅이 실제로 무엇이라고 논증했는지를 살펴보라(같은 책, 148).

23 Sanday and Headlam, *Romans,* 258.

24 분사가 *수동태*이며, 따라서 *행위주체*를 나타낸다고 하더라도 그 의미가 변하는 것은 아니다. 수동태는 외적인 행위자가 없는 경우가 많다. 만일 "나는 채찍질을 당했다"고 말하면 이는 수동태이긴 하지만 외적인 행위자는 없다. 나 자신에게 이런 일을 할 수도 있기 때문이다.

25 Daniel B. Wallace, *Greek Grammar Beyond the Basics: An Exegetical Syntax of the New Testament* (Grand Rapids, MI: Zondervan Publishing

House, 1996), 417-18.

26 Thomas R. Schreiner, *Romans*, ECNT (Grand Rapids: Baker Books, 1998), 522.

27 *Romans*, 258, although they seem to contradict themselves on 262.

28 John Stott, *Romans* (Downers Grove, IL: InterVarsity Press, 1994), 272.

29 A.T. Robertson, *A Grammar of the Greek New Testament in the Light of Historical Research* (Nashville, TN: Broadman Press, 1934), 816.

30 Moulton, Prol., p. 162.

31 Robertson, *Grammar*, ibid.

32 Robertson, *Grammar*, 807.

33 Schreiner, *Romans*, 522

34 로마서 13장 4절을 보라. 여기엔 땅에서 인간을 도구로 사용해서 이루어지는 일시적인 진노를 언급하고 있다.

35 최근 결정론을 비판하는 내용을 보려면 다음 책을 참고하라. John C. Lennox, *Determined to Believe? The Sovereignty of God, Freedom, Faith & Human Responsibility*, (Grand Rapids, MI: Zondervan, 2017).

36 샌데이와 헤들람의 설명에 따르면, "야곱을 절대적으로 선택하신 일, 즉 야곱은 사랑하고 또 에서는 미워한 일은 단지 선택받은 이스라엘 민족의 머리로서 나른 사람보다 더 높은 특권을 가진 한 사람을 선택한 일을 가리킬 뿐이다. 이 주제는 그들의 영원한 구원과는 아무런 관계가 없다."(*Romans*, 245)

37 L. S. Chafer and J. Walvoord, *Major Bible Themes* (Grand Rapids: Zondervan, 1980), 233.

38 Geisler, "God Knows," 70-71. Norman Geisler, *Systematic Theology*, (Minneapolis, Minnesota, Bethany House, Pub. 2004) vol. 3, 86. 또한 다음 책을 보라. *Divine Foreknowledge Four Views*, eds. James K. Beilby & Paul R. Eddy, (Downers Grove, Ill. InterVaristy Press, 2001) and D.A. Carson, *Divine Sovereignty & Human responsibility Biblical Perspectives in*

Tension, (Atlanta, Georgia. John Knox Press, 1981).

39 다음 책을 보라. Hugh Ross, *Beyond The Cosmos: the extra-dimensionality of God,* (Colorado Springs, CO. Nav Press, 1996).

40 J. I. Packer, *Evangelism and the Sovereignty of God* (Chicago: Inter-Varsity Press, 1961), 18-24.

제15장

만인구원론

롭 벨(Rob Bell)의 책 『사랑이 이긴다(Love Wins)』[1]가 출간된 이후 만인구원론(Universalism)에 대한 관심이 점점 커지고 있다. 만인구원론을 간단히 정의하자면, 하나님이 창조하신 모든 존재, 모든 천사들과 모든 인간들이 하나님과 함께 영원을 보내게 될 것이라는 견해다. 여기에는 동물이나 금붕어는 포함되지 않지만, 그렇다고 해서 배세하는 것도 아니다. 아울러 타락한 천사들과 사탄도 포함된다. 일부 만인구원론자들은 타락한 천사들과 사탄은 배제시키기도 한다. 하지만 그들 자신의 주장에 일관성을 유지하려면 사탄과 타락한 천사들도 포함되어야만 한다. 결국, 사랑이 악을 이긴다면, 악의 창시자들(즉 사탄과 그를 따르는 천사들)도 포함되어야 하고, 그렇지 않으면 악이 이기게 되는 것이다.[2]

본 논의의 핵심은 하나님에 대한 관점과 하나의 속성(예: 사랑)이 다른 속성(예: 정의)을 압도하는지 여부에 달려 있다. 만인구원론의 상당 부분은 아우구스티누스, 칼뱅, 베자, 퍼킨스, 웨스트민스터 신앙고백과 그들과 같은 부류의 사람들이 주장하는 이중 예정론에 의해서 소개되는 하나님을 향한 혐오스러운 견해를 반박하는 내용으로 가득하다. (부록 2에 있는 "또 다른 두 도시 이야기"를 보라.) 이중 예정론의 가장 혐오스러운 견해에 따르면, 하나님께서는 영원히 자신과 함께 하시고자 일부를 선택하시고, 또 다른 일부는 영원히 고통받도록 선택하셨다는 것이다. 택함을 받은 사람들의 숫자를 정확히 알기는 어렵지만, 분명히 소수다. 결국, 부르심을 받은 자는 많지만 택함 받은 자는 적다. 따라서 이런 관점으로 보자면, 하나님이 창조하신 대다수의 사람들, 예를 들어 90% 가량의 사람들을 영원히 고통받게 하실 것이다. 그리고 그들을 고통받게 하고자 내린 이 결정은 그들을 창조하기도 전에, 또는 그들이 하나님의 눈에 어떤 죄를 짓기도 전에 내려졌다는 것이다. 대부분은 아닐지라도 일부 아우구스티누스/ 칼뱅주의자들은 "고통을 받게 하다(torture)"라는 단어가 하나님의 이미지를 너무 손상시킨다고 반대하고 싶어 할 것이다. 그러나 우리는 요한계시록 14장 10-11절에서 "그도 하나님의 진노의 포도주를 마시리니 그 진노의 잔에 섞인 것이 없이 부은 포도주라 거룩한 천사들 앞과 어린 양 앞에서 불과 유황으로 *고난을 받으리니*(tormented) 그 고난의 연기가 세세토록 올라가리로다"는 구절을 볼 수 있는데, 여기서 "고난을 받는다(tormented)" 와 "고통을 받는다(tortured)" 사이에 무슨 차이가 있는 것인가?

이러한 하나님에 대한 관점은 많은 사람들을 기독교 신앙에서 멀어지게 했다. 또 다른 이들은 단순히 그처럼 흉측한 모습의 하나님을 그리고 있는 신학을 거부했다. 탈봇(Talbott)은 아우구스티누스/ 칼뱅주의의 하나님이 자신에게 블랙홀 같은 우울증을 안겨주었다고 말했다. 그는 자신의 부모가 아우구스티누스의 하나님보다 더 자비롭다는 사실을 깨달았다. 칼뱅주의의 가르침이 그로 하여금 블랙홀을 응시하게 만들었다면, 존경받는 교부들과 종교개혁자들에 대한 그의 연구는 그를 블랙홀 속으로 밀어

넣었다. 조지 맥도널드(George MacDonald)의 글을 읽기 시작하고 나서야 그는 그 구덩이에서 빠져나올 수 있었다.[3]

만인구원론자들은 성경이 하나님을 사랑과 자비(긍휼), 용서의 하나님으로 제시한다고 주장한다. 긍휼은 심판을 이긴다(약 2:13). 그러한 사랑의 하나님은 자신의 피조물을 지옥이나 불못에 던져넣고서 영원히 고통받게 하는 배신적인 행위를 하실 수 없다. 만일 하나님께서 그럴 수 있다면, 그런 하나님은 우리가 예배하고 싶은 하나님이 아니다. 한 전직 목사는 자신이 만인구원론으로 전향했다고 주장하면서, 만인구원론이란 개념이 하나님의 성품에 대한 그의 의심을 해소해주었으며, 신선하고 자유로운 방식으로 예배를 드릴 수 있게 되었다고 말했다. 그는 이 문제 때문에 오랫동안 사역해 온 교회를 떠났다.

이 주제는 필자가 20년 전 본서를 쓸 당시에는 널리 논의되던 주제가 아니었다. 그러나 이 주제가 부상하게 되었기에, 이 주제를 추가하는 것이 좋겠다는 결정을 내렸다. 본 주제 또한 다른 주제들과 동일한 방식으로 다룰 것이다. 우선적으로 이 교리를 교회사적인 관점에서 살펴본 다음, 성경을 살펴볼 것이다. 역사 신학 + 성경 신학 = 조직 신학이라는 방식으로 접근할 것이다.

역사 속 만인구원론

탈봇에 따르면, 초기 교부들은 만인구원론자들이었다. 그는 이중 예정론과 택함 받은 자와 택함 받지 못한 자를 나누는 것을 강조하면서 배타주의를 도입한 것이 아우구스티누스였다고 주장했다. 그는 오리게네스(Origen, 185-254년)가 바울과 아우구스티누스 사이에서 가장 위대한 신학자였으며, 오리게네스는 만인구원론자였다고 생각했다. 그는 오리게네스의 스승이었던 알렉산드리아의 클레멘트(Clement of Alexandria, 150-215년)와 닛사의 그레고리(Gregory of Nyssa, 335-395년)를 언급했다. 이 두 사람이 마귀도 결국 구원받을 수 있다고 믿었던 오리게네스의 가르침에 가장 큰 영향력을 끼쳤다. 사도 시대 이후 교회에는 모든 인간과 타락한 천사들도 결국엔 구원을 받게 될 것이라고 믿는 사람들이 많이 있었다. 오리게네스 신학은 AD 553년 제5차 에큐메니칼 공의회에 이르러서야 이단으로 정죄되었다.[4]

아우구스티누스는 초기 교부들 가운데 대다수는 아니더라도 많은 이들이 만인구원론자들이었음을 시인했다. "매우 많은 사람들이 성경을 부인하지는 않았지만, 영원히 고통을 당하는 것을 믿지 않았다."[5] 교부학자 일라리아 라멜리(Ilaria Ramelli)를 통해서 가장 영향력 있는 초기 기독교 만인구원론자들을 간단하게 살펴보면, 아우구스티누스의 말이 상당히 일리가 있음을 확인할 수 있을 것이다.

"아포카타스타시스(apokatastasis, 회복) 이론을 주창하는 주요한 교부들은 다음과 같다. 바르데산(Bardaisan), 클레멘트(Clement), 오리게네스(Origin), 디디무스(Didymus), 성 안토니(St. Anthony), 성 팜필루스 순교자(St. Pamphilus Martyr), 메토디우스(Methodius), 성 마크리나(St. Macrina), 성 닛사의 그레고리(St. Gregory of Nyssa)(그리고 아마도 다른 두 카파도키아인들), 성 에바그리우스 폰티쿠스(St. Evagrius Ponticus), 타르수스의 디오도르(Diodore of Tarsus), 몹수에스티아의 테오도르(Theodore of Mopsuestia), 예루살렘의 성 요한(St. John of Jerusalem), 루피누스(Rufinus), 성 제롬(St. Jerome), 그리고 성 아우구스티누스(최소한 초기에는) … 카시아누스(Cassian), 니네베의 성 아이삭(St. Isaac of Nineveh), 달리아타의 성 요한(St. John of Dalyatha), 가짜 디오니시우스 아레오파기타(Ps. Dionysius the Areopagite), 아마도 성 막시무스 고백자

(St. Maximus the Confessor), 심지어 스코틀랜드의 요한 에리우게나 (John the Scot Eriugena)와 기타 여러 인물들이 *아포카타스타시스(회복)* 이론을 성경에 근거하고 있는 것으로 보았고, 이에 기독교 교리로 삼았다." (Ramelli, Christian, Doctrine, 11)[6]

이후 니케아 신경(381년)에는 모든 사람이 구원받을 가능성을 배제하는 내용은 없었다. 아타나시우스 신경(500년)을 작성할 때에야 비로소 "악을 행한 자들은 영원한 불 속으로 들어간다"는 구절이 신조의 형태로 도입되었다.

필자보다 더 자격을 갖춘 학자들이 위의 내용들에 대해서 논쟁할 수 있겠지만, 우리는 상당수의 초기 교부들이 만인구원론을 믿었다는 사실을 인정할 수밖에 없다. 그러나 그들은 아우구스티누스라는 거대한 벽에 부딪혔다. AD 412년경 아우구스티누스의 신학적 입장 변화와 함께 그는 그의 구원론적 철학에 결정론을 도입했다. 내가 철학이라고 표현한 이유는 그의 결정론이 이교도들, 즉 스토아학파, 신플라톤주의자들, 마니교도들에게서 왔기 때문이다. 그것은 성경에서 온 것이 아니었다. 아우구스티누스의 이중 예정론의 관점을 보면, 하나님은 인류를 두 그룹, 즉 택함 받은 자와 택함 받지 않은 자로 나누셨다. 이러한 이해에 따르면 대다수의 사람들이 지옥에 가게 될 것이다. 비록 오리게네스는 3세기에 죽었지만, 앞서 언급했듯이, 그는 6세기가 되어서야 이단으로 정죄받았다. 서서히 아우구스티누스의 결정론적 접근 방식이, 특히 서방세계에서 주도권을 잡게 되었다.

성경적인지 아닌지와는 상관없이, 아우구스티누스의 신학 사상이 세속 권력(교황과 왕)의 손에 그대로 들어가게 되었다. 사람들의 영혼이 지옥의 입구에서 안절부절하고 있을 때 대중을 조종하는 것은 상당히 쉬운 일이었다. 따라서 아우구스티누스 이후 서구 대부분의 그리스도인들은 사랑에 의해서가 아니라 두려움에 의해서 하나님을 믿어야 하는 동기 부여를 받았다. 대학생 선교회(CCC, Campus Crusade for Christ)는 1960년대 미국에서 대규모 부흥을 일으키는 데 큰 역할을 감당했다. 그들이 만든 복음 전도지 "사영리(The Four Spiritual Laws)"는 따뜻하고 상쾌한 비처럼 서부 해안에서 동부 해안으로 퍼져 나갔다. 어째서 그랬을까? 바로 첫 번째 원리가 "하나님은 당신을 사랑하시고 당신의 삶을 위한 놀라운 계획을 가지고 계십니다"라는 것이었기 때문이다. 그 전에는 가가호호를 방문하여 복음을 전하는 일부 복음전도자들이 "당신이 지옥으로 가야만 하는 비참한 죄인이라는 것을 아십니까?"라고 말하면서 놀란 집주인에게 복음을 제시하는 일을 하곤 했기 때문이다. 그들의 면전에서 문이 쾅 닫히는 경험을 그렇게 많이 한 것은 당연한 일이었다. 미국에서 가장 유명한 설교는 종종 조나단 에드워즈(Jonathan Edwards)의 "진노한 하나님의 손에 붙들린 죄인들"이라는 제목의 설교가 손꼽힌다. 다음은 그 설교의 일부분이다.

"사람이 거미나 혐오스러운 곤충을 불 위로 잡고 있는 것처럼, 하나님께서는 당신을 지옥의 불 구덩이 위에 잡고 계시며, 당신을 혐오하시고 몹시 격분하셨습니다. 당신을 향한 그분의 진노는 불처럼 타오르고 있습니다. 하나님은 당신을 불속에 던지는 것 외에는 아무런 가치가 없다고 보십니다. 당신은 하나님의 눈에, 우리가 가장 혐오스럽게 여기는 독사보다 만 배나 더 가증한 존재입니다."[7]

하나님을 잔혹한 분으로 보는 아우구스티누스의 관점이 사랑이라는 긍정적인 메시지를 가진 만인구원론이 번성할 수 있는 분위기를 어떻게 조성했는지를 우리는 쉽게 이해할 수 있다. 그렇지만 아우구스티누스의 오류를 인정하는 것만으로는 만인구원론이 옳다는 것을 의미하지는 않는다. 혹시 만인구원론자들이 진자의 반대편으로 치우침으로써, 결국 하나님의 사랑과 공의 사이에 존재하는 성경적인 균형을 양측 모두 놓치고 있는 것이 아니겠는가? 필자는 그렇게 생각한다. 이제 몇 가지 성경 신학을 살펴보자.

성경 속 만인구원론

이 주제를 시작하면서, 우리는 성경을 해석하는 원칙으로서, 의미가 명확한 것에서 불명확한 것으로 나아가야 한다는 점을 마음에 새겨야 한다. 다시 말해, 어떤 교리를 가르치는 명확한 구절을 찾을 수 있다면, 그 구절부터 시작하여 덜 명확한 구절들을 그 명확한 구절에 비추어서 해석해야 한다는 것이다. 이것을 믿음의 유추법(analogy of faith)이라고 부른다. 예를 들자면, 히브리서 10장 26-39절의 경고 구절이 있다. 히브리서를 개혁주의적으로 접근하는 사람들은 이 구절에 사용된 언어가 너무나 강하기 때문에, 이 구절은 영원한 정죄를 가리키는 것이 틀림없다[8]고 말한다. 그들은 이 구절이 다른 경고 구절들의 기준점이라고 말한다. 만일 이 구절이 분명히 영원한 정죄를 의미한다면, 다른 경고 구절들은 이 명확한 메시지에 비추어 해석해야 한다고 주장한다. 믿음의 유추법에 따르면 모든 경고 구절들은 영원한 정죄에 떨어질 위험 또는 위협을 다루고 있는 것으로 해석해야 하기 때문이다.

또 다른 예로는 에베소서 2장 8-9절이 있다. 개신교 학자들은 일반적으로 이 구절은 구원이 그 어떠한 공로적인 행위 없이 오직 믿음으로 이루어진다는 것을 분명히 가르친다는 데 동의한다. 이 명확한 구절을 기준점으로 삼아, 로마서 2장 6-11절처럼 마치 행위에 의한 구원을 가르치는 것처럼 보이는 다른 구절들을 해석하는 것이다. 여기서 가정하는 것은 만일 로마서와 에베소서, 이 두 권의 책이 모두 하나님으로부터 왔고 심지어 같은 인간 저자로부터 왔다면, 그 저자가 스스로 모순된 것을 말하지 않을 것이라는 점이다. 그러므로 우리는 명확한 구절로 시작해야할 뿐만 아니라 명확한 구절을 기준점으로 삼아 불명확한 구절들을 해석해야 한다. 자, 이제 우선적으로 만인구원론을 반대하는 가장 명확한 구절을 살펴보자.

요한계시록 20장 10절

요한계시록 20장 10절은 만인구원론(Universalism)에 대한 강력한 반론을 제시하는 구절이다.

"또 그들을 미혹하는 마귀가 불과 유황 못에 던져지니 거기는 그 짐승과 거짓 선지자도 있어 세세토록 밤낮 괴로움을 받으리라."(계 20:10)

이 구절의 중요성은 아무리 강조해도 지나치지 않다. 여기서 우리는 마귀가 짐승과 거짓 선지자와 함께 불못에 던져지게 될 것을 분명히 언급하고 있는 것을 볼 수 있다. 대부분의 성경 구절과 마찬가지로, 문맥이 가장 중요하다. 우리가 우선적으로 시작해야 할 질문은 짐승과 거짓 선지자가 언제 불못에 던져졌고, 그들은 얼마나 오랫동안 그곳에 있을 것인가 하는 것이다. 요한계시록 19장 20절을 보면, 우리는 짐승과 거짓 선지자가 아마겟돈 전쟁 끝에 불못에 던져지는 것을 볼 수 있다. 언제에 대한 설명은 여기까지다. 이제 질문은 요한계시록 20장에 있는 백보좌 심판대가 펼쳐지기까지 그들은 과연 얼마나 오랫동안 그곳에 있을 것인가이다. 요한계시록 20장은 아마겟돈 전쟁에서 승리한 메시아께서 예루살렘에 왕국을 세우고 천년 동안 통치하게 될 것이라고 말하고 있다.

천년왕국을 문자적으로 해석하지 않는 무천년주의자들일지라도 요한계시록 20장 1-6절에서 천 년이 여섯 번이나 언급되고 있다는 사실을 직시

해야만 한다. 성경에서 이렇게 밀접한 문맥 속에서 어떤 숫자가 이처럼 여러 차례 반복될 경우, 비유적으로 해석된 곳은 없다. 항상 문자적인 용법으로 사용되었다. 요한계시록 20장 10절을 보면, 마지막 심판이 소개되고 있는데, 11절은 "크고 흰 보좌" 심판이라고 부르고 있다. 이 심판은 짐승과 거짓 선지자가 불못에 던져지고 나서 천 년이 지난 후에 세워지게 된다. 참으로 이렇게 되는 것이라면 우리는 몇 가지를 추론할 수 있다. 첫째, 짐승과 거짓 선지자 모두 요한계시록에서 실제적인 존재로 소개되고 있기 때문에, 적어도 그들에게는 영혼 소멸설(annihilationism)[9]이 사실이 아니라는 것이다. 왜냐하면 그들은 천 년 동안 불못에 있었음에도 소멸되지 않았기 때문이다.

우리가 할 수 있는 두 번째 추론은 그들이 얼마나 오랫동안 불못에 있을 것인가 하는 것이다. 요한계시록 20장 10절은 "세세토록(forever and ever)"이라고 말하고 있다. 만인구원론이 사실이라면, "세세토록"이란 말은 미래로 이어지는 직선적인 시간으로서의 영원한 시간을 의미해서는 안 된다. 이것이 만인구원론의 거의 핵심이라고 할 수 있다. 즉, 모두를 사랑하시는 하나님이 자신의 피조물을 영원히 고통받게 할 수 없다는 것이다. 그래서 그들은 아이온(aion)이라는 단어가 영원을 의미하지 않는다[10]는 것을 보여주고자 애를 쓴다. 그들은 그 단어가 단지 "정해진 일정한 기간"을 의미한다고 말한다. 비록 아이온(aion)이라는 단어 자체는 그저 일정한 기간을 의미할 뿐 영원한 시간을 의미하지 않을 수는 있지만, "아이오나스 톤 아이온(aionas ton aion)"이라는 용어는 예외 없이 미래로 이어지는 직선적인 영원한 시간을 의미한다. 이것이 바로 번역자들이 아이오나스 톤 아이온(aionas ton aion)을 문자적으로 "시대들의 시대(age of the ages)"라고 번역하는 대신 "세세토록(forever and ever)"으로 번역한 이유인 것이다.

그러므로 우리는 만인구원론자들이 신학적 막다른 골목에 직면해 있다고 말하지 않을 수 없다. 이 본문은 너무나 명확하기 때문에, 그들이 이처럼 명백한 의미를 피하기 위해서는 상당히 창의적인 해석을 해야만 했다. 그들은 어떻게 하였을까? 그들은 짐승과 거짓 선지자가 실제적인 존재가 아니라고 말한다. 만일 그들이 실제적인 인물이라면, 논쟁은 끝나게 된다. 따라서 그들은 짐승과 거짓 선지자가 제도(institutions)일 뿐이며, 이 제도들은 사라지게 될 것이라고 주장한다. 하나는 (즉 짐승은) 세계 단일 정부의 정치 체제이며, 장차 예수님께서 적그리스도를 물리칠 때 사라지게 된다고 한다. 다른 하나는 거짓 선지자가 주도하는 종교 체제로서, 장차 전 세계적으로 배도한 기독교가 만연하게 된다고 한다.[11] 이렇게 해석하는 것은 상당한 무리가 있다.

앞서 논의한 바와 같이, 요한계시록 20장 10절의 짐승과 거짓 선지자를 제도나 시스템으로 해석하려는 시도는 여러 심각한 문제에 직면할 수밖에 없다. 다음은 이들이 실제 인물이란 사실을 강력히 시사하는 성경적 근거들이다.

1. **인칭 대명사 사용**: 본문은 짐승과 거짓 선지자에 대해 "그(he)"와 "그를(him)", 그리고 "그의(his)"와 같은 인칭 대명사를 사용하고 있다(계 19:20).

2. **기적 수행 능력**: 거짓 선지자가 사람들을 미혹하기 위해 기적을 행한다. 종교 시스템 자체가 기적을 행하지는 않는다. 이는 매우 터무니없는 주장이다. 이 본문을 읽는 12세 어린이라도 그런 식으로 해석하지 않을 것이다.

3. **우상 숭배의 대상**: 짐승이 사람들로 하여금 자신을 숭배하도록 자신의 형상을 세운다. 사람들은 정치 시스템을 숭배하지 않는다. 데살로니가

후서 2장 4절을 보면, 짐승이 "하나님의 성전에 앉아 자기를 하나님이라고 내세운다"고 말하고 있다. 로마 시대에 사람들이 카이사르를 "주님"으로 부르도록 요구받았을 때조차 로마 제국 자체를 주님으로 부르지는 않았다.

4. 산 채로 던져짐: 요한계시록 19장 20절을 보면, 거짓 선지자와 짐승이 불못에 "산 채로" 던져진다고 말하고 있다. 우리는 정치 시스템이나 종교 시스템을 "살아 있다(alive)"고 표현하지 않는다.

5. 죄의 사람과 멸망의 아들: 데살로니가후서 2장 3절을 보면, 요한계시록의 짐승은 "죄의 사람"과 "멸망의 아들"로 불리고 있다. 도대체 이런 존재를 어떻게 정치 시스템으로 이해할 수 있단 말인가? 이는 명백히 개인을 가리킨다.

6. 다니엘서의 멸망의 가증한 것: 예수님은 요한계시록의 짐승을 다니엘이 말한 "멸망의 가증한 것"(마 24:15)이라고 언급하셨다. 다니엘은 두 가지 가증한 것에 대해서 예언했는데, 첫 번째는 두 번째의 그림자였다. 첫 번째는 실제 인물인 안티오쿠스 에피파네스(기원전 160년경)였다. 그의 신성모독적인 행위는 다니엘에 의해서 예언되었고, 문자적으로 성취되었다. 사실, 그 성취는 너무나 정확해서 성경 비평가들은 다니엘서가 사건 이후에 기록한 것, 즉 예언이 아니라 실제 역사였다고 주장할 정도였다. 그러나 성경을 믿는 사람들은 다니엘을 선지자로 이해한다. 만일 다니엘이 선지자가 아니었다면 예수님은 틀리신 것이 된다. 왜냐하면 예수님은 그를 선지자라고 불렀기 때문이다(마 24:15).[12] 만일 예수님이 틀리셨다면, 그분은 하나님이 아니다. 그리고 예수님이 하나님이 아니라면, 그분은 우리의 구원자가 아니다. 그러나 다니엘은 또한 안티오쿠스 에피파네스가 대환난 동안 유대인들의 예배 장소에서 신성을 모독하는 죄를 저지르게 될 궁극적인 멸망의 가증한 것의 단순한 예표일 뿐이라고 말했다. 안티

오쿠스 에피파네스는 궁극적인 멸망의 가증한 것의 예표로서 실제 인물이었다. 내가 아는 한, 두 번째 멸망의 가증한 것이 실제 인물이 아니라고 말할 수 있는, 그 어떤 성경 해석학적인 규칙은 없다.

짐승과 거짓 선지자가 제도가 아니라는 증거는 차고도 넘친다. 핵심은 그들이 실제 인물이라면, 그들은 불못에 던져지게 될 것이고 소멸되지 않는다는 점이다. 요한계시록 20장 10절은 그들이 이미 천 년 동안 그곳에 있었고 또한 앞으로 세세토록 그곳에 있게 될 것이라고 말한다.

이렇듯 명확한 성경본문 하나만으로도 만인구원론을 기각하기에 충분하다. 필자는 이 주장을 가볍게 하는 것이 결코 아니다. 사람들이 창조주로부터 영원히 분리되어, 우리가 그저 상상할 수밖에 없을 뿐인, 그 모든 고통과 고뇌와 괴로움을 겪으며 영원을 보낸다는 생각은 나에게도 매우 고통스러운 일이다. 요한이 요한계시록을 쓸 때 불신자의 궁극적인 운명을 불못이라고 불렀던 이유도 바로 그 때문이다. 불은 불멸의 몸을 가진 존재에게 큰 위협이 되지 않는다(불신자들은 영원히 존재하게 될 것이므로, 그들의 몸은 썩지 않을 것이다). 따라서 불못은 요한이 상상할 수 있는 최악의 고통을 상징하는 것임에 틀림없다.[13]

칼뱅이 제네바에서 세르베투스를 화형에 처한 이야기를 읽을 때마다 나는 메스꺼움을 느낀다. 그들은 그의 고통을 연장하기 위해서 덜 마른 나무로 그를 불태웠다. 그의 몸이 다 타고 숨을 거두기까지 세 시간이 걸렸다.[14] 이것이 아우구스티누스가 택함 받은 자를 강조한 결과였다. 그리고 영국에서 사람들이 영어 성경을 가졌다는 이유로 화형을 당했을 때, 우리는 그들의 고통을 어떻게 상상할 수 있을 것이며, 어떻게 잊겠는가? 한 영국 여성은 임신 중이었는데, 불의 고통이 너무 커서 그녀의 몸이 불타는 중에 아기를 출산했다. 한 구경꾼이 불길 속으로 뛰어들어 아기를 구했지만, 이 화형식을 감독하던 감독관은 아기를 붙잡아 다시 불 속에 던져 넣었다.[15] 이보다 더 끔찍한 것을 상상하기는 어렵지만, 요한이 불못에 대해 이야기할 때 바로 그런 것을 의도했을 것이다.

에베소서 1장 10절과 골로새서 1장 19-20절

에베소서 1장 10절과 골로새서 1장 19-20절은 거의 같은 시기에 같은 장소에서 쓰인 본문인데, 이 구절들의 쟁점은 하늘과 땅에 있는 만물(all things)이 그리스도 안에서 하나님과 화목하게 되는 것에 관한 것이다. 에베소서 1장 10절은 이렇게 말하고 있다. "하늘에 있는 것이나 땅에 있는 것이 *다* 그리스도 안에서 통일되게 하려 하심이라."(엡 1:10) 골로새서 1장 19-20절은 "아버지께서는 모든 충만으로 예수 안에 거하게 하시고 그의 십자가의 피로 화평을 이루사 *만물* 곧 땅에 있는 것들이나 하늘에 있는 것들이 그로 말미암아 자기와 화목하게 되기를 기뻐하심이라"(골 1:19-20)고 말하고 있다.

여기서 주장은 "만물"이 말 그대로 "모든 만물"을 의미하는지, 아니면 "만물"이 다른 의미를 가질 수 있는지에 관한 것이다. 어떻게 "만물"이 "일부 만물"이나 "거의 모든 만물"을 의미할 수 있는가 하는 것이다. 그래서 만일 "만물"이 말 그대로 "모든 만물"을 의미한다면, 여기에는 믿지 않는 사람들, 타락한 천사들, 그리고 마귀까지도 포함되어야만 한다는 것이다.

그러나 요한계시록 19장 20절을 보면, 두 인격적인 존재인 짐승과 거짓 선지자가 불못에 던져지게 되고 소멸되지 않았으며, 그곳에서 세세무궁토록 고통받을 것이라고 말하고 있는데(계 20:9-10), 그렇다면 이 두 인물은 "만물"에 포함되지 않게 된다. 게다가 만일 마귀 자신이 불못에 던져져 영원히 고통받게 된다면(계 20:10), 마귀도 "만물"에 포함되지 않게 된다. 우리는 또한 "마귀와 그 사자들을 위하여 예비된 영원한 불(everlasting fire)"(마 25:41)이 있음을 볼 수 있다. 요한계시록에 따르면 마귀는 불못에 던져질 것이므로, 그 불못 외에 마귀를 위해 또 다른 영원한 불이 준비되어 있다고 상상하기는 어렵다. 따라서 영원한 불(everlasting fire)과 불못(the lake of fire)은 같은 불일 수밖에 없다. 그런데 이 불은 마귀, 짐승, 거짓 선지자 뿐만 아니라 마귀를 따르는 천사들까지도 포함할 것이다. 이제 우리는 화목하게 될 "만물"에 포함되지 않는 훨씬 더 많은 존재들(인간들 + 천사들)을 확보하게 되었다. 결과적으로 우리는 에베소서 1장과 골로새서 1장에서 말하는 "만물"이 실제로 "모든 만물"을 의미하지 않는다고 결론을 내릴 수 있게 되었다. 그리고 바울이 의도했던 "만물"이 무엇을 의미하는지가 명확하지 않다고 주장할 수도 있겠지만, 그럼에도 요한이 마귀, 짐승, 거짓 선지자를 언급했을 때 그것이 무엇을 의미하는 것인지는 위에서 살펴보았듯이 완벽하게 명확하다는 점은 더 이상 논쟁의 여지가 없다. 이렇게 우리는 명확한 것을 통해서 덜 명확한 것을 선명하게 만들 수 있다.

고린도전서 15장 22절

이제 고린도전서 15장 22절을 보자.
"아담 안에서 모든 사람이 죽은 것 같이 그리스도 안에서 모든 사람이 삶을 얻으리라."

이 구절을 둘러싼 논쟁은 "아담 안에서 모든 사람이 죽은 것 같이"와 "그리스도 안에서 모든 사람이 삶을 얻으리라" 사이의 평행 구조를 중심으로 전개된다. 만일 아담으로 인해 영향을 받은 "모든 사람"이 인류 전체를 가리킨다면, 그리스도로 인해 영향을 받은 "모든 사람" 또한 인류 전체를 가리켜야 한다는 것이다. 이는 상당히 논리적으로 보인다. 그러나 "그리스도 안에서(in Christ)"란 용어는 바울이 신자들을 지칭할 때 자주 사용하는 고유한 표현이다. 고린도전서 12장 13절은 "우리가 … 다 한 성령으로 세례를 받아 한 몸이 되었고"라고 말하고 있다. 여기서 말하는 "몸"은 신자들의 공동체를 가리키며, 에베소서 1장 22-23절에 따르면, 교회를 가리킨다. 고린도전서 1장 2절은 "고린도에 있는 하나님의 교회 곧 그리스도 예수 안에서 거룩하여지고 성도라 부르심을 받은 자들"로 말하고 있다. 에베소서 2장 1절에 따르면, 불신자들의 지위는 "허물과 죄로 죽어 있다"는 것이다. 그러나 그들이 믿는 순간 그들의 새로운 지위는 "그리스도 안에서 함께 하늘에 앉은 자"가 되는 것이다. 그렇다면 "그리스도 안에서"라는 표현은 단순한 문장이 아니라 성령에 의해서 세례를 받아 그리스도의 몸, 곧 교회 안으로 들어오게 된 신자들에게만 사용되는 신학적인 용어다. 이 용어는 인류 전체를 지칭하는 것이 아니다.

"모든 사람이 삶을 얻으리라(all shall be made alive)"는 구절을 해석하는 또 다른 방법은 다니엘서 12장 2절에 있는 "땅의 티끌 가운데서 자는 자 중에 많이 깨어(many of them … shall awake) 영생을 얻는다"는 구절과 같은 뜻으로 해석하는 것이다. 이렇게 깨어나게 될 사람들 중에는 신자도 있고 불신자도 있을 것이다. 그래서 어떤 사람은 영생을 얻을 것이고, 또 어떤 사람은 수욕을 받아서 무궁히 부끄러움을 입을 것이다. 다시 말해서, "깨어난다"는 표현은 신자와 불신자의 부활을 가리킨다. 따라서 고린도전서 15장 22절의 "모든 사람이 삶을 얻으리라"는 표현도 같은 방식으로 이해할 수 있다. 곧 신자와 불신자 모두, 또는 전 인류의 부활을 의미하는 것으로 해석할 수 있다.[16]

베드로전서 3장 18-20절

이제 베드로전서 3장 18-20절을 보자.

"그리스도께서도 단번에 죄를 위하여 죽으사 의인으로서 불의한 자를 대신하셨으니 이는 우리를 하나님 앞으로 인도하려 하심이라 육체로는 죽임을 당하시고 영으로는 살리심을 받으셨으니 그가 또한 영으로 가서 옥에 있는 영들에게 선포하시니라 그들은 전에 노아의 날 방주를 준비할 동안 하나님이 오래 참고 기다리실 때에 복종하지 아니하던 자들이라 방주에서 물로 말미암아 구원을 얻은 자가 몇 명뿐이니 겨우 여덟 명이라."

이 구절에 대한 논쟁은 불신자들이 죽음 이후에도 그리스도를 영접할 수 있는 두 번째 기회를 얻을 수 있는가에 대한 것이다.[17] 그리스도께서 영으로 옥에 있는 영들에게 가서 복음을 전파하셨는데, 만일 그들에게 옥에서 나올 길을 제시한 것이 아니라면 무엇 때문에 복음을 전파하셨겠느냐는 논리다. 그래서 만일 이 사람들이 두 번째 기회를 얻었다면, 이생에서 그리스도를 거부했거나 또는 장차 거부할 모든 사람들도 마찬가지로 두 번째 기회를 얻게 될 것이라는 주장인 것이다. 진정 정신이 온전한 사람이라면 하나님에게서 분리되는 것과 지옥의 극심한 고통을 (그것이 어떤 모습이든) 경험한 후에 그리스도를 어찌 거부한단 말인가? 따라서 모든 인간과 천사가 하나님과 화목하게 될 것이라는 주장을 하고 있다.

그렇다면 이러한 해석에 어떤 문제가 있을까? 바로 19절을 시작하는 "그로 말미암아(by whom)"라는 구절에 있다. "그로 말미암아"의 가장 가까운 선행사는 무엇일까? 당연히 "성령(the Spirit)"이다. 예수께서 옥에 있는 영들에게 전파하신 것은 성령님을 대리인으로 사용하심으로써 (through the agency of the Holy Spirit) 하신 일이었다. 하지만 본문 어디에도 복음을 전하신 일이 다음 생(in the next life)에 이루어졌다고 말하는 부분은 없다. "옥에(In prison)"라는 표현은 베드로가 글을 쓸 당시 이러한 불신자들의 상태를 단순히 가리키는 것일 수 있다. 노아는 의(義)를 전파하는 사람이었다. 그는 분명히 일생에 걸쳐 방주를 지으면서 의를 전파했을 것이다. 즉 사람들은 그를 찾아와 어째서 바다에서 그렇게 멀리 떨어진 곳에서 거대한 배를 짓는 것인지, 그리고 비가 온 적도 없는데 왜 배를 만드는 것인지 꾸준히 물었을 것이며, 그는 그들에게 장차 홍수 심판이 있을 것이며, 홍수 심판에서 구원받는 길을 전파했을 것이다. 오늘날과 마찬가지로 성령, 즉 그리스도의 영은 사람들을 통해서 다른 사람들에게 전파하는 일을 하신다. 노아라는 사람은 자기 세대의 남자들과 여자들에게 전파하는 일을 했다. 그들이 그의 말을 듣지 않았기 때문에 그들은 죽었고 그들의 영혼은 지옥으로 갔다. 이렇게 복음을 전파하는 일은 그들이 지옥에 있는 동안, 즉 다음 생에 그들에게 행해진 것이 아니었다. 그렇지 않다. 복음 전파는 노아가 배를 짓고 있는 동안, 즉 이생(in this life)에서 행해졌다. 그래서 성경 본문은 "노아의 날 방주 예비할 동안 하나님이 오래 참고 기다리실 때에"(벧전 3:20)라고 말하고 있다. "오래 참으심"이란 단순히 노아가 전 세계적인 홍수에 대비하여 방주를 완성할 때까지 하나님께서 인류의 죄악에 대해서 근심하시면서 인내로서 기다리신 일을 가리키는 것일 수 있다. 또한 노아가 그들에게 전파하는 동안 하나님께서 오래 참으시면서 그들에게 그의 메시지에 응답할 수 있는 모든 기회를 주셨다는 사실을 의미할 수 있다. "오래 참으심(long-suffering)"이라는 단어는 두 개의 그리스어를 하나로 합친 합성어다. 즉 *마크로(makro)* + *쑤미아(thumia)*의 합성어다. 이는 오랜 동안 + 뜨거운 열, 진노, 분노의 합성어다. 그래서 이 단어를 다른 방식으로 표현하자면, 하나님께서 노하기를 더디 하셨다는 뜻이며, 또한 하나님께서 긴 심지를 가진 등불이 다 탈 때까지 기다리고 계섰다는 뜻이다. 따라서 노아 시대의 인류의 죄악은 하나님을 진노하게 했고, 그분의 진노가 임할 것이었지만, 그 심지는 120년 동안 타들어갔던 것이다.

만인구원론은 힌두교와 같지는 않지만, 공통점이 있다. 나는 전에 힌두교도였던 사람에게 힌두교의 매력이 무엇인지 물은 적이 있다. 그는 힌두교는 궁극적인 비책임성 시스템이라고 말했다. 다시 말해, 카르마와 환생을 통해서 사람은 항상 또 다른 기회를 얻는다는 것이다. 그렇다면 만인구원론과 힌두교는 우리의 육체적 죽음 이후에 적어도 한 번 더 구원의 기회를 제공한다. 그러나 성경은 "한번 죽는 것은 사람에게 정해진 것이요 그 후에는 심판이 있으리니"(히 9:27)라고 말하고 있다.

로마서 5장 18절

이제 로마서 5장 18절을 보자.
"그런즉 한 범죄로 모든 사람이 정죄에 이른 것 같이 한 의로운 행위로 말미암아 모든 사람이 의롭다 하심을 받아 생명에 이르렀느니라."(KJV 직역)

이 구절 또한 만인구원론자들이 "모든"이라는 단어에 대해서 이야기하기를 좋아하는 구절이다. 토마스 탈봇(Thomas Talbott)은 여기에 있는 "모든"이 "모두"를 의미한다는 것을 보여주기 위해서 이 구절과 함께 앞서 살펴본 고린도전서 15장 22절을 가지고, 여러 페이지에 걸쳐서 애써 설명하고 있다. 마귀, 거짓 선지자, 짐승이 영원히 불못에 던져지게 될 것을 통해서, 우리는 "모든" 존재들이 다 구원받는 것이 아니란 사실을 이미 살펴보았다. 적어도 이 불경스러운 삼위일체를 실제적인 인물이 아닌 다른 것으로 해석하지 않는 한, 이러한 주장은 더 이상 성립할 수 없다는 사실을 확인할 수 있었다.

반면에 탈봇은 로마서 5장 18절에서 "정죄"로 번역된 단어를 제대로 살펴지 않았다. 만일 그가 이 단어를 제대로 파악했다면, 이 단어가 영원한 정죄를 의미하지 않는다는 것을 발견했을 것이다. 이 "정죄(condemnation)"라는 단어도, 그 반대의 의미를 가지고 있는 "생명의 칭의(justification of life)"도 법정의 판결을 의미하지 않는다.

바울이 법정 판결을 위해 사용하는 단어는 *크리마(krima*, 롬 5:16a)다. 그러나 여기에 사용된 단어는 *카타크리마(katakrima)*다. 이 "카타(kata)"라는 네 개의 글자가 크리마 앞에 붙으면서 우리의 지위(Position)에서 우리의 상태(Condition)로 바뀌게 되는데, 이는 유죄 판결(*크리마*, 롬 5:16a) 후에 사형 선고(*카타크리마*, 롬 5:16a, 18a)를 내리는 것이 된다. "사형 선고"란 육체의 죽음(롬 5:12)을 의미할 뿐만 아니라, 우리가 아담으로부터 물려받은 생명, 즉 죄의 노예가 되어, 육체를 따라서 자기 마음대로 살아가기를 선택한 신자에게 도덕적인 패배, 비참함, 절망을 초래하는 삶을 의미한다. 이런 삶은 신자가 이 상태에 빠지게 되면, "아담 안에 있는" 비신자와 겉으로 드러난 행동으로는 전혀 구분할 수 없는 삶이다.

마찬가지로, 로마서 5장 18절에서 *카타크리마*와 평행을 이루는 *디카이오신 조에스(dikaiosin zoes*, 의로운 삶)라는 단어 역시 지위가 아니라 상태를 나타낸다. 그리고 *디카이오신 조에스* 앞에 오는 전치사 *에이스(eis*, ~을 목적으로 하여)는 우리의 칭의의 목표가 바로 "의로운 삶"이라는 사실을 나타낸다.[18] 따라서 로마서 5장 18절에서 그리스도의 의의 한 행동으로 인해서 우리에게 확보된 판결의 파기는 성화라는 의도된 목표로 이어지게 되는데, 여기서 성화는 신자들의 의로운 삶을 의미하며, 성화의 삶을 통해서 하나님을 위한 신자들의 영광이 극대화하게 될 것이다. 그 다음 구절은 이러한 상태가 아담 안에서 죄인이라는 "옛 정체성"(롬 5:19a, 5:12c을 보라)을 압도하게 될 것을 보여준다. 하지만 이렇게 생명 안에서 왕 노릇하는 삶을 살려면, 믿음으로(롬 1:17, 3:22) 은혜와 의의 선물을 넘치게 받음으로써(롬 5:15, 17), 그리스도 안에서 의롭게 된 자, 곧 의인이라는 "새로운 정체성"(롬 5:19b)으로 살아갈 때에만 실현 가능한 것임을 잊어선 안된다. 따라서 로마서 5장 18-21절에 사용된 순차적 접속사는 아담의 행동과 그리스도의 행동의 논리적인 순서를 각각 추적하고 있으며, 이를 통해서 신자들이 이생에서 여전히 아담 안의 옛 정체성을 가지고 있고 또 그로 인해서 죄악된 습성을 지니고 있음에도 불구하고 어떻게 새로운 상태의 삶을 살아낼 수 있는지를 보여주고 있다.[19]

여기서 우리가 알아야 할 요점은 로마서 5장 18절에서 말하고 있는 "의롭다 하심을 받아 생명의 칭의(justification of life)에 이르렀느니라(KJV)"는 구절, 곧 여기서 말하고 있는 생명의 칭의란 영원한 정죄나 또는 신분적인 칭의에 대해서 말하고 있지 않다는 것이다. 바울은 이 주제를 로마서 4장에서 끝냈다. 그리고 로마서 5장 1절에서 "그러므로 우리가 믿음으로 의롭다 하심을 받았으니"라고 말한 것은 독자들로 하여금 칭의 주제(롬 4장)에서 성화 주제(롬 5-8장)로 눈을 돌리게 하려는 것이었다.

마태복음 25장 46절

이제 마태복음 25장 46절을 보자.
"그들은 영벌에, 의인들은 영생에 들어가리라 하시니라."

이 주제를 시작하기 전에, 우리는 먼저 영벌(everlasting punishment)에 사용된 everlasting과 영생(life eternal)에 사용된 eternal이라는 단어가 동일한 그리스어 *아이온(aion)*이라는 점을 마음에 새겨야 한다. 이 구절은 염소들을 위해 예비된 영원한 형벌과 양들을 위해 예비된 영원한 생명을 분명히 드러내고 있는 것처럼 보인다. 또 다시 명확한 것을 통해서 명확하지 않은 것을 해석하는 원리를 생각해보자. 대부분 해석자들은 "영생"의 의미는 명확하다고 생각한다. 즉 영생이란 직선적으로 이어지는 미래의 시간 속에서 하나님과 영원히 함께하는 삶을 가리킨다. 만일 영생이 그런 의미라면, 영원한 형벌 또한 직선적으로 이어지는 미래의 시간 속에서 하나님 없이 영원히 받는 형벌을 의미해야만 한다. 그러나 어떤 사람들은 "영원한(eternal)"이라는 단어가 *아이온(aion)*이란 단어를 번역한 것임을 보고서, 그 단어를 단지 한 시대나 일정한 기간을 의미한다고 주장하고 싶어한다. 다시 말하지만, 문맥이 모든 것을 결정한다. 요한복음 3장 16절에서 이 "영원한(eternal)"이라는 단어가 사용되었고, 이 단어가 "멸망치 않고"라는 말과 대조되어 있기 때문에, 이 단어는 직선적으로 이어지는 영원한 미래의 시간을 의미하고 있다.

그들은 또한 형벌로 번역된 단어 *콜라신(kolasin)*에 대해서도 논쟁을 이어간다. 탈봇은 다음과 같이 윌리엄 바클레이(William Barclay)의 말을 인용했는데, 즉 바클레이는 "*콜라시스(Kolasis)*는 그리스어로 된 모든 세속 문헌에서 교정을 목적으로 한 형벌 외에는 한 번도 사용된 적이 없다"[20]고 썼다. 그리고 그는 계속해서 이 단어의 어원이 나무를 더 잘 자라게 하기 위해 가지치기를 한다는 뜻이라고 설명했다. 바클레이가 이 내용을 언급했을 수도 있지만, 사실 이 정보는 몰턴과 밀리건, 그리고 그리스어 파피루스에서 온 것이다.[21] 어쨌거나 그들은 이 단어가 "나무를 가지치기 하다"는 뜻을 가지고 있다고 말한 것이 아니라, 오히려 "형벌, 감금(restraint)"의 뜻을 가지고 있다고 말하고 있다. 특히 이 단어는 신약성경에서 유일하게 다른 의미로, 요한일서 4장 18절에서 사용되고 있다. 또 다시 탈봇은 단어의 의미를 신중하게 다루지 않았다.

물론, 만인구원론자들이 죽음 이후 형벌의 시기에 대해서 해명해야만 했던 일은 전통적으로 가톨릭 교회가 연옥이 있음을 설명해왔던 것과 거의 정확히 같다.[22] 가톨릭 교회는 연옥이 그리스도의 사랑 안에서 온전함을 받지 못한 택함 받은 자들이 천국에 합당하도록 자신들의 죄를 정화하는 곳이라고 말한다. 가장 큰 차이점은 가톨릭 교회는 연옥이 신자들을 위하여 예비된 곳이라고 말하는 반면, 만인구원론자들은 연옥이 불신자, 마귀, 그리고 타락한 천사들을 위하여 예비된 곳이라고 말한다는 것이다. 지옥의 불이나 불못은 정화 또는 정결케 하는 역할을 한다고 제안하기도 한다. 어떤 이들은 주님 자신이 소멸하는 불이시며, 따라서 이 사람들은 주님 자신의 임재로 인해서 정결하게 된다고까지 주장한다.[23] 이러한 관점이 영적인 죽음 곧 인간의 영혼이 하나님으로부터 분리된다는 개념과 동시에 불신자들 안의 죄의 흔적들이 주님의 임재로 인해서 정화된다는 생각과 어떻게 조화를 이룰 수 있는지에 대한 부분은 독자들의 판단에 맡겨두겠다.

토마스 탈봇과 대면 인터뷰를 갖게 되었는데, 그는 지옥, 불못, 또는 바깥 어두운 곳 중 어느 것도 징벌적인 것이 아니라고 설명했다. 그것은 모두 치유를 위한 곳이라고 했다. 그에게 지옥, 불못, 바깥 어두운 곳은 세 가지 별도의 장소였고, 교정하는 방법이 다른 만큼 고통의 정도도 다른 곳이었다. 각각은 불신자를 회개로 이끌어 예수님의 구원을 받게 하려는 목적을 가지고 예비된 곳이었다. 만일 불신자가 지옥에서 마음을 강퍅하게 하면, 그는 불못에 던져진다. 만일 그가 불못에서도 계속해서 마음을 강퍅하게 하면, 그는 바깥 어두운 곳에 던져진다. 이렇게 각각의 장소에서 고통이 증가하는 것은 회개하지 않는 사람이나 천사의 의지를 꺾기 위해 고안되었기 때문이다. 그러나 이제 탈봇은 딜레마에 직면한다. 그에 따르면 불신자는 자신의 자유의지를 사용하여 하나님을 저항하고 있다. 그러나 그가 바깥 어두운 곳에서 이러한 저항을 계속한다면, 하나님은 개입하실 것이고 또한 그의 의지를 강제하심으로써 회개를 이끌어내실 것이다. 아하, 결론적으로 탈봇은 자신이 거부하고자 했던 바로 그 시스템, 즉 사람들을 그들의 자유의지를 꺾고 강제적으로 그저 자신의 왕국으로 끌어들이는 하나님을 은연 중에 전파하는 일을 하고 있었다. R.C. 스프라울이 말했듯이, 하나님은 발버둥 치며 울부짖는 그들을 억지로 자신의 왕국으로 끌어들이는 일을 하시는 것이다.[24] 다시 말해, 탈봇은 자신이 시작했던 결정론적인 하나님으로 되돌아가는 셈인데, 다만 차이점은 하나님은 자신의 창조된 모든 피조물들(인간들과 천사들)이 자신과 화목하도록, 비록 고집 센 자들에게 강제력을 행사해서라도 화목하도록 결정하셨다는 것이다.[25]

다니엘 12장 2절

다니엘 12장 2절을 보자.
"땅의 티끌 가운데에서 자는 자 중에서 많은 사람이 깨어나 영생을 받는 자도 있겠고 수치를 당하여서 영원히 부끄러움을 당할 자도 있을 것이며."

여기서 영생(everlasting life)에 사용된 "영원한(everlasting)"이란 히브리어는 "올람(olam)"이다. 이 구절은 분명 종말론적이다. 세대주의자들에게 이 구절은 이 세상에 전례 없던 환난의 시기, 곧 대환난 기간(단 12:1) 이후에 일어나게 될 구약 성도들의 부활을 가리킨다. 우리가 성경의 예언에서 자주 볼 수 있듯이, 우리는 거대한 산봉우리 중간에 끼인 계곡은 보지 못한 채, 그저 두 개의 거대한 산봉우리만 보는 경우가 많다. 요한계시록 20장 11-15절에 따르면, 모든 불신자들은 천년왕국 이후에 동시에 부활하게 될 것이다. 그들은 크고 흰 보좌(백보좌) 앞에 서게 될 것이고, 거기서 책들이 펼쳐지고 그들의 행위를 따라서 심판을 받게 될 것이다. 이것은 두 번째 산봉우리다. 한편 첫 번째 산봉우리는 휴거를 통해서 대환난 이전에 하늘로 들림을 받은 신약 성도들과 환난 기간 동안 순교한 성도들과 아울러 그들의 행위에 따라 보상을 받고 천년왕국에 들어가 주님을 섬기는 일을 하게 될 구약 성도들의 부활이다. 이제 우리는 이번 주제에서 "영원한"이라는 단어, 즉 "올람(olam)"의 의미에 집중하고자 한다. 만인구원론자들은 전에 신약성경에서 아이온(aion)에 대해서 주장했던 것처럼, 여기서도 올람이라는 단어가 다만 하나의 시대, 즉 일정 기간을 의미한다고 또다시 주장하고 싶어 한다.

그러나 여기에는 내가 읽어본 만인구원론자들의 책을 보면, 그들이 다루지 않는 큰 문제가 있다. "영원한(everlasting, 올람)"이란 이 동일한 단어가 다니엘서 7장 14절과 7장 27절에서도 사용되었는데, 곧 하나님의 왕국에 대해 사용되었다. 그래서 하나님의 왕국을 영원한(olam) 왕국(everlasting kingdom)이라고 부르고 있다. 거의 모든 해석자들은 이 왕국이 영원한 세계(eternal state)라는데 동의하고 있다. 요한계시록 21장과 22장을 함께 놓고 볼 때, 이것은 새 예루살렘 안에서의 영원한 삶을 가리킨다. 하나님의 왕국은 영원히 무궁히 지속될 왕국이며, 영원한 왕국이다. 그러므로 다음 두 가지를 모두 주장할 수는 없다. 즉 올람(olam)이라는 단어가 다니엘서 7장에서는 세세무궁토록 영원하다는 의미이고, 다니엘서 12장에서는 단지 일정 기간만을 의미할 수는 없다. 더욱이 당연한 말이지만, 다니엘서 12장 2절에서는 올람이라는 단어가, 영원한 생명을 얻는 것과 영원한 부끄러움을 입는 것에 동시에 사용되고 있다. "영생을 얻는 자도 있겠고 수욕을 받아서 무궁히 부끄러움을 입을 자도 있을 것이며." 여기서 영생을 얻은 자들이 영원히 하나님과 함께 사는 것이 아니라고 누가 감히 말할 수 있겠는가? 만일 다니엘서 12장 2b절에서 영생이 영원히 계속됨을 의미한다면, 12장 2c절에서도 수치를 당하고 부끄러움을 당하는 일도 영원히 계속됨을 의미해야 한다. 그렇지 않으면 다니엘은 아무 의미도 없는 말을 그냥 나열하고 있는 것에 불과하게 된다.

더 나아가, 일부 만인구원론자들은 다니엘서 12장 2절의 올람이란 단어와 마태복음 25장 46절의 *아이온*[26]이란 단어를 같은 의미로 해석하려고 한다는 사실에 주목할 필요가 있다. 다시 말해, 만일 다니엘서 12장 2절에 사용된 올람이란 단어를 "장차 오는 시대(age to come)"를 의미하는 것으로 사용할 수 있다면, 그들은 마태복음 25장 46절에 사용된 *아이온*이란 단어도 "장차 오는 시대"를 의미하는 것이라고 주장을 하고 싶어 한다는 것이다. 하지만 다시 말하지만, "장차 오는 시대(age to come)"라는 의미는 다니엘서 7장의 올람에는 맞지 않을 뿐만 아니라, 그들은 그 점을 알아차리지 못했거나 충분히 숙고하지 못했다. 어느 경우든 다니엘서 12장 2절은 만인구원론자들이 마태복음 25장 46절에 대해서 주장하려는 것과는 정반대를 지지하고 있다. 네 개의 단어(다니엘 12장 2절의 올람…올람, 마태복음 25장 46절의 *아이온*…*아이온*)는 모두 직선적으로 이어지는 영원한 미래의 시간을 의미한다.

그렇다면 우리는 만인구원론자들이 "장차 오는 시대"에 대해 이야기할 때 무엇을 염두에 두고서 말하는 것인지 물어야 한다. 그들은 무천년주의 자이므로, 그들에게 장차 오는 시대는 새 예루살렘의 영원한 상태여야 한다. 분명히 그들은 그 영원한 상태는 영원하다고 말할 것이다. 여기서 벗어날 수 있는 유일한 방법은 마태복음 25장 46a절의 *아이온*이 정죄 받은 자들이 주님의 임재로 인해서 그들의 죄들을 정화하는 "일정 기간"을 의미한다고 주장하는 것이다. 그렇다면 46a절과 46b절의 병렬 구조 때문에, 양들이 "일정 기간" 동안만 영생을 누려야 한다고 말할 수밖에 없다. 과연 그들은 신자들이 단지 일정 기간 동안만 영생을 누리게 될 것이라고 말하고 싶어 하는 것인가? 그럴 가능성은 전혀 없다.

이사야서 60장과 요한계시록 22장

이사야서 60장과 요한계시록 22장을 둘러싼 논쟁은 요한계시록 22장 끝 부분에 나오는 성령과 신부의 초대가 새 예루살렘 밖에 있는 불신자들을 향해 생명수를 값없이 마시러 오라고 초대하는 것으로 해석하는 데서 시작된다. 만인구원론자들은 이 불신자들을 이사야서 60장에서 예루살렘 성으로 들어오는 모든 만국 백성들로 본다. 그러나 세대주의자들은 이사야서 60장 1-18절을 천년왕국 시대로 본다. 천년왕국 시대에는 많은 불신자들이 존재하게 될 것이며, 이들은 천년왕국 끝에 그리스도를 대적하는 최종적인 반란을 일으킬 것이다. 하지만 요한계시록 22장에서 성령과 신부의 초대는 예수께서 "내가 속히 오리라"고 말씀하신 후에 나온다. 여기는 성경의 끝 부분이다. 여기 환상들은 현재 이 요한계시록을 읽고 있는 독자들을 격려하기 위해 주어진 것이다. 이 계획이 임박했다는 사실은 모든 세대의 불신자들에게 값없이 주어지는 영생을 선물로 받으라는 부름이다. 이 초대를 굳이 죽어서 부활하여 성문 밖에 서 있는 불신자들에게 적용하는 것은 성경 본문에 온갖 왜곡을 가하는 것이다.

브래들리 저삭(Bradley Jersak)은 불신자들을 위한 사후 구원론(post-mortem salvation)을 확립하고자 『문들(Gates)』란 책을 썼다. 그는 이사야서 60장과 요한계시록 21-22장 사이에 유사성이 있음을 보여주고자 수많은 구절을 인용했다. 무천년주의자인 그는 이사야서 60-66장 전체가 새 예루살렘의 영원한 상태를 묘사하는 것으로 이해하고 있었다. 그는 흥미롭게도 이사야서 65장 20절을 영원한 상태로 설명한다.

거기는 날 수가 많지 못하여 죽는 유아와

수한이 차지 못한 노인이 다시는 없을 것이라

곧 백 세에 죽는 자가 아이겠고

백 세에 못되어 죽는 자는 저주받은 것이리라.

만일 이것이 영원한 상태라면, 어떻게 사람이 번식하는 일과 죽는 일이 존재할 수 있단 말인가? 그래서 저삭의 주석은 이렇게 말하고 있다. "이사야서 65장 20절은 정말 까다로운 구절이다."[27] 해석학적 순환 구조 속에서는 부분들이 합쳐져서 전체를 이루게 된다. 그리고 전체 그림을 모았을 때, 전체 그림은 부분들을 설명하는데 도움이 된다. 그런데 만일 한 부분이 전체 그림과 맞지 않는다면, 그것은 전체를 제대로 파악하지 못한 것이므로 다시 그림 맞추는 일을 시작해야만 한다.[28] 이사야서 65장 20절은 분명히 영원한 상태를 보여주는 그림과는 부합하지 않는다. 오히려 유아와 죽음이 모두 존재하는 것은, 천년왕국의 그림과 아주 잘 들어맞는다.

또 다른 복음: 로마 가톨릭과 만인구원론의 공통점

이런 점에서, 로마 가톨릭 교회와 만인구원론자들은 "고난을 통해 영광에 이른다(suffering before glory)"라는 공통의 신념을 가지고 있다. 개신교인들 역시 영광 이전에 고난을 겪는다고 보고 있다(벧전 1:3-12). 하지만 개신교에서 말하는 고난은 신자들이 살아 있는 동안 이 땅에서 겪는 고난을 말하고 있으며, 이 고난에 대한 반응에 따라서 다음 생에서 영광을 보상으로 받게 되는 것이다(로마서 8:17 이하를 보라). 그러나 로마 가톨릭과 만인구원론자들에게는 창조된 인류의 대다수가 이생 뿐만 아니라 다음 생에서도 고난을 당한다.

로마 가톨릭 신자들 중 그리스도의 사랑 안에서 온전해지지 못한 사람들은 육체적인 죽음을 겪게 되면, 그들의 삶에서 죄의 흔적을 정화하기 위해 연옥으로 가서, 나름 정해진 기간 동안 고난을 당하게 된다. 만인구원론자들은 불신자들이 그들의 죄와 불신앙을 정화하기 위해 고난의 장소로 간다고 본다. 이 두 가지 경우 모두, 이 사람들은 저마다의 연옥에서 그들이 지은 죄들에 대한 고난을 겪기 전까지는 천국이나 새 예루살렘에 들어가지 못한다.[29]

로마 가톨릭 교회의 고난받는 신자들은 이미 믿은 사람들이지만, 그럼에도 그들의 복음은 "믿음 + 고난 = 구원"이다. (반면 육체를 입고 사는 동안 그리스도의 사랑 안에서 온전해진 소수의 사람들은 곧바로 천국에 간다.) 이 땅에서 사는 동안 그들은 믿음을 가진 사람들이었지만, 그럼에도 그들의 믿음은 다만 구원의 방정식의 일부일 뿐이다. 만인구원론자들의 복음도 동일하다. 바로 "믿음 + 고난 = 구원"이다. 그들의 경우 믿음은 다음 생에서 가질 수 있다. 하지만 이는 로마 가톨릭과 동일한 복음일 뿐이다. 즉 "믿음 + 고난 = 구원"이다. 내가 틀리지 않았다면, 이것은 분명 사도 바울이 갈라디아교회 사람들과 다른 모든 사람들에게 전파했던 복음과는 다른 복음이다. 이는 오직 그리스도 안에서 오직 믿음만으로(Faith Alone in Christ Alone)라는 성경적인 복음과는 거리가 멀다.

삼단논법(Syllogism)과 만인구원론

내가 인용한 대부분의 글은 토마스 탈봇과 그레고리 맥도널드의 저서에서 가져 왔다. 왜냐하면 그들은 만인구원론자들 가운데 가장 설득력 있는 두 명의 저자였기 때문이다. 그레고리 맥도널드는 필명이며, 탈봇에게 만인구원론의 눈을 뜨게 해준 사람은, 면직된 스코틀랜드 신학자 조지 맥도널드(George MacDonald)였다. 맥도널드와 탈봇 둘 다 먼저 기독교 철학자였고, 성경 주해는 그 다음이었다. 철학자로서 그들은 삼단논법(syllogism)을 좋아했다.

삼단논법은 테오도르 베자 시대에 제네바 아카데미의 신학자들 사이에서 인기를 끌었으며, 아리스토텔레스 논리학을 신학에 적용하는 방법을 사용했다.[30] 때로는 사람들에게 구원의 확신을 주려는 목적으로 사용되기도 했다. 이를테면 다음과 같다.

대전제: 예수 그리스도를 믿는 모든 사람은 영생을 얻을 것이다.
소전제: 나는 예수 그리스도를 믿는다.
결론: 그러므로 나는 영생을 얻었다.

이러한 삼단논법의 논리적 흐름은 불가피한 결론을 맺는다. 그러나 결론이 항상 옳은 것은 아니다. 결론이 옳지 않은 경우, 보통 전제 중 하나에서 치명적인 오류가 있기 마련이다.

탈봇은 대학교 1학년 때 하나님의 존재에 대한 "악으로부터의 논증"에서 삼단논법적 추론을 접했다고 주장한다. 그의 철학 교수는 이렇게 말했다. 대전제: 하나님은 전능하다. 그러므로 하나님은 세상의 악을 제거할 능력이 있다. 소전제: 하나님은 사랑으로 가득하신 분이시다. 그러므로 하나님은 세상의 악을 제거하기를 원하실 수밖에 없다. 그렇다면 결론은 하나다. 세상에는 악이 존재하고 있기 때문에 전능하고 사랑으로 가득하신 하나님은 존재하지 않는다. 아인슈타인도 하나님이 최고의 지성으로 존재하지만, 인격적인 하나님은 아니다라고 주장하기 위해서 동일한 종류의 추론을 사용했다. 왜일까? 왜냐하면 전능하고 사랑으로 가득하신 하나님이 존재하기에는 세상에 너무 많은 고통과 악이 있기 때문이다.

우리가 본 주제에서 벗어나 이 "악으로부터의 논증"을 굳이 설명하는 이유는, 바로 이것이 무신론으로 이끄는 도구로 사용되어 왔기 때문이다. 이 삼단논법에는 적어도 두 가지 수준에서 문제가 있다. 첫째, 우리는 하나님이 전능하시며 또한 무한한 능력을 가지고 계심을 믿는다. 그러나 때로는 하나님의 능력은 하나님의 목적에 의해서 제한을 받는다. 다니엘의 세 친구, 곧 사드락, 메삭, 아벳느고가 그 좋은 예이다. 느부갓네살이 세운 금신상에게 절하라는 명령을 받았을 때, 그들은 거부했고 그들의 대답은 다음과 같았다.

　　"느부갓네살이여 우리가 이 일에 대하여 왕에게 대답할 필요가 없나이다 왕이여 우리가 섬기는 하나님이 계시다면 우리를 맹렬히 타는 풀무 불 가운데에서 능히 건져내시겠고 왕의 손에서도 건져내시리이다 그렇게 하지 아니하실지라도 왕이여 우리가 왕의 신들을 섬기지도 아니하고 왕이 세우신 금 신상에게 절하지도 아니할 줄을 아옵소서."(단 3:16-18)

　　이 하나님의 종들은 하나님의 능력을 조금도 의심하지 않았다. "우리 하나님이 우리를 극렬히 타는 풀무 가운데서 능히 건져내시겠고 왕의 손에서도 건져내시리이다." 하지만 그들은 하나님의 목적을 확신하지 못했기 때문에, 자신들의 삶에 대한 하나님의 섭리적인 목적을 이루는데 필요하다면 기꺼이 죽을 각오가 되어 있었다. 여기서 히브리어는 유용하다. NKJV는 히브리어를, 사드락, 메삭, 아벳느고가 하나님이 자신들을 건져내실 것이라고 확신하고 있는 것으로 번역하고 있다. "우리를 … 건져내시리이다." 만일 그렇다면, "그러나(But)"로 시작하는 18절은 말이 되지 않는다. 17절은 "왕의 손에서도 건져내시리이다"로 끝나고 있기 때문에, 오히려 "그러므로(then)"로 번역해야 했다. 나는 이렇게 하는 것이 훨씬 더 좋은 번역이라고 말하고 싶다. 하나님은 모든 것을 할 수 있는 능력이 있으시다. 만일 우리를 건져내는 것이 하나님 자신의 목적에 부합한다면, 그렇게 하실 것이다. 그러나 그렇지 않다면, 우리는 우상 숭배를 하기 전에 기꺼이 죽을 준비가 되어 있어야 한다. 우리는 하나님의 능력을 의심하지 않지만, 때로는 그분의 목적을 알지 못한다. 후자가 전자를 제한한다. 이것은 이해하기 어렵지 않다. 하나님의 전능하심을 제한하는 일이 많이 있다. 하나님은 거짓말하실 수 없다. 하나님은 사각형 원을 만드실 수 없다. 그리고 하나님은 자신의 목적을 훼손하실 수 없다.

둘째, 무신론자(atheist)나 이신론자(deist)는 하나님이 진정 사랑으로 가득하신 분이신지에 대해서 의문을 제기한다. 그러나 그들은 사랑에 대해서 좁은 이해를 가지고 있다. 정확히 말하자면, 하나님께서 사랑으로 가득하신 분이시기 때문에 세상에 악이 존재하는 것이다. 사랑이 가득하신 하나님은 사랑하고 사랑받기를 원하신다. 그런 것이 사랑의 성취. 인류를 위한 위대한 목적, 즉 메타 서사는 바로 루시퍼의 반역으로 제기된 문제에 답하는 것인데, 즉 하나님은 우리의 사랑을 받을 만한 가치가 있는 분이신가 하는 것이다. 이런 이유 때문에 많은 사람들은 성경이 위대한 사랑 이야기라고 말하기도 한다. 그렇기 때문에 하나님의 사랑의 언어가 순종인 이유이기도 하다. 그러나 사랑을 보여주기 위해서는 사랑하지 않을 수 있는 선택권을 가져야 한다. 사랑받고자 하는 하나님의 열망은 로봇으로는 결코 충족될 수 없을 것이다. 오직 자신의 형상대로 창조되어 순종하거나 순종하지 않을 수 있는 자유로운 선택권을 가진 사람들만이 하나님을 향한 사랑을 보여줄 수 있다. 그러나 사람들에게 순종하거나 순종하지 않을 수 있는 자유로운 선택권을 주는 것은 또한 악으로 가는 문을 열기도 한다. 하나님께서는 인간의 자유로운 선택권을 없애거나 아니면 이 세상과 이 세상에 거하는 모든 사람들을 파멸시키심으로써 모든 악을 제거할 수 있으셨다. 하지만 그렇게 하지 않으셨다. 이로 보건대 사랑으로 가득하신 하나님과 세상에 악이 존재하는 것은 모순이 아니다.

이제 기독교 철학자로서 탈봇은 하나님의 본질에 대한 다양한 접근 방식을 설명하기 위해 자신만의 삼단논법식의 추론을 만들었다.

명제 1. 세상 구원을 위한 하나님의 구속의 목적은 (따라서 하나님의 뜻은) 모든 죄인을 자신과 화해시키는 것이다.

명제 2. 하나님은 세상 구원을 위한 자신의 구속 목적을 달성하실 능력이 있으시다.

명제 3. 어떤 죄인들은 결코 하나님과 화해하지 않을 것이며, 따라서 하나님은 그들을 영원한 형벌의 장소에 가두어두시거나, (그곳에서는 탈출의 희망이 전혀 없을 것이다) 아니면 완전히 존재하지 않도록 하실 것이다.

분명 이 세 가지 명제 모두가 참일 수는 없지만, 각 명제는 어느 정도 성경적인 지지를 받는 것처럼 보이기도 한다. 신학에 대한 다양한 접근 방식은 두 가지 명제는 채택하고 자신들의 체계에 맞지 않는 하나를 버릴 것이다. 다음은 이러한 다양한 입장에 대한 탈봇의 요약이다.

아우구스티누스주의자들은 하나님의 뜻의 주권(명제 2)과 영원한 형벌의 교리(명제 3)를 강력히 믿기 때문에, 결국 하나님께서 모든 사람의 구원을 원하신다는 생각(명제 1)을 거부한다. 아르미니우스주의자들은 … 명제 2를 거부한다. 그리고 만인구원론자들은 명제 1과 명제 2를 모두 받아들이기 때문에, 결국 명제 3을 거부한다.[31]

탈보트에 따르면 모든 신학자는 이 세 가지 명제 중 하나를 거부해야만 한다. 탈봇의 기독교 사상 대부분은 이 주장에 기반하고 있다.

그러나 만일 이 명제들 중 하나가 정확하지 않다면 어떻게 되는 것인가? 그렇다면 전체적인 논증은 상당히 달라질 수 있다. 여기서 필자가 "거짓"이라고 말하지 않은 점에 주목하라. 탈봇은 이미 세 가지 명제가 모두 참일 수 없다고 주장했으며, 하나는 거짓일 수밖에 없다고 했다. 하지만 만일 하나가 정확하지 않은 것일 뿐이라면 어떤가? 그렇다면 전체적인 논증이 무의미해지고 만다. 나는 그의 첫 번째 명제가 정확하지 않다고 말하고 싶다. 그는 하나님의 구속의 목적과 하나님의 뜻이 같다고 주장하고 있다. 더군다나 그는 모든 죄인을 하나님 자신과 화해시키는 것이 하나님의 뜻이라고 말한다. 바로 여기서 그는 많은 신학자들이 저지르는 고전적인 실수를 하고 있는데, 바로 하나님의 섭리적인 뜻(providential will)과 하나님의 선호적인 뜻(preferential will)을 구별하지 못하고 있다. 그리스어에는 불레마(boulema)와 텔레마(thelema)라는 단어가 있는데, 이 두 단어는 비슷한 듯 보여도 차이점이 있다. 전자는 문맥에 따라서 "미리 정해진 결정"을 의미하고, 후자는 "소원"이나 "열망"을 나타낸다.

예를 들어, 겟세마네 동산에서 예수님은 "내 원(will)대로 마옵시고 아버지의 원대로 되기를 원하나이다"(눅 22:42)라고 기도하셨다. 본문을 살펴보면, 번역자들이 예수님 자신의 뜻을 번역했을 때 사용된 "뜻(will)"이라는 단어는 그리스어 텔레마(thelema)였다는 것을 알 수 있다. 이것은 예수님의 "소원" 또는 "열망"을 의미한다. 그럼에도 불구하고, 예수님은 아버지의 불레마(boulema, 눅 22:42)에 순종하셨는데, 이는 아들을 희생시키기로 미리 정해진 결정이었다. 하나님이시며 또한 사람이신 예수님은 영원 전부터 완전한 사귐을 나누던 아버지에게서 분리되는 것을 원치 않으셨다. 그럼에도 불구하고, 그는 자신의 열망을 아버지의 미리 정해진 결정에

복종시켰다.[32]

모든 인류를 구원하는 것이 하나님의 뜻이라는 첫 번째 명제를 지지하는 주요 본문은 디모데전서 2장 4절이다. 이 구절은 "하나님은 모든 사람이 구원을 받으며 진리를 아는 데에 이르기를 원하시느니라"고 말하고 있다. 여기에 어떤 단어가 사용되었다고 생각하는가? 불레마(*boulema*)인가, 아니면 *텔레마*(*thelema*)인가? 텔레마(*thelema*)다. 모든 사람을 구원하는 것은 하나님의 미리 정해진 뜻이나 결정이 아니라, 하나님의 열망(desire)이다. 하나님의 열망을 미리 정해진 뜻으로 바꾸려면 강제력이 필요하다. 하나님께서는 자유로운 도덕적 행위자들을 창조하셨고 그들을 강제하지 않으실 것이기 때문에, 하나님의 열망이 항상 이루어지는 것은 아니다. 또다른 예를 들자면, 하나님은 아담과 이브가 선악과를 먹지 않기를 바라셨다. 그러나 그들은 자신의 자유의지로 그렇게 하는 쪽을 선택했다. 하나님은 그들이 옳은 일을 하도록 강제하지 않으셨다. *원칙: 하나님의 열망은 인간의 자유의지에 의해서 좌절될 수 있다.* 그러므로 탈봇의 첫 번째 명제, 즉 모든 사람이 구원받는 것이 하나님의 목적이며 따라서 그분의 뜻이라는 주장은 정확하지 않다. 만일 정확하지 않다면, 그의 기독교 철학의 상당 부분 또한 정확하지 않을 것이다.

결론

우리는 만인구원론자들이 하나님의 사랑을 그분의 다른 모든 특성보다 드높이려는 열망에 공감하지만, 그럼에도 이러한 불균형적인 접근 방식은 일반적으로 온갖 종류의 문제를 야기시킬 수밖에 없다. 예를 들자면, 칼뱅주의자들이 하나님의 주권을 다른 모든 속성보다 높이는 것과 같다. 심지어 만인구원론자들이 하나님의 사랑에 접근하는 방식은 우주에 악의 존재를 부정하는 방향으로 그들의 생각을 좁히는 결과를 낳았다. 그러나 사실, 우주에 악을 허용하게 된 것은 하나님의 사랑 때문이다. 하나님께서 자신의 피조물에게 자유의지, 즉 선택할 능력을 허락하지 않으셨다면, 하나님은 결코 사랑을 경험하지 못하실 것이다. 로봇은 사랑할 수 없다. 우주를 반도체 칩처럼 설계하셨다면, 로봇들에게 프로그램화된 사랑을 하게 하실 수 있으셨다.

우리는 또한 만인구원론자들이 성경을 석의하는 일에 실패하고 있음을 볼 수 있다. 그들은 인격적인 존재를 제도로 변경시켰고, 중요한 성경 용어에 일관성 없는 의미를 부여했다. 그리고 예상했던 대로, 그들의 무천년주의는 종말의 때를 예언하고 있는 성경구절들을 영해함으로써 본문과는 모순된 해석으로 이끌었다. 뿐만 아니라 그들은 천년왕국을 제거함으로써, 인류의 90% 이상이 영원히 고통받도록 정해졌다는 이중 예정론의 어두컴컴한 동굴 속에 갇히게 되었다. 하지만 우리가 천년왕국을 문자적으로 해석하게 된다면, 천년왕국 시대에 태어나는 사람들의 수가 지금까지 인류 역사 전체를 통틀어 살아온 사람들의 수보다 많을 가능성을 보게 될 것이다. 아울러 그리스도께서 천년 동안 예루살렘에 있는 보좌에 앉아서 통치하실 것이므로, 인류의 10% 이상이 그리스도께 반역하는 일은 있을 수 없음도 보게 될 것이다. 이러한 이유들과 그 외 여러 가지 이유들로 인해서, 유감스럽지만 우리는 만인구원론을 성경적인 구원론으로 받아들이는 것을 거절해야만 한다.

미주

1 Robert H. Bell, Jr., *Love Wins* (New York, N.Y.: HarperCollins Publishers, 2011). 『사랑이 이긴다(Love Wins)』에 소개된 사상 중 벨 자신의 사상은 없다는 점에 주목할 필요가 있다. 여기에 소개된 사상들은 모두 『사랑이 이긴다』보다 10년 이상 앞서 쓰여진 토마스 탈봇의 책에서 나왔다.

2 만인구원론이 마귀와 그의 천사들을 포함하고 있다면, 우리는 근본부터 만인구원론에 문제가 있음을 알아차려야 한다. 어째서 그런가? 왜냐하면 신약성경에서는 하나님께서 인간을 구원하시고자 삼위일체의 제2위격이신 성자께서 사람이 되셨다는 점을 매우 강조하기 때문이다. 타락한 인간의 죄값을 치르기 위해서 반드시 인간이 죽어야만 했다. 만일 타락한 천사들이 구원받는다면, 삼위일체의 제2위격이신 성자께서 천사(하나님-천사)가 되어 그들을 대신하여 죽으셔야만 했을 것이다. 그러나 히브리서에 따르면 그리스도는 자기를 단번에 제사로 드려 죄를 없이 하셨다(히 9:26). 타락한 천사들을 위한 하나님-천사의 대속적인 죽음이란 것은 있을 수 없다.

3 Thomas Talbott, *The Inescapable Love of God* (Universal Publishers/uPUBLISH.com, 1999), 12-15.

4 http://www.theopedia.com/universalism#note-0, Accessed June 6, 2017.

5 Augustine, *Enchiria, ad Laurent.*

6 Matthew Distefano, "Indeed Very Many: Universalism in the Early Church," April 10, 2017, accessed June 6, 2017, http://www.patheos.com/blogs/unfundamentalistchristians/2017/04/indeed-many-universalism-early-church/.

7 Jonathan Edwards, "Sinners in the Hands of an Angry God," reprinted in

Ola Elizabeth Winslow, *Jonathan Edwards: Basic Writings* (New York: The New American Library, Inc.), 159.

8 Scot McKnight, "The Warning Passages of Hebrews: A Formal Analysis and Theological Conclusions," *Trinity Journal* 13 (Spring 1992): 22-59.

9 존 스토트는 인생 후반부에 사람들이 만인구원론자가 되는 이유와 같은 이유로 영혼 소멸론자(annihilationist)가 되었다. 그의 고백을 보려면 다음 책을 참고하라. "John Stott' s Response to Chapter 6," in David L. Edwards with John Stott, *Essentials: A Liberal-Evangelical Dialogue* (London: Hodder & Stoughton, 1988), 306-31.

10 Talbott, 86-90.

11 Gregory MacDonald, *The Evangelical Universalist* (Eugene, OR: Cascade Books, 2006), 129.

12 아니면 마태가 예수께서 말씀하신 것을 잘못 기록했을 것이다. 어느 쪽이든 우리는 문제에 직면하게 된다.

13 다음 책을 보라. "The Metaphorical View" by William Crockett in, *Four Views of Hell*, ed. William Crockett, Grand Rapids, MI. Zondervan Publishing, 1992) 43-77.

14 Talbott, 25.

15 Michael Farris, *From Tyndale to Madison* (Nashville, TN: B&H Publishing Group, 2007), 59-60.

16 이 포괄적인 개념에 대해서는 요한복음 5장 28-29절을 참조하라.

17 Bradley Jersak, *Her Gates Will Never Be Shut*, (Eugene, OR: Wipf & Stock, 2009), 17. 그는 그리스어가 이 점을 명확하게 밝히고 있다고 주장한다. 실제로는 정반대다.

18 "*디카이오신 조에즈*"(의로운 삶)라는 구절은 결과의 소유격일 가능성이 매우 높다. 다음 성구사전을 참고하라. J. H. Moulton and G. Milligan, *Vocabulary of the Greek New Testament* (Peabody, MA: Hendrickson, 1997), 328. 여기서 이 표현은 "죄들의 사면과 더불어 시작

되는 삶의 과정"으로 정의되어 있다.

19 로마서 5장 12-21절과 성화를 위한 이 구절의 중요성에 대한 풍성한 설명은 『의의 초상화(Portraits of Righteousness)』란 책을 참조하라.

20 Talbott, 91.

21 "*kolasin*," Moulton and Milligan, *The Vocabulary of the Greek Testament* (London: Hodder and Stoughton, 1963), 352.

22 베네딕토 2세 교황이 연옥의 의미를 더 내적인 고통으로 바꾸었다. 그러나 이상하게도 그는 사람들을 일 년에 한 번 연옥에서 벗어나게 하기 위한 면죄부 개념은 유지했다(Jersak, 138).

23 Ibid., 139.

24 R. C. Sproul, *Chosen by God* (Tyndale, 1994), 69-72.

25 토마스 탈봇과의 개인 인터뷰는 2017년 8월 1일에 있었다. 그런데 그는 그리스도께서 두 번째 케노시스(*kenosis, 비움*)를 통해 천사들을 구원하는 계획을 제공하고, 천사들을 대신하여 죽으시는 하나님-천사가 되는 문제에 대한 해답을 가지고 있지 않았다. 그는 그 문제에 대해서 생각해 본 적이 없었다.

26 Nik Ansell, "Hell: the Nemesis of Hope?" in *Her Gates Will Never Be Shut* by Bradley Jersak (Eugene, OR: Wipf & Stock, 2009), 203, note 43.

27 Ibid., 174.

28 다음 책을 보라. E. D. Hirsch, Jr., *Validity in Interpretation* (Yale University Press, 1967). 탐구적 양식과 본질적 양식에 대한 그의 설명을 참조하라(68-126).

29 분명 일반적인 가정은 어느 누구도 영원한 지옥에 갈 만큼 나쁘지 않고, 어느 누구도 곧바로 천국에 갈 만큼 선하지 않다는 것이다.

30 다음 책을 보라. Walter Kickel, *Vernunft und Offenbarung bei Theodor Beza*, Beitrage zur Geshichte und Lehre der Reformierten Kirche 25 (Lemgo, Germany: Neukirchener Verlag des Erziehungsvereins GmbH Neukirchen-Vluyn, 1967), 61-66.

31 Talbott, 43-47.

32 불로마이(*boulomai*) 동사의 또 다른 흥미로운 용례는 만인구원론자들이 자신의 주장을 뒷받침하기 위해 사용하는 베드로후서 3장 9절, "주의 약속은 어떤 이들이 더디다고 생각하는 것 같이 더딘 것이 아니라 오직 주께서는 너희를 대하여 오래 참으사 아무도 멸망하지 아니하고 다 회개에 이르기를 원하시느니라"에 있다. 여기서 "원하시느니라"는 단어는 분사형 불로메노스(*boulomenos*)인데, 이는 누군가 멸망하는 것은 하나님의 예정된 결정이 아님을 뜻한다. 이것은 아우구스티누스주의자들이 가르치는 이중 예정론에 대해서 매우 중요한 시사점을 가지고 있다.

부록 1

헬라어 소조(sozo)와 해석학적 순환

조직신학 vs. 성경신학

　조직신학을 공부할 때 성경신학과의 긴장 관계를 이해할 필요가 있다. 성경신학이 특정 성경 책을 다루고 또한 그 책에서 가르치는 신학을 밝히고자 한다면, 조직신학은 특정 교리에 대해서 하나님의 말씀의 전체적인 가르침과 조화를 이루고자 노력한다. 이에 우리는 성경신학을 "벌레의 시선"으로, 조직신학을 "새의 시선"으로 보는 학문이라고 부를 수 있다. 물론, 각 성경 책이 자체적으로 가르치는 신학을 정확하게 이해하지 않고는 올바른 신학체계를 세울 수 없다는 것은 너무도 명백하다. 문제는 어떤 사람도 성경 각 권의 신학을 모두 통달할 만큼 오래 살지 못한다는 사실에 있다. 게다가 모든 숙제가 끝나기도 전에 신학 체계가 발전되고 있다. 각 신학체계마다 어딘가에 구멍이 있는 것처럼 보인다. 이는 신학 초년생에게는 낙심스러울 수도 있고 또 환멸을 느끼게 할 수도 있지만, 또 다른 관점에서 보게 되면 이 진술은 상당히 고무적이라고 할 수 있다. 만일 인류가 신학을 완전히 체계화할 수 있다면, 이는 곧 인류가 하나님을 상자에 가둘 수 있다는 또 다른 표현이 될 것이며, 유한한 존재가 무한한 존재를 이해할 수 있고, 하나님의 방식이 결국 신비롭지 않다는 말이 될 것이다.

그럼에도 불구하고, 신학을 체계화하려는 시도는 반드시 이루어져야 한다. 그렇지 않으면 하나님 말씀의 사역자는 영적인 이론의 변화무쌍한 바다에 떠다니게 될 것이고 또한 온갖 교리의 풍조에 밀려 다니며 요동치게 될 것이다. 그래서 우리는 가능한 한 많은 질문에 답할 수 있는 체계를 찾아야 한다. 이렇게 말하는 것이 우리의 신학 체계에 대해서 우리가 할 수 있는 최선의 말이다. 그럼에도 신학은 결코 우리가 묻고 싶은 모든 질문에 답하지는 않을 것이다. 결코 어려움이 없을 수는 없다. 그래서 바라기는, 다른 어떤 신학체계보다 우리의 질문에 더 많은 답을 줄 수 있는 신학을 찾아내는 것이다. 만일 우리가 현재 고수하는 신학보다 더 많은 질문에 답할 수 있는 신학을 발견한다면, 바꾸는 것이 옳다.

두 가지 용어: 구원하다(sozo)와 구원(soteria)

본 연구에서, 우리는 "구원"을 탐구하고자 한다. 이렇게 하는 것이 곧 구원론, 즉 구원에 대한 연구다. 그러나 "구원"을 연구하기에 앞서, 우리는 구원과 관련된 용어를 이해할 필요가 있다. 구원과 관련된 용어에는 무엇이 있으며, 신약성경 전반에 걸쳐서 이 용어들은 무슨 의미를 가지고 있는가? "구원(salvation)"에 해당하는 그리스어는 *소테리아(soteria)*다. "구원하다(to save)"에 해당하는 그리스어는 *소조(sozo)*다. 우리가 이 용어들을 성경의 문맥 속에서 바르게 이해하는 것이 중요한데, 그렇게 할 때에만 이 용어들에 대한 올바른 이해를 가지고, 신학 체계에 바르게 적용할 수 있기 때문이다.

소조(sozo)의 다양한 용례

이런 종류의 연구를 하는 방법은 성구사전(concordance)을 이용하는 것이다. 우리는 성구사전 탐색자가 되어야 한다. 적어도 이 두 용어에 대한 연구에서 우리는 탐색자가 된 것처럼 행동해야 한다. 이 일을 하는 방법은 이 용어의 다양한 용례를 카테고리화하는 것이다. 소조란 단어를 예로 들어보자. 신약성경에서 이 단어가 처음 등장하는 곳은 마태복음 1장 21절이다. 이 구절은 예수께서 "자기 백성을 저희 죄에서 구원할 자"라고 말하고 있다. 우리는 분명히 이 용어를 "*영혼의 구원(spiritual salvation)*"으로 분류할 것이다. 그러나 이 단어 다음에 나오는 소조란 단어는 문맥상 전혀 영혼의 구원이란 의미가 없다. 마태복음 8장 25절을 보자. 이 구절을 보면, 제자들은 갈릴리 바다를 배를 타고 건너는 중 큰 폭풍 한가운데서 "주여 구원하소서 우리가 죽겠나이다!"라고 외치고 있다. 분명히 이 구원은 영혼의 구원이 아니라 *육체의 구원(physical salvation)*이다. 그러므로 여기서 우리는 두 번째 카테고리를 볼 수 있다. 바로 육체의 구원이다. 만일 우리가 이 단어를 사전에 입력한다면, 이 시점에서 두 개의 큰 카테고리를 가지게 될 것이다. 바로 영혼의 구원과 육체의 구원이다. 하지만 이것이 전부가 아니다. 마태복음 9장 21절을 보면, 세 번째 카테고리를 만날 수 있다. 여기서 우리는 혈루병을 앓는 여인을 볼 수 있다. 그녀는 속으로 말하기를, 문자적으로는 "그 겉옷만 만져도 구원을 받겠다"고 했다. 과연 그녀는 영혼의 구원을 생각하고 있었던 것일까? 그럴 것 같지는 않다. 문맥을 보면, 일종의 육체의 구원을 말하고 있는 듯 보이지만, 아마도 육체적 죽음으로부터 구원은 아닐 것이다. 문맥은 그녀의 육체의 질병으로부터의 치유를 말하고 있다. 이런 이유로 NKJV는 이 구절을 "내가 낫게 될 것이다"라고 정확하게 번역하고 있다. 그렇다면 이 단어를 어떻게 카테고리화해야 할 것인가? 카테고리를 넓힌다면, 이것은 육체의 구원 옆자리에 나란히 두어야 한다. 그러나 이것은 육체의 죽음으로부터의 구원이 아니므로, 그 아래에 두 번째 카테고리를 형성해야 한다. 다시 말해, 육체의 구원이란 카테고리는 이제 두 가지 하위 카테고리를 갖게 되었다. 즉 1) 육체의 질병으로부터의 구원, 2) 육체의 죽음으로부터의 구원이다.

소조에 대한 성구사전을 계속해서 살펴보면, 마태복음 9장에는 추가적인 용례들이 있음을 보게 되는데, 바로 육체의 치유가 필요했던 여인과 연결되어 있다. 하지만 마태복음 10장 22절에 이르면 상황은 약간 모호해진다. 이 구절은 문맥상 박해상황을 언급하고 있다. 끝까지 견디는 자만이 구원을 받을 것이다. 과연 이 구절이 박해와 어쩌면 순교에 직면하여 자신의 믿음을 굳건히 지키거나 지킬 수 있는 사람만 참 그리스도인이고 또 그 사람만 천국에 갈 것이라는 의미인가? 아니면 그리스도께서 천년왕국을 세우기 위해 재림하시기 직전에 있게 될 신자들에 대한 박해를 가리키는 것인가? 여기서는 본문에 어떠한 신학적 전제를 부여할 것인가에 따라서 해석이 달라진다. 만일 강한 개혁주의 신학적 관점을 가지고 있는 사람이라면, 이 구절을 영혼의 구원으로 해석할 것이다. 즉 끝까지 견디는 자만이 천국에 갈 것이라고 해석하게 될 것이다. 그러나 전천년주의 신학적 관점을 가지고 있는 사람이라면, 이 구절을 장차 이 세상이 있게 될 대환난 기간으로부터의 육체의 구원으로 해석하게 될 것이다.

지금까지 우리는 네 가지 서로 다른 문맥에서 사용되고 있는 소조란 단어를 살펴보았다. 마태복음 14장 30절을 보면, 베드로가 물리적으로 물에 빠져 죽게 된 상황에서 자신을 구원해 달라고 주님께 부르짖는 모습을 볼 수 있다. 여기서 우리는 육체의 죽음으로부터의 건짐을 받는 육체의 구원 카테고리에 추가해야 하는 또 다른 용례를 본다. 그리고 계속해서 이 단어를 찾는다. 앞에서 본 용례를 만날 때마다 특정 카테고리 아래에 넣는다.

이전에 하던 방식으로 카테고리화할 수 없는 용례를 발견하면, 새로운 카테고리를 만들거나 그 아래 하위 카테고리를 설정한다. 마태복음 16장 25절이 바로 그러한 경우다. 이 구절은 본 주제에 너무나 중요하기 때문에 나중에 살펴보고자 뒤로 미루겠다. 그러나 성구 사전을 계속해서 살펴보게 되면, 이 소조라는 단어가 죄용서를 받은 죄인에게 천국의 문을 열어주는, 영혼의 구원과는 관계가 없고, 너무도 동떨어진 의미로 사용되는 경우가 너무도 많다는 사실에 놀라게 될 것이다.

소테리아(soteria)의 다양한 용례

"구원(salvation)"을 뜻하는 그리스어 *소테리아(soteria)*도 마찬가지일까? 그렇다. 누가복음 1장 69-71절을 보면, 여기서 우리는 "구원"이라는 단어가 두 번 나오는데, 이는 분명히 영생을 가리키고 있다. 하지만 사도행전 7장 25절을 보면, 이 구원이란 단어는 이스라엘 백성이 이집트 노예 생활로부터 해방을 받는 것을 가리킨다. 누가는 이 단어를 사도행전 27장 34절에서 또 다시 사용해서 육체의 구원을 의도했는데, (그는 이미 31절에서 육체의 구원을 나타내는 동사형을 사용했고, 여기에선 명사형을 사용하고 있다) 이는 곧 배에 타고 있는 276명의 사람들이 음식을 먹고 육체의 힘을 보충함으로써 살아남을 수 있다는 의미였다. 그리고 바울은 빌립보서에서 이 단어를 몇 차례 사용했는데, 영생을 받는다는 의미가 아닌 다른 의미로 사용하고 있다. 예를 들어, 빌립보서 2장 12절은 독자들에게 "두렵고 떨림으로 너희 구원을 이루라"고 말하고 있다. 대부분의 성경해석자들은 혹 행위를 통해서 구원을 받는다는 오역을 피하고자, 이 구절에서 말하는 구원을 영생을 받는 것과 연결시키고 싶어 하지 않지만, 그럼에도 어떤 사람들은 이러한 행위들은 영생을 소유한 증거라고 주장하기도 한다. 세대주의자들은 데살로니가전서 5장 9절에 언급된 구원을 대환난 기간으로부터 구출(deliverance)을 받는 것으로 이해한다. 베드로전서 1장 5절과 9절의 구원은 어떤가? "*거듭나다(아나게나오/ anagennao)*"라는 단어는 신약성경에서 세 번만 사용되고 있는데, 그 중 두 번이 베드로전서 1장 3절과 23절에 나온다. 이 동사들의 시제는 각각 부정과거시제와 완료시제가 사용되었는데, 이는 베드로의 서신을 받은 독자들이 이미 "거듭난 사람들"이라는 것을 분명히 보여준다. 이 점은 더 이상 쟁점이 아니다. 그렇다면 이 문맥에서 "구원"의 의미를 어떻게 이해해야 하는가? 그것이 무엇이든 간에, 분명한 것은 영생을 얻는 카테고리에는 속하지 않는다는 것이다.

　야고보서는 다를까? 야고보서 1장 16-18절을 보면, 야고보는 "내 사랑하는 형제들아"라고 부르는 사람들을 대상으로 서신을 쓰고 있다. 그는 그들이 진리의 말씀으로 태어난 사람들이라고 말하고 있다. 확실히 그는 영생을 받은 사람들에게 말하고 있다. 그리고 야고보서 1장 19절을 보면, 그는 같은 그룹의 사람들("내 사랑하는 형제들")에게 만일 그들이 모든 더러운 것과 넘치는 악을 내어 버리고 또 마음에 심겨진 말씀을 온유함으로 받으면, 너희 영혼이 "구원"을 받을 수 있다(약 1:21)고 말한다. 이 구원은 영생을 얻는 것에 대한 것인가? 그렇지 않다. 그들은 이미 영생을 가지고 있는 사람들이었다. 그렇기 때문에 여기서 말하는 구원은 선한 행위의 삶을 통해서 그들이 받은 온갖 좋은 은사와 온전한 선물(약 1:16-18)을 받은 사람들에게만 주어지는 것일 수 있다. 이것이 바로 많은 신학자들이 가르치고 또 믿고 있는 내용이다. 또 다른 신학자들은 야고보가 수신자들을 향해 단지 입술만의 신앙고백자가 아니라 진정으로 영생을 소유한 사람이라면, 그 증거로써 선한 삶을 살아야 한다는 것을 이야기하고 있다고 설명함으로써 해석상의 난제를 피하고 싶어 한다. 이런 해석은 편리하긴 하지만, 과연 본문이 그렇게 말하고 있느냐는 질문을 받을 때 대답이 궁색해질 수 수밖에 없다. 소테리아 역시 소조처럼 신약성경에서 다양한 방식으로 사용되고 있음이 명백하다.

우리가 "구원"을 연구할 때 성경 신학을 바탕으로 조직 신학의 도움을 받는 것이 매우 중요하다. 그렇게 하지 않으면 성경 본문에 우리의 신학적 관점을 억지로 꿰어맞추고자 한다거나, 아니면 우리의 조직 신학을 우리의 성경 신학에 덮어씌우는 잘못을 저지를 수가 있다. 좋은 성경 해석을 하게 되면, 부분들이 쌓여서 전체와 일치를 이루게 될 것이며, 그렇다면 전체는 부분들을 이해하는데 도움이 될 것이다. (이런 것을 해석학적 순환이라고 부른다). 그러나 만일 한 부분이 전체와 어긋나게 되면, 전체에 대한 우리의 이해는 잘못된 것일 수밖에 없다. 우리는 항상 전체에 대한 이해를 부분들에 대한 이해와 서로 일치시키고 또한 서로 보완하도록 조정할 준비가 되어 있어야 한다. 전체와 부분들은 이렇게 상호작용을 한다.

로마서 10장 9-10절의 소조와 해석학적 순환

또 다른 본문인 로마서 10장 10절을 예로 들어보자. 여기서 우리는 "사람이 마음으로 믿어 의에 이르고 입으로 시인하여 *구원에 이르느니라 (unto salvation)*"는 구절을 볼 수 있다. "이르다(unto)"라는 단어는 에이스 *(eis)*인데, 이 단어는 보통 설정된 목표가 있을 때, "~을 목표로 하다"라는 의미를 가지고 있다. 따라서 이 본문은 사람이 "구원을 목표로 삼고서" 입으로 고백한다 또는 "구원을 염두에 두고서" 고백한다고 말하고 있다. 이것은 분명한 딜레마를 남긴다. 즉 만일 입으로 고백하지 않으면 천국에 갈 수 없는 것인가? 만일 이 성경구절을 진실하게 받아들인 사람이라면, 구원받기 위해서는 자신의 입으로 고백해야 한다는 것을 인정하게 될 것이다. 그저 이 딜레마를 해결하고자, 구원받은 사람들은 그의 "구원의 증거"로서 입술의 고백이 있다는 정도로만 설명하는 것은 문제를 회피하는 것일 뿐이다.[1] 로마서 10장 10절을 보면, 구원받기 위해서는 반드시 자신의 입으로 고백해야만 한다. 이 본문을 정확하게 이해한 복음전도자들은 사람들이 천국에 가기를 원한다면 앞으로 나아와 그리스도를 그들의 입으로 시인하고 고백해야 한다고 선언하는 일을 해오고 있다.

하지만 오랜 관습적 사고의 족쇄에서 벗어나 옛 문제에 대한 새로운 해결책을 탐구할 수 있는 사람들에게, 입술의 고백 또한 분명히 하나의 행위다. 바울은 할례를 하나의 행위로 보았다. 행위의 특징은 무엇인가? 육안으로 관찰 가능하고, 육체적 수단에 의해서 이루어지며, 인간 행위자에 의해 수행된다. 이 모든 것이 할례에 해당하지만, 입술의 고백에도 해당한다. 만일 할례가 행위라면, 입술의 고백도 행위다. 그 말인즉슨, 구원받으려면 우리가 행위를 수행해야 한다는 뜻이다. 우리는 행위에 의한 구원을 믿지 않기 때문에(엡 2:8-10), 다른 설명이 있어야만 한다. 입술의 고백이 행위가 아니거나, 아니면 바울이 이 구절에서 말하는 구원이 영생을 받는 것이 아니어야 한다. 어쩌면 이것은 우리에게 영생을 주는 영혼의 구원이라는 카테고리 밖에 있는 것이거나, 아니면 지금까지 우리가 파악하지 못한 새로운 카테고리일 수 있다.

이것을 알아내는 한 가지 방법은 성구 사전을 다시 사용하여 로마서에서 소조와 소테리아의 또 다른 용례를 찾아보는 것이다. 우리가 처음으로 찾을 수 있는 동사 소조와 명사 소테리아는 로마서 5장 9절에 있다. 이 단어는 그 다음 구절인 10절에도 사용되고 있다. 이 두 개의 구절을 보면, 우리는 로마서의 수신자들이 이미 의롭다 함을 받았고(9절) 또한 하나님과 화목되었다(10절)는 사실을 볼 수 있지만, 아직 "구원받지" 못했다(9, 10절)는 것을 알 수 있다. 두 구절 모두에서 칭의는 과거에 일어난 일이고 또한 화목도 과거에 일어난 일이다. 이 구절에 사용된 과거 시제(부정과거 분사)는 이 동사들의 행동을 주 동사(즉 "구원을 얻을 것이니라")의 행동보다 앞서게 한다. 두 개의 주 동사에는 미래 시제가 사용되고 있다. 이 사람들은 의롭다 함을 받았고 또 화목하게 되었지만, 아직 구원받지는 못했다. 만일 그들이 로마서를 받기 전에 죽었다면, 그들은 의롭다 함을 받고 화목되었으므로 천국에 갔을 것이다. 그러나 그들은 "구원받지" 못할 것이다. 그렇다면 다시 한번 우리는 로마서 10장 10절과 로마서 5장 9-10절의 "구원받았다"는 구절이 신자가 죽을 때 천국으로 가는 구원과는 다른 의미일 가능성에 직면하게 된다. 그렇다면 이 구원은 무엇을 의미하는 것인가?

우리는 다른 단서를 찾아야 한다. 아마도 로마 사람들이 무엇으로부터 구원받아야 했는지를 자문해 보는 것이 도움이 될 것이다. 로마서 5장 9절은 그들이 무엇으로부터 구원을 받는 것인지를 정확히 알려준다. 바로 진노(오르게/ orge)로부터 구원을 받는 것이다. 그렇다면 진노란 무엇을 말하는 것인가? 진노는 불신자에게 영원한 형벌을 내리시는 하나님의 심판을 의미하는 것이 아닌 것인가? 이는 어휘적으로는 그렇게 보는 것이 맞지만, 핵심적인 질문은 로마서에서 말하고 있는 "진노"가 무엇을 의미하는가 하는 것이다. 그래서 다시 한번, 우리는 단서를 얻을 수 있는지 알아보기 위해 로마서에서 사용된 진노란 단어를 찾아보는 것이다. 분명히 단서가 있다. 로마서에서 진노란 단어를 처음 사용한 곳은 로마서 1장 18절이다. 그 구절을 보면, "하나님의 진노가 불의로 진리를 막는 사람들의 모든 경건치 않음과 불의에 대하여 하늘로 좇아 나타나는" 것을 볼 수 있다. 주목해야 할 중요한 요소는 "*나타나다(is revealed, 아포칼룹테타이/ apokaluptetai)*"는 동사가 현재 시제를 사용하고 있다는 것이다. 이 진노는 현재적으로 인간의 모든 경건치 않음과 불의에 대하여 하늘로부터 나타나고 있다. 이것은 장차 백보좌 심판대에서 일어날 일을 가리키고 있지 않다

(사실, 신약성경을 보면 진노가 백보좌 심판과 직접적으로 연결되어 사용된 사례가 없다). 진노는 영원한 심판과는 전혀 관련이 없다. 이것은 현재 시점의 심판을 가리킨다.

로마서 1장의 진노와 죄악된 본성의 폭정으로부터의 구원

특히, 이 진노는 로마서 1장의 나머지 부분에 잘 정의되어 있는데, 곧 하나님께서는 죄인에게 그의 죄악된 본성대로 살도록 내버려 두심으로써 영적 타락의 바닥을 향해 단계별로 내려가는 세 단계로 소개되어 있다. "하나님께서 저희를 내어 버려두사"라는 구절이 24절, 26절, 28절에 나타나고 있으며, 이로써 세 단계를 정의하고 있다. 바닥의 가장 밑바닥은 "아도키모스(adokimos)" 즉 "상실한" 또는 "옳고 그름을 분간할 수 없는" 마음의 상태에 이르는 것이다. 이것은 그야말로 죄악된 본성에 의해서 완전한 통제를 받는 상태다. 이것이 로마서 1장 18절 이하에서 말하는 진노의 결과다. 그렇다면 이러한 분별을 로마서 5장 9절에도 적용해보고, 과연 말이 되는지를 살펴보자. "그러면 이제 우리가 그의 피로 말미암아 의롭다 하심을 받았으니 더욱 그로 말미암아 진노하심에서(즉 우리의 죄악된 본성의 통제에서) 구원을 받을 것이니." 말이 되는가? 충분히 가능성이 있어 보인다. 그렇다면 나머지 문맥에도 의미가 통할 수 있을까? 로마서 5장 10절을 보면, 성경은 "우리가 원수 되었을 때에 그 아들의 죽으심으로 말미암아 하나님으로 더불어 화목되었은즉(과거 시제) 화목된 자로서는 더욱 그의 살으심을 인하여 구원을 얻을 것이니라(미래 시제)"고 말하고 있다. 만일 로마서 5장 8절의 진노의 의미를 고수한다면, 로마서 5장 9절의 구원 또한 우리 삶에서 죄악된 본성의 폭정에서 구원받는 것을 의미해야 한다. 그리고 이것은 말이 된다.

그리스도의 대리적 죽음과 죄의 권세로부터의 구원

우리는 그리스도의 죽음에 의해서 죄의 형벌에서 구원받았으며, 이제 그리스도의 살아나심에 의해서 죄의 권세에서 구원받을 수 있다. 그리스도께서 죽음에서(in death) 우리의 대리자(substitute)가 되심으로써 우리는 영생을 얻었으며, 이제 그리스도께서 삶에서(in life) 우리의 대리자(substitute)가 되심으로써 우리는 풍성한 삶을 누릴 수 있다. "내가 그리스도와 함께 십자가에 못 박혔나니 그런즉 이제는 내가 사는 것이 아니요 오직 *내 안에 그리스도께서 사시는 것이라.*"(갈 2:20) 그리스도인이 아닌 사람들이 믿기 매우 어려운 것은 그리스도의 대리적인 죽음이긴 하지만, 그리스도인이 믿기 매우 어려운 것은 그리스도의 대리적인 삶이다. 로마서 5장 10절은 그리스도의 *대리적인 삶(substitutionary life)*에 관하여 말하고 있다. 이 구절은 로마서의 "전환 부분"으로서, 사도 바울은 죄의 형벌로부터의 칭의란 주제에서 죄의 권세로부터의 구원으로 전환하고 있다. 그리고 이 부분에서 구원받는다는 것은 신자의 삶에서 죄악된 본성의 폭정에서 해방을 받는 것, 곧 로마서 1장 18절에서 말했던 진노에서 구원을 받는 것을 뜻한다.

로마서 10장의 구원의 의미: 칭의와 성화의 관계

이러한 "구원받는다"의 의미가 로마서 10장에도 적용될 수 있는가? 로마서 5장에서 구원받는다는 것은 칭의를 넘어 그리스도인의 삶의 진보를 이루는 일이다. 의롭다 함을 받는 것은 죄의 형벌로부터 건져냄을 받는 것이고, 구원을 받는 것은 죄의 권세로부터 해방을 받는 것이다. 이러한 정의가 로마서 10장에도 그대로 적용될 수 있을까? 아마도 그럴 것이다. 만일 9절을 하나의 방정식으로 본다면 다음과 같다. 믿음 + 고백 = 구원. 이 구절은 믿음은 마음의 문제이고, 반면 고백은 입의 문제라는 점을 분명히 드러내고 있다. 하나는 내적이고, 다른 하나는 외적이다. 하나는 영적이고, 다른 하나는 육체적이다. 어쨌든 10절은 의(義)에 이르게 해주는 것은 바로 믿음의 내적인 작용이라는 점을 설명하고 있다. 이 의(곧 *디카이오수네/ dikaiosune*)는 로마서 4장 3절에서 (또한 창세기 15장 6절에서) 아브라함에게 주어진 의와 동일한 의(義)다. "아브라함이 하나님을 믿으매 이것이 저에게 의로 *여기신 바 되었다(accounted*, 이 단어는 엘로기스데/ *elogisthe*, 곧 *전가되었다(imputed)*는 뜻이며, 로기조마이/ *logizomai*의 부정과거 시제다)." 바울은 전가된 의는 오직 믿음의 직접적인 결과라는 사실을 이미 확립했다. 이 모든 것에 해당되는 동사형은 "의롭다 하다(to justify, *디카이오오/ dikaioo*, 독자는 이 단어가 *디카이오수네/ dikaiosune*와 같은 어근에서 나온 것을 알고 있는가?)이다. 사람은 믿음에 의해서, 오직 믿음에 의해서만 의롭다 함을 받거나 그리스도의 의를 전가받을 수 있다. 이는 마음의 문제다.

그러나 입술의 고백은 구원을 "목표로 삼고서(*에이스/eis*)" 행해지는 것이다. 여기서 우리는 잠시 구원 또는 구원받는 것은 칭의나 또는 우리가 죽을 때 천국으로 가는 문제라는 전제 조건을 잠시 내려놓자. 바른 이해를 위해 이 구원이 로마서 5장 9-10절과 마찬가지로 칭의를 넘어선 단계라고 가정해 보자. 그리고 로마서 5장의 문맥에서 우리가 발견했던 개념을 여기에 적용해보는 것이다. 즉, 구원받는다는 것은 진노, 즉 신자 개인의 삶에서 죄악된 본성의 폭정(롬 1:18)으로부터 해방을 받는 것이다. 진실로 이런 것이라면, 분명 죄의 형벌로부터의 구원은 죄의 권세로부터의 해방(deliverance from the power of sin)을 위한 전제 조건인 것이다. 다시 말해서, 칭의가 성화보다 선행되어야 한다. 칭의가 이루어지지 않은 사람은 어느 누구도 성화될 수 없다. 이러한 이해를 염두에 둔다면, 로마서 10장 9-10절은 사람이 의롭다 함을 받기 위해, 즉 죄의 형벌에서 구원받기 위해 마음으로 믿고 또한 성화되기 위해, 즉 자기 삶에 작용하는 죄성의 *권세*로부터 해방받기 위해 입으로 고백해야 한다고 말하는 것이 된다. 우리는 이러한 이해가 합리적일 뿐만 아니라, 이어지는 문맥과 일치한다고 제안하고 싶다.

주의 이름을 부르는 것과 입으로 시인하는 것의 관계

바울은 이 점을 입증하기 위해 성경을 인용했다. 그는 "주의 이름을 부르는 것"을 "입으로 시인하는 것"과 동일시했다. 이는 A = B이고 또 B = C이면, A = C라는 일반적인 공식을 통해서 이 점을 충분히 납득할 수 있다. 10절에서 그는 "입으로 시인하는 것"(A)이 "구원"(B)으로 이어진다고 말했고, 이제 13절에서 "구원받는 것"(B)은 "주의 이름을 부르는 것"(C)을 통해서 온다고 말하고 있다. 그러므로 A = B, B = C, 따라서 A = C이다. 즉, 입으로 시인하는 것 = 주의 이름을 부르는 것이다.

그러나 14-15a절의 진행 과정을 보면, 주의 이름을 부르는 것은 믿는 것과는 별개이고, 구별되며, 믿은 이후의 행동이다. 만일 우리가 이것을 역순으로 따라가 보면, 투명하게 드러난다. 1) 보내심을 받은 후에 전파함이 있다. 2) 전파한 후에야 하나님의 말씀을 듣게 된다. 3) 하나님의 말씀을 들은 후에야 믿음이 온다. 4) 믿은 후에야 주의 이름을 부르게 된다. 여기서 이러한 행동들은 순차적이다. 주의 이름을 부르는 것과 믿는 것은 동일한 행동이 아니며, 동시에 일어나는 일도 아니다. 일단 사람이 믿으면, 그 후에 그는 주의 이름을 부를 수 있다(곧 입술로 예수님을 주님으로 시인할 수 있다). 하지만 이는 곧 사람이 믿기는 하지만 주의 이름을 부르지 않을 수 있다는 의문을 남기게 된다.

주의 이름을 부르는 것의 의미와 죄의 권세로부터의 구원

이 질문에 답하기 위해 우리는 다시 한번 성구 사전을 통해서 "주의 이름을 부르다"는 구절이 사용된 다른 용례들을 검색해본다. 그러면 사도행전 7장 59절, 9장 14절, 21절, 고린도전서 1장 2절, 디모데후서 2장 22절 등을 통해서 "주의 이름을 부른다"는 것은 공개적으로 또한 공적으로 주님과 자신을 동일시하거나 또는 주님을 예배하는 자임을 밝히 드러내는 것이란 사실을 볼 수 있다. 다소의 사울은 신자들을 찾기 위해 그들이 어디에서 모이는지를 수소문했다. 왜냐하면 "주의 이름을 부르는 모든 자"를 결박할 권세를 대제사장들에게서 받았기 때문이다. 그래서 그는 그들을 찾아가 박해하는 일을 했다. 그러므로 로마서 10장 9-10절에서 우리는 주의 이름을 부르는 것(곧 주 예수님을 입으로 시인하는 것)은 예수 그리스도를 자신의 개인적인 주님과 구원자로 공개적으로 밝히 드러내는 것이란 사실을 볼 수 있다. 그리고 바울은 이것이 진노, 즉 신자의 삶에서 죄악된 본성의 권세로부터 해방을 받는데 필수적인 단계라고 천명한다. 사탄의 권세는 어둠 속에 있다. 사람이 빛으로 나아갈 때(엡 5:11-14), 어둠은 물러가게 되고 또한 원수와 그의 공범(즉 우리의 죄성)의 권세는 파괴된다. 로마서 5장 9절과 10장 9-10절에서 사용된 용어로 말하면, 의롭다 함을 받은 신자가 그 때에야 "구원을 받는다."

이렇게 진리의 말씀을 탐구하는 목적은 *소조*와 *소테리아*라는 용어에 대한 우리의 이해를 확장시키기 위한 것이다. 우리는 문맥 속에서 성경에 사용된 단어들을 연구함으로써 이런 일을 해오고 있다. 우리는 이런 우리의 연구에 해석학적 순환을 적용했다. 본문의 어떤 부분이든 전체적인 이해와 조화를 이루지 못한다면, 우리는 모든 부분이 조화를 이룰 때까지 전체를 수정할 수 있어야 한다. 만일 우리가 믿고 있는 구원론 연구가 정확하기를 원한다면, 신약성경에서 구원과 관련된 단어의 용례들을 정확하게 이해할 필요가 있다. 우리의 목표는 성경 신학의 결과들과 우리의 조직 신학을 일치시키고 또 조화를 이루는 것이다. 이를 통해서 우리가 발견하게 되는 것은 신약성경에 계시된 이같이 큰 구원이 우리가 상상했던 것보다 훨씬 더 크고 위대하다는 것이다. 이 구원은 신자들을 이생에서 죄와 사망 상태로부터 해방시켜줄 뿐만 아니라 오는 세상에서 완전한 상속을 받을 수 있게 해주는 권능을 내재하고 있다.

소조와 해석학적 순환, 그리고 야고보서 2장 14-26절

마르틴 루터와 같은 초기 종교개혁자들에게 야고보서 2장 14-26절만큼이나 큰 어려움을 주었던 본문은 없을 것이다. 그는 그리스어로 된 로마서를 번역하면서 자신이 발견하게 된, 믿음에 의한 구원에 너무나 감격하였지만, 야고보서를 읽으면서 그는 혼란한 상태에 빠지게 되었다. 그는 야고보서를 "지푸라기 서신(right strawy epistle)"으로 여겼으며 정경으로 받아들이지 않았는데, 왜냐하면 그의 생각에 야고보서는 행위에 의한 구원을 가르치고 있었기 때문이다. 그리고 그가 왜 야고보서의 본문을 이렇게 이해하게 되었는지를 이해하는 것은 어렵지 않다. 야고보서에서 소조라는 단어가 처음 사용된 곳은 야고보서 1장 21절인데, 이 구절은 마치 행위가 우리 영혼을 구원하는 방법인 것처럼 보인다. 이 구절은 만일 우리가 우리의 행실을 깨끗하게 하고(곧 "모든 더러운 것과 넘치는 악을 내어 버리고") 또한 말씀을 온유하게 배우는 학생이 되면, 우리 영혼이 구원받을 수 있다고 말하고 있다. 분명히 우리는 우리 삶에서 악을 제거해야 한다. 그래야 올바른 태도로 말씀을 받을 수 있고, 오직 그때에만 우리의 영혼이 구원받을 수 있는 것은 맞다. 이 구절은 행위가 천국에 가게 해주는 방법인 것처럼 보이지 않는가? 그럴 수 있다.

그 다음으로 사용된 소조란 단어(약 2:14)는 마치 쐐기를 박는 것처럼 보인다. 여기에 한 사람이 있는데, 그는 자신이 믿음이 있다고 주장하지만 그의 믿음에 수반되는 행위가 전혀 없는 경우다. 그런 그의 믿음이 그를 구원할 수 있겠는가? (이 질문은 부정적인 답변을 기대하는 그리스어 의문사 "메(me)"를 사용하고 있다.) 야고보서 2장의 나머지 부분은 의심의 여지 없이, 사람이 믿음과 행위 모두에 의해서 의롭다 함을 받는다고 말하는 것처럼 보인다. 심지어 사람의 믿음은 그의 행위 없이는 완전하지 않다는 뜻을 내비치고 있는 것처럼 보인다. 이 점은 본문을 읽어볼 때 너무나 명백해 보이기 때문에, 루터는 바울(로마서 4장)과 야고보(야고보서 2장) 둘 다 옳을 수 없다는 결론을 내렸고, 그래서 야고보서를 버렸다. 그러나 루터 이후에 모인 공회들은 그와 동의하지 않았다. 야고보서는 정경에 추가되었다. 이것은 어떻게든 두 가지 관점이 조화될 수 있음을 의미했다. 대부분 복음주의 교회에서는, 야고보서 2장 14-26절은 "믿음의 증거"를 말하는 것으로 이해하고 있다. 다시 말해, *진정으로(really)* 믿음을 가진 사람은 선한 행위를 나타낼 것이라는 것이다. 만일 누군가 행위가 없다면, 그는 결코 진정으로 믿은 사람이 아닌 것이다. 그는 기독교를 (입술로만) 고백하는 자일 뿐, 생명을 소유한 자가 아니다. 마치 열매를 맺는 나무가 살아 있다면 열매를 맺듯이, 참 신자도 그의 믿음이 진실하다면 열매를 맺을 수밖에 없다.[2] 열매가 없다면, 그는 겉으로 보기에 그럴 듯한 믿음을 가진 사람일 뿐이며, 거짓 신자인 것이다. 찰스 라이리의 책, 『라이리 스터디 바이블(Ryrie Study Bible)』에서 야고보서 2장 14절에 대한 각주를 보면, 그는 이러한 종류의 믿음을 "가짜(spurious)"라고 부르고 있는데, 이는 가짜 또는 거짓 믿음을 가리킨다. 그리고 언급했듯이, 대부분 복음주의자들은 이 구절을 이런 식으로 접근하는 것을 편안하게 받아들이고 있다.

그러나 해석학적 순환은 어떨까? 전체가 모든 부분을 설명하고 있고 또 모든 부분이 전체와 조화를 이루고 있는가? 대부분 해석자들이 이 본문을 대하면서 전제하고 있는 것은 "구원하다"는 단어를 천국에 가는 것, 즉 영혼의 구원으로 이해하고 있다는 점이다. 야고보서 2장 14절을 이런 식으로 접근하게 되면, 본문의 가르침을 천국에 가기 위해 우리의 믿음에 행위를 더해야 한다거나(루터가 이런 식으로 생각했다), 아니면 본문이 참 믿음 vs. 거짓 믿음에 대해 이야기하는 것으로(라이리는 이렇게 생각했다) 이해할 수밖에 없다. 그런데 이 본문 속 일부 세부 사항들이 전체와 조화를 이루지 못하는 부분이 있는 것은 아닐까? 나는 그렇다고 생각한다. 예를 들어, 17절의 "죽은(dead)"이란 단어를 살펴보자.

내가 여러분을 디즈니랜드의 대통령 밀랍 인형 박물관으로 안내하면서, 박물관에 들어서자마자 여러분을 향해 "자 여러분, 이 죽은 대통령들을 보세요"라고 말했다면, 이 말이 여러분에게 어떤 의미심장한 의미를 줄 것인가? 그렇지 않을 것이다. 왜냐하면 이 대통령 밀랍인형들은 결코 살아 있었던 적이 없었기 때문이다. 우리는 살아 있었던 적이 없는 것들을 향해 가짜라거나 거짓된 것이라거나, 또는 위조된 것이란 의미로 "죽은"이란 단어를 사용하지 않는다. 한때 살아 있었지만 현재는 죽은 것들에 대해서만 이 단어를 사용할 뿐이다. 내가 여러분을 영안실로 데려가서 "이 죽은 사람들을 보세요"라고 말했다면, 여러분은 내 말을 즉시 이해할 것이다. 그것은 말이 된다. 왜냐하면 이들은 한때 살아 있었지만 이제는 죽은 진짜 사람들이기 때문이다. 이것이 본 구절의 핵심적인 요점이다. 그렇기 때문에 흔히 주석가들이 이 구절을 설명하면서, 거짓 믿음 대 참 믿음(false faith vs. genuine faith) 구도로 설명하는 것도 전혀 합당치 않다. 앞으로 보게 되겠지만, 이 구절은 한때 살아 있었지만 지금은 죽은 믿음을 설명하는 것으로 볼 때에만 가장 합당한 해석이란 결론에 도달하게 될 것이다.

야고보서 2장 14-26절과 죽은 믿음에 대한 새로운 이해의 필요성

만일 야고보서에 대한 전체적인 이해와 일치하지 않는 한 가지 세부 사항이라도 발견한다면, 해석학적 순환은 우리에게 전체 본문에 대해서 새로운 이해를 모색할 것을 요구한다. 우리는 모든 부분을 만족시킬 수 있는 전체에 대한 설명을 계속해서 찾아야 한다. 우리가 로마서 10장 9-10절에서 보았듯이, 성구 사전이 이런 일을 하는데 최상의 도구다. 그러므로 성구 사전을 가지고 소조라는 단어가 또 어디에 나오는지 찾아보자. 우리는 이미 이 단어가 사용된 두 곳을, 즉 야고보서 1장 21절과 2장 14절을 찾을 수 있었다. 이 단어는 또한 야고보서 4장 12절, 5장 15절, 5장 20절에서도 찾을 수 있다. 이 다섯 개의 구절을 보면, 이 구절은 모두 "형제들"에게 말하고 있다는 사실을 볼 수 있다. 성경을 연구함에 있어서, 가장 중요한 세 가지를 꼽으라면, 첫째도 문맥, 둘째도 문맥, 셋째도 문맥이기 때문에, 이 단어가 사용된 다섯 번 모두 "형제들"을 향해 권면하는 문맥에서 발견된다는 사실은 중요한 의미를 갖게 된다. 하지만 만일 어떤 이들이 제안하듯이, 야고보가 편지를 쓰는 대상이 진정한 형제와 거짓 형제를 구별할 수 없기 때문에 그들을 모두 그저 형제라고 부르고 있는 것이며, 형제들이란 말은 신자와 비신자 모두를 포함하는 용어일 뿐이라면, 이 다섯 개의 구절에서 야고보가 형제들에게 말하고 있다는 사실은 특별한 의미가 없게 된다. 그러나 야고보가 소조라는 단어를 사용하고 있는 이 다섯 개의 구절 중 하나라도 참 신자들을 대상으로 말하고 있다는 것을 입증할 수 있다면, 이는 다른 구절들을 해석하는데 매우 중요한 의미를 가지게 될 것이다. 그리고 이 점이 야고보서 1장 16-21절에 정확히 나타나 있다.

야고보서 1장 16-21절: 이미 거듭난 자들에게 주는 권면

여기서 야고보는 자신의 "사랑하는 형제들"에게 말하고 있다. 그리고 그는 "각양 좋은 은사와 온전한 선물"을 주시는 빛들의 아버지에 대해 말하고 있다. 이 아버지 하나님께서는 진리의 말씀으로 그들을 이미 낳으셨다. 사실, 야고보는 "우리"라고 말하면서 이러한 영적 출생이라는 영광스러운 선물을 받은 사람들 가운데 자신을 포함시키고 있다. 의심의 여지 없이 이 야고보서 1장 16절의 "사랑하는 형제들"은 "거듭난 사람들"이다. 그들은 이미 영적 출생이란 선물을 받았다. 그러나 19절을 보면, 동일한 "사랑하는 형제들"을 향해 다시 말하고 있다. 이번에는 그들에게 듣기는 속히하고 말하기는 더디 하며 성내기도 더디 할 뿐만 아니라, 그들의 행실을 깨끗하게 하고 또한 마음에 심겨진 말씀을 온유함으로 받으라고 말하고 있다(21절). 왜일까? 왜냐하면 이 말씀은 그들의 프쉬케(psuchas, 영혼)를 구원할 잠재력이 있기 때문이다. 이 구절이 무슨 의미이던지 간에, 이 사람들은 야고보서 1장 18절을 보면 이미 영적인 출생의 복을 받은 사람들이기 때문에, 이 구절이 천국에 가는 것을 의미할 리는 없다. 이 그리스어가 무슨 의미인지를 살펴보는 일은 잠시 보류하고자 한다. 우리는 우선적으로 이 단어가 천국에 가는 문제를 다루고 있지 않다는데 동의할 뿐이다. 두 가지 이유가 있다. 1) 이 사람들은 이미 거듭난 사람들이므로, 영혼 구원을 위해 아무것도 할 필요가 없다. 2) 성경의 다른 구절들은 우리가 행위를 통해서 천국에 갈 수 없다고 가르치고 있다.

야고보서 5장 19-20절: 복음 전도가 아닌 형제들의 영혼의 회복

야고보서에서 소조 사례들을 살펴보면, 야고보서 1장 21절과 비슷한 구절이 사용된 또 다른 사례를 볼 수 있다. 즉 야고보서 1장 21절은 "너희 영혼을 구원하다", 그리고 5장 20절은 "그의 영혼을 구원하다"라고 말하고 있다. KJV, NKJV, 기타 여러 번역본에서 이 프쉬케(psuche)라는 단어를 "혼(soul)"으로 번역하기 때문에, 표면적으로 이 구절은 복음전도를 다루는 구절처럼 보일 수 있다. 그러나 행위로 천국에 갈 수도 없고, 일단 한번 받은 구원을 잃을 수도 없는 것이 진리라면, 본 구절은 복음전도를 다루고 있는 것일 수 없다. 왜일까? 왜냐하면 이 구절은 형제들을 대상으로 말하고 있기 때문이다(19절). 이 구절은 이미 구원받은 형제들 가운데 한 사람이 미혹을 받아 진리에서 벗어난 상황을 다루고 있다. 야고보서 1장 이후로 이 형제들 가운데 구원받지 않은 사람이 섞이게 될 만한 상황이나 언급이 전혀 없다는 점을 염두에 두자. 그러므로 우리는 이 구절도 야고보서 1장 21절과 매우 유사한 소조의 사례라고 확신할 수 있다. 비록 약간 미묘한 차이는 있을 수 있지만, 그럼에도 이 구절이 전도를 다루고 있지 않다는 것은 확실하다.

야고보서 5장 14-15절을 보면, 여기서 우리는 소조라는 단어를 또 다시 볼 수 있다. 이번에는 여러 성경 번역자들이 이 단어의 의미를 살리기 위해서 "구원하다"가 아니라 "회복시키다" 또는 "치유하다"로 번역하고 있다. 왜 "구원하다"가 아닐까? 왜냐하면 이 구절 또한 형제들을 향해서 말하고 있으며, 교회의 병든 지체의 치유를 위해 교회 장로들을 청하여 기도를 요청하라는 것이 분명하기 때문이다. 이 구절은 복음전도나 천국에 가는 것을 말하는 구절이 아니다.

야고보서 4장 12절: 심판자가 아닌 입법자로서의 하나님

야고보서 2장 14절을 제외하면, 우리가 해석해야 할 소조란 단어의 사례 가운데 야고보서 4장 12절만 남는다. 이 구절은 "입법자와 재판자는 오직 하나이시니 능히 구원하기도 하시며 멸하기도 하시느니라"고 말한다. 비록 이 구절이 오직 하나님만이 사람들을 천국이나 지옥으로 보내실 수 있다는 사실을 언급하고 있긴 있지만, 그러한 해석에만 매이게 되면, 문맥 가운데서 이 구절의 논지를 발전시키는 데 아무런 도움이 되지 않는다고 말하고 싶다. 다시 한번, 이 구절은 *형제*들에게 말하고 있다. 그리고 서로 비방하지 말고 또한 서로를 판단하지 말라고 권면하고 있다. 그렇게 하는 것은 하나님의 자리를 차지하고, 자신들을 율법의 준행자가 아니라 재판자로 높이는 것이며, 그로 인해 자신들을 율법 위에 두는 것이 된다. 유일하신 한 분 입법자와 재판자가 계신다. 야고보는 그들에게 서로를 판단하는 일을 멈추도록 동기를 부여하고 있다. 이미 영생이라는 값없는 선물을 받은 형제들에게, 하나님이 어떤 이는 천국으로 또 어떤 이는 지옥으로 보낼 수 있기 때문에 다른 형제들을 판단하지 말라고 말하는 것이 어떻게 동기를 부여하는 일이 되겠는가? 이런 일은 우리가 구원을 잃을 수 있다고 믿을 때에만 가능하다. 그러나 영원한 안전을 믿는다면, 이런 식으로 말하는 것은 아무리 가상적인 설정일지라도 합당치 않다. 그러나 장차 형제들이 이 입법자 앞에서 심판을 받을 때가 올 것이다. 그 때 주님은 그들의 행위를 조사하실 것이고, 어떤 것이 영원한 가치가 있고 또 어떤 것이 그렇지 않은 것인지를 결정하실 것이다. 불 시험을 통과하지 못하는 행위들은 "멸하게(destroyed)" 된다. 영원한 가치가 있는 행위들은 "보존"되거나 "구원" 받게 된다. 이제 우리는 중요한 지점에 도달했다. 우리가 서로의 행위를 판단하는 일이 불 시험을 통과할 수 없는 한, 그런 일을 해선 안 된다고 형제들에게 상기시키는 것이 본문의 주장과 일치한다. 오직 하나님만이 그 일을 하실 수 있으며 또한 장차 그리스도의 심판대에서 그렇게 하실 것이다. 그러므로 형제들이여, 지금은 서로를 판단하는 것을 멈추자. 나는 본문을 이렇게 이해하는 것이 가장 합리적이라고 생각한다. 그러나 다시 한번 말하지만, 혹 다른 의미가 여기에 있다 하더라도, 야고보는 여전히 형제들에게 말하고 있으므로, 천국에 가느냐 지옥에 가느냐 하는 문제로 그들에게 동기를 부여하려고 이 말을 했을 가능성은 없다고 보는 것이 옳다.

야고보서 2장 14절과 해석학적 순환

이로써 우리는 야고보서 2장 14절로 완전히 되돌아왔다. 앞서 다루었던 내용을 되짚어보면, 우리는 야고보서에 사용된 소조의 다양한 사례에 대해서 중요한 요소들을 살펴볼 수 있었다. 지금까지 살펴본 네 가지 사례는 모두 형제들/ 신자들을 대상으로 말하고 있었다. 이 점은 야고보서의 권면들이 천국에 가는 문제를 다루는 것이 아니라는 결론으로 이끌어준다. 이 여러 구절들에 사용된 소조의 의미가 무엇이든 간에, 이 모든 구절들의 공통점 하나는 결코 천국에 가는 방법이나 지침을 제공하는 것이 아니라는 것이다. 그렇다면 야고보서에서 우리가 아직 살펴보지 않은 단 하나의 사례만 남게 되는데, 과연 이 구절이 천국에 가는 방법을 다룰 가능성은 얼마나 될까? 전혀 없다.

야고보서 2장 14절의 의미를 파악하는데 필요한, 그 다음 중요한 단계는 - 예상했겠지만 - 바로 *문맥*을 살피는 것이다. 이 구절을 해석하는 여러 주석서를 살펴볼 때, 문맥을 설명하면서 해석하는 모습을 보는 일이 얼마나 드문지 참으로 놀랍기만 하다. 그리고 이 경우에 가까운 문맥과 먼 문맥 모두가 매우 중요하다. 우리는 먼 문맥부터 시작하여, 책 전체의 요지를 살펴보아야 한다. 서론을 보면(약 1:2-18) 주된 요지는 그리스도인의 삶에 일어나는 시험과 시련의 가치를 밝히는 것이다. 이 야고보서는 그리스도인이 되는 길을 소개하는 것이 아니라, 그리스도인으로서 살아내야 하는 삶에 대한 지침서다. 야고보는 독자들이 그리스도인의 삶을 사는 동안 삶의 현장에서 겪게 될 시련 속에서 승리하는 방법을 알기를 바라고 있다. 서론에서 그러한 시련의 가치를 언급한 후, 그는 야고보서 1장 19절에서 본 서신의 주제에 대한 진술을 제시하고 있다. 곧 "듣기는 속히 하고 말하기는 더디 하며 성내기도 더디 하라"고 교훈하고 있다. 이 세 가지 자질은 시련을 통과하는 상황이라면 매우 필요한 덕목들일 뿐만 아니라 시련이

신자에게 가져다줄 수 있는 다각적인 가치(multifaceted value)를 얻는 일에 필수적인 요소들이다. 따라서 본 서신의 본문은 그리스도인에게 이 세 가지 특성에 대해 가르치기 위해 구성되었다. 1) 듣기는 속히 하라(약 1:20-2:26), 2) 말하기도 더디 하라(약 3:1-18), 3) 성내기도 더디 하라(약 4:1-5:6).[3] 그러므로 우리가 살펴보고 있는 문제의 구절(약 2:14)은 시련 속에서 하나님의 작고 세미한 음성을 듣기를 속히 해야 하는 방법을 소개하는 부분의 한가운데 있다. 시련 가운데 있는 사람은 좋은 경청자가 되는 법을 배워야만 한다. 야고보에게 좋은 경청자란 단지 말씀을 듣는 사람 이상의 사람이다. 그는 또한 말씀을 행하는 자여야 한다. 삶에서 닥친 시련 때문에 우울함을 느낀다면, 그 때는 무언가를 행해야 할 때다. 특히, 야고보는 환난 중에 있는 과부나 고아를 방문하여 돌보라고 가르치고 있다. 우리는 선행을 함으로써, 그 속에서 행복을 찾게 될 것이다. "이 사람이 그 행하는 일에 복을 받으리라."(약 1:25) 특히, 여러분보다 더 힘든 상황에 처한 사람, 예를 들어 과부나 고아를 돌보라. 아이러니하게도, 그들의 환난과 시련을 돕고자 노력하는 중에, 여러분 자신도 자신이 처한 시련 가운데서 더욱 잘 인내하는 법을 배우게 될 것이다.

따라서 시련의 한 가운데서 좋은 경청자가 되는 법을 교훈하고 있는 이 전체적인 부분에서, 야고보가 야고보서 2장 14절에 이르기 훨씬 전에 이미 선한 행위를 격려하기 위한 무대를 마련했다는 사실을 깨닫는 것이 중요하다. 그리고 선한 행위에 대한 그의 가르침에서, 야고보는 그러한 선한 행위가 우리가 천국에 가는 데 도움이 될 것이라고는 전혀 언급조차 하지 않고 있다. 그와는 반대로, 이미 새 생명을 얻은 사람들(약 1:18)을 향해, 이러한 행위들이 이생에서 "하나님의 의를 이루는데" 도움이 될 것이라고 가르치고 있다(약 1:20).

야고보서 2장에 들어와서도, 그의 주제는 변함이 없다. 그는 여전히 독자들이 시련 속에서 좋은 경청자가 되어, 그들에게 말씀하시는 하나님의 음성을 듣는 사람이 되는 길을 가르치고 싶어 한다. 그러나 기독교 교회에는 좋은 경청자가 되는 것을 방해하는 또는 흔히 저지르는 잘못이 있다. 그 잘못이란 무엇인가? 바로 "사람을 외모로 취하는 것"(약 2:1)이다. 이 단어는 문자적으로는 "얼굴을 받아들이다"라는 뜻인데, "액면 그대로 받아들이다"라는 의미로 발전하게 되었고, 그리스 문학 전체에서 유일하게 종교적인 의미로 사용하는 단어가 되었다. 야고보서의 수신자들은 서로를 판단하는 일을 하고 있었다. 그래서 야고보는 "너희끼리 서로 구별하며 악한 생각으로 판단하는 자가 되는 것이 아니냐?"(약 2:4)며 질타하는 말을 해야 했다. 야고보는 그들이 이렇게 해서는 안 되는 여러 가지 이유를 제시했으며, 이 부분의 끝에서 그의 가르침은 절정에 이르게 되었다 (12-13절). 그는 그들에게 "자유의 율법대로 심판받을 자처럼 말도 하고 행하기도 하라"(12절)고 말하고 있다. 언제 그리해야 하는 것인가?

또 다시 야고보서의 나머지 부분이 이 질문에 답하는 데 도움이 된다. 야고보서 4장 11-12절을 보면, 그는 다시 한번 그들이 서로를 판단하는 일을 멈출 것을 촉구하고 있다. 그가 이렇게 말하는 이유는 언젠가 하나님께서 하나님의 가족을 심판하실 것이기 때문이다. 그 때가 언제일까? 야고보서 5장 8절을 보면, 그는 주의 강림이 가깝다고 말한다. 주의 강림의 임박성 때문에 신자들은 서로 원망하거나 불평하는 일을 해선 안 된다. 심판자가 문 밖에 서 있다. 여기서 야고보는 로마 시대의 릭토르(Lictor), 즉 판사가 재판정에 들어오는 것을 알리는 역할을 맡은 사람처럼 행동하고 있다. 여기에 설정된 상황은 원고들이 법정에 앉아 피고인, 즉 고발당한 사람들을 향해 원망의 말을 쏟아내는 상황이다. 갑자기 릭토르가 재판정으로 들어오자, "모두 조용하시오! 보시오, 판사님이 문 앞에 서 있습니다!"라고 외친다. 그리고 심판자가 사건들을 심리하기 위해 재판정으로 들어온다. 그러므로 조용히 해야 한다. 물론, 야고보는 그의 시대에 흔히 볼 수 있었던 이러한 이미지를 사용하여 자신의 백성을 심판하기 위해 곧 오시는 심판자, 곧 주 예수 그리스도를 가리키고자 했다. 그렇다면 야고보서 2장 12-13절에서 야고보가 신자들이 자유의 율법대로 심판받을 것이기에 서로를 판단하는 일을 해서는 안 된다고 말할 때 염두에 둔 것은 무엇이었을까? 그것은 문 앞에 서 계신 주님이 심판자란 사실 때문이었다. 주께서 재림하시면, 그 때 신자들은 심판을 받게 될 것이다. 모든 신자들이 그리스도의 심판대 앞에 서게 될 것이기에, 우리는 이 시대에 서로를 판단하는 일을 해서는 안 된다.

이제 야고보는 야고보서 2장 13절에서 이 임박한 심판과 관련해서 다른 것을 교훈하고 있다. 그는 긍휼을 행하지 아니하는 자들에게는 긍휼 없는 심판이 있을 것이라고 말한다. 이 가르침은 주님이 사복음서에서 우리에게 말씀하신 것과 같은 것으로, 곧 우리가 땅에서 형제를 용서하지 않으면, 하늘 아버지께서도 우리를 용서하지 않으신다는 것이다(마 18:23-35). 이것은 우리의 *신분*에 대한 가르침이 아니라, 우리의 *상태*에 대한 가르침이다. 우리는 하나님의 종들이다. 이 말은 곧 우리는 하나님과 영원히 함께 하게 될 우리의 영원한 운명을 결코 잃을 수 없는 우리의 신분을 가리킨다. 그러나 우리가 봉사의 삶을 사는 동안 혹시 동료 신자들을 판단하는 일을 할 수 있을 것인데, 그러한 때에 그들을 용서하지 않는다면, 하나님께서는 우리 또한 용서하지 않으실 것이다. 모든 구절을 다루지는 않겠지만, 이 구절은 우리가 남을 판단하는 일을 하고 또 자기 의를 드러내는 태도로 하나님을 위해 봉사하는 일을 했다면, 우리가 행한 많은 봉사가 하나님께 아무런 영광도 돌리지 못할 것이라는 점을 말하고 있다. 우리가 하나님의 말씀 사역을 하고 있다면, 말씀은 헛되이 돌아오지 않을 것이지만,

우리는 우리가 행한 말씀 사역을 통해서는 개인적으로 하나님께 영광을 돌리지는 못할 것이다. 이 모든 일이 장차 그리스도의 심판대에서 드러나게 될 것이다.[4]

이제 야고보서 2장 14절의 가까운 문맥으로 돌아가, 바로 이 구절 앞에 있는 두 개의 구절을 살펴보자. 그 전에 야고보서 3장 1절에 대해서 간단히 살펴보자. 또 다시 심판이란 주제가 등장하고 있다. 이 부분은 말을 더디 하는 법을 배우는 것에 관해서 교훈하고 있다. 즉, 혀를 통제하는 것에 대해서 교훈하고 있다. 우리가 시련 중에 있는데, 계속해서 말하고 있다면 하나님의 음성을 어떻게 들을 수 있겠는가? 야고보는 회중 가운데 가르치는 일을 하게 될 예비 성경교사들에게 경고하는 말로 시작한다. 다양한 설교자들이 하나의 교회에서 설교할 때(고전 14장), 얼마든지 경쟁심이 작용할 수 있기에 야고보는 그들에게 경고의 말을 하고 있다. 그는 심지어 그들에게 가르치는 것 자체를 경고하고 있다. 설교하고 가르치는 일은 성급하게 시작할 일이 아니다. 왜 그런가? 교사들은 더 엄격한 심판을 받을 것이기 때문이다. 그들은 더 많은 빛을 받았고, 받은 더 큰 빛에 대해서 책임을 지게 될 것이기 때문이다(요 15:22). 여기서 내가 묻고 싶은 것은 "언제 책임을 지게 되는 것인가?"에 관한 것이다. 그들은 언제 심판을 받을 것인가? 어떤 이들은 심판은 이 땅에서 다른 신자들에 의해서 받는 것이라고 말하기도 한다. 어쩌면 그럴 수도 있다. 하지만 그런 일을 하는 것은 야고보가 이 책에서 반대했던 바로 그 내용이다. 우리는 서로를 판단해서는 안 된다. 또한 자신이 막상 가르쳤던 기준에 미치는 삶을 살지 못하는 성경교사에게 찾아오는 자기 정죄의 문제도 있다. 그러나 우리가 이 야고보서에서 언급하고 있는 모든 심판에 관한 구절들을 살펴보게 되면, 여기서 언급하는 심판은 하나님의 심판이다. 다시 묻지만, 그리스도인 교사들은 언제 심판받게 될 것인가? 바로 그리스도의 심판대에서 받게 될 것이다. 그렇다면 야고보서 2장 14-26절 바로 앞의 두 구절(약 2:12-13)과 바로 뒤의 구절 (약 3:1)이 그리스도의 심판대를 다루고 있다는 점이 흥미롭지 않은가? 이 구절들 사이에서 다루는 주제 또한 그리스도의 심판대를 다루고 있다고 생각하는 것이 합리적이지 않은가? 그러므로 나는 바로 그리스도의 심판 대가 야고보가 염두에 두고 있었던 주제였다고 말하고 싶다. 이제 우리는 본 구절을 살펴볼 준비가 되었다.

야고보서 2장 14절의 이익(ophelos)

야고보서 2장 14절의 오펠로스(ophelos)라는 단어에 주목하는 것이 중요하다. 이것은 "이익 또는 유익(profit)"이란 뜻을 가진 일반적인 단어다. 이 단어는 구원론에 있어서 우리의 생각의 지평을 넓혀주게 될 마태복음 16장 26절에 나오는데, 거기서는 "사람이 만일 온 천하를 얻고도 제 목숨을 잃으면 무엇이 유익하리요?"라는 질문이 나온다. 여기엔 주님께서 장차 자신의 백성을 위해 돌아오셔서 그들이 그들의 삶과 주님이 주신 은사와 재능으로 무슨 일을 했는지에 대한 회계를 요구하실 때, 주님은 자신의 투자에 대한 이익을 보고 싶어 하신다는 의미가 잘 나타나 있다. 마태복음 25장을 보면, 신실한 종들은 주인이 그들에게 준 것을 투자하여 주인이 돌아왔을 때 그분께 드릴 이익이 있었다. 그러나 신실하지 못한 종에게 주인은 그 종에게 주어진 돈을 적어도 은행에 맡겨 이자라도 얻을 수 있어야 한다고 말했다. 다시 말해, 주인은 이익을 바라고 있었다. 그렇다면 이렇게 보는 것이 야고보서 2장 14절에서 "이익"이라는 단어의 정확한 의미라고 생각하는 것이 너무 지나친 해석일까? 다시 한번 야고보가 그리스도의 심판대를 염두에 두고 있었다는 사실을 상기해야 한다. 확실히, 그의 믿음에 더할 행위가 없는 사람은 주변 사람들에게(생활비 부족 상황에 처한 믿음 안의 형제나 자매, 또는 과부나 고아들에게) 아무런 이익을 주지 못하며, 장차 그리스도의 심판대에서도 자신에게 아무런 이익이 없을 것이다.[5] 그리고 야고보서 2장 14-26절의 의미에 대해서 우리가 제안하는 것은, 바로 행함이 없는 믿음은 주님께도 아무런 유익을 제공하지 못한다는 것이다.

야고보서 2장과 그리스도의 심판대

야고보가 이 구절을 쓰면서 그리스도의 심판대를 염두에 두고 있었다고 가정해 보자. 만일 이것이 전체적인 그림이라면, 부분들을 합치면 전체적인 그림이 나타나는지 또는 어긋나는 부분은 없는지를 살펴야 한다. 우리는 이미 이 구절이 참 믿음과 거짓 믿음을 비교하려 한다는 가정이 본문의 모든 세부 사항에 들어맞지 않는다는 점을 살펴보았다. 그러므로 그러한 추측은 잘못된 것이다. 그것은 전체에 대한 잘못된 이해가 분명하다. 이제 다시 시도해 보자. 그리스도의 심판대를 적용해 보자. 만일 어떤 사람이 이 심판대 앞에 서게 된다면, 그는 분명히 믿음을 가진 신자일 것이다. 신자가 아니라면, 그리스도의 심판대에 서는 일은 없을 것이다. 그러나 이제 그가 그리스도의 심판대 앞에 서 있으니, 주님은 그의 삶의 행동과 의도, 또는 그의 행위와 동기를 심판하실 것이다. 그런데 만일 그가 주님을 바라보며 "저는 믿음은 있지만, 아무런 행위가 없습니다"라고 말한다면 어떨까? 그런 종류의 믿음이 그를 구원할 수 있을까? 음, 만일 이 구절에서 "구원하다"는 동사를 천국에 들어가는 의미로 사용된 것이 아니라면, 천국에 들어가기 위해 행위 중심적으로 접근하는 데서 오는 혼란은 고려의 대상이 아니다. 하지만 고린도전서 3장은 그리스도의 심판대에서 우리의 행위가 불로 시험받는 모습을 보여준다. 그리스도의 영광을 위해 행한 일들은 금이나 은이나 보석처럼 보존될 것이다. 다시 말해서, 가치 있는 것으로 인정을 받은 행위들은 영원히 보존될 것이다. 그러나 우리 자신의 영광을 위해 행한 행위들은 나무나 풀이나 짚처럼 불타 없어질 것이다. 우리가 야고보서 4장 11-12절에서 추론했듯이, 그러한 것들은 멸망을 당하게 될 것이다. 그래서 만일 어떤 사람이 그리스도의 영광을 위해 아무런 행위도 하지 않았다면, 그의 삶의 행위 가운데 그 어떠한 것도 보존되지 못할 것이지만, 그는 천국에는 확실히 들어가게 될 것이다. 그는 행위 없이 믿음에 의해서 천국에 들어가긴 할 것이지만, 그리스도의 영광스러운 왕국에서 그리스도께 영광을 돌릴 만한 그 어떤 것도 (혹은 "이익(profit)"이 될만한 그 어떤 것도) 보존되지는 않을 것이다.

'행함이 없는 믿음은 죽은 믿음이다' 에 대한 해석

이러한 접근 방식이 "행함이 없는 믿음은 그 자체가 죽은 것이라"(약 2:17)는 구절의 의미를 참 믿음 대 거짓 믿음 접근 방식보다 과연 더 잘 설명하고 있는가? 우리가 제안했던 내용을 기억하자. 죽은 것은 한때는 살아 있었던 것이었다. 야고보서의 수신자들이 직면했던 문제는 부자와 빈자를 차별하는 문제, 물질만능주의, 그리고 타인을 무시하는 태도 등인데, 이러한 것은 곧 그들의 믿음이 부패했음을 보여주는 것이라고 말하고 싶다.[6] 그들은 선한 행위를 행할 수 없는, 일종의 마비 상태에 있었다. 이러한 마비 상태에 빠진 채, 그들은 점점 더 자기중심적이고 나태해져만 갔다. 그들의 믿음은 그야말로 "죽은" 상태였다. 이는 그들이 믿음을 가진 적이 없었다는 의미가 아니다. 또한 그들의 믿음이 거짓이었다는 의미도 아니다. 그저 그들은 그리스도를 향한 열정이나 열심을 잃어버렸다는 뜻이다.

만일 우리가 그리스도인 청년 모임을 방문하고 떠나면서 "와, 저 청년회는 죽었네"라고 말했다면, 내가 말하고자 하는 것이 무엇인지 짐작이 되는가? 나는 그 모임에 거듭난 그리스도인이 없다는 뜻으로 말하는 것일까? 그렇지 않다. 나는 그 모임이 그리스도를 향한 뜨거운 열정이 없음을 말하고 싶은 것이다. 그들은 죽었고, 생기가 없으며, 아무 활동이 없다. 그들의 믿음에 불을 붙이려면, 그들은 다시 활발하게 움직일 필요가 있다. 다시 말해서, 그들은 그들의 믿음에 행위를 더해야만 한다. 본문을 살펴봄으로써, 과연 이것이 본문의 바른 의미인지를 살펴보자. 그 일을 하기 전에 잠시 귀신들[7]의 믿음에 대한 설명을 건너뛰고, 아브라함과 라합과 관련된 "행함이 없는 믿음은 그 자체가 죽은 것"이라는 논의에 집중해 보자.

분명 본문은 아브라함이 행함으로 의롭다 함을 받았다는 사실을 보여주고 있다. 이 점은 본문이 밝히고 있는 명백하고도 분명한 의미다. 이것이 마르틴 루터가 야고보서를 싫어했던 또 다른 이유였다. 바울은 우리가 행함 없이 믿음에 의해서 의롭다 함을 받는다고 말했지만, 야고보는 우리가 믿음 플러스 행함으로 의롭다 함을 받는다고 말하고 있다. 이 본문을 제대로 이해하려면, 우리는 아브라함의 삶과 관련하여 본문에 두 가지 기준점이 있다는 사실을 볼 수 있어야 한다. 하나는 창세기 15장이고, 다른 하나는 창세기 22장이다. 창세기 15장 6절을 보면, 아브라함이 "여호와를 믿으니 여호와께서 이를 그의 의로 여기셨다"고 말하고 있다. 이것은 바울이 로마서 4장 3절에서, 아브라함이 아무 일한 것이 없이 하나님께 의롭다 함을 받았다는 사실을 증명하기 위해 언급했던 구절이었다. 그가 의롭다 함을 받은 것은 그의 믿음 덕분이었다. 아브라함의 생애 가운데서 이 시점을 생각해보면, 그는 이미 야훼와 개인적인 관계를 가지고 있었다. 그러나 모든 해석자들은 이 시점 이후에 그가 새로운 관계를 형성하게 되었다는 데 동의한다. 어쨌든 창세기 22장의 이야기는 약 25년 후에 나온다. 그리고 창세기 22장 이후에는 아브라함에 대한 이야기를 많이 볼 수 없다. 이삭을 기꺼이 희생제물로 바치려는 아브라함의 확고한 의지는 그의 믿음의 절정기를 이루고 있다. 우리는 그가 파라오, 하갈, 아비멜렉과의 관계에서 겪었던 실패를 더 이상 볼 수 없다. 그리고 야고보가 창세기 22장의 이 사건에 가져오고 싶어 하는 강조점은 아브라함의 행위이지 그의 믿음이 아니다. 야고보가 아브라함의 믿음을 언급하고 싶을 때에는 창세기 15장으로 돌아간다. 하지만 여기서 야고보가 말하고 싶어 하는 것은, 자기 아들을 희생제사로 바치려는 아브라함의 의지는 그에게 칭의와 성숙한 믿음을 가져다준 행위라는 것이다. "네가 보거니와 믿음이 그의 행함과 함께 일하고 행함으로 믿음이 온전케 되었느니라."(약 2:22) 여기서 "온전케 되다(made perfect)"라는 동사는 그리스어 "텔레이오오(teleioo)"가 사용되었는데, 이 단어는 완벽하게 된다는 뜻보다는 완성 또는 성숙을 뜻한다.[8]

야고보서 2장과 아브라함의 두 가지 칭의: 하나님 앞과 사람 앞

야고보가 언급하는 칭의는 아브라함이 이삭과 함께 모리아 산을 오를 때까지 이루어지지 않았다. 그러나 바울은 아브라함이 하나님을 믿었던 25년 전에 이미 의롭다 함을 받았다고 말한다. 어쩌면 야고보는 자신이 무엇을 의도하고 있었는지에 대한 또 다른 단서를 줄 것이다. 그것은 23절 끝 부분을 보면, 아브라함이 하나님의 벗이라 불렀다고 말하는 부분을 통해서 주어지고 있다. 이 "벗 또는 친구(philos)"라는 단어는 감정적인 사랑을 말한다. 아브라함이 하나님의 벗이라 불린 것은 당연하다. 그는 자신의 아들을 사랑하는 것보다 하나님을 사랑하는 것을 앞세웠다. 그리고 흥미로운 사실은 세상의 주요 세 개의 종교, 즉 유대교, 기독교, 이슬람교는 아브라함을 하나님의 벗이라 부른다는 점이다. 이 점이 칭의의 퍼즐을 푸는 데 어떻게 도움이 될까? 우리는 "의롭다 하다(justify)"라는 단어가 "의롭다고 선언하다(to declare righteous)"라는 의미란 사실을 기억해야 한다. 이 세 종교가 아브라함을 하나님의 벗이라 부를 때, 그들은 그를 의롭다고 선언하는 것이다. 그들은 "이 사람은 하나님을 믿는 신자가 틀림없다. 왜냐하면 하나님을 사랑하는 그의 사랑이 자신의 아들을 희생하려는 그의 의지를 통해서 너무나 분명하게 나타났기 때문이다"라고 말하기 때문이다. 하지만 이삭 사건 후에 아브라함을 의롭다고 선언하는 이는 누구인가? 하나님인가? 아니다. 사람들이다. 다음 사실을 기억하라. 곧 우리는 사람으로서 겉으로 드러나는 열매를 볼 수 있을 뿐이지만, 하나님은 그 뿌리를 볼 수 있다는 것이다. 하나님은 창세기 15장에서 아브라함의 마음에 있는 믿음을 보시고 그를 의롭다고 선언하셨다. 그러나 사람들은 마음속을 볼 수 없다. 그들이 아브라함의 행위를 보고 나서야 그를 의롭다고 선언할 수 있었다.

분명히, 여기서 우리는 두 *가지 수준의 칭의*를 볼 수 있다. 하나는 믿음에 의해서 하나님 앞에서 의롭다 함을 받는 것이고, 다른 하나는 행위에 의해서 사람 앞에서 의롭다 함을 받는 것이다. 하나님은 우리의 믿음을 보실 때 우리를 의롭다고 선언하신다. 사람들은 우리의 행위를 볼 때 우리를 의롭다고 선언한다. 이것이 바울과 조화를 이룰 수 있는가? 물론이다. 로마서 4장 2절을 보면, 우리는 바울이 야고보가 강조하는 칭의 유형을 기꺼이 인정하고 있다는 사실을 알 수 있다. 그는 만일 아브라함이 행위로써 의롭다 함을 얻었으면 그리고 실제로 그랬다면, 자랑할 것이 있을 것이지만, 하나님 앞에서는 없다고 말하고 있다. 바울은 이 구절에서 조건문을 사용하여 행위에 의해서 의롭다 함을 받는 일의 실재를 드러내고 있긴 하지만, 이러한 칭의는 *하나님 앞에서* 이루어지는 것이 아님을 매우 분명히 밝히고 있다. 이러한 칭의는 오직 *사람들 앞에서* 이루어지는 것일 뿐이다. 하나님 앞에서의 칭의는 오직 믿음에 의해서만 이루어진다. 사도 바울은 로마서 4장의 나머지 부분에서 이 점을 밝히 드러내고 있다.

라합의 칭의: 믿음과 행함의 상호작용

야고보는 시련 속에서 견디는 믿음의 우수성에 대해 논하고 싶어 한다. 이러한 종류의 믿음은 갓난아기 상태에 있는 그리스도인의 믿음이 아니다. 이는 성숙한 그리스도인의 믿음이다. 그리고 그리스도인의 삶의 시련 속에서도 선한 행위를 통해서 견뎌낸 후에야 우리의 믿음이 성숙하다고 선언될 수 있다. 우리의 행위는 이러한 의미에서 우리의 믿음과 협력할 뿐만 아니라, 믿음을 발전시키고 성숙하게 만든다. 그렇다면 라합은 어디에 들어맞는 것일까? 그리고 하필이면 왜 많은 사람들 가운데 라합을 언급하는 것인가? 그 대조는 너무나 명백하다. 아브라함은 유대인의 조상이며, 남성이고, 도덕적인 인물이었다. 그러나 라합은 여성이며, 이방인이고, 부도덕한 인물이었다. 이는 곧 *메리즘(merism)*이다. 즉 메리즘이란 서로 상반되는 것들을 언급함으로써 전체를 아우르는 수사법이다(즉 밤과 낮, 머리부터 발끝까지, 하늘과 땅 등). 만일 야고보가 가르치는 이 원리를 서로 반대되는 것, 즉 아브라함과 라합에게 적용될 수 있다면, 이 원리는 모든 *인류에게* 적용되어야 하는 것임을 드러내려는 것이다.

라합을 이해하는 열쇠는 야고보가 그녀에 대해 말하는 것과 히브리서 11장이 그녀에 대해 말하는 것을 비교해보는 것이다. 히브리서 11장에서 강조하는 것은 믿음이다. 그리고 야고보의 강조점은 행위에 있다는 점을 기억해야 한다. 히브리서 11장 31절을 보면 라합은 믿음으로 정탐꾼을 *영접했지만*, 야고보서 2장 25절에서 그녀는 그들을 *다른 길로 내보내는* 일을 *했다*. 히브리서 11장 31절에서 오직 하나님만이 라합의 믿음을 볼 수 있었다. 정탐꾼들은 그녀가 정말로 그들이 말한 것을 믿어줄 것인지를 궁금해하면서, 아마도 발을 동동 굴렸을 것이다. 그들이 어떻게 알 수 있었을까? 게슈타포가 라합의 문을 두드려 집에 정탐꾼이 있는지 묻는다. 정탐꾼들은 지붕 위에 있었고, 라합이 게슈타포와 대화하는 것을 들을 수 있었다. 그녀가 그들에게 무슨 말을 할 것인가? 그들은 궁금해했다. 혹 함정에 빠진 것은 아닐까? 그녀는 그들의 편인가, 아닌가? 라합이 게슈타포를 다른 길로 유인했을 때에야, 그들은 이러한 질문들에 대한 답을 알 수 있었다. 그런 다음 그들은 달려나가 라합을 안아주었고 라합은 자신들을 다른 길로 내보냈기 때문에, 그들은 여리고에 신자가 있음을 여호수아에게 말할 수 있었다. 이로써 그녀는 목숨을 보존할 수 있었다. 그들은 라합의 행위, 즉 그녀가 자신들을 다른 길로 내보냈기 때문에 그녀가 자신들의 메시지를 믿는 신자라는 것을 확신했다. 그래서 그들은 그녀를 의롭다고 선언했다. 그녀는 자신의 행위에 의해서 사람들 앞에서 의롭다 함을 받을 수 있었다.[9] 요약하자면, 오직 하나님만이 그녀가 정탐꾼을 영접했을 때 그녀의 믿음을 볼 수 있었다. 바로 그 순간 하나님은 그녀를 의롭다고 선언하실 수 있었지만, 사람은 어느 누구도 그럴 수 없었다. 그러나 그녀가 게슈타포를 다른 길로 내보냈을 때, 정탐꾼들은 여호수아에게 가서 자신들이 볼 수 있었던 것, 즉 그녀의 행위에 근거하여 그녀를 의롭다고 선언할 수 있었다. 이러한 의미에서만, 그리고 이러한 방식으로만 라합은 행위에 의해서 의롭다 함을 받을 수 있었던 것이다.

믿음과 행위의 관계: 육체와 영혼의 비유

야고보는 마지막 예시를 제시하면서 모든 것을 마무리하고 있다. 그는 믿음과 행위의 관계를 보여줄 수 있는, 또 다른 종류의 비유를 찾고 싶어 한다. 그는 몸과 영혼, 즉 보이는 물질적인 부분과 보이지 않는 비물질적인 부분으로 되어 있는 인간을 선택한다. 설교자들은 항상 좋은 예화를 찾기 마련인데, 야고보도 좋은 비유를 찾은 것 같다. 행위는 보이는 것이고, 믿음은 보이지 않는 것이다. 그렇다면 어떻게 유사성을 찾을 수 있을까? 물론 우리는 보이는 것과 보이는 것을, 보이지 않는 것과 보이지 않는 것의 유사성을 볼 수 있다. 몸은 행위와, 영혼은 믿음과 일치시키고 싶어할 것이다. 맞는가? 틀렸다. 야고보는 정반대로 하고 있다. 그리고 이 점은 우리가 믿음과 행위의 관계에 대해서 그가 우리에게 가르치려는 것을 이해하는데 있어서 매우 중요하다. 야고보는 영혼 없는 몸은 죽은 것이라고 말한다. 다시 말해, 우리가 몸에서 영혼을 빼내면 몸은 무력하게 되고 생명력을 잃는다. 우리가 몸에 생명이 있음을 보이기를 원한다면, 몸에 영혼을 다시 넣어주어야 한다. 마치 하나님이 아담을 구성하는 요소들 속에 생명의 영을 불어넣으신 것처럼 말이다. 이것이 믿음과 행위의 관계를 어떻게 설명하는 것일까? 야고보는 우리의 믿음을 몸에, 그리고 우리의 행위를 영혼에 비유한다. 다시 말해, 우리의 믿음에서 행위를 분리하게 되면, 믿음은 생명력을 잃고 무력해진다. 그러면 죽은 것이 된다. 만일 우리의 믿음을 다시 살리려면, 우리의 믿음에 행위를 더해야 한다. 행위는 우리의 믿음에 아드레날린 주사를 놔준 것처럼 작용한다. 행위는 믿음에 불을 붙인다. 행위는 믿음에 활력과 기운을 준다. 행위는 믿음을 살린다. 여기에는 참 믿음과 거짓 믿음에 대한 것이 전혀 없다. 영에 의해서 몸에 생명이 돌아오는 전체 그림은, 만일 우리가 행위를 더했을 때 거짓 믿음이 참 믿음이 되는 것으로 말하게 되면, 아무 의미 없는 것이 되고 만다. 그런 것은 이단적인 사상일 뿐이다.

해석학적 순환 내에서 소조와 소테리아 용어의 사용에 대한 지금까지 이러한 논의를 통해서, 우리는 성경에서 사용하고 있는 구원이란 단어의 의미를 이해하는데 문맥이 가장 중요하다는 사실을 알 수 있었다. 우리는 이처럼 중요한 신학적 단어의 의미에 대한 우리의 선입견을 본문에 주입하지 않도록 조심해야 한다.

미주

1 Wallace, *Greek Grammar Beyond the Basics*, 686.

2 Wallace, 219.

3 다음 책을 보라. Zane C. Hodges, "Light on James 2 from Textual Criticism," *Bibliotheca Sacra* 120 (1963): 341-50.

4 고린도전서 3-4장, 9:24-27, 고린도후서 5:9-10, 로마서 14:10, 요한일서 2:28을 보라.

5 야고보서가 그리스도의 심판대를 명시적으로 계시하고 있는 고린도전후서와 로마서보다 먼저 쓰여졌기 때문에 야고보는 그 마음에 그리스도의 심판대를 염두에 두지 않았을 것이라고 주장하는 사람들에게, 우리는 앞서 언급했지만 야고보서에 나오는 심판에 관한 모든 구절들로 답하고자 한다. 야고보서 5장 8-9절은 주님(*kurios*)의 심판이 임박했음을 언급하고 있다. 그리스도의 심판대(고후 5:10)라는 정확한 용어를 사용하지 않았다고 해서 그의 마음에 동일한 개념이 없었다는 것은 말이 되지 않는다. 마찬가지로 이 문구가 고린도전서 3장에서 사용되지는 않았지만, 그럼에도 대부분 세대주의자들은 고린도전서 3장의 불에 의한 각 신자의 공력 시험이 곧 그리스도의 심판대를 가리킨다는데 동의하고 있다.

6 야고보서 2장 14-26절의 문맥을 보면, 이 구절은 야고보가 형제들에게 부한 사람과 가난한 사람을 차별하고 있는 것에 대해서 책망하는 야고보서 2장 1-13절과 연속선상에 있다. 그는 또한 형제들이 영광스러운 우리 주 예수 그리스도 안에서 자신이 가지고 있는 것과 같은 믿음을 가지고 있음을 확증하고 있다.

7 만일 본문이 천국이나 지옥을 가는 문제를 다룬다는 이해를 내려놓을 수 있다면, 귀신들도 믿고 떤다는 것을 언급하는 이유를 더 잘 이해할 수

있다. 이 본문은 행함이 없이 그저 믿음을 주장하는 것이 얼마나 무가치한 일인가에 대한 야고보서의 서론 부분의 질문을 상기해보면, 선명해진다. 야고보가 믿음과 행위의 관계에 대해서 가르치고자 하는 부분에 대해서 가상의 반대자는 행위가 중요하지 않다고 말한다. 즉 "나는 믿음이 있습니다. 그것이 전부입니다." 야고보는 그렇지 않다고 말한다. 귀신들도 정통 신학을 가지고 있다. 귀신들도 죽은 믿음을 가지고 있는 그리스도인들처럼 한 분 하나님을 믿고 있다. 그러나 심지어 귀신들의 믿음은 그들보다 더 많은 생명력을 보여준다. 그들은 적어도 하나님을 두려워 하는 마음으로 떤다. 건강한 믿음은 선한 행위를 가질 수밖에 없다. 행위는 중요하다. 누군가 믿음만 가지고 있다면, 그는 병든 믿음을 가지고 있다. 귀신들의 믿음은 그들보다 더 확실한 생명력을 보여준다는 점에서 그들보다 더 건강하다고 할 수 있다. 적어도 그들은 두려운 마음을 가지고서 떨기 때문이다.

8 이 용어가 동사 형태 또는 형용사 형태로 야고보서에서 여러 번 사용되었음을 기억해야 한다. 특히 야고보서의 전체적인 분위기를 설정하는 서론 부분(약 1:3-4)에서 가장 두드러지게 사용되고 있다. 다시 한번 말하지만, 야고보서는 *구원의 길*을 제시하는 책이 아니라, 그리스도인의 *삶의 행실*을 설명하는 책이다. 시련과 시험을 통과함으로써 연단을 받는 믿음에 관한 책이다. 우리가 이러한 시련을 잘 견디게 되면, 우리의 믿음은 성숙해지거나 완전해지게 된다. 물론, 이것은 야고보가 아브라함의 삶을 통해서 말하는 내용과 정확히 일치한다.

9 행함이 있는 아합의 믿음이 정탐꾼들 뿐만 아니라 이스라엘의 육체적인 목숨까지 구원했다는 점도 주목하라.

부록 2

또 다른 두 도시 이야기

서론

그때는 최고의 시대였다. 동시에 최악의 시대이기도 했다. 아테네에서는 최고의 시대였지만, 예루살렘에서는 최악의 시대였다. 알렉산더 대왕은 더 이상 정복할 세상을 찾지 못했고, 그의 부하였던 네 명의 장군들이 그의 왕국을 분할했을 때 시리아의 셀레우코스 왕조와 이집트의 프톨레마이오스 왕조는 지중해 세계를 지배하려는 욕심에서 팔레스타인을 각축장처럼 사용했다. 철학의 황금기는 아테네에서 이백 년 이상 번성하고 있었고, 안티오쿠스 에피파네스가 예루살렘을 침공하였을 때 선지자 다니엘이 말했던 멸망의 가증한 것을 세우고 예루살렘을 황폐케하는 일을 했다. 바벨론 포로 시기에 느부갓네살도 유대인의 성전을 그 정도로 더럽히는 일을 하지는 않았다. 이렇듯 아테네에서는 최고의 시대였지만, 예루살렘에서는 최악의 시대였다.

아리스토텔레스 밑에서 삼 년을 공부했던 알렉산더 대왕의 꿈은 온 세상을 헬레니즘화하는 것이었다. 그는 그리스 철학 사상의 우월성에 너무도 심취해 있었으며, 매가 들쥐를 급습하는 것보다 빠르게 메디아-페르시아 제국을 휩쓰는 중에도 오디세이와 일리아드 사본들을 가지고 다녔다. 그는 정복한 각 나라가 아테네의 지혜를 경험하기를 바랐다. 그리스어는 그의 왕국의 공용어가 되었다. 동양과 서양이 만났고, 그 결과로 이루어진 결합은 뉴턴의 운동 법칙의 발견보다 서구 문명에 더 큰 영향을 미쳤다.

플라톤과 아리스토텔레스 철학의 영향

우리가 현재 이야기하고 싶은 것은 아테네 출신의 두 사상가인 플라톤과 아리스토텔레스의 철학이, 지중해에 떨어진 두 개의 운석처럼 유대-기독교 사상의 바다에 엄청난 파급 효과를 일으켰다는 것이다. 기독교 철학자 랄프 스톱(Ralph Stob)은 이렇게 말했다. "그리스 정신의 이러한 요소는 … 초기 3세기 기독교 운동에 큰 영향을 미쳤다. 동시에 이단들이 우후죽순처럼 일어나는 근본적인 요인이기도 했다."[1] 마빈 윌슨(Marvin Wilson)은 이렇게 말했다. "서양인들은 종종 그리스 문화의 눈으로 유대인 책을 이해하려고 노력하는 혼란스러운 상황에 처하곤 했다."[2] 더 나아가 돔 그레고리 딕스(Dom Gregory Dix)는 초기 기독교와 그리스 철학을 혼합하는 "과정에서 영적인 정신분열증"[3]으로 이어지기까지 한 점을 지적하고 있다. 본 연구에서는 서구 기독교에 영향을 미친 플라톤과 아리스토텔레스 철학의 주요 요점을 개괄하고, 특히 이중 예정론을 통해서 이러한 영향을 설명하고자 한다.

플라톤 (기원전 427-347년)

플라톤은 페르시아인의 이원론적 철학(곧 조로아스터교)을 받아들였는데, 이는 선과 악의 비인격적인 힘 사이의 끊임없는 투쟁을 인정하는 사상이었다. 그러나 플라톤은 자신만의 왜곡된 시각으로 세상을 바라보면서, 모든 선은 영적인 세계에만 있는 것으로 국한시켰다. 모든 악은 물질세계에 있었다. 오직 영적인 세계에서만 열등한 것들의 완벽한 이상을 찾을 수 있었고, 물질적인 세계는 그러한 것들의 복제품일 뿐이었다. 그리고 이 영적인 세계에서 우리는 물질적인 몸과 결합하기 이전에 존재했던 불멸의 영혼을 발견할 수 있다.

불멸의 영혼이 물질적인 몸으로 들어갈 때, 선은 악과 섞이게 되고 또한 불멸의 영혼에게 고통이 시작되는 것이었다. 그러므로 인간 삶의 목표는 이렇게 갇히게 된 영혼이 이상적인 세계, 즉 완벽하고 선한 영적인 세계로 다시 들어가도록 해방시키는 것이 되었다. 따라서 그의 이원론(선 대 악)이 전 우주에 대한 메타-서사(meta-narrative)[4]인 것처럼, 인간에게도 마찬가지였다. 인간의 몸은 영혼의 감옥이었다. 이 불멸의 영혼은 결함 있고 부서지기 쉬운 흙 항아리에 갇혀 있다. 구원은 죽을 때까지는 얻을 수 있는 것이 아니었으며, 죽음으로써 영혼은 자유롭게 되고 또한 선과 완전의 천상의 영역으로 떠오를 수 있다고 보았다. 인간을 이렇게 이원론적으로 보는 관점이 서구 기독교의 구원론 교리의 뿌리에 닿아 있었다.

플라톤 철학이 기독교 구원론에 미친 영향

베르너 예거(Werner Jaeger)는 다음과 같이 말하고 있다. "기독교 교리 역사에서 가장 중요한 사실은 기독교 신학의 아버지인 오리게네스가 알렉산드리아 학파의 플라톤주의 철학자였다는 점이다. 그는 플라톤으로부터 가져온 영혼의 우주적 드라마 전체를 기독교 교리에 편입시켰고, 비록 후대 기독교 교부들이 그가 너무 많은 것을 받아들였다고 판단했지만, 그들은 플라톤의 영혼 철학의 본질을 여전히 유지했다."[5]

플라톤의 구원론은 구약성경에서 가르치는 것과는 거리가 멀었다. 대부분 구약성경의 독자들은 죽음 이후 인간의 영혼이 천국에 들어간다는 구원의 약속을 구약성경에서 찾기 위해 애를 써야만 했다(있기는 하지만, 대부분 사람들은 어디에 있는지 모른다). 구약성경에서 구원의 강조점은 사실 땅에서 장수하는 삶이었다. 하나님과의 교제와 축복은 이 세상에서 마땅히 누리고 또한 즐겨야 하는 것이었다. 윌슨(Wilson)은 다음과 같은 점을 지적했다.

확실히, 구약 시대의 경건한 성도들은 오늘날 특정 교회에서나 들을 수 있는, 매우 이질적이고 이교적인 가사의 찬송을 부르는 일은 없었을 것이다. 즉 "이 세상은 내 집이 아니네, 나는 그저 지나가는 나그네일 뿐", 또는 "기쁜 어느 아침, 이 삶이 끝나면, 나는 날아갈 거야", 또는 "나의 모든 수고와 시련이 끝나면, 나는 아름다운 해변에 서 있으리." 이러한 종류의 가사는 그야말로 현재의 물질 세계를 버리고 다가올 "진정으로" 영적인 세계의 기쁨만을 바라보도록 하고 있는데, 사실 구약시대의 그 어느 히브리인에게도 이러한 개념은 지극히 비현실적이고 무책임하며, 현실 도피적인 것으로 다가왔을 것이다.[6]

플라톤주의 전파의 핵심 인물: 아우구스티누스

예거는 알렉산드리아의 오리게네스가 플라톤주의를 기독교에 주입하는데 가장 큰 책임이 있다고 주장하지만, 본서의 저자는 히포의 주교(즉 아우구스티누스)가 오리게네스보다 훨씬 더 큰 영향을 미쳤다고 믿고 있다. 사실 아우구스티누스는 오리게네스에게서 플라톤주의를 배운 것이 아니었다. 사실은 플로티누스(Plotinus)와 신플라톤주의(Neo-Platonism)의 영향을 받았던 것이다. 그러므로 아테네가 예루살렘에 미친 영향을 추적하기 위해, 살펴볼 사람은 플로티누스다.

플로티누스(서기 204-270년)

일부 사람들은 이 탁월하고 신비주의적인 인물을, 사도 시대 이후 서구 기독교에 가장 큰 영향을 미친 인물로 평가하기도 한다. 그는 신플라톤주의의 아버지로 알려져 있다. 알렉산드리아와 페르시아에서 성장하고 철학을 공부한 후에 그는 로마에 정착하여 학교를 설립했다. 그는 적이 없는 사람으로 알려졌으며, 그의 신성한 지혜로 인해서 사람들에게 크게 사랑을 받았다. 그는 스스로 자신의 지혜를 영구적으로 남기고자 노력하지는 않았지만, 그의 제자이자 전기 작가인 포르피리우스가 흩어진 그의 강의록들을 편집하고 정리했다. 이 강의록들은 『엔네아드(Enneads)』로 알려지게 되었고, 마리우스 빅토리누스(Marius Victorinus)에 의해 번역되었는데, 아우구스티누스가 이 책을 열심히 연구했던 것이다. 아우구스티누스는 플로티누스가 자신을 진리의 길로 인도하였으며, 결국 자신이 정통 교회로 회심하는데 결정적인 역할을 했다고 인정했다.[7] 마이클 아즈쿨(Michael Azkoul)은 이렇게 말한다.

> 아우구스티누스의 경우를 보면 … 그는 플라톤주의, 특히 리코폴리스의 플로티누스(204-270)와 그의 학파(신플라톤주의)의 매력에 흠뻑 빠져들었으며, 아마도 그의 영혼을 뒤흔들 정도로 강렬했을 것이다. 그는 자신의 신학을 플라톤주의로 꾸미는 것 이상을 했다. 아우구스티누스는 다른 어떤 철학자보다도 이 그리스 철학자와 그의 엔네아드에서 여러 가지 원리들을 빌려와 그리스 철학의 기독교 버전으로 발전시켰다.[8]

아우구스티누스는 그의 저서 『고백록(Confessions)』에서 볼 수 있듯이, 기독교 최초의 자기 성찰 작가였다. 아마도 고백록을 쓰는데 아우구스티누스에게 영감을 주었던 것은 플로티누스의 신비주의와 높은 영성에 도달하는데 필요한 그의 관상(contemplation)의 단계에 대한 이해였을 것이다. 아우구스티누스는 심지어 플로티누스의 글을 성경과 비견하기까지 했다.[9] 그는 플로티누스의 글을 자신의 글처럼 자유롭게 가져다 쓰기도 했고, 그대로 인용하기도 했다. 그처럼 플로티누스의 영향력은 너무 큰 것이었기에, W.R. 잉게(Inge)는 다음과 같이 주장하고 있다.

> 플로티누스는 이 융합(그리스 철학이 기독교 신학의 중심 속으로 스며드는 것)에 엄청난 영감을 불어넣었다. 그의 철학의 승리는 너무나 빠르고 압도적이어서 다른 학파들을 흡수해버렸고, 신플라톤주의는 아테네의 플라톤 아카데미를 장악했다. … 유스티니아누스가 529년에 아테네 학교들을 폐쇄할 때까지 거의 경쟁자 없이 군림했다. … 심지어 아우구스티누스는 플라톤주의자와 기독교인 사이엔 차이가 거의 없다는 말을 하기도 했고, 교회는 점차적으로 신플라톤주의를 흡수하다가 거의 전체적으로 잠식을 당했다. … 이교도 플로티누스가 다른 그 어떠한 사람보다 기독교 사상에 더 깊은 흔적을 남겼다고 유켄(Eucken)이 말하는 것은 역설이 아니다.[10]

잉게가 자신의 주장을 과장해서 말했을 가능성이 크기는 하지만, 그의 주장을 섣불리 일축할 수는 없다. 왜냐하면 많은 사람들이 그러한 광범위한 영향을 미친 인물로 아우구스티누스를 가리킬 것이고, 만일 아우구스티누스의 사상의 주요 원천이 플로티누스였다면, 그 의미는 명백하기 때문이다.

플로티누스에 따르면, 최고 지존자(Supreme Being)는 모든 생명의 근원이고 또한 절대적인 인과율이다. 이 최고 지존자는 더욱이 최고의 선이고, 모든 유한한 것들은 나름 존재 목적을 가지고 있기에 그 근원으로 되돌아가야만 했다. 물질계로 내려온 인간 영혼들은 어쩔 수 없이 감각적 쾌락에 사로잡히고 욕망에 압도당한 존재들이다. 영혼들은 이 물질세계에서 본래 온 곳으로 돌아가야 한다. 아직 자유를 잃지 않았으므로 회심은 여전히 가능하다. 바로 여기에서 우리는 그의 철학의 실제적 측면으로 들어가게 된다.

영혼은 내려왔던 바로 그 길을 따라 최고선(Supreme Good)으로 되돌아가야 한다. 무엇보다도 자기 자신에게로 돌아가야 한다. 이는 덕을 실천함으로써 이루어지는데, 이는 하나님을 닮는 것을 목표로 삼는 것이며, 그럴 때 하나님께로 이끌림을 받게 된다. 플로티누스의 윤리를 보면, 모든 오래된 덕목 체계가 질서를 갖추고 있으며, 점진적인 단계로 배열된다. 가장 낮은 단계는 시민적 덕목이며, 그 다음은 정화의 덕목, 마지막으로 신성한 덕목이다. 시민적 덕목은 영혼을 고양시키는 일 없이 그저 삶을 아름답게 꾸밀 뿐이다. 그 다음 정화의 덕목은 영혼을 감각적 쾌락에서 해방시키고 본래 자기 자신으로 되돌아가게 하며, 거기서부터 최고 지존자에게로 나아가도록 이끌어준다. 금욕적인 의식을 준수함으로써 사람은 다시 한번 영적이고 영속적인 존재가 되어 모든 죄에서 벗어나게 된다.

그러나 아직 더 높은 성취 단계가 있다. 죄 없는 것만으로는 충분하지 않으며, "하나님"이 되어야 한다. 이것은 최고 지존자와 하나됨을 관상함으로써 도달하게 된다. 다시 말해서, 황홀경에 이르는 접근을 통해서 영혼은 생명의 샘이시며, 존재의 근원이시며, 모든 선의 기원이시며, 영혼의 근본이신 하나님과 하나가 될 수 있다. 그 순간, 영혼은 가장 높은 수준의 형언할 수 없는 복을 누리게 된다. 이는 마치 신성에 삼켜지는 것이며, 영원의 빛 속에 흠뻑 적셔지는 것과 같다. 포르피리우스는 서로 서신을 교환하는 6년 동안, 플로티누스가 이 황홀경적인 하나님과의 합일을 네 차례나 경험했노라고 말했다.

포르피리우스는 플로티누스의 가르침을 대중화하기 위해서 신플라톤주의의 종교적 측면을 강조했다. 포르피리우스에 따르면 철학의 목표는 영혼의 구원이다. 악의 기원과 원인은 몸에 있는 것이 아니라 영혼의 욕망에 있다. 그러므로 엄격한 금욕주의(고기, 와인, 성관계 금지)가 필요할 뿐만 아니라 하나님을 아는 지식이 요구되었다. 그는 자신의 저서 『기독교에 대한 반론(Against the Christians)』이란 책을 통해서 기독교를 대적하는 입장을 취했다. 그는 여기서 그리스도를 공격하지는 않았지만, 당시의 기독교의 관습을 비난했다. 448년에 그의 저서들은 정죄되었다.

아우구스티누스(서기 354-430년)

플라톤주의자들

아우구스티누스가 4세기 후반에 *엔네아드*를 읽기 시작했을 때, 그 책들은 그의 눈을 뜨게 해주었고 "보이지 않는 것들"(*Confessions*, VII, 20)에 관심을 쏟게 했다. 플라톤주의를 마음에 품은 아우구스티누스는 기독교 철학이 신앙에 기초하고 있지만, 그리스 철학은 이성에 의존하기 때문에, 기독교 철학을 철학들 가운데 가장 높은 것으로 여겼다. 그리고 그는 또한 철학들을 기독교가 도래하기 위한 준비 단계로 보았다. 기독교의 시대가 도래했기 때문에, 기독교 철학자는 마치 모세가 이집트에서 노예 생활을 떠날 때 "애굽 사람의 물품을 취하였던"(출 12:36) 것처럼, 그렇게 할 수 있었다. 이미 믿음으로 붙들고 있는 것을 이성으로 파악하기 위해선 합리적인 탐구가 이루어져야만 했다. 플라톤주의는 "믿음의 시녀"였다. 따라서 아우구스티누스는 믿기 위해서 알고자 했던 것이 아니라, 알기 위해서 믿었다(신앙은 이성을 추구한다. 다시 말해서 신앙을 바탕으로 이성적 탐구를 통해 진리를 깊이 이해하고자 했다).[11] 물리학이나 수학과 같이 이성이 믿음보다 앞설 수 있는 특정 문제들이 있었다.

아우구스티누스의 신론과 구원론에 대한 플라톤의 영향

아우구스티누스에게 하나님은 플라톤주의가 말하는 절대 선(善)이었다. 아우구스티누스는 물질 세계를, 영적인 세계인 이데아 세계의 희미한 복사본으로 생각했다. 참으로 모든 현상은 영원한 이데아들의 우발적인 *에크튀페스(ek-types*, 그리스어로 "밖으로" 또는 "~로부터"라는 의미)에 불과한 것이었다. 다시 말해, 어떤 피조물과 물질적인 것들이 다른 것들보다 우월한 것들이 있고 또한 아래에 있는 어떤 것들은 위에 있는 것들과 더욱 많이 닮은 것들이 있었기 때문에, 아우구스티누스의 우주는 최고의 지존자이신 하나님에게로 올라가는 존재의 계층 또는 사다리였다. 하나님에게로 상승은 하나님께로 "돌이킴"으로 시작되는데, 이 "돌이킴"은 필연적으로 신성한 조명을 필요로 했다. 물론, 우리의 상승의 한계는 단순히 우리의 피조된 본성의 한계에 의한 것이며, 우리의 도덕적, 영적 상태의 결과로 기인하는 것이기도 했다. 이 시점에서 아우구스티누스는 플라톤의 기억을 자신의 버전으로 바꾸었다. 아우구스티누스에 따르면 기억은 영혼이 과거를 회상하는 능력, 즉 우리 존재 안에 저장되어 있는 것을 불러내는 것이었다. 기억은 지식의 저장소이며, 지성의 선험적 카테고리와 함께 외부 세계의 진리를 불러오는 작용을 하는 것이었다. 기억은 지적 지식이든 감각적 지식이든, 모든 지식의 필수 조건(*sine qua non*)이었다. 지성은 감각과 달리 두 가지 흐름에 의해서 공급을 받는다. 곧 영혼으로부터, 그리고 간접적으로는 현상 세계로부터. 신성한 이데아들로 인해 "깊은 감명을 받거나" 또는 깊이 각인된 지성은 영혼을 자극하여 천상 세계를 관상하도록 우리를 매혹시킨다. 지성 또는 이성이 물리적 세계에 관심을 갖게 되면, "*과학(scientia)*"을 산출하게 되고, 영적인 영역을 탐구할 때는 숨겨진 "*지혜(sapientia)*"를 밝히 드러내게 된다. 과학과 지혜 모두 진리의 어떤 측면을 이해하는데에는, 둘 다 어느 정도 조명을 필요로 한다. 존재론적으로, 더 높이 올라갈수록 우리 영혼은 더 많은 "빛"을 받게 된다.

이제 우리는 이러한 개념들이 성경 어디에 있는지를 물어야 한다. 아아, 이런 것들은 성경에 없다. 그러나 플라톤의 긴 팔은 수세기를 거쳐 플로티누스와 같은 제자들을 일으켰고, 그들을 통해서 아우구스티누스를 끌어안기까지 뻗어 나갔다. 사실, 교회 내 플라톤주의의 이러한 새로운 경향은 아우구스티누스에게 너무나 명백한 것이었기에, 마이클 아즈쿨은 다음과 같이 주장하고 있다.

> (아우구스티누스의) 철학적 종교는 기독교 계시의 왜곡일 뿐이다. 그는 또한 동서 분열의 상당 부분에 책임이 있으며, 심지어 서방 기독교계가 교부들의 신앙을 상실한 일에 대해서도 책임이 있다. ⋯ 그의 후대 옹호자들이 많이 있음에도 불구하고, 정교회가 그를 교부로 결코 인정하지 않는 데는 충분한 이유가 있다. 그리고 카롤링거 시대 이후 서구에서 그토록 널리 알려졌음에도 그는 결코 최고의 교부(super-Father)가 아니었다. 그는 확실히 교부 전통의 정점에 서있는 인물은 아니다. 사실, 그는 전혀 새로운 것의 시작이었다.[12]

아우구스티누스의 삶의 목표는 플로티누스가 주장했던 것처럼, 절대선(善)의 지복을 직관함으로써 오는 신비적인 합일을 경험하는 것이었다. 플로티누스는 이 신비적인 상태에 도달하게 되면, 우리는 무형의 직관(formless intuition)을 실제적으로 경험하게 된다고 확신했다. 이 신비적 상승은 그것을 통과하는 사람들에게는, 영혼의 가장 순수한 본성에 이질적인 모든 것을 점진적으로 벗겨내는 것처럼 보일 수 있으며, 만일 우리 영혼에 땅에 속한 흔적이 조금이라도 남아 있는 동안에는 지성소에 들어갈 수 없다. 그는 이 거룩한 상승을 "홀로이신 한 분이신 이에게로의 비상(a flight of the alone to the Alone)"이라고 묘사했다.

플로티누스는 그러한 상승이 실로 드문 경험임을 인정했다. 이는 지극히 높은 것을 추구하는 평생에 걸친 추구를 완성하는 것이었으며, 강렬한 관상과 끊임없는 자기 훈련을 통해서만 얻을 수 있는 것이었다. 그러므로 금욕주의는 필수적인 것이었다. 히포의 주교였던 아우구스티누스는 거룩한 상승이라는 목표를 이루고자 기꺼이 자신의 욕정을 죽이려는 의지가 있는 젊은 지망생들을 위한 학교를 설립했다. 아우구스티누스는 평생 그리스도인의 삶을 살면서 그것을 갈망했지만, 플로티누스가 묘사한 신비적 합일을 경험하지는 못했다.

아우구스티누스가 수용한 플라톤주의 교리들

공정하게 말하자면, 우리는 아우구스티누스가 플라톤 철학의 모든 것을 흡수했다고 보아서는 안 된다. E. 포르탈리에(Portalie)는 히포의 주교가 거부했던 플라톤주의 이론들을 열거한다. 즉 (우주가 시작도 없이 영원히 존재해왔다는 이론인) 세계의 영원성, (절대자에게서 계층적으로 우주가 흘러나왔다는 이론인) 유출설(Emanationism), 범신론, (인간의 자기 노력, 즉 수양이나 깨달음을 통해서 구원을 얻는다는 이론인) 자력구원론(Autosoterism), 영혼의 선재와 윤회(Pre-existence & Transmigration), 그리고 다신론(Polytheism) 등등.[13] 아울러 그는 아우구스티누스가 항상 인정하고 또 자신의 것으로 만들고자 했던 플라톤의 교리들을 나열한다. 즉 지혜에 대한 사랑으로서 철학과 그 철학의 대상으로서 하나님과 영혼의 신비를 추구하는 것, 최고 선(善)의 이데아, 조명(illumination)의 교리, 그리고 플라톤의 이중적 실재에 상응하는 "지성(intellection, 영원한 것에 대한 지식)"과 "과학(scientia, 일시적인 것에 대한 지식)"을 구분하는 것, 그리고 아우구스티누스가 하나님의 본질 안에 두었던 영원한 이데아 또는 형상 이론 등.

A.H. 암스트롱(Armstrong)은 아우구스티누스를 "위대한 철학자들의 반열에 들어갈 수 있는 최초의 기독교 사상가"[14]라고 불렀다. 철학자 아우구스티누스는 진리가 합리적인 탐구를 통해 온다고 믿었지만, 신학자 아우구스티누스는 또한 믿음이 이성의 발견을 확증한다고 믿었다. 이것을 다른 방식으로 표현하자면, 믿음은 이해로 이어진다. 또는 기독교는 믿음을 공급하고 또 플라톤주의가 이성을 만족시킨다가 될 것이다. 그가 플라톤, 아리스토텔레스, 플로티누스, 포르피리우스 등에게 두었던 신뢰는 초기 교부들에게는 없는 것이었다. 그들은 그런 요소들을 취했을 순 있지만, 그리스인들에게서 철학적 원칙들을 취한 적은 없었다. 기껏해야 철학자들에게서 가져온 특정 요소들을 가지고 진리의 전당을 장식할 수는 있었지만, 결코 그것들을 가지고 초석을 놓지는 않았다.

아우구스티누스가 이성을 의존한 일은 어째서 그의 글이 계시의 전당에서 멀리 떨어진 인간 지성의 토끼굴을 쫓아다니게 되었는지, 그 이유를 설명한다. 인간의 타락과 인간 이성의 부패를 그렇게 철저히 믿었던 사람이 동시에 진리를 확증하는 일에 자신의 이성을 그처럼 전적으로 의존했다는 것은 이상하게 보일 수밖에 없다. 아우구스티누스가 서구의 신학적 거장이 된 것은 그가 죽은 지 수 세기 후에 일어난 일이었다.[15] 그렇지만 그는 서구 기독교계에 너무나 큰 영향을 미쳤기 때문에, 헤르만 로이터(Hermann Reuter)에 따르면, 아우구스티누스주의는 동방 기독교계와 분리하도록 서방 기독교계를 준비시키는 일을 했다.[16] B.B. 워필드(Warfield)는 이에 동의하면서, 이렇게 말했다. "서방 교회에 너무도 독특한 특징을 각인함으로써 교회의 분리를 초래한 사람이 바로 아우구스티누스였다."[17] 그리고 암스트롱은 "아우구스티누스주의의 근본 뿌리는 신플라톤주의였다"[18]라고 설명하고 있다.

아우구스티누스가 서구에 미친 모든 영향 또는 대부분의 영향을 추적하는 것은 본 연구의 범위를 훨씬 넘어서는 일이긴 하지만, 그의 주요 교리 중 하나인 이중 예정론(Double Predestination)은 살펴보는 것이 좋을듯하다. 우리는 이 어려운 교리 뒤에는, 좋게 말해서, 아우구스티누스 신학에 내재되어 있는 엘리트주의가 있음을 보게 될 것이다. 이 엘리트주의는 택함 받은 자들이란 개념에서 그 정체성을 찾을 수 있다.

이중 예정론

아우구스티누스의 마음속에 "원죄", "불가항력적 은혜", 그리고 "이중 예정론"이란 교리는 유기적으로 연결되어 있었다. 우리는 이전 글에서 그의 "불가항력적 은혜" 교리에 대해서 다루었다.[19] 아우구스티누스가 언급한 불가항력적인 은혜는 그가 물세례 시에 부여된다고 믿었던 중생의 은혜도 아니고, 효과적인 부르심의 은혜도 아니며, 오히려 끝까지 견디는 견인의 은혜(또는 은사)였다. 하나님께서 택함 받은 자들에게 불가항력적으로 이 은혜를 베푸시기 때문에 택함 받은 자들에게 배교는 불가능한 일이었다. 아우구스티누스가 택함 받은 자들은 그들의 삶의 마지막 순간까지 끝까지 견디며 그리스도께 충성을 다하는 자들로 정의했기 때문에(마 24:13), 배교는 불가능한 일이었다. 아우구스티누스가 플라톤주의자들의 프리즘을 통해서 성경을 굴절시켰기 때문에, 하나님의 빛은 엘리트를 향해서 굴절될 수밖에 없었다. 플라톤주의자들은 영혼이 육체의 감옥에서 벗어나 최고선(最高善)의 임재 속으로 날아가는 두 개의 날개로서, 관상의 삶(신비주의)과 자기 부정(금욕주의)을 강조했기 때문에, "천국"은 일반 대중들이 접근하는 것이 불가능했다. 결국, 문맹인 사람들(대중)이 연구하는 삶과 관상의 삶(이성 + 계시)을 어떻게 누릴 수 있단 말인가? 그리고 관상의 삶을 추구하는 사람들 중에서도 금욕주의의 엄격한 요구 사항 때문에, (모든 성관계는 죄다. 소죄든 대죄든 죄를 지으면 아니되었다) 천국에 갈 자격을 갖춘 사람은 훨씬 적었다. 아우구스티누스는 후사를 얻어 가문을 잇기 위한 필요악으로서 남편과 아내 사이의 성관계는 허용했지만, 그의 마니교적 배경은 이 분야에서 그를 여전히 가두어 두고 있었다. 마니교도들에게 성관계는 항상 악이었다. 아우구스티누스에게도 마찬가지였다. 플로티누스 자신은 자신의 몸을 너무 혐오하여 몸에 어떤 영예나 관심도 기울이지 않기 위해 목욕을 전혀 하지 않았고, 동시에 몸을 더욱 혐악하게 만들었다. (더군다나 악취가 났음은 말할 것도 없다.) 여기서 요점은 신플라톤주의가 엘리트주의를 조장했으며, 이러한 엘리트주의가 아우구스티누스에게서 택함 받은 자들에 대한 그의 이해를 통해서 나타나게 되었다는 것이다.

택함 받은 자와 유기된 자: 아우구스티누스의 예정론

아우구스티누스에겐 모든 세례 받은 자들은 성령으로 중생한 사람들이지만, 오직 그들의 삶의 끝까지 견디는 사람들만 택함 받은 자였고, 이런 사람들은 아주 극소수일 수밖에 없었다. 다시 한번 칼뱅 대학의 이전 학생이었던 아즈쿨의 말을 인용하고자 한다. 그는 아우구스티누스주의를 연구하기 시작하면서 다음과 같이 말했다.

예정은 아우구스티누스의 불가항력적 은혜 교리와 분리될 수 없다. 그에게 은혜는 신성하지만 창조된 힘이며, 이로써 하나님은 인간의 의지를 악에서 선으로 강제적으로 바꾸는 일을 하시며 또한 세례 받은 자들 속에 있는 "원죄(original sin)"가 맺는 결과들을 무효화시키신다. 세례 성사의 은혜는 "많은" 사람들에게 주어지지만, 아주 "소수의" 사람들에게만, 즉 택함 받은 자들에게만 배교를 거부하는 "견인의 은혜"가 불가항력적으로 부여된다. 구원하는 은혜는 강제적이다. 왜냐하면 그것이 자유롭게 주어진다면 인간의 사악한 본성이 그것을 거부할 것이기 때문이다. 종교개혁은 아우구스티누스의 사랑의 신학(Augustine charitology)을 그대로 채택했다.[20]

"택함 받은 자(elect)"는 아우구스티누스 신학의 핵심 요소가 되었다. 이것을 이해하려면 아우구스티누스가 마니교에서 아카데미 학파로, 다시 플라톤주의자들을 거쳐 기독교로 넘어간 과정을 기억하는 것이 도움이 될 것이다. 그는 마니교 철학을 배우고자 9년 동안 수행자(auditor)로 지냈다. 마니교 철학은 조로아스터교, 불교, 기독교가 결합된 형태였다. 마니교도들은 "신비의 아들들"과 "어둠의 아들들"을 구분했는데, 후자에 속한 사람들은 분명히 마니교적 깨달음의 영역 밖에 있는 사람들을 가리켰다. 그러나 그들 구성원 내에서도 "신비의 아들들"은 "선택받은 자들"과 "청취자들"로 나뉘었다. 마니는 구원이 *지식(gnosis)*을 통해서 온다고 선포했는데, 이 지식은 금욕적인 수행을 통해서 얻을 수 있는 것이었다. 택함 받은 자들은 세 가지 방법으로 보호를 받을 수 있었다. 1) 입술의 순결 - 육류와 술 금지, 2) 삶의 순결 - 재산 축적 금지와 육체 노동의 포기, 3) 마음의 순결 - 성생활 포기 등.

우리 중 과거의 짐을 완전히 버릴 수 있는 사람은 거의 없다. 이러한 마니교적 구별은 기독교 세계로 쉽게 옮겨졌는데, 특히 "택함 받은 자(elect)"라는 단어가 성경적인 용어였기 때문이다. 그러나 중생한 자(세례 받은 자)와 선택받은 자(견인의 은사를 받아 끝까지 견디는 자) 사이의 구별은 아우구스티누스의 창작이었다. 의심의 여지 없이 그의 금욕적 배경은 마니교에서 온 것이었고, 플로티누스와 포르피리우스에 의해서 확고하게 되었다. 이것은 느리지만 확실하게 물질적인 것들로부터 자신을 분리시킨 "소수", "택함 받은 자", "하나님의 아들들"만을 위한 구원이다. 은혜에 의해서, 견인의 은혜/은사를 받은 택함 받은 자들은 육신의 속박에서 벗어난다.

로마서 9장 해석의 변화와 이중 예정론의 문제점

선택과 견인과 밀접하게 연결된 것이 예정이다. 페르디난드 프랫(Ferdinand Prat)[21]은 아우구스티누스가 397년에 로마서 9장에 대한 자신의 해석을 바꿨다고 주장하고 있다. 그는 야곱과 에서를 두 가지 다른 종류의 사람들, 즉 택함 받은 자(Elect)와 유기된 자(Reprobate)의 모형으로 보기 시작했다. 알레고리 대신 광범위하게 모형론을 활용하는 티코니우스(Tyconius)의 해석학을 채택함으로써,[22] 아우구스티누스는 성경 전체에서 여러 가지 모형들을 찾기 시작했다. 로마서 9장이 지옥, 하데스, 천국, 영원, 심판, 정죄 등을 전혀 언급하지 않음에도 불구하고, 아우구스티누스는 영원한 복락과 영원한 정죄를 그 본문 속에 넣어서 읽어내고자 했다.

그리고 로마서 8장에서 아우구스티누스는 하나님의 지식을 하나님의 의지와 동일시했다. 다시 말해서 하나님의 예지(foreknowledge)와 예정(predetermination)을 같은 것으로 보았던 것이다. 따라서 하나님이 택하신 자들(택자들)은 세상 기초가 놓이기 전에 영원을 하나님과 함께 보내는 것으로, 하나님이 포기하신 자들(유기된 자들)은 하나님 없이 영원을 보내는 것으로 예정하신 것이었다. 물론, 아우구스티누스는 그의 신학체계를 그대로 답습했던 종교개혁자들이 물려받게 될 동일한 딜레마에 직면하게 되었다. 즉, 아우구스티누스의 이중 예정론이 하나님을 악으로부터 어떻게 변호할 수 있는가? 사실 아우구스티누스의 모든 궤변으로도 이 딜레마에 답할 수 없었고, 종교개혁자들도 마찬가지였다. 아아, 하나님의 만인을 향한 무한한 사랑(omnibenevolence)의 개념이 이중 예정론자들의 외피

속 안주머니 안에 감추어지게 되었다. 앞으로 살펴보겠지만, 테오도르 베자는 모든 사람을 사랑하시는 하나님의 개념을 그냥 포기해버렸다. 그는 하나님의 미움을 하나님의 사랑과 같은 수준으로 격상시켰고, 둘 다 미덕이라고 불렀으며 또한 각각을 통해서 하나님께 동일한 영광을 돌리고자 했다.

서구 기독교에 미친 아우구스티누스의 영향

아우구스티누스는 교황 첼레스티누스에 의해서 "위대한 학자이자 신앙의 박사"로 칭송을 받았지만, 그는 여전히 교부들의 그림자 속에 살았다. 성 예로니모(St. Jerome)는 그의 저서 『유명한 인물들에 대하여(De viris illustribus)』에서 아우구스티누스를 언급하지 않았다. 그리고 마르세유의 성 겐나디우스 또한 아우구스티누스가 쓴 것에 대해서 전혀 알지 못했음을 보여준다. 술피키우스 세베루스(Sulpicius Severus)는 그가 쓴, 『투르의 성 마르티노(St. Martin of Tours)』의 전기에서 아우구스티누스를 완전히 무시했지만, 같은 책에서 성 키프리아누스, 암브로스, 예로니모, 파울리누스, 그리고 요한 카시아누스의 저작물에 대해서 큰 감사를 표현했다. 레메시아나의 성 니케타스, 시미에즈의 발레리안, 라벤나의 피터 크리솔로고스도 그들의 저작에서 아우구스티누스에게서 받은 영향에 대해서 아무런 언급도 하지 않았다.

아우구스티누스의 교리를 반대하는 사람들

아우구스티누스의 가르침에 반대하는 입장에 있던 사람들은 매우 강경했는데, 그중에는 성 요한 카시아누스, 레랭의 성 빈센트, 아를의 힐라리우스, 마르세유의 혼라투스와 겐나디우스, 리에즈의 파우스투스, 그리고 젊은 아르노비우스가 있었다. 카시아누스는 동시대 인물로 가장 강력했는데, 그는 아우구스티누스의 새롭고 위험한 견해들이 교부들이 소개한 일도 없고 또한 통상적인 성경의 해석과 일치하지 않는다고 주장했다. 아우구스티누스의 불가항력적 은혜와 이중 예정론 교리에 반대했던 카시아누스는 아우구스티누스가 영적인 질서의 실재인 은혜와 자유를 이성적인 영역으로 옮겨 놓았으며, 은혜와 자유를 상호 배타적인 개념으로 변모시켰다고 비난했다. 카시아누스의 목소리는 펠라기우스주의/아우구스티누스주의 논쟁의 소음 속에 묻혔지만, 리에즈의 성 파우스투스의 목소리는 그렇지 않았다.

파우스투스는 펠라기우스의 자력구원론(autosoterism)과 아우구스티누스의 이중 예정론 모두를 반대했다. 그는 인간의 행위와 하나님의 은혜 사이의 관계를 체계화한 "*적합한 공로와 당연한 공로(meritum de congruo et condigno)*" 교리를 설교했는데, 이는 은혜가 일반적으로 수여되지만 강제적인 것은 아니라는 개념이었다. 그는 또한 예정론을 이교도의 운명 개념을 조롱하는 것쯤으로 여겼다. 그의 지도력 아래 소집된 아를 공의회(Council of Arles)는 예정론을 정죄했다. 그리고 530년 발렌스 공의회(Council of Valence)에서는 이중 예정론을 거부했다.

아우구스티누스의 부상과 서구 신학의 핵심 인물로 자리매김

그러나 소위 "카롤링거 르네상스" 기간 동안 아우구스티누스의 명성은 높이 솟아 오르기 시작했다. 프랑크족 지식인들 사이에서 아우구스티누스는 교부들 중 가장 위대한 인물로 자리매김 하게 되었다. 샤를마뉴는 아우구스티누스의 저서인 『하나님의 도성(The City of God)』이란 책의 사본을 베개 밑에 두고서 잠을 자곤 했다. 아미앵 근처에 있는 코르비의 베네딕토회 수도원에서 라트람누스(Ratramnus)는 이중 예정론을 긍정했으며, 또한 (물질과 비물질적 실체를 분리하는 아우구스티누스의 형이상학에 기반해서) 성찬이 단순히 기념일 뿐이라는 결론을 내렸다. 그의 제자 중 한 명인 마인츠의 고트샬크는 자신을 아우구스티누스의 진정한 계승자라고 주장했다. 그는 이중 예정론을 옹호했으며, 마인츠 공의회(848년)에서 정죄되었고, 발렌스 공의회(855년)에서 옹호되었으며, 856년에 다시 반대를 받게 되었고, 결국 두지 공의회(Council of Douzy)에서 "가까스로 타협점"을 찾게 되었다.

이 시점부터 아우구스티누스가 무엇을 의도했는지에 대해선 의견의 불일치는 있었지만, 그가 교부 중 가장 위대하다는 것에 대해선 서구 기독교계에서 의견의 불일치는 없었다. 안셀무스, 아퀴나스, 보나벤투라, 그리고 종교개혁자들은 아우구스티누스의 겉옷을 기꺼이 걸치고 싶어 했다. 그리고 앞서 살펴보았듯이, 아우구스티누스는 플라톤에게 큰 영향을 받았다. 그러나 아우구스티누스의 이중 예정론에서 종교개혁자들의 이중 예정론으로 넘어가기 전에, 우리는 아리스토텔레스가 서구 기독교의 역사신학에 미친 영향을 잠시 살펴볼 필요가 있다. 토마스 아퀴나스는 아리스토텔레스를 교회에 들어오게 한 장본인이었으며, 나중에 종교개혁자들은 이중 예정론을 정당화하기 위해서 아리스토텔레스가 가르쳤던 논리의 원칙들을 활용했다.

아리스토텔레스(기원전 384-322년)

아리스토텔레스는 마케도니아 국왕의 궁정 주치의의 아들이었다. 그는 열일곱 살에 아테네의 플라톤 아카데미에 입학하여 20년간 학생으로서, 그리고 나중엔 교사로 머물렀다. 플라톤의 죽음 이후 그는 아테네를 떠나 다음 12년을 보냈으며, 이 중 3년은 마케도니아의 필립 2세의 아들인 알렉산더 대왕의 스승으로 봉직하였다. 기원전 335년, 그는 아테네로 귀환하여 뤼케이온(Lyceum)이라는 새로운 학교를 개설하고, 그 다음 12년간 가르치는 일을 했다. 알렉산더 대왕의 죽음 이후 반마케도니아 감정이 학교를 위협하자, 아리스토텔레스는 에우보이아로 피신할 수밖에 없었으며, 그곳에서 얼마 후 죽음을 맞이했다.[23]

경험주의와 논리학의 시조

아리스토텔레스는 플라톤의 제자였음에도 불구하고, 오감으로 인지되는 세계보다 보이지 않는 이데아 세계가 더 실재한다는 개념에 비판적이었다. 아리스토텔레스에게 있어 실재는 바로 눈앞에서 관찰 가능한 것이었다. 보이지 않는 세계는 그 진위를 검증하기 위해 계시를 필요로 했다. 그러나 자연의 경험적 세계는 달랐다. 이성과 논리만으로도 자연의 풍부한 지식을 탐구할 수 있다고 보았다. 그는 때때로 과학적 방법의 아버지로 불리었으며, 물리적 세계를 생물학, 동물학, 물리학이라는 특정 분야로 처음 분류한 인물이기도 했다. 또한 그는 논리학의 창시자로도 알려져 있으며, 그의 삼단논법적 추론과 "4원인론(four causes)"은 종교개혁자들이 예정론에 대한 자신들의 접근 방식을 확고히 하는데 매우 중요하게 활용되었다.

예정론 강화를 위한 아리스토텔레스적 도구들

삼단논법은 대전제, 소전제, 그리고 결론으로 구성된다. *선험적 분석론(Prior Analytics)*에 기술된 바와 같이, 삼단논법적 추론을 통해 지식을 논리적으로 연역할 수 있었다. 종교개혁자들은 교회 일원들에게 선택의 확신을 주기 위해서 이러한 유형의 추론에 크게 의존했다. 즉 대전제 - 주 예수 그리스도를 믿으면 당신은 구원받을 것이다. 소전제 - 나는 주 예수 그리스도를 믿었다. 결론 - 나는 구원받았다는 식이었다.

아리스토텔레스의 "4원인론"은 그가 자연의 변화를 설명하기 위해 사용한 개념이었다. 1) 질료인(Material Cause): 어떤 것이 진화한 재료. 예를 들어, 청동상을 만들 때 재료인 청동을 의미한다. 2) 형상인(Formal Cause): 변화하는 것에 모양과 구조를 부여하는 것. 청동상을 만들 때 특정 형상을 만들기 위한 주형이 여기에 해당한다. 3) 작용인(Efficient Cause): 질료에 형태를 부여하는 것. 청동상을 주조하는 장인이나 조각가가 작용인이다. 4) 목적원인(Final Cause): 그 실체가 나타나게 되는 궁극적인 목적이며, 작용인이 특정한 방식으로 작용하도록 요구하는 것. 청동상을 만들 때의 최종적인 목적을 뜻한다. 예를 들어 무언가를 기념하려는 것 등이 목적원인이 된다. 이러한 개념들은 테오도르 베자에 의해서 더욱 다듬어지고 신학에 적용되었으며, 이를 통해서 그는 하나님의 영광을 위하여 타락 전 선택설과 이중 예정론을 완성할 수 있었다. 이로써 그는 아리스토텔레스의 귀납적 논리와 연역적 논리 모두를 활용하였다.

아리스토텔레스 저작의 재발견과 서구 사상에 미친 영향

로마 제국 멸망 후 수 세기 동안 아리스토텔레스의 저작들은 서구 사상가들에게서 자취를 감추었다. 그러나 12세기에 학자들은 스페인에서 거대한 지식의 보고를 발견하였다. 톨레도, 리스본, 세고비아, 코르도바의 도서관에서 유럽인들이 오랫동안 전해 듣기만 했을 뿐 직접 읽어본 적 없던 책들의 아랍어 번역본들이 발견된 것이다. 천문학과 점성술을 열 수 있는, 잃어버린 열쇠였던 프톨레마이오스의 *알마게스트(Almagest)*, 최초의 과학적 의학 교과서였던 갈레노스의 *치유의 기술(On the Art of Healing)* 과 *해부학적 절차에 대하여(On Anatomical Procedures)*, 유클리드의 *기하학 원론(Elements of Geometry)*, 아르키메데스의 수학 공학 논문들, 그리고 무엇보다도 방대한 아리스토텔레스의 저작들, 즉 형이상학

(Metaphusics), 자연학(Physics), 천체에 관하여(On the Heavens), 동물의 역사(History of Animals), 생성과 소멸에 관하여(On Generation and Corruption), 영혼론(De Anima, 아리스토텔레스의 저명한 영혼론), 니코마코스 윤리학(Nicomachean Ethics), 정치학(Politics) 등이 발견되었다. 아리스토텔레스의 저작으로 알려진 두 권의 책이 더 발견되었는데, 비록 훗날 신플라톤주의자들의 저작으로 밝혀졌지만, 아리스토텔레스의 신학(Theology of Aristotle)과 원인론(the Book of Causes)이었다. 이 책들은 총체적으로 서구 지성사에서 가장 위대한 발견으로 평가받고 있다.[24] 유럽과 아프리카의 학자들(기독교인, 유대인, 무슬림)은 공동으로 이 책들을 라틴어로 번역하는 작업에 착수하였다. 다음은 영어로 번역한 내용 중 일부다.

감각적 증거들은 (지구의 구형을) 더욱 확증한다. 그렇지 않고서야 월식이 우리가 보는 것과 같은 모양을 어떻게 보여줄 수 있겠는가? 사실, 달자체가 매달 보여주는 모양은 다양하다. … 하지만 일식의 경우 그 윤곽은 항상 곡선 모양이다. 그리고 일식은 지구의 개입으로 인해서 생기는 것이므로, 이 달의 모양은 지구 표면의 형태 때문에 생기는 것인데, 이는 지구 표면이 구형이기 때문이다. … 따라서 헤라클레스의 기둥(지브롤터 해협) 주변과 인도 주변을 둘러싸고 있는 바다가 하나의 대양으로 이어져 있다고 생각하는 사람들의 견해를 터무니 없는 것으로 단정하는 것은 신중을 기할 필요가 있다.[25]

이 학자들이 이러한 지식의 보고 앞에서 경악할 만도 했다. 교회는 충격에 빠졌다. 유럽 대학이 시작된 이래로 신학은 과학의 여왕으로 군림해왔다. 그러나 아리스토텔레스의 부활과 함께 물리 세계에 대한 새로운 관심이 다시금 부상하게 되었다. 이 정보와 더불어 아리스토텔레스가 교회나 성경의 도움 없이, 오직 인간의 논리, 이성, 관찰을 통해서 방대한 지식을 축적했다는 사실이 밝혀지게 되었다. 이 분야에서 교회는 더 이상 절대적인 권위를 가진 존재가 아닌 것이 되어 버렸다. 이것은 결코 사소한 문제가 아니었다. 왜냐하면 당시 교회는 유럽의 사상과 문화를 지배하며 도전할 수 없는 권력과 권위를 누리고 있었기 때문이다.

일부 학자들은 이 새로운 지혜의 샘을 환영하였다. 피에르 아벨라르(Pierre Abelard, 1079-1142년)는 논리를 통해서 진실임이 증명될 수 없는 것은 무엇이든 거짓으로 간주해야 한다고 주장하기까지 했다. 불행히도, 인간이 계시와는 독립적으로 오로지 이성에만 의존하고 또한 이성을 진리의 최종 판단자로 삼을 때, 매우 기이한 현상이 일어나게 되었다. 즉, 이성이 계시를 완전히 배제해 버리게 된 것이다. 이런 일이 1,200년대부터 1,700년대 사이에 유럽에서 서서히 진행되고 있었다.

토마스 아퀴나스(1225-1274년)

1200년대에 토마스 아퀴나스(Thomas Aquinas, 1225-1274년)는 아리스토텔레스의 저작을 교회와 조화시키고, 또 교회 권위 아래에서 둘 다 공존할 공간을 마련하고자 노력했다. 토마스주의 스콜라 철학으로 알려진 그의 노력은 아리스토텔레스에 대한 지나친 의존성 때문에 처음에는 교회의 저항을 받았다. 1277년 그의 여러 명제들이 파리와 옥스퍼드에서 정죄되었으나, 1323년 그는 성인으로 시성되었다. 16세기에는 토마스주의가 로마 가톨릭 교회를 이끄는 선두적인 빛이었다. 그는 1567년 교회 박사로 선포되었고, 1879년 교황 레오 13세는 그의 저작을 연구 대상으로 추천했다. 아퀴나스가 종교개혁자들에게 미친 영향, 특히 그들이 아리스토텔레스의 삼단논법적 추론과 "4원인론"을 채택했기 때문에, 토마스 아퀴나스에 대해서 살펴볼 필요가 있다.

아퀴나스는 이성 기반의 사고와 계시 기반의 사고를 새로운 방식으로 통합하여 모두가 받아들일 수 있는 하나의 체계를 만들고자 했다. 그는 이를 위해 삶을 두 가지 구분되는 영역, 즉 자연의 영역(realm of Nature)과 은혜의 영역(realm of Grace)으로 나누었다. 과학, 논리, 그리고 자연적이고 시간에 속한 세계와 관련된 것들을 포함하는 하위 자연의 영역에서는 인간의 지성과 독립적인 이성이 자체적으로 매우 잘 작동한다고 보았다. 이 영역에서 이성이야말로 진리로 이끌어주는 신뢰할 수 있는 안내자로 여겨졌다. 반면에, 신학, 기도, 예배, 하나님, 천사, 그리고 영원하고 초자연적인 세계에 속한 것들을 포함하는 상위 은혜의 영역을 이해하기 위해서는 계시가 필수적이었다.

아퀴나스는 자연의 영역과 은혜의 영역을 서로 대립하는 것으로 보지 않았다. 그는 자연의 영역이 교회의 권위에 복종해야 한다고 믿었다. 그러나 비록 처음에는 자연의 영역이 은혜의 영역과 연결되어 있었음에도 불구하고, 물질 세계를 단순히 독자적인 범주에 놓음으로써, 시간이 지남에 따라 사람들의 마음속에서 그 구별이 너무 커져서 서로를 연결하고 있던 고리가 완전히 사라지고 말았다.

계시가 최고로 군림했던 시대였던 "암흑 시대"의 바다에서 짐승처럼 솟아오르게 된, "계몽주의"는 인간 이성을 드높이고 찬양하게 되었다. 인간 이성을 찬양한 일은 근대주의의 초석을 놓는 것이었으며, 근대주의는 계시에 대한 노골적인 무시와 이성에 대한 높은 존경심의 발로였다. 즉, 자연이 우주의 유일하고도 비인격적이지만 지적인 안내자였고, 하나님의 말씀은 제우스의 선포만큼이나 관련성이 없는 것으로 여겨졌다. 인간의 이성이 윤리, 도덕, 자유의 유일한 척도였다. 포스트모더니즘이 인간 이성의 전능성에 대한 항거임에도 불구하고, 신적 계시보다 이성을 더 높은 위치

에 두려는 성향은 여전히 강력했다.[26]

　이제 우리는 종교개혁자들이 아우구스티누스와 아리스토텔레스의 논리에 의존함으로써 플라톤과 아리스토텔레스의 영향이 제네바 아카데미에서 어떻게 수렴되었는지를 살펴볼 필요가 있다.

종교개혁자들

장 칼뱅(1509-1564년)

　장 칼뱅은 흔히 아우구스티누스의 분신처럼 여겨지긴 하지만, 대부분의 종교개혁자들은 아우구스티누스적 배경을 가지고 있었다. 예를 들어, 마르틴 루터는 아우구스티누스회 수도사였다. 장 칼뱅은 자신의 이중 예정론에 대한 근거로, 로마서 9장을 모형으로 해석했던 아우구스티누스를 전적으로 따랐다. 그러나 샌데이와 헤들람이 지적했듯이, 야곱을 사랑하고 에서를 미워하는 것은 "단순히 한 사람을 택함 받은 민족의 머리로 선택한 일은 그저 다른 사람보다 더 높은 특권에 두는 것만을 의미하는 것일 뿐, 이런 것은 영혼의 구원과는 아무런 관련이 없었다."[27] 또한 "사도 바울은 여기서 영생이나 심판에 대해서 아무것도 말하지 않는다. 그는 하나님이 세상을 섭리하시는 원칙에 대해서도 아무것도 말하지 않는다. … 그는 하나님이 영원히 정죄하려는 목적으로 인간을 창조하셨다고 말하지도 않고, 그런 암시조차 없다."[28] 한 가지 안타까운 점은, 칼뱅과 그를 따르는 사람들은 로마서에서 "진노"라는 단어가 처음으로 등장하고 있는 로마서 1장 18절이 영원한 진노가 아니라 죄를 지은 사람의 죄에 대해서, 현생에서 하나님의 진노를 다룬다는 사실을 한 번도 생각해보지 않았다는 것이다. 사실 로마서에서 진노라는 단어는, 로마서 9장 22절("진노의 그릇들")을 포함하여, 영원한 진노를 가리키고 있지 않다.

로마서에 대한 이러한 해석 방식은 아우구스티누스에게서 온 것이 분명하다. 동시대의 많은 다른 사람들처럼 칼뱅도 자신의 재능을 기독교 신학에 헌신하기 전부터 꽤 오랫동안 아우구스티누스를 연구했다. 그가 『기독교 강요(Institutes)』란 책의 초판(1536년)을 출판했을 때, 그는 신자가 된 지 겨우 4년이 흐른 후였다. 그는 자신의 신학이 철저히 아우구스티누스에게서 온 것이라고 주장했다. 물론 그는 칭의와 성례에 대한 이해에 있어서 아우구스티누스와는 달랐지만, 예정론과 택함 받은 자들, 그리고 영혼이 천국에 가는 방법에 대해서 그는 아우구스티누스의 신학을 전적으로 수용했다. 그는 이중 예정론과 타락 전 선택설을 가르쳤다.[29] 그는 하나님이 아담의 타락을 조장하셨고, 예정에 대한 자신의 작정을 "하나님 자신의 기쁨을 위하여" 그렇게 "정하셨다"고 말했다.[30] 제네바 아카데미의 그의 후계자였던 베자도 마찬가지였다.

테오도르 베자(1519-1605년)

베자는 제네바에서 칼뱅의 뒤를 이었다. 베자의 타락 전 선택설은 그리스도께서 오직 택함 받은 자들만을 위해 죽으셨음을 강조했다. 칼뱅이 아우구스티누스의 이중 예정론을 분명히 차용했음에도 불구하고, 베자는 이를 자신의 신학의 전면에 내세웠다. 그는 심지어 (유기된 자들을 향한) 하나님의 미움을 하나님의 사랑과 같은 수준으로 격상시켰고, 둘 모두를 하나님께 동등한 영광을 가져다주는 동등한 속성으로 만드는 도표(이 도표는 이 부록의 끝 부분에 소개되어 있다)를 개발하기까지 했다. 앞으로 살펴보겠지만, 그는 자신의 결론에 도달하기 위해 아리스토텔레스의 "4원인론"을 활용하기까지 했다. 그의 이중 예정론의 뿌리는 아우구스티누스와 신플라톤주의로 거슬러 올라간다. 그리하여 베자를 통해서 플라톤과 그의 제자 아리스토텔레스는 제네바 아카데미에서 다시 만나게 되었다.

베자 시대에 이르러 종교개혁자들의 주된 관심사는 자신이 엘리트 집단으로서 택함 받은 자의 일원인지 아닌지를 확실히 하는 것이었다. 확신은 믿음과 분리되었고, 이로써 사람들은 더 이상 그리스도를 바라봄으로써 자신의 구원에 대한 확신을 가질 수 없게 되었다. 왜냐하면 그리스도께서는 오직 택함 받은 자들만을 위해 죽으셨으며, 문제가 있는 사람은 유기된 자 가운데 하나일 수 있었기 때문이다. 이로써 종교개혁자들의 교회에는 열매를 검사하는 일이 교회의 주요한 사역으로 자리 잡기 시작했다.

597쪽에 있는 도표를 보면, 우리는 의롭고 자비로우신 하나님께서 창조와 인간의 타락이 일어나기도 전에 어떤 사람은 선택하시고 또 어떤 사람은 유기하기로 작정하셨음을 볼 수 있다. 이를 *타락 전 선택설 (supralapsarianism)*이라고 부른다. 제한 속죄는 타락 전 선택설의 필연적인 결과였으며, 인간 창조 이전에 선택과 유기가 작정되었다는 가설의 당연한 결론이었다. 만일 하나님의 최초의 작정이 선택과 유기였다고 추론한다면, 그것이 맞다면 그리스도의 죽음은 오직 택함 받은 자들만을 위한 것일 수밖에 없다. 이를 *제한 속죄(limited atonement)*라고 부른다. 이는 성경에서 온 것이 아니라 이성과 논리에서 온 것이었다. 베자 밑에서 제네바 아카데미 학생으로 공부했던 모이즈 아미로는 칼뱅은 결코 제한 속죄를 가르치지 않았다는 사실을 도르트 칼뱅주의자들에게 설득시키고자 평생을 바쳤다.[31]

사실 베자는 인간의 논리와 추론의 미로 속에서 길을 잃은 듯 보인다. 누가 택함 받은 자인지를 결정하기 위해 플라톤 철학과 아우구스티누스 신학의 사상을 결합한 기반을 구축하였으며, 그는 이것을 결정하는데 도움을 얻기 위해 아리스토텔레스의 논리를 통합하는 일을 했다. 그는 삼단논법적, 변증법적 추론 뿐만 아니라 귀납적, 연역적 논리도 사용했다. 그는 아리스토텔레스의 "4원인론"(질료인, 형상인, 작용인, 목적인)을 취하여 하나님을 악의 창시자가 되지 않도록 하기 위해서 하위 원인들[32]을 만들어내었다. 베자는 자신이 하나님을 악의 창시자로 만들 위험에 처했을 뿐만 아니라, 그의 타락 전 선택론식 접근방식(인간이 창조되기도 전에 정죄받았다는 개념)이 창조주에 대한 잠재적으로 혐오스러운 개념을 제시하고 있다는 사실을 깨달았다. 그러므로 그는 사람을 죄의 효율적 원인(efficient cause of sin)이 되게 하고, 반면 하나님을 결핍적 원인(deficient cause)이 되게끔 노력했다. 그는 하나님의 속성(자비로우시고 의로우시다)에서 시작하여 연역적으로 추론하는 방법을 사용하였으며, 모든 것이 하나님의 궁극적인 영광으로 이어진다고 설명했다. 하나님의 영광은 그분의 속성들이 공개적으로, 명백히 나타나는 것을 의미했다. 만일 하나님의 공의가 나타나야 한다면, 하나님은 사람의 눈으로 관찰될 수 있는 의로운 일을 하셔야만 한다. 그래서 하나님은 유기된 자들을 공의롭게 정죄하기로 선택하셨던 것이다.[33]

하나님의 공의가 죄에 대한 심판과 불신자에 대한 정죄를 요구한다는 것은 의심의 여지가 없었다. 문제는 하나님께서 인간을 창조하시기도 전에 유기될 자들을 선택하셨고 그들을 정죄하기로 작정하셨다는데 있었다. 베자는 창조 이전에 이루어진 이러한 작정이 하나님의 이미지를 손상시키는 문제를 일으킬 수밖에 없다는 사실을 깨달았지만, 이것은 그가 스스로 벗어날 수 없는 딜레마였다. 윌리엄 퍼킨스와 같은 그의 추종자들도 마찬가지였다. 아르미니우스도 시도했지만, 그저 시계추를 반대 방향으로 살짝 움직이는 정도였을 뿐이었다.

윌리엄 퍼킨스

퍼킨스는 『황금 사슬(A Golden Chain)』이란 책을 통해서 자신의 신학을 주장했다. 그가 제네바 아카데미에서 베자 아래에서 훈련받았다는 점을 고려할 때, 이 책의 부제를 다음과 같이 설정한 것이 그리 놀랄 일은 아닌 것 같다.

"황금 사슬: 또는 신학의 묘사: 하나님의 말씀에서 정한 정죄. 이에 대한 견해는 여기에 첨부된 표에서 볼 수 있으며, M. 테오도르 베자가 양심의 고통을 받는 영혼들을 위로하기 위해 사용한 순서가 여기에 추가되어 있다."

그의 선임자의 신학과 마찬가지로, 황금 사슬의 가장 두드러진 특징은 이중 예정론 교리를 중심으로 삼고 있다는 것이다.[34] 퍼킨스는 예정론을 "하나님께서 모든 인간을 특정한 영원한 상태, 즉 구원 또는 정죄에 이르도록 정하신 것으로, 이렇게 정하신 이유는 하나님 자신의 영광을 위한 것"[35]이라고 정의했다. 퍼킨스는 아우구스티누스의 글을 무려 588회 인용했으며, 두 번째로는 크리소스토무스의 글을 129회 인용했다.[36] 그는 로마서 9장 22절을 완전히 오역하면서, 다음과 같이 말하고 있다. "더욱이 모든 인간은 하나님께는 (바울이 단언하듯이) 토기장이의 손에 들린 진흙 한 덩어리와 같다. 그러므로 하나님께서는 자신의 지고한 권위에 따라서 '진노의 그릇을 만드신' 것이다."[37]

퍼킨스는 하나님의 사랑의 네 가지 단계를, 효력 있는 부르심, 칭의, 성화, 그리고 영화로 정의했다.[38] 로마서 8장 30절을 보면, 여기엔 하나님이 정하신 "황금 사슬"이 소개되어 있는데, 여기엔 성화가 분명히 생략되어 있음에도 불구하고, 그가 성화를 자신의 편리한 방식을 따라서 끼워 넣는 일을 했다. 사실 성화의 부재가 눈에 띄게 드러나 있다. 어쩌면 하나님께서는 마태복음 24장 13절을 무천년설에 의해서 해석하는 사람들이 설정하고 있는 것처럼, 점진적인 성화를 보장하지 않으시는 것일 수 있다. 켄달(Kendall)이 지적했듯이, "퍼킨스의 제자들에게 가장 끔찍스러운 일은 어쩌면 자신이 유기된 자일 수 있다는 생각이 자주 든다는 것이다."[39] 유기된 인간은 세상에 태어날 때부터 이미 저주받은 운명이며, 그가 평생 무엇을 하든 아무 소용이 없다. 자신의 부르심과 택하심을 확실히 하는 것은 그에게 아무런 의미가 없다. 인간의 운명이 인간 스스로 변경할 수 없게끔, 진흙 덩어리를 취하여 인간을 하나는 귀히 쓸 그릇으로 하나는 "천히 쓸 그릇으로 만드실" 권리를 가지고 계신 하나님에 의해서 고정되었고 작정되었다. 로마서 9장 22절을 이런 식으로 읽어내는 이 모든 해석들은 그들이 계속 능동태로 번역하는 동사 *카테르티스메나*(*katertismena*)가 능동태가 아니라 오히려 중간태/수동태 분사라는 사실을 간과하고 있다. 하나님께서는 이러한 그릇들에게 어떤 식으로든, 모양 또는 형태를 만들고자 개입하지 않으신다. 반대로 하나님은 바로 다음 구절에서 긍휼의 그릇들에게 역사하시는데, 곧 그들을 영광을 받도록 예비하는 일을 하신다.

야코부스 아르미니우스(1560-1609년)

비록 아르미니우스(Jacob Arminius)가 테오도르 베자 밑에서 공부했으며 또한 윌리엄 퍼킨스를 존경했지만, 그는 그들이 주장했던 하나님의 작정이나 작정으로 인한 이중 예정론에 결코 동의하지 않았던 것으로 추정된다. 아르미니우스의 주장은 하나님은 오직 신자들만을 구원하기로 예정하셨다는 것이었다. 베자의 예정론 도표에서 오른쪽 부분(즉 유기 부분)을 제거한 것을 믿었다고 말할 수 있다. 아르미니우스는 네 가지 작정을 언급했다.

1) 하나님은 예수 그리스도를 우리의 중보자와 구원자로 작정하셨다.
2) 하나님은 회개하고 믿는 자들을 은혜 속으로 받아주시고, 모든 불신자들을 죄 가운데 남겨두기로 작정하셨다.
3) 하나님은 회개와 믿음에 필요한 모든 수단을 충분하고 효과적으로

시행하기로 작정하셨다.

4) 하나님은 영원 전부터 믿고 끝까지 견딜 줄 아셨던 자들은 구원하시고, 마찬가지로 믿지 않고 끝까지 견디지 않을 줄 아셨던 자들은 정죄받도록 작정하셨다.[40]

아르미니우스는 "은혜의 선택은 오직 신자들에게만 해당된다"[41]는 자신의 논지를 일관되게 유지했다. 왜냐하면 예정은 "그리스도 안에서 하나님의 선하신 기쁨의 작정이며, 이로써 하나님은 영원 전부터 신자들을 의롭다고 하실 것을 스스로 결정하셨기 때문이다."[42] 만일 어떤 사람이 믿고 견딘다면, 그는 택함 받은 자다. 만일 그가 믿지 않고 견디지 않는다면, 그는 택함 받은 자가 아닌 것이다. 위에서 볼 수 있듯이, 주류 종교개혁자들과 아르미니우스 모두 끝까지 견디는 것을 택함 받은 자의 필수적인 요건으로 삼았다는 것이다. 다만 차이점은 칼뱅주의자들은 견디는 일의 부족은 그 신앙 고백자가 일시적인 믿음을 가졌을지라도 결국 택함 받은 자가 아니었음을 입증한다고 말한 반면, 아르미니우스는 견디는 일의 부족은 신자가 구원을 잃게 만든다고 말했다는 점이다. 어느 경우든, 끝까지 견디지 않은 사람(마 24:13)은 택함 받은 자가 아니었다. 아르미니우스의 입장은 불신자에게는 "예정"이라는 단어를 사용하지 않았다는 점에서 더 성경적이라고 주장하는 사람이 있을 수 있다. 그렇지만 믿음에 대해선 칼뱅주의자들의 분별과 그의 분별은 거의 차이가 없었다.[43]

도르트 총회(1618-1619)

아르미니우스가 죽은 이듬해, 그의 추종자들은 1610년, 칼뱅주의 예정론을 반대하는 신학적 항의서인 "항의 신조(Remonstrance)"을 통해서 그의 가르침을 보존하고자 했다. 아르미니우스의 다섯 가지 항의 신조는 다음과 같다.

1) 하나님은 예수 그리스도를 인류의 구원자로 작정하셨으며, 그리스도를 믿는 모든 자를 구원하기로 작정하셨다.

2) 그리스도는 모든 사람을 위해 죽으셨으나, 오직 신자들만이 죄 사함의 은총을 누릴 수 있다.

3) 인간은 성령에 의해 거듭나야 한다.

4) 은혜는 불가항력적이지 않다.

5) 끝까지 견디는 것은 성령의 은혜의 도움을 통해 주어지는 것이지만, 그리스도 안에 있는 생명에서 떨어져 나갈 가능성은 모두에게 열려 있다.[44]

1618년 11월, 도르트 총회는 163차례의 회의를 개시하였고, 그 결과 칼뱅주의 5대 신조로 알려진 것이 탄생하게 되었다. TULIP이라는 약어로 널리 알려진 칼뱅주의 5대 신조와 같은 순서는 아니지만, 항의 신조에 대한 도르트 총회의 답변은 이러했다.

1) 하나님의 영원한 예정의 작정은 선택과 유기의 원인이며, 이 작정은 예지된 믿음에 근거하고 있지는 않다.

2) 그리스도는 오로지 택함 받은 자들만을 위해서 죽으셨다.

3) 인간은 본성상 성령님 없이는 하나님을 찾을 수 없다.

4) 은혜는 불가항력적이다.[45]

5) 택함 받은 자들은 믿음을 붙잡고 끝까지 견디어낼 것이다.[46]

아르미니우스주의자들과 칼뱅주의자들 사이의 논쟁은 예수님이 오실 때까지 계속될 가능성이 높으나, 여기서 핵심적인 쟁점은 이중 예정론과 그것이 교회 역사, 특히 서구 기독교 역사 속에서 지지를 받고 있다는 점이다. 베자의 타락 전 선택설은 분명히 도르트 총회에서 지지를 받았다.

웨스트민스터 총회(1643-1649)

웨스트민스터 총회의 주요 쟁점은 구원론이 아니라 교회론이었다. 그럼에도 불구하고, 작정의 순서와 보편 속죄 vs. 제한 속죄에 대한 상당한 논의가 있었다. 결국 제한 속죄가 채택되었으며, 작정에 관한 논쟁은 타락 전 예정론자와 타락 후 예정론자 모두가 동의할 수 있는 절충안이 채택되었다.[47] 이중 예정에 관하여, 그들의 신앙고백서(III. iii, 9)는 어떤 이들은 "영원한 생명을 얻도록 예정되었고, 다른 이들은 영원한 죽음에 이르도록 미리 정해졌다"고 명시하고 있다. 영생에 이르도록 선택받지 못한 자들은 하나님의 영광스러운 정의를 찬양하기 위해 남겨졌으며 또한 수치와 진노에 처하도록 정해진 것이었다. 택함 받은 자들과 유기된 자들의 숫자는 "매우 확정적으로 또한 명확하게 정해졌기 때문에, 늘어나거나 줄어들 수 없다."

요약

앞서 살펴본 내용을 통해서 우리는 종교개혁자들이 계시와 이성을 모두 활용한 사실을 볼 수 있었다. 그들은 아우구스티누스의 선례를 따라, 성경의 계시를 그리스 철학자들, 즉 플라톤과 아리스토텔레스의 이성과 결합시켰다. 알리스터 맥그래스(Alister McGrath)는 이렇게 설명했다. 즉 "신학은 아리스토텔레스의 철학, 특히 방법론의 본질에 대한 아리스토텔레스적 통찰에 기반을 둔 것으로 이해되어 왔다. 후기 개혁주의 저술가들은 성경적인 신학자라기 보다는 철학적인 신학자로 묘사하는 것이 맞다."[48]

아우구스티누스의 "택함 받은 자" 개념을 살펴본 종교개혁자들은 아리스토텔레스의 삼단논법적 추론과 인과론을 사용하여 이중 예정론 교리를 정교하게 다듬는 일을 했다. 이러한 연구 과정의 결과, 그들은 신자가 육체의 죽음을 맞이하기 이전에 구원의 확신을 가질 수 있는 모든 가능성을 제거해버렸다. 왜냐하면 신자가 자신이 택함 받은 자인지 아닌지를 파악하거나(칼뱅주의) 아니면 결정하기 위해서는(아르미니우스주의) 그의 생애 마지막 순간까지 믿음을 지키고 견뎌야 했기 때문이다.

베자의 이중예정론[49]

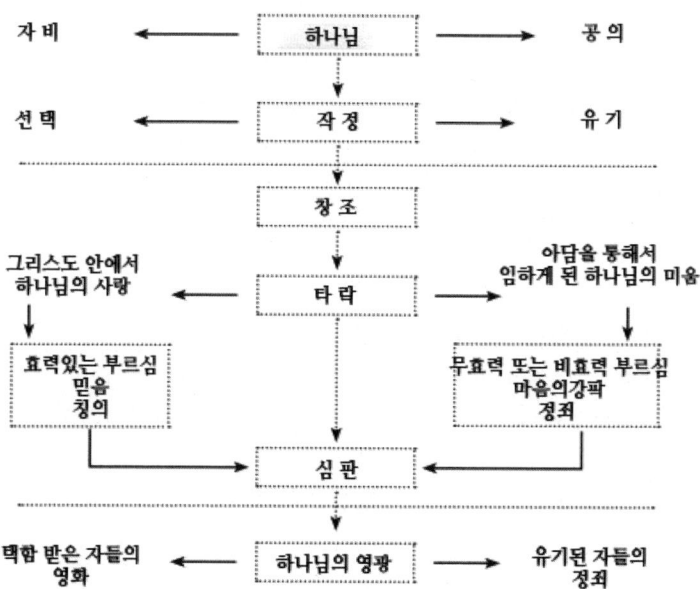

미주

1 Ralph Stob, *Christianity and Classical Civilization* (Grand Rapids: Eerdmans, 1950), 49.

2 Marvin Wilson, *Our Father Abraham* (Grand Rapids: Eerdmans, 1989), 167.

3 Dom Gregory Dix, *Jew and Greek* (London: Dacre, 1953), 14.

4 메타서사란 인간 역사의 목적과 흐름을 설명하는 방식이다. 다음 책을 보라. Stanley J. Grenz, *A Primer on Postmodernism* (Grand Rapids: Eerdmans, 1996), 44-46. 그는 메타서사를, 증명할 수는 없지만, 개별 인간 사회에 힘을 행사하며 또한 사회 전체가 자신의 존재를 설명할 수 있는 주요 수단을 제공하는 하나의 신화 체계로 설명하고 있다.

5 Werner Jaeger, "The Greek Ideas of Immortality," *Harvard Theological Review* 52 (July, 1959): 146.

6 Wilson, *Abraham*, 168-69. 윌슨이 구약의 신자들을 언급하고 있다는 점에 유의해야 한다. 분명히 신약성경은 그리스도께서 재림하실 때 하나님의 아들들에게 나타날 영광과는 대조적으로 이 세상에서 겪게 될 일시적인 시련을 어느 정도 강조하고 있다(롬 8:17 이하 참조).

7 In the *Confessions*, VII. 아우구스티누스는 자신이 플로티노스와 *에네아데스*에 의존하고 있음을 분명히 밝히고 있다.

8 Michael Azkoul, *The Influence of Augustine of Hippo on the Orthodox Church*, Texts and Studies in Religion 56 (Lewiston, NY: Mellen, 1990), 129.

9 나는 플라톤의 저작물에서 영원한 진리의 흔적을 보았다. (*Contra Acad.* III, xx, 43 PL 32, 957).

10 W. R. Inge, "Plotinus," *Encyclopedia Britannica* 18 (Chicago: Encyclopedia Britannica, 1955), 81.

11 아우구스티누스는 안셀무스의 "이해를 추구하는 믿음"(fides quaerens intellectum)을 예견했으며, 이 명제를 위해 이사야서를 인용했다. "믿음은 찾고, 이성은 발견한다. 그렇기 때문에 선지자는 '만일 너희가 믿지 아니하면 정녕히 이해하지 못하리라' (사 7:9)고 말하고 있다." 이사야서에서 인용한 이 문장은 그가 칠십인역을 라틴어로 번역한 것이며, 벌게이트 성경에서 가져온 것이 아니다.

12 Azkoul, *Influence of Augustine*, ii-iii.

13 E. Portalie, "Augustine," in *Dictionnaire de Theologie Catholique* I (Paris: n.p., 1909): 2268-2472.

14 A. H. Armstrong, "St. Augustine and the Eastern Tradition," *Eastern Churches Quarterly* V, 7-8 (1963): 161.

15 다음 책을 보라. H. Leibscheutz, "Development of Thought in the Carolingian Empire," *The Cambridge History of Later Greek and Early Medieval Philosophy*, ed. A. H. Armstrong (Cambridge: n.p., 1967), 571-86.

16 헤르만 로이터(Hermann Reuter)는 *Augustinische Studien* (Gotha: n.p., 1887), 229에서 이렇게 진술했다. "아우구스티누스는 서방과 동방의 분리를 철저히 준비했다. 그는 서방에 획기적인 영향과 선구자적 영향을 끼친 사람이었다."

17 B. B. Warfield, *Calvin and Augustine* (Philadelphia: n.p., 1956), 307.

18 Armstrong, "St. Augustine," 161, 167.

19 David R. Anderson, "The Soteriological Impact of Augustine's Change from Premillennialism to Amillennialism," *Journal of the Grace Evangelical Society* 15 (Spring-Autumn, 2002).

20 Azkoul, *Influence of Augustine*, 181.

21 Ferdinand Prat, *The Theology of St. Paul*, trans. J. L. Stoddard 1 (Westminster, 1952), 450.

22 Anderson, "Soteriological Impact," 4.

23 Paul D. Feinberg, "Aristotle," *Evangelical Dictionary of Theology*, ed. Walter A. Elwell (Grand Rapids: Baker, 1984), 75-78.

24 Richard E. Rubenstein, *Aristotle's Children* (New York: Harcourt Books, 2003), 16.

25 Aristotle, *On the Heavens* (DeCaelo), J. L. Stocks, trans., in *Works*, 1 (Chicago: Encyclopedia Britannica, 1952), 2.14, 297b.24-298a.20.

26 다음 책을 보라. Christian Overman, *Assumptions That Affect our Lives* (Louisiana, MO: Micah Publishing, 1996), 106-07.

27 William Sanday and Arthur Headlam, *The Epistle to the Romans*, ICC (Edinburgh: T. & T. Clark, 1968), 245.

28 Ibid., 258.

29 Calvin, *Institutes*, III, 21, 5.

30 Ibid., III, 23, 7. 그가 자신의 생각을 지지하고자 아우구스티누스에게 호소하는 것에 주목하라. 칼뱅의 Opuscules, Sp. 2054와 비교해 보라. 칼뱅은 "아담이 하나님의 허락을 받아 타락하게 되었을 뿐만 아니라 하나님의 은밀한 뜻에 의해서도 타락했다"고 말하고 있다.

31 Brian Armstrong, *Calvinism and the Amyraut Heresy* (Madison, WI: University of Wisconsin, 1969), 210-14.

32 다음 책을 보라. Walter Kickel, *Vernunft und Offenbarung bei Theodor Beza*, Beitrage zur Geshichte und Lehre der Reformierten Kirche 25 (Lemgo, Germany: Neukirchener Verlag des Erziehungsvereins GmbH Neukirchen-Vluyn, 1967). 베자가 자신의 이론을 확립하고자 아리스토텔레스 논리와 더불어 4원인론을 전적으로 의존했던 내용을 살펴보려면, 61-68, 159-66을 참조하라. 그 외에도 제1원인과 제2원인, 직접 원인과 (세 가지 유형의) 간접 원인, 작용인과 결핍 원인(허용적 의지, 허용적 뜻), 그리고 목적원인 등이 있다.

33 키켈(Kickel)은 "베자의 전체 신학은 매우 취약할 수밖에 없는데, 왜냐하면 하나님은 얼마든지 자신의 작정을 변경하실 수 있기 때문이다"

(16p)라고 말했다. 그는 하나님의 불변성이 하나님이 작정하신 것을 바꾸실 수 있는 권리를 방해한다고 주장했다.

34 R. T. Kendall, *Calvin and English Calvinism to 1649* (Oxford: Oxford University Press, 1979), 55.

35 Ibid.

36 Ibid., 54.

37 Perkins, *Works*, 2:694.

38 Ibid., 2:78

39 Kendall, *Calvin*, 67.

40 Jacobus Arminius, *Works of Arminius*, i., 589f.

41 Ibid., iii, 583.

42 Ibid., ii., 392.

43 이 주장에 대한 논쟁을 위해선 다음 책을 보라. Kendall, *Calvin*, 141-150.

44 항의 신조(Remonstrance) 5개 조항의 전문과 도르트 신경을 살펴보려면, 다음 책을 참고하라. Peter Y. DeJong (ed.), *Crisis in the Reformed Churches: Essays in commencement of the great Synod of Dort, 1618-19* (Grand Rapids: 1968), 207ff.

45 오늘날 이 5개 조항을 옹호하는 사람들이 불가항력적 은혜(irresistible grace)를 하나님의 효과적인 부르심의 연장으로 설명하는 것이 참으로 흥미롭다. "복음을 듣는 모든 사람에게 주어지는 구원으로의 외적인 일반적인 부르심 외에도, 성령님은 택함받은 자들에게 필연적으로 그들을 구원으로 인도하는 특별한 내적인 부르심을 확장하신다." [David N. Steele and Curtis C. Thomas, *The Five Points of Calvinism* (Philadelphia: Presbyterian & Reformed, 1975), 18]. 아우구스티누스는 "불가항력적"이라는 말을 견인의 은사와 연결시켰다.

46 DeJong, *Crisis in the Reformed Churches*, 229-62.

47 B. B. Warfield, *The Westminster Assembly and its Work* (1931), 56.

48 Alister E. McGrath, *Christian Theology: An Introduction*, 2nd ed. (Malden, MA: Blackwell, 1997), 74.

49 In *Summa totius Christianismi*, Quellenverzeichnis Nr. 6. Transaltion mine.

참고 문헌

단행본

Anderson, David R., and James S. Reitman. *Portraits of Righteousness:*
Free Grace Sanctification in Romans 5-8. Liberty University
Press, forthcoming.

Badger, Anthony B., *Confronting Calvinism: A Free Grace Refutation*
and Biblical Resolution of Radical Reformed Soteriology, Lancaster,
PA: Createspace, 2013.

Baird, S. J. *The First Adam and the Second: The Elohim Revealed in the*
Creation and Redemption of Man. Philadelphia: Lindsay and
Blakiston, 1860.

Baltzer, K. *Das Bundesformular.* Neukirchen: Neukirchen Verlag, 1964.

Barrett, C. K. *From First Adam to Last: A Study in Pauline Theology.*
New York: Charles Scribner & Sons, 1962.

Bock, D. L. "A Theology of Luke-Acts." In *A Biblical Theology of the New*
Testament, eds. R. B. Zuck and D. L. Bock, 87-166. Chicago:
Moody Press, 1994.

Brown, C., ed. *The New International Dictionary of New Testament*
Theology. Grand Rapids: Zondervan, 1975; Exeter: Pasternoster

Press, 1975. S.v. "Death," by W. Schmithals; and "Life," by H.-G. Link.

Calderstone, P. J. *Dynastic Oracle and Suzerainty Treaty: II Samuel 7, 8-16*. Loyola House of Studies, 1966.

Carson, D. A. *Exegetical Fallacies*. 2d ed. Grand Rapids: Baker Books, 1996.

Chamberlain, W. D. *The Meaning of Repentance*. Grand Rapids: Eerdmans, 1943.

Clements, R. E. *Abraham and David*. Naperville, Ill.: Alec R. Allenson, Inc., 1967.

_____. *Abraham and David: Genesis 15 and Its Meaning for Israelite Tradition*. Studies in Biblical Theology, 2d. no.5. London: SCM Press, 1967.

Craigie, P. C. *The Book of Deuteronomy*. The New International Commentary on the Old Testament. Grand Rapids: Eerdmans , 1976.

Demarest, B. *The Cross and Salvation*. Wheaton: Crossway Books, 1997.

Dillow, Joseph. *Reign of the Servant Kings*. Hayesville, NC: Schoettle, 2002.

Driver, S. R. *A Critical and Exegetical Commentary on Deuteronomy*. Edinburgh: T. & T. Clark, 1895.

Eichrodt, W. *Theology of the Old Testament*. 2 volumes. The Old Testament Library. Translated by J. A. Baker. Philadelphia: The Westminster Press, 1961.

Elwell, W., ed. *Evangelical Dictionary of Theology*. Grand Rapids: Baker Book House, 1984. S.v. "Federal Theology," by G. N. M. Collins and "Imputation," by R. K. Johnston.

Farris, T. V. *Mighty to Save: A Study in Old Testament Soteriology*. Nashville: Broadman, 1993.

Feinberg, J. S. "Salvation in the Old Testament." In *Tradition and Testament: Essays in Honor of Charles Lee Feinberg*, 39-77. Edited by J. S. Feinberg and P. D. Feinberg. Chicago: Moody Press, 1981.

Fensham, F. C. "Father and Son as Terminology for Treaty and Covenant." In *Near Eastern Studies in Honor of W. F. Albright*, 121-35. Edited by K. Goedicke. Baltimore: Johns Hopkins Press, 1971.

_____. "Or deal by Battle in the Ancient Near East and the Old Testament." In *Festschrift for Eduardo Volterra*.

Frankena, R. "The Vassal-Treaties of Esarhaddon and the Dating of Deuteronomy." In *Oudtestamentische Studien*. Edited by P. A. H. De Boer. Leiden: E. J. Brill, 1965.

Guterbock, H. G. *Siegel aus Bogaskoy*. Berlin: Im Selbstverlage des Herausgebers, 1940.

Hillers, D. R. *Treaty Curses and the Old Testament Prophets*. Biblica at Orientalia 16. Rome: Pontifical Biblical Institute, 1964.

Hoffner, H. A., Jr. "Propaganda and Political Justification in Hittite Historiography." In *Unity and Diversity*, 49-64. Edited by Hans Goedicke and J. J. M. Roberts. Baltimore and London: The Johns Hopkins University Press, 1975.

Hodges, Z. C. *Absolutely Free!* Grand Rapids: Zondervan, 1989.

Hughes, P. E. *The True Image: The Origin and Destiny of Man in Christ*. Grand Rapids: Eerdmans, 1989.

Kaiser, W. C., Jr. *Toward an Old Testament Theology*. Grand Rapids: Zondervan, 1978.

Keil, C. F. and Delitzsch, F. *The Books of Samuel*, 2 volumes. Translated by J. Martin, Commentary on the Old Testament, 10 volumes. N.p.; reprint, Grand Rapids: Eerdmans, 1982.

Kitchen, K. A. *Ancient Orient and Old Testament*. Downers Grove: InterVarsity, 1966.

Kline, M. *The Structure of Biblical Authority*. Revised ed., Grand Rapids: Eerdmans, 1975.

_____. *Treaty of the Great King*. Grand Rapids: Eerdmans, 1963.

Korosec, V. *Hethitische Staatsvertrage: Ein Beitrag zu ihrer juristischen Wertung*. Leipzigerrechts wissenschaftliche Studien, 60. Leipzig: Verlag von Theodreicher, 1931.

Luther, M. *What Luther Says*. St. Louis: Concordia, 1959.

MacArthur, J. F. *The Gospel According to Jesus*. Grand Rapids: Academie Books, 1988.

McCarthy, D. J. *Old Testament Covenant: A Survey of Current Opinions*. Richmond, VA: John Knox Press, 1972.

_____. *Treaty and Covenant: A Study in Form in the Ancient Oriental Documents and in the Old Testament*. Analecta Biblica, 21. Rome: Pontifical Biblical Institute, 1963.

Noth, M. "God, King, and Nation in the Old Testament." In *The Laws in the Pentateuch and Other Studies*, 145-78. Translated by D. R. Ap-Thomas. Edinburgh and London: Oliver and Boyd, 1966.

Pentecost, J. D. *Things to Come*. Grand Rapids, MI: Zondervan, 1969.

Postgate, J. N. *Neo-Assyrian Royal Grants and Decrees*. Rome: Pontifical Biblical Institute, 1969.

Price, R. *Secrets of the Dead Sea Scrolls*. Eugene, OR: Harvest House Publishers, 1966.

Pritchard, J. B., ed. *Ancient Near Eastern Texts relating to the Old Testament*. 3d ed., with supplement. Princeton University press, 1969.

Quek, S. H. "Adam and Christ According to Paul." In *Pauline Studies*. Edited by D. A. Hagner and M. J. Harris, 67-79. Exeter: The Paternoster Press, 1980; Grand Rapids: Eerdmans, 1980.

Quell, G. "kurios, The Old Testament Name for God." In *Theological Dictionary of the New Testament*, 1984, edition.

Sailhamer, J. H. "Is There a 'Biblical Jesus' of the Pentateuch"; and "The Theme of Salvation in the Pentateuch." In Sailhamer, J. H. *The Meaning of the Pentateuch*, 460-536; 562-601. Downers Grove, IL: InterVarsity, 2009.

Schaff, P. *History of the Christian Church*. 5th ed. Vol. 2, Ante-Nicene Christianity. N.p.: Charles Scribner's Sons, 1910; reprint, Grand Rapids: Eerdmans, 1967.

Scroggs, R. *The Last Adam: A Study in Pauline Anthropology*. Philadelphia: Fortress Press, 1966.

Shank, R. *Elect in the Son*. Springfield, MO: Westcott, 1970.

_____. *Life in the Son*. Springfield, MO: Westcott, 1961.

Spurgeon, C. H. *Spurgeon's Expository Encyclopedia*. Vol. 7. Grand Rapids: Baker, 1978.

Steinmetzer, F. X. *Die babylonischen Kudurru(Grenzsteine) als Urkudnenform*. Paderbom: Verlag von Ferdinand Schoningh, 1922.

Thompson, J. A. *Deuteronomy: An Introduction and Commentary*. Tyndale Old Testament Commentaries. InterVarsity, 1974.

_____. *The Ancient Near Eastern Treaties and the Old Testament*. London: Tyndale, 1964.

Tozer, A. W. *I Call It Heresy!* Harrisburg, PA: Christian Publications, 1974.

Weinfeld, M. *Deuteronomy and the Deuteronomic School*. Oxford: Clarendon Press, 1972.

Wiseman, D. J. *The Alalakh Tablets*. London: The British Institute of
Archaeology at Ankara, 1953.

Woolf, B. L. *Reformation Writings of Martin Luther*. London: Lutterworth
Press, 1952.

Wright, G. E. "The Lawsuit of God: A Form-Critical Study of Deuteronomy
32." In *Israel' s Prophetic Heritage*. Edited by B. W. Anderson and
W. Harrelson. New York: Harper and Row , 1962.

정기 간행물

Allis, O. T. "Thy Throne, O God, is for Ever and Ever." *Princeton
Theological Review* 21 (1923): 237-39.

Barrosse, T. "Death and Sin in Saint Paul' s Epistle to the Romans."
Catholic Biblical Quarterly 15 (1953): 438-59.

Ben-Barak, Z. "Meribaal and the System of Land Grants in Ancient Israel,"
Biblica 62 (January 1981): 73-91.

Best, E. "Dead in Trespasses and Sins (Eph. 2.1)." *Journal for the Study of
the New Testament* 13 (1981): 9-25.

Black, C. C. II. "Pauline Perspectives on Death in Romans 5-8." *Journal of
Biblical Literature* 103 (1984): 413-33.

Braswell, J. P. "The Blessing of Abraham versus the Curse of the Law :
Another Look at Gal 3:10-13." *Westminster Theological Journal* 53
(1991): 73-91.

Clines, D. J. A. "The Psalms and the King." *Theological Student' s
Fellowship Bulletin* 71 (Spring 1975): 1-6.

Combrink, H. J. B. "Some Thoughts on the Old Testament Citations in the
Epistle to the Hebrews." *Neo testamentica* 5 (1971): 22-36.

Cooke, G. "The Israelite King as Son of God." *Zeitschrift für die alttestamentiche Wissenschaft* 73 (161): 202-25.

Daniel, Lee. "A Reassessment of the Meaning of the Abrahamic Covenant for Evangelical Theology." *Ouodibet Journal* vol. 6 no.3 July - September 2014).

Danker, F. W. "Romans 5:12: Sin Under Law." *New Testament Studies* 14 (1968): 424-39.

Dorsey, D.A. "TheLawofMosesandtheChristian:ACompromise." *Journal of the Evangelical Theological Society* 34 (September 1991); 321- 34.

Fensham, F. C. "Common Trends in Curses of the Near Eastern Treaties and Kudurru Inscriptions compared with Maledictions of Amos and Isaiah." *Zeitshcrift für die alttestamentliche Wissenschaft* 75 (1963): 155-75.

_____. "Maledictions and Benediction in Ancient Near Eastern Vassal-Treaties and the Old Testament." *Zeitschrift für die alttestamentliche Wissenschaft* 74 (1962): 1-9.

Fitzmyer, J. "ep ho in Romans 5.12," *New Testament Studies* 39 (1993): 321-39.

Gordis, R. "The 'Begotten' Messiah in the Qumran Scrolls." *Vetus Testamentum* 7 (1957): 191-94.

Gerstenberger, E. "Covenant and Commandment." *Journal of Biblical Literature* 84 (1965): 33-51.

Harner, P. B. "Exodus, Sinai, and Hittite Prologues." *Journal of Biblical Literature* 85 (1966): 233-36.

Hill, A. E. "The Ebal Ceremony as Hebrew Land Grant?" *Journal of the Evangelical Theological Society* 31 (December 1988): 399-406.

Hooker, M. D. "Adam in Romans 1." *New Testament Studies* 6 (1960): 297-306.

Huffmon, H. B. "The Treaty Background of Hebrew YADA' ." *Bulletin of the American Schools of Oriental Research* 181 (1966): 31-37.

Johnson, S. L. Jr. "Romans 5:12 - An Exercise in Exegesis and Theology." In *New Dimensions in New Testament Study*, ed. R. N. Longenecker and M.C. Tenney, 298-316. Grand Rapids: Zondervan, 1974.

Jones, B. W. "Acts 13:33-37: A Pesher on II Samuel 7." *Journal of Biblical Literature* 87 (Spring 1987): 321-27.

Kaiser, W. C., Jr. "The Old Promise and the New Covenant: Jeremiah 31:31-34." *Journal of the Evangelical Theological Society* 15 (1972): 11-23.

Katz, P. "The Quotations from Deuteronomy in Hebrews." *Zeitschrift für die neutestamentliche Wissenschaft* 49 (1958): 213-23.

Kaufman, S. A. "The Structure of the Deuteronomic Law." *Maarav* 1/2 (1978-79): 105-58.

Korosec, V. "The Warfare of the Hittites—From the Legal Point of View." *Iraq* 25 (1963): 159-66.

Loewenstamm, S. E. "The Divine Grants of Land to the Patriarchs." *Journal of the American Oriental Society* 91.4 (1971): 509-10.

Lopez, Rene, "Israelite Covenants in the Light of Ancient Near Eastern Covenants," *CTS Journal* 9 (Fall 2003): 93.

McCarthy, D. J. "Covenant in the Old Testament: Present State of Inquiry." *Catholic Biblical Quarterly* 27 (1965): 217-41.

_____. "Notes on the Love of God in Deutronomy and the Father-Son Relationship Between Yahweh and Israel." *Catholic Biblical Quarterly* 27 (1965): 144-47.

_____. "Three Covenants in Genesis." *Catholic Biblical Quarterly* 26 (1964): 179-89.

Mendenhall, G. E. "Ancient Oriental and Biblical Law." *Biblical Archaeologist* 17 (May 1954): 50-76.

_____. "Covenant Forms in Israelite Tradition." *Biblical Archaeologist* 17 (September 1954): 50-76.

Milne, D. J. W. "Genesis 3 in the Letter to the Romans." *Reformed Theological Review* 39 (1980): 10-18.

Muilenburg, J. "The Form and Structure of the Covenantal Formulations." Essays In Honor of Miller Burrows, reprinted from *Vetus Testamentum* 13 (1963): 380-89.

Parunak, H. V. "A Semantic Survey of niham." *Biblica* 56 (1975): 512-32.

Thompson, J. A. "Covenant Patterns in the Ancient Near East and Their Significance for Biblical Studies." *Reformed Theological Review* 18.3 (October 1959): 65-75.

_____. "The Significance of the Near Eastern Treaty Pattern." *Tyndale House Bulletin* (1963): 1-6.

Tucker, G. M. "Covenant Forms and Contract Forms." *Vetus Testamentum* 15 (1965): 487-503.

Weaver, D. "The Exegesis of Romans 5:12 among the Greek Fathers and Its Implication for the Doctrine of Original Sin: The 5th-12th Centuries (Part 2)." *St. Vladimir's Theological Quarterly* 29 (1985): 133-59.

_____. "The Exegesis of Romans 5:12 among the Greek Fathers and Its Implication for the Doctrine of Original Sin: The 5th-12th Centuries (Part 3)." *St. Vladimir's Theological Quarterly* 29 (1985): 231-57.

Wedderburn, A. J. M. "The Theological Structure of Romans 5:12." *New Testament Studies* 19 (1973): 332-54.

Weinfeld, M. "Berit-Covenant vs. Obligation." Biblica 56 (1975): 120-28.

_____. "Covenant Terminology in the Ancient Near East and Its Influence on the West." *Journal of the American Oriental Society* 93(1973):190-99.

_____. "Deuteronomy - The Present State of Inquiry." *Journal of Biblical Literature* 86 (1967): 249-62.

_____. "The Covenant of Grant in the Old Testament and the Ancient Near East." *Journal of the American Oriental Society* 90 (1970): 184-203.

Wiseman, D. J. "Abban and Alalah." *Journal of Cuneiform Studies* 12 (1958): 124-29.

_____. "The Vassal-Treaties of Esarhaddon." *Iraq* 20 (1958): 1-99 + 53 (plates).

Yadin, Y. "A Midrash on 2 Sam. vii and Ps. 1-11 (4QFlorilegium)." *Israel Exploration Journal* 9 (1959): 95-98.

미출간 자료들

Merrill, E. H., interview by author, 15 March 1994, Dallas Theological Seminary, Dallas.

Shank, R., interview by author, 7 April 1976, Conroe, Texas.

Weinfeld, M., interview by author, 24 February 1998, Hebrew University, Jerusalem.

Wilkin, R. N. "Repentance as a Condition for Salvation in the New Testament." Th.D. diss., Dallas Theological Seminary, 1985.

데이비드 R. 앤더슨 박사
(David R. Anderson, Phd)

앤더슨 박사(Dr. Anderson)는 미국 휴스턴 부근에 소재하고 있는 그레이스 신학대학원(Grace School of Theology)의 총장이다. 그는 지난 30년 동안 휴스턴 지역에서 목회를 하며 8개의 교회를 설립하는 데 기여했다. 앤더슨 박사는 텍사스 주 우드랜즈(Woodlands)에 소재한 페이스 바이블 교회(Faith Bible Church)의 담임 목사로 18년간 사역했으며, 그 기간 동안 달라스 신학교(Dallas Theological Seminary)의 겸임 교수로도 활동했다.

앤더슨 박사는 신약 그리스어, 성경 해석, 신학 등 세 가지 학과에서 강의했다. 또한 요르단 복음주의 신학교(Jordan Evangelical Theological Seminary)의 겸임 교수로도 섬겼으며, 해외 여러 국가에서 대학원 과정을 가르쳤다.

앤더슨 박사는 이 책, 〈오직 은혜로 받는 구원(Free Grace Soteriology)〉 외에도 다음과 같이 여러 저서들을 집필했다.

- Relationship and Fellowship (2022)
- Living By Grace (2021)
- Saving the Saved: An Exposition of 1 Peter (2020)
- A Defense of Free Grace Theology (2017)
- Position and Condition (2017)
- Bewitched: The Rise of Neo-Galatianism (2014)
- Triumph Through Trials: The Epistle of James (2013)
- Maximum Joy: 1 John - Relationship or Fellowship? (2013)

Originally published under the title of
"Free Grace Soteriology"
by David R. Anderson, PhD
Copyright©Grace Theology Press. USA

Korean translation copyright
© 2025 by Brethren House, Korea
All rights reserved

초판 발행 • 2025.10.15
지은이 • 데이비드 앤더슨 박사
옮긴이 • 이 종 수
발행처 • 형제들의집
판권ⓒ형제들의집 2025
등록 제 7-313호(2006.2.6)
Cell. 010-9317-9103
홈페이지 http://brethrenhouse.co.kr
카페 cafe.daum.net/BrethrenHouse
ISBN 979-11-6914-076-8 03230

＊값은 뒤표지에 있습니다.
＊잘못된 책은 바꿔드립니다.
＊서점공급처는 〈생명의말씀사〉입니다. 전화(02) 3159-7979(영업부)